# वेस्ट इंडीज का साहित्य

वाणी प्रकाशन का लोगो
विख्यात चित्रकार मकबूल फिदा हुसेन
की कूची से



ISBN: 81-8143-092-1

**वाणी प्रकाशन**
21-ए, दरियागंज, नयी दिल्ली-110002
द्वारा प्रकाशित

प्रथम संस्करण : 2007

आवरण : वाणी चित्रांकन

मूल्य : 250.00

जय भारत प्रिंटर्स, दिल्ली-110032
द्वारा मुद्रित

---

**WEST INDIES KA SAHITYA**
*Edited & Translated by* **Dr. Suvas Kumar**

# अनुक्रम

# वेस्ट इंडीज के लेखन पर एक नजर

❑ सुवास कुमार

"उधार ली हुई संस्कृति में जीनेवाले वेस्ट इंडियन लोगों को अगर किसी की सबसे ज्यादा जरूरत है तो वैसे लेखकों की जो उसे बता सकें कि वह कौन है और कहाँ खड़ा है।"—विद्याधर श्रीप्रसाद (वी. एस.) नायपॉल, 'दि मिड्ल पैसेज' (1962) में।

वेस्ट इंडीज के अनेक द्वीप कोलम्बस द्वारा संयोगवश ढूँढ़े गये थे। अमेरिका की भाँति इनका इतिहास भी ज्यादा पुराना और क्रमिक नहीं मिलता। इन टापुओं और दक्षिण अमेरिका के गयाना, सूरिनाम-जैसे क्षेत्रों पर एकाधिकार के लिए समय-समय पर स्पेन, पुर्त्तगाल, ब्रिटेन और फ्रांस में टक्करें होती रहीं। अरावाक आदि मूल बाशिन्दे लगभग मिटा दिये गये। बाहर से गुलामों, तथा बाद में मजदूरों को यहाँ ला-लाकर बसाया गया। मिश्रित नस्लें भी पैदा हुईं। धर्म, संस्कृति, राष्ट्रीयता आदि का मिश्रण समाज में स्पष्ट दिखाई पड़ने लगा।

वेस्ट इंडीज का साहित्य उधार की भाषा (अंग्रेजी) में लिखा गया है। यह स्वामी की भाषा थी जिसने दास की अपनी भाषा(ओं) को इस कदर नेस्तनाबूद कर दिया कि वह दूसरी या तीसरी भाषा के भी काबिल नहीं रह गयी। आज अंग्रेजी पूरे वेस्ट इंडीज की मातृभाषा और राजभाषा बन बैठी है। इस अंग्रेजी पर इसके बोलने वालों का प्रभाव जाहिर है और यहाँ की बोलचाल की अंग्रेजी अलग ही नजर आती है। यह सही है कि आरंभ में इसे 'बैड इंग्लिश', 'नीग्रो इंग्लिश', 'क्रियोल इंग्लिश'-जैसे निषेधी विशेषणों से नवाजा गया, पर अंततः इसमें सशक्त लेखन के चलते इसे स्वीकृति मिली। लेखन के शुरूआती दौर में यह स्वाभाविक था कि वर्णन की भाषा और चरित्रों की भाषा के बीच गहरी दरार छूट जाती और ऐसा हुआ भी, मगर दोनों को धीरे-धीरे एक-दूसरे के करीब लाने की कोशिश में अद्भुत आंचलिक रस का रंग, गंध और स्वाद भी मिलने लगा। वेस्ट इंडीज के साहित्य के गंभीर अध्येता प्रोफेसर कैनेथ रामचन्द के अनुसार 1930 से पहले वेस्ट इंडीज एक 'कथाहीन जीवन' (लाइफ विदाउट फिक्शन) जी रहा था। मगर बहुत ही कम समय में इसने विकास-यात्रा में प्रौढ़ता की मंजिलें तय की हैं।

वेस्ट इंडीज का साहित्य किसी एक देश या जाति या नस्ल या सम्प्रदाय के द्वारा निर्मित नहीं है बल्कि यह ऐसा साहित्य है जो वेस्ट इंडीज के दर्जन से ऊपर देशों में पले-बढ़े तरह-तरह के लोगों द्वारा रचित है और इन देशों से बाहर भी संयुक्त राज्य अमेरिका, कनाडा, ब्रिटेन, आस्ट्रेलिया-जैसे दूरदराज के देशों में ज्यादातर प्रकाशित होता रहा है। ये लेखक कई नस्लों और राष्ट्रीयताओं के वंशधर हैं, जैसे भारतीय, अफ्रीकी, चीनी तथा यूरोपीय मूल के तथा इनके मिश्रित रक्त के भी। इस साहित्य का कच्चा माल वेस्ट इंडीज द्वीप समूह का विविधताओं-भरा जीवन और समाज है जबकि माध्यम भाषा एक ही है—अंग्रेजी। विशाल अंग्रेजी साहित्य में अपने कैरीबिआई वैशिष्ट्यों—वेस्ट इंडियनपने—और अंग्रेजी में एक विशेष क्रियोल बोली की छौंक के चलते इसकी अपनी पहचान हो गयी है। इस साहित्य में जो समाज सचेतनता है उसे वर्ग-सचेतनता नहीं कहा जा सकता। इस समाज में वर्गीय विभाजन तीखा नहीं दिखायी पड़ता। अतः जब राजनीति, अर्थशास्त्र और समाजशास्त्र की चर्चा में वेस्ट इंडियन समाज के 'रूपहीन' होने की बात की जाती है तो इसके पीछे मूल्यपरक निर्णय देने की यह भावना भी काम करती है कि इसे एक प्रकार की अराजकता बता दें। बात यह है कि अपनी जड़ों की खोज में यहाँ की नस्लें भारत, अफ्रीका, चीन आदि देशों के सांस्कृतिक व्यवहारों की ओर देखती हैं और अदबदाकर वहाँ की सारी चीजों का अपने ही ढंग और समझ से अनुसरण करने लगती हैं। इन कैरीबियन देशों में नागरिकों को व्यक्तिगत अस्मिता की पहचान जितनी जरूरी है उतनी ही अपनी राष्ट्रीय अस्मिता की पहचान भी। इसके साथ ही बड़ी शक्ति वाले देशों के सामने छोटे-छोटे कैरीबियन टापुओं की आर्थिक-राजनीतिक रूप से सम्मानप्रद जिन्दगी जीने का संघर्ष भी महत्त्वपूर्ण है जिसे यहाँ के साहित्य को रेखांकित करना है।

इस बात से सब परिचित हैं कि उन्नीसवीं सदी में दुनिया के विभिन्न देशों से आये, खासकर भारत, अफ्रीकी और चीनी मूल के बँधुआ-गिरमिटिया मजदूरों ने खून-पसीना एक कर वेस्ट इंडीज के विभिन्न देशों में गन्ने, कोको आदि की खेती करके अपने प्रभुओं की खातिर प्रभूत समृद्धि पैदा की थी। उन मजदूरों के जीवन में लम्बे समय तक संघर्ष ही संघर्ष था। रोटी, कपड़ा, मकान, चिकित्सा, शिक्षा—मसलन जीवन की समस्त मौलिक आवश्यकताओं से वंचित उन लोगों का संघर्ष इन जरूरतों को हासिल करने की दिशा में बढ़ता गया और कोई डेढ़ शताब्दी के पश्चात् उन्हें इन सभी आवश्यकताओं के साथ-साथ सर्वाधिक बहुमूल्य वस्तु स्वतंत्रता प्राप्त करने में भी सफलता मिली। लेकिन 'स्वराज्य' और 'सुराज' पाने की इस सफलता के पूर्व उनका पूरा जीवन अँधेरे में बेतहाशा दौड़ते रहने की कहानी रहा है। इस जीवन में साहित्य तो नहीं था पर यही संघर्षमय जीवन बाद में रचे जाने वाले साहित्य का उपजीव्य बनने वाला था। इसी संघर्ष के एक किंचित् परवर्त्ती हिस्से को लेकर वी. एस. नायपॉल ने 'श्री विश्वास का मकान' (ए हाउस फॉर मिस्टर विश्वास) नामक अपना विख्यात क्लासिक उपन्यास लिखा। इस सचमुच के मकान को आज

ट्रिनिडाड सरकार ने राष्ट्रीय महत्त्व का स्मारक घोषित कर दिया है।

कैरीबिगन देशों में ट्रिनिडाड (एंड टुबैगो) का अपना महत्त्व है। यों तो गयाना, सूरिनाम से लेकर जमैका, बारबडोस, एंटिगुआ, सेंट लुसिया, सेंट किट्स, बारबुडा, बेलीज, डोमिनिका, ग्रैनेडा, मोंट सर्रात, सेंट विंसेंट आदि में प्रकृति ने मुक्त हस्त होकर शोभा बिखेरी है, पर ट्रिनिडाड के प्रति उसका विशेष पक्षपात रहा है। कहा भी जाता है कि ईश्वर ट्रिनिडाडवासी है (गॉड इज ए ट्रिनिडाडियन)! अपनी खूबसूरती के लिए 'लघुस्वर्ग' की संज्ञा पाने वाले इस देश के लोग भाषण कला में इतने माहिर हैं कि मसल मशहूर हो गया है—यहाँ कब्र खोदनेवाले मजदूर भी अंग्रेज सांसद की तरह बोलते हैं। इसी ट्रिनिडाड से सन् तीस के दशक में दो ऐसी साहित्यिक पत्रिकाओं का प्रकाशन हुआ जिनसे वेस्ट इंडीज के साहित्य—विशेषकर कथा-साहित्य का विकास घनिष्ठ रूप से जुड़ा हुआ है। सी. एल. आर. जेम्स, आर. ए. सी. डीबिसिए, अल्बर्ट गोम्स, अल्फ्रेड मेंडिस-जैसे बुद्धिजीवियों और रचनाकारों का दल इन पत्रिकाओं के माध्यम से वेस्ट इंडियन साहित्य की नींव को पुख्ता बनाने में लगा था। इस वक्त (1930 में) ट्रिनिडाड भी दूसरे वेस्ट इंडीज के द्वीपों की भाँति ही ब्रिटिश 'उपनिवेश' था। कोको तथा गन्ने की खेती और उद्योग तथा इनसे जुड़े पूँजीपतियों का जो अपना प्रशासनतंत्र था उसके स्वार्थ ब्रिटिश उपनिवेशवादी प्रशासनतंत्र के स्वार्थों जैसे ही थे। फलस्वरूप मजदूरों अर्थात् आम जनता की हालत बुरी थी और वह दोतरफा मुनाफे के लिए तैयार किये गये दोहरे पाटों वाले तंत्र की चक्की में पिस रही थी। इस भयंकर शोषण-चक्र में फँसे लोगों के जीवन में किसी मनोरंजन तक के लिए अवकाश नहीं था—शिक्षा, साहित्य और विज्ञान तो दूर की बात थी। उद्योगपति, पूँजीपति और प्रशासनिक अधिकारी अकूत संपदा बटोरते हुए जिस प्रकार का जीवन और समाज बना रहे थे उसमें सांस्कृतिक अनुपस्थिति को सहज ही लक्ष्य किया जा सकता था। धीरे-धीरे दासों और मजदूरों के जीवन में बदलाव आया जिसके पीछे अप्रत्यक्ष रूप से विश्व युद्धों तथा प्रत्यक्षतः वैश्विक धरातल पर आर्थिक-राजनीतिक माहौल में हो रहे बदलावों का हाथ था। वेस्ट इंडीज के देशों को एक-एक कर स्वाधीनता भी मिली। लोगों में साक्षरता की दर बढ़ी। उनकी आर्थिक स्थिति में सुधार हुए और रहन-सहन का स्तर भी ऊँचा उठा। यह सब एक लम्बी कष्टसाध्य प्रक्रिया का अंग था। आरंभ में साहित्य का पाठक मिलना कठिन था। लोग अपने भारतीय अथवा अफ्रीकी-चीनी मौखिक स्रोतों से साहित्यिक / धार्मिक रचनाओं से परिचित होते थे किन्तु जो नया मध्यवर्ग विकसित हो रहा था वह अपने पिछले संप्रभु वर्ग की साहित्य एवं संस्कृति संबंधी मान्यताओं और धारणाओं का अनुकरण करते हुए अंग्रेजी साहित्य को ही सर्वस्व समझ बैठा था।

इस तरह से जो साहित्यिक सूनापन, जड़ता और कुंठा व्याप्त थी उसे तोड़ने का प्रयास 'ट्रिनिडाड' और 'द बीकन' नामक पत्रों से जुड़े बुद्धिजीवियों और रचनाकारों यथा—टॉम रैडकैम, हर्बर्ट डी लिस्से, क्लॉड मैक्के आदि ने किया। हालाँकि

दोनों पत्रों को मिलाकर उनकी बिक्री छः-सात हज़ार से ज्यादा नहीं थी फिर भी इनके पाठक संख्या में इससे कहीं अधिक थे। मध्यवर्गीय लोगों में इन पत्रों ने थोड़ी खलबली पैदा करने में कामयाबी भी हासिल की। राज्य और चर्च दोनों का दबाव भी इन पर पड़ा। इनका आर्थिक पक्ष कमज़ोर था। कैथॅलिक संस्थान ने एक बार तो इन पत्रों में विज्ञापनदाताओं को विज्ञापन देने से रोकने का कार्यक्रम भी चलाया था और इन पर अनैतिक, नास्तिक और साम्यवादी होने का आरोप लगाया। सन् तीस के दशक में ट्रिनिडाड के नवयुवकों में वस्तुतः नवजागृति आ रही थी और ये साहित्यिक इसकी घोषणा भी कर रहे थे। इन पत्रों में देश की हालत के प्रति गंभीर चिन्ता थी। संस्कृति के दूसरे स्थानीय उपादानों यथा, कैलिप्सो संगीत, लोकगीत आदि की भाँति रचनात्मक साहित्य भी अपनी परंपरा के ठोस आधार का संधान कर रहा था जिसपर नये युग के नये नागरिक का निर्माण संभव हो सके। पत्रों ने साहित्यिकों को एक मंच प्रदान किया। कथा-साहित्य, कविता, निबंध, परिचर्चा, विश्व-राजनीतिक घटनाचक्र पर बहस आदि को यहाँ प्रमुखता मिली थी। राजनीति के क्षेत्र में विचार केवल ब्रिटिश साम्राज्य में ही केन्द्रित नहीं होते थे वरन् अमेरिका, पश्चिमी यूरोप, सोवियत रूस आदि को भी अपने दायरे में समेटते थे। पहले विश्वयुद्ध के पश्चात् कैप्टेन सिप्रियानी का जो मजबूत मजदूर आन्दोलन चला था उसकी जड़ें कुछ-कुछ पहले विश्वयुद्ध के अनुभव, रूसी क्रान्ति, बड़ी मन्दी आदि में भी थीं। इन प्रेरणाओं ने रचनाकारों को अपने देश के विषय में लिखने के लिए उत्साहित किया। इसके साथ ही देश के लिए राजनीतिक स्वाधीनता का संघर्ष भी चल रहा था। 'बीकन' में अफ्रीका और भारत में ब्रिटिश साम्राज्यवाद के विरुद्ध चलाये जा रहे गाँधी के उस आन्दोलन के बारे में जानकारी दी जाती थी जिसने उन्हें जननेता बना दिया था। 'बीकन' ने पाँच अंकों तक लगातार विशेष 'भारत' खण्ड छापा था जिसमें ट्रिनिडाड में भारत से आकर बसी जनसंख्या की रुचियों को ध्यान में रखा जाता था। 'बीकन' ने महसूस किया था कि भारतीयों की एक विशिष्ट संस्कृति है जिसे अवश्य ही रेखांकित किया जाना चाहिए। अफ्रीका के बारे में लिखे आलेखों से वेस्ट इंडीज में अफ्रीका से आकर बसे काले लोगों को अपनी संस्कृति पर गर्व करने की प्रेरणा और आत्मतुष्टि मिलती थी। ये काले लोग दुनिया की किसी भी जगह के काले लोगों की ही भाँति तेज़ और प्रासंगिक हैं। 'बीकन' ने जनता की शिक्षा को भी ध्यान में रखा तथा कला, विज्ञान, फ़िल्म, संगीत-संबंधी लेख और समीक्षाएँ प्रकाशित कीं। वेस्ट इंडीज से निकलनेवाली पत्रिकाओं ने 'कहानी प्रतियोगिताएँ' आदि भी आयोजित कीं और इस बात को सामने रखा कि कहानियों में वेस्ट इंडीज का वातावरण रखा जाए। इससे यहाँ के लेखन में एक ओर साहित्यिक परजीविता और पराधीनता से मुक्ति मिली तो दूसरी ओर आत्मविश्वास भी बढ़ा। सी. एल. आर. जेम्स की कहानी 'फतह' (Triumph) के बारे में टिप्पणी की गयी कि यह अंग्रेजी की परंपरा से दूर जाने का प्रयास है। ट्रिनिडाड के लेखक इस बात

के प्रति पूर्णरूप से सचेत थे कि उन्हें अपने वेस्ट इंडीज के देशी साहित्य का निर्माण करना है और वे इस मामले में अन्य कैरीबियन देशों से आगे हैं। ट्रिनिडाडवासियों को इस बात का गर्व है कि जैसे अमेरिका में वाल्ट ह्विटमैन आदि ने वहाँ राष्ट्रीय साहित्य का निर्माण किया वैसे ही उनके यहाँ भी डेरेक वॉल्कॉट और वी. एस. नायपॉल-जैसे साहित्यकारों ने अपने देश के वातावरण और वहाँ की आत्मा को लेकर महत्त्वपूर्ण लेखन किया है।

अंग्रेज साम्राज्यवादियों ने द्वीपों में निम्नवर्ग का ऐसा समूह ही निर्मित कर दिया था जो बैरकों में रहता था। वहाँ गरीबी, बदहाली और अनैतिकता का अखंड साम्राज्य था। अब ये बैरक नहीं हैं या अगर मिलेंगे भी तो अपवाद स्वरूप और अवशेष प्रायः ही। बैरकयार्ड की जिन्दगी का यथार्थ वातावरण निर्मित करने के लिए अल्फ्रेड मेंडिस जैसे लेखकों ने खुद वहाँ कमरा किराये पर लिया और लम्बे समय--छह-छह महीने--तक वहाँ रहकर अनुभव प्राप्त किये। एक विशिष्ट वातावरण वाली बैरक यार्ड की जिन्दगी का अपना ही अर्थशास्त्र और समाजशास्त्र था जिसने लेखकों का ध्यान अपनी ओर तीव्रता से आकृष्ट किया था। बूर्जुआ समाज को बैरकयार्ड के सेक्सगत, नैतिक तथा सामाजार्थिक मूल्य जैसे चुनौती देने वाले थे। लेखकों ने इस जीवन के चित्रण में दो-टूक यथार्थवादी शैली अपनायी। इस तरह उनकी रचनाएँ जीवन के सीधे-सच्चे अनुभवों से निकली हैं। हालाँकि कम लेखकों ने ही कोई राजनीतिक पक्ष मुखर होकर लिया है, फिर भी उनकी रचनाएँ शोषण और गरीबी की भयावह तस्वीरों को इस तरह प्रस्तुत करती हैं कि वहाँ शोषण के अन्त अथवा स्थितियों में बदलाव की तीव्र इच्छा स्वतः अनुभूत होती है।

वेस्ट इंडीज के लेखकों में एक खास बात यह देखने को मिलती है कि स्थापित होते ही वे अमेरिका, इंग्लैंड या कैनेडा में आप्रवास करने लगते हैं। संभवतः प्रकाशन एवं आजीविका की विशेष सुविधाओं के चलते वे वैसा करते हैं। आर. ए. सी. डीबिसिए ने ऑस्ट्रेलिया में आप्रवास किया और वहीं से अपने उपन्यास प्रकाशित किये। यद्यपि उनकी रचनाएँ (Crown Jewel, 1952, Rum and Cocacola 1956, No saddles for Kangaroos 1964) चीनी सहित आठ भाषाओं में अनुवादित हो चुकी हैं, और उपनिवेशवाद तथा साम्राज्यवाद विरोधी अपने रवैये तथा महत्त्वपूर्ण लेखन के बावजूद, वे उतना यशलाभ नहीं कर सके जितना अमेरिका, इंग्लैंड और कनाडा में रहने वाले लेखकों ने किया। इसका एक कारण संभवतः भौगोलिक दूरी भी है। रोज़र मैस, वी. एस. रीड, जॉर्जलैमिंग, डेरेक वॉल्कॉट, वी. एस. नायपॉल, सेम्युएल सेल्वन, एडवर्ड ब्रैथवेट, विल्सन हैरिस आदि ने साहित्यिक लोकप्रियता हासिल की। इन्होंने किसानों और नगरवासियों सबके जीवन के अन्तरंग अनुभवों की पड़ताल की है। ये अच्छी तरह जान चुके हैं कि अतीत के संघर्ष को लेखन का एकमात्र विषय नहीं बनाया जा सकता। कोई भी लेखन वर्त्तमान की

चुनौतियों से मुँह नहीं मोड़ सकता।

वेस्ट इंडीज के लेखकों की रचनाओं में यहाँ के समाज की समस्याओं और विशेषताओं की तसवीर है। अब हालाँकि ज्यादातर देशों की आर्थिक-राजनीतिक स्थिति बेहतर है, औसत शिक्षा, आय और जीवन-स्तर की दर बहुत ऊँची है, समाज और शासन में जाति, नस्ल या लिंग-भेद नहीं है, फिर भी यहाँ की कुछ अपनी समस्याएँ हैं। ड्रग्स (नशीले पदार्थों) का सेवन और तस्करी, शराबखोरी, सेक्स और धन से जुड़े अपराध और हत्याओं में भी बेहद बढ़ोतरी होती जा रही है। पश्चिमी सभ्यता से लोग आक्रान्त हैं, उसका अंधाधुंध अनुकरण करते हैं और आम प्रवृत्ति अमेरिका, इंग्लैंड और कैनेडा में जा बसने की है। धर्म और भाषा के रूप में ईसाइयत और अंग्रेजों ने इस सदी के पूर्वार्ध तक अपना वर्चस्व स्थापित कर लिया था, पर अब लोगों में अपनी धार्मिक-भाषिक जड़ों की पहचान के प्रति आग्रह देखा जा रहा है। हिन्दी, संस्कृत, चीनी, पुर्तगाली, स्पैनिश आदि भाषाओं को सीखने के प्रति लोगों में ललक दिखायी पड़ती है। जीवन में विविध संस्कृतियों की अभिव्यक्ति के साथ ही जातीय एकता की ओर लोगों की रुझान है। विवाह जैसी संस्था को लेकर भारतीय जीवनमूल्य और आदर्श यहाँ चर्चा में हैं।

कभी वी. एस. नायपॉल ने वेस्ट इंडीज की किसी भी उपलब्धि (जबकि वे खुद या कि उनका साहित्य ही अपने आप में उपलब्धि है) की ओर से आँखें मूँदते हुए कहा था कि 'इतिहास उपलब्धियों और नवनिर्माण के आसपास बनता है जबकि वेस्ट इंडीज में कुछ भी निर्माण नहीं हुआ।' भारतवासी नायपॉल को उनके नकारवादी रुख–सिनिक अप्रोच–रखने वाले के रूप में ग्रहण करते हैं जबकि मेरे विचार से नायपॉल पूर्णतावादी–पर्फेक्शनिस्ट हैं। फिर भी उनके इस कथन से, जाहिर है कि, सहमत होना कठिन है। खुद 'वेस्ट इंडीज साहित्य' की अवधारणा, वेस्ट इंडीज के देशों के महासंघ की सक्रियता, पैन म्यूजिक, कैलिप्सो, सोका म्यूजिक (सोल +कैलिप्सो), चटनी (नृत्य गीत), विश्वप्रसिद्ध कार्निवाल (अब तो कई विश्वसुन्दरियाँ भी!), क्रिकेट (तथा अन्य ओलंपिक / विश्व पदकों से सम्मानित खिलाड़ी), अफ्रीका-भारत-चीन-जैसे सांस्कृतिक स्रोतों से अपने संबंधों की गहरी पहचान आदि ऐसी मुखर उपलब्धियाँ हैं जो श्री नायपॉल के तर्क को पोला बना देती हैं।

आज क्यूबा से लेकर गयाना तक, उत्तरी और दक्षिणी अमेरिका के बीच समुद्र की गोद में और ऊपर भी फैले वेस्ट इंडीज के लेखन के मद्‌देनजर 'वेस्ट इंडियन लिटरेचर' अर्थात् एक राष्ट्रीय साहित्य के सशक्त अस्तित्व की चर्चा होने लगी है। यद्यपि उत्तर शती में ये सभी देश स्वतंत्र और सार्वभौम हो गये फिर भी ये सभी देश छोटे हैं और राजनीतिक रूप से अभी महत्त्वपूर्ण ताकत नहीं बन पाये हैं। बड़े देशों और महाशक्तियों के दबावों को झेलने की पूरी सामर्थ्य उनमें विकसित नहीं हो पायी है। क्षेत्रफल और जनसंख्या कम होने से उत्पन्न समस्याएँ और लाभ भी उन्हें मिलते

हैं। वेस्ट इंडीज के देशों के लिए 'अनेकता में एकता', 'इन्द्रधनुषी साहचर्य' जैसे विचार भी कारगर हैं। इन देशों का लेखन बहुत-कुछ समान समस्याओं और अनुभवों को व्यक्त करने वाला भी है। वेस्ट इंडीज के लेखन की एक विचित्र स्थिति यह है कि माध्यम भाषा (अंग्रेजी) के कारण यह पाश्चात्य साहित्यिक परंपराओं को भी स्वीकारता है मगर सांस्कृतिक जड़ों और अनुभवों की दृष्टि से यह तीसरी दुनिया के देशों की परंपरा में पड़ता है। दरअसल इन दोनों के तनाव में से ही वेस्ट इंडीज के लेखन तथा उसकी विशिष्ट काव्य भाषा की पहचान भी उभरती है।

# वेस्ट इंडीज का कहानी साहित्य

❑ कैनेथ रामचंद

सही शास्त्रीय अर्थ में अगर देखा जाय तो एक भी वेस्ट इंडियन 'उपन्यासकार' नहीं मिलेगा,–दरअसल उपन्यासकार के भेस में सभी कहानीकार ही हैं–और न सही तौर पर कोई वेस्ट इंडियन उपन्यास ही है–उपन्यास के नाम पर ऐसी भ्रामक रचनाएँ मिलती हैं जिन्होंने वस्तुतः अपने भीतर निहित लचीली प्रकृति वाली कहानियों से ही रूपगठन प्राप्त किया है। अतः जरूरी है कि इन्हें विशिष्ट प्रकृति का वेस्ट इंडियन-निर्मित उपन्यास कहा जाय क्योंकि ये ऐसी विस्तारित कथाकृतियाँ हैं जिनके लिए 'कहानी' शब्द का प्रयोग नहीं हो सकता। लेकिन अगर ये उपन्यास (इस सीमित घेरे वाले शब्द के सामान्य अर्थ में) हैं तो कहना होगा कि ये भिन्नता लिये हुए उपन्यास हैं।

मैं जो कहना चाहता हूँ उसका एक आरंभिक और अच्छा उदाहरण है सैम सेल्वन का 'अकेले लन्दन वासी' (The lonely Londoners, 1956) जिसे प्रायः प्रसंगपरक, अथवा सुबद्धता-रहित, बताकर खारिज़ कर दिया जाता रहा है। 'प्रसंगात्मक' होने का मतलब यह नहीं कि रचना अनिवार्यतः असंतोषप्रद ही हो। अगर ऐसा होता तो कतिपय जाने-माने वेस्ट इंडियन उपन्यास यहाँ की ट्रॉपिकल झाड़ियों में शर्म से अपना मुँह छिपा रहे होते। विक रीड का 'नया दिन' (New Day, 1949) और जॉर्ज लैमिंग का 'मेरी चमड़ी के किले में' (In the Castle of My Skin, 1953), रोजर मैस के 'पहाड़ परस्पर प्रसन्न थे' (The Hills were Joyful Together, 1953) और 'भाई आदमी' (Brother Man, 1954) तथा विल्सन हैरिस का 'मोर महल' (Palace of the Peacock, 1960)–सभी 'प्रसंगात्मक' हैं। एक तरह से देखा जाय तो सभी उपन्यास प्रसंगात्मक होते हैं। फिर तो 'ओडिसी' (The Odyssey)-जैसे महाकाव्य भी कहानियों के गुच्छे से कम या ज्यादा कुछ नहीं होंगे।

मेरे विचार से इस तरह का मुद्दा उठाना तर्क संकत है। वी. एस. (विद्याधर) नायपॉल का 'विश्वास जी के लिए घर' (A house for Mr. Biswas, 1961)

प्रसंगात्मक तो है पर ढीला नहीं है। यह तीन पीढ़ियों तक फैला है और जब यह एक आदमी के जीवन को गहराई से चित्रित करता है तो हमें छोटा-सा टापू (ट्रिनिडाड-अनु) भी किसी विस्तृत स्थान की तरह महसूस होता है। यह प्रसंगात्मक इसलिए है क्योंकि इसके पीछे का दिमाग प्रसंगों का निर्माण उपन्यास के ढाँचे में फिट होने के लिए ही कर रहा है, न कि उन्हें आपस में जुड़ी हुई कहानियों की शृंखला के रूप में रखना चाहता है।

'दि लोनली लंडनर्स' को ही देखिए। इस उपन्यास का व्याकरण और तर्क स्पष्टतः वेस्ट इंडीज की दो परंपराओं में से निर्मित हुए हैं : कहानी कहने और अभिनीत करने की एक पुरानी, पूर्वजों की, परंपरा; तथा कहानी लिखने की नयी प्रवृत्ति। इस नयी प्रवृत्ति का सूत्रपात एक ऐसी स्थिति में किया गया था जहाँ जीवित और सक्रिय परंपरा विद्यमान थी, अतः यह उस परंपरा पर लम्बे समय के लिए अधिकारपूर्वक हावी नहीं हो पायी। इस तरह यह अवश्यंभावी था कि बाद में, जैसा कि वेस्ट इंईडाज में हमेशा होता है, दोनों परंपराएँ मिलें और एक रूप हो जाएँ। प्रस्तुत उदाहरण में देशी परंपरा इतनी लचीली, इतने पक्के रंगवाली और इतनी निरन्तर प्रभावी थी कि हम इसके नवोदित संकर रूप को स्वदेशी कह सकते हैं। मेरा तर्क यह है कि वेस्ट इंडीज की विशिष्ट कहानी-परंपरा है जो लगभग 1950 के दशक तक हावी रही। यह परंपरा उस समय भूमिगत हो गयी जब 1950 के दशक में हमारे लेखक उपन्यासकार बनकर लन्दन जा बसे–किन्तु उपन्यास को पुष्ट करने में परंपरा सक्रिय रही। ठीक 1980 के दशक तक अनेक वेस्ट इंडियन उपन्यासों की प्रसंगात्मक विशेषता, तथा जो उपन्यास प्रसंगात्मक नहीं थे उनमें कहानी तत्त्व की प्रधानता, इस बात की सूचक है कि वेस्ट इंडीज के कहानीकार की कहानी के प्रति सहज प्रवृत्ति है।

मैं 'प्रसंग' और 'कहानी' (Episode&Short Story) जैसे पदों को मिला नहीं रहा। मुझे वैसे लोगों के विवादास्पद संसार के भीतर घुसने में कोई दिलचस्पी नहीं है जो साहित्य के बारे में सिद्धान्त इसलिए बनाते हैं क्योंकि पुस्तकें पढ़ नहीं पाते। मैं 'उपन्यास' अथवा 'कहानी' की परिभाषा प्रस्तावित करने का साहस भी नहीं करूँगा। इन शब्दों के आशय का अच्छा-खासा पता हर किसी को है। मेरा केवल यह मुद्दा नहीं है कि वेस्ट इंडीज के आप्रवासी बने लेखक कहानी लिखना जारी रखे रहे (और खुद को उपन्यासकार के रूप में साबित कर लेने के बाद कहानी-संग्रह प्रकाशित कराने लगे) बल्कि यह कि वेस्ट इंडीज का लम्बे गद्याख्यानों का रूप कहानी की परम्परा से गहराई से प्रभावित हुआ है–उससे कहीं ज्यादा जितना देखने की हमारी आदत रही है।

अर्ल लवलेस का 'दानव नाच नहीं सकता' (The Dragon can't dance) उपन्यास के अलावा कुछ नहीं कहला सकता, फिर भी हर अध्याय अपने-आप में

कहानी भी है और एक बड़ी कथा का वैसा हिस्सा भी जिसे पता है कि किधर जाना है। नायपॉल की प्रयोग-कुशलता में भी अनेक बार ऐसी स्थिति मिलती है जिसे मैं बताना चाहता हूँ। उनकी पहली किताब थी 'मिजेल स्ट्रीट' (Miguel Street, 1959) जो एक काल्पनिक गली के निवासियों को केन्द्र में रखकर लिखी गयी कहानियों का संग्रह थी। नायपॉल ने छोटे कलेवर की कथाओं के दो और संग्रह निकाले—'टापू पर झंडा' (A Flag on the Island, 1967) जिसमें बेहतरीन रचना 'पहरेदार की विवरण पुस्तिका' (The night watchman's Occurance Book) भी है, तथा 'आजाद देश में' (In a Free State, 1971) जिसकी तीन मुख्य रचनाएँ उत्तर-औपनिवेशिक स्थिति को लेकर हैं—पहली वाशिंगटन में रह रहे एक भारतीय को लेकर, दूसरी लन्दन में भारतीय मूल के ट्रिनिडाडवासी को लेकर तथा तीसरी तथाकथित स्वतंत्र अफ्रीकी देश में एक अंग्रेज को लेकर लिखी गयी लम्बी कथा (उपन्यासिका?) है। इन तीनों कथाओं के आगे-पीछे प्रस्तावना और परिशिष्ट रखे गये हैं। कथात्मकता की रक्षा करते हुए भी नायपॉल 'उपन्यास' (प्लाट का स्थापत्य) नामक स्मारक की, निष्ठुरता और सूक्ष्मता के साथ, जड़ खोदते हैं। यह प्रवृत्ति विशेष रूप से उनकी आत्मकथात्मक रचना 'आगमन की पहेली : एक उपन्यास' (The Enigma of Arrival : A Novel) में भी जारी है। इस मजाक और चुनौती को उनकी नवीनतम कृति 'दुनिया में राह' (A Way in the World) तक खींचा गया है जिसे नॉफ (Knopf) ने यह कह कर छापा कि "पिछले सात वर्षों में यह उनका पहला उपन्यास है, लेकिन इसका वितरण इंग्लैंड में क्रमकथा (Sequence) के रूप में होने वाला है।" नायपॉल के उपन्यास-संबंधी इस व्यवहार के विषय में किसी को अन्दाज नहीं हो सकता था। मैं यह नहीं कहता कि कहानी-संबंधी वेस्ट इंडियन (कैरीबियन) धारणा तथा लम्बी कथाकृतियों के रूप के बीच कोई अनिवार्य सम्बन्ध ा हर मामले में रहता ही है। फिर भी...इन अनुमानों को बीच में ही छोड़कर अब मैं यह बताना चाहता हूँ कि इन द्वीपों में कहानी कैसे पिछले तीन सौ वर्षों में, 1950 के दशक तक, विकसित हुई और फिर यह कि 1980 के दशक से कहानी कैसे वेस्ट इंडीज के लेखन पर हावी रही। अगर हम अपने निरीक्षण को नये लेखकों तक ही सीमित रखें तो पाएँगे कि यह प्राधान्य या हावीपन महिला रचनाकारों के प्राधान्य से मिलता-जुलता है। थोड़ी हिचक के साथ कहना चाहूँगा कि नारी संवेदना और कहानी कहने की संस्कृति में एक तरह का संबंध है...जबकि कहानी की प्रधानता अंशतः जीवन-व्यवहारों और संपूर्ण आधुनिक विश्व की कार्य-स्थितियों में निहित है। मैं दिखाना चाहता हूँ कि वेस्ट इंडीज में इसका वर्तमान प्रस्फुटन उस प्रवृत्ति की वापसी का प्रतिनिधित्व करता है जो 1950 के दशक में (राइस (Rhys) और सेल्वन (Selvon)-जैसे कहानी लेखकों के रूप में) वेस्ट इंडीज के लेखकों के लन्दन जा बसने से हट गयी थी तथा बाधित हुई थी।

आधुनिक वेस्ट इंडियन कहानी, और संयोग से समस्त वेस्ट इंडियन गद्य की पूर्व स्थिति तीन सौ साल पहले जाती है। इसके साहित्यिक भाग में ऐतिहासिक स्रोतों से प्राप्त तथा उनमें निहित अनेक घटना-प्रधान कथाएँ तथा नाट्यात्मक (और स्वतः नाट्यमय) विवरण मिलते हैं, जैसे—आरंभिक इतिहास, मिशनरियों के विवरण, जर्नल, यात्रावृत्तांत, सरकारी रिपोर्टें, अखबार, पर्चे, द्वीपों से प्रकाशित पुस्तकें और पत्र-पत्रिकाएँ तथा दास-प्रथा के पक्ष, विपक्ष से जुड़ी संस्थाओं का लेखन।

इन समस्त आरंभिक रचनाओं के लेखक वेस्ट इंडियन नहीं हैं और न वे सचेत भाव से वेस्ट इंडियन साहित्य की नींव डाल रहे हैं। उनमें से कुछेक के प्रयत्न उस मिश्रित भाषा का प्रतिनिधित्व करते हैं जिसे हम निर्माणावस्था की क्रियोल भाषा के रूप में पहचानते हैं। इस पर खराब और भ्रामक अंग्रेजी का ठप्पा लगाया जाता है और, किंचित् विनोदपूर्वक, काले लोगों के बड़े-बड़े शब्दों और बड़बोले मुहावरों के प्रयोग के प्रति रुझान को लक्ष्य किया जाता है। लेकिन यह नहीं सोचा जाता कि यह अच्छी अंग्रेजी लिखने का उतना प्रयास नहीं जितनी अफ्रीकी वाचिक परंपरा से जुड़ने की कोशिश हो सकती है। (जैसे हैस्केट बेल Hesketh Bell)। वे भौतिक तथा सांस्कृतिक अन्तरों को दर्ज करते हैं, यद्यपि वे अनजान होकर लेकिन बाहर से, सांस्कृतिक श्रेष्ठत्व के भाव के साथ, लिखते हैं। इस जोम में वे लोगों के वर्णनों, विश्वासों, अंध धारणाओं और रिवाजों—विशेषकर अंतिम संस्कार-संबंधी रिवाजों—की परीक्षा करते हैं। वे गुलाम और आजाद काले लोगों, गिरमिटिया लोगों के कार्यकलापों के बारे में कहानियाँ कहते हैं (जैसे बार्कले, एडवर्ड्स, एटवुड, रैम्पिनि, फ्रौडे, मरे डी ला बेचे) और किंचित् हताशा के साथ अश्वेतों तथा प्रभावशाली श्वेत क्रियोल स्त्रियों के ढंग को दर्ज करते हैं। (जैसे एडवर्ड लोंग Edward Long)। वे प्रकृति, लैंडस्केप तथा कृषि जीवन के सूक्ष्म वर्णनों तक उठते हैं। लेखन के ये स्फोट कम-से-कम एक पृष्ठभूमि अवश्य तैयार करते हैं। वेस्ट इंडियन प्रामाणिक लेखन में रोचक निरन्तरताएँ विद्यमान मिलती हैं। रूप अथवा शिल्प की दृष्टि से कथा से इतर जो पाठ मिलते हैं और उनमें जो प्रसंग, विषयांतर अथवा स्वयंपूर्ण खलीते हैं वे मोटे तौर पर कहानी के चिह्न ही तो हैं। इस समय की कम-से-कम एक कहानी बची हुई है, 'कर्गी का अंतिम संस्कार उर्फ पुराना बुशा' (Curgy's funeral, or The Old Time Busha) जो किंगस्टन, जमैका से 1955 में प्रकाशित 'सेलेक्शंस फ्रॉम दि मिसलेनियस पोस्टह्यूमस राइटिंग्स ऑफ फिलिप कोहेंने लैबाट इन प्रोज एण्ड वर्स' में संगृहीत है।

इस शुरूआती लेखन के अतिरिक्त हमें वाचिक पूर्व-वृत्तांत मिलते हैं, जैसे गीत और कथा, संगीत और नृत्य—साथ ही आध्यात्मिक वृत्तियों से भरी हुई सांस्कृतिक धरती तथा एक ऐसा सामाजिक परिवेश जिसमें कहानी की भूख उतनी ही अधिक थी जितना अधिक कहानी कहने में आनन्द था। कथा-परंपरा में वैसी ऐय्यारी की कहानियाँ भी थीं जिनमें मायावी नायक होते थे जिनकी प्रतिबद्धता आत्मरक्षा और

नैतिकता के बीच झूलती रहती थी। कुटिल परीकथाएँ थीं जिनमें हब्शियों का जादू, कपटी, एकबग्गू मूर्ख, तरह-तरह के टोने तथा अन्य अतिप्राकृतिक चीजें होती थीं। झूठे गप्पों की भी एक परंपरा थी जैसे कि शेंखीमार कहानियों में डींगें हाँकने और शब्दाडंबर की प्रवृत्ति, अथवा उस गुलाम का सफेद झूठ जो नहीं समझ पाता कि अपनी कमीज में तो उसने पत्थर छिपाये थे लेकिन वे गोरे के आलुओं में कैसे बदल गये! इस कथा-भंडार में बाद में चलकर जुड़ीं--विभिन्न बोलियों की हास्य कथाएँ, भारतवंशियों के बीच प्रचलित कहानियाँ, छोटी कहानियाँ, बिरहा, आल्हा तथा आंचलिक कहानियाँ, और हाँ, कैलिप्सो। इन वैविध्यपूर्ण कथारूपों ने कहानी सुनने-सुनाने की प्रवृत्ति को मजबूत करने के अलावा कथा कहने के अन्दाज और श्रोताओं की भागीदारी के नमूने पेश किये जो आज की साहित्यिक कहानी की सूचना देते हैं। इनमें से कुछ लोक कथाओं, कहानियों और गीतों के प्रकार या तो इतिहासों तथा उपरोक्त अन्य वृत्तान्तों में जड़ जमाये हैं अथवा यूरोपियनों के द्वारा विभिन्न संकलनों में जमा किये गये हैं। यदि वेस्ट इंडियन कहानी को हम लेखन और वाचिक परम्पराओं के संगम की अत्यंत विशिष्ट साहित्यिक उपज मानते हैं तो ये संकलन भाषा के दोनों (लिखित-वाचिक) प्रकारों के बीच बढ़ती हुई आत्मीय टकराहट की आरंभिक कड़ी के रूप में देखे जा सकते हैं।

उन्नीसवीं सदी के अंतिम तथा बीसवीं सदी के आरंभिक दौर में अखबार, पत्रिकाएँ तथा अन्य स्थानीय प्रकाशन कहानी (अथवा कहानी जैसे लेखन) के महत्त्वपूर्ण भंडार बन गये जहाँ एक ओर ये स्थानीय प्रकाशन मुख्यतः खाते-पीते वर्ग के सामाजिक, सांस्कृतिक तथा आर्थिक हितों को प्रतिबिंबित करते हैं, वहीं उनमें 'आजाद' आबादी के कारनामों की 'खबरें' भी शामिल हैं जिन्हें चाहे तो कोई कैलिप्सो-गीतों की सामग्री कह सकता है। (जैसे दंगे, उपद्रव तथा वैसी अदालती कार्यवाहियाँ जिनमें न केवल काली और गोरी जनसंख्या लिप्त है बल्कि उग्र गड़ाँसा पसन्द भारतीय भी)। कतिपय धार्मिक और सांस्कृतिक गतिविधियों के गौण किस्म के वर्णन-विवरण तथा विभिन्न जाति, रंग, वर्ग के लोगों के बीच परस्पर संपर्क के वर्णन भी प्राप्त होते हैं। कुछ द्वीपों के समाचारपत्रों में स्थानीय घटनाओं एवं ताजी खबरों से संबंधित क्षेत्रीय बोलियों में लिखी गद्य और पद्य रचनाओं को स्थान दिया जाता था। ऐसी रचनाओं में वास्तविकता और कल्पना, विवरण और अन्वेषण के बीच की सीमारेखा को निर्धारित करना कठिन है, औरं समय बीतने के साथ उनमें से कई तो रेखाचित्र या कहानी-जैसी जान पड़ती हैं।

यही है वह पृष्ठभूमि और सन्दर्भ जिसमें से 'लाल दवा' (Maroon Medicine, 1905) नाम से एक वेस्ट इंडियन लेखक इ. ए. डॉड (E.A. Dodd) का लघुकथा-संग्रह सामने आया। इन कहानियों का परिवेश ग्रामीण है और इनके पात्र लेखक के द्वारा नियंत्रित और अंकित ऐसी बोली बोलते हैं जो बोली के गहरे स्तरों से लेकर जमैकन अंग्रेजी तथा साहित्यिक जमैकन की बहुरंगी छवियाँ मुखरित करती

है। यह लेखक के भाषा पर अधिकार का द्योतक है।...अपनी भूमिका में डॉड घोषित करते हैं : "मैंने किसी भी तरह से नहीं छुआ है सामाजिक समस्याओं–बल्कि कहना चाहिए–समस्या को, जो इन ट्रापिकल देशों की जिन्दगी का चित्रण करने वाले सभी लेखकों का ध्यान खींचती ही है।" डॉड गरीबी, जाति-भेद या रंग-भेद को नहीं पकड़ते मगर जल्दी ही परवर्त्ती कथाकारों के द्वारा तीव्रता और स्पष्टता के साथ सामाजिक, राजनीतिक और सांस्कृतिक विश्लेषण किया गया जो वेस्ट इंडियन कहानी की विशिष्ट पहचान बन गया। लेकिन हास्य-विनोद और व्यंग्य भी वेस्ट इंडियन कहानी के चारित्रिक तत्त्व हैं। यहाँ केवल 'पहाड़ी क्षेत्र के मजदूर वर्ग के जीवन का विनोदी और खुशनुमा पहलू' ही नहीं चित्रित हुआ है बल्कि एक अलग ढंग की सामाजिक जागरूकता भी है। मिस्टर ग्रीन जैसे चरित्र के द्वारा यहाँ सांस्कृतिक अनुकरण जैसे अत्यंत महत्त्वपूर्ण प्रश्न को उठाया गया है। वाटसन का चरित्र ज्यादा वास्तविक, जमीन से जुड़ा और देसी है।

'लाल दवा' के पश्चात् अनेक ऐसे संग्रह स्थानीय तौर पर प्रकाशित हुए जो जमैका में कहानी की मजबूत परंपरा के प्रमाण हैं जैसे–ए. एम. जेम्स का 'कैसिग का खजाना' (The Cassique's Treasure and Other Stories, 1920), सेसिली ह्वाइट-स्मिथ का 'मैदानी इलाके के लिए बारिश' (Rain for the Plains and the other Stories, 1943), आर. एल. सी. आरॉन्स का 'हँसने वाली गाय' (The Cow that laughed, 1944), ए. लिण्डो के 'काँसा' (Bronze, 1944) तथा 'मेरा दिल गा रहा था' (My heart was singing, 1945) तथा रोजर मैस का 'और ज्यादातर लोग' (And Most of All Man, 1945)। साथ ही पायनियर प्रेस का संकलन, 'चौदह जमैकन कहानियाँ' (1950)। इसी प्रेस द्वारा प्रकाशित अगले संग्रह 'कैरीबियन कहानी संकलन' (Caribbean Anthology of Short Stories, 1953) में अनेक द्वीपों से कहानियाँ संकलित की गयी थीं जिनमें वेस्ट इंडीज के खास रंग-रूप-गंध और रस को उजागर किया गया था। ट्रिनिडाड में श्रीप्रसाद नायपॉल (See Persad Naipaul) का संग्रह 'गुरुदेवा तथा अन्य भारतीय कथाएँ' (Gurudeva And Other Indian Tales, 1943) सामने आया जो ट्रिनिडाड में बसे उस भारतीय समुदाय के लोगों का परिचय देता है जिन्हें बहुत निश्चित रूप से मालूम नहीं है कि वे कहाँ से आये और इस बारे में भी वे अनिश्चित हैं कि उनका आनेवाला कल उन्हें कहाँ ले जाएगा। गयान्ना से 'पुराने जमाने की कहानी' (Old Time Story, 1943) आयी जिसका एक दैनिक अखबार (Daily Chronicle, 1937-1938) की फाइलों से विन्सेंट रॉथ के द्वारा उद्धार किया गया था। 1900 से 1930 ई. के बीच का खोया हुआ साहित्य वेस्ट इंडीज की कहानी की निरन्तरता को प्रमाणित करता है।

यहाँ सबके नाम गिनाने का तो स्थान नहीं है फिर भी यह दिखाया जा सकता है कि किस तरह बिम (Bim, 1942), काइक ओवरल (Kyk-Over-al, 1945-46), फोकस (Focus, 1943-48, 56, 60) जैसी पत्र-पत्रिकाओं तथा बी. बी. सी. के

'कैरीबियन आवाजें' (Caribbean Voices) कार्यक्रम–इन सभी में वेस्ट इंडियन कहानी की सशक्त परंपरा जाहिर होती है। इनसे पहले भी 20 और 30 के दशकों में सभी द्वीपों में कविता और कहानी की उन्नति के लिए समर्पित लघु पत्रिकाएँ थीं। प्रसंगतः यह दौर ऐसा है जिसे शिक्षा, श्रमिक संगठन और संस्कृति के क्षेत्र में वेस्ट इंडियन धारणा अपनाने के लिए जाना जाता है। चूँकि हर द्वीप पर बरतानिया का ही शासन था अतः एक से दूसरे में आने-जाने की आजादी थी। द्वीपों के लिए समान चुंगी थी, समान पासपोर्ट था, समान सिक्का था–संक्षेप में वे सभी चीजें समान थीं जो उस समय विवादास्पद बन गयीं जब आजादी मिलने के बाद–अथवा आजादी की संभावना–से लोग सोचने लगे कि वे एक अलग द्वीप के सदस्य हैं। प्रत्येक द्वीप-राष्ट्र की अपनी सरकार और नागरिक सेवा की स्थापना होने के पहले जो जमाना था उस वक्त वेस्ट इंडियन संबंधों की अधिक वास्तविक अभिव्यक्तियाँ होती थीं। तब पत्र-पत्रिकाओं में आपसी संपर्क था, लेन-देन था। उनमें रि-प्रिंट और एक-दूसरे के विज्ञापन छपते थे। इनका उद्देश्य ऐसे साहित्य को प्रोत्साहन देना था जो जमैकन या ट्रिनिडाडियन भले हो, पर जो वेस्ट इंडियन भी हो। बारबडोस और ट्रिनिडाड के बीच संबंध विशेष रूप से घनिष्ठ था और एक द्वीप की पत्रिकाएँ दूसरे द्वीप के बारे में पाठकों को सदा जानकारी देती रहती थीं। प्रत्येक द्वीप के अखबार भी इन पत्रिकाओं की समीक्षा करते थे, उनके बारे में सम्पादक के नाम पत्र छापते थे–और यहाँ तक कि स्वयं नियमित साहित्यिक खंड भी प्रकाशित करके उन पत्रिकाओं के काम में सहायक बनते थे।

बारबडोस में 'दि आउटलुक' (The Outlook) क्लेनेल विखम (Clennel Wikham) द्वारा अक्टूबर 1931 से 16 मार्च 1932 तक संपादित हुआ। इसी तरह 'वेइ माउथ मैगजीन' (Wey Mouth Magazine) जो ग्लैडस्टन होल्डर द्वारा संपादित था और जिसके 1943, 44, 45 और 49 के कुल चार अंक निकले, फोरम (Forum) जो गॉर्डन बेल (Gordon Bell) द्वारा 1931 से 1945 तक संपादित हुआ और जिसके कुल चौदह अंक थे आदि उल्लेख्य हैं। 'दि फोरम' ग्रुप के प्रमुख सदस्य थे–जे. सी. होप (जो क्लेनेल विखम के मित्र थे), एच. ए. वॉन (H.A. Waughan), गोर्डन बेल और के. सी. लेविस। ट्रिनिडाड के 'दि बीकन' (The Beacon) के समान ही राजनीतिक प्रवृत्ति और लक्ष्य बारबडोस के 'दि फोरम' के भी थे। यह (फोरम) अपनी स्वयं की कहानी प्रतियोगिता चलाता था और दूसरे द्वीपों की पत्रिकाओं में उसे विज्ञापित करता था। 1933 में 'दि कैरिबी मैगजीन' (The Caribee Magazine) जिसके संपादक थे ए. टी. पोलोनॉय (A.T. Pollonais) में भी इसने (दि फोरम ने) एक कहानी प्रतियोगिता आयोजित की थी, जिसकी कोई प्रति उपलब्ध नहीं है। 'दि फोरम' वेस्ट इंडियन लेखकों की किताबों की नोटिस लेता रहता था और दूसरे द्वीपों से प्रकाशित होने वाली पत्रिकाओं का विज्ञापन करता था। संभवतः इसका 'बीकन ग्रुप' के सदस्यों से भी सीधा संबंध था; साथ ही इसने सेंट

विन्सेंट, ग्रैनेडा, बरमूडा, एंटीगुआ और ब्रिटिश होंडुरास तथा सेंट लूसिया से प्रकाशित पत्र 'वेस्ट इंडियन एंटरप्राइज' (The West Indian Enterprise) के सम्पादक लिलीलोखार्ट से भी सम्पर्क बना रखा था। 'फोरम' त्रैमासिक की सितम्बर 1932 संख्या में वेस्ट इंडियन रचनाकारों द्वारा लिखित तथा उनसे संबंधित पुस्तकों की पूरी चर्चा के बाद लघु पत्रिकाओं की समीक्षा की गयी है जिसमें मिस लोखार्ट की प्रशंसा करते हुए कहा गया है : "हमने अब तक 'वेस्ट इंडियन एंटरप्राइज' के जितने भी अंक देखे हैं उनमें इसका जुलाई अंक सर्वश्रेष्ठ है, और यदि इसके भविष्य के अंक इस अंक के स्तर से नीचे नहीं गिरते तो मिस लोखार्ट आश्वस्त हो सकती हैं कि वे वेस्ट इंडीज के साहित्य के लिए अच्छा काम कर रही हैं।" यहाँ यह बता देना उचित है कि बीसवीं सदी के पूर्वार्ध में महिलाएँ कविता, कहानी, लेख लिखने तथा पत्रों का सम्पादन करने में सक्रिय थीं। हालाँकि वेस्ट इंडीज के लुप्त साहित्य और लेखन परंपरा का बहुत कम हिस्सा ज्ञात है लेकिन इससे यह नहीं समझना चाहिए कि वेस्ट इंडीज की महिला रचनाकार चुप थीं अथवा साहित्य ने उन्हें छोड़ दिया था।

ट्रिनिडाड के उदाहरण से यहाँ की सामान्य स्थिति का बेहतर पता चल सकता है। 'वेस्ट इंडियन उपन्यास तथा इसकी पृष्ठभूमि' (The West Indian Novel and It's Background, 1970) नामक पुस्तक में सर्वप्रथम निम्नलिखित सूचनाएँ उपलब्ध होती हैं : 'ट्रिनिडाड' पत्रिका के दो अंक (क्रिसमस 1929 तथा ईस्टर 1930), 'द बीकन' मासिक जो मार्च 1931 से नवम्बर 1933 तक मासिक था और जो पुनः नवम्बर 1939 में निकला—1920 और 1930 के दशकों में शीर्षस्थ ब्रिटिश पत्रिकाओं तथा अन्तर्राष्ट्रीय संकलनों में सी. एल. आर. जेम्स तथा अल्फ्रेड मेंडिस की कहानियाँ छपीं। इनके अतिरिक्त पत्रिकाओं में 'कलालू' (Callalloo) तथा 'पाइकंग' (Picong) सम्पादक ज्याँ द बिस्सिए (Jean de Boisslere), दि क्वार्टरली मैगजीन (सम्पादक ऑस्टिन नोल्टे), दि रॉयेलियन जो पाँच अंकों तक चला तथा जिसका 'बीकन' के साथ विवाद हुआ, 'ट्रिनिडाड गॉर्डियन' के साहित्यखंड का उत्साही फोरम (जो विश्वयुद्ध के बाद सैम सेल्वन के सम्पादकत्व में जारी रहा), दो संयुक्त रूप से प्रकाशित संकलन, 'मा माम्बा एंड अदर स्टोरीज' (ए. एम. क्लार्क तथा ई. एच. कार) तथा 'शॉर्ट स्टोरीज' (ए. एम. क्लार्क तथा आर. सी. ब्राउन, 1939) तथा अलबर्ट एम. गोम्स (1937) द्वारा सम्पादित एक संकलन "फ्रॉम ट्रिनिडाड : ए सेलेक्शन फ्रॉम दि फिक्शन एण्ड वर्स ऑफ दि आइलैंड ऑफ ट्रिनिडाड" इसी आरंभिक दौर की महत्त्वपूर्ण रचनाएँ थीं जिन्हें सामान्य पाठकों तक पहुँचाना जरूरी समझा गया। 1940 तथा 1950 के दशकों की प्रसिद्ध पत्र-पत्रिकाओं ने पूर्व स्थापित परंपरा जारी रखी है।

'दि बीकन' की विषय-सूची से पता चलता है कि कहानी अपने सांस्कृतिक सन्दर्भों से कितने गहरे जुड़ी हुई थी। कहानी (और कविता) के, तथा सिनेमा और चित्रकला समेत दूसरी कलाओं, साहित्यकला और लोकप्रिय संस्कृति (कैलिप्सो,

धर्म, लोकसाहित्य) के बीच बड़ा ही स्वस्थ सम्बन्ध था। 'दि बीकन' में प्रकाशित चौपाल की कहानियों में हम ऐसी विशेषता को पुष्ट होते हुए देखते हैं जो मानो चौपाल के उपन्यास जैसे स्वरूप को सामने लाती है–यहाँ कलाकार की सामाजिक जिम्मेदारी वाला भाव तथा सामाजिक, राजनीतिक और सांस्कृतिक मुद्दों की चिन्ता दिखाई देती है। 'दि बीकन' में, तथा इसके बाद समस्त द्वीपों की पत्रिकाओं में महिला रचनाकारों को छापने में कोई हिचक नहीं दिखाई देती। कैथलीन आर्किबाल्ड की 'कटे पंख' (Clipped Wings) जो 'दि बीकन' में छपी थी, अब भी चौपाल के साहित्य की सर्वाधिक तीखी तथा संश्लिष्ट रचना बनी हुई है। दैनिक अखबारों के सम्पादकीयों तथा पाठकों के पत्रों से जाहिर होता है कि पाठकों के साथ बड़ा जीवन्त संबंध था और उस समय भी चर्च, राज्य और बड़े व्यवसायियों के साथ बराबर विवाद हुआ करता था। तत्कालीन विकसनशील परिदृश्य को और भी समृद्ध करने वाले तीन वेस्ट इंडियन लेखकों–एरिक वालरोंड (Tropic Death, 1926), ज्याँ राइस (The Left Bank, 1927) और क्लाउड मैके (Ginger Town, 1933)–के विदेशों में महत्त्वपूर्ण कहानीसंग्रह प्रकाशित हुए। यदि हम द्वीपों में लिखी जाने वाली अन्य क्षणजीवी रचनाओं के साथ इन्हें लें तो यह कहना सही होगा कि 1950 के पहले वेस्ट इंडियन गद्यकथा का इतिहास वस्तुतः कहानी का इतिहास है। वेस्ट इंडियन कहानी (रॉबर्ट हेरिंग के 'लाइफ एंड लेटर्स' के दो विशेष अंकों–अप्रैल 1948 तथा नवम्बर 1948 में प्रकाशित तथा बी. बी. सी. के 'कैरीबियन वॉयसेज' कार्यक्रम में प्रसारित) की इस सफलता ने वेस्ट इंडियन लेखकों को लन्दन की ओर उन्मुख किया और साथ ही उन्हें उपन्यास विधा की ओर मोड़ा। लेकिन कैरीबियन द्वीपों तथा अपने पाठक वर्ग (जो बहुत क्रुद्ध था) से दूर हटने का अर्थ यह भी था कि संभावित पाठक वर्ग तथा प्रकाशन उद्योग में दरार पड़ जाए और (समाज की प्रचलित) संस्कृति के आपसी संबंध में अलगाव आ जाए।

1950 और 1960 के दशकों में मिटेल होल्जर, माइस और रीड, सेल्वन, कैरियू, लैमिंग और विद्या नायपॉल जैसे लेखकों के अनेक प्रभावशाली उपन्यासों के प्रकाशन ने भावी लेखकों को लम्बे गद्यरूपों को आजमाने के लिए प्रोत्साहित किया, क्योंकि ब्रितानी प्रकाशक इसी विधा में पैसा लगाना फायदेमंद समझते थे। यह देखना दिलचस्प है कि 'वर्षवार ग्रंथ सूची' (Year by year Bibliography) में '1980 के पूर्व लेखकों के संग्रह' के अन्तर्गत वी. एस. नायपॉल के 'ए फ्लैग ऑन द आइलैंड' (1967), माइकेल एन्थोनी के 'क्रिकेट इन दि रोड' (1967), ऑस्टिन क्लार्क के 'ह्वेन ही वाज फ्री एंड यंग एंड ही यूज्ड टु वीयर सिल्क' (1971) और सैम सेल्वन के 'वेज ऑफ सनलाइट' (1973) जैसे संग्रहों को रखा गया जिनके लेखकों ने उपन्यास लिखे हैं तथा उनमें से अधिकांश में कहनियाँ भी हैं जो एक-एक करके पत्रिकाओं में वर्षों तक छपती रही हैं।

हालाँकि कहानी लेखन बन्द तो नहीं हुआ लेकिन उपन्यास अवश्य ही प्रतिष्ठित तथा प्रशंसायोग्य विधा बन गया। 1960 के दशक के एंड्रयू सैल्फी के संग्रहों से पता चलता है कि कैरीबियन द्वीपों में कहानी लेखन की परंपरा 1930-40 के दशकों तक बनी रहती है। 'वेस्ट इंडियन स्टोरीज' (1960) की प्रस्तावना में सैल्फी वेस्ट इंडियन उपन्यास तथा कहानी के सापेक्षिक विकास का प्रश्न तो उठाते हैं, लेकिन कहानी को परिशिष्ट अथवा उपन्यास तक पहुँचाने वाला कदम मानने की प्रवृत्ति तब भी बनी ही रहती है।

लेकिन 1949 से 1970 के बीच के वेस्ट इंडियन उपन्यासों पर नजर डालने से पता चलता है कि उनमें से अधिकांश ऐसे लेखकों द्वारा लिखे गये हैं जिनका झुकाव कहानी की ओर था। ज्यादातर वेस्ट इंडियन उपन्यासों में हम जो तनाव और दबाव देखते हैं वह शिल्प के लिए संघर्ष का संकेत है। मुख्यरूप से यह शिल्प या रूप इसे विरासत में मिला है। दूसरी ओर वेस्ट इंडियन लेखक कहानी विधा के साथ अधिक रमे हुए और इसमें पारंगत हैं, इसे उन्होंने बड़े आत्मविश्वासपूर्वक रूपान्तरित किया है क्योंकि वे इसमें स्वदेशी कहानियों का पूरा फैलाव और कहन की विभिन्न शैलियाँ ला सके हैं। यहाँ की कहानी हमेशा से उपन्यास की अपेक्षा ज्यादा वेस्ट इंडियन रही है।

दुनिया के दूसरे भागों की तरह 1980 के बाद से वेस्ट इंडियन लेखकों द्वारा लिखे गये कहानी संकलनों के प्रकाशन में भी बढ़ोतरी हुई है। फिर भी यहाँ के साहित्येतिहास में इस विधा के स्वदेशी रूप की ओर झुकाव तथा आन्दोलन को पहचाना जा सकता है। इस तथ्य से प्रेरित होकर कैनेथ रामचन्द की 'वेस्ट इंडियन स्टोरीज' (1982) तथा बाद में मर्विन मॉरिस की 'दि फेबर बुक ऑफ कंटेम्परारी कैरीबियन शॉर्टस्टोरीज' (1990) एवं स्टेवर्ट ब्राउन की 'कैरीबियन न्यू वेव' (1990) जैसी पुस्तकें सामने आयीं, जिनमें उक्त प्रवृत्ति को स्पष्टतः चिह्नित किया गया।

पुराने कथाकारों ने पहले उपन्यास ही लिखे थे और फिर उसके बाद ही उन्हें कहानी संकलन प्रकाशित करवाने का सुयोग प्राप्त हुआ था। लेकिन 1980 के दशक के मध्य में बड़ी संख्या में ऐसे लेखक सामने आये जिन्होंने अपना पहला कहानी संकलन ही (पहली पुस्तक के रूप में) प्रकाशित किया। ऑलिव सीनियर की पहली किताब 'समर लाइटनिंग एंड अदर स्टोरीज' (1986), जिसे हाइनमैन ने पेपरबैक में, 'कैरीबियन राइटर्स सीरीज' के अन्तर्गत छापा था, को 1987 का 'कॉमनवैल्थ राइटर्स' पुरस्कार मिला। 'समर लाइटनिंग' की लेखिका में वही परंपरा साँस लेती है जो रोजर माइस (Roger Mai's) तथा अन्य वेस्ट इंडियन कहानी, जैसे ई. ए. डॉड की 'लाल दवा' (1905) आदि की थी। यह बात उनके व्यंग्य-विनोद के लिए बोली के प्रयोग में तथा अनेक जीवन्त चरित्रों, जैसे 'रीयल ओल्ड टाइम थिंग' के पापा, और 'समर लाइटनिंग' के एस्कॉट आदि की उद्‌भावना से स्पष्ट है। किन्तु यहाँ ऐसे सशक्त और स्पष्ट सांस्कृतिक और सामाजिक सन्दर्भ हैं जिनसे संकेत मिलता है कि

सीनियर का ग्रामीण संसार सीमित और बन्द नहीं है अपितु वह पूरी दुनिया के लिए खुला है। यहाँ परिवार टूट चुके हैं और बच्चे बिना देखभाल के बढ़ रहे हैं। 'काने देवता का गाँव' (कंट्री ऑफ दि वन-आईड गॉड) कहानी में हम सतह के ठीक नीचे एक आधुनिक किस्म की हिंसा पाते हैं जो उस समय फूट पड़ती है जब कहानी का गुस्सैल तरुण पात्र जैको अपनी ईश्वर-भीरु दादी के पास आता है। फिर यहाँ किंग्सटन (जमैका की राजधानी) शहर की चमक-दमक और वास्तविकता है जहाँ ऑलिव की कहानियों के ज्यादातर चरित्र आ बसते हैं। और इसके अलावा अमेरिका भी परोक्ष-अपरोक्ष रूप से है : इन ग्रामीण लोगों के मन पर उनके वे मित्र और संबंधी राज करते हैं जो या तो अमेरिका में हैं या अमेरिका से लौटे हैं या अमेरिका जा रहे हैं। अमेरिका से आते हैं वैसे लिफाफे जिनमें रुपयों का उपहार होता है और वैसे पार्सल जिनमें कपड़े, जूते, खाद्य-सामग्री और वैसी सभी चीजें होती हैं 'जिन्हें पाना हो तो उस देश में जाना पड़ता है।'

'समर लाइटनिंग' की ज्यादातर कहानियों के प्रधानपात्र मातृवंचिता छोटी-छोटी लड़कियाँ हैं जो पुरानी पीढ़ी के द्वारा आर्थिक तथा संवेदनात्मक रूप से दरिद्र एवं संकुचित परिस्थितियों में पाली जा रही हैं। इन लड़कियों को खुद उनका अपना अलगाव भी कड़वे और संकीर्ण स्वभाव का बना रहा है। 'क्या परियाँ चोली पहनती हैं' (Do Angels wear Brassiers) कहानी में बेक्का नामक लड़की एक सच्चे और रचनात्मक व्यक्तित्व का प्रतिनिधित्व करती है। बेक्का का चरित्र सतहीपन और शोषण की समस्त शक्तियों के विरुद्ध जीवन की संभावनाओं के प्रति अपनी प्रतिबद्धता व्यक्त करता है। 'बैलेड' (Ballad) में सीनियर का शिल्प प्रयोग एक युवती के जीवनोत्सव को लेकर प्रस्फुटित हुआ है। परम्परागत पिष्टपेषित तौरतरीके की व्यर्थता और शिक्षापद्धति की मूल्यहीनता के चित्रण के माध्यम से बढ़िया हास्य उत्पन्न किया गया है। इस पहले संकलन में स्त्री स्वातंत्र्य की जो चिन्ता है वह सीनियर के दूसरे संग्रह 'नागिन का आगमन' (Arrival of Snake woman, 1989) में और भी सूक्ष्मता और स्पष्टता से व्यक्त हुई है।

इसमें कोई सन्देह नहीं हो सकता कि 'समर लाइटनिंग' की सफलता से आम तौर पर महिला लेखन और विशेषकर कहानी संकलनों के प्रकाशन की संभावना को बल मिला। समर लाइटनिंग के प्रकाशन के बाद के छह वर्षों में वेस्ट इंडियन लेखकों के अठारह कहानी-संकलन छपे। इनमें से चौदह तो उन लेखकों की पहली पुस्तकें हैं। इनमें से नौ महिलाओं तथा पाँच पुरुषों के द्वारा लिखी गयी हैं। 1980 के दशक में जिस वेस्ट इंडियन महिला लेखन का उदय हुआ उसे कहानी की विधा से अलग करना असंभव है। कॉलिन्स और एडिसा की कहानियों में, शिल्पगत विरोध के बावजूद, इस बात पर मानो बल दिया गया है कि स्त्रियाँ खुद को स्त्रियों की तरह देखें और इस तरह एक नारी समुदाय बने। एक सुन्दर कहानी 'फुलस्टॉप' में किंकेड पोलार्ड और एलीसिया मैकेंजी ने एक छोटे परिचित समाज में बड़ी हो रही लड़की

के स्वाभिमान को जगाया है और बगैर किसी भावुकता के, लगभग ऐन्द्र जालिक ढंग से, माँ, दादी और समुदाय के विभिन्न स्वरों का प्रभाव अंकित किया है। लोर्ना गुडीसन की 'बेबी मदर एण्ड दि किंग ऑफ दि शोर्ड्स' कहानी का एक पहलू हैं : स्त्री-पुरुष संबंध तथा वैसे पुरुषों के द्वारा विनष्ट हुए जीवन और सपने जो अतिसंवेदनाहीन संसार में रह रहे होते हैं।

लेकिन महिला कहानीकार केवल स्त्रियों के बारे में ही लिखने तक सीमित नहीं हैं। गुडीसन की 'बेला मेक्स लाइफ' कहानी में अमेरिका जाने तथा अमेरिकी चीजों को हासिल करने की विकृत सनक का ट्रीटमेंट बड़े ही नियंत्रित, विनोदात्मक और प्रभावशाली ढंग से हुआ। पौलीन मेलविल की 'शेपशिफ्टर' कहानी गुयाना में फोर्ब्स बर्नहम द्वारा निर्मित नरक में हो रहे यौन शोषण तथा प्रतिबंधित मानव आत्माओं का चित्रण करती है। समुचित शीर्षक वाली कहानी 'सैटेलाइट सिटी' में एलिसिया मैकेंजी ने जमैका की स्वातंत्र्योत्तर राजनीति की विफलता, उसके अपराधीकरण, नये आर्थिक साम्राज्यवाद के समझौतावादी कार्यक्रमों एवं सांस्कृतिक साहचर्य के द्वारा हो रहे विनाश का विश्लेषण खोजी पत्रकारिता की अन्तर्दृष्टि के साथ किया है। इन रचनाओं के साथ जमैका किंकैड का 'ए स्मॉल प्लेस' को भी रखकर कहा जा सकता है कि वेस्ट इंडियन लेखिकाओं में स्वातंत्र्योत्तर वेस्ट इंडियन समाज के सांस्कृतिक और राजनीतिक भ्रष्टाचारों के बारे में बेहद स्पष्टता और जागरूकता है। ये लेखिकाएँ जो देखती और महसूस करती हैं उसे अभिव्यक्त करने में पुरुष लेखकों की अपेक्षा अधिक ईमानदार और साहसी हैं क्योंकि पुरुष लेखक अधिकांशतः तुलनात्मक रूप से स्वीकार कर लेते हैं कि आज के जमाने में छोटे देशों में स्वायत्तता और व्यक्तिगत स्वतंत्रता का ह्रास होना तथा उनका बड़े देशों का पिछलग्गू बना रहना ही उनकी नियति है।

लेकिन इससे यह नहीं समझना चाहिए कि पुरुष रचनाकारों की कृतियाँ अप्रासंगिक अथवा असंतोषजनक रही हैं। क्लाइड हुसैन (1980), रूपलाल मोनार (1985), नील बिशुनदत्त (1985), विलीचेन (1988), अर्ल मैकेंजी (1991) और एन. डी. विलियम्स (1992) जैसे लेखकों के प्रथम कहानी संकलन ही विभिन्न तकनीकों और शैलियों के प्रभावोत्पादक इस्तेमाल तथा व्यापक विषयवस्तु का कथाक्षेत्र में समावेश किये जाने का परिचय देते हैं। हुसैन के यहाँ लुप्त होते जा रहे संस्कारों की सौम्य स्मृतियों की गूँज मिलती है तो मोनार के यहाँ कुली एस्टेट्स की हिंसा और क्रूरता का भावुकता-रहित चित्रण मिलता है जो सोनी लड्डू के उपन्यासों के संसार की याद दिलाता है। बिशुनदत्त की कहानियों में जमीन से हर प्रकार के बिछोह का निर्मम तथा विचारपूर्वक किया गया तटस्थ प्रस्तुतीकरण प्राप्त होता है।

फिर भी, पुरुष लेखकों में सर्वोत्तम संकलन संभवतः अर्ल लवलेस का 'ए ब्रीफ कनवर्जन' (1988) है जिसमें 'कॉल मी मिस रॉस फॉर नाउ' जैसी ललित, 'जॉर्ज

एंड दि बायसिकल पम्प' जैसी रोचक और मर्मस्पर्शी, 'जोबेल एंड अमेरिका' जैसी क्षेत्रीय एवं मजेदार तथा 'शूमेकर ऑर्नल्ड' जैसी क्लासिक बन चुकी कहानियाँ हैं। व्यक्ति प्रधान कहानियों की शक्ति और गीतात्मकता से कहीं ज्यादा हमारे लिए थीम का महत्त्वपूर्ण होना है। इन संकलनों की कहानियाँ ऐसा मार्ग भी हैं जहाँ एक कहानी दूसरी से मिलकर किसी सुलिखित उपन्यास की भाँति संपूर्ण और संतोषदायक बनती जाती है।

महिला और पुरुष कथाकारों के ये संकलन कहानी के प्रति लगाव का परिचय देते हैं। वे अविस्मरणीय चरित्रों के आनन्द को तथा वाचिक और लिखित के गहरे अन्तस्संबंध को व्यक्त करते हैं। वे इस बात को प्रमाणित करते हैं कि वेस्ट इंडियन लेखकों ने कहानी के रूप को सामाजिक तथा सांस्कृतिक विश्लेषण के औजार के रूप में अपनाया है। सीनियर, मेलविल, एलिसिया मैकेंजी, लवलेस और हुसैन के हाथों कहानी ने मनोवैज्ञानिक तथा आध्यात्मिक गहराइयों को नापने की क्षमता पायी है। लेकिन महत्त्वपूर्ण बात यह है कि ये संकलन ऐसे नहीं लगते जहाँ अनायास अलग और अकेली कहानियों को एक जगह जुटाया गया हो। ये सावधानी से, क्रमपूर्वक सजायी गयी ऐसी संरचनाएँ हैं जो उपन्यास का-सा प्रभाव डालती हैं। कहने का मतलब यह है कि आज के वेस्ट इंडियन लेखक के लिए समाज का गहराई और विस्तार से चित्रण करने तथा महाकाब्यात्मक अपेक्षाओं को पूरा करने में कहानी उतनी ही सक्षम विधा प्रतीत होती है जितना उपन्यास। यही कारण है कि वेस्ट इंडियन लेखक उपन्यास की मृत्यु जैसे विवाद में नहीं पड़ता। क्योंकि जो इस पचड़े में पड़ते हैं वे अपनी समझ को निरन्तर दुर्बोध्य बनाते रहते हैं।

# सोनिया का भाग्य

❑ श्री प्रसाद नायपॉल

उस रात को सोनिया बहुत कम सो पायी। कल ही तो है शादी--जिससे बच निकलने का उसने पूरा-पूरा निश्चय कर लिया था।

उस बोझिल, मन्द रात के लगभग सारे पलों को उसने जाग कर बिता दिया। चीनी और मैदे की बोरियों से बने बिछौने पर वह लेटी थी। माटी के कठोर फर्श पर उसके हल्दी और तेल से लथपथ हुए कपड़ों पर (जिन्हें विवाह के पूर्व हल्दी लगाने की पवित्र रस्म के कारण वह पिछले तीन दिनों से पहने थी) पीले धब्बे पड़ गये थे; उसकी आँखें अक्सर झोंपड़ी के फूस के छप्पर पर टिक जातीं जैसे कि वहीं पर उसकी अपनी उन सारी समस्याओं का समाधान मिल जाएगा जिनको सुलझाने में उसे कठिनाई हो रही थी। जब से उस पर हल्दी चढ़ाने की रस्म शुरू हुई थी तबसे वह एक गहरी अशान्ति में रहने तथा उदास दिखाने लगी थी। मांगलिक ढाक बजने की शुरूआत भी तभी से हुई थी और उसी के साथ-साथ गाँव की आधी महिलाओं ने शादी-ब्याह के मांगलिक गीतों को भी गाना शुरू कर दिया था।

सारा का सारा दिन वह झोंपड़ी के एक कोने में गठरी की तरह सिमटकर बैठी रहती थी--कोई बात किये या हँसे बिना, मानो वह अचानक भूल गयी हो कि यह सब कैसे किया जाता है।

चूँकि विवाह से पहले एक-दूसरे का मुँह देखना वर-वधू के लिए शिष्टाचार व संस्कार का एक अशुभ उल्लंघन माना जाता है इसलिए किसी लड़की का समय यह सोचने में ही सहजता से व्यतीत हो जाता कि पिताजी मेरे लिए कैसा वर ढूँढ़ के ला रहे हैं? कैसे स्वभाव वाली सास के साथ मुलाकात होगी अपनी? ननदें अगर हों तो कैसी होंगी? वह अकेली ही बैठी रहती और अकेली ही सोती क्योंकि दूसरों से अगर घुले-मिले तो उनके चमकीले कपड़े उसके अपने हल्दी-तेल से लिथड़े कपड़ों से लगकर गंदे हो जायेंगे।

इसलिए किसी ने यह भी सोचा नहीं कि सोनिया इतनी बेचैन और उदास क्यों

थी। उसकी संरक्षिका, जिसका विशेष कर्तव्य यह था कि सोनिया की देखभाल करे, जानती थी—जैसे और सब औरतें भी जानती थीं क्योंकि उन सबका भी यही अनुभव रहा था—कि कन्या को किस वक्त रोना चाहिए, या नहीं तो कम से कम चुपचाप विनम्रता बनाये रखना चाहिए। ऐसा वह अपने विवाह के पूर्व दिन नहीं करे तो और कब करेगी? अपने पिता की झोंपड़ी के बदले क्या वह किसी और पुरुष की झोंपड़ी नहीं पा लेगी? क्या वह अगले ही कुछ घंटों में किसी अनजाने की पत्नी तथा उसकी चल संपत्ति नहीं बनने वाली है? उसे केवल पति के रूप में ही नहीं बल्कि मालिक और प्रभु के रूप में भी स्वीकार करना होगा, उसकी हर आज्ञा का पालन करना पड़ेगा। जैसा भी उसका मन चाहेगा वैसा उसके साथ सुलूक कर सकता है—प्यार और रक्षा या फिर प्रहार और पदाघात। सचमुच कोई कठोर और निर्लज्ज लड़की ही अपने विवाह की पूर्व संध्या पर अपनी प्रसन्नचित्त आकृति दिखाने का साहस करेगी।

और सोनिया, वस्तुतः ऐसी नहीं थी।

एकाध बार उसे झपकी भी आ गयी थी। पता ही नहीं चला, कब और कैसे। चाँद की ऊँचाई से उसने समय का अन्दाजा लगाया जो मिट्टी की दीवार में बने गोल-गोल छेदों के बीच में से झलक रहा था। मुर्गे की बाँग से सोनिया ने अन्दाजा लगाया कि रात के दो बजे होंगे। अभी बहुत समय है। एक घंटे से अधिक वह जागती हुई लेटी पड़ी रही, सोचती हुई—बहुत-बहुत सोचती हुई। फिर, एकाएक जैसे कि किसी ऐसी चीज की याद ने डंक मारा हो जिसको वह भूल रही थी, चौंक कर वह होश में आयी और उठ बैठी।

उसकी आँखों में एक नीरव, भाव प्रवण दृढ़ता चुपके से नजर आने लगी। धीरे से उसने कमरे के चारों ओर देखा। दीवार के आले पर रखी छोटी-सी तेल की ढिबरी की धीमी और टिमटिमाती हुई रोशनी में उसने आधे दर्जन औरतों की ओर नजर डाली—विवाह के लिए अभ्यागत और संबंधी एक-दो दिन पहले ही आ गये थे—वे सभी गहरी नींद में सो रही थीं। सब उसी के आसपास इधर-उधर अपने अंग फैलाकर मिट्टी के फर्श पर लेटी हुई थीं। ऐसा लगता था कि जब वे जगी हुई थीं तभी मानो किसी शरारती पिशाच ने अपनी जादू की छड़ी घुमाकर उन्हें अकस्मात् गहरी नींद में सुला दिया हो और वे जहाँ की तहाँ गिर पड़ी हों।

अच्छा है ! तभी अनजाने में सोनिया का हाथ बोरियों के बने तकिये के नीचे कुछ टटोलने लगा और उसने वहाँ से एक बड़ी छुरी निकाली जो लगभग छोटी तलवार के बराबर ही थी। उसने अजीब ढंग से उस हथियार को अपने वक्ष में छिपा लिया मानो कोई बहुमूल्य वस्तु हो।

इसके बाद वह चुपके से खड़ी हो गयी और चोरी-चोरी बिल्ली के जैसे हलके पाँवों से उन सोयी हुई स्त्रियों को लाँघकर सामने वाले दरवाजे की ओर बढ़ी और एक बार अपने पीछे नज़र फेरी ताकि निश्चिंत हो सके कि कोई उसे देख तो नहीं रहा।

अगर किसी ने उसको अकेले बाहर जाते हुए देख लिया तो बहुत बुरा होगा। ऐसी कोई संभावना नहीं थी कि किसी को उसके पलायन करने का संदेह हो। परन्तु एक ऐसी लड़की, जिसपर हल्दी चढ़ाई की रस्म हो चुकी हो, के लिए बिना किसी को साथ लिए हुए बाहर निकलना बिल्कुल अनुचित था। नाइन या संरक्षिका का विशेष कार्य यही था कि वह भावी दुल्हन की निरन्तर परिचर्या करे—विशेषतः रात के समय उसकी सेवा में लगी रहे।

नहीं, ऐसा काम बड़ा खतरनाक था। जिन लड़कियों का विवाह होने वाला हो उन्हें खूब सावधान रहना पड़ता है। किसी डायन, नरकदूत या किसी दुष्ट आत्मा या दुराशय भूत और पता नहीं क्या-क्या से पाला न पड़ जाय। इसीलिए उसे अपने पास एक अस्त्र रखना चाहिए क्योंकि डायनें और अपदूत ऐसे अस्त्रों से दूर रहा करते हैं।

अन्त में वह दरवाजे तक पहुँची। निःशब्द उसने काठ की छोटी-सी सिटकिनी को घुमाया। फिर एक आखिरी नजर पीछे की तरफ डालकर वह रात के अँधियारे में विलीन हो गयी।

वह काली रात थी लेकिन धुँधले आसमान में कुछ तारे जब-तब टिमटिमा रहे थे। ऐसे सन्नाटे में अचानक एक बछड़ा रँभाया। सोनिया एक सिहरन से थरथरायी, बाद में यह जानकर अपनी ही मूढ़ आशंका पर हँस पड़ी कि यह तो उसके पिता के बछड़े की आवाज थी जो उस कलाबाश के पेड़ से बँधा हुआ था।

फिर वह आगे चल पड़ी। सेमल के पेड़ के नीचे—जो ज्यादा दूर नहीं था—निर्मल अवश्य उसका इन्तजार कर रहा होगा।...और वह अगर वहाँ नहीं हो तो? अगर उसने अपना निश्चय बदल लिया हो तो?...सोनिया की उँगलियों ने छुरी को कसके पकड़ लिया जो अब उसकी कमर में साड़ी के साथ बँधा हुआ था। 'मैं वही करूँगी जो मैंने निश्चय किया है'—अपने आप को चेताते हुए उसने रफ्तार बढ़ायी।

निर्मल ! अहा, वह कैसे उसकी आराधना किया करती थी—'जस सीता राम आराधे!, उसने गंभीरता से विचार किया। निर्मल का साहसी और मनोहर और प्रसन्नचित्त और उदार—और सबसे बड़ी बात कि वह उसके पिता की जाति का था। नहीं, निर्मल उसे कभी भी निराश नहीं करेगा। सेमल के पेड़ ने नीचे वह जरूर प्रतीक्षा कर रहा होगा।

सोनिया ने चाल बढ़ाई।

एक दिन दोपहर के वक्त गाँव के कुएँ के पास पहली बार वह निर्मल से मिली थी। पिता की झोंपड़ी से कोई एक चौथाई मील की दूरी पर। बगल वाले गाँव से आया था वह फसल काटने गन्ने के खेत में, और मध्याह्न के समय जब धूप बहुत तेज थी वह अपने बैलों को पानी पिलाने कुएँ पर आया था।

सोनिया यह याद करके मुस्करायी कि कैसे उसने उसे देखकर अपनी ओढ़नी चेहरे के ऊपर से नीचे की ओर और खींच ली थी। वह निर्मल से अपना चेहरा क्यों

नहीं छुपाती? कोई भी भले घर में पली लड़की ऐसा ही करती। और फिर देखा जाए तो यह बिल्कुल उचित नहीं था कि उसकी उमर की कोई लड़की अपना चेहरा दिखाती फिरे। और फिर...हाँ, उसने भी तो सोनिया की ओर कितने प्यार से देखा था—निष्कपट सरल भाव से—और उसकी निगाहें भी तो कितनी दीप्त और जिन्दादिल थीं! खुद तो वह चंचल सा था—बर्छी की तरह एकदम सीधा, हालाँकि ज्यादा ऊँचे क़द का नहीं, पर कन्धे चौड़े थे—भूरे सुपारी के रंग के।

निर्मल ने उससे बाल्टी माँगी थी अपने बैलों को पानी पिलाने के लिए, "और इसके बदले में मैं तुम्हारे लिए पानी भर दूँगा" उसने बड़े हँसमुख और प्रसन्न भाव से सौदा किया था, "और अगर तुम कहो तो मैं तुम्हारा पानी घर तक पहुँचा दूँगा।" फिर अचानक उसने पूछा था—"पर तुम रहती कहाँ हो मेरी गुलाबो?" देखो, उसने तो सोनिया को एक नया नाम भी दे दिया।

निर्मल ने उसके उत्तर की प्रतीक्षा नहीं की और धीरे से रस्सी उठा ली। सोनिया—ज़रा किनारा करके, शरम के मारे अपनी ओढ़नी चेहरे पर और नीचे खींचकर बोली, गोया कोई गोपनीय राज खोल रही हो—"तुम ज़रा जल्दी करना। घर में पानी बिल्कुल नहीं है। बाबा बेचैनी से मेरा इन्तजार कर रहे होंगे।"

और निर्मल बिल्कुल नारी सेवा परायण बन बैठा था—"ठीक है, मेरी गुलाबो। मैं जल्दी ही करूँगा। तुम्हारी आँखों में जो गोधूलि की तरल सुंदरता है वह देरी होने से अगर आँसुओं में बह गयी तो मुझे कलंक लगेगा।" यह सुनकर सोनिया ने अपने होठ को दाँतों से काट लिया। फिर ओढ़नी को चेहरे के और पास खींचती हुई नजरें दूसरी और फेर लीं। लेकिन...फिर क्या वह आदमी अभद्र था? उसको तो ऐसा कुछ महसूस नहीं हुआ था। वह बिल्कुल अभद्र प्रतीत नहीं हुआ था।

बैलों को पानी पिलाने और फिर सोनिया के लिए पानी भरने के बाद निर्मल कुछ देर और उसके साथ कुछ बातें करना चाहता था, लेकिन तभी उसे ऐसा भान हुआ जैसे कोई उन्हीं की दिशा में आ रहा हो। जल्दी से वह अपने होठ पर उँगली रख कर फुसफुसायी—'चुप! कोई आ रहा है। आज नहीं, शायद कल!'

इसके बाद वे लगातार अकसर मिले, दो महीने से भी ज्यादा—हफ्ते में बिला नागा दो बार। तभी एक दिन, अचानक ही उन्मत्त आवेग में आकर उसने सोनिया को अपनी बाँहों में जकड़ लिया था। बाद में उसने सोनिया को बताया था कि इसका कारण नहीं बता सकता! एक पल के लिए उसके आलिंगन में आकर तो वह स्तंभित रह गयी, फिर शिथिल हुई—एक निर्जीव सर्पिणी की तरह अपने आपको संपूर्ण रूप से समर्पित करके सुखद प्रेम विह्वलता में उसने आँखें बन्द कर लीं। उसका सारा बदन थरथरा रहा था।

उस दिन सोनिया देर से घर लौटी थी और उसके पिता रामदास ने इसका कारण पूछा था;

"इतनी देर तक तू कहाँ थी, सोनिया?" उन्होंने कड़े स्वर में पूछा था। "सब को पता है लेकिन क्या तुझको यह भी मालूम महीं कि तेरी जैसी सोलह साल की कुँआरी लड़की का इतनी देर तक अकेले घर के बाहर रहना गलत है? पहले से ही तेरे बारे में लोगों की जुबान नहीं चल रही है क्या, जो अब तू मेरे सिर पर और बदनामी लाने पर तुली हुई है, नादान छोकरी?"

अपनी जाँघों की पालथी मारे, कुहनियों को घुटनों पर जमाकर, चिबुक को हथेली पर टिकाये वह बूढ़ा आदमी उत्तर की प्रतीक्षा करने लगा।

सोनिया ने सफाई दी। बोली कि घड़े की रस्सी उसके हाथ से फिसलकर कुएँ की तली में डूब गयी थी। उसको लोहे के काँटे से जो कि वहाँ रखा रहता था, फँसा के ऊपर उठाने में बहुत समय लग गया था और फिर बहुत समय तक वह काँटा भी नहीं मिल पा रहा था–किसी निकम्मे ने उसे घास में फेंक दिया था।

इस कैफियत से वह बूढ़ा आदमी, जो अन्यथा बहुत चिड़चिड़ा रहा करता था, संतुष्ट हुआ।

बाद में उन दोनों ने कुएँ के ठीक पीछे एक छायादार सेमल के पेड़ के नीचे एक सुनसान और गुप्त जगह ढूँढ़ निकाली थी जिसके विशाल आश्रय में वे दोनों सुमधुर भाव से चिपटते, जब भी बारिश होती। और जब हरे-भरे पत्तों की नक्काशी के बीच में से सूरज चमकता तब वे दोनों एक-दूसरे के समीप लेट जाते थे। धीमी आवाज में बातें करते और खेलते हुए–खैर, बच्चों की तरह तो नहीं, बल्कि अपनी ही उमर के लोगों की तरह एक दूसरे को मारते हुए, चिकोटी काटते हुए, यों ही हँसी-मजाक में एक दूसरे को गुदगुदाते हुए–और फिर अपने ऊधमी खेल से थककर वे शान्ति से लेटे रहते मगर एक-दूसरे के कानों में प्यार भरी बातें कहते हुए।

और फिर आयी यह शादी की बात।

"अरे मत रो मेरी सोन चिड़ैया," निर्मल ने कहा था, जब आँखों में आँसू लिये सोनिया ने उसको बताया कि उसकी शादी निश्चित कर दी गयी है। "लेकिन किसके साथ और कब–यह मैं अभी तक नहीं जानती। निर, पर यह निश्चित है कि मैं तुमसे आज आखिरी बार मिल रही हूँ।"

देर तक और बड़ी सावधानी से इस परिस्थिति पर विचार किया था उन्होंने। तब निर्मल बोला–"मेरी रानी, तुम्हें मैं सीधा अपने बाप की झोंपड़ी में ले आऊँगा। मेरे बुड्ढे बाप की तुम बेटी की तरह सेवा करोगी क्योंकि वह बीमार और दुर्बल है और मेरे सिवा उसका कोई और सहारा नहीं। आँसू पोंछ लो ऐ सोन परी, और मेरे वादे पर भरोसा रखो।"

तभी किसी ख्याल के बहाव में आकर सोनिया ने कहा था, "चलो निर, चलो कहीं भाग चलते हैं। मेरी शादी के पहले वाली रात को। लेकिन भागूँगी तो मैं, तुम नहीं क्योंकि तुम तो मुझे अपनी ही झोंपड़ी में ले जाओगे। तुम आसानी से मेरे विवाह के दिन का पता लगा सकते हो, और तब तुम जान जाओगे कि उसके पिछले दिन

ही रात को हमें यह काम करना है।"

"ठीक है, "निर्मल बोला, "अब यही तय रहा। जब गाँव का नाई चिरकुट सबको शादी का निमंत्रण देने आएगा तब मैं जान जाऊँगा। यही ठीक है। इसी वृक्ष के नीचे मैं तुम्हारी प्रतीक्षा करूँगा।"

सेमल के पेड़ के नीचे अलकतरे-जैसा अँधेरा छाया हुआ था और वे फुसफुसाकर बोल रहे थे गोया उनकी आवाजें सरगोशी से ऊपर उठ जाएँगी, गोया कहीं झाड़ियाँ उनकी गुप्तता न जान जायँ और बूढ़े रामदास की झोंपड़ी तक पहुँचा दें। पुनर्मिलन के हर्षोन्माद में आकर, फिर भी, सोनिया ने हाँफते हुए, अधीर उत्सुकता से पूछा था—"क्या बहुत देर से इन्तजार कर रहे हो, निर?"

"हाँ, एक घंटे के ऊपर"—उसकी हल्की और चंचल, बेफिक्र सी आवाज सुनायी दी।

"मेरे कपड़े लाये हो न?" सोनिया ने पूछा, "ये कपड़े मेरे तन पर चिपक गये हैं।"

बातें करते हुए वह एक-एक करके अपने कपड़े उतार रही थी। अँधेरे में निर्मल उसकी काया को देख नहीं सकता था और अगर देख भी पाता तो उसे इसकी परवाह नहीं थी। "मुझे खुशी है कि इन्हें निकालकर मैं सूखे कलफदार क़पड़े पहन सकूँगी।" निर्मल बड़े अनोखे ढंग से खामोश और निश्चल था। "लेकिन कपड़े लाये तो हो न?" उसने फिर पूछा। "नहीं," निर्मल बोला। उसकी आवाज में अब सुस्पष्ट रूखेपन और संक्षिप्तता का आभास था। पहले कभी निर्मल की आवाज ऐसी तो नहीं सुनी थी। अब सोनिया को यों लगा कि काश, यह दिन का समय होता। पहली बार उसको रोना आया। वह प्रायः चीखना चाह रही थी। वह निर्मल नहीं था क्या? और कौन हो सकता था भला?

"पर क्यों नहीं लाये?"

"क्योंकि अब यह जरूरी नहीं कि तुम भाग निकलो, मेरी सोनचिड़ैया।" सोनिया का हृदय उसकी पसलियों पर जोरों से प्रहार कर रहा था। उसकी अदम्य साँसों में बेचैनी भरी थी। अँधेरा न होता तो निर्मल उसके चेहरे का विवर्ण पीलापन देख सकता था।

"अब जरूरी नहीं।" सोनिया ने हाँफते हुए पूछा, "मतलब, तुमने अपना फैसला बदल दिया है?" उसकी उँगलियों ने छुरी के दस्ते को जकड़ लिया।

निर्मल ने बताया—"तुम्हें मेरे साथ सहपलायन करने की अब कोई आवश्यकता नहीं है। और हाँ, तुम्हें शादी से भी बचने की जरूरत नहीं.... पता है, इस बीच क्या हुआ, मेरी सोनपरी?"

सोनिया ने जताया कि उसकी समझ में कुछ भी नहीं आ रहा। वह उन्मादग्रस्त-सी विनती करने लगी, "मुझे बताओ न, क्या हुआ है, निर?"

"अच्छा बताता हूँ," निर्मल ने बड़े नाटकीय ढंग से कहा, "कल ही रात पंडित, रिश्तेदार और आम लोगों के बीच में तुम्हारे बाबा तुम्हारा वैवाहिक संप्रदान मेरे प्रति करेंगे। अब भागने से क्या फायदा, तुम ही बताओ, मेरी पूजा?"

सोनिया अब भी मानो रहस्य में स्तंभित-सी खड़ी रही। "क्या मतलब है आखिर तुम्हारा," उसने पूछा।

"देखो, बात यह है कि मैं ही वह आदमी हूँ जिससे तुम्हारे पिता तुम्हारा विवाह करायेंगे। तुमको यह बिल्कुल पता नहीं था, न, मेरी सोनपरी? वैसे हमारी पिछली मुलाकात के कई दिनों बाद तक पता तो मुझको भी नहीं था..."

और अब, जबकि निर्मल ने फिर एक बार उसको अपने आलिंगन में लिया तब जाकर सोनिया को एहसास हुआ कि निर्मल के बदन से भी हल्दी और सरसों तेल की बू आ रही थी। यह भी महसूस हुआ कि हल्दी-संस्कार के चलते उसके भी कपड़े अभी तक गीले हैं।

सोनिया को क्षोभ, खेद, आनंद तथा लज्जा सारे मनोभाव एक साथ हुए। उसने अपना सिर झुका लिया और कुछ देर मौन खड़ी रहकर फिर बोली—"तो तुम अब हमसे नफरत करते हो, करते हो न?"

निर्मल बोला—"तुमसे तो मैं कभी नफरत नहीं कर सकता, मेरी रानी। मैं तो अपने आपको बड़ा भाग्यवान समझता हूँ, और तुम भी तो बड़ी सौभाग्यवती हो।"

जब उस संक्षिप्त दुलार का अन्त हुआ तो निर्मल ने कहा, "अब तुम अपने घर चली जाओ, मेरी सोनपरी! ऐसा न हो कि लोग जाग जाएँ और तुम्हें ढूँढ़ने निकल पड़ें।"

लेकिन वापस घर पर किसी को आभास भी न हुआ कि वह कहीं गायब थी। सिर्फ उसकी संरक्षिका सुबह में परेशान हो रही थी कि यह लड़की इतनी देर तक क्यों सोई पड़ी है जब कि घर के सब लोग जाग गये हैं और यह भी कि उसके कपड़ों का निचला हिस्सा गीला क्यों है जैसे कि कोई भारी ओस में भीग कर आया हो।

# फतह

❑ सी. एल. आर. जेम्स

जिसे अंग्रेज और अमेरिकन 'स्लम' (झुग्गी-झोंपड़ी) कहते हैं, ट्रिनिडाडियन उसे बैरक-यार्ड कहते हैं। यह शब्द संभवतः उन दिनों की निशानी है जब इंग्लैंड अपने कीमती चीनी उत्पादक उपनिवेशों की रखवाली करने के लिए सैनिक रक्षकों पर उतना ही भरोसा करता था, जितना अपने नौसैनिक बेड़े पर। पोर्ट-ऑफ-स्पेन शहर की हरेक गली आपको इस किस्म के अनगिनत नमूने दिखा सकती है : फाटक से चलने वाली एक सँकरी राह जो अच्छे-खासे बड़े अहाते तक पहुँचाती है जिसके दोनों तरफ लम्बे झुके मकान हैं जिनमें बारह फुट वर्गाकार के कोई चार से लेकर अठारह कमरे तक होते हैं। इनमें रहते हैं—और हमेशा से रहते आये हैं—कुली, रंडियाँ, ठेलेवाले, धोबिनें और शहर के घरेलू नौकर।

आँगन के एक कोने में निराशाजनक रूप से अपर्याप्त पानी का हौज है। आँखों से भले बच जाय पर नाक से बिल्कुल ही नहीं बच सकनेवाला एक ऐसा ढाँचा है जिसे बाथरूम कहते हैं। और जो नाम भर का ही है क्योंकि औरत या मर्द जो भी इसमें गोपन मर्यादा के साथ नहाना चाहेगा उसे अवश्य खुद को उस तरह से ढँकना पड़ेगा मानो लिडो पर नहा रहा हो। खुशी की बात है कि रसोई घर ऐसी कोई दिक्कत नहीं पेश करता क्योंकि यह कभी था ही नहीं। बैरक-यार्ड की हर महिला अपने दरवाजे के आगे खाना पकाती है। आँगन के बीच में पत्थरों का एक ढेर होता है। इन पर अध-धोये कपड़े पछाड़े जाते हैं और तब वे उन तारों पर सूखने के लिए फैलाये जाते हैं जो हरेक बैरक में सभी दिशाओं में एक दूसरे को काटते और पुनः काटते हुए टँगे मिलते हैं। आँगन के पत्थर कभी मिनर्वा आदि देवी-देवताओं को समर्पित किये गये थे। एक वक्त था जब वे मंगल देवता के एक स्थानीय मंदिर की वेदी थे। फिर ये पत्थर अतीत में बैरकयार्डों में होने वाले मानवघाती कलहों के लिंए अस्त्र-शस्त्र का मुख्य स्रोत थे। बहुत पहले, 1915 ई. में किसी स्थानीय भांड़-कवि ने सालाना कार्निवाल (जो ब्रिटिश वेस्ट इंडीज द्वीपों में से केवल ट्रिनिडाड में अब भी फल-फूल रहा है)

के लिए अपने बैंड की तैयारी करते हुए गाया था–

जब अफवाहें उड़ीं शहर में
जर्मन घुसने को हैं घर में
यही खबर है जिधर भी जाते
जर्मन हमें मारने आते
कायर हैं जो बैठे घर में
देखो निकले वीर–
लिये बोतल औ पत्थर दोनों कर में
पत्थर नहीं मिला तो बुढ़िया
पेसाबदान ही लेकर निकली।

इस तरह कपड़े पछाड़ने के काम आने वाले पत्थर आक्रमणकारी जर्मनों को पछाड़ने में भी सहायक होने वाले थे। यह एक काव्यात्मक विचार था और कविता के लिए जो बहुत असामान्य नहीं है, इसमें एक काल-दोष भी था। पच्चीस साल पहले बैरक निवासियों की रंगीन जिन्दगी अस्तित्व में नहीं थी। फिर कार्निवाल की तैयारी करते हुए परस्पर-प्रतिद्वन्द्वी गायक विली, जीन और फ्रेडी जो सामान्य जीवन में कुली, जहाजी या आवारा थे लेकिन उस मौके पर ड्यूक ऑफ नॉर्मंडी या लॉर्ड इंविसिबुल (अपराजेय)-जैसे असाधारण उपनामों से सम्मानित बन जाते थे और बड़प्पन के साथ वैसी प्रतिष्ठा सँभाले रहते थे जैसी प्रतिष्ठा तीस साल पहले साहित्य के नये उम्मीदवार लोग किपलिंग या शॉ को देते थे। प्रतिस्पर्द्धा में वे शाम के सात बजे से लेकर अगला दिन निकलने तक अपने श्रोताओं की तालियों तथा उम्दा रम की गुणवत्ता और प्रचुरता से प्रोत्साहित होकर–गाते रहते थे। लगातार रातों को लाठी भाँजने वाले अपने खतरनाक और कुशल खेल का अभ्यास किया करते; भाँड़-गायक, अपने पूरक भाषण की विस्तृत प्रस्तावना के बाद एक-दूसरे पर बुरी तरह से चाबुक फटकारते थे जबकि करतब करने वालों के आसपास जुटी दर्शकों की अच्छी-खासी भीड़ तब तक परिहास करती रहती थी जबतक कि नकली लड़ाई सचमुच की लड़ाई में नहीं बदल जाती और कपड़े धोने की जगहों से काफी मात्रा में पत्थर नहीं पड़ने लगते। लेकिन आज वह जिन्दगी खत्म हो चुकी है। अब कार्निवाल के सभी अभ्यास दस बजे रात तक बन्द कर दिये जाते हैं। लाठी भाँजने वालों और भांड गायकों के प्रति पुलिस के सिपाही का रुख वैसा ही है जैसा मच्छर के अंडों के प्रति स्वास्थ्य-निरीक्षक का होता है। रातों को गलियाँ बिजली की बत्तियों से जगमगाती हैं, कानून के हाथ लम्बे हैं और मुट्ठी मजबूत। पुरानी अव्यवस्था और रंगीनी का जमाना लद गया। बैरक यार्ड की जिन्दगी ने अपना मजा खो दिया। सौभाग्य से ट्रिनिडाड में शराबबन्दी केवल एक शब्द-भर है। और जिन्दगी, जो पहले की तुलना में फीका और उबाऊ है, अब भी कभी-कभार अपना मज़ा दे सकती है।

एक इतवार को एबरक्रॉम्बी स्ट्रीट के एक बैरक के कमरे में मैमिट्ज बैठी थी। इन मुहल्लों में जिस तरह से घिनौनी गरीबी निर्विरोध शासन करती है (बल्कि इस कमरे में मानो ऊँचे राजसिंहासन पर बैठने से उसका विजयोल्लास कुछ ज्यादा ही था) उसकी अभ्यस्त वह औरत खिन्न थी और उसका पास-पड़ोस भी उदास था।

जीवन के उजले पक्ष की एकमात्र प्रतिनिधि पूरे पृष्ठ वाली वे तीन तस्वीरें थीं जिन्हें सचित्र पत्रिकाओं से फाड़ा गया था--लिंडबर्ग, बर्नार्डशॉ और सर्जेंट के 'पोर्ट्रेट ऑफ ए वुमैन' की फोटो--और इन सबकी वहाँ पर उपस्थिति केवल इस कारण से थी कि रेहन रखने वाली कोई दुकान इन्हें स्वीकार नहीं करती। वे तीनों अपनी असन्देही नजरों से एक ऐसे कमरे को निहारते थे जहाँ कोई फर्नीचर नहीं था--फर्श पर बिछावन बनाने के लिए कुछ बोरे जरूर बिछाये हुए थे। मैमिट्ज अपनी देहरी पर बैठी अपनी सहेली सेलेस्टाइन से बतिया--बल्कि उसको सुन-- रही थी जो दरवाजे के आगे बह रही कॉंक्रीट की नाली के आर-पार पाँव रखे खड़ी थी।

"किसी ने तुम्हें कुछ कर दिया है," सेलेस्टाइन ने विश्वासपूर्वक कहा, "चाहे कोई कुछ भी कहे, पर यह मेरा दृढ़ विश्वास है। और जो मैं कहूँ अगर तुम वैसे ही करो तो तुम्हारे ऊपर जो आसेब है वह हट जाएगा। भला यह कैसे हो सकता है कि तुम्हारे जैसी अच्छी लड़की को रखने वाला कोई मर्द नहीं मिले ! तुम मेरी बात मान जाओ, तुम्हें कुछ करना नहीं पड़ेगा।"

मैमिट्ज कुछ नहीं बोली। सेलेस्टाइन ने जो कहा अगर उसका ठीक उलटा भी कहा होता तो भी मैमिट्ज का जवाब ऐसा ही होता।

वह काली तो थी पर शुद्ध नीग्रो-जैसी नहीं, शायद उसमें थोड़ा मद्रासी भारतीय खून था और यह सन्देह उसके घने लम्बे बालों की लटों से निश्चय में बदल जाता था। वह थोड़ी-थोड़ी नाटी और मोटी थी, भारी-भरकम रूप में विकसित--आश्चर्यजनक रूप से विकसित थी और चूँकि क्रियोल (मिश्रित नस्ल का) मर्द औरत में अन्य किसी बाहरी आकर्षण से बढ़कर शारीरिक बढ़त को पसन्द करता है, मैमिट्ज (जिन्दगी के हर पड़ाव पर, अपनी-जैसी दूसरी महिलाओं की तरह) इस बात का खयाल रखती थी कि देखने वाला उसके किसी आकर्षण से वंचित न रह जाए। पिछले नौ सप्ताहों को छोड़कर बाकी समय वह, सेलेस्टाइन के शब्दों में, उत्तंभ (ज्यादा भार उठाने वाली मशीन) बनी रही थी। सबसे पहले ट्राम-कंडक्टर ने, जिसने उसे रखैल रखा था, (हर शनिवार की रात के लिए सात डॉलर, जिनमें से मैमिट्ज को तीन मिला करते थे) उस पर सतीत्वहीनता का आरोप लगाया और पीटा था। न तो आरोप से और न मार से ही मैमिट्ज चिन्तित हुई। उसके और उसके वर्ग के लोगों के लिए ये सारी अस्तित्व की नगण्य घटनाएँ थीं; जीवन और मर्दों के बारे में अपने ज्ञान से वे जानते थे कि रखैल स्त्रियों की यही नियति थी। थोड़े दिन के अस्थायी समझौते के बाद ट्राम-कंडक्टर ने उसे एक बार फिर मारा--इस बार सचमुच बुरी तरह से--और छोड़

गया। यह भी कोई असाध्य महाविपत्ति नहीं थी। हाँ, इसके बाद से मैमिट्ज बैरक की सबसे खुशहाल स्त्री के पद से गिरकर धीरे-धीरे सबसे निस्सहाय स्त्री जरूर बन गयी। उसके बिल्कुल जाहिर आकर्षणों के बावजूद कोई मर्द उसकी ओर ध्यान नहीं देता था। वह कपड़े धोने या खाना पकाने का काम माँगने के लिए बाहर जाती थी। पर कोई फायदा नहीं। सौभाग्य से, अपनी खुशहाली के दिनों में, वह सेलेस्टाइन के प्रति उदार रही थी जिसने इस बुरे वक्त में उसे सचमुच की भुखमरी से बचाये रखा था। उसका दूसरा अहोभाग्य यह था कि बैरक के कर्त्ता का अचानक उसके प्रति झुकाव हो गया था और मैमिट्ज ने किराया जमा करने के लिए अतिरिक्त समय देने के लिए उसे आसानी से मना लिया। लेकिन अब, उस अवधि के पूरा होते ही, वह पैसों के लिए दबाव डाल रहा था। मैमिट्ज के पास न तो किराया चुकाने के पैसे थे और न यहाँ से निकाल दिये जाने पर किसी और आश्रय की उम्मीद ही थी। सेलेस्टाइन उसे अपने यहाँ रख सकती थी मगर वह जिसकी रखैल थी वह पुलिसवाला था जो सप्ताह में तीन-चार रात उसके यहाँ आता था। ऐसी हालत में पन्द्रह फुट के कमरे में बेघर लोगों को ठहराने की ज्यादा गुंजाइश नहीं हो सकती थी। फिर भी सेलेस्टाइन दुखी थी कि वह मैमिट्ज के कष्टों में कुछ भी मदद नहीं कर पा रही थी। वह समझती थी कि ये कष्ट दोनों की समान शत्रु आइरीन की दुष्ट तथा गैबी साजिशों के चलते हैं।

"मेरी मानो, उस औरतिया ने ही तुम्हें कुछ कर-करा दिया है। उसी ने नैथन को तुम्हारे खिलाफ किया था। आइरीन से तुम्हारा झगड़ा कब हुआ था?"

"नैथन ने जब पहली बार मारा था उसके दो या तीन दिन के बाद।"

यानी आइरीन के साथ होने वाले झगड़े के पहले से ही नैथन बुरे रास्ते पर चल चुका था, लेकिन सेलेस्टाइन ने इस आपत्ति को खारिज कर दिया।

"आइरीन के मन में पहले से ही तुम्हारे खिलाफ जरूर ऐसा-वैसा रहा होगा। तूने देखा नहीं कि तेरी तरफ वह किस कदर झपटी थी?...जब तक तुम यहाँ हो और मेरा चूल्हा जलता है तब तक तुम्हें किसी से एक कप चाय और एक मुट्ठी चावल माँगने की जरूरत नहीं। मगर किराये के बारे में मैं तुम्हारी कोई मदद नहीं कर सकती...पर यहाँ तो तुम्हारा कोई है भी नहीं।"

मैमिट्ज ने अपना सिर हिलाया। वह डैमेरेरा से आयी थी।

"अगर तुम सिर्फ समन्दर पार कर लो तो इससे जो कुछ भी भूत-प्रेत का आसेब तुम पर होगा वह अपने-आप कट जाएगा...देखो कुतिया को!"

आँगन के परली तरफ अपने कमरे से निकलकर आइरीन बाहर आयी थी। हालाँकि वह सेलेस्टाइन और मैमिट्ज को देखने से चूकी नहीं थी, पर उसने अपने बगल में रहने वाले पड़ोसी को जोर से पुकारा।

"अरे, जोजो! मालूम है कितना बजा है? पूरे दस बज चुके हैं। अब मैं मुरगी

पकाना शुरू करूँगी। मेरा मरद मेरे लिए ले आया था गरचे कि उसके पैर में घाव है ...ठिकाना नहीं कब तक ये घाव रहेगा। इसके चलते कितना चिड़चिड़ाता है। किसी दिन पी-पा कर आएगा और मुझे यहाँ से निकाल बाहर करेगा। तब मुझको भी दूसरे दलिद्दर लोगों के यहाँ उनका फेंका हुआ जूठन उठाने के लिए जाना पड़ेगा।"

अपने दरवाजे के सामने एक बक्सा रखकर उसमें उसने अपना कोयले का चूल्हा रखा और मुरगी साफ करने लगी।

बैरक-यार्ड में इतवार की सुबह चूल्हों की परेड होती है। बैरक की कुल सोलह किरायेदारिनों में बारह ने अपने चूल्हे निकाल लिए थे। वे मांस को पलटने के लिए या तो उसे कलछुलों पर बार-बार उठाकर देखती थीं या बरतन में इसलिए पानी डालती थीं कि इसका धुआँ स्वर्ग तक उठे और हरेक स्त्री को मालूम पड़ सके कि उसकी पड़ोसन क्या पका रही है—गाय का, सुअर का या मुरगी का मांस। इस बात का कोई महत्त्व नहीं था कि हफ्ते के और दिन कोई क्या पकाता है, या कुछ पकाता भी है या नहीं। लेकिन किसी इतवार की सुबह सुखायी हुई मछली, या पर्शुका (पसली), या सुअर का सिर/पूँछ पकाना कलंक की बात थी। ऐसी हालत में लोग घर के भीतर ही चूल्हा रखकर वहीं पकाते। मोटी, सुस्त और कई दिनों की अधभूख से संत्रस्त मैमिट्ज ने आइरीन पर कोई खास ध्यान नहीं दिया। मगर भूरी चमड़ी वाली चाबुक-सी पतली औरत सेलेस्टाइन दबे हुए क्रोध से उबल रही थी।

"खुदा कसम, अगर मुझे उसका ख्याल नहीं होता तो मैं उसे कपड़ों समेत नोच चोंथ कर रख देती।"

"इस औरत को लेकर मत परेशान होओ। बेकार में जिम्मी को क्रोधित करने से क्या फायदा?"

जिम्मी पुलिसवाला था। वह एक दृढ़ और विश्वस्त आदमी था। उसका अनुशासन में इतना विश्वास था कि जब वह बोलता तो वही बोलता। उसने सेलेस्टाइन को अच्छी तरह समझा दिया था कि वह किसी से झगड़ा नहीं करेगी क्योंकि वह इस तरह के झगड़ों में उलझकर खुद को कचहरी में नहीं देखना चाहता था। लोग उसकी रखैल को झगड़ालू बताएँ, यह उसे पसन्द नहीं था। इस तरह सेलेस्टाइन का कोप, अपना स्वाभाविक निकास नहीं पाने पर भी, धधकता रहा।

"मैं तुम्हें कुछ बताती हूँ, मैमिट्ज। बैरक के कर्त्ता से मैं सुबह बात करूँगी। कहूँगी कि तुम्हें इस महीने तक की मोहलत दे। खाली पाँच दिनों की तो बात है ...मैं तुम्हें मंत्र और जड़ी बूटी वाला स्नान कराऊँगी। आज शाम तक कहीं से थोड़ी समुद्री जड़ी अगर मिल सके तो कोशिश करो...आज रात मैं तुम्हें कुछ दूँगी...कुछ मंतर याने भगवान की प्रार्थना, पढ़ने को। खुदा शैतान से ज्यादा ताकतवर होता है। तुम पर जो आसेब है उसे हम हटाकर ही रहेंगे। फिकर मत करो, खुश रहो। चिकन और भात तैयार होते ही प्लेट में रखकर तुम्हारे लिए भेजूँगी। तब तक मोमबत्ती

जलाकर कोई छोटी-सी प्रार्थना कर लो, जरा अपने मन को धैर्य बँधाओ। आज ही रात तुम्हें जड़ी-बूटी से नहलाऊँगी। घबड़ाओ मत, इससे कोई पुजारी या तेरी अम्मा मरने वाली नहीं। तुम्हें डरने की बिल्कुल जरूरत नहीं।"

सेलेस्टाइन खुद आइरीन के साथ गाली-गलौज करने को तैयार नहीं थी, क्योंकि खतरा था कि पता नहीं कब यह गाली-गलौज बहुत बड़े झगड़े में बदल जाए! इसलिए उसने अपने दुश्मन की तरफ अत्यंत हिंसक घृणा, तिरस्कार और अवज्ञा की नज़र डाल कर ही सन्तोष कर लिया। फिर वह चूल्हे पर चढ़े अपने बरतन के पास गयी।

लेकिन केवल तीन महीने पहले तक मैमिट्ज, सेलेस्टाइन और आइरीन की आपस में अच्छी दोस्ती थी। वे आपस में रम, हँसी-खुशी और दिक्कतों को बाँट लिया करती थीं। इतवार की शामों को वे मैमिट्ज के कमरे के आगे बैठकर यीशु के लिए भजन गाया करतीं—'हे प्रभु मेरे पास रहो', 'मेरी आत्मा के हे प्यारे यीशु', 'आगे बढ़ो, ईसाई सैनिक'। सेलेस्टाइन और आइरीन सबसे ऊँचे स्वर में गातीं, पर आइरीन उनसे बढ़िया गाती थी। मैमिट्ज स्वभाव से ही संयमित थी। उसे संगीत की अच्छी परख थी। नैथन, बारबडोस का होने से, कंठसंगीत बढ़िया जानता था। जब भी वहाँ आता तो मन्द्र स्वर में गाया करता। गाने से उसका मूड अच्छा रहता, वह ज्यादा रम मँगवाता और फिर सब कुछ शान्त और प्रसन्न होता। लेकिन आइरीन ईर्ष्यालु औरत थी—न केवल मैमिट्ज से उसके मरद के लिए डाह करती थी बल्कि उसके हर हफ्ते के नियमित डॉलरों, सेलेस्टाइन के पुलिसिये आदमी तथा महीने के अन्त में मिलने वाले अट्ठाइस डॉलरों के लिए भी। वह एक ताँगेवाले के साथ रहती थी जिसकी आमदनी हालाँकि अच्छी थी, मगर थी अनियमित। फिर वह शादीशुदा भी था और एक बीवी और बच्चों का भी अलग से खर्च चलाता था। इसलिए आइरीन को अपने खर्चे के लिए कपड़े धोने का काम करना पड़ता था जबकि मैमिट्ज और सेलेस्टाइन कुछ नहीं करती थीं; केवल खाना पकातीं और अपने-अपने मर्दों के कपड़े धोतीं। अतः धीरे-धीरे असन्तोष की एक अवस्था आती गयी। फिर एक भीगी हुई शाम आयी जब मैमिट्ज बाँस के खंभे के निकट से गुज़र रही थी। उस बाँस से अलगनी की रस्सी बँधी हुई थी जिस पर पड़े, आइरीन के धोये, कपड़ों के भारी बोझ को वह सँभाले था। तो उस शाम मैमिट्ज के भारी-भरकम चौड़े शरीर से टकराकर बाँस नीचे गिर पड़ा। रस्सी टूट गयी और फिर तो नाइट-गाउन, चादरें, तकिये के खोल, सफेद सूट और टेबुल-क्लॉथ कीचड़ में फड़फड़ाने लगे। पूरे हफ्ते वर्षा होती रही थी और इस बीच सूरज बहुत कम निकला था। शनिवार की सुबह तक कपड़ों को तैयार करना पहले से ही कठिन था और अब तो असंभव ही हो गया था। फिर तो बड़ा ही गर्मागर्म और प्रचंड कलह हुआ। सेलेस्टाइन, जो बीच-बचाव की कोशिश करने आयी थी, आइरीन की विचक्षण और उत्तेजक फटकार के द्वारा झगड़े में खींच ली गयी।

"अब तू इसमें मुँह मारने आयी है। तू क्या समझती है कि सिपहिया के साथ

रहने से मजिस्टर बन गयी? अपना काज देखो, रानी जी। दोनों रानियों को रोजी-रोटी के लिए तो कुछ करना-धरना नहीं पड़ता न, इसीलिए। खाली बैठ-बैठ के अपने-अपने मरद को खाती रहो। इधर मैं इतना खटती रहूँ। कपड़े धोऊँ, धोकर अलगनी पर मेहनत से पसारूँ और इधर यह खच्चरनी इसे तोड़ के गिरा दे। और जब मैं शिकायत करूँ तो तू बीच में टाँग अड़ाने टपक पड़ती है। तुमको भी अभी बताती हूँ..."

इस तरह वाक्युद्ध का समाँ बँध गया। आइरीन की जीभ सेलेस्टाइन के पुलिसिये आदमी की बुरी गत बनाने लगी। सेलेस्टाइन हालाँकि अपने पर रोक लगाते हुए झगड़ रही थी फिर भी वह पोर्ट-ऑफ-स्पेन के बैरक-यार्ड की किसी भी औरत को मात दे सकती थी। मगर जीत मैमिट्ज को ही हासिल हुई।

"सेलेस्टाइन को पुलिसमैन के साथ रहने में भला क्या दिक्कत है? अरे, वैसा मरद पाकर तो कोई भी औरत अपना भाग सराहेगी। अगर वो खराब भी हो तो भी किसी बदबू मारने वाले घिनौने लँगड़े से तो लाख गुना बेहतर होगा।"

क्योंकि आइरीन के ताँगेवाले के एक पाँव में घाव था। यह घाव पिछले तीस सालों से था और उसका साथ कब्र तक देने वाला था—चाहे वह और तीस साल तक क्यों न जिन्दा रहे। जन्मजात और अर्जित सुजाक (सिफलिस) तथा बेहद पियक्कड़पन के चलते उस घाव का ठीक न होना पक्का था। आइरीन को मुगालता था कि बैरक में किसी को इस बात की जानकारी नहीं थी। लेकिन ट्रिनिडाड ऐसा देश है कि जब कभी यहाँ महामहिम गवर्नर और उनकी धर्मपत्नी में झगड़ा होता है तो अगले दिन गली के लड़के तक उसकी चर्चा करने लगते हैं फिर रिचर्ड की लँगड़ी टाँग तो बैरक-यार्ड में लम्बे समय से बातचीत का गुप्त विषय ही रही थी। अब मैमिट्ज ने अचानक पहली बार इसे सार्वजनिक संपत्ति बना दिया था। आइरीन मैमिट्ज से अत्यंत जहरीले ढंग से घृणा करती थी। उसने प्रतिज्ञा की कि मैमिट्ज पर टोना करके रहेगी। तीन दिन पहले ट्राम-कंडक्टर नैथन ने मैमिट्ज की पहली बार कुटम्मस की थी, लेकिन झगड़े के समय तक भी ऐसा कोई अन्देशा नहीं था कि वह इतनी जल्दी मैमिट्ज को छोड़ देगा और वह तेजी से इस दुर्दशा को पहुँच जाएगी। अतः गुमराह मगर पक्की धार्मिकतावादिनी सेलेस्टाइन को पूरा विश्वास हो गया था कि मैमिट्ज के कष्टों का कारण आइरीन का शैतानी चक्कर ही है। अगर आइरीन ने खुद नहीं टोना किया तो कम से कम किसी से कराया जरूर है। शैतान के अनगिनत प्रतिनिधि अपना लाभदायक व्यापार पोर्ट ऑफ स्पेन के हर हिस्से में चलाये हुए हैं। उन्हीं में से जरूर किसी की मार्फत टोना हुआ है। सेलेस्टाइन समझती थी कि आइरीन का कोई भी टोना उसका कुछ भी बिगाड़ नहीं सकता। सो स्वयं को निरापद और सुरक्षित जानकर वह रोज सिर्फ इस बात के लिए चिन्तित होती थी कि उस औरतिया आइरीन को चीर-फाड़ कर उसके टुकड़े नहीं कर सकी। 'हे यीशु! अगर जिम्मी का डर नहीं होता तो मैं उस कमीनी

के अंग-अंग फाड़ देती।' लेकिन अपनी जिस ताकत को वह आइरीन के विनाश में नहीं लगा सकी उसे उसने मैमिट्ज को प्रोत्साहित करने में लगाया। उग्र सेलेस्टाइन को सौम्य मैमिट्ज के लिए सचमुच का स्नेह था क्योंकि मैमिट्ज का शान्त आचरण बेहद शीतल करने वाला था। लेकिन इससे भी बढ़कर वह मैमिट्ज को पराजित देखने को तैयार न थी, क्योंकि इसका मतलब उसकी खुद की हार होती। आइरीन के खिलाफ उसके मन में जो तीखा प्रतिरोध पल रहा था उसके तहत यह बहुत बुरी हार होती अगर मैमिट्ज को पीठ दिखानी पड़ती। इसके साथ ही उसकी एक ख्याति भी दाँव पर लगी थी। एक ऐसी स्त्री के रूप में उसकी प्रसिद्धि थी जिसे वैसी कई चीजों की जानकारी थी जिससे वह कुटिल लोगों को सीधा कर सकती थी। जिम्मी के खाने-पहनने और सुख-साधन का इन्तजाम कर लेने के बाद वह कमजोर और आसानी से कुचली जाने वाली मैमिट्ज की सहायता करने के तरीके और साधन खोज निकालने के लिए कटिबद्ध हो गयी।

सेलेस्टाइन के सिपाही की उस रात ड्यूटी थी सो उसे अपनी खुद की ड्यूटी से फुर्सत थी। वह अपने निजी काम करने के लिए स्वतंत्र थी। आधी रात को आवश्यक पूजा-पाठ के साथ उसने मैमिट्ज को पानी से भरे एक बड़े चहबच्चे में नहलाया जिसमें तरह-तरह की जड़ी-बूटियाँ, घास और फूलपत्तियाँ डाली गयी थीं जो वैरी के कुचक्रों और प्रभावों के खिलाफ, समुचित ढंग से इस्तेमाल किये जाने पर अपनी क्षमता के लिए प्रसिद्ध थीं। इतवार की रात के बारह बजे यह हुआ। सोमवार को सुबह आठ बजे पोपो डी विन्ये हाथ में छोटा थैला लिये बैरक में नमूदार हुआ।

पोपो क्रियोलों में बस अपने ही ढंग का क्रियोल (मिश्रित रक्त वाला) है। उसके डी विन्ये नाम से यह भ्रम नहीं होना चाहिए कि उसकी नसों में 1889 के पश्चात् ट्रिनिडाड आने वाले संभ्रान्त वर्ग का लहू बहता होगा। दरअसल वह नीग्रो है और चाहे-अनचाहे उसके किसी दादा-परदादा ने (कालक्रमानुसार यह निश्चित है कि जिसने एक गुलाम के रूप में अपना जीवन आरंभ किया होगा) अपने मालिक का नाम अपना लिया। पोपो चालीस के करीब है—मँझले कद का, पेट निकला हुआ—और लम्बी मूँछें रखता है। वह सफेद बेदाग सूट पहनता है और साथ में पीलापन लिये हुए भूरे रंग के टाइट जूते (भारी अंग्रेजी मोटे-चमड़े का ब्रोग या अनोखे अमरीकी जूते उसके लिए नहीं)। अपने सिर पर वह तिरछे ढंग से गत्ते का हैट पहनता है। उसके सिगरेट पीने का ढंग और उसका हमेशा फड़फड़ाता हुआ खुला जैकेट (वह वेस्ट कोट नहीं पहनता) ऐसा भान कराते हैं कि पोपो काम करने से ज्यादा मज़े मारने वाला आदमी है। और यह भान सही है। उसने जीवन में कभी एक हफ्ते भी ईमानदारी का कोई काम नहीं किया। अगर आप कठिनाई में हैं तो वह आपके लिए तीस डॉलर जुटा सकता है (एक सौ बीस सैकड़े की दर से, पहले महीने का ब्याज और अपना कमीशन पहले ही काट कर, या तीन हज़ार डॉलर—अगर आपके पास एक मकान अथवा कोको की

खेती हो तो। कोको की फसल के दौरान वह रेलवे स्टेशन के पास घात में रहता है और उसकी आँखें ऐसे किसानों को खोजने में नहीं चूकतीं जो अपना कोको शहर में तो ले आये पर जिन्हें अच्छे दाम मिलने का भरोसा नहीं। यह उसका सबसे ज्यादा मुनाफे वाला काम है क्योंकि इसमें वह किसान और बड़े खरीददार दोनों से कमीशन पाता है। लेकिन इस बारे में वह ज़रा भी मीनमेख नहीं करता कि पैसा किस प्रकार से बनाता है। वह ऐसा कोई भी काम करेगा जिसमें उसे सदा के लिए बँधना नहीं पड़े और जिसमें उसे शारीरिक (मजदूरी) या मानसिक (किरानीगिरी) श्रम नहीं करना पड़े। उसके आराम का यह आलम है कि शाम के लगभग साढ़े सात बजे अफर कर खा चुकने के बाद वह अगली सुबह छह बजे तक बिना पहलू बदले, लगातार, रम पी सकता है। अपनी मंडली में वह प्रेम के मामलों में अपने पारखीपने तथा औरतों के मामले में पसन्द की उदारता को लेकर भी बड़ा मशहूर था।

"अरे, मिस्टर डी विन्ये! कहो, कैसे हो?" सेलेस्टाइन बोली। हरेक बैरक-यार्ड के निवासी, खासतौर से औरतें, पोपो को जानते थे।

"बड़े मजे में हूँ।"

"इधर किसे ढूँढ़ रहे हो?"

"मैं तुमसे ही मिलने आया। जिम्मी कैसे हैं? शादी कब कर रही हो?"

"शादी!" सेलेस्टाइन सूक्ष्म अवज्ञा के साथ बोली, "मैंने तो पुलिस वाले को अपना लिया है। और अब मैं किसी पुलिसवाले का विश्वास नहीं करने वाली। पुलिस को किसी का लिहाज नहीं होता। वो तो अपनी अम्मा को भी हवालात में डालकर कोड़े लगा सकता है। किसी से शादी-वादी करने की मेरी इच्छा नहीं। औरत शादी करती है तो चाहती है कि मरद हर वक्त घर में रहे। और मरद की जब जैसी मर्जी होती है बीवी से वैसा बर्ताव करता है। औरतिया तो पूरी तरह गुलाम बन जाती है। नहीं बाबा, मैं तो जैसी हूँ वैसी ही भली!"

"जो भी हो, मेरी इच्छा है कि तुम एक अँगूठी खरीद लो।"

"क्या थैले में अँगूठियाँ हैं जिन्हें बेच रहे हो? हालाँकि मेरे पास पैसे नहीं हैं फिर भी दिखाओ तो सही।"

पोपो ने थैला खोलकर अँगूठियाँ निकाली—सोने पर सुन्दर अमरीकी कारीगरी थी, नकद खरीदने पर पाँच डॉलर की एक; और मीयाद पर छह डॉलर की।

पार्क स्ट्रीट के असीरियन व्यापारी को दस डॉलर प्रतिदर्जन की लागत आयी थी और पोपो उन्हें कमीशन पर बेच रहा था। वह अच्छी कमाई कर रहा था—खासकर उन लोगों से जो दो डॉलर देकर बाकी मासिक या हफ्तेवार किस्तों में चुकाने का वादा करते। बाद में व्यापारी को किस्त वसूलने या अँगूठी वापस पाने में कठिनाई होने वाली हो तो इससे पोपो का कुछ बिगड़ने वाला नहीं था क्योंकि तब तक वह यह काम छोड़ चुका होता।

"मतलब तुम एक भी अँगूठी नहीं खरीदोगी।" अपने खजाने को समेटने का उपक्रम करते हुए वह फिर बोला।

"महीने के अन्त में कभी आओ। मगर इन्हें अभी बन्द मत करो। मैं अपनी एक सहेली को दिखाना चाहती हूँ।" वह दरवाजे तक गयी।

"मैमिट्रज!" उसने पुकारा, "आओ, देखो, मिस्टर डी विन्ये अँगूठी बेच रहे हैं।"

वृहदाकार मैमिट्रज गजगामिनी गति से सेलेस्टाइन के कमरे में आयी। कामोत्तजक, अच्छी तरह गूँथे गये घने कोमल केश और चमकती हुई काली त्वचा। पोपो देखते ही उस पर लट्टू हो गया।

"तुम्हें तो बड़ी अच्छी सहेली मिली है, सेलेस्टाइन," पोपो बोला, "और उसका नाम भी कितना अच्छा है—मैमिट्रज! अच्छा तो तुम मुझसे कितनी अँगूठियाँ खरीद रही हो?"

सेलेस्टाइन ने जल्दी से जवाब दिया; "मैमिट्रज एक भी अँगूठी नहीं खरीद सकती। जो मरद इसको रखे हुए था चला गया है। अब दोनों अलग हो गये हैं और यह दूसरा मरद खोज रही है।"

"तुम्हारी जैसी अच्छी औरत को भला मरद क्यों नहीं मिलेगा?'—डी विन्ये बोला, "मेरी शुभ-कामना तुम्हारे साथ है...कोई भी अँगूठी चुन लो और मैं तुम्हें उपहार में दे दूँगा।"

मैमिट्रज ने जब एक अँगूठी चुन ली तो डी विन्ये ने उसकी उँगली में पहना दिया।

"माफ करना, मैं अभी आती हूँ," सेलेस्टाइन बोली, "सफाई इंस्पेक्टर आता ही होगा और उसके आने से पहले गंदगी को साफ कर देना चाहती हूँ।"

जब वह वापस लौटी उस समय डी विन्ये बस जा ही रहा था।

"फिर भेंट होगी, सेलेस्टाइन" वह बोला, "अच्छा चलूँ, मैमिट्रज!"

मुश्किल से वह श्रवण-सीमा से दूर गया होगा कि सेलेस्टाइन ने उत्तेजित होकर मैमिट्रज को पकड़ा—"उसने तुमसे क्या कहा?"

"कहा कि आज रात को दस बजे के आसपास वह इस तरफ आएगा ...और मुझे यह दिया।" उसकी हथेली पर दो डॉलर का एक लाल नोट रखा हुआ था।

"देखो, मैंने क्या कहा था?" सेलेस्टाइन विजयी-भाव से बोली, "वह जड़ी-बूटियों वाला नहाना मगर छोड़ना मत...और हाँ, मिट्रज ज़रा तेज बीयर खरीद लो—तरो-ताजा हो जाओगी...इस आदमी का तुम भरोसा नहीं कर सकतीं। अगर तुम झाड़ू को भी पेटीकोट पहना दो तो यह उसके पीछे भागेगा। मगर दो-चार सप्ताह के लिए तुमको उससे कुछ-न-कुछ मिलता ही रहेगा...वैसे वह अच्छा ही आदमी है।"

मैमिट्रज ने सुस्ती-भरी मुस्कराहट छोड़ी।

सेलेस्टाइन मरदों को पहचानती थी। चार हफ्ते तक पोपो मैमिट्रज के कमरे

में लगभग नियमित आगन्तुक बना रहा। उसने किराया चुकाया, गिरवी की दुकान से मैमिट्ज के पलंग और दूसरे फर्नीचर छुड़ाने के लिए पैसे दिये। हरेक इतवार की सुबह मैमिट्ज गोमांस या सुअर का मांस या मुर्गा पकाती थी। इससे भी बढ़कर जब कभी पोपो कहता कि वह उससे मिलने आ रहा है, तो उसे भोजन बनाने के लिए अलग से रुपये देता और इस तरह कभी-कभी सप्ताह के दूसरे दिन, मसलन गुरुवार की रात को, भी मैमिट्ज की बटलोई वैसे महकती मानो इतवार की सुबह हो। सेलेस्टाइन भी इस वैभव में हिस्सा बँटाती। वे दोनों उस आइरीन की ओर अब कम ध्यान देतीं जिसने जल्दी ही घोर संकट आने की भविष्यवाणी की थी।

"अभी तुम लोग बहुत फल-फूल रही हो। मगर जरा रुको तो। मैं भी उस पोपो डी विन्ये को अच्छी तरह जानती हूँ। वो किसी औरत के पास महीना भर से ज्यादा नहीं फटकता। जल्दी ही हवा में उड़ना बन्द होने वाला है। और मैमिट्ज, मैंने तुझको घास चबाते नहीं देखा तो फिर कहना!" मगर मैमिट्ज पहले से भी ज्यादा मुटाती गयी और जब वह गोबरछत्ते के आकार की, कसी हुई, छोटी सिल्क की पोशाक में—जिसमें उसकी पिंडलियों से लेकर ऊपर घुटनों तक का भाग खुला दिखाई देता और उसके शरीर का आधिक्य रेखांकित होता था, सड़क पर निकलती थी तो जो भी मर्द उसे देखता उसके भीतर सनसनी पैदा हो जाती।

एक इतवार की सुबह वह गोमांस खरीदने बाज़ार गयी। स्टालों के सामने से होकर वह उस आदमी के पास जा रही थी जिससे हमेशा खरीदा करती थी। तभी एक बूचड़ (कसाई) ने उसे पुकारा, "अरी मैमिट्ज! इस तरफ आना।"

मैमिट्ज गयी। हालाँकि वह उस आदमी को नहीं जानती थी मगर सदा से उत्सुक स्वभाव की होने से यह देखने गयी कि क्या बात हो सकती है।

"मैं तो तुम्हें नहीं जानती" उस पर नज़र डाल कर वह बोली, "लेकिन तुमने मेरा नाम कहाँ से जाना?"

"पिछले इतवार को उजले सिल्क के कपड़े पहनकर एबरक्रॉम्बी स्ट्रीट में तुम नहीं जा रही थीं?"

"अरे, हाँ"—मैमिट्ज मुस्करायी।

"बात यह है कि जब भी मैं किसी खूबसूरत युवती को देखता हूँ तो उसका पूरा हुलिया ले लेता हूँ। मुझे यह भी पता है कि तुम कहाँ रहती हो। तुम पार्क स्ट्रीट के बिल्कुल करीब वाले बैरक-यार्ड में रहती हो कि नहीं? सच, तुम मुझे बड़ी अच्छी लगती हो। तुम्हें मेरे सिवा और किसी से बीफ नहीं खरीदना है। कितना चाहिए? एक पौंड? अच्छी-सी बोटी चुन लो। इसके पैसों के लिए कुछ मत सोचो। तुम बाद में दे देना। जब भी तुम्हें बीफ चाहिए, मेरी तरफ आ जाया करो।"

मैमिट्ज ने हामी भरी और चली गयी। वह बूचड़ को ज्यादा पसन्द नहीं करती थी पर वह उसे चाहता था। और एक पौंड बीफ कम नहीं होता। निकोलस एक-दो

दिन के ही बाद उससे मिलने गया और उपहार के बतौर दो पिंट तेज़ बीयर ले गया। पहले तो मैमिट्ज को उससे कोई खास परेशानी नहीं हुई लेकिन निकोलस को जब पता लगा कि पोपो डी विन्ये जैसा खतरनाक आदमी उसका प्रतिद्वन्द्वी है तो उसने मैमिट्ज को महँगे उपहार देने और वायदे करने शुरू किये। जिस बात से उसे राहत मिली वह यह थी कि अब पोपो ढीला होने लगा था। हफ्ता बीत जाता और मैमिट्ज उसे देख नहीं पाती। फिर कोई पैसा भी नहीं आ रहा था। सो, कुछ समय बाद उसने निकोलस को मंजूर कर लिया। इस सौदे से दुखी होने का कोई कारण नहीं था। निकोलस ने बूचड़ के पेशे से बहुत पैसा बनाया था। वह न केवल चुकाता था बल्कि हर सनीचर की रात पाँच डॉलर देता था और हफ्ते के बीच भी एक-दो डॉलर उसे हमेशा मिल ही जाते थे। लेकिन जल्दी ही उसके प्यार ने मैमिट्ज को अन्यमनस्क बना दिया। इस बात से निकोलस को भयानक रूप से ईर्ष्या के दौरे पड़ने लगे। ऐसे दौरों के पश्चात् फिर से हमेशा पश्चात्ताप और कीमती उपहारों का सिलसिला चलने लगता। उधर मैमिट्ज को अब भी पोपो के लिए ललक थी। एक रोज उसने उसे एक छोटा पुर्जा लिखा कि इस बात का उसे अफसोस है कि निकोलस को अपनाना पड़ा है मगर जब कभी वह उधर आये तो उससे मिलकर खुशी होगी। उसने पुर्जा मिरांडा होटल में भेजा जहाँ पोपो खाना खाया करता था। मगर जब कोई जवाब नहीं आया तो कुछ दिनों के बाद मैमिट्ज ने पोपो से मिलने की सक्रिय इच्छा करना बन्द कर दिया। वह सफल और खूब मजे में थी। वह और सेलेस्टाइन पहले से भी अधिक घनिष्ठ हो गयी थीं और बैरक-यार्ड के पड़ोसियों के साथ भी उनका अच्छा सम्बन्ध था। उन्हें मालूम था कि केवल आइरीन उनके साथ शरारत कर सकती है। जब सुबहों को मैमिट्ज जगती थी तो सेलेस्टाइन की सलाह के अनुसार सावधानी से दरवाजे की ओर देखती थी ताकि चर्चयार्ड की हड्डियों या घातक चूरनों या ऐसी ही दूसरी शैतानी चीजों पर गलती से पाँव न रख दे जिनमें शिकार को पागल बना देने, चोरी करने या अच्छे चरित्र के विपरीत वैसे काम करने की गारंटी थी जो कानूनन दंडनीय हैं। लेकिन ऐसा वैसा कुछ भी नहीं घटित हुआ। जैसा कि सेलेस्टाइन ने मैमिट्ज को बताया था, जड़ीबूटियों वाले नहान से मैमिट्ज को निश्चित लाभ हुआ था, "और जहाँ तक मेरा सवाल है," उसने अन्त में कहा, "आइरीन चाहे जो भी ताकत आजमा ले, वह मेरी कनगुरिया उँगली भी नहीं छू सकती।"

ईस्टर शनिवार का पर्व आया और इसके साथ ही पोपो। वह बैरक-यार्ड में सवेरे सात के करीब आया था। उसने मैमिट्ज का दरवाजा खटखटाया जो अब भी सो रही थी।

"मैंने सोचा कि तुमने मुझे हमेशा के लिए छोड़ दिया" मैमिट्ज बोली, "मैंने तुम्हें चिट्ठी भेजी मगर तुमने जवाब ही नहीं दिया।"

"मैं नहीं चाहता था कि कोई बूचड़ मुझे अपना छुरा घोंप दे," पोपो हँसा, "खैर,

बाकी ठीक ही है...कल रात मैं बैकेरेट खेल रहा था और मैंने अच्छा हाथ मारा, सो तुम्हारे पास ईस्टर बिताने आ गया। देखो, ये रहा पाँच डॉलर। नमकीन मछली ले आना और मीठा तेल और थोड़ी हरी सब्जी और टमाटर और आठेक पिंट रम भी खरीद लो। और तुम अपने लिए थोड़ा तेज़ बीयर। मैं लगभग नौ बजे वापस आ रहा हूँ। आज ईस्टर शनिवार है। निकोलस सारा दिन मार्केट में रहने वाला है। उसके लिए भयभीत मत होना।"

मैमिट्रज उत्तेजित हो गयी। उसने सेलेस्टाइन को पाँच डॉलर और रसोई का भार सौंप दिया जबकि खुद प्रेमी के लिए तैयार होने लगी। पोपो लगभग साढ़े नौ बजे लौटा। वह, मैमिट्रज और सेलेस्टाइन ने मिलकर मैमिट्रज के कमरे में खाना खाया। उनके मेज से उठने के पहले ही रम का एक बोतल पूरा साफ हो गया। तब सेलेस्टाइन उन्हें छोड़कर मार्केट में निकोलस के पास गयी। उसने बताया कि मैमिट्रज का मन अच्छा नहीं है और उसने उसे बीफ और पोर्क लाने भेजा है। निकोलस ने खुशी-खुशी सामान तो दिया ही, साथ ही अपनी प्रेमिका के लिए एक शिलिंग भी भेजा। उसने कहा कि हालाँकि अभी उसके पास पैसे नहीं हैं मगर शाम को उसे बहुत पैसे मिलने वाले हैं। सेलेस्टाइन ने जो खाना तैयार किया और लगभग डेढ़ बजे उसने, पोपो और मैमिट्रज ने दोपहर का भोजन किया। इसके बाद सेलेस्टाइन को और रम खरीदने फिर बाहर जाना पड़ा। बैरक के दूसरे लोगों ने इस रोजाना की घटना पर ज्यादा ध्यान नहीं दिया, बल्कि वस्तुतः वे खुश ही हुए क्योंकि भोजन के बाद खुद सेलेस्टाइन के लिए डेढ़ बोतल रम बच गयी थी, और दिखावे के तौर पर उसने सभी पड़ोसियों को पीने के लिए बुलाया, सबको–हाँ, सिवा आइरीन के।

लगभग तीन बजे आइरीन को लगा कि यह उसके लिए बर्दाश्त के बाहर है और अगर वह इस मौक़े से चूक गयी तो यह वैसा ही होगा जैसे कोई भगवान का दिया उपहार फेंक डाले। उसने जूती पहनी, बाँहों में डोलची सँभाली और बैरक-यार्ड से निकल पड़ी। यह डोलची ही थी जिसने पहले से सतर्क सेलेस्टाइन के संदेह को जगा दिया क्योंकि उसे पता था कि उसी सुबह आइरीन ने अपनी सारी खरीदारी कर ली थी। कुछ पल तक वह सोचती हुई बैठी रही, फिर उसने मैमिट्रज का दरवाजा खटखटाया।

"देखो मैमिट्रज," उसने पुकारा, "अब मिस्टर डी विन्ये को जाना चाहिए। आइरीन एक डोलची लेकर अभी-अभी निकली है। मुझे लगता है कि वह निकोलस को बताने मार्केट गयी है।"

"लेकिन आज तो वह बड़ा व्यस्त रहेगा"–मैमिट्रज ने भीतर से कहा।

"तुम जानती हो कि वह आदमी कितना ईर्ष्यालु है और कितना बदमाश"–सेलेस्टाइन अड़ी हुई थी। "सुबह नौ बजे से मिस्टर डी विन्ये यहाँ है।"

"वे किसी और दिन आ सकते हैं। मिस्टर डी विन्ये, अब आपको जाना चाहिए।"

सेलेस्टाइन की उचित सलाह कारगर हुई। पोपो ने अपनी आदत के मुताबिक साफ-सुथरे ढंग से कपड़े पहने और चल दिया। रम की बोतलें नजरों की पहुँच से दूर हटा दी गयीं और मैमिट्रज के कमरे को साफ-सुथरा बना दिया गया। मैमिट्रज और सेलेस्टाइन ने अभी खतम किया ही था कि आइरीन खाली डोलची लिये नज़र आगी।

"देखो"—सेलेस्टाइन बोली, "अब बाहर देखना!"

सचमुच पाँच मिनट भी नहीं बीते थे कि एक बग्घी बाहर रुकी और निकोलस—अब भी अपने बूचड़ वाले खून के धब्बे लगे एप्रन पहने—तेज़ कदमों से चलकर बैरक-यार्ड में आया। वह सीधा मैमिट्रज के पास गया और उसे गर्दन से पकड़ लिया।

"कहाँ है वो आदमी जिसको तूने अपने साथ इस कमरे में रखा जिसका किराया मैं दे रहा हूँ?"

"बेवकूफी की बात मत करो, छोड़ो मुझे"—मैमिट्रज बोली।

"मैं अपना छुरा तेरे भीतर वैसे ही घुसेड़ दूँगा जैसे गाय के भीतर घुसेड़ता हूँ। क्या तूने उस कमरे में दिन भर पोपो डी विन्ये को नहीं रखा? ठीक-ठीक बता, कुतिया।"

"कुतिया होगी तेरी माँ, तेरी बहन, तेरी चाची, तेरी बीवी"—मैमिट्रज ने सेलेस्टाइन के सबसे चटकीले प्रत्युत्तरों में से एक का इस्तेमाल करते हुए चीख मारी।

"नीच जात के टापू वाले लोगों को मुँह लगाने से ऐसा नहीं होगा तो और क्या होगा"—सेलेस्टाइन बोली। निकोलस सेंट विंसेंट, ग्रैनेडा का रहने वाला था और ट्रिनिडाड के नीग्रो वेस्ट इंडीज के छोटे टापुओं के लोगों को नीची नजरों से देखते थे।

"तुम अपने मुँह का भोंपू बन्द करो और जिस चीज से तुम्हारा सम्बन्ध न हो उसमें मत घुसो। तुम्हीं इस औरत को शह देती हो। मुझे असलियत बताओ नहीं तो यीशु की कसम मैं तुम दोनों में से एक का तो आज कीमा बना ही दूँगा।"

"अरे, इधर देखो। मैं तुम्हें बताती हूँ।" प्यार और रम पी चुकी और सेलेस्टाइन से प्रेरणा पायी हुई मैमिट्रज अब थोड़ा साहस प्रदर्शित कर रही थी। "उधर रहने वाली उस औरत ने जाकर तुम्हें बताया होगा कि मिस्टर डी विन्ये इस कमरे में थे। वह आदमी यार्ड में आया जरूर था मगर वह सेलेस्टाइन को एक अँगूठी बेचने आया था जिसे खरीदने के लिए वह बहुत पहले वचन दे चुकी थी। मेरे कमरे में देख लो," उसने अधखुले किवाड़ों को पूरा खोल दिया, "क्या तुमको यहाँ किसी आदमी का निशान दिखायी देता है? क्या मेरा बिछावन ऐसा लगता है जैसे कोई मरद इस पर सोया हो? तुम्हारे-जैसे नीच जानवर से उलझना उचित नहीं, यह मुझे पहले ही समझ लेना था। तुमने मुझे खूब सता लिया। जाओ, अब आइरीन के साथ रहो। हाँ, और उस लंगड़े-लुंज तांगेवाले के साथ मिलकर उस औरतिया का बँटवारा कर लो। तुम्हारे जैसों के लिए वही ठीक है। पता नहीं किस मनहूस दिन में तुमसे भेंट हुई थी। मैं

कहे देती हूँ कि अपना मुँह फिर मुझे कभी नहीं दिखाओगे, हाँ।"

हाँफती हुई वह रुकी और सेलेस्टाइन ने, जो मौके का इन्तजार कर ही रही थी, कहानी को उठा लिया—"और ज़रा इस आदमी को देखो! पवित्र ईस्टर वाले सनीचर के दिन काम छोड़कर इसलिए आ जाता है कि उस घिनौनी औरतिया ने जाकर बताया कि मिस्टर डी विन्ये मैमिट्ज के साथ कमरे में है। अब आगे तुम कहोगे कि वह मेरे साथ रहता है। अरे, तेरे जैसा गधा मैंने कभी नहीं देखा। अरी बर्था, ऑलिव, जोजेफाइन, सुनो तो ज़रा," उसने अहाते की कुछ दूसरी निवासिनों से समर्थन माँगा, "क्या तुम लोग सारे दिन यहाँ नहीं थीं और नहीं देखा कि मिस्टर डी विन्ये यहाँ नाश्ते के बाद आये थे? मैंने उसे बकाये के दो डॉलर दिये। उसने एक पिंट रम मँगवाया और मैमिट्ज को बुलाकर हम तीनों ने ईस्टर की खुशी को जरा दारू से मना लिया। फिर मैं देखती हूँ कि वह औरतिया खबर पहुँचाने बाहर जाती है और सेंट विंसेंट का यह मूरख काम छोड़कर दौड़ा आता है। निकोलस, जरूर तुम नशे में धुत्त हो!"

बर्था, ऑलिव और जोजेफाइन, जिन्होंने रम में हिस्सा बँटाया था, सेलेस्टाइन की बात को सही बताया। आइरीन अपने कमरे के दरवाजे के आगे बैठकर मछली धो रही थी और ऐसा दिखला रही थी जैसे उसका उधर ध्यान नहीं। मगर इस आखिरी बात पर वह उछल पड़ी।

"बर्था तुमको ज़रा भी शरम नहीं है। थोड़े से रम के चलते तुम इस तरह झूठ बोल रही हो? निकोलस, इन लोगों का विश्वास मत करो। सारा दिन—" लेकिन यहाँ एक अनपेक्षित रुकावट आ गयी। बग्घी वाला झगड़ा सुनकर और यह सोचकर कि ईस्टर शनिवार जैसे दिन में समय नहीं गँवाना चाहिए, एक छोटे बच्चे को घोड़े पर लगा दो-एक मिनट से माजरा सुन रहा था। अब वह भीतर आन पहुँचा और निकोलस को बाँह से पकड़ लिया। "बॉस," वह बोला, "उस औरत की बात मत सुनो। वह ताँगेवान रिचर्ड के साथ रहती है और वह मुझसे कहता है कि वैसे तो सारी औरतें झूठ बोलती हैं मगर उसने इस औरत की तरह झूठ बोलते हुए न किसी को सुना न जाना—"

सबकी हँसी बरबस फूट पड़ी।

"चलो, चलते हैं, बॉस"—बग्घीवाला निकोलस को, जो खुद भी लौटने को अनिच्छुक नहीं था, बाँह से खींचते हुए बोला।

"मुझको अभी काम पर जाना है मगर मैं आज रात फिर वापस आ रहा हूँ और तब तुझे पूरा मजा चखाता हूँ।"

"और मत भूलना कि मेरा आदमी पुलिसवाला है," सेलेस्टाइन बोली, "और वह आज रात यहीं रहेगा। अगर तूने मैमिट्ज को छुआ भी तो तुम्हें पूरा ईस्टर हवालात में नहीं कटवा दूँ तो मेरा नाम सेलेस्टाइन नहीं। काम का न दाम का—विंसेलोनियन मूर्ख बूचड़ कहीं का।"

इस तरह सेलेस्टाइन को मैदान की मालकिन के रूप में छोड़कर निकोलस तो चला गया लेकिन मैमिट्ज पूरी शाम अवसन्न रही। दिन भर की उत्तेजना से वह थक गयी थी। फिर निकोलस के पास काफी पैसा था। आज की जैसी रात में तो वह काफी रुपये खींच सकती थी। और अब उसे यह खतरा लग रहा था कि कहीं वह निकोलस को खो न दे। वह जानती थी कि निकोलस पोपो से कितनी घृणा करता था। मगर इसका वह क्या करे कि वह पोपो को निकोलस से ज़्यादा चाहती थी—बहुत ही ज़्यादा। आखिर सबको जीना है।

सेलेस्टाइन, फिर भी, निडर थी। "उसके कहने पर ध्यान मत दो। वह आ रहा है। हाँ, वह माफी माँगने आ रहा है। जब तुम्हें लगे कि एक आदमी किसी औरत को वैसे प्यार करता है जैसे कि निकोलस तुम से करता है तो औरत उस आदमी से मनमाना बर्ताव कर सकती है। और वह फिर भी उसके पास आता है, ठीक वैसे ही जैसे कोई कुत्ता उलटी करके खाता है। मगर सुनो, मैमिट्ज! जब वह रात में तुम्हारे पास वापस आये तो उसे खरी-खोटी सुनाओ। खूब जमके। उसे बतला दो कि तुम उसकी फालतू चीजों को बर्दाश्त नहीं करोगी।"

मैमिट्ज अपने उनींदे तरीके से हँसी। उसे उम्मीद नहीं थी कि वह आएगा। तिसपर पूरी शाम आइरीन अवसर से मिलता-जुलता एक कथागीत गा-गाकर उसे चिन्तित करती रही :

"भले ही तुम हो किसी और की प्यारी / पर आज रात मेरी बन जा, री
आओ, आओ, आओ पास हमारे, टोरा! / फिर एक बार तुम बनो हमारी...
तेरे बिना मैं जिऊँगी कैसे! / तुझको जाने दूँगी कैसे !"

आईरीन की आवाज यार्ड में बक-बक करती जीभों की मीनार के ऊपर पहुँचकर कानों को भेदती हुई मँडराने लगी। जैसे-जैसे आवाज़ ऊँचे उठती जाती, मैमिट्ज का दिल डूबता जाता।

'भूलना मत' रात में विदा लेती हुई सेलेस्टाइन के आखिरी शब्द थे, "अगर वह आज रात लौटता है तो उसके लिए तुरत किवाड़ नहीं खोल देना। उसे थोड़ी देर खटखटाने देना।"

"ठीक है" मैमिट्ज उदासी से बोली। वह सोच रही थी कि उसे डी विन्ये ने जो पैसे दिये थे उनमें से सिर्फ छत्तीस सेंट बचे हैं। और कोई पैसा उसके पास नहीं।

मगर सेलेस्टाइन सही थी। गुस्साया हुआ निकोलस जब वापस काम पर गया तो ऐसी क्रूरता से मांस और हड्डियाँ काटने लगा कि उसके साथी बूचड़ और खरीदार चकित हो गये। पर सात बजे जब पैसों से उसकी जेब भरी हुई थी और उसके पास करने को कुछ नहीं था तो उसने खुद को बड़ा ही दयनीय महसूस किया। ईस्टर के लिए उसने अपनी योजना बना रखी थी। उसने निश्चय किया था कि शनिवार की रात वह मैमिट्ज के साथ बितायेगा और अगर वह सुबह नौ बजे तक पड़ा रहा तो

ईस्टर का पूरा इतवार भी। ईस्टरवाला सोमवार उसने अपने लिए रख छोड़ा था और वह सोचता रहा था कि मैमिट्रज, सेलेस्टाइन और जिम्मी को समुद्र में नहाने के लिए बग्घी में बिठाकर केयरनेज ले जाएगा। कुछ देर वह गलियों में निरुद्देश्य घूमता रहा। फिर दो-तीन पेग दारू पी। लेकिन तब भी फिजूल में पैसे खर्च करने और पीकर धुत्त होने के मूड में खुद को नहीं पाया। दिन भर के तनाव से वह थक गया था और औरत का आरामदेह साथ चाह रहा था, खासकर जिस औरत को वह प्यार करता था, यानी सुन्दर, मोटी, समर्पणशील मैमिट्रज। साढ़े दस बजे के लगभग उसने पाया कि मैमिट्रज को दुबारा फिर कभी नहीं देखने का उसका निश्चय लड़खड़ाने लगा है।

'लानत है' उसने खुद से कहा, 'वह औरतिया आइरीन झूठी है। उसने देखा कि मैं मैमिट्रज का कितना खयाल रखता हूँ और इसीलिए वह हमारा सम्बन्ध तोड़ना चाहती है।'

इस सवाल को लेकर वह स्वयं से जूझने लगा।

'फिर भी औरत इस तरह से साफ झूठ नहीं बोल सकती थी। डी विन्ये वहाँ जरूर रहा होगा।'

वह अनिश्चय में था। वह बर्था और ऑलिव और बग्घीवाले की गवाहियों के पक्ष-विपक्ष में अपने-आप तर्क वितर्क करने लगा। उसकी बुद्धि यह मानने की ओर झुकने लगी थी कि जिस कमरे का किराया वह देता रहा है उसमें पूरे दिन मैमिट्रज डी विन्ये का सत्कार करती रही थी जबकि वह खुद बुद्धू की तरह उसी औरत के पास रुपये ले जाने के लिए कड़ी मेहनत कर रहा था। लेकिन बुद्धि से भी ज़्यादा मज़बूत शक्तियाँ मैमिट्रज के पक्ष में संघर्ष कर रही थीं। ग्यारह बजे वह बैरक-यार्ड में दरवाजा खटखटा रहा था।

"मैमिट्रज! मैमिट्रज! खोलो, मैं हूँ–निकोलस।" एक हलका ठहराव। फिर उसने किंचित् अपरिचित सी प्रतीत होने वाली मैमिट्रज की आवाज़ सुनी।

"अब तुम क्या चाहते हो!...मेरे दरवाजे से चले जाओ।"

"आज जो भी हुआ उसके लिए मुझे अफसोस है। ये उस चुड़ैल आइरीन का काम था। वह मार्केट आकर मुझसे तुम्हारे खिलाफ झूठ बोली। किवाड़ खोलो, मैमिट्रज ...देखो, तुम्हारे लिए कुछ लाया हूँ।"

बगल के दरवाजे पर सेलेस्टाइन ध्यान से सुन रही थी और खुश थी कि मैमिट्रज उसके निर्देशों का पूरा पालन कर रही थी।

"मुझे तुमसे डर लगता है। तुम्हारे पास छुरा है और तुम यहाँ मुझे उसी तरह काटने आये हो जैसे गुरिए ने एवा को काटा था।"

"मेरे पास कोई छुरा-उरा नहीं है। तुम्हारे लिए पैसे लाया हूँ।"

"तुम्हारा क्या भरोसा...मुझसे इस तरह बर्ताव करते हो जैसे मैं कोई गाय हूँ।"

"विश्वास करो मेरे पास कोई छुरा नहीं है...किवाड़ खोलो, नहीं तो मैं इसे

तोड़कर घुस जाऊँगा। तुम मुझसे इस तरह बर्ताव नहीं कर सकती।"

निकोलस का पारा चढ़ता जा रहा था, उसने ऐसी स्थिति का अनुमान नहीं किया था।

चौकसी कर रही सेलेस्टाइन ने यहाँ हस्तक्षेप किया– "भले आदमी के लिए किवाड़ खोल भी दो मैमिट्ज। बेचारा माफी माँग रहा है। और फिर यही तो किराया चुकाता है।"

सो, मैमिट्ज ने इच्छापूर्वक किवाड़ खोल दिया और निकोलस भीतर गया। सुबह वह बड़े तड़के ही काम पर जाने के लिए निकला मगर मैमिट्ज से कह गया कि वह साढ़े नौ बजे लौटेगा।

अहाते में रोजमर्रे का काम करती हुई आइरीन ने पता लगा लिया कि पिछली रात निकोलस मैमिट्ज के पास आया था। मैमिट्ज कुत्ते के समान उसे दुत्कार-फटकार रही थी मगर सेलेस्टाइन के अनुनय-विनय करने पर उसने उसे भीतर आने दिया। उसने गौर किया कि मैमिट्ज उस सुबह और दिनों की अपेक्षा बहुत देर से उठी। वास्तव में सेलेस्टाइन (जो हमेशा पाँच बजे सुबह जग जाती थी) ने उसका दरवाजा खटखटाया और उसके निकलने से पहले कमरे में गयी। आइरीन को यह समझने में ज़्यादा देर नहीं लगी कि कोई न कोई गुल खिलनेवाला है। पहली बात तो यह कि मैमिट्ज ने उस तरह से किवाड़ नहीं खोला जैसे वह खोला करती थी बल्कि ताक-झाँक कर अपने पीछे इसे बन्द कर लिया। न तो वह और न सेलेस्टाइन ही मार्केट गयी। उन्होंने बर्था की छोटी बहन को भेजा जो बीफ, पोर्क और मटन लेकर लौटी जिनके हर टुकड़े को मैमिट्ज ने हवा में ऊँचा उठा-उठा कर देखा और टिप्पणी की। तब बर्था की बहन दुबारा बाहर गयी और एक नया कोयले का चूल्हा लेकर आयी। आइरीन अन्दाजा लगा सकती थी कि यह कहाँ से आया होगा–शायद शार्लोट स्ट्रीट की किसी छोटी दुकान से, जिसका मालिक इतवार को भी बिक्री करने से नहीं डरता था। अहाते के बाहर-भीतर बार-बार आती-जाती बर्था की बहन मुट्ठी में किसी चीज को कस कर दबाये रखती थी। आइरीन, जिसकी बुद्धि भयंकर ईर्ष्या और द्वेष से दग्ध हो रही थी, समझ नहीं सकी कि क्या हो रहा है। इस बीच सेलेस्टाइन मैमिट्ज के कमरे में थी और मैमिट्ज ने बाहर तीनों चूल्हों पर पकाना आरंभ कर दिया था। हर एक मिनट पर अपना सिर कमरे की ओर घुमाकर मैमिट्ज सेलेस्टाइन से बतिया लेती। आइरीन देख रही थी कि हँसी के मारे मैमिट्ज की मोटी देह काँप उठती थी। वह भीतर से आती सेलेस्टाइन की कर्कश बकवास भी सुन रही थी। तब बर्था की बहन आखिरी बार बाहर से लौटी और भीतर जाकर, जो भी सन्देश था उसे पहुँचाने के बाद, बाहर निकली और मैमिट्ज के किवाड़ के सामने कुछ गज की दूरी पर किसी बात की प्रतीक्षा में खड़ी हो गयी। आइरीन पूरा दिमाग लगाकर भी कोई निश्चय नहीं कर पायी कि भीतर क्या हो रहा था।

तब मैमिट्रूज उठी और बर्था की बहन के पास जाकर खड़ी हो गयी और अगले ही क्षण दोनों किवाड़ खुल गये। आइरीन ने देखा कि दोनों हाथ कमर पर रखे सेलेस्टाइन चौखट पर खड़ी है। वैसा कुछ तो नहीं—और तभी उसने देखा। दोनों किवाड़ चिपकाये हुए नोटों से भरे थे—पाँच डॉलर वाले हरे नोट, दो डॉलर वाले लाल नोट और एक डॉलर वाले नीले नोट—हरेक कोने में उन्हें अटकाये रखने के लिए पिन लगाये गये थे। पिनों के सिरे धूप में चमक रहे थे। खड़ी हुई आइरीन इतनी ज़्यादा हतप्रभ हो गयी कि एकाध पल के लिए उसका मुँह खुला का खुला रह गया। तो इत्ते सारे रुपये निकोलस ने मैमिट्रूज को दिये। निकोलस न केवल मैमिट्रूज के पास वापस लौटा और माफी माँगी बल्कि अपनी सारी कमाई भी उसने उसे दे डाली। गधा ! तो सेलेस्टाइन घर के भीतर इतनी देर से यही कर रही थी। बर्था की बहन नोट तुड़वाने के लिए अहाते के बाहर-भीतर दौड़ लगा रही थी। कम से कम चालीस—नहीं, पचास—डॉलर या ज़्यादा ही किवाड़ पर लगे होंगे। मैमिट्रूज और बर्था की बहन हँसते-हँसते लोटपोट हो रही थीं और यह ठट्ठा फैलता ही जा रहा था क्योंकि अहाते के दूसरे लोग भी यह देखने के लिए जमा हो रहे थे कि किस बात का हल्ला है। यह निकोलस भी कितना बड़ा आँख का अंधा, बेवकूफ था। गुस्से और अपमानबोध के आँसू आइरीन की आँखों से बहने लगे।

"अरी, आइरीन! आके देखो तो कि कल रात निकोलस मैमिट्रूज के लिए कौन-सी तसवीर लाया था! और हाँ, हम लोग कल केयरनेज जा रहे हैं। तुमको तो नहीं पर तुम्हारे मरद को भी ले चलेंगे। उसके लँगड़े पाँव वाले घाव के लिए समन्दर का पानी अच्छा रहेगा।"—सेलेस्टाइन की आवाज़ अहाते भर में बज उठी।

बर्था, जोज़ेफाइन, मोटी मैमिट्रूज और बाकी सभी हँस-हँस कर दोहरे हुए जा रहे थे। कोई जवाब देने के लिए आइरीन न तो उत्साह पा रही थी, न आवाज ही। वह इस कदर घबरा गयी थी कि उसके हाथ काँपने लगे। जिस चीनी मिट्टी के बर्तन में वह चावल धो रही थी वह उसकी उँगलियों से फिसला और गिरकर टुकड़े-टुकड़े हो गया। चावल नाली के गन्दे पानी में बह गये।

# ट्रिनिडाड में साँझ

□ अल्फ्रेड मेंडिस

यह बैरक-अहाते का अपराह्न समय था और सूरज अहाते के बीच में रखे धुले कपड़े सुखाने के पत्थरों पर मानो चोटें कर रहा था। इतनी ज्यादा गर्मी थी कि सुबह के कपड़े धोने के काम से निबट कर क्वीनी, मिरियम, कोरीन और जॉर्जी आसमान से झरने के समान बरसती गर्मी से छिपने के लिए अपने-अपने दरवाजों की छाया में बैठी आराम फरमा रही थीं। अहाते की सबसे बूढ़ी औरत मा नेनाइन—जो खुद को लगभग पचहत्तर साल की बताती थी और अपनी उम्र का हिसाब हैजे की महामारी के वक्त से लगाती थी—पुरानी मिट्टी के पाइप से धुआँ उड़ाती आम के उस पेड़ के नीचे पालथी मारे बैठी थी जो पाखाने के कोने की तरफ के कोने में उगा हुआ था।

मिरियम आँगन के पार से चिल्लायी—"अरी क्वीनी, पिछली रातवाली मीटिंग कैसी रही?"

"खूब रही"—क्वीनी बोली, "सबसे पहले फादर कॉर्नबुश ने बढ़िया उपदेश दिया, माइ चाइल्ड।"

"उन लोगों को जुबान का मीठा होना ही पड़ता है"—मा नेनाइन ने कहा, "जीभ के शहद से ही उनका रोजगार चलता है। मगर कोई भी हरदम शहद नहीं खा सकता, पेट दुखने लगेगा। मैंने कभी नहीं सुना कि रोटी खाने से किसी का पेट दुखा हो।"

'खी-खी-खी-खी!'

"आंय, अब तुम काहे को हँस रही हो मिस मिरियम?" मा नेनाइन बोली।

"अरी, तुम सब धरम का खूब मज़ाक उड़ाती हो," क्वीनी त्यौरियाँ चढ़ाकर बोली, "जब तुम भगवान पर हँसती हो तो सचमुच धूर्त्त लगती हो।"

"मैं भगवान पर नहीं हँसती। मा नेनाइन भगवान है क्या?"

"हुँह" मा नेनाइन बोली, "मैं तो कॉलोनी की गवर्नर भी नहीं हूँ, सर्वशक्तिमान भगवान की तो बात ही क्या। मैं जो भी हूँ उसी से मुझे संतोष है। तुम लोग मेरी चिन्ता मत करो।"

'खी-खी-खी-खी!'

"और जरा इसको तो देखो"–क्वीनी ने कहा, "हँसी, हँसी, हँसी। अरे, तेरा पेट फट जाएगा। अपना खिखियाना बन्द नहीं कर सकती क्या री छोकरिया?"

"कुछ लोग खाली बतियाने के लिए बात बनाते हैं" जॉर्जी ने कोरीन से ऊँची आवाज में कहा, "जैसे-जैसे सूरज गरम होता है, उनकी जीभ धामिन साँप-जैसी चलने लगती है।"

कोरीन कुछ नहीं बोली।

सप्ताह भर पहले चारों औरतों–क्वीनी, मिरियम, कोरीन और जॉर्जी में बड़ी दोस्ती थी। सारा दिन वे आपस में बतियाती-हँसती रहतीं और शामों को जबकि उनके मर्द रम लाते वे आपस में बाँट लेतीं। साथ मिलकर गातीं और कभी-कभार पीकर धुत्त हो जातीं। कोरीन पिछले महीने एक कुली को खो चुकी थी–जिसे वह अपना 'घरवाला' कहती थी मगर जो वास्तव में उसका रखवाला या रखैल था–और पूरे तीन सप्ताह से बिना मर्द के रह रही थी। इस दौरान उसकी अहाते की सहेलियों ने उसे अपने भोजन में शरीक किया था। कोरीन खानदानी तौर पर गाय-जैसी मोटी थी–उतनी ही आलसी और असहाय भी। अपने औरतपन के नौ वर्षों में–फिलहाल वह तेइस वर्ष की थी–वह रोजी-रोटी के लिए मर्दों पर निर्भर रही थी, पर कभी किसी की कामना उसने नहीं की थी। औरत में देहगठन की प्रचुरता के सिवा ऐसा कुछ नहीं है जिसकी प्रशंसा क्रियोल भाषा करती हो। लेकिन पिछले तीन हफ्तों से कोरीन मर्द के बगैर थी, बिना पैसे के थी और दिनों-दिन उदास और निराश होती जा रही थी। एक रात मा नेनाइन ने संकेत किया कि वह उसके नाम पर थोड़ा जादू-टोना करना चाहती है–'हाय, जरूर किसी चुड़ैल ने तुम्हारे ऊपर बुरा साया डाल दिया है।' सो, एक रात सभी औरतें इकट्ठी हुईं। मा नेनाइन ने किसी विस्मृत अफ्रीकी जुबान में लम्बा अण्डबण्ड सा कुछ बुदबुदाया। कोरीन को लावेंटील पहाड़ियों से प्राप्त खास जड़ी-बूटियाँ डालकर तैयार किये गये जल से नहलाया। इसके ठीक दूसरे ही दिन टैक्सी चालक डोडो, जो क्वीनी का मरद था, अपने एक नये दोस्त को लेकर आया। उसका नाम नेपोलियन था और जो नामी लठैत और शहर का माना हुआ पियक्कड़ था। यह पिछले हफ्ते की बात थी और उसी दिन से दिक्कत शुरू हुई। उसने अपने सुन्दर काले चेहरे, टापू भर में फैले नाम और बढ़िया कपड़ों के द्वारा अहाते में बड़ा हो-हल्ला पैदा कर दिया। उस शाम को वह ढीले कपड़ों में कोरीन को सामने पाकर उसकी देह को घूरते हुए बोला, "सुना है तू अकेली है। अभी किसी से बँधी नहीं और आजाद है।" कुल मिलाकर हुआ यह कि उसने कोरीन को अपनी रखैल बनाने का प्रस्ताव किया और जब मा नेनाइन ने यह खबर सुनी तो उसने कोरीन से, और पूरे अहाते से, कहा–"क्या मैंने पहले ही तुम सबसे नहीं कहा था? तुम लोग तो खाली चर्च जाने को व्याकुल रहते हो। मगर चर्च जाने से क्या होता है–प्रार्थना करते-करते

चेहरा और भी काला बन जाता है। और यहाँ देखो कि कल रात ही मैंने टोना किया और कोरीन को मरद भी मिल गया।"

"शैतान के पास जाकर दुनिया का सारा धन लेने से तो अच्छा मैं समझती हूँ कि भगवान के यहाँ जाकर लुट ही क्यों न जाएँ"—क्वीनी ने उपदेश झाड़ने के अन्दाज में कहा।

"उस गैबी ताकत को चाहे जो भी नाम दे लो", मा नेनाइन ने मुँहतोड़ जवाब दिया, "शैतान कहो या भगवान, मुझ जैसी बुढ़िया के लिए एक ही बात है। हमको जो चाहिए वो अगर शैतान दे सकता है तो वही मेरे लिए भगवान है। मिस क्वीनी, तू तो भगवान के बारे में बड़ा मीन-मेख निकालती है। जैसे कुछ लोग भोजन के बारे में सोचते हैं...तुम्हें पता है कि जो लोग भोजन के बारे में जानना चाहते हैं कि यह कहाँ से आया और वह कहाँ से आया उनका क्या हश्र होता है? वे भूखों मरते हैं, मिस क्वीनी।" और मा नेनाइन अपने विशाल पेट को अपनी बाँहों में समेट कर झूलती हुई उस व्यक्ति की तरह अपने कमरे की तरफ बढ़ी जिसने युद्ध में विजय प्राप्त कर ली हो।

"ठीक है"—क्वीनी बोली, "अपना सिद्धान्त अपने पास रखो और उसे पूजो। शैतान की खातिरदारी में जादू-टोना करती रहो....।"

"अब तुम कहोगी कि तुमने उस रात मेरे टोटके में हाथ नहीं बँटाया?"

"मैंने तो तेरे ईसाई विश्वास में मदद की।"

"सुनो, सब लोग सुन लो, मिस क्वीनी क्या कह रही है। छोकरी, मुझे हँसी मत दिलाओ।"

"जो करना है, कर लो बुढ़िया" क्वीनी बोली, "जब ऊपर वाला मारता है तो कोई पानी भी नहीं माँग पाता।"

"मुझे किसी से कोई गिला-शिकवा नहीं"—दन्तहीन मसूड़ों में मिट्टी का पुराना पाइप लगाये अपनी देहरी पर बैठती हुई मा नेनाइन बोली, "कोई ताकत अब तक मेरा बुरा नहीं कर सकी। मैं अपने मरद के साथ रही—अपने कानूनी मरद के साथ—जिसने मुझे उँगली में पहनने को अँगूठी दी—तीस बरस से ज्यादा, और जब वह मर गया तो थोड़ी-सी जायदाद भी छोड़ गया जिससे इन बूढ़ी हड्डियों को बाकी वक्त विरह के आँसुओं में काटने के लिए गद्दे पर एक तकिया मिल सके। मुझे संतोष है। बढ़िया इन्तजाम को तो बढ़िया इन्तजाम ही कहेंगे। क्या फर्क पड़ता है कि सर्वशक्तिमान भगवान हो, कि सर्वशक्तिमान शैतान हो, कि मेरा पति जोशुआ एजेकिल पेननाइफ हो—हाय, बेचारा बहुत पहले गुजर गया, कब्र में चला गया।"

पूरा अहाता क्वीनी की ओर देखकर ठठाकर हँस पड़ा। सबकी हँसी के ऊपर मिरियम की खी-खी-खी मँडरा रही थी।

नेपोलियन चाहे बाँका छैला, लठैत और (जाने क्या-क्या) जो भी था मगर यह निश्चित था कि वह एक ही औरत से बँधकर रहने वाला मर्द नहीं था। पोर्ट-ऑफ-स्पेन

की सभी औरतें उसे जानती थीं और उनके मर्दों से उसका झगड़ा-झंझट बराबर होता ही रहता था। झगड़ा करने के चलते उसे आये दिन मैजिस्ट्रेट के सामने हाजिर होना पड़ता था। उसने जुर्माने के बतौर अदालत में लम्बी रकमें भरी थीं। उसके खिलाफ भरण-पोषण संबंधी चार सरकारी आदेश निकल चुके थे और वह उन सभी में आदेश पालन नहीं करने का दोषी था। क्रुद्ध औरतें (याने उसके बच्चों की माँएँ) उसे शहर में खोजती फिरती थीं। नेपोलियन के रहने की कोई जगह निश्चित नहीं थी। जहाँ कहीं भी वह पी-पा कर धुत्त हो जाता और वहीं सो भी जाता। कभी-कभी उसकी माँ, जो जॉनजॉन पहाड़ी पर रहती थी, हफ्तों उसे देख नहीं पाती और तब उसका कोई पड़ोसी उसे अखबार में से खबर पढ़कर बताता कि कैसे उसका बेटा नेपोलियन अलाने-फलाने के साथ झगड़ा करने के चलते मैजिस्ट्रेट के सामने लाया गया और तब वह खुले आसमान की तरफ अपनी बाँहें उठाकर ईश्वर से इस बात के लिए माफी माँगती कि उसने ऐसा 'नाकारा काला बेटा' पैदा किया।

नेपोलियन केवल चौबीस साल का था—लगभग छह फुट ऊँचा और कैरोसो फैशन के बाल रखता था। कहा जाता था कि वह पोर्ट-ऑफ-स्पेन में सबसे ताकतवर आदमी था और ऐसे लोग भी थे जो कहते थे कि उन्होंने उसे 240 पौंड भारी चीनी का बोरा सीधे जमीन से कंधे पर उठाते हुए देखा था। यहाँ तक समझा जाता था कि पुलिस भी उससे डरती थी—और इसमें अचरच भी क्या, क्योंकि एक बार सेंट विंसेंट तट पर हुए झगड़े में उसने लगभग अपने जैसे ही एक भारी भरकम आदमी को उठा लिया और सीधे समुद्र में फेंक दिया था। उसके पास पैसे कहाँ से आते हैं यह केवल उसके जुआरी दोस्त ही जानते थे। लॉटरी और जुए यानी ह्वे-ह्वे और पोकर में उसकी किस्मत ऐसी थी जैसी जिन्दगी में किसी ने न देखी होगी। और पोकर में तो वह कभी बेईमानी करते नहीं पकड़ाया। उसके भारी-भरकम काले हाथ पत्तों के ट्रिक में इतने माहिर थे कि उनकी सफाई किसी को दिखलायी नहीं पड़ती थी।

जिस दिन से नेपोलियन इस अहाते में आया उसने औरतों, विशेषकर क्वीनी और कोरीन के साथ लुकाछिपी का खेल शुरू कर दिया। जॉर्जी कोरीन के पक्ष में हो गयी और मिरियम क्वीनी के पक्ष में, जबकि हमेशा की तरह मा नेनाइन तटस्थ रही। पुरसे भर के आदमी डोडो ने बूढ़ी मा नेनाइन से गोपनीय तौर पर उस सबके बारे में जाना-सुना जो उसकी औरत क्वीनी और नेपोलियन के बीच चल रहा था। चूँकि वह टैक्सी चलाता था, अतः उसका दिन में यहाँ अहाते में होना मुश्किल था; और उस सप्ताह जब भी वह रातों में हस्ब मामूल लौटा किया तो वह वैसा कुछ भी न देख सका जिससे मा नेनाइन के द्वारा अपने कानों में डाले गये फुसफुसाहट-भरे शब्दों पर उसे विश्वास होता। एक रात उसने क्वीनी से इस बारे में पूछा तो उसने इतनी दृढ़ता के साथ इनकार किया कि उसे कहना पड़ा कि उसे अजूबा लगा था कि क्वीनी की कोरीन और जॉर्जी से बातचीत नहीं होती।

"तुम साफ-साफ क्यों नहीं बताते कि तुम क्या जानना चाहते हो, आँय?" क्वीनी क्रोध से बोली, "हममें कुछ कहा-सुनी हो गयी और उसने मेरी अलगनी खींच ली। मैं भी नहीं छोड़ने वाली, उसे देख लूँगी हाँ!"

लेकिन इस तीसरे पहर जब औरतें अपने दरवाजों पर बैठी सुस्ती मिटा रही थीं, पसीने से उनके काले चहरे चमक रहे थे; मा नेनाइन का बूढ़ा दिल उत्तेजना से धड़क रहा था क्योंकि वह यह देखने के लिए इन्तजार कर रही थी कि आज गोधूली वेला में डोडो और नेपोलियन के बीच कैसा गुल खिलेगा। पिछले दिन उसने छिपकर सुन लिया था कि नेपोलियन क्वीनी और जॉर्जी के लिए खाने-पीने का इन्तजाम करने वाला है, और यह जानकारी उसने डोडो के कान में फुसफुसा दी थी। मोटी और आलसी कोरीन क्वीनी की ओर नेपोलियन के झुकाव के बारे में सबकुछ जानती थी मगर अपनी सहेली जॉर्जी के द्वारा आग भड़काये जाने पर भी उसे इसकी चिन्ता नहीं थी। कोई भी चीज उसमें कभी मानसिक हलचल पैदा नहीं करती थी, कुछ भी उसे हिलाकर उत्तेजना में नहीं ले जा सकता था और वह चुपचाप कम-से-कम हिल-डुल करते हुए कपड़े धोती थी; और जब उसके पास कपड़े धोने का काम नहीं होता था--जैसा कि आश्चर्यजनक रूप से उसके 'पति' हीन तीन सप्ताहों में हुआ था, वह अपनी देहरी पर बैठकर बाहर अहाते में देखती और कभी-कभार ही मुँह से एकाध शब्द निकालती।

यह क्वीनी ही थी जिसकी गंदी हरकतों से बुरी भावनाएँ टपकती थीं। वह हर तरह से दिखाने की कोशिश करती थी कि वह (क्वीनी) नेपोलियन को 'अपने लिए' चाहती थी। क्योंकि वह डोडो से बहुत-बहुत ज्यादा कमा रहा था, वह कहीं ज्यादा खूबसूरत और सुसज्जित भी था। यह सही वक्त था जब उसे बदलाव चाहिए। डोडो वैसे ठीक-ठाक था, वह उसके अनुकूल भी था, मगर उसका साथ बहुत ज्यादा कर चुकी, उसे बहुत सहन कर चुकी।

"अँय-हँय, औरतिया को पहले से एक मरद है और अब वह दूसरा चाहती है," जॉर्जी बोली, "मुझे डोडो को जाकर बताना चाहिए।"

"उसे अकेले छोड़ दो"--कोरीन मुँह चभलाती बोली।

"अरी, तू तो बड़ी चुप्पी है और चुहिए के समान लाचार भी। मुझे पहले ही उसे बतला देना था। अगर तुम ऐसी ही बनी रहीं तो नेपोलियन को खो दोगी। जब तुम्हें एक मरद मिला है तो मिठबोली से थोड़े ही उस पत्थर में छेद होगा! तुमको अपना हाथ-पाँव चलाना चाहिए। मरद की कमर को दोनों पाँव से लपेटकर रखना ही ठीक है।"

"मुझे क्या जरूरत पड़ी है"--दाँतों को चूसते हुए कोरीन ने कहा, "मरद समुन्दर किनारे की चट्‌टान जैसे होते हैं।"

"मगर कोई-कोई समुन्दर ऐसा भी होता है जिसके किनारे कोई पत्थर-वत्थर

नहीं होता। तुम खुद को ही देख लो।"

"मुझे कोई गरज नहीं।"

"छोटे मुँह बड़ी बात मत कर, छोकरी। तुम्हारा ही श्राद्ध होने वाला है, मेरा नहीं।"

उस तिपहर को चार बजते ही नेपोलियन अपने नाविकों वाली स्टाइल में अँगनाई में पहुँचा। हर शनिवार को, और आज शनिवार था, डोडो कभी आधी रात से पहले नहीं आता था। नेपोलियन सिल्क के पूरे सूट में सज्जित था और उसने कई तीखे रंगों वाली जलती हुई टाई पहन रखी थी। पहले कोरीन के चूतड़ पर एक धौल जमाकर उसने उसका अभिवादन किया और फिर क्वीनी के कमरे में गया। पाया कि क्वीनी और मिरियम दोनों अपने साटिन और सिल्क के बेहतरीन कपड़ों में सजी हुई बैठी हैं और सामने पुराने रम की दो बोतलें और गिलास रखे हैं। उसने अपने लिए एक गिलास बनाकर लम्बी घूँट भरी और लगभग आधा गिलास खाली कर दिया। फिर उसने क्वीनी से कहा कि वह कोरीन और जॉर्जी को भी शामिल होने के लिए बुलाने जा रहा है।

"तेरा दिमाग तो ठिकाने है, भलेमानस?" क्वीनी बोली, "मैंने तुम्हें बताया नहीं था कि हमारे बीच अनबन है?"

"तुम औरत लोग होती ही बिल्ली-जैसी हो," नेपोलियन अपनी विशाल काली हथेली से सिर के वैसलिन लगे बालों को दबाते हुए बोला–"कभी तो एक दूसरी से चिपट कर लेटती हो और दूसरे ही पल एक-दूसरी की आँख नोचती हो।"

मा नेनाइन ने दरवाजे में अपना सिर घुसाया।

"आ जाओ, ओल्ड लेडी"–नेपोलियन ने कहा, "तुम्हारे बारे में तो मैं भूल ही गया था। जरा पानी मिला हुआ दारू तो चखो।"

मा नेनाइन भद्दे ढंग से चलकर भीतर आयी और नेपोलियन का दिया हुआ दारू गटगटा गयी। फिर अपने होठों को चपचपाती हुई बोली, "दारू सोये हुए बूढ़े हाड़ को जगा देता है।"

"जरूर-जरूर!" अपनी छोटी काया के भीतर दौड़ते हुए दारू को महसूस करके क्वीनी बोली।

'खी-खी-खी!'

"मिरियम हँसते-हँसते नरक पहुँचेगी, इसमें कोई सन्देह नहीं।"

"जीने का यही तरीका ठीक है, मेरी जान"–नेपोलियन ने कहा, "तुम मेरे दिल में रहने वाली युवती हो।"

"क्वीनी, डोडो आ जाएगा क्या तुम्हें इसका जरा भी डर नहीं है?" मा नेनाइन ने पूछा।

"भगवान के सिवा मुझे किसी का डर नहीं। और फिर सनीचर की रात तो डोडो

देर तक काम पर रहता है।"

छह बजने तक वे सब धुत्त हो चुके थे। सस्ता-सा ग्रामोफोन एक लोकप्रिय अमेरिकी धुन चिंघाड़ रहा था। सब लोग मस्ती में गा रहे थे—यहाँ तक कि मा नेनाइन का शरीर भी गाने की ताल पर झूम रहा था।

अचानक नेपोलियन ने फिर कहा कि वह कोरीन और जॉर्जी को न्योता देने जा रहा है और जब क्वीनी ने इसका विरोध किया तो उसने उसे 'जहन्नुम में जाओ' कहा, कि रम उसका है, कि कोरीन उसकी अपनी औरत है और अगर क्वीनी नहीं चाहती कि कोरीन यहाँ आये तो वह अपना रम उठाकर कोरीन के कमरे में चला जाएगा।

तब भी उजाला ही था जब नेपोलियन ने कोरीन के कमरे में जाने के लिए डगमगाते हुए आँगन पार किया। आम के पेड़ पर कुछ झींगुर गा रहे थे और आसमान में कोई बादल नहीं था। हालाँकि सूरज की सीधी किरनें आँगन से बहुत पहले जा चुकी थीं फ़िर भी वह गरम था।

"क्या तुम उसे उस हरामजादी को यहाँ लाने दोगी?"—जैसे ही नेपोलियन कमरे से निकला मिरियम ने पूछा।

क्वीनी चुप रहीं।

"बच्ची, यह तुम्हारा अपना कमरा है। डोडो किराया भरता है कि नहीं? अगर मैं होती..."

"तुमको इसका फिकर नहीं करने का"—क्वीनी बोली, "पूँछ को समेट के रखो और रम पियो। अगर वो कोरीन को यहाँ लाता है तो मुझको कोई दिक्कत नहीं।"

"अगर वह यहाँ आती है तो बड़ी छिछोरी होगी। छोटे टापुओं के निग्गर अपनी इज्जत का कोई खयाल नहीं करते—थोड़ा भी नहीं।" ट्रिनिडाड के नीग्रो छोटे टापुओं से आने वाले काले लोगों को नीची नजर से देखते हैं और कोरीन मूलतः सेंट विंसेंट द्वीप से आयी थी। "है कि नहीं मा नेनाइन?"

मा नेनाइन की मनके-जैसी शैतानी आँखों ने काले मांस की दो कब्रों में से बाहर देखा—"वो सब तेरा अपना मामला है," वह बोली, "हर जगह मुँह मारकर मुझे अपना मुँह जलाने का नहीं। अब मैं बुढ़ा गयी हूँ और वो दिन बहुत पहले बीता जब मैं कहती थी कि 'हाँ, रेबेका, तू ठीक कहती है' या फिर, 'नहीं, रेबेका, तू गलत है।' तुझे लड़ना है तो लड़, डाह करना है तो डाह कर। हमको इससे कुछ लेना-देना नहीं।"

क्वीनी मुँह बन्द करके हँसी, "डाह?" वह बोली, "मेरा अपना मरद है और मुझको जो चाहिए वह सब लाकर देता है। हमको किसी से डाह करने की क्या जरूरत, आँय?"

"मुझे नहीं मालूम" मा नेनाइन बोली, "कुछ औरत एक मरद से खुश रहती है और कुछ को एक से बहुत जियादा ही चाहिए। एक से ज्यादा मरद की चाह और

डाह दोनों गली में उसी तरह गलबहियाँ डालकर चलते हैं जैसे स्कूल जाने वाले बच्चे।"

"देखो, वो दोनों कुतियों को लाना चाहता है," मिरियम जरा-सी खुली किबाड़ में से बाहर झाँकती हुई बोली, "खुदा कसम, देखो जॉर्जी उसे पकड़े हुए है।"

क्वीनी आगे बढ़कर मिरियम के कंधे के ऊपर से उझकने लगी और जबकि दोनों औरतें इस तरह व्यस्त थीं, मा नेनाइन ने जल्दी से पुराने रम का एक पेग बनाया और एक ही घूँट में उसे निगल लिया।

"वे आ रहे हैं," मिरियम बोली, और क्षण-भर बाद ही नेपोलियन कोरीन और जॉर्जी को ले आया। दोनों ने अपने सबसे बढ़िया कपड़े पहन रखे थे और चेहरों पर खूब पाउडर पोत रखा था।

औरतों के दोनों दलों ने एक-दूसरे को देखा मगर कोई शब्द नहीं बोला गया। मा नेनाइन एक कोने में बैठी अपना मिट्टी का पाइप सुरसुराती हुई अपनी आँखों के कोने से उन सबको देख रही थी।

नेपोलियन बोला, "डेक पर जितने आदमी हैं उनसे कहा जाता है कि सब आपस में हाथ मिलाएँ और बात करें।" उसने कोरीन और जॉर्जी को पकड़ लिया और उन्हें खींचकर क्वीनी और मिरियम के आगे ले आया। मिरियम और जॉर्जी के चेहरों पर काली सिकुड़नें आयीं लेकिन दूसरी दोनों औरतें शान्त और अन्यमनस्क रहीं।

मा नेनाइन अपने कोने से उनपर आँखें गड़ाये उन्हें घूर रही थी।

"हम लोग अपना रम भी पियें और दुश्मनी भी करें ऐसा नहीं हो सकता।"—नेपालियन बोला, "ओल्ड लेडी, क्या तुम्हारे विचार से इन औरतों का उस तरह से झगड़ना ठीक है जैसे धूप में गरमाये कुत्ते झगड़ते हैं?"

मा नेनाइन ने अपनी मुंडी हिलाई मगर घटना के इस अद्भुत ढंग से बदलने पर अपना असंतोष नहीं जाहिर होने दिया। "जब मैं जवान थी तो हाँ लड़ती थी जरूर, मगर किसी मर्द के लिए, हुँह?" उसने मुँह से अपना पाइप निकालकर अधखुले दरवाजे से सीधे बाहर थूक दिया।

पहले कोरीन ने अपना मोटा हाथ निकाला, और क्वीनी, जो नेपोलियन की ओर देख रही थी उसे थामने से पहले सिर्फ क्षणभर के लिए हिचकिचाई। इस वक्त जबकि वे सभी साथ-साथ पी रही थीं, गा और हँस रही थीं, बतिया रहीं थी—नेपोलियन उनके बीच उत्सव के संचालक के समान था—तो ऐसा लगता था मानो उन लोगों के बीच कभी किसी किस्म की कोई दुर्भावना थी ही नहीं।

सूरज नीचे चला गया और आँगन में रात जल्दी और चुपचाप चली आयी। कोने में, पाखाने के पास आम का पेड़ खड़ा था—आसमान में इसकी कुटिल काली छाया पसरी थी और इसकी डालियों पर मुर्गियाँ आरामदेह अड्डे के लिए केंकिया रही थीं। अपने खुले दरवाजों के आगे कोयले के चूल्हे रखे कुछ औरतें चुपचाप रात

का खाना पका रही थीं। एक सूखी-सी बिल्ली बरतनों को सूँघती हुई घूम रही थी और उसकी आँखें अँधेरे में जलती हुई लग रही थीं। आँगन के पार तिरछे होकर बहने वाली नाली में से पेशाब का तीखा बदबूदार भभका उठ रहा था। धुले हुए सफेद कपड़े अलगनी पर जगमगा रहे थे।

ठीक सात बजे डोडो चुपके से आँगन में घुसा और इसके बीचोंबीच आकर खड़ा हो गया। वहीं से वह क्वीनी के कमरे से आनेवाली हँसी की आवाजें सुनने लगा। अधखुले दरवाजे में से वह देख रहा था कि नेपोलियन औरतों से घिरा हुआ है और सभी पी रहे हैं। उनके बीच वह कोरीन और जॉर्जी को देखकर चकरा गया और जबकि वह उसी तरह खड़ा था कि मा नेनाइन निकलकर आँगन में आयी और लड़खड़ाती हुई दौड़कर उस तक पहुँची।

"तू बड़ी देर से आया"—वह फुसफुसायी।

"क्या मतलब?"

"उनमें समझौता हो गया है। नेपोलियन ने उनको मिला दिया।" मा नेनाइन अचानक बहुत विनम्र और चापलूस बन गयी और डोडो को अचरज हुआ कि बुढ़िया को यह क्या हो गया? उसने पहले कभी उसे ऐसा नहीं देखा था।

"तूने मुझे यह नहीं बताया था कि नेपोलियन कोरीन और जॉर्जी को भी बुलाने वाला था। देखो, वे दोनों वहाँ बैठी..." डोडो अटका। अँधेरे में वह बुढ़िया के चेहरे पर लीपापोती करने के काले कारनामे का सूक्ष्म निरीक्षण करने की भरसक कोशिश कर रहा था। "मा नेनाइन," आखिरकार वह बोला, "तू क्यों मन्थरा बनकर मेरे और क्वीनी के बीच आना चाहती है?"

"पर...देखो तो...अरे। नहीं...मेरी दिक्कत तो बूझो।....तुझे क्या बूढ़ी उमर का भी लिहाज नहीं, तुम तो मेरे बच्चे के समान हो। कहाँ तो तुम्हारे भले के लिए...मैं तुम्हारी आँख खोलना चाहती थी और तुम हो कि उसका यही बदला मुझे दे रहे हो?" —मा नेनाइन को थोड़ी चढ़ चुकी थी।

"मगर कोरीन और जॉर्जी इस नाच-रंग में कैसे आ गयीं, मुझे यह तो बताओ? तेरे कहने पर मैंने अपनी टैक्सी गली में छोड़ दी....अब अगर इसके लिए पुलिस मेरा चालान कर दे तो? आँय? तेरे चलते मैंने मोटा पुर्त्तगाली आसामी भी छोड़ दिया जिसको सीधे बेलमोंट तक जाना था—पूरे तीन शिलिंग मेरे गये, और यहाँ आकर मैं क्या देखता हूँ?....तू तो बड़ी शैतान की खाला है रे.....पूरी डायन है तू।"

"नहीं-नहीं-नहीं, मुझ पर गुस्सा मत करो"—मा नेनाइन अपनी आवाज को मौके के मुताबिक ऊँचा उठाकर बोली। उसके सिर पर लपेटा हुआ बड़ा बँधान उसके शरीर के काँपने से हिलने लगा, "क्या तुझको डेलाबेस में पाला गया है जो तू बूढ़ी भद्र महिला से इस तरह बात करता है? मुझे शैतान बताता है! जा-जा, तेरी माँ शैतान होगी, मैं नहीं।"

"मेरी माँ को बीच में मत लाना, कहे देता हूँ। मेरी माँ का नाम अपनी जुबान से मत लेना, हाँ। तू पिये हुए है। तेरे मुँह से भभका आ रहा है। अरे, इस उमर में कहाँ तो तुझे अपना कफन तैयार करना चाहिए और तू है कि रम पी रही है? थोड़ा-सा पैसा हो गया तो अपने को शीबा की महरानी ही समझने लगी क्या?"

अब तक आँगन से आने वाली ऊँची आवाजों से खिंचकर नेपोलियन और चारों औरतें दरवाजे पर आ जुटे थे और आँखें फाड़कर देखने की कोशिश कर रहे थे कि आखिर क्या झमेला है। बैरक के दूसरे लोग भी अपने चूल्हे-चौके छोड़कर देखने-सुनने के लिए बढ़ आये थे क्योंकि ट्रिनिडाड के नीग्रो भी दुनिया की और जगहों के लोगों से अलग नहीं हैं–वे लड़ाई-झगड़ों का पूरा मजा लेते हैं। यहाँ तक कि आम के पेड़ की मुर्गियाँ भी बेचैन हो गयीं–व्यग्रता से वे कुकुँआने लगीं। केवल मरघिल्ली बिल्ली ही कोई खतरा भाँपकर चुपचाप कहीं छिप गयी।

"क्या तुम लोगों ने कभी ऐसा देखा है?" मा नेनाइन आम तौर पर, पूरे आँगन को, संबोधित कर चिल्लायी, "जब से मैं यहाँ इस बैरक में हूँ, हमेशा शांति और संतोष से रहती आयी हूँ और अब यह नाटा बदमाश यहाँ गड़बड़ी और कलह फैलाना चाहता है। नहीं, नहीं रे....मुझको तू वैसे मत देख। देखना है तो अपना काम देख। तू अपने लिए झंझट मत पैदा कर, कहे देती हूँ, हाँ। अरे, मुझे अकेले छोड़, छोड़ दे!" फिर वह नशे में इस तरह से चीखी कि सभी लोग झगड़े की जगह में बरबस जुट आये।

नेपोलियन सबके सिर के ऊपर से बोला, "डोडो, तूने बूढ़ी के साथ क्या किया है?"

मा नेनाइन ने अपने हाथों में चेहरा छिपाकर रोना शुरू कर दिया।

"भगवान के लिए, यह मत कहना कि डोडो ने तुम्हें मारा है"–नेपोलियन बोला। उसका विशाल शरीर अँधेरे में हिल रहा था।

"जरूर इसने मारा है, आवारा कहीं का!" जॉर्जी बोली, "मैंने अपनी इन दोनों आँखों से देखा है।"

"क्या सचमुच?"–एक औरत बोली।

"छिः छिः, बड़े शर्म की बात है।"–दूसरी ने कहा।

"किसी बुढ़िया को मारना भगवान को मारने के समान है, बल्कि उससे भी बुरा–क्योंकि भगवान तो ताकतवर है, कि वह मौत और नरक का दंड देकर बदला ले लेता है।" क्वीनी बोली।

"तुम लोग ये क्या वाहियात बात कर रहे हो?"–डोडो चिल्लाया। उसका ठिगना कद उन सबके बीच खुद को पाकर तन गया था–"क्या इस बूढ़ी कुतिया को मारते हुए तुमने मुझे देखा? क्या खूब चमगादड़ की आँख है जो रात में भी दिखायी देता है?"

"बाप रे, इतना बड़ा झूठ मैंने कभी नहीं देखा," कोरीन धीरे से बोली, "इस आदमी ने किसी को नहीं मारा। देखो क्वीनी, डोडो तेरा मरद है, क्यों नहीं तू बात करके सचाई बता देती, आँय?"

"मैं? मैंने तो कुछ भी नहीं देखा, भगवान जानता है।"

"मुझे मालूम है कि तूने कुछ भी नहीं देखा," कोरीन शान्तिपूर्वक बोली, "तू कैसे कुछ देख लेती जबकि उसने कुछ किया ही नहीं? मैं पूछती हूँ, आँय?"

मा नेनाइन अब जल्दी से जमीन पर गेंद की तरह गुड़ी-मुड़ी होकर इस तरह से विलाप करने लगी मानो कभी चुप ही नहीं होगी। वह अपना सिर पकड़कर हिलाने लगी और बीच-बीच में उँगलियों की सेंध में से झाँककर दर्शकों पर अपने इस कृत्य के प्रभाव को भी देख रही थी–खास तौर पर वह नेपोलियन की प्रतिक्रिया भाँप रही थी, क्योंकि सारे दिन वह एक अच्छे खासे झगड़े का उत्सुकता से इन्तजार कर रही थी। अभी एक क्षण पहले तक उसे ऐसा लग रहा था मानो उसकी सारी उम्मीद टाँय-टाँय फिस्स होकर रह जाएगी। ऐसा वह कभी बर्दाश्त नहीं कर सकती थी। हालाँकि अभी जो कुछ हो रहा था उसने इसकी योजना नहीं बनायी थी फिर भी किसी दुष्ट इच्छा के तहत जो संकेत उसे प्राप्त हो रहे थे उनके आधार पर वह अभिनय करती जा रही थी। इसलिए खुद को ज्यादा स्वाभाविक और खरा बताने के लिए, अपने आसपास के लोगों के निरीक्षण पर विराम लगाते हुए वह रुक-रुक कर मानो दर्द से कराह उठती थी।

"उसने इस बेचारी बूढ़ी को जरूर मारा है तभी तो यह इतना चिंघाड़ मार कर रो रही है"–औरतों में से एक ने कहा।

नेपोलियन ने अपने हाथ के तेज और दर्पपूर्ण संकेत के द्वारा भीड़ को शांत कर दिया–"क्वीनी, जल्दी से जाकर लैम्प ले आओ। अब देखना है कि क्या सच में इसने इसे मारा है।"

गठरी बनी हुई बुढ़िया के आगे दुगुने वेग से तीन लैम्प लाकर रखे गये। औरतों ने अलग-अलग पक्ष पकड़ लिया। कुछ का कहना था कि चोट का निशान साफ-साफ दिखायी दे रहा है, जबकि कुछ दूसरी औरतें दृढ़ता से चिल्लाकर इसका प्रतिवाद कर रही थीं।

"हे भगवान"–क्वीनी चिल्लायी, "अगर कोई मुझे इस तरह मारे–चाहे खुद यहाँ का गवर्नर ही क्यों न हो–तो मैं तो उसका मुँह ही कुचल डालूँ। और तिसपर मा नेनाइन जैसी बुढ़िया को मारना, जो कभी तिलचट्टे पर भी पाँव रखना नहीं चाहती।"

वस्तुतः मा नेनाइन ने अपने चेहरे से अपने हाथ तक नहीं हटाये थे मगर ये औरतें कलह की अच्छी खासी संभावना को हाथ से निकल जाने नहीं देना चाहती थीं। और इन दिनों डोडो उनकी राय में कुछ ज्यादा ही दंभी हो चला था। यह ठीक

ही होगा अगर नेपोलियन उसकी अँतरी-पतरी बाहर कर दे। चूँकि डोडो अब एक टैक्सी का मालिक था, चूँकि वह उनके मरदों से ज्यादा कमाता था, सो वह घमंड में फूल रहा था और खुद को बड़ा तीसमार खाँ समझता था। क्यों, पिछले रविवार को ही तो वह आँगन में खड़ा होकर, नाश्ता तैयार कर रही औरतों पर सूखी नमकीन मछलियों और उनके काँटों को लेकर ताने कस रहा था। और किसलिए? सिर्फ इसीलिए न, कि वह क्वीनी को मुर्गा खरीदकर दे सकता था और मुर्गा खरीदना पोर्ट-ऑफ-स्पेन के किसी बैरक में धनवान होने तथा समाज में ऊँचे होने का साफ लक्षण है।

"निकम्मी कुतिया"—कोरीन धीरे से, बिना किसी की ओर देखे, बोली।

"तू किसे कुतिया कह रही है, आँय? किसको निकम्मी बता रही है, बोल?" क्वीनी ने पूछा।

"पता नहीं कुछ लोग चर्च किस लिए जाते हैं। भगवान ही जाने!" कोरीन बिना किसी को संबोधित किये बोली।

"चुप करो तुम सब"—नेपोलियन अधिकारपूर्वक अपनी बाँह ऊँचा करके चिल्लाया—"बूढ़ी अम्मा, ठीक-ठीक बोल, क्या तुझे मार लगी है?"

जवाब में मा नेनाइन अपने चेहरे पर हाथ रखे हुए हिली, चीखी और विलाप करने लगी।

"क्या तू मुझको कुतिया कह रही थी?" कोरीन की ओर 'युद्धं देहि' के अन्दाज में बढ़ते हुए क्वीनी ने पूछा।

कोरीन व्यंग्यपूर्वक मुस्करायी जबकि डोडो अपनी औरत को घूरे जा रहा था। उसे अपने कानों पर विश्वास नहीं हो रहा था। अपनी ही औरत की धोखेबाजी को वह पचा नहीं पा रहा था। औरतिया की इस अचानक पलटी मनोवृत्ति का मतलब अपने दिमाग में कौंधते ही वह बिफरते हुए उसकी ओर लपका और उसके मुँह पर एक मुक्का कसकर रसीद दिया—उधर नेपोलियन को अपनी ओर से कार्रवाई करने के लिए यह पर्याप्त संकेत जान पड़ा। अपनी बाँह के एक मजबूत झटके से ही उसने डोडो को आँगन के उस पार पहुँचा दिया, लेकिन ठिगना और फुर्तीला डोडो कूद कर फिर से अपने पैरों पर खड़ा हो गया और अपनी जेब से चाकू निकाल कर उस काले दैत्य की तरफ बढ़ा।

उसी पल क्वीनी ने अपना मौका देख खुद को कोरीन पर गिरा दिया और चारों ओर मचनेवाली चीख-पुकार के बीच उसने अपने नाखूनों से दुश्मन के चेहरे को फाड़ना शुरू किया। जब डोडो ने अपना छुरा नेपोलियन की बाँह में घुसा दिया तो औरतें चिल्लाने लगीं—'पुलिस, पुलिस, पुलिस।' तीनों लैम्पों का प्रकाश बुरी तरह से हिल रहा था। अचानक एक लैम्प गिरकर फूटा, फिर दूसरा, फिर तीसरा और इस तरह से योद्धाओं को ऐसे अँधेरे में छोड़ गया जिसमें मुश्किल से किसी तरह

वे एक दूसरे की ओर बढ़ पाये। अन्ततः जमीन पर चीख पुकार के ढेर के समान वे पड़े हुए थे।

उस रोज देर रात गये तक मा नेनाइन अपने बिस्तर में पालथी मारे बैठी रही-- उसका पूरा शरीर उस शोरगुल में लगने वाली सचमुच की चोटों के चलते दुख रहा था। फिर भी मनके के समान उसकी दोनों आँखें एक दुष्ट आनंद से भरकर नाच रही थीं और इस बात से उसे गर्वीला सन्तोष मिल रहा था कि पुलिस नेपोलियन, डोडो और ज्यादातर औरतों को पकड़कर थाने ले गयी थी। अगली सुबह वह अपनी सबसे खूबसूरत साटिन की पोशाक पहनेगी, सबसे चमकीला बंधान सिर पर लपेटेगी और अकड़ती हुई थाने जाकर ऐसी गवाही देगी कि हर एक को अच्छी-खासी सजा हो ही जाए।

# मोची आर्नोल्ड

❑ अर्ल लवलेस

अपनी छोटी दुकान के दरवाजे पर मोची आर्नोल्ड देह को अकड़ाकर और कूल्हों पर हाथ रखकर अपराजित हठधर्मिता के साथ कुछ इस तरह से खड़ा था मानो घोषणा कर रहा हो--और बिना थोड़े-बहुत सन्तोष के भी नहीं--कि अगर वह इस जीवन में विजयी नहीं रहा तो ऐसा भी नहीं है कि दुनिया ने उसे हरा दिया हो। हालाँकि यह कल्पना करना कठिन होगा कि उसे किस तरह से हराया जा सकता था क्योंकि वह अनवरत रूप से ऐसा झगड़ालूपन टपकाता रहता था, झगड़े में कूद पड़ने के लिए सदा तत्पर वाला ऐसा भाव दिखाता था कि अगर स्वयं उपद्रव को ही कभी लड़ने के लिए किसी को चुनने की जरूरत पड़ती तो मोची आर्नोल्ड चुनाव की नौबत नहीं आने देता। उसके लिए दुनिया मोची की दुकान थी। यहाँ वह मालिक था, और यहाँ हर आनेवाले को न केवल जूतों, चमड़ों और मोची का काम सीखने वाले लड़कों के बारे में उसकी राय के आगे समर्पण करना पड़ता बल्कि राजनीति, औरत, धर्म, उड़नतश्तरियाँ या उन अनगिनत विषयों में से किसी पर भी जिसकी चर्चा का वह निश्चय करता। इस तरह से इन बरसों में वह ऐसी स्थिति में आ पहुँचा था जहाँ गाँव का कोई भी आदमी उसकी बात काटना नहीं चाहता था और जब कभी कोई उसके विचारों के विरुद्ध विचार रखने का साहस करता तो मोची आर्नोल्ड तुरत कह देता, "यह जगह मेरी है। यहाँ जो भी मेरे मन में आए कहूँगा, जो जी चाहे करूँगा। किसी को पसन्द नहीं हो तो दरवाजा खुला है।"

इस सलाह पर कई साल पहले खुद उसकी बीवी ने अमल कर लिया था, और न केवल उसके घर से बल्कि गाँव से ही निकल गयी थी। अपने साथ वह उनके तीनों बच्चों को भी लेती गयी और आर्नोल्ड को उसके राय-मशविरों, दारू में लगातार बढ़ती हुई उसकी दिलचस्पी और खुद भोजन पकाने की ऊब भरी थकान के साथ रहने के लिए छोड़ गयी। संभव तो यह भी था कि वह गाँव की ही किसी लड़की को अपने साथ रखना पसन्द करता, मगर उसका अहं इस बात को स्वीकार नहीं

करता था कि उसे किसी स्त्री के साथ की जरूरत भी है। जब कभी वह लड़कियों को अपनी दुकान के बाहर से गुजरते हुए देखा करता तो अपनी असन्तुष्ट चढ़ी त्यौरियों के पीछे—अगर कामुक नहीं तो—महीन प्रशंसात्मक नजर को छिपाये रखता था और अगर उनमें से कोई भीतर देख रही होती तो वह उस पर गुर्राता : "तुम्हें इधर क्या चाहिए?" इस तरह उसके और गाँव की लड़कियों के बीच एक तरह का छेड़खानी भरा, कामना और प्रतिरोध वाला, सम्बन्ध कायम हो गया था। खुद युवतियाँ जब उसकी दुकान के आगे से टहलते हुए गुजरतीं तो बड़ी सजधज और स्टाइल के साथ कूल्हे मटकातीं और नजरों के तीर फेंकतीं, लेकिन वह असन्तोष के साथ नाक-भौं सिकोड़ता। गाँव के जवान लोगों के साथ भी उसका व्यवहार कुछ बेहतर नहीं था। जहाँ तक उसका संबंध था उनमें से कोई भी उसके यहाँ काम करना नहीं चाहता था और उसका भी कोई इरादा नहीं था कि उन्हें वह अपनी दुकान का इस्तेमाल मटरगश्ती की जगह के रूप में करने दे। पिछले सालों में उसने अनेकों नौसिखुओं को रखा—किसी को एक महीने के लिए तो किसी को दो महीने के लिए—कभी-कभी तो सिर्फ एक दिन के लिए—और फिर उनसे छुटकारा पा लिया। जब तक नॉर्बर्ट उसके पास काम करने नहीं आ गया तब तक नहीं कहा जा सकता था कि उसके पास कोई स्थायी सहायक भी था।

नॉर्बर्ट किसी भी तरह बच्चा नहीं था। वह घुमक्कड़ था, रम का पियक्कड़ था और ठीक उस तरह का आदमी था जिसके विषय में कोई भी नहीं सोच सकता था कि आर्नोल्ड उसे पाँच मिनट से ज्यादा भी बर्दाश्त कर सकता था। नॉर्बर्ट लड़कियों को छेड़ता था, आवारों के साथ अंतरंग हो जाता था, जुआ खेलता था, बहुत दारू पीता था, और जब भी मन की मौज हुई तो उठकर कहीं चल देता—और कभी-कभी तो महीना-भर से पहले नहीं लौटता था। आर्नोल्ड हमेशा उसे वापस रख लेता। हालाँकि वह उससे झगड़ता और उसकी शिकायत भी करता, मगर शिकायत सुननेवाला गाँव का हर आदमी यही कहता, "अरे, रहने भी दो। सच तो यह है कि नॉर्बर्ट का इस तरह बिना बताये जब जी चाहे आना और जाना तुम्हें अच्छा लगता है।"

जब-तब गायब हो जाना ही क्यों, इससे भी बढ़कर नॉर्बर्ट कभी-कभार आर्नोल्ड के पैसे भी चुरा लेता। कभी जूतों की कोई जोड़ी ही बेच लेता। कभी किसी ग्राहक से मजदूरी के अलावा अपना जेबखर्च भी माँग लेता तो कभी किसी ग्राहक से कोई पैसा ही नहीं लेता। वह हर उस तरह की शैतानी किया करता जिसकी उन परिस्थितियों में कल्पना हो सकती थी। बात यह थी कि हालाँकि नॉर्बर्ट निर्विवाद रूप से हमेशा गलती पर होता लेकिन उसे कुछ नहीं कहने से आर्नोल्ड के एक विरल गुण—करुणा—का प्रदर्शन अपने-आप हो जाता था। ऐसा लगता था मानो आर्नोल्ड को नॉर्बर्ट के माध्यम की जरूरत थी जिसके द्वारा वह न केवल दुनिया को बल्कि खुद को भी बता सकता था कि उसमें यह गुण था। खुद की तसल्ली के लिए इस तरह से वह साबित कर सकता था कि वह वैसा चिड़चिड़ा आदमी नहीं है जैसा कि

लोग उसके बारे में सोचते हैं। सो, वैसे मौकों पर जब वह उस फिजूलखर्च लड़के को माफ करते हुए और सहानुभूति के साथ वापस रख लेता तो आर्नोल्ड अपनी खुद की अच्छाई के विचार से सराबोर हो उठता और उसे महसूस होता कि सचमुच दुनिया में उससे बढ़कर कोई उदार आदमी नहीं हो सकता।

आज वैसा ही दिन था। क्रिसमस के दो सप्ताह पहले नॉर्बर्ट बरफ का टुकड़ा लाने रम की दुकान में गया था जो कुछ ही गज की दूरी पर था। तब का गया हुआ वह कल लौटा था। 'हाँ'–आर्नोल्ड ने सोचा, 'मुझे देखो, मैं किसी को नहीं सताता।' आर्नोल्ड नॉर्बर्ट के काम पर लौटने से खुश ही हुआ था क्योंकि उसके पास अभी जो काम थे उनके लिए वह पहले ही पेशगी ले चुका था और लोग अब, नववर्ष के एक दिन पहले, अपनी चीज लेने आ ही रहे होंगे। नॉर्बर्ट के बारे में यह एक चीज उसे अच्छी लगती थी। नॉर्बर्ट वैसे तो ईमानदार था मगर सही और गलत की पहचान नहीं थी–सही चीजों के बारे में उसे गंभीर होना चाहिए। वह ढेर-सारी ऊल-जलूल चीजों के बारे में ईमानदारी दिखाता है। जैसे उस लड़की के प्रति वह वफादार था जो एक रोज वहाँ आकर उससे कपड़ों की फरमाइश करने लगी थी। वह वैसे दोस्त के प्रति भी वफादार रहता था जिसे दारू की चुस्की चाहिए होती थी। कभी उसका कोई दोस्त ट्रक में आता और कहता, "नॉर्बर्ट, हम लोग सैनफर्नांडो जा रहे हैं।" नॉर्बर्ट तत्काल मरम्मत किये जा रहे जूते को अपने हाथों से नीचे रख देता, कूद कर ट्रक पर चढ़ जाता और बिना अंडरवियर तक बदले यह जा, वह जा। ऐसा रम के चलते नहीं था। यह थोड़ी सनक थी, उसके भीतर कोई चीज थी जो उस पर जब-तब सवार हो जाया करती। कभी-कभार, हफ्ते भर बाद वह मैला-कुचैला, कालिख-भरा, निस्तेज और दुबला बनकर लौटता–मानो अभी-अभी उसने कोयले की टोकरी में बैठकर पूरी दुनिया की सैर की हो–दुकान में चुपके-से घुसता और इस तरह से बैठकर काम करने लगता मानो कुछ भी असामान्य नहीं घटा हो। लेकिन वह जब काम करता था तो सचमुच काम करता था। नॉर्बर्ट काम कर सकता था। पोर्ट-ऑफ-स्पेन की किसी भी दुकान में उसे काम मिल सकता था। ईमानदार मजदूर था। समझने की बात है! इस हफ्ते जब कि ज्यादातर व्यापारियों ने क्रिसमस की छुट्टी कर दी है तब भी नॉर्बर्ट लोगों के जूते तैयार करने में मशीन की तरह जुटा हुआ है। यह है कदर! यह काम के प्रति कदर है। भले ही आजकल लोग किसी की कदर नहीं करते, मगर नॉर्बर्ट उसकी कदर करता है। लोगों से जैसा बर्ताव करोगे वैसा ही बदले में पाओगे। हमें लोगों को समझने की कोशिश करनी चाहिए। अब यही देखो कि मेरी दुकान में, साल के आखरी दिन भी, कितना दत्त-चित्त होकर काम कर रहा है जब कि पूरे देश भर में लोग खुशियाँ मना रहे हैं।

दरवाजे से वह देख रहा था कि बाहर गली में दो लड़कियाँ–सुन्दर और कमसिन–जा रही थीं, गोया हवा का झोंका और बारिश की बौछार ही जा रही हो। फिर उसकी निगाहें एक खच्चरगाड़ी पर पड़ीं जो सैंग्री ग्रैंडी जाने वाले मेन रोड की

तरफ से धीरे-धीरे आ रही थी। वह वहीं अपनी दुकान के सामने खड़ा रहा। उसके होठ भिंचे हुए थे। उसने गाड़ी को आते और अपने सामने से गुजर जाते हुए देखा। अलकतरा जलाने वाला बूढ़ा मोज़ेज गाड़ी के आगे बैठा हुआ ऊँघ रहा था। उसका चिबुक छाती पर ठहरा हुआ था और लगाम उसकी गोद में पड़ी थी। पीछे एक छोटा लड़का फटी-पुरानी कमीज और टोपी पहने बैठा हुआ सजग आँखों से इधर-उधर ताक रहा था। उसके पैर गाड़ी के दोनों ओर लटक रहे थे। लड़के के पास एक छोटा चितकबरा कुत्ता था जिसे वह एक हाथ से पकड़े हुए था।

बिल्कुल मुर्दा जगह है ये, उसने सोचा। तब उसने लड़कियों को लौटते हुए देखा। तब ऊपर आसमान में उसने काले बादल देखे–बारिश होने वाली है। एक बार फिर उसने गाड़ी की तरफ देखा। "मोजेज जंगल की तरफ जा रहा है, बारिश तो इसकी पूरी अगाड़ी-पिछाड़ी भिगा देगी"–वह बोला। लेकिन अचानक उसे लगा कि कहीं उस विचार के चलते वह चिड़चिड़ा न हो गया हो सो सँभलकर बोला–"क्या मोजेज को कोई ऐसा परिवार नहीं मिला जिसके साथ वह नये साल का पहला दिन बिता सके"–लेकिन उसका स्वर मानो उसके गुस्से को ही बढ़ा रहा था। "क्यों उसका परिवार उसे नहीं बुला सकता? बजाय इसके कि उसे नये साल पर अपने साथ खाने-पीने और मजा करने दे, उसके परिवार ने उसे इसलिए छोड़ रखा है कि वह जंगल की वर्षा में अपना चूतड़ भिगाता फिरे?...हम इस दुनिया में इसी तरह से रह रहे है"–उसने काम करने की बेंच पर बैठते हुए और मरम्मत के लिए जूते को उठाते हुए कहा। "हम इसी तरह तो जी रहे हैं। जानवर-जैसे।"

"हो सकता है उसे जंगल की तरफ जाना जरूरी हो," नॉर्बर्ट बोला, "हो सकता है वह कोयले के गड्ढे की निगरानी करने जा रहा हो कि कहीं कोयला जल कर राख न हो जाये।"

"बेहूदे जानवरों-जैसे," आर्नोल्ड बोला, "घृणित जानवरों की तरह"–मानों उसने नॉर्बर्ट को नहीं सुना हो।

पर बाद में, अपना काम शुरू कर देने के बाद वह चमड़े सीने, काटने, कूटने की लय में मशगूल हो गया। जब वह सुतली पर मोम रगड़ने लगा तब आने वाले नववर्ष की भावुकता उस पर तारी हो गयी और उसने लड़कियों और बारिश के बारे में सोचा। अपनी जिन्दगी और अपने अकेलेपन और अपने पीने के बारे में और दुनिया और लोगों के बारे में, बिना परिवार के लोगों के बारे में, फुटपाथ पर और अनाथालय में और पेड़ के नीचे पार्क की बेंचों पर रहने वाले लोगों के बारे में सोचा। "दुनिया जैसी है उसको इसी रूप में परखना चाहिए," वह बोला, "दुनिया को...और तुम, नॉर्बर्ट तुमको खुद-ब-खुद परखना चाहिए"–उसने पहली बार नॉर्बर्ट के क्रिसमस के दो सप्ताह पहले काम छोड़ जाने और, इतने दिनों के बाद जाकर, कल लौटने की चर्चा छेड़ी।

"मैं तेरे खिलाफ नहीं हूँ। और तुम जानते हो कि मैं तुम्हारे खिलाफ नहीं हूँ।

लेकिन मैं यह इसलिए कहता हूँ क्योंकि मुझे मालूम है कि जिन्दगी क्या है। वक्त के बारे में मुझे पता है इसलिए मुझे कहना चाहिए। एक वक्त ही तो है जो हमारे पास है। बेटे, यही सबकुछ है। वक्त...एक वक्त जीने का और एक वक्त मरने का। सुना तुमने मैंने जो कहा, नॉर्बर्ट?"

"क्या कहा?"

"मैं कहता हूँ, जीने का एक वक्त होता है और एक वक्त होता है मरने का... क्या तुम सोचते हो कि हम जी रहे हैं?"

कुछ क्षणों के लिए नॉर्बट ने अपना सिर जरा पीछे की तरफ झुकाया और वह क्षितिज में देखते हुए, कुछ सोचते हुए, ध्यान केन्द्रित करता हुआ-सा जान पड़ा।

"हम मर रहे हैं," वह बोला, "हम बिना किसी के मारे मर रहे हैं।"

"बिल्कुल ठीक कहते हो। रम हमको मार रहा है। रम। बम या कैंसर या कोई मारक चीज नहीं। रम। क्या तुम्हें लगता है कि रम तुम्हें मार रहा है?"

नॉर्बर्ट ने बक्सुए से सुतली निकाली और मुस्कुराया।

"मगर ऐसी जगह में तो रम ही तुम्हें मारेगा। यहाँ पर आदमी को और कौन-सी चीज मार सकती है? पीने और बर्बाद होने और मर जाने के सिवाय और क्या करोगे? इसलिए तो मैं लोगों से बतियाता हूँ। लोग मुझको नहीं समझ पाते जब मैं बात करता हूँ, मगर यही कारण है कि मैं बात करता हूँ।"

नॉर्बर्ट मुस्कुराते हुए सुतली से सिलाई करता रहा। एक हाथ से उसने जूता पकड़ रखा था और दूसरे हाथ से सुतली निकाल रहा था। "हम बिना किसी के मारे मर रहे हैं।" मानो उसने कोई ऐसा सत्य कह दिया जिसे सँभालकर रखा जाना चाहिए।

"हम बेमौत मर रहे हैं!"

"इसीलिए मैं बात करता हूँ। मैं चाहता हूँ कि सब खुद को परखें। अरे, अपने लैम्प में थोड़ा तेल तो डालो, अपने दारू में थोड़ा पानी तो डालो भाई।"

नॉर्बर्ट ने ठहाका लगाया। वह तब भी खुश होकर सोच रहा था जब उसने कहा, "हम बिना किसी के मारे मर रहे हैं, हम सब लोग, हर कोई। हा हा हा हा," और उसने हथौड़ी उठायी और निहाई के ऊपर रखे चमड़े की कुटाई करने लगा, "हा हा हा हा!"

आर्नोल्ड जिस जूते की मरम्मत कर रहा था उसे पूरा करके अपनी दुकान में जूतों के ढेर की ओर देखने लगा। "एक दिन मैं इन सारे जूतों को बेच दूँगा--पता नहीं लोग इन्हें क्यों नहीं ले जाते? कहाँ तो जल्दी मरम्मत कराने के लिए दुनिया भर की हाय-तौबा मचायेंगे। इधर चमड़ा, सुतली, काँटी, वक्त सब लगाते जाओ, और इतना सब करने के बाद भी ये जूते साल-साल भर यहीं पड़े हमें घूर रहे होते हैं। इस नये साल में सब सुसरों को एक-एक कर बेच दूँगा।"

"हम सब लोग, हर कोई"—नॉर्बर्ट रट रहा था।

"इसी से यह मोची की दुकान हरदम कचरे का ढेर लगती है।"

"हमें एक चुस्की मँगाना चाहिए, है कि नहीं?" नॉर्बर्ट बोला, और जब आर्नोल्ड ने उसकी तरफ देखा तो, "पैसे मैं दूँगा। अजी, यह पुराने साल का आखिरी दिन है।"

"रम?" आर्नोल्ड रुका, "बच्चे, तुम्हारी उमर क्या है?"

"उनतीस।"

"उनतीस! मजाक मत करो। यानी मैं तुमसे इक्कीस साल बड़ा हूँ। सच में हम मर रहे हैं। नॉर्बर्ट, हम मर रहे हैं। यार, जिन्दगी सचमुच तुम्हें कुचल देती है।" और उसने वह जूता फेंक दिया जिसकी वह मरम्मत करने जा रहा था।

"ऐसे तीन और जूते बाकी हैं जिन्हें लेने आज शाम को लोग आयेंगे," नॉर्बर्ट चेताते हुए बोला, "कॉर्बी और सिंटो के जूते हैं और विली पॉल की चप्पल।"

आर्नोल्ड ने झुककर जूते को फिर से उठा लिया, "जिन्दगी तुमसे अच्छा बर्ताव बिल्कुल नहीं करती। मैं तुमसे इक्कीस साल बड़ा हूँ? नॉर्बर्ट, जरा फिर से हिसाब करके देखो"—उसने घोर आग्रह के साथ कहा, "सुनो, यार, तुम मुझे डरा रहे हो। जब मैं तुम्हारे जैसे कम उमर के लड़कों को ऐसी हालत में देखता हूँ तो डर होता है।.... सुनो। नॉर्बर्ट, तुम मुझे कुछ बताओ। क्या मैं तुम्हारी तरह कुचला हुआ लगता हूँ? आँय? सच-सच बताओ। क्या मैं तुम्हारे जैसा कुचला हुआ दिखायी देता हूँ?"

नॉर्बर्ट बोला, "हम बिना किसी के मारे मर रहे हैं, हम सब, हर कोई।"

"नहीं। कसम से। बताओ, मैं कुचला दिखाई देता हूँ क्या तुम्हारी तरह?"

"देखो, दरवाजे पर कोई है," नॉर्बर्ट बोला।

"क्या चाहिए?" आर्नोल्ड गुर्राया। गाँव की एक लड़की थी—गोल-मटोल-सी, जिसके बालों का कुछ भाग कपाल पर इस तरह चिपकाया हुआ था कि जिससे वह मोटे टट्टू-जैसी नजर आती थी।

"मुझ पर चिल्लाओ मत, हाँ। मैं सिंटो के जूते लेने आयी हूँ।"

"ठीक है, दरवाजे पर मटरगश्ती करने की कोई जरूरत नहीं। भीतर आकर बैठो और इन्तजार करो। अभी तैयार हो जाता है।" उसने देखा कि लड़की मुड़ी और दरवाजे के बाहर किसी से कुछ कहा। "तुम्हारे साथ कोई है?"

"वह अन्दर आना नहीं चाहती।"

"उसे भी भीतर बुला लो। दरवाजे पर मटरगश्ती मुझे पसन्द नहीं। यह कारोबार की जगह है।" वह चिल्लाया, "उधर खड़ी क्या कर रही हो? भीतर आ जाओ।"

जो लड़की भीतर आयी वह वही थी जिसने उसे बारिश और हरियाली और पत्तों की याद दिलायी थी। उसने उसपर से आँखें अलग हटाने की कोशिश की, पर ऐसा कर नहीं सका। और वह भी उसको देख रही थी। "तुम मुझसे डरती हो"—और वह नहीं जान पाया कि उसकी आवाज कैसी सुनायी पड़ी, हालाँकि उस क्षण उसने सोचा

कि उसकी आवाज कठोर लगनी चाहिए थी।

"ज़रा-ज़रा।" वह बोली।

"बैठो" वह बोला, और नॉर्बर्ट की आँखें लगभग फट पड़ीं। वह क्या देख रहा है? आर्नोल्ड खड़ा हो गया था और कोने से कुर्सी ला रहा था, उसे पोंछ भी रहा था। "बैठो, जूते अभी बन जाते हैं।"

वह उसे जूते पर काम करते हुए देख रही थी और अचानक पूरी दूकान बहुत बड़ी हो गयी थी जैसे निःश्वासों और वर्षा और हरियाली और हरे पत्तों से भरा हुआ पूरा परिदृश्य हो।

"तुम सिंटो की बेटी हो?"

"भतीजी।" वह बोली।

और जब उसने जूते का काम खत्म कर लिया तो उन्हें रखने के लिए खाली पैकेट की खोज में चारों ओर निगाहें घुमायीं क्योंकि उसने देख लिया था कि लड़की अपने साथ कोई थैला नहीं लायी थी। "जब तुम जूते लेने आती हो तो उसे रखने के लिए अपने साथ कुछ-न-कुछ जरूर लाना चाहिए। तुम अपने हाथ में खुले जूते लेकर नहीं जा सकती।"

"हाँ," वह बोली, "हाँ।" जल्दी से, मानो उसे खुश करना चाहती हो।

उसे एक पुराना अखबार मिला जिसे उसने समय मिलने पर पढ़ने के लिए बचा रखा था। उसने अखबार में जूते लपेट कर उसे सुतली से बाँधा और लड़की की ओर बढ़ाया। लड़की ने उसे ले लिया और अपने छोटे-से अनोखे चेहरे और आवाज से इस अन्दाज में 'थैंक यू' कहा कि आर्नोल्ड के भीतर कुछ दुखने लगा। वह चली गयी, दुकान में श्वासहीनता छोड़कर—साथ ही छोड़ गयी हरियाली और अगरबत्ती और पत्तों की गंध। उसे ऐसा लग रहा था मानो उसके सभी काम पूरे हो गये। और जब उसे अपनी साँस वापस मिली तो उसने अपना हाथ जेब में डाला और रुपये निकाले। नॉर्बर्ट से कहा, "जाओ, चुस्की खरीद लो।" जब उन दोनों ने पीना शुरू किया तो उसने नॉर्बर्ट से पूछा—"उस दिन तुम बरफ लेने गये थे तो फिर कहाँ गायब हो गये?" उसे सचमुच कोई जवाब सुनने की उम्मीद नहीं थी क्योंकि तभी उसने समझ लिया कि क्यों नॉर्बर्ट या कोई भी मर्द अचानक काम छोड़कर गायब हो जा सकता है। अभी-अभी उसने समझ लिया कि वह खुद किस तरह से सबकुछ ठीक यों ही छोड़ कर चल दे सकता है।

"खूब मज़े मार आये?"—हालाँकि वे बिल्कुल ठीक शब्द नहीं थे। मज़े मारना! लोग सिर्फ मज़े मारने के लिए काम नहीं छोड़ते। कुछ ज़्यादा ही रहा होगा। यह बुलावा कहीं कुछ गहरे में से आया होगा। कुछ ऐसा जो लहू और दिमाग में जगा होगा। "तुम जानते हो मैं क्या कह रहा हूँ?"

"हाँ," नॉर्बर्ट बोला एक तरह की उदास और मुलायम आवाज में, जिसमें

आर्नोल्ड को लेकर घबड़ाहट थी पर जिसे वह दिखाना नहीं चाहता था।

आर्नोल्ड ने कहा–"मैं भी मर रहा हूँ।" और वह उठ खड़ा हुआ और अचानक बोल उठा। "यहाँ पर कुछ तसवीरें लगनी चाहिए। और हमें बड़ी दुकानों की तरह कागज के थैले जरूर रखना चाहिए" और उसी मुस्कुराहट के साथ बोला–"और देखो तो ज़रा। वह लड़की क्या कहती है कि मुझसे थोड़ा-थोड़ा डरती है। हाँ, मुझे लगता है कि वह ठीक ही कहती है। थोड़ा-थोड़ा। ऐसा नहीं कि मुझसे डरती है। मुझसे थोड़ा-थोड़ा डरती है।"

उस शाम जब उन्होंने दुकान बन्द की तो दोनों वहाँ से टेपाना ट्रेस में ब्रिटो के घर गये। ब्रिटो उनका इन्तज़ार कर रहा था।

"अरे," वह बोला, "आ गये यार। क्रिसमस के पहले से ही मैं पी रहा हूँ मगर साला नशा ही नहीं हो रहा। कोई आदमी ही नहीं मिलता जिसके साथ फिर से रम पिऊँ। अब जाके देखता हूँ कि मिल गया।"

वे भीतर गये। ब्रिटो ने टेबल साफ किया और उसपर तीन बोतल रम रख दिया–हरेक के आगे एक। एक मग पानी और हरेक के लिए एक-एक गिलास। उन्होंने पीना शुरू किया।

आधे घंटे बाद परांग गाने वाला बैंड भीतर आया। उन लोगों ने एक एगुआनाल्डो और एक ज़ोरोपो गाया। वे लोग धुत्त हो गये और जब नॉर्बर्ट ने उनके साथ मिलकर एक बढ़िया, उत्सव से संबंधित, स्पैनी गीत गाया तो आर्नोल्ड की इच्छा होने लगी कि वह रो पड़े। रात हो चुकी थी। अब भी परांग बैंड वहाँ था। ब्रिटो की बीवी और परिवार के लोग भीतर आये। ब्रिटो के दो दोस्त भी। छोटे बच्चों के साथ औरतों ने नाचना शुरू कर दिया। फिर ब्रिटो की पड़ोसन जोज़फाइन ने आर्नोल्ड को जा पकड़ा और उसे नाचने के लिए खींचा। उसने नाचने की थोड़ी कोशिश की और फिर बैठ गया। लोगों ने गैसबत्ती उतारकर उसमें हवा भरी। ब्रिटो की बीवी लैप्पे का एक भाग ले आयी जिसे वह आँगन में लकड़ी की आँच पर पका रही थी। सब खाने-पीने में लग गये। संगीत और बच्चों और औरतों के चलते हर चीज़–सब कुछ अच्छा लग रहा था। सचमुच बहुत अच्छा। नॉर्बर्ट बिल्कुल धुत्त था और एक कोने में बैठकर क्लिमेंसिया की बहन से बतिया रहा था। उसने रम की एक और बोतल उठायी, उसकी सील तोड़ी और उसे होठों पर रखने ही जा रहा था कि उसकी नज़रें आर्नोल्ड की आँखों से मिलीं। वह हिचकिचाया, फिर अपने होठों पर दुबारा रख लिया। बोला–"मर जाने दो मुझे।" आर्नोल्ड बैठा रहा। वह उस लड़की के बारे में सोच रहा था जिसने दुनिया को श्वासहीनता से, और अगरबत्ती और हरियाली की गंध से, भर दिया था और उसे लगा कि अगर वह उसकी बगल में बैठी होती तो वह भी खुशी से मर जाता।

# कतरे हुए पंख

❑ कैथलीन एम. आर्किबाल्ड

जब वे खेलने के लिए बाहर आये तो वर्षा थोड़ी-बहुत थम गयी थी। विशाल पेड़ की जड़ों पर उन्होंने अपने कपड़े उतार कर रख दिये और सवाना (मैदान) की भीगी घास पर दौड़ने-फिसलने लगे। वे गोल के खंभों (गोल पोस्ट) को दौड़-दौड़ कर छूते। उनके भीगे हुए नंगे काले शरीर चमक रहे थे। छोटे गड्ढों का पानी कीचड़ सहित उछलता।

विली और रॉय पूरब वाले गोल खंभे पर बाजी लगाने लगे।

"मैं तुमसे पहले पहुँच सकता हूँ" रॉय बोला।

"मैं कहता हूँ, नहीं पहुँच सकते। क्या बाजी लगाते हो?" विली चिल्लाया और तुरत अपने हाथों के बल खड़ा होकर हवा में पाँव मारने लगा। उसने कलाबाजी खायी और फिर से उठकर खड़ा हो गया।

"बाजी है कि जीतने वाला एक लात जमाए।"

"ठीक" रॉय ने सहमति जतायी।

वे दौड़ना शुरू करते हैं। विली जीतता है। और जैसा कि पहले से तय था, रॉय विनम्र भाव से विली के सामने खड़ा हो जाता है और लात खाता है। रॉय एक बार और फिसलने के लिए निकलता है और अपने मार खाये अंग की पीड़ा मिटाने के लिए एक छोटे-से गड़हे में बैठता है। दूसरे सब विली पर हँस रहे हैं जो अब अपने पैर का चोट खाया पंजा सहला रहा है।

बारिश की फुहार लगातार जारी है। बच्चे सवाना में दौड़-फिसल रहे हैं। वे गिरते-पड़ते हैं और चीख-चिल्ला रहे हैं। वे खूब मजे ले रहे हैं। उनको और वर्षा की बूँदों को छोड़कर वहाँ कोई नहीं है और न कोई आवाज ही। कभी-कभार निकट की सड़क पर कोई मोटरकार निकल जाती है। ट्राम भी। आसपास के मकानों की सभी खिड़कियाँ बन्द हैं और मकानों से न कोई निकलता, न कोई उनके अंदर ही आता है। गश्त लगा रहे सिपाही ने अपना ओवरकोट पहन रखा है और वह मुख्य रास्ते

से कुछ गज हटकर एक दुकान की ओलती में थोड़े से स्त्री-पुरुषों के साथ शरण लिये हुए है।

तभी सूरज निकलता है और घास को सुखा देता है। छोटे नीग्रो बच्चे कपड़े पहन लेते हैं और मटरगश्ती को निकल पड़ते हैं। एक बेचैनी उठ खड़ी होती है। सिपाही फिर से आगे-पीछे टहलने लगता है, दूसरे लोग अपने-अपने रास्ते निकल पड़ते हैं। खिड़कियाँ खोली जाने लगती हैं। अपने पड़ाव पर टैक्सियाँ पंक्तिबद्ध खड़ी होती हैं। ट्राम कारें कम भरी हैं। बच्चे चहलकदमी करते हुए प्रिंसेस बिल्डिंग पार करके फ्रेडेरिक स्ट्रीट में पहुँचते हैं। बहते पनालों के गंदे पानी में पैर डालते हुए वे धीरे-धीरे चलते हैं। उनके पास एक-डेढ़ इंच लम्बे अंडाकार लकड़ी के चपटे टुकड़े हैं। इन्हें पानी में रखकर एक लाइन में जमाया जाता है। फिर उन्हें छोड़ दिया जाता है। जैसे-जैसे ये पानी में बहते हैं उनके पास बगल में लड़के भी झुके हुए चलते हैं। हरेक लड़का अपने टुकड़े को उत्सुकता से देख रहा है। वे किलकारी भरते हैं और आपस में ठेलमठेल करते हैं। 'बक-अप, बक-अप' कहते, हाथ मिलाते और उँगलियों से बताते हैं। इस बार लकड़ी के टुकड़े रेस के घोड़े हैं। जब इनमें से कोई पार कर लेगा तो दूसरी दौड़ शुरू होगी।

कभी-कभार लड़के दौड़ के बारे में भूल जाते हैं और किसी बात पर बहस करने के लिए रुक जाते हैं, जिसके बाद वे कुछ देर के लिए बैठ सकते हैं या कोई ठोकर मारने लायक चीज, जैसे नारंगी का आधा टुकड़ा, पाकर फुटबॉल मैच खेल सकते हैं। अगर वे किसी एक जगह में ज्यादा देर ठहरते हैं तो किसी घर से कोई पुकार कर शोर बन्द करने को कहता है। जहाँ कहीं कोई सिपाही दीख गया तो फिर उन्हें चैन नहीं। बिना किसी सचमुच की मंजिल के वे जहाँ-तहाँ भटकते हैं और फ्रेडेरिक स्ट्रीट के निचले छोर पर आते हैं जहाँ दुकानें हैं।

वे सड़क के एक किनारे पंक्तिबद्ध खड़ी कारों को ताकते हैं और फिर खुलकर उनकी आलोचना करते हैं। वे कार की खिड़की पर अपनी उँगलियाँ दौड़ाते हैं। और साहसपूर्वक हॉर्न बजाने का जोखम भी उठाते हैं।

विली ने शीशे के शो-केस में प्रदर्शित चमड़े का एक बेल्ट देखा है। "अगली दफा मैं ऐसी ही किसी चीज के लिए बाजी लगाऊँगा" वह कहता है, "फिर अच्छे कपड़े पहने हुए किसी आदमी के साथ बाजी लगाऊँगा।"

वे जहाजघाट पर आते हैं जहाँ गँदलाया हुआ पानी है। सोचते हैं कि काश, उन्हें कहीं से एक नौका मिल जाती तो उसे चलाते हुए सैर करते। तभी टापू को जाने वाला स्टीमर चल पड़ता है। हेरॉल्ड अपनी महत्त्वाकांक्षा से प्रेरित हो गंभीरतापूर्वक कहता है—"मैं जहाजी कप्तान बनूँगा। नहीं तो पोतनीस या ऐसा ही कुछ।"

"तब तो न्यूयॉर्क या इंग्लैंड जा सकते हो, जैसे क्रिकेटर लोग जाते हैं"—विली कहता है—"पहले टापू आता है। पता है, उधर का समुन्दर बड़ा तूफानी है।"

इस पर मछुआरे विलियम्सन का बेटा रे रे सुर मिलाते हुए कहता है कि समुद्र हर जगह उतना भयंकर नहीं है—केवल बोकास के बाहर खतरनाक है। हाँ कभी-कभी अन्दर में ऊँची-ऊँची लहर जरूर उठती है। वे लोग जहाजी घाट के किनारे बैठते हैं। पानी के ऊपर अपने पाँव लटकाए हुए वे रे रे द्वारा खोले जा रहे रहस्यों को सुनते हैं। तिकोने जाल से मछली पकड़ना, नाव को किनारे पर लाकर लगाना, फिरकी खाना, हारपून फेंकना। रे रे उन्हें एक खुली छोटी नौका में की गयी पोर्ट ऑफ स्पेन से वैनेजुएला के तट तक की एक साहसिक यात्रा के रोमांच के बारे में बताता है। पहाड़ों से भी ऊँची लहरों और नाव चलाने की जटिलताओं के बारे में।

वे उठते हैं और मछली बाज़ार की तरफ जाते हैं। जिसके निकट तिकोने जाल सूखने के लिए डाले गये हैं। वे फिर जहाजघाट की ओर वापस मुड़ते हैं।

वे इमारती लकड़ी को उतारे जाते हुए देखते हैं और ईंटों और कोयले के ढेलों को भी। वहाँ पर लोग हिसाब-बही लेकर बैठे हैं। सेंट विंसेंट स्ट्रीट के छोर की तरफ जेट्टी पर एक क्रेन काम पर लगा हुआ है और उसके पास एक स्टीमर खड़ा है जिसके बारे में वे जानते हैं कि वह टुबैगो जाता है। साथ ही उन्हें घाट के पास खड़े मालजहाजों के बारे में सब कुछ पता है जिन पर लदाई हो रही है। मगर कई चीजें हैं जिन्हें वे जानना चाहते हैं और वे केवल आपस में ही सवाल कर सकते हैं। वे ईंटें जिन्हें लोग किनारे फेंक रहे हैं और कोयले के ढेले भी आखिर इतने मजबूत-कठोर किस तरह होते हैं? इतनी चिकनी लकड़ी किस तरह से बनती है और कहाँ से आती है? बेतार से आती आवाज़ भी उन्हें उलझन में डालती है।

वे आपस में तर्क-वितर्क करते हैं और अपने समाधानों से संतुष्ट होते हैं। दक्षिणी घाट की तरफ हरियाली वाली जगह में वे टहलते हैं और आराम के लिए वहीं बैठते हैं। एक पेड़ के नीचे 'टूवेलेले' पोशाक में लिपटी हुई एक औरत दो बक्सों के ऊपर रखे एक तख्ते पर लेटी हुई सो रही है। उसका सिर एक काले हैट से ढँका है जिस पर लाल रिबन बँधा है। थोड़ी ही दूर पर दो आदमी पालथी मारे बैठे बतिया रहे हैं, दूसरे लोग खड़े होकर गपशप कर रहे हैं। वहाँ से एक या दो गज हटकर एक औरत सड़क किनारे रसोई लगाये हुई है। उसकी चोटी लम्बी है और उसने सफेद पोशाक पहन रखी है। जब-तब वह अपना हाथ बरतन में डालती है और जब बहुत व्यस्त नहीं होती तो खाली लोगों के बीच जा बैठती है। हँसी-मजाक और चुटकुलों पर जब वह औरत हँसती है तो उसकी हँसी ऊँची, ठहाकेदार और विचित्र होती है। हेरॉल्ड, विली, रे रे विलियम्सन, रॉय और हाइजिया की जल्दी ही उनसे दोस्ती हो जाती है। दो भारतीय मूल के बच्चे भी हैं—कोई सात-आठेक साल के—जो पेड़ की डाली पर पुरानी रस्सियों के सहारे दो झूले डाल रहे हैं। इस काम में सभी लड़के उनकी मदद करते हैं। वे सभी बारी-बारी से झूले पर बैठते और झुलाने के लिए उसे धकेलते हैं।

दोपहर के आसपास मजदूर लोग रसोई वाली औरत के पास जुटने लगते हैं

और औरत उन्हें खाना देती है। लेकिन बच्चे घर जाने की बाबत कभी नहीं सोचते। वे जहाँ हैं वहीं बने रहना चाहते हैं। उन्हें अक्सर बिना भोजन के रहना पड़ता है। अगर वे घर लौटें भी तो देर तक बाहर रहने के लिए उन्हें मार पड़ेगी क्योंकि अगर वे घर पर रहते तो अपनी माँओं के द्वारा सौंपे गये काम कर सकते थे। सो, खतरा बहुत बड़ा था। मार बिल्कुल निश्चित थी जबकि भोजन कभी नहीं।

भारतीय मूल की माँ अपने दोनों बच्चों को थोड़ा पतला शोरबा पीने के लिए पुकारती है जिसे उसने तीन बड़े पत्थरों पर रखकर पकाया है। एक कंकाल-जैसा कुत्ता भी साथ लगा आता है जिसकी ओर वह हड्डियाँ फेंकती है क्योंकि उन्हें वह पहले ही कई बार उबाल चुकी थी।

एक आदमी एक बड़ा पाल लेकर आता है जिसे वह वहाँ जमीन पर फैलाकर उसकी मरम्मत करने लगता है। लड़के उससे सवाल करते हैं और वह जवाब देता है। रसोईवाली औरत मदद माँगती है तो वह उसकी खातिर बरतन नीचे उतार देता है। कोको से लदी हुई एक गाड़ी गुजरती है जिसमें से कोको के दाने रास्ते पर धीरे-धीरे गिरते जा रहे हैं। औरत बच्चों को एक कटोरा देती है और वे दौड़कर कोको चुनते और उसे लाकर देते हैं।

मर्द और औरतें आराम से पड़े हुए बतियाते हैं जिनकी बातों में बच्चों की चीख-पुकार सम्मिलित हो जाती है। रसोईवाली औरत खाना पकाते हुए गाती है। कोई मजाकवाली बात सुनकर उनकी विचित्र कर्कश हँसी हवा को चीर देती है।

## 2

जिस मुहल्ले में ये बच्चे रहते हैं उसकी गलियाँ बैरकों से जुड़ी हुई हैं और एक भी इज्जतदार मकान उनमें नहीं है। विली, रे रे हेराल्ड और हाइजिया सभी सोने जा चुके हैं। विली एक स्प्रिंगदार खाट के नीचे फर्श पर लेटा हुआ ऊपर से आती हुई अपनी बहन की बातें सुन रहा है जो वह अपनी माँ को बता रही है कि कैसे आज घर-घर जाकर कपड़ों की भीख माँगी। वह उन लोगों को गलिया रही थी जिन्होंने उसे भीख देने से इनकार किया था। माँ का कहना था कि वह अगले एक-दो दिन में लगने वाले 'जम्बल सेल' में (जहाँ मिली-जुली चीजों की बिक्री होती है) जाना चाहती है, पर वहाँ जाना शायद ही संभव होगा क्योंकि उसके पास केवल छत्तीस सेंट ही बचे हैं।

विली मन-ही-मन आह भरता है। वह एक नयी पैंट चाहता था जो कम से कम इतना अच्छा तो हो ही कि जिसे पहनकर फुटकर कामों की खोज में जा सके। मगर इस तरह से कैसे चलेगा? उसके पेट में चूहे कूद रहे हैं।

हर तरफ सन्नाटा है। ज्यादातर लोग सो रहे हैं। कुछ अपनी छतों की ओर ताक रहे हैं। वे लोग हर कमरे में पाँच-छह की संख्या में ठुँसे हुए हैं—हर बिस्तर पर दो या तीन। इसीलिए दरवाजे के निकट जाकर प्यार सम्पन्न किये जाते हैं और इसी बात

को लेकर एक मर्द और एक स्त्री झगड़ रहे हैं। सारी रात चीख-पुकार, दौड़ते कदमों की आहटें, फिर सन्नाटा और किसी आदमी की धीमी आवाज सुनायी देती रहती है।

बैरक में रहनेवाले जो लोग यह सब सुनते हैं उन्हें कोई परेशानी नहीं होती। और हो भी तो क्यों? उन्हें पहले भी यह अनुभव हो चुका और आगे भी हो सकता है। एक पल के लिए उन्हें सिर्फ इस बात को जानने की उत्सुकता होती है कि कौन लोग हैं। यदि उन्हें अपने भीतर करुणा की कोई लहर-सी महसूस होती है तो भी वे बिल्कुल नहीं हिलते-डुलते—अच्छा यही होगा कि पार्टियों को खुद ही आपस में सुलट लेने दिया जाए। अगर कोई हस्तक्षेप करे तो लोग खुद ही समझौता भी कर लेते हैं।

विली सुबह तड़के जगता है। माँ के काम पर जाने के बाद वह और उसकी बहन विली की इकलौती शर्ट-पैंट धोते हैं। वे कपड़ों पर पाइप का पानी छोड़ते हैं, फिर जरा-सा उन्हें रगड़ते हैं और इसके बाद पूरे तीन घंटों तक यह धूप में सूख कर पीला पड़ता रहता है।

सारा दिन विली कमर में कोको का फटा-चिटा बोरा लपेटे रहता है। हेरॉल्ड, रॉय और उसके दूसरे साथी उसे बाहर गोलियाँ खेलने के लिए बुलाते हैं, मगर वह जाने से इनकार कर देता है। वह जिस तरह की पोशाक में है उस भेस में किसी को बाहर गलियों में नहीं जाना चाहिए और फिर जबकि खाने को भी कुछ नहीं हो तो चुपचाप बैठना ही अच्छा है।

शाम को वह अपने कपड़े उठाता है और अपने हाथों से उनमें तह लगाकर सावधानी से उन्हें अलग रख देता है। रात के करीब नौ बजे उसकी माँ घर आती है और विली को मार पड़ती है। किस बात के लिए यह उसे नहीं मालूम। माँ हर तमाचे पर उससे केवल यही कहती है कि फिर कभी ऐसा नहीं करना।

विली चीत्कार कर उठता है, "फिर कभी नहीं करूँगा। माँ, मुझे माफ कर दो। हे भगवान! हे भगवान!" आखिरकार वह उसे परे धकेल देती है। वह एक कोने में जा गिरता है और वहीं बिसूरते हुए पड़ा रहता है। खुद के बारे में वह कल्पना करता है कि बड़ा हो गया है और अपनी मनमर्जी से बाहर जाता है, अब उसे और चपत नहीं मिलती। उसके पास सुन्दर और साँफ सूट होंगे और उसके कमाये हुए थोड़े से पैसे भी। वह अब भी व्यथित होने के चलते लगातार सिसकियाँ भरता जाता है लेकिन यह नहीं होता कि वह अपनी सजा का कारण खोजने के लिए परेशान हो। उसे पक्का विश्वास है कि उसे अकारण ही मार पड़ी। यह उसकी आदत बन चुकी थी कि मार पड़ने के बाद कुछ देर बैठना, फिर उठ खड़ा होना और बाहर चल देना। आज रात वह अपने सामने भोजन, साफ कपड़े और अनेक खूबसूरत चीजें देखता है मसलन उसकी पैंट को सरकने से बचाने के लिए रस्सी के बदले चमड़े का बेल्ट। उसकी कल्पना की आँखों के सामने पेनी और तीन पेनी के सिक्के छोटे-छोटे ढेर में जमा हो गये हैं।

उसकी माँ ने थोड़ा सा खाना टेबल पर रखा है और वह उसे पुकारती है कि आये, खाना खाये। उसकी बहन पहले से वहाँ है। वे बहुत जल्दी खा लेते हैं जबकि उसकी माँ बिछावन पर जाने की तैयारी में अपने कपड़े बदलती है। केवल वे दोनों ही खाना खाते हैं और माँ भूखी ही सोने जाती है। विली की पिटाई का कारण साफ है। जो खाना बच्चे खाते हैं वह दरअसल सुबह का वह नाश्ता है जो माँ को काम पर मिलता है। सारा दिन उसने बच्चों के बारे में ही सोचा है। पिछले दिन बच्चे भूखे ही रहे थे सो आज उसकी अपनी बारी है। विली सोचता है कि उसकी माँ पक्षपाती और क्रूर है जबकि माँ सोचती है कि लड़का अड़ियल है।

एक और रात के बीतने पर पौ फटती है। माँ डेलिया जल्दी उठकर काम पर जाती है और जाने से पहले बच्चों को सुबह की चाय के लिए एक पेनी देती है। विली अपना सूट पहनता है और इसे दो पिनों और एक सुतली के टुकड़े की मदद से बाँधता है। इस बन्दरगाह पर अमेरिकी बेड़ा एक सप्ताह के लिए आने वाला है, आज ही आएगा।

विली नाविकों का मनोरंजन और मनबहलाव करने के लिए तैयार है। वह दूसरों की तरह घाट पर खड़े होकर प्रतीक्षा नहीं करता क्योंकि उसे पता है कि नाविक फटीचर लोगों से हाथ मिलाना पसन्द नहीं करते। वह फ्रेडेरिक स्ट्रीट के सिरे पर जाकर इन्तजार करता है। दिन खुशी से बीतता है और विली के फुटकर काम करने के पहले प्रयत्न का फल अच्छा निकलता है क्योंकि वह हाथों में सेंट और पेनी के सिक्के कस कर पकड़े हुए वापस घर लौटता है। उनमें से आधा वह माँ और बहन के लिए रखकर बाकी छिपा देता है। उसके दिमाग में एक ही बात घूमती है कि कम-से-कम एक सप्ताह के लिए उसे भूखा नहीं रहना होगा।

भाग्य अब भी विली का साथ दे रहा है। एक युवती कॉक्सी वेलेंटाइन अपने कमरे की लकड़ी की सीढ़ियों पर बैठी ईख का टुकड़ा छील रही है। वह दो औरतों और एक मर्द के साथ बतिया रही है। मर्द कॉक्सी को ताने देता है और वे सभी हँसते हैं। उनकी कुछ बातें गंदी होती हैं और तब ऐसा लगता है कि आदमी उससे कहीं ज्यादा ही ठिठोली कर रहा है जितना कॉक्सी को बर्दाश्त हो सकता है। कॉक्सी को अपने-आप पर काबू नहीं रहता और वह जीभ और लात को बेलगाम छोड़ देती है, लेकिन् आदमी है कि उसे छेड़ता ही जाता है। बात हद से ज्यादा बढ़ जाती है। कॉक्सी उस जालिम पर इस कदर चिल्लाती है मानो उसे चबा ही जाएगी। इसी के साथ अपने हाथ की छुरी उसे घोंप देती है। छुरी उस आदमी की छाती में घुसी हुई है और वह एक डरी हुई चीख निकालते हुए चारों तरफ निहारता है। उसे एक ईंट दिखाई पड़ती है। उसे कॉक्सी पर फेंकने के लिए उठाने को दौड़ता है। जैसे ही वह उठाने को होता है कि उसके हाथ छाती में घुसी हुई छुरी को जकड़ लेते हैं। वह छुरी खींच निकालता है और खुद जमीन पर भहरा कर गिर पड़ता है। विली और उसकी

बहन जेराल्डीन जल्दी से दौड़कर अपने क़मरे में घुस जाते हैं। वे दरवाजा बन्द कर लेते हैं मगर खिड़की खोलकर दिलचस्पी से टकटकी लगाकर इस घटना को देखते हैं।

कॉक्सी गिरफ्तार हो जाती है और उसी के चलते अगली रात यार्ड में लड़ाई मच जाती है। एक तरफ कॉक्सी का पक्ष लेने वाले खड़े हैं तो उनके आगे मरे हुए आदमी का पक्ष लेने वाले लोग भी लाइन लगाये हैं। बोतलों, छड़ियों और पत्थरों की वर्षा होने लगती है। देखने वालों से यार्ड उफन पड़ता है। उसके बाद वाली रात को भी यही सब होता है, लेकिन अब एक आदमी गेट पर तैनात हो गया है और यार्ड में प्रवेश करने के लिए हरेक व्यक्ति से छह सेंट माँगता है। कुछ तो तुरत ही दे देते हैं मगर दूसरे नजर बचा कर निकल जाने की कोशिश करते हैं। विली इसे भाँप लेता है और पैसे वसूलने में तैनात आदमी की मदद करने जुट जाता है।

ऐसा जब चार रातों तक चलता रहता है तो पुलिस अधिकारी इस पर रोक लगा देते हैं। लेकिन तब तक विली के पास काफी पैसे हो जाते हैं। वह पैसों की ओर देखकर सोचता है कि कॉक्सी ने एडी का खून करके कितना अच्छा किया।

## 3

क्रिसमस निकट आ रहा है। विली और जेराल्डीन सोचते हैं कि काश, वे भी अब तक स्कूल में रहते तो कितना अच्छा होता। पिछले साल वे छह महीने के लिए स्कूल गये थे तो क्रिसमस के आने पर उन्हें उपहार मिले थे।

क्रिसमस से दो दिन पहले कुछ बच्चे दल बाँध कर सरकारी स्कूल पहुँचे। जिन भाग्यशाली बच्चों के माँ-बाप उन्हें अच्छे कपड़े पहनाकर स्कूल भेज सकते हैं वे सभी हाथ में उपहार का डिब्बा लिए लौटते हैं। जेराल्डीन, विली तथा कुछ और बेहद गरीब बच्चे उनके चारों ओर जमा होते हैं।

वे सभी बड़े दिन का इन्तजार कर रहे हैं। एकाध औरतें केक बनाती हैं। बाकी कुछ नहीं करतीं। थोड़े से लोग अपने गिटार लिये आएँगे और यार्ड में नाच और गाना चलेगा। विली उत्तेजना से भरकर अपनी बहन से कहता है–"क्रिसमस मार-पीट करने और रम पीने के लिए होता है।" वह अपने मन में सोचता है कि इस साल वह बड़े लोगों के साथ थोड़ी शराब पीकर लड़खड़ाने की कोशिश करेगा।

वह गलियों में यों ही भटकते हुए घूमता है। उसके दिल में एक तीव्र इच्छा है। घरों की चार दीवारियों के साथ जो इश्तहार चिपकाये गये हैं उन्हें वह पढ़ सकता, इस बात की उसे चाह है। मगर ऐसा वह नहीं कर सकता और इसलिए वह उन्हें नोच-फाड़ कर ही अपना मन बहलाता है। वह सिनेमाघर के सामने से गुजरता है, किसी से एक पेनी माँगता है। फिर एक गड़हे में उतरता है। वहाँ वह फारिग होता है और डेढ़ घंटे तक एक वैसे मजबूत आदमी की जिन्दगी जीता है जो सोना पाने के लिए दौड़ रहा हो। वह उछलता है और रुक-रुक कर चिल्लाता है और जब भी

वह लोगों को एक दूसरे पर घूँसा तानते देखता है तो चिल्लाकर कहता है–"लगे जोर से" और फिर, "अरे-रे, यह क्या तुम तो पुचकार रहे हो।" इस तरह वह तरोताजा होकर वापस आता है और सोना पाने के विषय में सोचते हुए सोने जाता है–अब न तो उसे भाग्यवानों को मिले हुए उपहारों से ईर्ष्या होती है और न खुद को यह सोचकर तसल्ली ही देता है कि क्रिसमस के रोज वह रम जरूर पिएगा।

**4**

रायसन रोड पर रोज कूड़े से लदी छकड़े गाड़ियों की कतार आती है। वे गाड़ियाँ हमेशा धीरे चलती हैं और लोग आपस में बतियाते रहते हैं। सभी गाड़ीवान नीग्रो हैं। कभी-कभार उनके कपड़े गंदे और फटे हुए होते हैं फिर भी वे खुश दिखायी पड़ते हैं। उनकी नाक बदबू को नजर-अन्दाज करती है और वे अपनी गाड़ियों से कूड़ा-कचरा खाली करते रहते हैं। एकाध लोग कोई कीमती चीज मिल जाने की उम्मीद से कचरे के ढेर को उलटते-पुलटते हैं और कभी-कभार कोई पक्षी वहाँ कुछ खाने के लिए झपट्टा मार कर नीचे उतरता है।

जब इनमें से कोई पक्षी सबसे अलग होकर अपने पंखों से उड़ान भरता है तो नीले आसमान की पृष्ठभूमि में पहले तो काले धब्बे-सा नजर आता है और फिर सुदूर में जाकर बिल्कुल गुम हो जाता है। अन्तरिक्ष का चमत्कार! सीमाहीन! पक्षी जहाँ चाहे उड़कर पहुँच सकता है।

एक आदमी काम के बीच में रुकता है। उसकी गाड़ी का घोड़ा हिंकरता है और वह उसकी पीठ पर हाथ फिराकर सहलाता है। उसकी उँगलियाँ लगाम (रास) को छूती हैं और वह घोड़े के आगे-आगे थोड़ी दूर तक चलता है। शान्त भाव से वह ताकता है–किसी खास जगह में नहीं–जैसे सिर्फ सपनाते हुए ही। लगता है यह क्षण वैसे मुहूर्तों में से एक है जब आदमी को महसूस होता है कि चाही गयी चीज उसे मिल गयी है और तब अपने साथियों के प्रति उसके भीतर एक सदय भावना पैदा होती है।

लेकिन पक्षी उसी जगह फिर वापस लौटता है और आदमी अपने काम पर। आदमी जरा दूर चलकर दूसरे आदमी से चिल्लाकर कहता है, "अबे उल्लू के पट्ठे, साले, रस्ता क्यों छेंक रहा है? कब से चिल्ला रहा हूँ, परे हट!" बोलने वाले के दिल में विद्वेष भरा है। कचरा ढोने वाले की उड़ान खत्म हो जाती है।

# दुश्मन

❑ वी. एस. नायपॉल

मैं हमेशा से इस औरत, यानी अपनी माँ, को दुश्मन मानता रहा हूँ। जो कुछ भी मैं करूँ उसे वह निश्चित ही गलत समझेगी। ऐसा भी वक्त आया जब मुझे सोचना पड़ा कि न सिर्फ वह मुझे ग़लत समझती थी बल्कि मुझे नापसन्द भी करती थी। हालाँकि मैं इकलौता बच्चा था लेकिन उसके लिए मानो कइयों में एक था।

वह मेरे पिता से घृणा करती थी, यहाँ तक कि जब वे मर गये तब भी वह घृणा करती रही।

वह कहा करती—"जाओ, जो जी में आये करो। आखिर बेटा तो अपने बाप का ही हो, मेरा नहीं।"

मेरी माँ और मेरे बीच जो असली दरार थी वह मिगेल स्ट्रीट में नहीं बल्कि गाँव में ही पड़ गयी थी।

मेरी माँ ने निश्चय कर लिया था कि वह मेरे पिता को छोड़ देगी। मुझे वह अपने साथ अपनी माँ के यहाँ ले जाना चाहती थी।

मैंने जाने से इन्कार कर दिया।

मेरे पिता बीमार थे और बिस्तर में रहते थे। साथ ही उन्होंने 'प्रॉमिस' किया था कि अगर मैं उनके साथ रहूँ तो मुझे रंगीन पेंसिलों (क्रेयॉन) का पूरा 'बॉक्स' मिलेगा।

मैंने क्रेयॉन और पिता को चुना।

उन दिनों हम कुनुपिया में रहते थे जहाँ मेरे पिता चीनी मिल में ड्राइवर थे। वे गुलामों के नहीं बल्कि आजाद लोगों के ड्राइवर थे लेकिन मेरे पिता ऐसा व्यवहार करते थे मानो लोग गुलाम हों। एक भूरे रंग के बड़े और बेडौल घोड़े पर सवार होकर वे मजदूरों पर कोड़े बरसाते हुए पूरी जागीर में फिरते थे और लोगों का कहना था—मुझे इस पर ज़रा भी विश्वास नहीं होता—कि वे मजदूरों को लात मारते थे।

मैं इसमें विश्वास नहीं करता क्योंकि मेरे पिता सारी जिन्दगी कुनुपिया में रहे

और वे जानते थे कि कुनुपिया के लोगों को कोई हिला नहीं सकता। वे लोग कठोर नहीं हैं, किसी का खून करने की बात नहीं सोचते मगर जिसे पसन्द नहीं करते हों वैसे आदमी का खून करने के लिए वे बरसों इन्तजार कर सकते हैं। वस्तुतः कुनुपिया और टेबुललैंड ट्रिनिडाड के ऐसे दो हिस्से हैं जहाँ पुलिसवालों को तुरत-फुरत प्रोमोशन दिलाने के लिए अक्सर कत्ल होते रहते हैं।

पहले हम बैरकों में रहते थे लेकिन बाद में पिताजी चाहने लगे कि हम नजदीक ही लकड़ी के बने एक छोटे घर में चले जायँ।

मेरी माँ ने कहा, "तुमको तो हीरो बनना है न? खुद ही अपने घर में जाकर रहो, सुन लिया न?"

वह निश्चय ही डर रही थी। लेकिन मेरे पिता ने जोर दिया। सो हम उस घर में रहने गये और तभी से दरअसल दिक्कत शुरू हुई।

एक रोज दोपहर के करीब एक आदमी आया और मेरी माँ से बोला–"तुम्हारा आदमी कहाँ है?" मेरी माँ ने कहा, "मैं नहीं जानती।"

वह आदमी अड़हुल की छोटी टहनी से दातौन कर रहा था। थूक कर बोला–"कोई बात नहीं। मुझे जल्दी नहीं है। उसका इन्तजार करूँगा।"

मेरी माँ ने कहा–"नहीं। चाहे तुम जो भी समझो मगर अभी तुरत मेरी बहन आ रही है।"

वह हँसने लगा और बोला–"अरे मैं कुछ भी नहीं करूँगा। मुझे तो खाली यह जानना है कि वह कब तक घर आएगा।"

मैं डर के मारे रोने लगा।

वह आदमी हँस रहा था।

मेरी माँ ने कहा, "अभी चुप होते हो या तुम्हें सचमुच ही रुला दूँ?"

मैं दूसरे कमरे में चला गया और 'राम! राम! सीताराम!' कहते हुए घूमने लगा। किसी तरह के खतरे में पड़ने पर यही जाप करने के लिए मुझे पिताजी ने सिखाया था।

मैंने खिड़की से बाहर देखा। धूप पूरी तरह खिली हुई और गरम थी और आसपास पेड़ों और झाड़ियों के विस्तार में कहीं कोई और नहीं था।

और तभी मैंने अपनी मौसी को सड़क पर चलते हुए देखा। वह पास आयी और बोली, "यहाँ तुम लोगों के साथ कोई गड़बड़ तो नहीं? मैं अपने घर पर बिल्कुल चुपचाप बैठी हुई थी कि अचानक मुझे महसूस हुआ कि कुछ गड़बड़ हो रहा है। मुझे लगा कि जाकर देखना चाहिए।"

मेरी माँ ने, जो अबतक बड़ी बहादुर बन रही थी, रोना शुरू कर दिया।

लेकिन यह सब खाली हम लोगों को डराने के लिए था और निश्चित रूप से हम डर गये थे। मेरे पिता इसके बाद से हमेशा अपने साथ बन्दूक रखने लगे थे और माँ अपने हाथ में तेज़ धार वाली हँसिया रखने लगी थी।

फिर रातों में आवाज़ें आने लगीं, कभी सड़क की ओर से तो कभी घर के पिछवाड़े की झाड़ियों से। आवाजें उन लोगों की जो मानो राह भूल गये हों और रोशनी चाहते हों। वैसे लोगों की भी जो मेरे पिता को बताने आते कि उनकी बहन डेबे में अचानक चल बसी। और उन लोगों की जो पिता जी को सिर्फ यह बताने के लिए आते कि चीनी मिल में भयानक आग लग गयी। कभी-कभी इनमें से दो या तीन आवाजें अलग-अलग दिशाओं से आतीं और अँधेरे घर में हम सिर्फ इस इन्तजार में बैठे रहते कि आवाजें आनी बन्द हो जाएँगी। और जब वे बन्द हो जाती थीं तो और भी ज्यादा भयानक लगता। मेरे पिता कहा करते–"वे लोग बाहर अब भी हैं। वे इस उम्मीद में हैं कि हम बाहर निकलकर उन्हें खोजेंगे।"

और चार या पाँच बजे जबकि सुबह की रोशनी निकल रही होती, उस वक्त हमें झाड़ियों में से दूर जाते हुए पैरों की चाप सुनायी देती।

जैसे ही अँधेरा होता हम अपने को घर के भीतर बन्द कर लेते और इन्तजार करते। कभी-कभी कई दिनों तक कुछ नहीं होता, और तब अचानक एक दिन फिर से आवाजें आनी शुरू हो जातीं।

एक रोज मेरे पिता घर में एक कुत्ता ले आये। हम उसे 'टार्जन' कहकर बुलाने लगे। वह एक बड़ा-सा भूरे बालों वाला झबरैला कुत्ता था जो रखवाली करने के लिए नहीं, खेलने के लिए ज्यादा उपयुक्त था और मैं उसकी पीठ पर सवारी किया करता।

शाम हुई तो मैंने कहा, "टार्जन हमारे साथ अन्दर ही रहेगा न?"

लेकिन नहीं। वह दरवाजे के बाहर रिरियाता हुआ अपने चंगुल से दरवाजे को खरोंचता रहा। टार्जन ज्यादा दिन नहीं बच पाया।

एक सुबह हमने उसे सीढ़ियों के ऊपर टुकड़े-टुकड़े काट कर फेंका हुआ पाया।

उस पिछली रात हमने कोई आवाज नहीं सुनी थी।

मेरी माँ पिताजी से झगड़ने लगी लेकिन मेरे पिता ऐसा जताते रहे गोया उन्हें इसकी कतई परवाह नहीं कि उनके, या हममें से किसी के, साथ क्या हुआ है।

मेरी माँ कहा करती, "तुम बहादुरी का बहुत नाटक किया करते हो। मगर इससे हमारी जान नहीं बचने वाली, हाँ। सुनो, इस जगह को छोड़ दो।"

मेरे पिता घर की दीवारों पर गीता और बाइबिल के उम्मीद बँधाने वाले वाक्य टाँगने लगे–कभी-कभी ऐसे वाक्य वे खुद भी बना लेते थे।

मेरी माँ पर वे अक्सर गुस्सा हो जाते और ऐसा भी समय आया कि जैसे ही वह उनके कमरे में घुसती, वे चीखने-चिल्लाने और चीजें उस पर फेंकने लगते।

सो, माँ अपनी माँ के पास चली गयी और मैं अपने पिता के पास रह गया।

उन दिनों मेरे पिता ज्यादा समय अपने बिछावन में बिताते अतः मुझे भी उनके साथ लेटे रहना पड़ता। अब मैं सचमुच जैसे पहली बार पिता से बात कर रहा था। उन्होंने मुझे तीन चीजें सिखायीं।

पहली चीज़ यह थी।

"बच्चे," मेरे पिता ने पूछा, "तुम्हारा पिता कौन है?"

मैंने कहा--"वाह ! तुम मेरे पिता हो।"

"गलत।"

"गलत कैसे?"

मेरे पिता ने कहा--"तुम जानना चाहते हो कि सचमुच तुम्हारा पिता कौन है? तुम्हारे पिता हैं भगवान!"

"तब तुम क्या हो?"

"मैं क्या हूँ? मैं हूँ--अरे हाँ, मैं तुम्हारा दूसरा पिता-जैसा हूँ, तुम्हारा असल पिता नहीं।"

यह सीख मुझे बाद में संकट में डालने वाली थी, खास तौर पर मेरी माँ के साथ।

दूसरी चीज़ जो मेरे पिता ने सिखायी वह था गुरुत्वाकर्षण का नियम।

हम लोग बिस्तर के एक किनारे बैठे थे और उन्होंने माचिस की डिबिया गिरा दी। पूछा--"हाँ तो बच्चे, बताओ तो कि माचिस नीचे क्यों गिरा?"

मैं बोला--"उसे तो गिरना ही था। तुम क्या चाहते हो कि वह इधर-उधर चला जाता?"

मेरे पिता ने कहा, "मैं तुम्हें बताऊँगा कि माचिस क्यों गिरा। वह गुरुत्वाकर्षण के नियम के चलते गिरा।"

और उन्होंने मुझे अपना एक करतब दिखाया। एक बाल्टी में पानी आधा भर दिया और अपने कन्धे के ऊपर चारों ओर उसे तेजी से नचाने लगे।

कहा--"देखना, पानी गिरेगा नहीं।"

मगर पानी गिरा। वे खुद भीग गये और फर्श भी गीला हो गया।

वे बोले--"कोई बात नहीं। मैंने थोड़ा ज़्यादा पानी डाल दिया था, बस। अब देखो।"

इस बार पानी गिरा नहीं।

पिता ने जो तीसरी चीज सिखायी वह था रंगों को मिलाना। उनके मरने से कुछ ही दिन पहले यह हुआ। वे बहुत बीमार थे और ज्यादातर समय काँपते और बुदबुदाते रहते थे। यहाँ तक कि जब वे नींद में होते तब भी मैं उन्हें कराहते हुए सुना करता।

लगभग हमेशा मैं बिछावन पर उनके पास होता। एक दिन वे मुझसे बोले, "तुम्हारी रंगीन पेंसिलें कहाँ हैं?"

मैंने पेंसिलें तकिये के नीचे से निकालीं। वे बोले, "कोई जादू देखना चाहते हो?"

मैं बोला, "क्या? तुम्हें सचमुच जादू आता है?"

उन्होंने पीली पेंसिल निकाली और एक चौकोर वर्ग बनाकर उसे पीले रंग से भर दिया। पूछा, "बोलो बच्चे, यह कौन-सा रंग है?"

मैं बोला—"पीला"।

उन्होंने कहा, "अब ज़रा नीली पेंसिल दो और अपनी आँख खूब जोर से बन्द कर लो।"

जब मैंने आँख खोली तो बोले, "हाँ तो बच्चे, अब यह वर्ग किस रंग का है?"

मैंने कहा, "सच बोलो, तुम ठग तो नहीं रहे?"

वे हँस पड़े और मुझे दिखाया कि किस तरह नीले और पीले रंगों के मिलने से हरा रंग बनता है। मैं बोला, "तुम्हारा मतलब है कि अगर मैं एक हरे रंग के पत्ते को लेकर उसे खूब अच्छी तरह धो दूँ तो क्या उसमें नीला या पीला रंग बचा रहेगा?"

वे बोले, "नहीं। उन रंगों को तो भगवान ने बनाया है। भगवान याने तुम्हारे पिता ने।"

मैंने हाथ की सफाई के नये-नये खेल बनाने की कोशिश में बहुत वक्त बिताया। लेकिन सिर्फ एक ही खेल अच्छी तरह कर पाता था, वह यह था कि माचिस की दो तीलियों के सिरों को आपस में जोड़कर उन्हें सुलगा दो। ऐसा करने से दोनों तीलियाँ आपस में चिपकी रहती हैं। लेकिन मेरे पिता को यह करतब पहले से पता था। लेकिन आखिरकार मैंने एक ऐसा करतब ढूँढ़ ही लिया जिसे निश्चित तौर पर मेरे पिता नहीं जानते होंगे। इसके बारे में वह कभी जान भी नहीं पाये क्योंकि जिस रात मैं उन्हें यह दिखाने वाला था, उसी रात वे चल बसे।

उस दिन बेहद गरमी थी और शाम को आसमान काला और भारी बनकर झुक आया था। घर के भीतर सर्दी महसूस होती थी। मेरे पिता चादर ओढ़े झूलने वाली कुर्सी में बैठे थे। वर्षा की भारी बूँदें ऐसे गिर रही थीं मानो छत पर सैकड़ों मुक्के मारे जा रहे हों। अँधेरा होने पर मैंने ढिबरी जलाई और उसकी बत्ती में एक पिन गड़ा दिया ताकि दुष्टात्माएँ घर से दूर ही रहें।

मेरे पिता ने अचानक झूलना बन्द कर दिया और फुसफुसाये—"बच्चे, आज रात वे लोग यहीं हैं। सुनो सुनो।"

हम दोनों चुप थे। हालाँकि मैंने ध्यान से सुना लेकिन मेरे कान हवा और बारिश के सिवा कुछ नहीं पकड़ सके।

तभी एक खिड़की अपने-आप फटाक् से खुल गयी। हवा भारी बूँदों के साथ तेजी से अन्दर घुस आयी।

'हे भगवान'—मेरे पिता चीखे।

मैं खिड़की के निकट गया। रात अलकतरे-जैसी काली थी और दुनिया मानो ऐसा जंगली और निर्जन स्थान बन गयी थी जहाँ केवल हवा और पत्तों पर गिरती हुई बूँदें थीं। मुझे खिड़की को भीतर से बन्द करने के लिए बहुत जोर लगाना पड़ा।

बन्द करते-करते मैंने देखा कि बिजली की कड़क के साथ आसमान चमक उठा है।

खिड़की बन्द करके मैं मेघ-गर्जन का इन्तजार करने लगा।

ऐसा लगा जैसे छत पर स्टीमरोलर घरघरा रहा हो।

मेरे पिता ने कहा, "बच्चे, डरो मत। मैं जो कहता हूँ तुम वही कहो।"

मैं उनके पास जाकर झूलने वाली कुर्सी के पाँव के पास बैठ गया और कहने लगा—'राम! राम! सीताराम!' पिता भी कहने लगे। वे सर्दी और भय से काँप रहे थे। हठात् वे चिल्लाये, "बच्चे, वे यहाँ हैं, यहीं हैं। वे मकान के नीचे बात कर रहे हैं। बारिश के शोर में उन्हें कोई नहीं सुन सकता और वे जो मन में आये वही कर सकते हैं।"

मैं बोला—"डरने की क्या बात? मेरे पास कटार है और तुम्हारे पास बन्दूक।"

लेकिन मेरे पिता ने अनसुनी कर दी। वे बोले—"लेकिन अभी अँधेरा है। ओह, कितना अँधेरा है। घनघोर अँधेरा।"

मैं उठा और ढिबरी को नजदीक लाने के लिए टेबल तक गया। ठीक उसी समय ऐसा विस्फोटक घन-गर्जन हुआ—इतना नीचे कि मानो ठीक छत पर हुआ हो। बहुत देर तक यह गड़गड़-घर-घर होता रहा। तभी एक दूसरी खिड़की झोंके से खुल गयी और ढिबरी बुझ गयी। अँधेरे कमरे में तेज हवा और बारिश उग्रता से घुस गयी।

मेरे पिता एक बार और चीखे—"हे भगवान, बड़ा अँधेरा है।" मैं उस काली दुनिया में खो गया था। मैं तब तक चीखता रहा जब तक कि मेघ गर्जन बन्द नहीं हो गया और बारिश बूँदाबाँदी नहीं बन गयी। जो जादू का खेल मैंने पिता के लिए तैयार किया था उसके बारे में एकदम भूल गया! अपनी हथेलियों में जो साबुन मैंने रगड़ रखा था वह कब का सूख और अदृश्य हो चुका था।

सभी एक बात से सहमत थे। मेरी माँ को और मुझे गाँव छोड़ना पड़ेगा। पोर्ट-ऑफ-स्पेन सबसे सुरक्षित स्थान था। वहाँ भी मेरे पिता के खिलाफ काफी हँसी-ठट्ठा चलता था। ऐसा जाहिर होता था कि मुझे जिन्दगी भर ऐसे पिता की सलीब ढोनी पड़ेगी जो डर के मारे मर गया था। लेकिन एकाध महीने में ही मैं अपने पिता को भूल गया और खुद को मैंने ऐसे लड़के के रूप में देखना शुरू किया जिसका कोई बाप नहीं था। ऐसा स्वाभाविक जान पड़ा।

वास्तव में जब हम पोर्ट-ऑफ-स्पेन आये तभी मैंने देखा कि पिता-पुत्र के बीच आम तौर पर सम्बन्ध कैसा होता था—यह मारने और मार खाने वाले के बीच के संबंध से ज़्यादा कुछ नहीं था। जब मैंने यह देखा तो (पिता के प्रति) कृतज्ञता महसूस की।

पहले तो मेरी माँ ने बड़ी कोशिश की कि मुझे ढंग से रखा जाए और जो कुछ

ऊल-जलूल मेरे पिता ने सिखा रखा था उसे निकाल बाहर किया जाय। पता नहीं, उसने अपनी कोशिश क्यों नहीं जारी रखी। जल्दी ही मुझमें उसकी दिलचस्पी खत्म हो गयी और उसने मुझे गलियों में खेलने-कूदने दिया। केवल समय-समय पर मुझे पीट जरूर दिया करती थी।

फिर भी कभी-कभार अपना पुराना रूप धारण कर लेती।

एक रोज मुझे घर पर रखा। उसने कहा, "आज स्कूल नहीं जाओगे। मैं तुम्हारे जूते के फीते बाँध-बाँध कर आजिज हो गयी हूँ। आज तो तुम्हें खुद बाँधना सीखना ही पड़ेगा।"

मुझे नहीं लगता कि उसका यह काम उचित था। आखिर गाँव में हममें से कोई जूते नहीं पहनता था और मुझे जूतों का अभ्यास नहीं था।

उस दिन उसने मेरी जमकर पिटाई की और मुझसे बार-बार फीता बँधवाया। लेकिन अंत तक मुझे जूता बाँधना नहीं आ सका। बाद में भी बरसों तक यह मेरे लिए बड़े शर्म की बात रही कि मैं इतनी आसान चीजें नहीं कर सकता था, जैसे मौसंबी को छीलना। लेकिन जूतों के बारे में मैंने थोड़ी चालाकी बरती। अपने लिए मैंने माँ को कभी सही माप के जूते नहीं खरीदने दिये। मैं बहाना किया करता कि वे (सही माप के) जूते चुभते हैं और एक या दो साइज बड़ा खरीदने के लिए उसे राजी कर लेता। एक बार जब दुकान का कर्मचारी जूते के फीते बाँध देता तो फिर मैं उन्हें कभी खोलता ही नहीं—सिर्फ अपने पैर जूतों में डालता और निकालता। पैरों में जूते को टिकाये रखने के लिए पंजे के भीतर कागज डाल दिया करता।

कोई अगर मेरी माँ को कभी बोलते हुए सुने तो मुझे सनकी समझ ले। उसकी जानकारी में जो भी कोई छोटा बच्चा होता वह मेरी माँ को मुझसे बेहतर और ज़्यादा होशियार लगता था। वह एक ऐसे बच्चे को जानती थी जिसने घर की रँगाई-पुताई करने में अपनी माँ की मदद की थी। एक और लड़का था जो अपने जूतों की मरम्मत खुद कर लेता था। इतना ही नहीं, एक लड़का और भी था जो तेरह साल की उम्र में बीस डॉलर माहवार कमा रहा था; जबकि मैं निकम्मा था और उसका (माँ का) खून चूस रहा था।

लेकिन अनुकम्पा की कुछ चकित कर देने वाली झलकियाँ भी थीं।

उदाहरण के लिए एक समय, शनिवार की सुबह, मैं माँ के लिए गिलास धो रहा था। एक गिलास हाथ से छूटकर गिरा और टूट गया। इसके पहले कि इस बारे में कुछ करूँ, माँ ने देख लिया कि क्या हो रहा है।

उसने कहा, "तुमने इसे कैसे तोड़ा?"

मैं बोला, "हाथ से फिसल गया। बहुत ज़्यादा चिकना है।"

वह बोली, "इन गिलासों का उपयोग करने का कोई मतलब नहीं। बहुत जल्दी टूट जाते हैं।"

और बात वहीं खत्म हो गयी। मैं माँ के स्वास्थ्य को लेकर बहुत चिन्तित हुआ।

उसे मेरे स्वास्थ्य की कभी कोई चिन्ता नहीं थी।

उसका मानना था कि दुनिया की ऐसी कोई बीमारी नहीं है जिसे 'एप्सम सॉल्ट' ठीक नहीं कर सकता। वह सॉल्ट लेना एक प्रायश्चित्त जैसा था जिसे महीने में एक बार तो मुझे पूरा करना ही पड़ता। इससे मेरी रविवार की छुट्टियों का तो बधिया ही बैठ जाता। अगर तकलीफ कुछ वैसी होती जिसे वह नहीं समझ पाती तो मुझे ट्रैग्रेट रोड पर हैल्थ अफसर के पास भेज देती। वह एक भयंकर जगह थी। वहाँ इन्तजार, इन्तजार और इन्तजार करना पड़ता तब कहीं जाकर डॉक्टर के दर्शन होते। यह कहने के पहले ही कि 'डॉक्टर, मुझे तकलीफ....' वह दवाई लिखना शुरू कर देता। और फिर दवाई के लिए दुबारा इन्तजार करना पड़ता। स्वास्थ्य केन्द्र की सारी दवाइयाँ एक जैसी थीं। पानी और उसमें नीचे बैठा आधा इंच गाढ़ा गुलाबी तलछट।

हैट स्वास्थ्य केन्द्र के बारे में कहा करता, "चिकित्सा के क्षेत्र में सरकार 'फेथ हीलिंग' (विश्वास से स्वास्थ्यलाभ) को अपना रही है।"

मेरी माँ का विचार था कि मेरे लिए स्वास्थ्य केन्द्र जाना लाभदायक है। मैं वहाँ सुबह के आठ बजे पहुँचता और दो बजे के बाद किसी भी वक्त अपराह्न में लौटता। यह बात मुझे शरारतों से दूर रखती जबकि इस पर साल में मात्र चौबीस सेंट ही खर्च होते।

लेकिन इससे ऐसा नहीं समझिये कि मैं हमेशा साधु बना रहता। मैं साधु नहीं था। कभी-कभी मुझे विचित्र दौरे पड़ते जब मैं किसी का भी–खास तौर से अपनी माँ का–हुक्म नहीं मानता। मुझे महसूस होता था कि अगर मैंने किसी का हुक्म मान लिया तो जिन्दगी भर खुद को अपमानित करूँगा। और जिन्दगी सचमुच ही विचित्र चीज है। कभी-कभी तो मुझे ठीक वैसे वक्त हुक्म-उदूली का दौरा पड़ता जब मेरी माँ मेरे प्रति सहृदय बनने के लिए व्यग्र रहती।

जिस दिन हैट ने मुझे जहाज घाट पर डूबने से बचाया था उसके अगले दिन स्कूल में मैंने शिक्षक को 'समुद्र तट पर एक दिन' विषय पर लेख लिखकर दिखाया। मुझे नहीं लगता कि किसी स्कूल मास्टर ने कभी वैसा लेख पाया हो। मैंने लिखा था कि किस तरह से मैं लगभग डूब ही गया था, और फिर कैसे शान्त भाव से–पूरे ठंडे दिमाग से–यह सोचते हुए मृत्यु का सामना कर रहा था कि 'हाँ, यह देखो–ऐसा होता है अन्त।' शिक्षक इतना खुश थे कि उन्होंने बारह में मुझे दस अंक दे दिये।

उन्होंने कहा–"मेरा ख्याल है कि तुम जीनियस हो।"

जब मैं घर पहुँचा तब माँ से बोला, "आज मैंने जो लेख लिखा उसके लिए मुझे बारह में दस अंक मिले हैं।"

मेरी माँ बोली–"मेरे सामने इस तरह बहादुरी के साथ झूठ बोलो–तुम में इतना

साहस हो गया? क्या चाहते हो कि एक ही तमाचे में तेरा मुँह घुमा दूँ?"

आखिरकार मैं उसे विश्वास दिला पाया।

वह तत्काल पिघल गयी। झूले में बैठ गयी और बोली—"आओ बेटे, यहाँ मेरे पास बैठो।"

ठीक तभी वह सनकी दौरा मुझ पर सवार हो गया। बिना किसी कारण के मैं गुस्सा हो गया और बोला, "नहीं, मैं तुम्हारे पास नहीं बैठूँगा।"

वह हँस कर मुझे फुसलाने लगी। और इस तरह उसने मुझे और भी क्रोधित कर दिया। क्रमशः उसका दोस्ताना भाव समाप्त हो गया और अब यह दो इच्छा शक्तियों के बीच का संघर्ष बन गया। मैं आज्ञापालन करके स्वयं को अपमानित करने के बजाय डूब मरने को तैयार था।

"मैं कहती हूँ कि आकर यहाँ बैठो।"

"मैं नहीं बैठूँगा।"

"अपना बेल्ट उतारो।"

मैंने बेल्ट निकालकर उसे थमा दिया। उसने बेल्ट से मेरी जमकर धुनाई की। मेरी नाक से खून बह चला, लेकिन मैं फिर भी झूले पर नहीं बैठा। ऐसे मौकों पर मैं बिना सोचे-समझे चिल्लाया करता—"अगर मेरे पिता ज़िन्दा होते तो तुम ऐसा नहीं कर सकती थी।"

अतः वह दुश्मन बनी रही। मैंने तय कर लिया कि जब मैं बड़ा बनूँगा तो उसके पास नहीं रहूँगा—कहीं भाग जाऊँगा। बड़ा बनने का मेरा मुख्य लालच यही था।

उन दिनों पोर्ट-ऑफ-स्पेन में तेजी से प्रगति हो रही थी। अमेरिका वाले ट्रिनिडाड में पैसे झोंक रहे थे और अंग्रेज लोग औपनिवेशिक विकास और कल्याण की बढ़चढ़ कर बातें किया करते।

प्रगति का एक चिह्न जो दिखाई दे रहा था वह था पुराने पाखानों का लोप होते जाना। मैं उन पुराने संडासों से घृणा करता था। मुझे विस्मय होता था कि जो रात में लॉरी लेकर आते और मैला ढोकर ले जाते हैं वे किस तरह के लोग हैं। फिर, मैले के गड्ढे में गिर पड़ने की सदा भयंकर आशंका रहा करती थी।

जिन लोगों ने बढ़िया आधुनिक पाखाने सबसे पहले बनवाये उनमें हैट भी था और हम सबने उसके पुराने पाखानाघर को ढहा कर एक बड़ा काम किया था। सभी बच्चे और बड़े इस काम में हाथ बँटाने पहुँचे थे—पर मैं वहाँ सिर्फ देखने गया था। एक-एक कर दीवारें गिरा दी गयीं—आखिर में केवल एक बची थी। हैट बोला—"भाइयो, इसे टुकड़े होने से बचाकर पूरा-का-पूरा ही गिराना है।"

लोगों ने जोर लगाया। दीवार झुकी और गिरने लगी।

अचानक उसी क्षण मैं जरूर पगला गया होऊँगा क्योंकि तभी मैं एक अतिमानव का कार्य करने चला यानी दीवार को गिरकर टूटने से बचाने लगा।

मुझे केवल लोगों का चिल्लाना याद है--'हे भगवान, देखो-देखो बचो।'

मैं पोर्ट-ऑफ-स्पेन से पेटिट वैली जाने के लिए 'सैम्स सुपर सर्विस' की एक हरे रंग की बस में यात्रा कर रहा था। चमकदार रूमाल बाँधे बूढ़ी औरतों से बस खचाखच भरी थी। वे बड़े-बड़े थैलों में आड़ू, रतालू, केले और कोई-क़ोई, मुर्गियाँ ले जा रही थीं। अचानक सभी औरतें बकबक करने लगीं और उनके साथ ही मुर्गियाँ चीख मारने लगीं। मुझे महसूस हुआ मानो मेरा दिल फट पड़ेगा लेकिन जब मैं बूढ़ी औरतों पर चिल्लाने की कोशिश करने लगा तो पाया कि मेरा मुँह खुल ही नहीं रहा। मैंने फिर कोशिश की लेकिन मैं खाली वही लगातार हो रही बकवास ही–अब ज़्यादा स्पष्ट रूप से–सुन पाया।

मेरे चेहरे पर पानी डाला जा रहा था।

मैं एक नल के नीचे चित लेटा हुआ था और बहुत से चेहरे मुझपर झुके हुए थे।

कोई चिल्लाया–"होश में आ गया। ठीक-ठाक है।"

हैट बोला–"कैसा लग रहा है?" मैं हँसने का प्रयत्न करते हुए बोला, "मैं बिल्कुल ठीक हूँ।"

भाखू की पत्नी बोली–"दरद हो रहा है?" मैंने सिर हिलाया। मगर अचानक मेरी पूरी देह दुखने लगी। मैंने अपना हाथ हिलाने की कोशिश की तो बड़ी पीड़ा हुई।

मैं बोला–"लगता है, हाथ टूट गया।" लेकिन मैं खड़ा हो सकता था और लोग सहारा देकर मुझे घर के भीतर चलाकर ले गये।

मेरी माँ आयी। मैं उसकी आँसुओं से भीगी पारदर्शी आँखें देख सकता था। कोई, मुझे याद नहीं कौन, बोला–"तुमने तो अपनी माँ को सचमुच चिन्तित कर दिया था।"

मैंने उसके आँसुओं को देखा और महसूस किया कि मैं भी रोने ही वाला हूँ। मुझे पहली बार पता चला कि वह मेरे लिए चिन्तित और व्यग्र हो सकती है।

मेरी इच्छा हुई कि उस क्षण मैं दो सौ हाथों वाला कोई हिन्दू देवता होता ताकि अपने सभी दो सौ हाथ तोड़कर उस क्षण का फिर से मज़ा लेता–माँ के आँसुओं को फिर से देखने का मज़ा।

# मर्द की मिल्कीयत

❑ पर्सिवल सी. मेनार्ड

खूबसूरत वेरा चीखने और हाथ-पाँव पटकने लगी। पेड्रो से उसका झगड़ा हुआ था। इसी आदमी के साथ वह रहती आ रही थी और उसने उसके गाल पर कस के तमाचा मारा था। सो वह चीखी और पाँव पटकने लगी। कुछ देर पेड्रो ने उसे बर्दाश्त किया मगर फिर उसकी सहनशक्ति जवाब दे गयी।

"चुप कर !" उसने हुक्म दिया।

वेरा पर कोई असर नहीं हुआ। और अगर कुछ हुआ भी तो यह कि वह और भी जोरों से चीखने और पाँव पटकने लगी। पेड्रो का गुस्सा बढ़ गया।

"तो फिर ये लो" वह फुफकारा और फिर ऐसा तमाचा लगाया कि वह दूर फर्श पर जा गिरी। खुद को समेटकर वह उठी। जल्दी से एक हैट पकड़ा और दौड़कर कमरे से बाहर, गली में, निकल आयी।

"फिर यहाँ वापस लौटने की जहमत मत करना"—पेड्रो ने सलाह दी और उसके पीछे दरवाजा बन्द कर लिया।

वेरा बड़े संताप में थी और क्रुद्ध भी। पिछले कोई महीने भर से यह तीसरी बार था जब पेड्रो ने उस पर प्रहार करने की धृष्टता की थी। जबसे वेरा अपने माँ-बाप का घर छोड़कर उसके साथ रहने लगी थी तो पहले दो वर्षों तक दोनों में पूरा तालमेल था। लेकिन हाल ही से वह बदलने लगा था। शायद वह उससे ऊब गया था। ठीक है, वह उसे बताएगी। देहातीपुलिस को बुलाकर उसे गिरफ्तार करवा देगी। इसी उद्देश्य को ध्यान में रखकर वह सड़क पर तेजी से जा रही थी। उस छोटे-से गाँव की इकलौती रम की दुकान—जिस पर गाँव वालों को बड़ा गर्व था—के सामने से जब वह गुजरी तो उसने लक्षित किया कि वह तभी बन्द हो रही थी। इसका मतलब कि सात बज गये। अच्छा है। वह उसे आज रात ही गिरफ्तार करवा देगी ताकि कल से पहले जमानत नहीं मिल सके। बिल्कुल ठीक होगा जो बच्चू को हवालात में रात बितानी पड़ेगी। आखिर उस कदर मारने का क्या मतलब है? वह कोई बच्ची नहीं

है। दिखा देगी, हाँ। चकरघिन्नी न खिला दिया बच्चू को तो...।

इस तरह से सोचती हुई उसने अपनी चाल बढ़ा दी। जब एक निरीह कुत्ता उसकी राह काट कर निकल गया तो उसने पीछे से जाकर उसे जोर की लात जमा दी। कुत्ते की दर्द-भरी कें-कें सुनकर उसे हलकी-सी राहत पहुँची। वेरा जो आम तौर पर सीधे और शांत मिजाज की थी, इस वक्त अपने भीतर चिड़चिड़ापन और लड़ाकूपन महसूस कर रही थी--उसका मन किसी भी चीज या आदमी के प्रति हिंसा करने को कुलबुला रहा था। आखिर पेड्रो ने उस पर हाथ क्यों उठाया? सिर्फ इसीलिए न कि उसने डांस में जाने के लिए एक ड्रेस की फरमाइश की थी। ओ गॉड ! कितनी शर्म और बेइज्जती की बात है! उधर लिट्टा और क्रिस्टीन को कितनी खुशी होगी ! अच्छे पुराने दिनों में जब पेड्रो उसके प्रति कोमल और उदार हुआ करता था, उस वक्त दोनों ने वेरा पर दोष लगाया था कि वह किसी राजरानी की तरह बर्ताव करती है और 'हरदम अपने ही बारे में सोचती है'। दोनों ज्ञानियों के अन्दाज में अपनी मुंडियाँ हिलाती हुईं बोली थीं--'देखना है, कब तक...।' और अब वे प्रतिशोध की भावना के साथ देख रही हैं। क्रोध का आवेश वेरा को हिला रहा था। अगर पेड्रो अभी वहाँ मौजूद होता तो उसका कत्ल कर देती--हाँ, साफ मौत के घाट उतार देती, जड़ पत्थर के समान उसे ठंडा कर देती। अब फिर कभी वह जरा उसे छू कर भी देखे...लेकिन अब कोई 'अगली बार' नहीं होने का। फिर से उसके साथ रहने की तो बात क्या--वह अब कभी उससे बात भी नहीं करेगी। उसके साथ दुर्व्यवहार कर पेड्रो ने उसे अपमानित किया है, जबकि वेरा के वश में जो कुछ भी था वह सब उसने उसे दे डाला था। पेड्रो के प्रति वह कितनी वफादार बनकर रही थी। वफादारी ! वह कड़वे ढंग से हँसी। ईमानदारी की ही तरह यह भी निश्चित रूप से गयी-बीती नीति है क्योंकि इसका पालन करने से आपके धनुष में केवल एक ही प्रत्यंचा बची रहती है और जब वह भी टूट जाए तो--फिर आप कहाँ होंगे? अगर पुरुष सचमुच इसकी कदर करते तो फिर इसमें उतनी बुराई नहीं होती। पुरुष लोग वफादारी की माँग तो करते हैं लेकिन इसे बचाने की कोई कोशिश नहीं करते और जब यह जा चुकी होती है तो बड़ा हो-हल्ला मचाते हैं। जैसे कोई सख्त मालिक अपने टहलुओं से आदर तो चाहता है मगर उसको कोई तवज्जो नहीं देता और नौकरों को सदा डाँटता-फटकारता, मारता-पीटता रहता है। नहीं...नहीं...वफादार बनने से कुछ हासिल नहीं होता... बाकी सबको छोड़कर सिर्फ एक आदमी से प्यार करते रहो...हुँह!

"अरे वेरा तुम ! कुछ गड़बड़ है क्या?" वेरा चौंक गयी। वह अपनी समस्या से जूझने में इतनी अधिक तल्लीन थी कि उसने बोलने वाले का आना लक्षित नहीं किया। अपनी अन्यमनस्कता से उबर कर उसने फीकी हो रही रोशनी में अपने बिल्कुल नजदीक एक महिला आकृति को देखा।

"अरी, क्या बात है?" आकृति फिर बोली, और तब उसने पहचान लिया कि

यह आवाज उसकी चचेरी बहन और सबसे अच्छी सहेली ऑलिव की है।

"कुछ नहीं" उसके लहजे में स्वाभाविक ओज का अभाव था और इस कमी को ऑलिव ने पकड़ लिया।

"तुम्हारी आवाज से तो नहीं लगता कि सब कुछ ठीक है। कहाँ जा रही हो?"

"पुलिस के पास।"

"क्या हुआ?"

वेरा झगड़े के ब्यौरे और उसके चरम सीमा पर पहुँचने के बारे में डूबने-उतराने लगी। साथ ही वहाँ अनुपस्थित पेड्रो के विषय में वह अपनी हर वैसी राय बताने लगी जो ठकुरसुहाती से बिल्कुल अलग थी। ऑलिव ध्यानपूर्वक उसका राग अलापना सुनती रही और संभवतः यह जानने के लिए कि वह ठीक ही सुन रही है, थोड़ा सोचकर पूछा—"याने पेड्रो ने तुझपर हाथ उठाया और अब तुम उसे जेल भेजना चाहती हो?"

"हाँ" जवाब आया, "मैं उसे होश में लाना चाहती हूँ।"

"लेकिन क्या तुमने सोचा है कि फिर इसके बाद क्या करोगी? क्योंकि तब वापस उसके साथ रहने नहीं जा सकोगी।"

वेरा ने जवाब नहीं दिया। उसने भविष्य के लिए कोई योजना नहीं बनायी थी।

"बोलो" ऑलिव ने आग्रहपूर्वक पूछा, "फिर तुम क्या करोगी?"

"मुझे नहीं मालूम।"

"फिर तो मैं तुम्हें सुझाव दूँगी कि उस आदमी को छोड़ ही दो और फिलहाल मेरे साथ ठहरो। तुम्हारे-जैसी लड़की को जल्दी ही दूसरा आदमी मिल जाएगा। देहाती पुलिस को जाकर कुछ कहने की जरूरत नहीं है। त्योहार के इन दिनों में किसी भी वक्त तुम्हारी चाह हो सकती है कि काश, पेड्रो भी तुम्हारे लिए कोई उपहार लाता, मगर एक बार अगर तुमने उसे हवालात दिखला दिया तो फिर वह तुम्हें कुछ नहीं देने वाला। कभी वापस उसके पास रहने की भी तुम्हारी इच्छा हो सकती है लेकिन जान लो कि अगर तुमने कैरेरा जेल में उससे पत्थर कुटवाया तब तो तुम्हें वह फिर कभी नहीं रखेगा।"

वेरा का सिर दुखने लगा। आखिर ऑलिव समझ क्या रही है? क्या बेरा फिर कभी पेड्रो से कुछ माँगेगी, उसी आदमी से जिसमें इतनी भी उदारता नहीं कि एक बेहद जरूरी ड्रेस-जैसी साधारण चीज भी दे सके? क्या उसकी फिर से उस आदमी के साथ रहने की इच्छा होगी जिसका प्यार घूँसों और बेइज्जती में प्रदर्शित होता है? नहीं, नहीं। हजार बार नहीं। उसके साथ नाता बस खत्म हो चुका है और वह उसे माफ नहीं करेगी। क्या पेड्रो ने उसे माफ किया? उसको जेल भिजवाना ही अच्छा रहेगा क्योंकि भविष्य में अगर उसने अपने साथ फिर कोई दूसरी लड़की रखी तो उसके साथ दुर्व्यवहार करने से पहले वह दोबारा सोचेगा। कोई दूसरी लड़की ! दूसरी

लड़की वह जरूर रखेगा। इस विचार से उसने डाह की टीस-सी महसूस की। दूसरी लड़की यानी उसकी उत्तराधिकारिणी। जो प्यार, चुम्बन, आलिंगन वेरा के लिए थे अब वे उस लड़की को उत्तराधिकार में मिलेंगे। भला वेरा वैसा कुछ करने क्यों जाए जिससे उस दूसरी लड़की की जिन्दगी आसानतर हो जाए? अगर कुछ मिलना ही है तो क्यों न घूँसे और मोहभंग ही उसे उत्तराधिकार में मिलें। उस दूसरी लड़की को फायदा दिलाने के लिए वेरा पेड्रो को क्यों सबक सिखाये? अब वह किसी पुलिसवाले को खोजने नहीं जाएगी। अब दूसरी लड़की ही पुलिस को खोजे अगर उसके पास इसके लिए कोई कारण हो।

"तो तुमने क्या तय किया?" ऑलिव ने उसके दिवास्वप्न में घुसपैठ करते हुए पूछा।

"ठीक है, मैं तुम्हारी सलाह मानूँगी। अभी किधर जा रही हो?"

"मैं संगीत का रिहर्सल देखने जा रही थी, लेकिन वह बाद में। अभी तो तुम्हारे साथ घर चलती हूँ।"

"मेरे चलते परेशान मत होओ। मैं भी चलकर रिहर्सल देखूँगी"—वेरा ने प्रत्युत्तर तो दिया पर उसकी आवाज निढाल और निर्जीव थी।

कुछ मिनटों तक चलने के बाद वे एक तम्बू तक पहुँचे जिसमें रिहर्सल होना था। यह ढाँचा दो मकानों के बीच एक बड़ी खुली जगह में खड़ा किया गया था और को दर्जन भर बाँस के खंभों से बना था। इन खंभों को सजावट के लिए अशोक के पत्तों से ढँक दिया गया था। ढाँचे के भीतर और आसपास लोगों की भीड़ थी। बेहद शोर और लोगों की आवाजाही। वहाँ बाजे बज रहे थे। इकट्ठे लोगों में ज्यादातर गँवई थे जो जोर शोर से बतिया रहे थे। उनकी बतकहियों और छिछली हँसी में बाजों की आवाजें घुल रही थीं।

एक युवक केहुनियाते हुए अपनी राह बनाकर बाहर निकला तो ऑलिव ने उसे पहचान लिया। बेहतर बात यह थी कि उसका वह परिचित 'तम्बू' के हिस्सेदारों में एक था।

"हैलो क्लिफ!" उसने पुकारा। क्लिफ पास आया।

"हैलो ऑलिव!" उसने जवाब दिया, "क्या हाल है?"

"चल रहा है। कब शुरू कर रहे हो? वेरा और मैं एक अच्छी जगह चाहती हैं।"

"वेरा भी यहाँ है? क्यों, हैलो वेरा ! पहले मैंने तुम्हें पहचाना नहीं। कैसी हो? पेड्रो कैसा है?"

"ठीक! धन्यवाद !" वेरा ने जवाब दिया।

"मेरे साथ आओ। मैं तुम लोगों को अच्छी जगह बिठाता हूँ।"

क्लिफ भीड़ में से उन्हें 'तम्बू' के भीतर ले गया और वहाँ उन्हें एक ऐसी बेंच पर बिठला दिया जो बाजे वालों से दूर नहीं थी। बाजे वाले संख्या में तीन थे और

उनका यह गिरोह उजड्ड नजर आ रहा था। गैसबत्ती की रोशनी में उनकी आकृतियाँ वैसे चित्रों की भाँति चमक रही थीं जिन्हें पाकर—और भावी पीढ़ियों को सौंपकर—गुंडों की गैलरी को गर्व होता। लाल मुँह और लाल आँखों वाला एक फूला हुआ व्यक्ति क्रुद्ध नजरों से उस मध्यकालीन वाद्य बेस वॉयलिन को बर्बरतापूर्वक ताक रहा था जिसमें से धुन निकालने की कोशिश में वह जुटा था। उसका चेहरा देखने से इस अनुमान को बल मिलता था कि ऐसा बहुत देर से चल रहा था और अब तक वह बहुत कुछ भुगत चुका था। एक गिटार, जिसकी प्राचीनता और नियति उस वॉयलिन जैसी ही जान पड़ती थी, लम्बी गर्दन और भेंगी आँख वाले एक ऐसे जीव की गोद में पड़ा हुआ था जो टूटे तार को जोड़ने में मशगूल था। एक नाटा, गठीला और धूर्त्त नज़र आने वाला जवान अलस भाव से चतुर्वाद्य पर हाथ फिरा रहा था। उस वाद्य का नयापन आँखों को चुभता था। वादक कभी-कभी किसी सुन्दर युवती को देखकर दाँत निपोड़ते हुए जब हँसता था तो उसका मुँह कुछ इस तरह से ऐंठ जाता था कि उसकी हँसी आतंककारी मालूम होती थी।

वेरा चाहती थी कि बाजेवाले जल्द-से-जल्द बजाना आरंभ करें ताकि संगीत उसके विचारों से छुटकारा दिला सके और वह थोड़ी चैन महसूस कर पाए। लेकिन वे लोग शुरू करने से पहले गायक के आने का इन्तजार कर रहे थे। आखिरकार वह आया। वह सिनेमा के 'काउबॉय' की परंपरागत पोशाक पहने हुए एक हृष्ट पुष्ट आदमी था जिसने झालर लगी हुई बैगी पैंट, चमड़े की चौड़ी बेल्ट, दोहरे वेस्टपॉकेट वाली कमीज, गले में रूमाल और चौड़े किनारे की बड़ी अंग्रेजों वाली टोपी पहन रखी थी। असली रंगवाली चीजों को छोड़ दें तो काला रंग उसका पसंदीदा जान पड़ता था क्योंकि उसके समस्त पहरावों का रंग बिल्कुल काला था। जो एक मात्र चमकदार चीज उसके पास थी वह उसका लाल रूमाल था—हाँ, अगर कोई चाहे तो उसके चेहरे को भी चमकदार चीजों में शामिल कर सकता था जो इस कदर दैदीप्यमान रूप से चमक रहा था कि अच्छे-से-अच्छा जूता चमकाने वाले की प्रतिभा से चमकाये गए सामान की दमक को भी मात कर दे (हालाँकि उसका रंग भी उसकी पोशाक से कम आबनूसी नहीं था)।

यह नवागंतुक इस अवसर का एकमात्र गायक था। पिछली ही रात उसने अपने साथ होड़ लगाने का साहस करने वाले अन्य गायक को चुप करा दिया था। अपने को महत्त्वपूर्ण बनाते हुए उसने बाजे वालों से कुछ कहा और शुरू हो गया। सबसे पहले उसने एक गीत का कोरस गाया, फिर तीन या चार बार उस मुखड़े को दुहराया ताकि भीड़ उसे पकड़ सके। ऐसे हर दुहराव के अन्त में वह चिल्लाता—'एवरी बॉडी' (सब कोई)। और जब उसने फिर से शुरू किया तो भीड़ ने प्रेरित होकर उत्साह से उसके साथ गाया। उसने इसे कुछ और दफा दुहराया और जब उसे संतोष हो गया कि भीड़ को कोरस याद हो गया है तो वह गाने के अन्तरे पर आ गया। हर अन्तरे

के अन्त में वह रुक जाता ताकि भीड़ कोरस में सुर मिला सके।

वह गाना खत्म हुआ और इसी तरह से दूसरे भी शुरू और खत्म होते रहे। भीड़ ने खूब गला फाड़ कर गाया और बाजे वालों ने भी जितना ज्यादा-से-ज्यादा कर सकते थे किया। लेकिन कुल मिलाकर जो संगीत प्रस्तुत हुआ उसमें किसी प्रकार का शांतिप्रदायक आकर्षण नहीं था, और अगर जरा-मरा रहा भी होगा तो वेरा का दिमाग इतना ज्यादा बेचैन था कि उस पर उस संगीत का कोई असर नहीं पड़ा। भविष्य की कार्रवाई के बारे में ऑलिव ने जो सवाल किया था उसका जवाब देना आसान नहीं था। बहुत ज्यादा सोचने पर भी वह बिल्कुल नहीं समझ पा रही थी कि भविष्य में क्या घटने वाला है। उसका आत्मसम्मान उसे अपने मातापिता की छत्रछाया में लौट जाने से रोकता था और अगर वहाँ नहीं गयी तो फिर ऑलिव की क्षीण आमदनी पर ही हमला करना पड़ेगा। और वह इन दोनों में से किसी के लिए तैयार नहीं थी। उसके आगे एक ऐसा धुँधला, विषण्ण और भयानक भविष्य फैला था जिसमें न तो प्यार दिखाई पड़ता था, न उम्मीद ही। संगीत और मनोरंजन ! क्या विडम्बना है! ये लोग कितने उत्फुल्ल और प्रसन्न हो रहे हैं जबकि उसका हृदय इतना भारी है? लोग कितने संवेदनहीन हैं, पर दुनिया की तो यही रीत है। हमें अपना दुख अकेले भोगना पड़ता है लेकिन खुशी मनाने के लिए भीड़ की दरकार होती है। पर क्या दुनिया में अकेले वही दुख झेल रहीं है? उसका दिमाग उलझन में था। क्या दूसरे लोग उदास और उबाऊ मर्सिये गा-गाकर उससे सहानुभूति नहीं प्रकट कर रहे? काली पोशाक वाला आदमी–जो कोई धुन गा रहा है–मानो उपदेशक पादरी है और भीड़ का जवाब जैसे उसके भक्तों का विलाप। वह मर रही है, प्रेम और आशा की दुनिया उसकी पकड़ से छूट रही है, फिसल रही है, लगातार नीचे ही नीचे गिरती जा रही है–पता नहीं कहाँ।

बड़े पराक्रमपूर्वक उसने अपनी रुलाई की इच्छा को दबाया। अगर यह गाना इसी तरह चलता रहा तो वह पगला जाएगी। उसने ताजी हवा के बारे में ऑलिव से बुदबुदाकर कुछ कहा और उठकर तेजी से बाहर को चल दी। वह कहीं भी, किसी भी जगह चली जाएगी जहाँ ये ऊँची हर्ष या विलाप की ध्वनियाँ सुनाई न पड़ें–वह तय नहीं कर पा रही थी कि ये ध्वनियाँ हर्ष की थीं या विलाप की।

जब वह भीड़ में से रास्ता बनाकर अहाते में पहुँची तो उसका सामना एक ऐसे युवक से हुआ जिसने कभी उससे उग्र रूप से प्यार प्रगट किया था मगर उस वक्त निरुत्साहित होकर लौट गया था। जब वह उसके सबसे उत्कट कथनों पर हँस दी थी।

"हैलो, वेरा !" उसने अभिवादन किया।

उसके बोलने की आवाज से, या शायद इस वजह से कि चलो किसी ने उसे संबोधित तो किया, उसे आश्चर्यजनक रूप से शान्ति महसूस हुई। इस चीज ने उस

पिछले सिलसिले को तोड़ डाला जिसमें वह खुद से अलग किसी दूर की चीज पर ध्यान केन्द्रित करने के लिए खुद को मजबूर कर रही थी।

"हैलो, डोनाल्ड!" उसने स्वयं को कहते पाया। उसकी संत्रास वाली अनुभूति दूर हो गयी थी।

"कैसी हो? पेड्रो किधर है?"

"मैं ठीक हूँ। धन्यवाद, और पेड्रो भी ठीक ही होगा। मालूम नहीं कि वह कहाँ है और मैं परवाह भी नहीं करती।"

"क्या मतलब? क्या तुम दोनों में कोई खटपट हो गयी?"

"हाँ। उसने मुझ पर हाथ उठाया और मैं उसे छोड़ आयी।"

"कब?"

"आज रात ही।"

"आओ, किसी शांत जगह चलते हैं। मैं तुमसे बात करना चाहता हूँ।"

वेरा मान गयी। उसे यह जानने की उत्सुकता हुई कि क्या वह उससे प्रेम करना चाहता है, और उसका मन चाहा कि वह ऐसा ही करे। अगर वह उसे अपने साथ ले जाना चाहे तो वह चली जाएगी। इस तरह वह ऑलिव को कष्ट देने से बच जाएगी। हालाँकि वह उससे प्यार नहीं करती थी पर इससे क्या फर्क पड़ता है? अब किसी भी चीज से क्या फर्क पड़ता है? बल्कि वह पेड्रो को दिखा देगी कि वह उसे छोड़ सकती है और तुरत ही दूसरा आदमी भी पा सकती है। उसे पूरा निश्चय था कि इससे उसे चोट पहुँचेगी। आदमी भले ही किसी औरत से ऊब चुका हो मगर वह फिर भी यही सोचना पसन्द करता है कि उस औरत के जीवन में एक मात्र पुरुष वही है। उसकी श्रेष्ठता की भावना को उस वक्त चोट लगती है जब औरत उसकी बाँहों से छूटते ही उड़कर सीधे किसी और की बाँहों में जा पड़ती है। एक विजयी मुसकान से उसके होठ फैल गये।

"अच्छा, चलें" वह बोली।

आधे घंटे बाद वह लौटी और ऑलिव के पास जाकर उसके कानों में फुसफुसायी—"डोनाल्ड मुझे अपने घर ले जाना चाहता है और मैं उसके साथ जा रही हूँ।"

"तू ठीक ही कर रही है" ऑलिव ने जवाब दिया, "उस पुराने पापी पेड्रो को बता दो कि औरत सदा अलमारी में नहीं रह सकती।"

उस रात ऑलिव सोने की तैयारी कर ही रही थी कि उसे दरवाजे पर थपकी सुनायी दी। "कौन है?" उसने व्यग्रता से पूछा।

"मैं" जवाब आया।

"क्या? वेरा तुम?"

"हाँ"

दरवाजा खोलकर ऑलिव ने आगंतुक को भीतर बुलाया। वेरा भीतर आयी और कुर्सी में भहर पड़ी। दरवाजा बन्द करके ऑलिव उसके पास आ बैठी। थोड़ी देर तक दोनों में से कोई नहीं बोला। तब वेरा अचानक बोल पड़ी–"तुम जरूर यह जानने को व्यग्र होगी कि मैं डोनाल्ड के साथ नहीं होकर यहाँ क्यों हूँ। बस यों ही समझ लो कि मैं उसके साथ रहने नहीं जा सकी। मैंने पहले उसे इसलिए 'हाँ' कहा था क्योंकि मैं पेड्रो को दिखाना चाहती थी कि अगर वह मुझे फिर वापस नहीं चाहता तो मैं भी किसी और को पा सकती हूँ। लेकिन मैं ऐसा नहीं कर सकी। यह मुझे तब पता चला जब डोनाल्ड ने मुझे चूमा। मैं उस वक्त लगभग चीख उठी–खुद मुझे यह सब विचित्र और सस्ता लगा। देखो, जब मैं डोनाल्ड से प्यार नहीं करती तो उसके साथ रहना वैसा ही होगा मानो अपने चेहरे से ईर्ष्या करके मैं अपनी ही नाक काट डालूँ। और फिर..."–यहाँ उसकी आँखें आँसुओं से नम हो आयीं–"मैं अब भी पेड्रो से प्यार करती हूँ–हर चीज के बावजूद–और मुझे लगता है कि मैं उसकी हूँ। और–जो कुछ उसका है उसे मैं किसी दूसरे को नहीं दे सकती।"

वह रुकी। ऑलिव ने उबासी रोकी और उठ खड़ी हुई।

"चलो, सोने चलते हैं" वह बोली, "तुम्हारी जैसी बेवकूफ औरतों ने ही मर्दों को ऐसा बनाके रखा है।"

# दस्तखत

❑ क्लाइड हुसैन

जिस दिन मेरी माँ इस बात के लिए रोने लगी कि वह अपने नाम का हस्ताक्षर नहीं कर सकती, मैंने उसी दिन से उसे पढ़ाने की प्रतिज्ञा की जिससे कि वह सरकारी कागजों और मेरे स्कूली रिपोर्टों पर न केवल अपने नाम--वास्ती दीन--का हस्ताक्षर कर सकेगी बल्कि पढ़ और लिख भी सकेगी। मेरे जैसे आठवें दर्जे के छात्र के लिए यह कोई कम बड़ी उपलब्धि नहीं होगी।

मेरे जीवन के पूरे तेरह वर्षों में किसी और बात ने मुझे उतना दुखी नहीं बनाया था जितना उस दिन माँ के उन आँसुओं ने। ये आँसू उस असफलता से उपजे थे जिसकी वह खुद जिम्मेदार नहीं थी। सन् 1845 ई. में उसके और मेरे पिताजी के दादा-परदादा ब्रिटिश औपनिवेशिक शक्कर उद्योग में मजदूर के रूप में जबरन भरती किये गये थे। उसके एक सौ दस वर्षों के बाद, वेनेजुएला के निकटवर्त्ती देश ट्रिनिडाड में, मेरे माता-पिता अंग्रेजी भाषा और उसकी अलग दुनिया को जानने के लिए अब भी संघर्ष कर रहे थे।

मेरी बड़ी बहन का जन्म प्रमाणपत्र लाने मेरी माँ निकट के कैमडेन टाउन में वॉर्डन के कार्यालय में गयी थी। जहाँ तक मुझे पता चल पाया, उसे 'निरक्षरों' की लाइन में खड़ा करके देर तक इन्तज़ार करवाया गया। फिर जब उसकी बारी आयी तो उसने आवेदन पत्र पर X (क्रॉस) का चिह्न गलत जगह लगा दिया। हाल ही में तालीम पाये हुए किरानी बाबू ने उसे अनावश्यक रूप से झिड़क दिया। उसने माँ को 'मूर्ख कुली' भी कहा। यह बात सच्चाई के बिल्कुल परे थी। यह ठीक है कि मेरी माँ लिख-पढ़ नहीं सकती थी मगर वह बंगला बोलती थी और भारत के प्राचीन शास्त्र-पुराणों को जानती थी। वह हमें कविताएँ सुनाया करती थी। वह जो भाषा बोलती थी उसे यद्यपि हम नहीं समझते थे लेकिन सुनने में वह बेहद मीठी और चित्ताकर्षक लगती थी।

फिर भी मेरी माँ नहीं समझती थी कि उसकी वह भाषा नये तौर-तरीकों वाली

आधुनिक दुनिया में उसके बच्चों के जीवित रहने में सहायक बन सकेगी। उसे पता था कि उसे आधुनिकीकरण का रास्ता अख़्तियार करना है। इसलिए हमारे हित में अंग्रेजी की खातिर उसने अपने पुराने संस्कार छोड़ दिये क्योंकि अब तो अंग्रेजी ही जीवन का तौर-तरीका बन गयी थी।

दूसरे विश्वयुद्ध के अन्त होने तक हमारे पिता की पीढ़ी के बहुत से गन्नाखेत मजूर उन स्कूलों में भरती हुए थे जहाँ अंग्रेजी पढ़ाई जाती थी। मगर हजारों लोग ऐसे भी थे जो कभी इन स्कूलों में नहीं गये। मेरे माता-पिता भी उन्हीं में से थे। पुराने देश के तौर-तरीकों में बेतरह ढले होने के नाते माँ और पिताजी अपने हिन्दू जीवन से सटे रहे।

हाँ, तो उस दिन जब मेरी माँ रोती हुई घर आयी तो हम सब बड़े चिन्तित हुए। उसने अपने आँसुओं का कारण तुरंत नहीं बतलाया। वह अपने सोने के कमरे में चली गयी। उम्मीद थी कि हमें बाद में सब कुछ जरूर बताएगी। ऐसा उसका अपना तरीका था। पिताजी ने गाय को हमारे कच्चे घर के पिछवाड़े आम के पेड़ के नीचे बाँध दिया। मेरी बहनों ने मेरी ओर तथा आपस में एक दूसरी की ओर देखा और कोयले के चूल्हे पर चपाती पकाने चली गयीं।

दूसरे दिन पिताजी से हमें वह वाकया सुनने को मिला; और तभी मैंने माँ की पढ़ाई का जिम्मा अपने ऊपर लेने की घोषणा की।

अगले कुछ दिनों तक, जब भी उसे गन्ने के खेतों में मजूरी और अपने घर के काम करने से फुर्सत मिलती तो वह रसोईघर में मेज के निकट बैठ जाती और मेरे पीछे-पीछे वर्णमाला दुहराती :

'ए, बी, सी, डी.....' वह 'जी' तक ठीक पहुँचती मगर आगे भूल जाती। तब अधैर्यपूर्वक सिर पर अपनी ओढ़नी ठीक करते हुए फिर से शुरू हो जाती।

कुछ हफ्तों में माँ ने सभी अक्षर सीख लिये। अब वह जल्दी से वाक्यों पर जाना चाहती थी। लेकिन मैं अपने स्कूल के शिक्षक वाली पद्धति अपनाने की कोशिश कर रहा था : 'सबसे आसान सबसे पहले'—यह हमारे शिक्षक मिस्टर जोफील्ड का आदर्श था। मैं अचेतन रूप से उनके धीरज भरे तरीके और उनके उच्चारण तक की नकल करने लगा था।

"हमें पहले हिज्जे करना सीखना चाहिए, माँ"—मैं उसे चेताता, "फिर बाद में हम वाक्य बना सकते हैं।"

कभी-कभी मेरी बहनें मदद करने की कोशिश करतीं लेकिन वे ज्यादा मदद नहीं कर सकती थीं क्योंकि छाती में उभार आने के साथ ही उन्हें स्कूल छोड़ देना पड़ा था ("औरतों को घर में ही रहना चाहिए"—यह मेरे पिताजी की आधिकारिक घोषणा थी)। वे कारक, काल, क्रियारूप तथा ऊपर की कक्षा वाली अन्य चीजों के विषय में कुछ नहीं जानती थीं। मैं आठवें दर्जे में था इसलिए इन सबसे अच्छी तरह परिचित था।

परिवार में चल रही पढ़ाई की इस कोशिश को लेकर पिताजी हँसा करते, लेकिन माँ रुकने वाली नहीं थी, और न मैं ही।

छह महीने के बाद माँ अपना नाम लिखने में पूरी तरह दक्ष हो गयी। उसका लिखना एक खास ढंग से मकड़े की चाल सरीखा होता था क्योंकि आखिर वह उसका दस्तखत था। उसने इस तरह से लिखने के लिए घंटों अभ्यास किया था और तब कहीं जाकर उसे महारत हासिल हुई थी। मुझे याद है कि वह रसोई की मेज के पास, गन्ने की राख से अटे सूती स्कर्ट और कमीज़ पहने बैठती थी। कमीज़ के निचले छोरों को वह आगे की तरफ बाँध लिया करती थी और इस तरह तैयार होकर वह अपने अभ्यास, अभ्यास और सिर्फ अभ्यास में जुट जाती थी। 'क्विंक' नामक स्याही के दवात में निब डुबो डुबो कर वह लिखा करती थी। अड़हुल की एक पतली डंडी तोड़कर उसमें निब को लगाया जाता था।

"माँ" एक दिन मैंने कहा, "मेरा इस तरह से विशेष ध्यान रखने की कोई जरूरत नहीं। तुम्हारे व्यवहार से ऐसा लगता है जैसे तुम समझती हो कि मैं तुमपर कोई एहसान कर रहा हूँ। तुम्हें पढ़ना-लिखना सिखाना तो मेरे लिए जरूरी काम और कर्त्तव्य है, माँ।"

बात यह थी कि अब वह मेरा ज्यादा खयाल रखने लगी थी। जो घरेलू काम मुझे करने होते थे, उन्हें वह कर दिया करती थी। जैसे काम पर जाने से पहले अब वह मेरे लिए गाय को बाँधने लगी थी। या फिर काम से दौड़-दौड़ कर वापस आती और मेरी पसन्द का मोहन भोग बनाने में झटपट जुट जाती। इन अतिरिक्त चीजों को लेकर मुझे कचोट सी महसूस होती थी।

"क्या कहते हो बेटे," उसने जवाब दिया। "स्कूल की पढ़ाई के लिए तुम्हें ताकत बनाकर रखना चाहिए। तुम्हें बहुत परिश्रम करना पड़ता है। और एक दिन तुम्हें ऊँची पढ़ाई के लिए बाहर जाना होगा। मैं नहीं चाहती कि तुमको मेरी या पापा की तरह मजूर बनकर खटना पड़े। मजूरी करना खेल नहीं है, बेटे! ज़रा खेत में जाकर देखो। बड़े होओगे तो सब पता चलेगा।"

अब जबकि मैं यह कहानी कह रहा हूँ, मुझे याद आता है कि जब कभी मेरी माँ अपने दस्तखत का अभ्यास करने बैठती थी तो उसका चेहरा बिल्कुल परियों की तरह हो जाता था। मैं समझता हूँ कि वह एक प्रकार की सौम्य मृदुलता, दत्तचित्तता और गौरव-भाव से दमक उठता था। वह पढ़े-लिखे लोगों की तरह फर्राटे से अपना नाम लिखने की कोशिश करती थी—भले ही इस कोशिश में कुछ देर बाद ही उसकी उँगलियाँ स्याही से तर क्यों न हो जायँ। वह उसे धोने बाहर रखे उस पीपे तक जाती जिसमें वर्षा का पानी जमा रहता था। और वापस अपनी जगह आकर लिखने का अभ्यास फिर से शुरू कर देती। अपने दस्तखत का अभ्यास करते रहने और पहाड़ा रटते रहने की उसकी तो लत हो गयी थी।

थोड़े ही दिनों के बाद पिताजी ने माँ की कोशिशों को लेकर चिढ़ाना बन्द कर दिया। माँ पढ़ाई में दिनों-दिन आगे बढ़ती जा रही थी। अब वह नोटों और सिक्कों को 'सेंट' नहीं कहती, बल्कि मछुआरों और दुकानदारों को गिनकर ठीक पैसे अदा करने लगी थी। नये-नये सीखे गये उसके गणित वाले ज्ञान ने उन लोगों को चकित कर दिया था।

उसने मेरा पुराना 'पहला प्राइमर' लेकर पढ़ना आरंभ कर दिया था :

'सैम एंड पैम लाइक जैम<br>
टिम एंड टॉट लाइक हैम'<br>
(सैम और पैम को जैम पसन्द / टिम और टॉट को हैम पसन्द!)<br>
'कैन ए पिग डांस ए जिग फॉर ए फिग?'<br>
(इक गूलर (या अंजीर) की खातिर सूअर जिगवाला नाच करेगा क्या?)

लेकिन मेरी माँ किसी सरकारी कागज या मेरे स्कूली रिपोर्ट पर कभी अपना दस्तखत नहीं कर सकी। उस रोज सुबह छह बजे पिताजी ने मुझे जगाया। "बेटे, तुम्हारी माँ नहीं रही," उन्होंने कहा।

हमारे घर से सड़क पर चलकर कोई पाँच मील आगे वॉटरगट में गन्ने के खेत हैं। उन्हीं खेतों में एक जगह गन्ने के एक नुकीले डंठल ने माँ की एड़ी छेद डाली। सुबह होने से भी बहुत पहले ही वह गन्ना काटने का अपना कोटा पूरा करने वहाँ पहुँची थी। गन्ना कटाई के अहाते में इस कोटे को 'टास्क' (पाठ, धंधा) कहा जाता था। जिस वक्त गन्ने की नोक उसकी एड़ी में भिद गयी थी उस वक्त वह वहाँ अकेले ही काम कर रही थी। जमीन पर लहू की खिंची धार से पता चलता था कि वापस सड़क तक पहुँचने के लिए उसने बड़ी कोशिश की थी, लेकिन अत्यधिक रक्तस्राव ने उसकी जान ले ली। कोई भी उसकी आवाज नहीं सुन पाया। नाई, इस्टेट के प्रधान कर्मचारी, हमारे नीग्रो पड़ोसी, मेरे चाचा-चाची और बाकी उन सब लोगों से, जो रोते हुए हमारे घर तक आये थे, मैंने बार-बार यह कहानी सुनी।

अन्तिम संस्कार अगले दिन होने वाला था। उसके पहले सारा दिन मैं अपने गाँव में यहाँ-वहाँ निरुद्देश्य भटकता रहा। मेरी मुट्ठी में भूरे रंग के कागज का एक टुकड़ा भिंचा हुआ था जिसे मेरी माँ खेत में काम करने के लिए जाने से पहले रसोईघर की मेज पर छोड़ गयी थी। वह कागज खरीदारी के कागज़ी थैले का एक हिस्सा मात्र था।

आज भी उसे मैं अपने बटुए में रखता हूँ, हालाँकि कितने ही साल गुज़र गये हैं और मैं एक बहुत दूर देश में रहने लगा हूँ। मैं कागज़ के उस चौकोर टुकड़े को कई बार खोलता हूँ। और उसमें देखता हूँ कि स्याही पुते बच्चों-जैसे हस्तलेख में लिखा हुआ है : वास्ती दीन।

# सवेरे छह बजे की स्पेशल

❑ विली चेन

ताड़ के पेड़ों की सरसराहट के बीच चुपचाप पौ फूटी। सुबह की हवा में ईख की पत्तियाँ धीरे-धीरे झूम रही थीं। माँ ने अपनी रसोई में खटखुट शुरू कर दिया था। उसने काठ के अंगारों को बुझाया। और दिनों की बनिस्बत वह पहले जगी थी।

चूल्हे से नीला धुआँ उठा और मैले-कुचैले सोने के कमरे में मँडराने लगा जिसके फलस्वरूप उसका बेटा खाँसने लगा। लेकिन वह भी बहुत पहले जग चुका था। आटे की फटी बोरी से बनाये गये अपने बिछावन को बगल में फेंक कर वह जल्दी से पैंट पहनने लगा। पिछली शाम उसकी माँ ने उसे यही पहनने को कहा था। उसने कन्धों के ऊपर एक गमछा डाला। चूल्हा अब भी गरम था लेकिन उस पर झुका हुआ वह ठिठुर रहा था। रसोई की खिड़की से ओस बूँदों में ताजे धुले अरूई के चौड़े पत्ते घास और झाड़ियों की पृष्ठभूमि में नजर आ रहे थे। भूरे रंग का दलदल निश्चल पड़ा था जो मैदान जाने के रास्ते में बड़ी रुकावट बनता था।

"मामू भी हमारे संग जा रहे हैं?" लड़के ने पूछा। वह चूल्हे की राख में आखिरी बुझ रही चिनगारी को ताक रहा था। व्यस्ततापूर्वक जल्दी-जल्दी काम निबटा रही माँ ने धीमे से जवाब दिया—"हाँ बेटा, जानवरों को बाँधने के बाद। दतवन लो और जल्दी से मुँह धो लो।"

"पा अब हमारे साथ रहेंगे?" उसने फिर पूछा।

"वह स्पेशल ट्रेन स्टेशन में सिर्फ आधे घंटे के लिए आएगी, बेटा। और वह भी इसलिए क्योंकि लाइन की मरम्मत हो रही है। मिस्टर वुडली ने यही बताया। पा को देखने का यही आखिरी मौका है।"

"वह गाड़ी तो मजदूरों से पूरी भरी होगी, माँ? अरे, देर हो रही है। कल क्रिसमस है।"

उन्होंने चुपचाप खाना खाया।—'सादा रोटी' अब भी उनके हाथों में गरम थी। खाना खत्म होने पर माँ अपने तामचीनी के कप को लेकर दरवाजे के पास एक छोटी

बेंच पर झुक कर बैठी ताकि वहाँ से रोटी के टुकड़े उन चिड़ियों पर फेंक सके जो शटाइन (कटहलनुमा फल वाला वृक्ष) की ऊँची डाल से नीचे आने लगी थीं।

"वे यहाँ रहने क्यों नहीं आते, माँ? उनको यहाँ से गये बहुत दिन हो गये"—छाया में सिमटते हुए बेटे ने पूछा। लेकिन माँ ने उसके सवाल का कोई जवाब नहीं दिया बल्कि उलटे वह बोली, "अब जल्दी करो, बेटा, देर हो रही है। मिस्टर वुडली हमें ढूँढ़ रहे होंगे।"

"वह कौन? स्टेशन मास्टर?"

"और जब तुम अपने पा को देखो तो उन्हें परेशान मत करना। बिना सोचे फालतू बात मत करना। तुमको तो उनका गुस्सा मालूम ही है। तेरे गुस्से जैसा ही खराब।"

जब दोनों का खाना निबट गया तो माँ ने आग को कुरेदा और छप्पर के नीचे खुँसा बोतल उतार कर उसमें से थोड़ा नारियल तेल आग पर ढाला। थोड़ा सा उसने अपनी हथेलियों में रगड़ा और फिर हाथों, बाँहों और पैरों में। अपने चेहरे को पोंछने के बाद अपने हाथों को लड़के के माथे और गालों पर रगड़कर उन्हें चमका दिया।

"कंघी कर लो, बेटा। तुम्हें अच्छा दिखना चाहिए। पा तुम्हें तरो-ताजा और स्मार्ट देखना चाहते हैं।"

उसने बेटे के चेहरे को हथेलियों में लेकर उसकी आँखों की गहराई में झाँका। फिर उसने बेटे की कमीज को पैंट के नीचे खोंस दिया। बेटे को अपनी छाती से देर तक चिपकाये रही।

तब लड़का रसोई में गया। वहाँ लटका हुआ पिंजरा उतारकर माँ के पास आया। "नहीं इसे मत ले चलो। एक तो पिंजरा कमजोर है और फिर इसे ढोना पड़ेगा।"

"मैं पा को यह चिड़िया दिखाना चाहता हूँ। उन्होंने ही तो इसे मेरे लिए पकड़ा था।"

"नहीं बेटा, इसे छोड़ो। मैंने कुम्हड़े का चोखा और रोटी बनायी है जिसे हम ले जाएँगे। तुम तो जानते हो कि कब से वे खाली सूखी पावरोटी ही खा रहे हैं?"

घर से बाहर आकर माँ ने लकड़ी का अनगढ़ दरवाजा खींचकर बन्द किया और दरवाजे के खंभे के चारों तरफ जंजीर बाँध दी। हलकी बूँदाबाँदी हो रही थी। कंधे झुकाती हुई माँ भोजपुरी में बोली—"पानी आवे ला।"

गाँव के चौराहे से कोई दो मील दूर उनकी छोटी झोंपड़ी उसके सिरे पर थी। सिरे पर भी आखिरी क्योंकि पूलूल की यही चाह थी। निर्जन में यह झोंपड़ी अकेली खड़ी थी। एक तरफ दलदली खाई चली गयी थी जहाँ घनी झाड़ियाँ थीं जिनमें कलाबाश और झड़बेरी के पेड़ थे।

बरसात में जंगल गहरा हरा रंग ओढ़ लेता था। नीचे कोको के पेड़ थे जिनके

करीब से भूरे रंग की पतली-सी नदिया जंगल के बीचोंबीच बलखाती हुई गुजरती थी। वहाँ बाप बेटे को नदी के शंखों की खोज में ले जाया करता था। काजू खण्ड के झुरमुट में छोटे-छोटे कीड़ों के बीच लाल चंगुल वाली भूरी बत्तखें कूँज रही थीं। बेटे का हाथ पकड़े हुए माँ ढलुएँ पर पगडंडी से उतरी। वहाँ मोड़ पर कंकड़ और टूटी टहनियों के ढेर मानो राह रोकने को पड़े थे।

आसमान रोशनी से चमकने लगा था। हवा ठंडी थी। बेटे को पता नहीं था कि वे लोग सड़क की ऊँचाई पर बने दूसरे घरों के समूह से उतनी दूर ऐसी जगह पर क्यों रहते थे। लेकिन माँ को पता था कि उसका बाप हरदम अपने आप में डूबा रहने वाला आदमी था और दूसरों के साथ घुलना-मिलना उसे पसन्द नहीं था।

लगभग दोराहे के पास पहुँचकर वे मामू के आँगन में गये। घर क्या था—पनबाँसों पर खड़ा किया, बिना रंग का, लकड़ी का ढाँचा था। मामू बाहर निकला और माँ से धीमी आवाज़ में बात करने लगा जबकि बेटा आँगन में खड़ा रहा। लड़का बेचैन हो रहा था कि वे लोग इतनी देर तक क्यों बतिया रहे हैं। उसका मामू सीढ़ियों की आखिरी कड़ी पर खड़ा होकर तोंद के ऊपर कमीज का बटन लगा रहा था और उसकी माँ बाँहों को मोड़े मामू का चेहरा देख रही थी।

"छह बजे वाली स्पेशल ट्रेन सिर्फ सोमवार को आया करती है। मगर क्या तुम्हें पूरा भरोसा है कि आज आएगी? यह क्रिसमस का समय है, डॉली।"—जब वे लोग मामू की छकड़ागाड़ी में बैठे तो मामू ने पूछा। उसने खच्चर पर चाबुक फटकारा।

"हाँ, मिस्टर वुडली ने मुझे बताया"—माँ ने जवाब दिया।

"मुझे मालूम है, वे लाइन की मरम्मत कर रहे हैं और कल-काँटे बदल रहे हैं" मामू ने कहा।

"उम्मीद है कि पूल स्पेशल ट्रेन में होगा"—माँ ने अपनी आवाज ऊँची की लेकिन वह पथरीली लीक पर लुढ़कते पहियों की घरघराहट में डूब गयी। बेटा गाड़ी के किनारे के खंभे को कस कर पकड़े हुए और दूसरे हाथ से माँ की देह को लिपटाये बैठा था। दोनों की पीठ खच्चर की ओर थी। गाड़ी के नीचे लटकी हुई बाल्टी के साथ-साथ उनकी टाँगें भी झूल रही थीं।

पथरीली सड़क की यात्रा बड़ी ऊबड़-खाबड़ थी। माँ ने चुपचाप बेटे को पकड़ रखा था। ईख के खेत सामने आये। ताड़-खजूर के पेड़ों की पाँतें सड़क के दोनों ओर थीं। उन्होंने पोखर को, और जंग खायी पनचक्की को, पार किया। फिर टूटे-फूटे बैरक और तब खुले में ईख के सिरों के बीच से गुजरे। जब वे तिरछे झुके हुए भवन वाले रेलवे स्टेशन पहुँचे तो खच्चर दाहिनी ओर एक ऐसी सँकरी राह पर मुड़ गया जिसके एक ओर रेलवे स्लीपरों की ढेर थी और दूसरी ओर एक मकान के पिछवाड़े में बना चूने से पुता हुआ, कंक्रीट का हौज था। आसपास लोग खाली पैर खड़े थे—कुछ तो धुली कमीजों में थे और कुछ ने फेल्ट हैट पहन रखा था। उनकी कमीजों की बाँहें कुहनियों तक मोड़ी हुई थीं।

प्लेटफॉर्म पर मामू, माँ और बेटा उस जगह खड़े हुए जहाँ घेरे के पास बहुत बड़ा–पूरे प्लेटफॉर्म की चौड़ाई को घेरे हुए–साइनबोर्ड था। माँ ने बेटे का कन्धा पकड़ रखा था। सागौन के बाड़े पर झुकी हुई वह उत्तेजित और घबड़ाई हुई लग रही थी। वह चुपचाप लोहे की उन दो सँकरी पटरियों को ताके जा रही थी तेल के दागों-भरे स्लीपरों पर दौड़ती चली गयी थीं। उसकी आँखें झपक नहीं रही थीं, ऐसा लगता था गोया वह किसी अनर्थ का इन्तजार कर रही हो।

सबसे पहले उन्होंने पटरियों पर हलकी घरघराहट सुनी जो ऊँची होती गयी। काला, दानवाकार इंजन निकटतर आती हुई अपनी पूरी भारी-भरकम कर्कश आवाज के साथ उपस्थित हुआ। जैसे ही इंजन के नीचे से निकलकर फुँफकारता हुआ धुआँ पूरे प्लेटफॉर्म पर छा गया, बेटा माँ को टहोका मार कर उससे और भी सट गया। तीन कत्थई रंग के लोहे के मनहूस सवारी डिब्बे ढलवें लोहे की टनटनाहट की आवाज़ करते हुए धीरे-धीरे सामने आकर बिल्कुल रुक गये। उनके पीछे दो काले रंग के लकड़ी के डिब्बे थे जिनके बाद एक माल-डिब्बा जुड़ा था। ब्रेकवैन सबसे अन्त में लगा था और इसकी झिलमिली खिड़की से वर्दी और कालीटोपी पहने एक आदमी बाहर देख रहा था।

"देखें, तुम अपने बाप को देख पाते हो कि नहीं, बेटा" माँ ने बेटे को उकसाया। उसकी आँखें खुली थीं और सिर तेजी से हिल रहा था। माँ का हाथ बेटे के कंधे पर कस गया और एक प्रबल स्फूर्ति उसमें पैदा हुई। उसके आगे खिड़कियाँ कौंध गयीं। उसकी व्यग्र आँखें पति के परिचित चेहरे को ढूँढ़ रही थीं।

स्टेशन पर जमा लोग उनकी ओर देख रहे थे। कुछेक लोग फुसफुसा रहे थे। चना बेचनेवाला उनसे कुछ दूरी बनाये हुए था। नाटे कद के मिस्टर वुडली खाकी पोशाक, हैट और बिना रिम के चश्मे में स्टेशन से बाहर आये।

उन्होंने माँ को अभिवादन किया और उस दल को आखिरी सवारी डिब्बे के विशेष केबिन की ओर ले चले। बाप छड़ों और जाली से मढ़ी हुई छोटी खिड़की से बाहर देख रहा था। उसकी आँखें बड़ी-बड़ी थीं–भूरी और स्थिर। उसके होंठ धीरे-से खुले।

वह पीला और दुबला था। सिर घुटा हुआ था मगर दाढ़ी की खूँटियों ने ठुड्डी को घेर रखा था–चौड़े उद्धत मुँह में मानो झब्बा लगा दिया हो। मिस्टर वुडली के सिर हिलाने पर गार्ड ने सतर्कतापूर्वक डिब्बे का दरवाजा खोला और बाप पायदान से नीचे उतरा। लेकिन उसका दाहिना हाथ डिब्बे के भीतर बैठे हुए दूसरे भारी भरकम आदमी के साथ अब भी बँधा हुआ था। मामू बाप के निकट आया, कंधे को घेर कर उसे अँकवार में लिया और उसकी पीठ थपथपायी। माँ तेजी से दौड़कर आयी, अपना माथा उसकी छाती में गाड़ दिया और लगभग ढह गयी। वह कराह उठी–'पूल, अब मैं क्या करूँगी?' बाप अपनी मनःस्थिति पर काबू पाने में लगा था। उसने कोई जवाब तो नहीं दिया मगर अपना हाथ बढ़ाकर (जवाब के) बदले में बच्चे का माथा

छुआ। फिर एक ही हाथ से उसने उन दोनों को देर तक अपने आलिंगन में रखा। प्लेटफॉर्म पर जमा लोग उन्हें उत्सुकता से ताक रहे थे। टिकट कलेक्टर अपने हाथ की पंचमशीन से गेट को ठोककर यात्रियों को बुला रहा था। अब बेटा बाप से अलग खड़ा था। बाप पहले की भाँति ही गहरी आवाज में बोल रहा था–"बेटा, तुम अब बड़े हो। अब तो तुम आदमी हो गये हो। अपनी माँ का कहना मानना। सुनते हो न?" लड़के ने अपना सिर हिलाया मगर चुप रहा।

"अपने बाप को जवाब दो, बेटा!" माँ बोली। उसके भीगे हुए गाल ओढ़नी से ढँके थे। मामू ने पूछा–"तुम रैमी को वकील क्यों नहीं बनाते? उसने लालचन और सुग्रीम को बचा लिया?"

"कौन? रैमी लोमैन्थ? अरे, सूक, उस वकील ने तो मेरी दो कलोर-ओसर गाय-भैंस ले ली। काम तो सिर्फ अफीम वालों का करता है। उसे अपना मकान बनाने के लिए रुपये जो चाहिए।"–बाप ने जवाब दिया।

"यह मुकदमा टाउन में चलेगा। जानते ही हो कि रैमी और वो जज अच्छे दोस्त हैं। वे तुम्हें आज़ाद कर देते–बिल्कुल सही सलामत।"

बाप ने सिर हिलाया–"नहीं सूक, ऐसा नहीं है। और उनसे लड़ने में मैं अपना मकान और खेत दाँव पर न रखूँगा।"

"मैं कहता हूँ, रैमी का ऊँचा कनेक्शन है, और वह पैरवी करा सकता है, जितना चाहे उतने गवाह ला सकता है। इसीलिए तो वह ज्यादा-से-ज्यादा मुकदमा जीतता है।"

"हो सकता है सूक, मैं अपनी ज़मीन बेटे के लिए छोड़ जाऊँगा। अपना जीवन तो मैंने जी ही लिया है।"

बाप ने नीचे देखा। बड़ी-बड़ी भूरी आँखों के बावजूद उसका चेहरा नरम और फीका लग रहा था। वह अपने बेटे की ओर मुड़ा, "तुम्हारी वह चाँदी की चोंच वाली चिड़िया कैसी है? अब भी मीठा गाती है क्या?"

"जरा-जरा, सुबह में, पा।"

"गुड। अब वह बड़ा होकर नरपक्षी बनेगा और तब वह तुम्हारे लिए कलेजा फाड़ कर गाएगा।"

लड़का केवल मुस्कराया–"माँ ने उसे यहाँ लाने नहीं दिया।"

"बेटा, उस चिड़िया की अच्छी देखभाल करना–उसी तरह तुम्हें अपनी माँ का भी ख्याल रखना है।"

उसने अपना बायाँ हाथ बढ़ाकर एक बार फिर उसे अपनी ओर खींचकर शरीर से लगा लिया और अपने गाल बेटे के शरीर पर रगड़ने लगा। उसने अपना हाथ लड़के के सिर पर रखा–"बेटा, सुनो। अपनी जमीन किसी भी हालत में नहीं बेचना चाहे मकान ही क्यों न जल जाए? जमीन ही ताकत है, बेटा। वही इस दुनिया की सारी ताकत है। धन और जन चले जाते हैं, बेटा। मगर ज़मीन नहीं। वह तुम्हारे

और तुम्हारी माँ के लिए फसलें उगाएगी। तुम्हारी नानी हमेशा कहा करती थी। और मैं—पूलूल—भी यही कहता हूँ।"

लेकिन बेटा कुछ समझा नहीं, सिर्फ यही देखता रहा कि बाप थोड़ा उत्तेजित हो गया था। बाप को वह देखता रहा। तब अपने मजबूत गले से माँ बोली—"हाँ, जमीन ही ताकत है। हम इसे बचाकर रखेंगे।"

मामू और माँ भी बाप की ओर भावपूर्ण ढंग से देख रहे थे। डिब्बे के और लोगों से उनका ध्यान भंग नहीं हो रहा था।

तभी जोरों से सीटी बजी।

"धन्यवाद, मिस्टर वुडली। मुझे खुशी है कि आपने इन्हें बुलवा लिया। आखिरी भेंट है और मैं अब अच्छा महसूस करता हूँ।"—बाप ने कहा। मिस्टर वुडली ने सिर्फ सिर हिलाया, "मैंने तुम्हारे क्रिसमस के लिए किया पूल। बूढ़े को मैं बहुत समय से जानता था।"

गार्ड आया और बाप का हाथ पकड़, उसे पायदान पर चढ़ा, डिब्बे में ले जाने लगा। माँ आगे झपटी। उसके मुँह से तीखी चीख निकली लेकिन गार्ड ने दरवाजे पर अपना पाँव भिड़ाकर रास्ता रोक दिया। मामू पीछे से दौड़कर आया, उसने माँ को कमर से कसकर पकड़ा और पीछे खींच लिया। वह हाथ-पाँव तेजी से इधर-उधर फेंक रही थी।

गार्ड ने डिब्बे के दरवाजे पर लगा पीतल का हत्था घुमाया। बाप ने जाली से अपना चेहरा सटाकर कहा, "यही एक रास्ता है, डॉली। बच्चे का ख्याल रखना। क्रिसमस मुबारक, तुम सबको! मेरी चिन्ता मत करना।"

फुटबोर्ड को देखकर, "मैडम! ट्रेन खुल चुकी है।" गार्ड ने चेताया। प्लेटफॉर्म खाली हो गया था। मालगोदाम में सायबान के नीचे कुलियों ने ठेलों को धकेल दिया। गार्ड अपनी बाँहें ऊँचा उठाते हुए मुड़ा, इंजन ड्राइवर को देखा और जोर-जोर से हरी झंडी हिलाने लगा। इंजन भाप बना रहा था। चिमनी में से लहराता हुआ धुआँ फूट पड़ा और इंजन ने जोरों की सीटी मारी। डिब्बे की खिड़की के काँच में से बाहर बाप अपने जीवन से जुड़े तीन लोगों को देर तक देखता रहा। माँ ने बेटे का कंधा पकड़ रखा था। दूसरे हाथ से वह ओढ़नी से अपना मुँह ढँके थी। जब उसने डिब्बे के भीतर देखा तो वहाँ पति की फैली हुई गोल और जायफल जैसी भूरी आँखें दिखायी दीं जो उसके भावमुद्राहीन चेहरे पर जमायी हुई थीं। गाड़ी चल दी, पहले धीरे-धीरे, फिर स्पीड पकड़ती हुई। जैसे ही इंजन आगे निकला, पूरी गाड़ी ने तेजी के साथ स्टेशन छोड़ दिया। आसमान गाढ़े काले धुएँ से अंधकारमय हो गया।

मामू स्टेशन के पिछवाड़े—जहाँ छकड़ागाड़ी बँधी हुई थी—गया। लेकिन माँ निर्जन प्लेटफॉर्म पर निश्चल खड़ी रही।

तब लड़के ने, माँ की तरफ सिर उठाकर देखते हुए पूछा, "पा घर कब आएँगे?" लेकिन माँ ने जवाब देना तो दूर अपना सिर भी नहीं हिलाया।

# शैलगिरि की अपूर्व कथा

❑ फंसो ऐयेजिना

जीवन भर के भटकावों की मारी भूखी-प्यासी सड़क ओटाबेमी गाँव तक आकर अचानक रुक गयी, और इस तरह अपने भविष्य को ही निगल गयी थी। जो लोग इसके साथ लगे रहते थे उनके लिए दो ही विकल्प बचते थे : या तो वे वहीं ठहरें और एक ऐसी जिन्दगी में दाखिल कर लिये जाएँ जहाँ कड़ा परिश्रम मगर थोड़ा दाम और ढेरों कर्मकांड थे; या वे नीचे मैदानी इलाके तक पीछे हटें और सभ्यता में लौट जायँ।

कुकुरुकु पहाड़ियों की सबसे ऊँची और सबसे दुर्गम दृश्यांश वाली चट्टान पर बसा हुआ ओटाबेमी प्रकृति द्वारा निर्मित किला था—एक ऐसा स्थान जिसके पार कुछ और नहीं था। और युगों से यह किले-जैसा ही काम करता आया था जहाँ कभी-कभार केवल दुष्ट चुंगी कलेक्टर या स्वास्थ्य निरीक्षक ही अपनी-अपनी घूस-वसूली के लिए आया करते थे।

इसीलिए जब दो अजनबी नीचे मैदान से ऊपर की ओर आते दिखाई दिये तो गाँव वालों की समझ में नहीं आया कि उनके, अथवा उनकी जीप में भरे हुए विचित्र यंत्रों के बारे में क्या राय कायम करें। वे न तो चुंगी कलेक्टर जैसे दीखते थे, न स्वास्थ्य-निरीक्षक जैसे ही। क्योंकि कोई चुंगी कलेक्टर या स्वास्थ्य-निरीक्षक अपने आने की स्वतः घोषणा करने वाली ऐसी मशीनी सवारी में नहीं आता था। वे हमेशा साइकिलों पर आते थे जिसे वे चट्टानों या झाड़ियों के पीछे छिपा देते थे और तब आँखें बचाकर तीस पत्थरों से बनी सीढ़ियों पर चलते जो गाँव की ओर उठती थीं। इन दोनों आगंतुकों में चुंगी कलेक्टर वाली हेकड़ी नहीं थी जो उन अकेली महिलाओं के साथ छेड़खानी करता था जिनके पति समय पर चुंगी नहीं जमा कर पाने की शर्म से बचने के लिए घर छोड़ जाते थे। इनकी आँखों में स्वास्थ्य-निरीक्षक वाली लंपट चमक भी नहीं थी जो सदा सुगठित औरतों के पृष्ठभाग की सम्मोहक लय की प्रत्याशा में रहता था जो उसे रसोई घर के भीतरी एकान्त में पानी के बर्तनों के

निरीक्षण के लिए ले जाएँगी। अगर ये चुंगी कलेक्टर और स्वास्थ्य निरीक्षक नहीं थे तो फिर कौन थे ये?

हर कोई यही सवाल पूछ रहा था। उधर बच्चे अजनबियों के इर्द-गिर्द चक्कर काटते हुए उनके यंत्रों को खिसकाने में मदद कर रहे थे। पर वयस्कों ने एक संभ्रांत दूरी बरकरार रखी थी।

गाँव के सरदार को जब अजनबियों की उपस्थिति के बारे में बताया गया तो उसने बड़े-बूढ़ों को परामर्श के लिए बुलाया।

"अवोनिमोला"—सरदार ने अपने सगुनिए ज्योतिषी से, जिसको भी बुलाया गया था, पूछा—"कौन लोग हैं ये?"

"ठीक यही सवाल मैंने सगुनौती थाली और धार्मिक जल-भरे लोटे दोनों से किया था।"

"और जवाब क्या मिला?"

"बड़ा ही विचित्र। इनके चेहरे दिखायी नहीं दिये। न तो थाली में और न जल में ही।"

"इसका क्या मतलब है?"

"जब मैं देववाणी से परामर्श करने पहुँचा उसके पहले जल में सिर्फ एक चेहरा दिखायी पड़ा लेकिन वह इन दोनों लोगों में से किसी का नहीं था।"

"कहीं तुम पानी में अपना ही डरा हुआ चेहरा तो नहीं निहार रहे थे?"—एक बुजुर्ग ने ताना कसा।

अवोनिमोला ने उस झक्की जुबान वाले बुजुर्ग की उपेक्षा की। जो आदमी एक हाथी को ढो रहा हो वह एक झींगुर की खातिर अपने अंगूठे से गड्ढा खोदने में समय नहीं गँवाता। जब पेड़ों पर पेड़ गिर कर रास्ते को बन्द कर देते हैं तो जिन्हें रास्ता पार करना होता है वे उपरले पेड़ों को निचले पेड़ों से पहले हटाते हैं। तेज आँखों से घूरने वाला वह बुजुर्ग कहीं बहुत नीचे था। आखिर उसे किस बात की जल्दी थी?

लेकिन अवोनिमोला के पक्षधर उस ढीठ बुजुर्ग के प्रति उतने उदार नहीं थे। अगर यह बूढ़ा इतना ही दूरदर्शी है तो क्यों वही सगुनिया नहीं बन जाता? क्या वह भूल गया कि उस तितली के पंखों का कैसा हश्र हुआ था जो सोचती थी कि वह चिड़िया है और उसी के समान उड़ सकती है?

सरदार ने दोनों ही दलों को फटकरा। उसने पूछा कि क्या उन्हें उन दो भाइयों की नियति याद नहीं जो पैतृक सम्पत्ति पाने के लिए झगड़ते थे? क्या अजनबियों ने उनका सब कुछ नहीं ले लिया था? अगर उन लोगों को दिखाई नहीं देता हो फिर भी समझ लें कि एक हाथी का भोजन गाँव के आगे परोस दिया गया है। वह अकेले तो इतना खा नहीं सकता—चाहे कितना भी लालची क्यों न हो। क्या वे लोग उसके साथ भोजन में शरीक होंगे?

"जो अजनबी हमारे बीच आ गये हैं और जिन्होंने हमसे आतिथ्य की माँग करने की भी जहमत नहीं उठाई, हम उनके बारे में क्या करने जा रहे हैं? मैंने आपको इसी समस्या के बारे में विचार करने के लिए बुलाया है न कि किसने किसका डरा हुआ चेहरा पानी में देखा या कौन-सी तितली पक्षी के समान उड़ सकती है या नहीं।"

कुछ बुजुर्गों का कहना था कि ये अजनबी दुष्ट लोग थे जिन्होंने ताकतवर जादू के द्वारा सगुनौती की थाली और धार्मिक जल दोनों से अपना चेहरा और इरादा छिपा लिया था। इन्हें तुरंत पकड़कर वापस भेज देना चाहिए। अन्य लोगों का कहना था कि या तो ये लोग भोले हैं अथवा हमारे लिए इतने महत्त्वहीन, कि सगुनिया की नजरों में नहीं आ सकें।

"अवोनिमोला, जो चेहरा तुमने देखा" सरदार ने पूछा, "क्या तुम निश्चित हो कि दोनों अजनबियों में से किसी से उसकी कोई समानता नहीं है?"

"जरा भी समानता नहीं। जल में जो चेहरा दिखायी दिया उस पर ऐसी हँसी थी जो सचमुच की हँसी नहीं थी और उसके कपाल पर तीन चमकीले सितारे थे—इस तरह की कोई चीज मैंने पहले कभी नहीं देखी थी और न पिछले पुजारियों के मुँह से कभी सुनी ही थी।"

जल में दिखाई देने वाले चेहरे के अर्थ के विषय में बहस होती रही और आखिर बुजुर्गों ने अवोनिमोला की इस व्याख्या को स्वीकार करके, कि ये अजनबी जल में दिखने वाले चेहरे के दूत हैं, जबतक यह निर्णय लिया कि उन्हें पूछताछ के लिए बुलाया जाय, तब तक वे दोनों शैलगिरि की तस्वीरें खींचकर और पत्थरों के नमूने अपने थैलों में भरकर जा चुके थे।

उस दिन शाम का झुटपुटा होने तक—केवल उन बच्चों की, जिन्होंने मशीन उतारने-चढ़ाने में सहायता की थी, चाकलेट-सनी जीभ और उँगलियों तथा हवा में उड़ने वाले पारदर्शी रैपरों को छोड़कर—गाँव सामान्य स्थिति में लौट चुका था।

जिन बड़े-बूढ़ों ने कहा था कि अजनबी कोई खतरा नहीं है वे खुलकर 'मैंने पहले ही कहा था कि नहीं' वाली हँसी हँसने लगे। लेकिन जिन लोगों ने कहा था कि अजनबी तूफान लाने वाले बादल हैं वे अपनी बात पर अड़े थे। उनका कहना था कि अगर कोई बादल एक दिन आफत नहीं बरसाता तो इसका मतलब यह तो नहीं कि दूसरे दिन भी ऐसा ही करेगा; दूर से पहाड़ का जो आकार दिखायी देता है उसका सही पता तभी चलता है जब कोई उसकी छाया में खड़ा होकर उसे निहारता है; 'आज' का सही अर्थ 'अगले दिन' के पास होता है; फसल की कटाई से पूर्व कोई मूर्ख ही इसका हिसाब लगाएगा कि इससे कितनी बोतल शराब निकलेगी।

दोनों अजनबियों के आने के पाँच साल बाद और 'स्टेट हाउस' में जब सेना घुसी थी उसके दो साल बाद अजनबियों का एक दूसरा दल गाँव में उतरा। साँय-साँय करते क्षितिज और लाल-नीली बत्तियों की चमक के द्वारा उनके आगमन की घोषणा हुई। इस बार गाँव वालों को सोचना नहीं पड़ा कि वे चुंगी कलेक्टर थे या स्वास्थ्य

निरीक्षक। उनकी प्रसिद्धि उनसे पहले ही ओटाबेमी जैसे सुदूर स्थान तक पहुँच चुकी थी। यहाँ तक कि जनरल के दो पोस्टरनुमा फोटो भी वहाँ आ चुके थे जिन्हें बाजार के बीचोंबीच बादाम के पेड़ में ठोंका जा चुका था जहाँ से वे तब तक खरीदने-बेचने वालों पर निगाहें तरेरे रहे जब तक कि प्राकृतिक गति के शिकार नहीं हो गये।

आनेवाले दल का नेता एक तेज-तर्रार अफसर था और एक ऐसे दुभाषिए की मार्फत बात करता था जो गाँव की भाषा का कोई बिगड़ा ही रूप बोलता था। गाँव में घुसते ही जिस पहले आदमी से उनकी भेंट हुई, नेता ने उससे कहा कि सरदार के घर ले चलो।

सरदार के घर में अजनबियों के आने की बात तुरंत गाँव भर में फैल गयी और जल्दी ही वहाँ उत्सुक गाँव वालों की भीड़ लग गयी। फसल कटाई के बाद का यह हाट का दिन था और इसलिए बहुत-से लोग घरों में थे।

अपना परिचय देते हुए, बीच में ही, दल का नेता छींकने लगा जिसे गाँव वालों ने अपशकुन के रूप में लिया; फलस्वरूप वे यह न सुन पाये कि उसके 'कैप्टन' के ओहदे के बाद क्या कहा गया। मगर गाँव वालों के लिए उसका नाम न जान पाने से कोई बड़ी समस्या नहीं खड़ी हुई। वैसे भी वे उसके नाम की उपेक्षा ही करते और अपनी कल्पना के अनुसार ही उसका नाम रखते। ऐसा ही हुआ भी जब भीड़ में किसी ने कैप्टन के लम्बोतरे चेहरे पर नजर डाली जो ठुड्डी तक क्रमशः पतला होता गया था, और उसे नाम दे दिया—कैप्टन घोड़मुँहा। दूसरे ने उसकी आत्मविश्वास भरी चाल और इतनी छोटी उम्र में दल के नेता का रुतबा पा लेने को मद्देनजर रखते हुए निष्कर्ष निकाला कि यह जरूर राजनीतिक रूप से ताकतवर देहाती कबीले से होगा।

कैप्टन घोड़मुँहा ने इस बात के लिए माफी माँगी कि बिना किसी पूर्व सूचना के वे लोगों तक पहुँचे—बल्कि उन लोगों पर उतरे। हालाँकि वे पहले से इसकी सूचना भिजवा सकते थे कि उन लोगों से मिलने आने वाले हैं मगर पूरे देश में विरोधियों की गतिविधियों को देखते हुए यह जरूरी हो गया था कि सरकारी अफसरों की आवाजाही के बारे में पहले से कुछ नहीं बताया जाए। क्या वे लोग थोड़े ही चाहेंगे कि सरकारी मंत्री के साथ रास्ते में कुछ घटित हो जाए? जो भी हो, आगंतुक शुभ समाचार लाये हैं और शुभ समाचार उस वक्त ज्यादा अच्छा लगता है जब वह अप्रत्याशित रूप से प्राप्त हो। है कि नहीं?

क्या उन्हें उन दो भू-वैज्ञानिकों (दुभाषिये के मुताबिक 'पत्थरों को पढ़ने वाले') की याद है जो कोई पाँच साल पहले चट्टानों का आरंभिक अध्ययन करने यहाँ आये थे?

उन्हें याद आया कि कुछ विचित्र यंत्र लेकर दो अजनबी आये थे जिन्होंने उनको 'नमस्ते बकरे जी' या 'नमस्कार कुत्तेजी' तक कहने की जरूरत नहीं समझी। न

किसी ने बताया ही कि वे कौन थे या किसलिए आये थे।

हाँ, तो उनकी जाँच के मुताबिक यह पूरा गाँव एक ऐसे अनोखे खनिज पर बैठा हुआ है जो सारी दुनिया में और कहीं नहीं पाया जाता। यह खनिज इतना विलक्षण है कि अमेरिका, रूस, चीन और जापान सहित पूरी दुनिया इसके लिए कोई भी दाम देने को तैयार है। हाँ, मुँहमाँगा दाम!

"यह खनिज भगवान ने सही वक्त पर भेजा है" उसने बताया।

उसने उन्हें याद दिलाया कि किस तरह से विश्व बाजार में तेल की कीमत में सबसे बड़ी गिरावट आ गयी है जिससे देश को बड़ी मात्रा में विदेशी मुद्रा से हाथ धोना पड़ रहा है। उसने बताया कि किस प्रकार तेल निकाले जाने से तेल उत्पादक क्षेत्रों में पारिस्थितिकीय विनाश हुआ है। अब जबकि तेल में मुनाफा नहीं रह गया, इन क्षेत्रों के लिए अपने परम्परागत पेशों की ओर लौटना असंभव हो गया है। इसलिए—विदेशी मुद्रा प्राप्त करने के लिए—वैकल्पिक स्रोतों का पता लगाने की जरूरत थी। यहाँ चट्टान के नीचे जो खनिज है, यही वह चमत्कार है जिसके लिए देश प्रार्थना कर रहा था। यह खनिज उनके गाँव को दुनिया के नक्शे पर ला देगा और देश को फिर से पहले की तरह पूरे महादेश में सर्वशक्तिमान की स्थिति में पहुँचा देगा। यह खनिज देश की भावी समृद्धि की गारंटी है। अब देश वे सारे हथियार और सैनिक साजो-सामान खरीद सकेगा जो भूत, वर्तमान और भविष्य के सभी विरोधों का दमन करने के लिए जरूरी हैं।

सरदार, बड़े-बूढ़े और गाँव के बाकी लोग अपने चेहरों पर ऐसा मुखौटा लगाये चुपचाप सुन रहे थे गोया उनमें यह सब समझने की योग्यता नहीं, और उधर कैप्टन घोड़मुँहा अपने चमत्कारी खनिज की प्रशंसा के गीत पर गीत गाये जा रहा था। जब उसके 'गायन' में एक जगह ठहराव आया तो सरदार ने पूछा कि इस सबका उन लोगों से क्या संबंध है।

"क्योंकि खनिज को पाने के लिए इन चट्टानों को बारूद से उड़ाना होगा। केन्द्रीय सैनिक सरकार ने उदारतापूर्वक स्वीकार कर लिया है कि आप सब लोगों को एक ऐसे नये टाउनशिप में बसाया जाए जिसे सरकार बनाएगी। साथ ही सभी बालिग मर्दों को उनके खेतों, घरों और फसलों के मुआवजे के रूप में रुपये भी दिए जाएँगे।"

कैप्टन घोड़मुँहा तालियों की गड़गड़ाहट सुनने के लिए रुका। लेकिन जब चुप्पी ही छायी रही तो घबड़ाकर दल के एक सदस्य ने इस उम्मीद में ताली बजायी कि गाँव वाले उससे संकेत ग्रहण करेंगे। लेकिन उलटे भीड़ में से किसी ने चिल्लाकर कहा कि सरदार को माँग करनी चाहिए कि उन्हें जनरल के उस विशाल और भव्य महल में बसाया जाय जिसके बारे में सुना जाता है कि वह स्वर्ग से भी बढ़कर आरामदेह है। वह इतनी तेजी से बोला कि दुभाषिया समझ नहीं पाया कि वह क्या

कह रहा था और इसके पहले कि कैप्टन पूछता कि यह हँसी किस बात पर थी, सरदार ने कहना और गाँव वालों ने सुनना आरंभ कर दिया।

"आपका कहना है कि सरकार ने हमें नयी जगह पर बसाने का निर्णन लिया है। और बिलकुल नये टाउनशिप में? और हमें इसके लिए कुछ भी खर्च नहीं देना पड़ेगा?"

"हाँ-हाँ। और मत भूलिये कि आपको यहाँ से हटने में जो दिक्कत होगी उसका भी पैसा मिलेगा। आपका नया टाउन झकाझक चमकदार होगा, आपके मकान ठोस ईंटों से बनाये जाएँगे, जस्ते की चादरों से छत बनेगी। आपके मकानों के भीतर सीधे पाइप से पानी आएगा। आपकी औरतों को पानी वाले नाले की खोज में मीलों मील भटकना नहीं पड़ेगा। औरतें एक स्पेशल आँच पर खाना पकाएँगी जो न तो लकड़ी से जलती है न घासलेट से। और, तेलबत्ती के बदले आपको सिर्फ दीवार को ज़रा-सा टीपना होगा और आपके मकानों में अपने-आप रोशनी हो जाएगी। और फिर एक हरे रंग का साइनबोर्ड होगा जिसपर सफेद अक्षरों में आपकी ओर से एक घोषणा लिखी होगी जो दुनिया को बताएगी :

"नया ओटाबेमी आपका स्वागत करता है। गाड़ी सावधानी से चलाएँ।"

'नया ओटाबेमी'—यह प्रश्न नहीं था। न यह कथन ही था। सरदार केवल समस्या के वजन को जीभ पर घुमा रहा था—"और जब आपलोग हमें इस नये ओटाबेमी में ले जाएँगे तो हमारे देवताओं का क्या होगा?"

"हाँ-हाँ, आपके देवता। हमने उनके बारे में भी सोचा है। केन्द्रीय सैनिक सरकार इसके लिए भी मान गयी है कि उनको भी आपके नये टाउन में लाने के लिए हर जरूरी सहायता दी जाएगी। आवश्यक संस्कारों पर जो भी खर्चा होगा हमलोग उसका भुगतान करेंगे।"

"जवान, यह न तो पैसों का मामला है, न संस्कारों का। समस्या है कि वे हटाये नहीं जा सकते।"

कैप्टन को लगा कि वह सरदार से कह दे कि ज्यादा चालाकी मत करो। क्या यह समझता है कि वह उनके तौर-तरीकों से इतना अनजान है? जो प्रोफेसर उन्हें मिलिटरी स्कूल में लेक्चर देने आते थे उनके, और चिनुआ अचेबे के उपन्यासों के अनुसार क्या अफ्रीका का इतिहास ऐसे उदाहरणों से भरा नहीं है जिसमें लोग एक जगह से दूसरी जगह अपने देवताओं को साथ लेकर जाते रहे हैं, अथवा यहाँ तक कि पुराने देवताओं को नष्ट करके नये देवताओं का निर्माण करते रहे हैं? वह तो सोचता था कि अफ्रीकियों के लिए अपने देवताओं को भुलाना और ईसाई अथवा अरब देवता के सम्मुख आत्म समर्पण करना आखिर इतना सरल क्यों था?

मगर कैप्टन को पता था कि क्यों जेनरल ने मध्यस्थता का ऐसा नाजुक दायित्व उसे सौंपा है। वह और कुछ नहीं, परिणाम चाहता था। अगर उसे दोहरी

पदोन्नति पानी है—जिससे वह जेनरल के और निकट संस्थापित हो सकेगा—तो उसे इस मिशन को परिणाम तक पहुँचाना ही होगा। अतः, खुद को भी आश्चर्य में डालते हुए उसने—जहाँ तक उससे संभव था—शांतिपूर्वक सरदार से पूछा, "क्यों, तुम अपने देवताओं को क्यों नहीं हटा सकते?"

"अपने कीमती खनिज पाने के लिए आप चट्टानों को तोड़ना चाहते हैं?"

"हाँ?"

"वे ही हमारे देवता हैं।"

कैप्टन ने अपनी साँस के नीचे से एक गाली निकाली। साला—आज, इस जमाने में भी! अज्ञान की भी हद है! अगर तुब सब अंधकार युग में ही जड़ जमाये रहना चाहते हो तो जाओ भाड़ में! मगर तुम्हें प्रगति के पहिए के आगे रुकावट बनने नहीं दिया जाएगा। तुम सब लतर-पतर हो और सारी लताएँ मिलकर भी नदी की तरफ बढ़ते हाथी की चाल को नहीं रोक सकतीं। क्या यह तुम्हीं लोगों की कहावत नहीं है?

इस बार भी कैप्टन वह नहीं बोला जो सोच रहा था, बल्कि उसने मित्र भाव से कहा, "निराश हालत में निराशाजनक उपाय ही करना पड़ता है। हमें इस खनिज को बेचकर जो धन मिलेगा उससे देश के विरुद्ध जो अनेकों विरोधी गुट हैं उनके खिलाफ युद्ध छेड़ा जाएगा। इस धन से हम नयी सड़कें, नये स्कूल और नये अस्पताल बनवाएँगे। तुम लोग जैसे देहातियों के लिए भी बेहतर जीवन लाने में उससे मदद मिलेगी। हम लोग इस तरह से इस समस्या को निबटा सकते हैं कि तुम लोग नयी जगह में बसने के लिए जाते समय जितने पत्थर चाहो अपने साथ ले जा सकते हो और इस तरह तुम्हारे पत्थर देवता तुम्हारे साथ रहेंगे।"

"बेटे, तुम समझते नहीं।"

"अगर ऐसा है तो मुझे समझाओ।"

सरदार रुका, विचारों में खो गया। तब उसने अवोनिमोला को बुलाया—"उसे बता दो। उसे अच्छी तरह समझा दो।"

उसने अवोनिमोला की हिचकिचाहट भाँप ली। कहा कि ठीक है, जो लोग दीक्षित नहीं हैं उन सबके सामने भी गाँव के रहस्य को खोलने के लिए मेरी अनुमति है। अगर गाँव को बचाने के लिए यही मूल्य चुकाना है तो ऐसा ही हो।

अपेक्षा में सबके कान खड़े हो गये। जब अवोनिमोला शैलगिरि की किंवदन्ती को पुनर्जीवित करने लगा तो उसकी आँखें किसी ऐसी चीज पर टिकी हुई थीं जिसे कोई नहीं देख सकता था, उसकी आवाज मानो पर्वतों की ऊँचाइयों और घाटियों की गहराइयों से प्रतिध्वनित हो रही थी। किसी मुखौटाधारी कर्मकांडी के समान उसने अतीत को धारण कर लिया और मृत तथा अजन्मे के साथ वार्तालाप करने लगा। वह कथा को उसी तरह से सुना रहा था जिस तरह से उसने अपने पिता से सुना था, जिसको उसके पिता ने उसे सौंपा था—इसी तरह से पीछे चलते हुए प्रथम अवोनिमोला तक पहुँचते हैं।

हम लोग कमजोर थे, बहुत कमजोर। अपने विभिन्न पड़ोसियों के साथ हुए अनेक युद्धों में हमने बहुत-से योद्धा खो दिये थे। इतने कमजोर हो गये थे कि जब सुदूर देहातों से इजालोमो दास-आक्रमणकारी (जो ससुरे किन्हीं अनाम गुरिल्लों के बेटे थे) हमारे बीच प्रकट हुए तो उनका भी सामना नहीं कर सके। हम किसी सुरक्षित जगह की खोज में भाग निकले। हम अभी किसी जगह स्थापित भी नहीं हो पाये थे कि उनके आने की खबर मिली और हमें फिर से किसी और जगह की खोज में भागना पड़ा। इस भागदौड़ में कितने ही लोग भूख और महामारी के शिकार होकर मर गये। जो लोग तेजी से नहीं भाग सके वे दुश्मनों के जाल में फँस गये। उन्हें जंजीरों से जकड़कर समुद्र तट पर ले जाया गया जहाँ पीली चमड़ी वाले अजनबियों की गुलामी करने के लिए उन्हें विवश किया गया।

हमारे बीच के कुछ लोगों ने कहा, बन्द करो यह भागदौड़ और खड़े होकर सामना करो। लेकिन उन्हें ध्यान दिलाया गया कि हमारे पास सिर्फ तीर-धनुष थे जबकि इजालोमो के पास बन्दूकें थीं और वे घोड़े की पीठ पर बैठकर मौत बाँटते थे। जीवित रहने के लिए हमें उस लँगड़े की होशियारी से काम लेना पड़ा जिसने पहली बार ही जब युद्ध होने की अफवाह सुनी तभी अपना शिविर हटा लिया था। हम एक शिविर से दूसरे शिविर, एक जंगल से दूसरे जंगल, एक तराई से दूसरी तराई और एक सीमा से दूसरी सीमा में तब तक भागते रहे जब तक इस शैलगिरि तक नहीं पहुँच गये। तब जाकर निश्चय हुआ कि इन पहाड़ियों की छाया में तबतक रुका जाए जबतक कि हम खिलखिलाती हुई नदियों वाले किसी ऐसे मैदानी इलाके को नहीं ढूँढ़ लेते जो लम्बे बर्छों, बन्दूकों जालों और सरपट भागते हुए घोड़ोंवाले इजालोमो आक्रामकों की पहुँच से बहुत दूर हो।

अपने अस्थायी निवास के दौरान हमने शैलगिरि की नदियों का पता लगाया, फल जमा किए, जानवरों—विशेषकर बन्दरों का शिकार किया और इस तरह अपने भूखे और दुर्बल अंगों को खिलाया पिलाया। एक के बाद दूसरी घटनाएँ होती रहीं और हमने पाया कि जिसे हम एक अस्थायी पड़ाव समझते आ रहे थे वह हमारा स्थायी निवास बन चुका था। शैलगिरि में हमने स्थायी जड़ें डाल दी थीं और हमारा कबीला कल्पनातीत ढंग से फलने-फूलने लगा था।

हममें से कुछ लोगों को यह जिम्मेदारी सौंपी गयी थी कि अतिरिक्त उपज को वे निकटवर्त्ती शहरों में जाकर बेच आएँ और बाहरी दुनिया से नमक तथा दूसरी जरूरी चीजें ले आएँ। उन्हें खबरदार किया गया कि अपने निवासस्थान के विषय में किसी के आगे एक शब्द भी नहीं निकालें क्योंकि इससे हमारे बचे होने की बात आक्रमणकारियों तक पहुँच सकती है।

दुनिया की बुरी नजरों से दूर हम अमन-चैन से रह रहे थे मगर एक दिन बिना किसी चेतावनी के विभिन्न दिशाओं से लोगों की लहर हम पर आ गिरी। वे लोग यह खबर सुनकर भाग रहे थे कि एक बड़ा जहाज—अबतक का सबसे बड़ा

जहाज—समुद्र तट पर आन पहुँचा है और उसका विशाल पेट भरने के लिए, जितने ज्यादा मिल सकें, हट्टे-कट्टे औरत-मर्दों की तलाश में गुलाम पकड़ने वाले उन्मादी निकल पड़े हैं। उन लोगों के बयान से हम जान गये कि हम घेरे जा चुके हैं। आगे या पीछे—किसी भी तरफ से कोई निकास नहीं। आखिरकार दुनिया के चारों कोनों से दुष्ट लोग आ टपके हैं।

हमारे बच्चे रो रहे थे, बिना यह जाने कि क्यों रो रहे हैं। हमारी औरतें यह सोचकर ही बिलख रही थीं कि उन्हें अजनबी लोगों के लिए खाना पकाने और उनके साथ सोने के लिए मजबूर किया जाएगा जो उनके माता-पिता के पास धन्यवाद के रूप में इस बात के लिए हाँड़ी-भर शराब नहीं ले गये थे कि माँ-बाप ने अपनी बेटियों का अच्छी तरह लालन-पालन करके उन्हें शीलवती तथा कर्तव्य परायण बनाया। और हमारे मर्द लोग—वे चारों तरफ से घिरे हुए चूहों की तरह थे—अपनी जगह में गड़े, मूक!

लेकिन जिन आँखों ने महासागरों का विस्तार देखा हो और समुद्री जल का बेहद तीखा-खारा स्वाद चखा हो, वे साधारण पोखर को देखकर नहीं थरथरातीं। जब हमारे बड़े-बुजुर्ग अपने अनुभवी दिमागों से विचार-विमर्श करने लगे तो उनके मन में यही तर्क गहरे पैठा था। उन्होंने हुक्म दिया कि लोग वैसी कुँवारी लड़कियों की तरह व्यवहार करना बन्द करें जिन्हें अपनी जाँघों के बीच पहली बार लहू दिखायी देता है। हमें कौन-सी बीमारी हो गयी है जो हम यह भूल गये कि अगर कहीं आसपास छेद हो तो होशियार चूहे बिल्लियों के चंगुल में नहीं मरते? केवल वैसे झींगुर ही, जो उड़ने की बजाय जमीन पर रेंगते हुए चलते हैं, दुश्मनों के लिए अपने छेद तक पहुँचने का निश्चित चिह्न छोड़ जाते हैं। जब तक चौसिंगा मर नहीं जाता तब तक कोई भी नगाड़ेबाज उसकी खाल को अपने नगाड़े की आवाज में बदल नहीं सकता।

जब हम शान्त हुए तो हमारे बुजुर्ग और अधिक विचार-विमर्श करने में जुट गये। बाकी सारा गाँव नये आने वाले लोगों का स्वागत करता रहा। इसी मीटिंग में अवोनिमोला प्रथम ने जो रहस्यदर्शी पिता आदिफाला ओदुदुमादु का बेटा था, बुजुर्गों को बताया कि उसने सगुनौती पात्र में इस समस्या का हल देखा है। उसके निवेदन पर, इष्ट के आधार पर कार्यवाही करने के लिए उसे हट्ठे-कट्ठे लोगों का एक दल बनाने और उन्हें गोपनीयता की शपथ दिलाने की अनुमति दी गयी।

अगली सुबह बड़े तड़के ही अवोनिमोला और उसके चुने हुए लोग उस स्थान के लिए निकल पड़े जिसका कोई नाम नहीं था। जैसे ही वे उस भू-दृश्य से होकर गुजरे अवोनिमोला ने अपनी प्रथा के अनुसार वहाँ के निवासियों के प्रति यथोचित श्रद्धांजलि अर्पित की। उसने मंत्रपाठ किया और प्रतीक रूप में एक गोरक्षी वृक्ष, एक टिड्डीनुमा सेम वृक्ष, एक खजूर वृक्ष, एक पोखर, एक नदी, एक बाज और एक गिद्ध के प्रति बलि अर्पित की। वे लोग अपनी राह पर चलते जा रहे थे कि दूर पर उन्होंने

एक विशाल शैलगिरि को देखा जिसके सम्मोहन के आगे वे ठगे-से रह गये। अवोनिमोला अपने घुटनों के बल झुक गया, फिर अपनी आँखें आसमान की ओर उठायीं और उस सर्वशक्तिमान को धन्यवाद दिया जिसने इस धरती और स्वर्ग का निर्माण किया है।

"देखो, वही है हमारी मुक्ति!"

अवोनिमोला वैसे आदमी के निश्चय के साथ, जिसे अच्छी तरह पता है कि वह क्या कर रहा है और उसे क्या करना चाहिए, अपने दल को एक गुप्त मार्ग तक ले गया जो झाड़ियों के पीछे था। दल के लोगों को उसने मार्ग के मुख पर अधसूखी लकड़ियाँ जमा करके धुआँती हुई आग जलाने का आदेश दिया। जैसे-जैसे मार्ग से होकर शैलगिरि में धुआँ फैलता गया, विभिन्न पशु और रेंगनेवाले जीवजन्तु (सरीसृप), जिन्होंने भीतर घर बना रखा था, हड़बड़ाकर बाहर भागे। इस तरह भगोड़ों और धुएँ की उठती लकीरों की सहायता से शैलगिरि के सभी निकासों का पता चल गया।

अन्ततः जब उन्होंने भीतर जाना सुरक्षित समझा और गये तो वहाँ उन्होंने जो देखा उससे हक्के-बक्के रह गये.। गुफा के भीतर लगभग इतनी पर्याप्त रोशनी थी कि हथेली की रेखाएँ देखी जा सकें। ऐसा इसकी छत में बनी अनेक दरारों के कारण था जो थोड़ी बहुत प्राकृतिक रोशनी भीतर जाने देती थीं।

गुफा के एक किनारे जल का एक बड़ा कुंड था जिसके बारे में उन्हें बाद में पता चला कि वह उस बड़ी नदी का मुख्य जल स्रोत था जिसपर उन्हें शैलगिरि में आगमन के बाद से जल के लिए निर्भर रहना पड़ा। जलकुंड के पीछे एक दाढ़ीवाले बूढ़े आदमी की रेखाकृति बनी थी, जिसके चेहरे पर दिव्य चमक थी और जो इस प्रकार पालथी मारे बैठा था मानो आत्मलीन हो।

बिना किसी के सुझाये, अपने आप, दल के सदस्यों ने अवोनिमोला के साथ साष्टांग दंडवत होकर उसकी अभ्यर्थना की जो उस दिन के बाद से 'शैलगिरि का आप्त पुरुष' के नाम से जाना जाने लगा।

उस साँझ जब अवोनिमोला और उसका दल गाँव लौटे तो बुजुर्गों को अपनी दैवी खोज के बारे में बताया और उनके सामने अवोनिमोला ने अपनी बाकी योजना उद्घाटित की।

कुछ दिनों बाद अवोनिमोला के निर्देशों के अनुसार सभी परिवार के मुखिया लोगों की सभा बुलायी गयी और उनसे कहा गया कि वे अपनी औरतों को बताएँ कि जितने प्रकार की और जितनी ज्यादा टिकाऊ तैयार खाद्य सामग्री वे खोज और जमा कर सकें, करें; अपनी सबसे कीमती वस्तुओं को साथ में रखें और जब भी उनसे चलने को कहा जाए तो वे इसके लिए तैयार रहें।

जो लोग गाँव के घिरे होने की खबरों के आधार पर यह जानना चाहते थे कि वे कहाँ, कैसे और कब जा रहे हैं उनसे कहा गया कि ज्यादा सवाल नहीं करें। क्या

वे भूल गये कि किस तरह बेसी भच-भच करने से गिद्ध के सिर के केश नुच गये थे?

इस सभा के दो हाटों के बाद वाले दिन हमारे पास खबर पहुँची कि हमारे दुश्मन हमसे सिर्फ दो दिनों की दूरी पर हैं। बुजुर्गों ने कहा कि अब समय आ गया है कि जब हमें अपने पैरों के साथ शीघ्र संवाद शुरू करना चाहिए।

अगर हमें पहले से ही पता था कि हमें हारे हुए कुत्ते की तरह टाँगों के बीच दुम दबाकर भागना पड़ेगा तो फिर हम लोग किसलिए उनका अपने दरवाजे पर आने तक इन्तजार करते रहे? बुजुर्गों ने फिर कहा कि जो भट्ठी में ज्यादा देर रहता है उसके साथ वही होता है जैसा लुहार ने आग में तपते लोहे के साथ किया।

उसी साँझ, झुटपुटे के समय, मर्द, औरतें और बच्चे सभी गाँव के चौक में जमा हुए। पहले हर किसी को समझा दिया गया और फिर पूरा गाँव अवोनिमोला के सहायकों के पीछे चल पड़ा। शैलगिरि से कुछ ही दूर पहले अवोनिमोला ने कुछ धार्मिक क्रियाओं के लिए रुकने का आदेश दिया। कुछ अधैर्य लोगों ने पूछा कि यह कैसा देवता है जो उस समय भी अनुष्ठान चाहता है जब लोगों को दुश्मन घेर चुका हो? अवोनिमोला ने उनके लटके हुए चेहरों की उपेक्षा की, बल्कि ऐसा मंत्र पढ़ा जिसमें सूर्य को सो जाने के लिए कहा गया। जब धरती के चेहरे को अंधकार ने ढँक दिया तो अवोनिमोला के सहायकों ने एक-एक कर सभी गाँव वालों को उनकी आँखों पर पट्टी बाँधकर शैलगिरि के भीतर पहुँचा दिया।

जब ओपांगा के सिवा बाकी सभी गुफा के भीतर सुरक्षित पहुँच गये तो द्वारों को सावधानी से बन्द कर दिया गया—केवल एक चोर-निकास को छोड़कर जिसे बाद में ओपांगा के उपयोग करने के पश्चात् बन्द किया जाना था।

अवोनिमोला द्वारा चुने गये नौजवानों में ओपांगा सबसे तेज दौड़ाक था जिसपर योजना के अगले भाग को पूरा करने की जिम्मेदारी थी। जब यह निश्चित हो जाए कि दुश्मन गाँव तक पहुँचने ही वाले हैं तो ओपांगा का काम यह देखना था कि उन्हें भोजन या लूट का माल बिल्कुल न मिल पाये जिससे कि उन्हें रुकना पड़ जाए। उसे निर्देश दिया गया कि गाँव से कुछ दूरी पर वह एक चौकी बनाकर पहरेदारी करे। जैसे ही उसे आक्रामकों के गाँव की तरफ आगे बढ़ने का पता चले वैसे ही वह एक छोटे रास्ते से गाँव पहुँच कर, आनुष्ठानिक लकड़ी के नगाड़े के माध्यम से कूट संवाद भेजे ताकि शैलगिरि के भीतर जो गाँव वाले छिपे हैं वे अपनी सारी गतिविधियाँ बन्द कर दें। फिर ओपांगा गाँव में आग लगा दे और वहाँ से अपने छिपने की जगह में पहुँचने के लिए तेजी से निकल पड़े।

जैसा कहा गया, वैसा किया गया।

उसने गाँव में आग लगा दी और उसके पाँव द्रुत गति से शैलगिरि की दिशा में बढ़ चले। अभी ओपांगा लगभग आधे रास्ते में ही था कि जब उसे निराश आक्रामकों के नायक ने देख लिया। उन लोगों ने ओपांगा का पीछा किया—स्पष्ट था कि वे उसे जिन्दा पकड़ना चाहते थे ताकि उससे अगले किसी और आबादी वाले

ओझल गाँव का अता-पता ले सकें। अगर उससे जानकारी नहीं भी मिले तो भी क्या आता-जाता है? खाली हाथ लौटने से तो अच्छा है कि कम-से-कम एक बेवकूफ गुलाम ही हाथ आ जाए।

जब ओपांगा ने महसूस किया कि वे लोग बिल्कुल पास पहुँच रहे हैं तब उसे याद आया कि जिस दूरी को तय करने में कुत्ते को तीन साल लगेंगे उसे घोड़ा सिर्फ तीन दिनों में तय कर लेगा। तब वह समतल भूमि से दक्षिणावर्त घूम गया और चट्टानों के बीच से होकर दौड़ने लगा जिससे घोड़ों को उसका पीछा करने में खासी-दिक्कत होने लगी। अपने और आक्रामकों के बीच पर्याप्त दूरी बनाये रखने के लिए बेचैन ओपांगा एक चट्टान से दूसरी चट्टान पर कूदते हुए आगे बढ़ रहा था ताकि वह उनकी नजरों से बचता हुआ शैलगिरि में पहुँचकर ओझल हो सके। और ऐसा ही होता भी अगर एक गीली चट्टान पर फिसलकर वह नीचे नहीं आ गिरा होता। जब तक कि वह उठ पाता और फिर से अपनी दूरी बढ़ा पाता, आक्रामक दल ने उसे देख लिया और अपनी चाल दुगुनी कर दी।

जो लोग ओपांगा को शैलगिरि के भीतर ले आने के लिए प्रतीक्षा कर रहे थे उनकी साँसें उस वक्त थमी रह गयीं जब उन्होंने उसे उद्यत आक्रामकों से पीछा छुड़ाने के लिए आखिरी कोशिश करते देखा। वे जानते थे कि अगर आक्रामकों की नज़रों से ओपांगा ओझल हो गया तो इसका मतलब होगा पूरे गाँव का गुलामी की नियति को प्राप्त हो जाना। लेकिन ओपांगा भी तो उन्हीं लोगों में से एक था--बहादुरों के बीच सबसे बहादुर। यह उनके लिए हत्यारी बात होगी कि वे निकास बन्द कर दें और ओपांगा को मरने या पकड़े जाने के लिए छोड़ दें।

वे तब भी अपनी-अपनी किंकर्त्तव्यविमूढ़ता में भौचक्के पड़े थे जब उन्होंने देखा कि लगभग गुप्त द्वार तक पहुँचकर अचानक ओपांगा उलटी दिशा में मुड़ गया और अपना पीछा करने वालों को दूर सांध्य क्षितिज की रक्तिम आभा की ओर ले गया।

सात दिनों के बाद, गाँव वालों की आँखों पर फिर से पट्टी बाँधी गयी और उन्हें वापस अपने बचे-खुचे गाँव में, उसके पुनर्निर्माण के लिए लाया गया। उन्हें निर्देश दिया गया था कि वे अपनी बहुमूल्य वस्तुएँ सुरक्षा के लिए शैलगिरि के गुफा गर्भ में ही तब तक के लिए छोड़ दें जब तक यह निश्चित न हो जाए कि आक्रामक सदा के लिए चले गये हैं। अवोनिमोला के कई सहायक पहाड़ों और घाटियों में उन चिह्नों को ढूँढ़ने के लिए भेजे गये जिनसे पता चले कि ओपांगा के साथ क्या घटित हुआ। गाँव से सात घाटियों और सात पहाड़ियों के पार उन्हें ओपांगा का शव मिला। वह आक्रामकों को गाँव से जितनी अधिक दूर उससे बन पड़ा, ले गया था। फिर अपनी कटार अपनी छाती में उतार ली और इस तरह शैलगिरि का गुप्त रहस्य अपने साथ लिए-दिए वह हमारे पूर्वजों के पास स्वर्ग में पहुँचा। वह हमारा पहला नायक घोषित हुआ।

तब से हर साल हमारे नौजवानों को, जो वयस्क बनने की दीक्षा लेते हैं, एक दौड़-प्रतियोगिता में भाग लेना पड़ता है और यह दौड़ हमारे गाँव से आरंभ होकर उसी सातवीं पहाड़ी तक की होती है जिसकी चोटी पर ओपांगा ने अपने को बलिदान किया था। जो नौजवान सबसे पहले वहाँ पहुँचता है वह पाता है कि उसके गवाह के रूप में अवोनिमोला वहाँ प्रतीक्षा कर रहा है। अवोनिमोला विजेता की हथेली को जरा-सा चीर देता है ताकि उसके लहू की कुछ बूँदें वहाँ गिरें और इस प्रकार वह नवविजेता ओपांगा तथा पिछले विजेताओं की कतार में शामिल हो जाए। इसके बाद अवोनिमोला नव विजेता का उसके हमउम्र दल के नेता के रूप में अभिषेक करता है, फिर उसके बायें कान में शैलगिरि की गुप्त गुफा का ठिकाना फुसफुसाकर उसे 'शैलगिरि सम्प्रदाय' में दीक्षित करता है। और उस दिन से नवविजेता की कटार उसके आयुवर्ग की पवित्र कटार बन जाती है।

जब तक अवोनिमोला शैलगिरि की अपूर्व कथा के भीतर से निकल कर बाहर नहीं आया, एक भी व्यक्ति अपनी जगह पर हिला-डुला नहीं था। यहाँ तक कि उन्हें अनुचित ढंग से मनाने के लिए व्यग्र कैप्टन भी कथा के चुम्बक से मानो खींच लिया गया हो, ऐसा लगता था। सरदार के शब्दों ने कि "अब तो बेटे, तुम समझ गये न?" उसे उसके निर्धारित कार्य की ओर जगाया।

"बहुत दिलचस्प! मर्दानगी की बड़ी ही रोचक परीक्षा है यह तो! अगली बार कब होगी?" कैप्टन घोड़मुँहा ने अपने चेहरे पर जिम्मेदारी का भाव लाते हुए पूछा।

यह सोचकर खुश होते हुए कि उसकी युक्ति काम कर गयी, सरदार ने तुरत बता दिया। कैप्टन ने उसे गले से लगाया और उसे तथा गाँव के बुजुर्गों को धन्यवाद दिया। उन लोगों के परंपरा-बोध को सराहते हुए बधाई दी। उसने आशा प्रकट की कि दूसरे लोगों में भी परंपरा के प्रति ऐसी ही निष्ठा होनी चाहिए। फिर वह अपने दल के साथ रवाना हो गया। पूरे गाँव ने चैन की साँस ली। कई लोगों ने कहा कि पिछले कल का अर्थ आखिरकार अगले कल मालूम हो ही गया।

कैप्टन घोड़मुँहा के आगमन के बाद नौवें दिन वार्षिक दौड़ प्रतियोगिता थी। गाँववालों की देखरेख में सभी नौजवान ओपांगा पहाड़ी की चढ़ाई के लिए निकल चुके थे। अवोनिमोला बहुत पहले ही विजयी का स्वागत और अभिषेक करने के लिए चला गया था। इसी बीच गाँव में कैप्टन घोड़मुँहा और सिपाहियों की एक टुकड़ी ओटाबेमी गाँव में नमूदार हुई। जो भी उनके सामने आया उसे गिरफ्तार कर लिया गया और मिलिटरी ट्रकों में भरकर रवाना कर दिया गया। अगले दिन सरकारी अखबारों में कमर में कटारें बाँधे फटीचर भौचक्के नौजवानों की तसवीरें छपीं जिनके नीचे लिखा था : 'एक नये विरोधी दल के गिरफ्तार किये गये कुछ सदस्य जो दक्षिणमध्यवर्ती राज्य में सरकारी भवनों पर चढ़ाई करने जा रहे थे।'

# वेस्ट इंडीज की कविताएँ

❑ सुवास कुमार

कैरीबियन साहित्य लेखन में विशेष रूप से ट्रिनिडाड-टुवैगो, जमैका, गयाना और बारबडोस—जैसे देशों का योगदान रहा है। यह साहित्य प्रमुखतः अंग्रजी में लिखा गया है। सुरीनाम में सरनामी हिन्दी का प्रचलन है और उसमें थोड़ा-बहुत साहित्य भी उपलब्ध है किन्तु उसे व्यापक स्वीकृति और स्थायित्व के लिए अभी बड़ा और कड़ा संघर्ष करना है। कैरीबियन अंग्रेजी साहित्य यद्यपि पश्चिमी साहित्यिक परम्पराओं के आधार पर ही उदित हुआ था किन्तु इसे उन परम्पराओं के विकास के रूप में देखना बड़ी भूल होगी। इस अर्थ में कैरीबियन जीवन की भाँति ही यहाँ का साहित्य भी थोड़ा जटिल है। बाहर से दोनों पर पश्चिमी प्रभाव बेहद स्पष्ट दिखायी पड़ता है लेकिन सतह के जरा नीचे झाँकते ही असलियत कुछ औरं नज़र आती है। जिस प्रकार यहाँ पश्चिम का आकर्षण दुर्दमनीय है वैसे ही अपनी जड़ों के प्रति दुर्निवार खिंचाव तथा अपने-अपने देश की इन्द्रधनुषी दृश्यात्मक और सांस्कृतिक सुन्दरता के प्रति हार्दिक लगाव भी। इसी द्वन्द्वात्मकता में वेस्ट इंडीज का जीवन और साहित्य अपनी ऊर्जा और सौंदर्य लेकर उपस्थित होते हैं।

कैरीबियन देशों का निर्माण ही दासप्रथा, साम्राज्यवाद, उपनिवेशवाद और नस्लवाद की नींव पर किया गया था अतः स्वाभाविक रूप से यहाँ के साहित्य में इन स्थितियों के प्रति (आरंभ में छिपा-ढँका मगर वाद में खुला) अस्वीकार-भाव मिलता है। सांस्कृतिक वैशिष्ट्र्य की दृष्टि से गुलाम वेस्ट इंडीज देशों को उनके पूर्वजों की विरासत से महरूम रखने की जबर्दस्त साजिश की गयी थी, लेकिन इससे अपनी जड़ों की खोज और खुद की पहचान के लिए उनमें बेचैनी भी बहुत पैदा हुई। फलस्वरूप उपनिवेशवाद के जुए से आजाद होते ही उनमें राष्ट्रीय चेतना और सांस्कृतिक भावना भी जोर पकड़ने लगी। अब इन देशों के लिए पड़ोस के पश्चिमी देशों से क़हीं ज़्यादा सुदूर अफ्रीका, भारत और चीन के सांस्कृतिक स्रोत महत्त्वपूर्ण हो गये जो उनकी अपनी—बिल्कुल निजी—पहचान बनाने में अधिक कारगर हो सकते हैं।

यों तो वेस्ट इंडीज की कविता का आधुनिक रूप 1940 के दशक से पूरी तरह उभर कर सामने आता है मगर इसकी पृष्ठभूमि लगभग पौने दो सौ वर्ष पहले से तैयार

होने लगी थी। वेस्ट इंडीज के किसी काले निवासी की पहली प्रकाशित कविता के रूप में "ओड टू जॉर्ज हाल्डेन" का पता चलता है जिसे जमैका के निवासी फ्रांसिस विलियम्स (1700-1770) ने 1759 में लिखा था। लेकिन कैरीबियन देशों में उपनिवेशवाद की सेवा में लगे एक ब्रिटिश डॉक्टर जेम्स ग्रेंजर (1723-1763) की 1764 में प्रकाशित कविता 'ईख' ('शुगरकेन') को कैरीबियन देशों के बाहर भी थोड़ी-बहुत ख्याति मिली। यह कैरीबियन देशों के बागानों के जीवन को लेकर लिखा गया प्रबंधकाव्य था जिसमें कवि-कल्पना और कवि-प्रतिभा दोनों का अभाव झलकता था। यहाँ सुन्दर भू-दृश्यों को सुन्दर बिम्बों से सजाने की सायास चेष्टा की गयी थी। कवि को दासों के जीवन के दुखों और संघर्षों से कुछ खास लेना-देना नहीं था। कविता के अनुसार यहाँ का सबकुछ–सुन्दर प्राकृतिक दृश्यों के समान ही–मोहक था। कवि की कामना थी कि एक दिन ऐसा आएगा जब अपनी मर्जी से दास लोग सेवक के रूप मे ईख की खेती करेंगे और इस तरह मालिक-नौकर सबके जीवन में अन्तहीन मिठास बनी रहेगी।

लेकिन जमैका का 'नेटिव' कावे फ्रांसिस विलियम्स काला आदमी था। उसके बारे में जानकारी मिलती है कि ड्यूक ऑफ मांटेग्यू की कृपा से विलियम्स की शिक्षा ब्रिटेन में हुई। ड्यूक यह साबित करना चाहता था कि अगर काले लोगों को शिक्षा दी जाए तो वे भी 'सभ्य' बन सकते हैं। लेकिन ब्रिटिश शिक्षा पाने के बाद जब विलियम्स जमैका लौटा तो उसे अपनी आजीविका के लिए एक स्कूल खोलना पड़ा। उसकी एक कविता का उल्लेख मिलता है जो जमैका के एक नये गवर्नर के सम्मान में लिखी गयी थी। लेकिन उस कविता में छिपी हुई एक 'काली आवाज़' को सुनना कठिन नहीं है–'इस उर्वर द्वीप में जन्म लिया मैंने/और विश्व-संघ ब्रिटेन द्वारा पोषित/यह मेरा प्यारा द्वीप....।....अकलुषित आचरण, उद्दीप्त उल्लास/प्रतिभा का जो दहकता हो ज्ञान-तृषा से/ और विद्वत्तापूर्ण भाषण विनम्र पुराने लहजे में/काला-कलूटा अफ्रीकी सजेगा इनसे।'

इसके बाद भी वेस्ट इंडीज में जिस प्रकार की कविता लिखी गयी उसमें ग्रेंजर और विलियम्स दोनों की कविताओं की मिश्रित विशेषताएँ ही कमोबेश मिलती हैं। अपने स्वर्गोपम भू-दृश्यों के लिए वेस्ट इंडीज चित्रकारों, फोटोग्राफरों और पर्यटकों का स्वर्ग रहा है। पश्चिमी काव्यानुशासन को मानते हुए कवियों ने इस प्राकृतिक सौंदर्य का शब्दांकन किया। बाद की कविता में, परवर्त्ती कई कवियों पर, ग्रेंजर की तरह यूरोपीय साहित्यिक स्रोत हावी रहे तो विलियम्स की तरह आत्म-साक्षात्कार और जन्मभूमि से प्रेम की व्यापक भावना से भी परिचालित कविताएँ रची गयीं।

अठारहवीं और उन्नीसवीं सदियों में भले ही साहित्यिक कविताएँ कम प्रकाशित हुई हों मगर भजनों और कैलिप्सो गीतों की मजबूत मौखिक काव्य-परंपरा विद्यमान थी। इन पर पश्चिमी, अफ्रीकी, भारतीय आदि सांस्कृतिक स्रोतों का मिला जुला प्रभाव था। किन्तु साहित्यिक कविता के रूप में 1833 में एम. जे. चैपमैन

की 'बारबडोस' सामने आयी जो ग्रेंजर के 'शुगरकेन' के ढंग पर लिखी गयी थी। यहाँ भी बारबडोस की धरती और यहाँ के कालेदास दोनों ही सुन्दर और प्रसन्नचित्रित किये गये हैं। गयाना के हेनरी डाल्टन ने दक्षिण अमेरिकी प्राकृतिक सौंदर्य के साथ गयाना के निवासियों का भी वर्णन किया है। 'लियो' के नाम से मशहूर गयाना के ही एज्बर्ट मार्टिन ने अंग्रेजी के रोमांटिक कवियों के अनुकरण पर कविताएँ लिख कर ख्याति पायी। इन कविताओं में उपनिवेशवाद के प्रति भक्तिभाव स्पष्टतया प्रदर्शित था। मार्टिन को गरीबों की व्यथापूर्ण जिन्दगी के चित्रण में भी विशेष सफलता मिली थी। 'रुथ' नामक लम्बी प्रबन्धात्मक कविता में उन्होंने वेनेजुएला में सोने की खोज में गये एक युवा के दुखान्त और उसकी पत्नी की वेदना को शब्दायित किया। 'झूला बनाने वाला', 'नीग्रो गाँव'–जैसी कविताओं में काले लोगों के प्रति हो रहे अन्यायपूर्ण बर्त्ताव तथा काले लोगों के आत्म सम्मान के भाव को भी व्यक्त किया गया है। एक तरफ साम्राज्यवाद-उपनिवेशवाद के प्रति भक्तिभाव और दूसरी तरफ आम जीवन की व्यथा के प्रति मानवीय सहानुभूति दोनों प्रकार की प्रवृत्तियाँ अनेक कवियों में भी नज़र आती हैं। इसका विश्लेषण किया जाए तो मालूम पड़ेगा कि औपनिवेशिक मानसिकता के भीतर ही भीतर आत्म सचेतनता का भाव पनप रहा था। इस परिवर्त्तित मनोविज्ञान के संदर्भ में ही इन कविताओं को समझा जा सकता है। कहा जा सकता है कि यह मानसिकता पिछली (सबसे पहली) और आज की नयी पीढ़ी के बीच वालों की थी। वहाँ यथास्थिति में सुधार के लिए मालिक की कृपाकांक्षा तथा यथास्थिति में बदलाव लाने की सक्रिय विद्रोही भावना दोनों का संगम हुआ था। बीसवीं सदी के आरंभिक तीन-चार दशकों में कैरीबियन कविता में इसी प्रकार की संक्रमणशीलता के दर्शन होते हैं जहाँ राजभक्ति के साये में अपनी स्थानीय चेतना से आत्मसाक्षात्कार की स्थिति मिलती है। इसी सश्मय दासता से स्वतंत्र होने की भावना भी जोर पकड़ने लगती है जिसकी अभिव्यक्ति राजनैतिक आन्दोलनों में, और कविताओं में भी, सुनायी देती है। उदाहरण के लिए 'जमैकन पोएट्री लीग' की सदस्या कोंस्तांस हॉलर की 1941 में प्रकाशित काव्य पुस्तक 'दहकता ग्रीष्म' ('फ्लेमिंग जून') को लिया जा सकता है। धीरे-धीरे उपनिवेशवाद-विरोधी चेतना तीव्रतर होती जाती है। वेयर टी.डाली ने 'तरुण गयाना का गीत' (सॉग ऑफ यंग गयाना) में इसी विद्रोह भाव को इतिवृत्तात्मक अभिव्यक्ति देते हुए कहा, 'एक भविष्यहीन, दुखी गुलाम से बेहतर है जंगली आजाद आदमी।' वॉल्टर एम. लॉरेंस ने अनेक कविताओं ('बढ़े चलो गयाना की सन्तानों', 'गयानाः रूपक', 'गयाना' आदि) में दुखी-दलित जीवन को गुलामी से (तथा इन्सानियत को आजादी से) जोड़ते हुए न केवल राष्ट्रीयता की भावना को उभारा बल्कि उसे संपूर्ण मानवीयता की उपलब्धि के लिए अनिवार्य बताया। इसके साथ ही बीसवीं सदी के आरंभिक तीन-चार दशकों में जमैका के तीन कवि–टॉमस मैकडर्मोट, जॉन मैकफर्लेन और उना मार्सन–अपनी कविताओं से लोगों का ध्यान आकर्षित कर चुके थे। मैकडर्मोट

को मरणोपरान्त जमैका का प्रथम राजकवि घोषित किया गया। उनकी काव्य भाषा में लोकतत्त्वों का महत्त्वपूर्ण ढंग से समावेश हुआ है। मैकडर्मोट आइरिश माँ-बाप की सन्तान थे। खराब स्वास्थ्य के चलते वे बाद में स्थायी तौर पर इंग्लैड में रहने लगे। मैकफर्लेन नस्ल से काले थे किन्तु सिविल सर्विस में होने से बौद्धिकों और व्यवस्था के अंग थे। फिर भी एकाध कविताओं (जैसे 'ब्लैक पेरिल') में उन्होंने अपने काले होने की पहचान पर गर्व व्यक्त किया है। उना मार्सन 1932 में इंग्लैंड चली गयीं जहाँ वे 'लीग ऑफ ब्लैक पीपुल्स' की सचिव बनी। इथियोपिया के सम्राट हेल सिलासी की वे निजी सचिव भी रहीं। जब इटली ने इथियोपिया पर आक्रमण किया तो उन्हें फिर सें इंग्लैड में प्रवास करना पड़ा। वेस्ट इंडीज से बाहर जाने पर कवियों को नस्ल तथा संस्कृति-संबंधी चेतना ज़्यादा तीखेपन के साथ महसूस होती है। उना मार्सन और लुइज बैनेट जैसी कवयित्रियों की उपस्थिति से वेस्ट इंडीज की कविता में नारी विषयक मीमांसा को, नारी की ओर से, प्रस्तुत करने का अवसर मिला।

जमैका में जन्मे-पले कवि क्लॉड मैक्के छात्र के रूप में अमेरिका पहुँचे थे पर तरह-तरह के काम करते हुए वे न्यूयॉर्क सिटी में ही बस गये। अपनी कविता 'अगर हमें मरना ही है' ('इफ वी मस्ट डाइ') के छपते ही वे प्रसिद्ध हो गये। अमेरिका के एक सिनेटर ने सदन में इस कविता को उद्धृत करते हुए इसे 'नीग्रो आतंकवाद का खतरनाक उदाहरण' बताया। उन दिनों (1919) अमेरिका में हिंसक आतंकवादी दंगे हो रहे थे। मैक्के को किसी ने 'सिपाही कवि' (जमैका के स्पैनिश टाउन और राजधानी किंग्सटन में मैक्के कुछ समय तक पुलिस कांस्टेबुल रहे थे) तो किसी ने 'महान गीति रचनाकार' बताया। उनकी कविताओं में नस्लवादी अन्याय के विरुद्ध तीव्र स्वर और जुझारूपन तो है ही, किन्तु जमैकन लोकगीतों से उनके प्रगाढ़ परिचय का सबूत भी उनकी कविताएँ देती हैं। मैक्के ने उत्तरी अफ्रीका, पश्चिमी यूरोप, रूस आदि देशों की यात्राएँ की और अपने अंतिम समय (1948) तक अमेरिका में ही रहे। अमेरिका उनके लिए नया अनुभव था जहाँ उन्होंने साहित्य और राजनैतिक क्षेत्रों में सक्रियता दिखायी। उनकी काव्यभाषा दरअसल बोली-कविता (dialect poetry) रचती है। 'साँग्स ऑफ जमैका' तथा 'काँस्टैब बैलेड्स' में जमैका में बिताये गये दिनों के अनुभव हैं तो 'हार्लेम शैडोज' में अमेरिकी जीवन के। 'गाँव में शीतकाल' ('विंटर इन द कंट्री') और 'नगर में जब पौफटती है' (ह्वेन डॉन कम्स टु द सिटी) जैसी कविताओं में हम मैक्के का आत्मविसतार होते पाते हैं। अब मैक्के अमेरिका में बसनेवाले जमैकन मात्र नहीं थे बल्कि वेस्ट इंडीज और अफरीका में एक ही साथ वे अपनी जड़ें महसूस कर रहे थे। 'काला' (ब्लैक, डार्क) शब्द मैक्के की कविता में निषेधात्मक नहीं, बल्कि नये सौंदर्य बोध से युक्त सकारात्मक और सशक्त बन गया है ('ब्लैक इज ब्यूटीफुल')।

1940 से 1960 का समय वेस्टइंडीज के काव्येतिहास में आधुनिक कविता का समय माना जाता है। जॉर्ज कैम्पबेल (जमैका), मार्टिन कार्टर (गयाना), डेरेक

बाल्कॉट (सेंट लूसिया/ट्रिनिडाड), एडवर्ड ब्रैथवेट (बारबडोस) आदि अनेक महत्त्वपूर्ण कवियों की रचनाओं से यह काल समृद्ध रहा है। पिछली काव्य-परंपराओं के विषय यथा-ग्रामीण कृषक जीवन, दृश्यांकन आदि बहुत कुछ इस काल में भी विद्यमान रहे किन्तु नयेपन से युक्त विरोध कविताएँ और कैलिप्सो कविताएँ भी खूब रची गयीं। अब कवि केवल अपने वेस्ट इंडियन अनुभवों को लिखकर ही संतुष्ट भी खूब रची गयीं। अब कवि केवल अपने वेस्ट इंडियन अनुभवों को लिखकर ही संतुष्ट नहीं हो जाता था बल्कि खुद रचना-प्रक्रिया के अनुभवों और उनके महत्त्व को विश्लेषित भी करता था। इस प्रकार आत्मालेचन, आत्मसजगता जैसी भावनाएँ उसमें उत्पन्न हुईं।

गयाना के आर्थर जे. सेमूर (या–ए. जे. सेमूर) 1937 के बाद से लम्बे समय तक कविता के क्षेत्र में सक्रिय रहने वालो रचनाकार के रूप में प्रसिद्ध हैं। उन्होंने लगभग डेढ़ दर्जन काव्यसंग्रह प्रकाशित किये। एक साहित्यिक पत्रिका ("KYK-over-a/") भी निकाली जिसका वेस्ट इंडिज के साहित्य के विकास और प्रचार की दृष्टि से बड़ा महत्त्व माना जाता है। एक सामान्य-से छापाखाने से उन्होंने कुछ कवियों के निजी काव्य-संकलनों की एक सिरीज 'मिनिएचर पोएट' नाम से निकाली। सेमूर प्रकाशन की दृष्टि से रचनाकारों के स्वावलंबन और अभिव्यक्ति स्वातंत्र्य के प्रतीक भी बन गये। वे कविता के सामाजिक-राजनैतिक प्रकार्यों को स्पष्टता से स्वीकार करते हैं। वे प्रतिबद्ध कविता के पक्षधर है और अपनी ऐतिहासिक पहचान, प्रतिरोध और प्रतिबद्धता को कला का दर्जा देते हैं। उनमें लोकतत्त्वों को अच्छी तरह पकड़ने, परखने तथा उन्हें कविता में ढालने का अच्छा कौशल है। 'नगाड़े' (ड्रम्स), 'वेस्ट इंडियन डांस' आदि कविताएँ इसका बढ़िया उदाहरण हैं। इतिहास और संस्कृति के ताकतवर अंशों को लेकर भी उन्होंने अच्छी कविताएँ रची हैं। ऐतिहासिक निरन्तरता और जीवन-मृत्यु की रहस्यात्मक क्रमिकता के माध्यम से वे सृष्टि को समझने की कोशिश में लिखते हैं : 'आदमी/लिखता है अपना पुंल्लिंग गर्भ में/(समुद्र) लिखता है अपने शास्त्र चट्टानों पर...(हवा) लिखती है अपनी इच्छा पेड़ों में।'

सेमूर के ही एक समकालीन, जमैका के जॉर्ज कैम्पबेल का एकमात्र काव्य संकलन 'पहली कविताएँ' ('फर्स्ट पोएम्स'–1945) नाम से जब सामने आया था तो सबका ध्यान उधर गया। ये कविताएँ स्पष्ट सामाजिक-राजनैतिक अभिप्राय अभिव्यक्त करती थीं। कैम्पबेल की कविताएँ एक ओर बाहर से आने वाले उपनिवेशवादी दबाव और आतंक तथा दूसरी ओर देश के भीतर की सामाजिक-आर्थिक विषमता–इन दोनों के खिलाफ सीधे प्रतिवाद में खड़ी होती हैं। कवि का आक्रोश और प्रतिबद्धता जहाँ उसकी कविताओं की प्रभावी ताकत हैं वहीं कोरे प्रतिवाद-मात्र का तत्त्व सपाटता के साथ आकर कविता को कमज़ोर बनाता है। लेकिन जिन कविताओं में कवि ने भावुकता पर नियंत्रण रखते हुए आत्मविश्लेषण किया है वे अधिक प्रभावी हुई हैं, जैसे 'झुग्गियों में' ('इन द स्लम्स') कविता में वे लिखते हैं:

'झोंपड़पट्टियों में/हीरे–जैसी चमकती आँखें/मानव-मक्खियों की/झुंड बनाती हैं चक्कों पर/हमारी समाज-व्यवस्था के।' 'नारकीय दुर्गंध' ('स्मेल्स लाइक हैल') नामक कविता में उनका पर्यवेक्षण है : 'खाये-अघाये, सजे-धजे, मोटे सिगार फूँकते लोग/आरामदेह कारों की सुविधा में चलते जाते/कुछ लोग चुराते भोजन/अपने पेट को भरने के लिए/रोजी के लिए औरतें/तोड़तीं पत्थर।' एक अन्य चर्चित कविता 'मैं था नीग्रो' में वे मार्मिक यथार्थ व्यक्त करते हैं : 'मैं था नीग्रो : भार वाही यंत्रपशु/इन उलझी बाँहों और पेशीदार पीठ ने/ढोये वैसे बोझ जिन्हें मेरी आत्मा तक ने किया महसूस/ढोया मैंने सबकुछ घमंड से कि हार नहीं मानता/मगर अब, हे भगवान! मैं थक गया हूँ ...... थक गया हूँ।' कैम्पबेल ने उस आत्मीय लगाव को बड़ी दक्षतापूर्वक काव्य में व्यक्त किया है जो उनके देशवासियों में अपने देश के प्रति है। 'इतिहास निर्माता' उनकी एक और श्रेष्ठ कविता है जहाँ श्रम और श्रमिक के संघर्ष को प्रस्तुत किया गया है और जिसे पढ़ते वक्त हिन्दी कवि निराला की कविता 'तोड़ती पत्थर' की याद आ जाती है : 'पत्थर तोड़ती स्त्रियाँ/करती हथौड़े की चोट चट्टानें/थकी हुई शिशु निर्मात्रियाँ/अस्तव्यस्त पोशाकें/मजबूत जाँघें/पुख्ता सिर/झुका सत्वर/ सख्त श्वेत ढेर पत्थर के।'

बारबडोस के फ्रैंक कॉलीमोर को विशेष ख्याति 'बिम' (BIM ) के सम्पादक के रूप में मिली थी। इन्होंने वेस्ट इंडीज के सौंदर्य, इतिहास, समाज-संरचना आदि से संबंधित कविताएँ लिखीं। गयाना के मार्टिन कार्टर की कविताएँ उनके व्यक्तित्व से जुड़ी हुई हैं। कार्टर राजनैतिक कार्यकर्त्ता रहे हैं और आज़ादी के बाद गयाना सरकार के विभिन्न पदों (सूचना मंत्री से लेकर संयुक्त राष्ट्रसंघ के डेलीगेशन की सदस्यता तक) पर रहे। उनके अनुसार सैद्धान्तिक कार्यक्रम से ज़्यादा जरूरी है राजनैतिक भागीदारी जिससे बचना उचित नहीं। उनकी कविताओं में विशेष महत्त्वपूर्ण हैं 'यह अंधेरा समय है, प्रिये' ('दिस इज डार्क टाइम माइ लव'), 'गुलाम की मौत' (डेथ ऑफ ए स्लेव), 'क्षुधा विश्वविद्यालय' (युनिवर्सिटी ऑफ हंगर) आदि। 'अग्निपर्वत' (दहिल ऑफ फायर), 'प्रतिरोधी कविताएँ' (पोएम्स ऑफ रेसिस्टेंस) इनके अनेक काव्य-संकलनों में विशेष उल्लेख्य हैं।

विल्सन हैरिस उपन्यासकार के रूप में अधिक परिचित हैं, लेकिन उन्होंने दो कविता पुस्तकें– 'Fetish' (अनेकार्थता लिए इस शीर्षक में कामोत्तेजना/ताबीज/पूज्य वस्तु के भाव हैं और हैरिस ने यह संग्रह 'कोना वार्टक' के छद्म नाम से प्रकाशित किया था) तथा 'Eternity to season' (ऋतु को अनन्तता) भी छपवायीं जिनसे उनके कवि रूप को भी स्वीकृति मिली। हैरिस की भाँति ही फिलिप शर्लाक ने कम लिखा। वास्तव में शर्लाक जब इक्यावन वर्ष के थे तो उनका इकलौता संग्रह 'दस कविताएँ' (टेन पोएम्स) नाम से 1953 में छपा। शर्लाक शिक्षा क्षेत्र से जुड़े थे–वे एक स्कूलशिक्षक, वेस्ट इंडीज विश्वविद्यालय के उपकुलपति और कैरीबियन विश्वविद्यालयों के संघ के महासचिव–जैसे पदों पर रहे। इनकी कविताओं में वेस्ट

इंडीज के सामाजिक जीवन और इतिहास के रूपकमय यथार्थ चित्र मिलते हैं।

वेस्ट इंडीज का अत्यंत लोकप्रिय तथा महत्त्वपूर्ण संगीतमय काव्य रूप है—कैलिप्सो, जिसे सामूहिक नृत्य-संगीत से जुड़ी कविता कह सकते हैं। इसमें बड़ी तीखी धारवाली सामाजिक, सांस्कृतिक और राजनैतिक टिप्पणियाँ होती हैं। कैलिप्सो में गायन, वाद्य, नृत्य, अभिनय, व्यंग्य-विनोद, लोककविता तथा गीतकथा की मौखिक परंपरा—सब का अद्‌भुत संगम होता है। कैलिप्सो में अंग्रेजी भाषा के उपयोग (और विद्रोहात्मक 'दुरुपयोग') से भी लोक कविता और लोक संगीत का सौंदर्य निखरकर सामने आता है। विषय के रूप में सामाजिक-राजनैतिक स्थितियाँ और समस्याएँ, गरीबी, सेक्स, नस्लवादी व्यवहार, स्त्री-पुरुष सम्बन्ध आदि उत्सवधर्मी संगीत के माध्यम से प्रस्तुत किये जाते हैं। यहाँ भाषा अक्सर दोधारी तलवार की तरह वार करती है। उदाहरण के लिए 'कांगोमैन' नामक कैलिप्सो का यह अंश देखा जा सकता है :

'अफ्रीका में सफर कर रहीं दो श्वेतांग औरतें
चढ़ गयीं हत्थे एक आदमखोर शिकारी के
एक को उसने खा लिया पकाकर,
दूसरी को कच्चा ही
सवाद लगा इतना अच्छा कि वह चाहने लगा और ....
मुझे डाह है काँगो मैन से
काश, मैं वहाँ होता और उससे मिलाता हाथ
खाया उसने इतना कि हो गया अपच
और मैं ....अरे, मैंने कभी नहीं चक्खा
अबतक ह्वाइट मीट-सच्च!'

कैलिप्सो की शब्द-रचना जितना ही महत्त्वपूर्ण उसका प्रस्तुतीकरण होता है। अधिकांशतः रचनाकार ही प्रस्तुतकर्त्ता (कैलिप्सोनियन) भी होता है। लुइज बैनेट—जैसी कलाकार कवयित्री को थियेटर के अनुभवों का भी बड़ा लाभ मिला। उन्होंने चालीस के दशक में अभिनय कला का अध्ययन ब्रिटेन की रॉयल एकेडेमी में किया और वहाँ कई थियेटर कम्पनियों से जुड़ी रहीं। उन्होंने दूसरे विश्वयुद्ध के समय 'वक्ते-जंग की दुकान' (वारटाइम ग्रोसरी) जैसी कविता लिखी जहाँ निराश खरीदारों की हँसी-मजाक वाली बातचीत के छद्म को उघाड़ कर रखा गया है। बैनेट ने बोलियों के बहुप्रचलित मुहावरों और कहावतों का खुलकर उपयोग किया है।

नोबेल पुरस्कार से सम्मानित वेस्ट इंडीज के प्रख्यात कवि और नाटककार डेरेक वाल्कॉट की उम्र तब मात्र उन्नीस साल की थी जब 1949 के 'बिम' में फ्रैंक कॉलीमोर ने उनकी कविताओं को लेकर परिचयात्मक लेख लिखा था। वाल्कॉट की कविता ने विश्व साहित्य के नक्शे पर वेस्ट इंडीज को प्रमुखता से रेखांकित कर दिया (कथा साहित्य और गद्य में यही काम वी. एस. नायपॉल ने किया, यद्यपि नोबेल

पुर0स्कार अपनी ही राजनीति के कारण देर तक उन्हें छलता रहा)। 1949 में वाल्कॉट के दो काव्य-संग्रह—'25 कविताएँ' तथा 'युवा के लिए कब्रलेख' (एपिटाफ फॉर द यंग) प्रकाशित हुए थे। बाद में चलकर उनके अनेक संग्रह आये—'कविताएँ' (पोएम्स), 'एक हरी रात में' (इन द ग्रीन नाइट), 'बहिष्कृत' (The Castaway) 'खाडी' (द गल्फ), 'दूसरा जीवन' (एनदर लाइफ), 'चुनी हुई कविताएँ (सेलेक्टेड पोएम्स), 'सागरद्राक्षा' (सीग्रेप्स), 'द स्टार-एपल किंगडम', 'द फॉर्चुनेट ट्रैवेलर्स' आदि।

वेस्ट इंडीज द्वीपपुंज में रहने वालू कवियों की मानसिकता में 'द्वीप भाव' का आना स्वभाविक ही है। वाल्कॉट कहते हैं : 'द्वीपों का अस्तित्व तभी हो सकता है। अगर हमने उनमें प्यार किया हो।' साठ के दशक के बाद वाल्कॉट अमेरिका में रहने लगे जहाँ एक बाहरी पर्यटक और भीतरी आदमी दोनों की नज़रों से उन्होंने अमेरिका के 'नयी दुनिया' (न्यू वर्ल्ड) वाले विजन को देखा। आरंभ में जहाँ इस विजन की प्रतिश्रुतियों से वे आकृष्ट हुए थे वहीं बाद में चलकर उसकी असफलता से निराश भी। 'खंड और समाधिलेख' (फ्रैग्मेंट्स एंड एपिटाफ) शीर्षक कविता में वे सेंट्रलपार्क की एक मूर्त्ति के बारे में (यह Moose अर्थात् कला देवी की मूर्त्ति है जिससे कवि को उम्मीद थी कि इतिहास के खंडों को जोड़कर नयी जिन्दगी का सौंदर्य प्रस्तुत करेगी—अर्थात् अमेरिका का 'न्यू वर्ल्ड' का स्वप्न सबके लिए सुन्दर-सार्थक होगा) वे लिखते हैं : 'कला की देवी का स्तन पत्थर का है अमेरिका में।' लेकिन 'नयी दुनिया' के आदर्श को रूपायित करने में वेस्ट इंडीज की भागीदारी की ओर संकेत करते हुए कवि ने इसी कविता में लिखा—-'मैं वहाँ टिकाता हूँ काले हाथ और करता हूँ प्रार्थना शान्ति के लिए।' द्वीपीय जीवन में अकेलेपन, इतिहास से बहिष्कृति और आत्मपहचान की चिन्ता भी बाल्कॉट में शिद्दत से है, साथ ही नये आत्मसाक्षात्कार और सांस्कृतिक वैशिष्ट्यों की प्रतीकात्मक अभिव्यक्ति भी—'कोई हाथ तो हो जो रेंगता हुआ आये और बीन ले तुम्हारा कचरा/कोई तो हो ज़रूर जो लिखे तुम्हारी कविताएँ।' अथवा—'वह लड़का जो रखता है शंख का नाद अपने कान में/सुनता कुछ नहीं, पर सुनता है सब कुछ/वह जो इतिहासकार सुन नहीं पाता, नाद/उन सभी नस्लों के, जिन्होंने पार किये सागर।' वाल्कॉट के अपने द्वीपदेश और पोर्ट-ऑफ-स्पेन (ट्रिनिडाड) से बेइन्तहा प्यार की झलक उनकी कविताओं में खूब मिलती है और इस प्यार के दायरे में भूगोल, इतिहास, संस्कृति और सबसे बढ़कर मनुष्य शामिल हैं। फिर भी आलोचक उन्हें अक्सर व्यक्तिवादी विचारक और शिल्पकार के रूप में देखते हैं।

एडवर्ड ब्रैथवेट वेस्ट इंडीज के दूसरे सर्वाधिक महत्त्वपूर्ण समकालीन कवि हैं। उनकी कला क्लासिकी और महाकाव्यात्मक है। काले लोगों के 'द्रष्टा कवि' (विजनरी पोएट) के रूप में उनकी पहचान बनी है। 'यात्रा के अधिकार', 'मुखौटे' और 'द्वीप' ('राइट्स ऑफ पैसेज', 'मास्क्स', 'आइलैंड्स') उनके काव्यात्मक त्रिक

(Trilogy) हैं जहाँ वेस्ट इंडीज के काले लोगों के इतिहास और संस्कृति की महाकाव्यात्मक अभिव्यक्ति मिलती है। वाल्कॉट की कविताओं में अफ्रीका अगर अतीत की स्मृति है तो ब्रैथवेट में वह वर्तमान तथ्य है। वाल्कॉट के दादा श्वेत (ब्रिटिश) थे, संभवतः उनकी कविताओं में अफ्रीकी उपस्थिति को लेकर जो अस्पष्टता है उस बात से इसका कोई संबंध हो सकता है। ब्रैथवेट का अफ्रीका का प्रत्यक्ष अनुभव था। कैम्ब्रिज विश्वविद्यालय से स्नातक होने के बाद उन्होंने कोई सात वर्षों तक घाना में अध्यापन कार्य किया था। वेस्टइंडीज विश्वविद्यालय के केवहिल कैंपस (बारबडोस) में वे इतिहास के प्राध्यापक रहे। अतः अपने अफ्रीकी जीवन्त संपर्क को अनुभव और इतिहास-दृष्टि दोनों के सहारे उन्होंने वेस्टइंडीज और नयी दुनिया के सन्दर्भ में रखा। वे अफ्रीका से दोतरफा लगाव व्यक्त करते हैं। अतीत में अफ्रीका से काले लोगों का वेस्ट इंडीज में आना हुआ था और अब वर्त्तमान में वेस्ट इंडीज के काले लोगों की पूर्वजों के देश की सांस्कृतिक यात्रा—तीर्थ यात्रा—हो रही है। ब्रैथवेट पाते हैं कि इन दोनों स्थितियों के बीच में है ऐतिहासिक समय की वह काली नदी जिसे पार करना हर यात्रा के लिए जरूरी होता है। वेस्ट इंडीज के काले लोगों की आज की पीढ़ी उत्तरी अमेरिका की ओर ज़्यादा मुखातिब है जिसे भौतिक सुविधाओं और 'नयी दुनिया की उम्मीदों-भरी आज़ादी' के लिए यात्रा कहा जा सकता है। ब्रैथवेट स्वयं कला को भी स्थान और काल में की गयी यात्रा के रूप में देखते हैं जिससे अतीत और वर्त्तमान पुनर्परिभाषित होते हैं और उनसे नयी पहचान कायम होती है। 'नगाड़े की खाल पर/फटकार चाबुक की/मालिक सूरज की कटखनी धूप...।' जैसे बिम्ब में शोषण का पूरा अतीत और वर्त्तमान अपनी संपूर्ण तीक्ष्णता से प्रकट हो जाते हैं। 'कितने साल से/कितने युगों से/ओ भगवान/ओ शैतान/ हम घूमते रहे/यात्रा करते रहे/इस जगह तक।' अपने सांस्कृतिक पुनर्जन्म के लिए कवि लोकतत्त्वों, लोक भाषा और शैली का बहुत ही ताकतवर इस्तेमाल करते हुए 'अफ्रीका वापसी' का नारा देता है—'उठो-उठो/हँसने दो उन्हें, रोको/उन्हें और लौटो/पीछे-पीछे/काले लोगों के देश/पीछे-पीछे/अफ/रीका में।' कवि यह देख पाता है कि एक दासता जो अतीत की थी वह ज़्यादातर दैहिक थी और एक दूसरी दासता जो अब है वह ज़्यादातर मानसिक है। भयावह दोनों हैं बल्कि दूसरी ज़्यादा, क्योंकि यह अनदिख और सूक्ष्म है। उपनिवेश को चलाने वाला पिछला साम्राज्यवादी तो गया लेकिन उसकी जगह उप-उपनिवेश चलाने वाले ज़्यादा धूर्त्त लोग आ गये हैं। दोनों ही राहें शोषण की हैं अतः कवि हमें सचेत और आगाह करता है कि नये शोषक हमें मटियामेट कर देने पर उतारू हैं : 'इतना भर पर्याप्त नहीं/(तुम्हारा) विराम बन जाना-बन जाना बिन्दु/हो जाना शून्य, हो जाना अनुच्चार/बन जाना सेमीकॉलन, बन जाना सेमीकॉलोनी।' ब्रैथवेट की कविता पुस्तकों में ट्रिओलॉजी के अलावा 'अन्य निर्वासन' (अदर एक्जाइल्स) तथा 'मातृ कविता' (या मूल कविता : मदर पोएम) का भी महत्त्वपूर्ण स्थान है।

वाल्कॉट और ब्रैथवेट जैसे महान कवियों से प्रेरणा लेने और उन्हें अतिक्रमित करने की मन ही मन इच्छा रखने वाले वेस्ट इंडीज में अगली पीढ़ी के अनेकानेक कवि रचनारत हैं। इनसे वेस्टइंडीज का काव्य-परिदृश्य व्यापक और विस्तृत बनता है। सामाजिक-राजनैतिक-सांस्कृतिक विषयों को आज के कवियों ने मुख्य रूप से सामने रखा है। मार्टिन कार्टर (गयाना), एडवर्ड बाउ, वेन बाउन (ट्रिनिडाड), एण्टोनी मैक्नील (जमैका), डेनिस स्कॉट (जमैका), मर्विन मॉरिस (जमैका), जेनिफर रहीम (ट्रिनिडाड) आदि अनेक महत्त्वपूर्ण कवि कविता के क्षेत्र में सक्रिय हैं और उनकी उपलब्धियाँ आलोचकों का ध्यान तेजी से आकृष्ट कर रही हैं।

# भूख का विश्वविद्यालय

❑ मार्टिन कार्टर

है भूख का विश्वविद्यालय विशाल ऊसर। / है मनुष्य की तीर्थयात्रा लम्बी कूच।
भूख का ठप्पा भटकता है देशभर में। / हरे वृक्षों के मेहराब कब के भुलाये जा चुके।
जीवन की तराई उठती है ऊपर और मिरगी के दौरों में गिरती है।
लोगों की झोंपड़ियों में लगे हैं विपत्तियों के पलीते।
वे खच्चर के खुर की छापों का अनुसरण करते हुए आते हैं / पार कर प्राचीन पुल
गर्व की कब्र / अचानक उड़ान / आतंक और समय
वे आते हैं बाढ़ के दूरवर्त्ती गाँव से / मध्य हवा से मध्य पृथ्वी को पार करते हुए
नंगेपन के सामान्य घंटों में।
भूख की जुड़वाँ सलाखें अपनी धातु की भृकुटियों की छाप मारती हैं
जुड़वाँ मौसम मुँह चिढ़ाता उनका / झुलसाता हुआ सूखा और बाढ़।
हैं काले लोग / आधा डूबे हुए खेत में। / हैं वे जिनकी नहीं थी कोई भी आवाज
सूनेपन में
अविश्वास्य में / छायारहित में।
वे आते हैं वर्ष के माटी के फर्श को रौंदते हुए / मिलाते हुए भारी काले जल /
और अंधे फुदकते चमगादड़ की समुद्री आवाज को।
अरे लम्बी है कूच लोगों की और लम्बी है जिन्दगी / और विस्तृत है पाट।
है हवा में धूल और स्मृति की लम्बी दूरी / है समय बारिश का जब उनींदे दादुर हैं चुप
हैं हवा में धुआँहीन टूटी चिमनियाँ / हैं भूरी घासपात की झोंपड़ियाँ और दाँतदार लोहे के टीले।
वे आते हैं लम्बी कतारों में चौड़े शहर की ओर / है सुनहला चाँद आसमान में अशर्फी के समान
है मांस के तल्ले के नीचे हड्डी का तल्ला / है चोंच रोग की टूट रही पत्थर पर
अरे लम्बी है आदमी की कूच और लम्बी है जिन्दगी / और विस्तीर्ण है पाट
अरे ठंडी है क्रूर बहती हुई हवा। / अरे ठंडी है कुदाली जमीन में।
वे आते हैं समुद्री पक्षियों के समान / जहाजों के अनुजल में फड़फड़ाते हुए
है सूर्यास्त की यातना बैंगनी पट्टियों में /
है आग की बुकनी बिखरी हुई धूल-सरीखी साँझ के धुंधलके में
है सफेद झाग का संगीत झुर्रीदार बालू पर।

रात की लम्बी गलियाँ चलती हैं ऊपर और नीचे / उघाड़ती हुई औरत की जाँघें / और पीढ़ी की गुफा।
लौटता है बजता हुआ ढोल और मर जाता है / गिरता है नीचे दढ़ियल आदमी और सो जाता है।
अह्ले-सुबह के मुर्गे उठ खड़े होते हैं और बाँग देते हैं बिगुल के समान।
हैं वे जो उठते हैं रोज पौ-फटे देखते हुए उषा काल में चाँद का मरना।
हैं वे जिन्होंने सुनी शंख ध्वनि और लोहे की झनझनाहट।
हैं वे जिनकी कोई भी आवाज नहीं थी शून्यता में / अविशवास्य में / छायाहीनता में
अरे लम्बी है कूच आदमियों की और लम्बी है जिन्दगी
और चौड़ा है पाट।

## मैं चल दी

❑ लोरेन एफ. जोज़फ

मैंने कह दिया कि फिर दुबारा हुई जरा भी कामुकता
कि बस
मैं चल दी!

माफी माँगने से क्या फायदा अब
क्यों पतियाती रहूँ तुम्हारे झूठ?
यह मैं चली!

सहेजे और भेजे जा चुके मेरे सामान
अब यहाँ कोई न बचा रहेगा निशान
कि मैं जा रही।

जरा भी करीब मत आना
समझ लो बिल्कुल तय है मेरा जाना
लो मैं चल दी।

इस मामले में क्या कर लेगा प्यार
तुम मुझे प्यार करते हो। मैं खाती हूँ मार।
मैं जा रही।

ढूँढ लेना उसे जिसे हो मार खाना।
मुझको तो है जाना।
ठीक सुना तुमने। यह मैं जा रही, चल दी, चली गयी।

## कूवा का साधु

❑ डेरेक वाल्कॉट

सूर्यास्त के समय जब पीतल का घंटा / कूवा में गूँजता /
ऐसा होता है कि तब मैं देखता हूँ अपनी आत्मा को तेजी से निकलते
एक उजले बगुले के समान धीरे-धीरे छोटी होती जाती / ईख के सांध्य समुद्र के ऊपर,
और मैं बैठता हूँ चुप, चाहते हुए कि वह लौट आये / माटी-सने पालतू सुअर के समान,
क्योंकि मेरे मिजाज के लिहाज से, भारत बेहद दूर है। / और उस पीतल के घंटे के पास
कभी-कभार गंजे बादल गेरूए कपड़ों में जमा होते हैं / पवित्र सांध्यवेला के लिए/
पवित्र रामलोचन तक के लिए।
जो अपने पटुए के झूले में से गाता रहता भारत के हिट गाने / जबकि शाम ठेका देती बाजुओं
और उसकी कत्थई टैक्सी के रुपहले भोंपुओं में, / जबकि मच्छर भनभनाते हैं संध्यामंत्र अपने
मेरा मित्र एनोफिलिस, अपने सितार पर, / और जुगनू हर गोधूली को बनाते हुए दीवाली।

एक बावल से बाँधता हूँ मैं अपने माथे को, / मेरी सफेद मूँछे खड़ी हो जाती हैं सींगों की तरह,
भुर भुराते हैं मेरे हाथ रामायण के पृष्ठों की भाँति। /
एक बार जब पवित्र वानर कई गुना बढ़ गये थे प्राचीन /
मन्दिरों की शाखाओं के समान; मैं उन्हें देखने से चूका नहीं, / क्योंकि ये खेत गाते थे बंगाल के बारे में,
रामलोचन रिपेयर्स के पीछे था उत्तरप्रदेश; / लेकिन समय मेरे कानों में नदी की तरह गूँजता है,
बुढ़ापा एक अग्निकांड है / उतना ही खूँख्वार जितना फसल के दौरान लगी गन्ने की आग।
मैं इन लोगों के बीच से गुजर जाऊँगा एक बादल की तरह, /
वे लोग देखेंगे एक सफेद पक्षी को ईख के सायं समुद्र में फड़फड़ाते/
कूवा के पीछे, / और कौन पहचान सकेगा इसे मुझसे निकली हुई आत्मा के रूप में?
न तो मौर के नीचे से दूल्हा / न घूँघट के नीचे से दुल्हन, /
उनकी पवित्र भाषा सिनेमा पोस्टरों पर।
कूवा ग्राम परिषद् में मैं बहुत ज्यादा बोला। /
बहुत धीमे बोला, मैं सदा से अभिभूत था दुकानों के सामने लगे /

लाउड स्पीकरों से / या बड़ी तस्वीर लगे लाउडस्पीकरों से।
मैं डंठल-जैसे धवल बगुले के ही सर्वथा उपयुक्त हूँ / छड़ी-जैसी टांगों पर खड़ा गड़ा
गन्नों के बीच की पगडंडी पर डिस्ट्रिक्ट रोड की बगल में गोधूलि के समय।
बुजुर्ग का स्वांग भरते हुए। जबकि बुजुर्ग रह नहीं गये अब। / हैं बस बूढ़े लोग।

मेरे दोस्त थूकते हैं सरकार पर। / मुझे नहीं लगता यह सिर्फ सरकार ही है।
मान लो सभी देवता बिल्कुल बूढ़े हो गये, / मान लो मर गये वे और लोग उन्हें जला रहे हैं,
यह माना कि जब कोई गन्ने की कटाई करते हुए / काटना शुरू करता है हँसिये से साँपों को
तो वह काट रहा है सर्प-सज्जित ईश्वर को, /
मान लो सारे देवतागण मारे जा चुके बिजली की रोशनी से?

सूर्यास्त होलिकादहन बनकर गूँजता है मेरे कानों में; /
हाँफती हुई अबाबीलों की चिनगारियाँ चौंकती और चिल्लाती है; /
उद्विग्न औरतों की तरह, अपने दहन के आसपास।
मैं आरोहण करता हूँ अपने सुगन्धित चन्दन के पलंग पर।

## खोजी

❑ एडवर्ड ब्रैथवेट

कोलम्बस ने अपने जहाज के पिछले डेक से /
देखा जल में आत्मसात् सितारों को
पिघलते हुए—द्रवित प्रवाल-सा बहते
मेरी ग्रीष्म वायु के जरिये।
अब सुबह के साथ, बढ़तीं छायाएँ /.
ठंडा और साफ सागर तट फैला उसके आगे।
फड़फड़ाते झंडे और पिछले मस्तूल पर चढ़कर काटते पक्षी :

कर्कश आवाजों के साथ, निडर होकर झपटते हुए पक्षी। /
निकट थी इतनी वह
खोज जिसके लिए उसने जलयात्रा की।

कोलम्बस ने अपने पिछले डेक से /
देखा उन ऊँचाइयों को जिनकी उसने उम्मीद की थी
जिन चट्टानों के देखे थे सपने वे ठोस होकर उठीं मेरे निष्कपट जल से।

चीखने लगे तोते। जल्दी ही वह छूने वाला है /
हमारी धरती—उसके दिमागी मानचित्र की कामना।
सुबह को अभिमंत्रित किया नीले आसमान ने अपनी आग से।
पर जबकि वह निहार रहा था सागर तट /
क्या उसकी आँखों में कोई रूपरेखा थी:
उस कत्लेआम की बढ़चढ़के जिसे अंजाम दिया /
उसके सिपाहियों ने यहाँ? बरछे की
नोंक और बन्दूक का कुन्दा, / उग्र खंडित साहस, हड्डियाँ /
कड़कड़ायीं गोलियों की बौछार के साथ,
काले बूट की नुकीली ठोकर मारी मेरे पेट में, /
चाबुक की सरल अभिलाषा?

कोलम्बस ने अपने पिछले डेक से /
देखे दाढ़ीदार अंजीर वृक्ष, पीले पोइ पतले
और पराग की तरह धधकते
जलप्रपात हरियाली में ढँके /
और उसकी आँखें उठीं उन सबसे ऊँची पर्वत चोटियों की ओर
जहाँ छिपे थे हमारे खेत।
अब पूरा विश्वास था उसे /
उसने पत्तों में से आतीं सुनीं कुछ महीन आवाजें नकल उतारतीं।

क्या मतलब था इस यात्रा का, इस नयी दुनिया का मतलब क्या था:
खोज? या वापसी जाने-पहचाने की ओर /
जहाँ से जलयात्रा शुरू की थी उसने?

मैंने उसे हिचकते हुए देखा।

फिर वह बन गया छपछपाता हुआ मौन। /
केंकड़ों ने चटचटाकर तोड़ डाले अपने चंगुल
और बिखेर दिये ज्योंही वह आगे बढ़ आया हमारे तट की ओर।

# पुरुष को तुम कैसे देखना सिखा सकती हो

❑ माया देवी

पुरुष को तुम कैसे देखना सिखा सकती हो
जो देखता है खूबसूरती भरी इस दुनिया को
अपनी ललचौंही उदासी-रंगी आंखों से
और देखता है केवल सपने जो टुकड़े-टुकड़े
होते और मरते

पुरुष को तुम कैसे सुनना सिखा सकती हो
रागों की धुनें और खुशनुमा वाहवाही
जबकि वह सुनता है टूटना अपने दिल का
और बसता है वैसी स्मृतियों में जो बेधती
हैं ज्यों बरछा

मासूमियत का अमृत वह पी सकता है कैसे
जो मदमस्त है बना हुआ

अनुभवों के जहर से
और स्वीकारता नहीं कोई विषहर दवा
और मरता धीरे-धीरे—एकान्त में, अकेला

# डैडी

❑ जेनिफर रहीम

कोई नाम नहीं
इस इंतजार का
चाहना कि कितने ही सूरज ढुलक जाएं
अन्तरिक्ष के किनारे से, ढूंढते हुए
रहस्यमय मार्ग
गरिमाय ढंग से उगने से पहले
उन बेहद ऊँचे पहाड़ों के ऊपर
जो साये में कैद करते हैं मेरी घाटियों को,
जागरण की रातों को और लम्बा बनाते हुए
करते हुए पहाड़ों के ऊपर

तुम्हारे आने की प्रतीक्षा
तुम्हारी लहरदार सफेद कमीज
मेरी आंखों को चौंधियाती हुई, या
क्या वह सूरज नाच रहा था
तुम्हारी पीठ के पीछे।
अपने कंधे पर तुमने सूरज को ढोया था,
डैडी, हालाँकि तुम्हें पता नहीं था इसका
मैंने देखा था उसे वहाँ टिकान किए
तुम्हारे माथे को अपनी श्वेत किरणों से
पवित्र करते हुए और खुलकर मुस्कराते हुए
तुम्हारी आँखों के पीछे।
पीछा किया उसने
काम पर जाते वक्त तुम्हारे पाँवों का
और उन्हें निर्देशित किया फिर घर तक–
आये तुम जब भी।

चहारदीवारी के भीतर मैं
ईर्ष्या करती थी तुम्हारे बाहर जाने से
उन जगहों में जिनके विषय में
मुझे कल्पना भी नहीं हो सकती थी।
छोड़ते हुए, ले गए तुम
मेरे जीवन की रोशनी, और कुछ
न कर सकी मैं।
मैं थी तुम्हारी नन्हीं बच्ची
बहुत छोटी, उन बेहद ऊँचे
पहाड़ों के पार की दुनिया में
यात्रा करने के नाकाबिल।
सो, मैं बैठी रही, खिड़की पर
खुद को तुम्हारी मोमबत्ती बनाकर
चिन्तातुर संकेत टिमटिमाती हुई,
प्रतीक्षारत, तुम्हारे लौटने की
लालसा करती हुई, वापस
लाती हुई
अपना सूरज
जब भी तुम लौटे।
कोई नाम नहीं
इस इन्तजार का
डैडी।

## कविता

❑ **शेरोन फ्रांसिस-टॉमस**

यह संवेदन-छायाओं और रंगतों को मुट्ठी
में जकड़ रही है
शब्दों के ज्यादा चमकदार प्रतिरूप में सटीक

बैठाने के लिए

यह लुनाई कर रही है सत्य के बिखरे हुए
चमकीले टुकड़ों की
जो तिरोहित हो जाते हैं बन्द

उंगलियों के बीच से
जल-बिन्दुकों की तरह
यह पहुंच रही है चीजों के केन्द्र तक
उसे कसकर पकड़ने
और दर्द को और भी अच्छे क्रम में
सुव्यवस्थित करने के लिए

इसका अभिप्राय है चित्रकारी करना
जीवन कैनवस के आर-पार अन्तरालों को
भरने के लिए
उस खालीपन में

## सफेद कपड़े में स्त्री

□ राजनदाय रामकिसुन-चेन

वह यहां थी, और पलक झपकते ही,
वहा बहुत दूर,
'देखा है क्या' मैंने पूछा,
'सफेद कपड़े वाली उस स्त्री को
अभी-अभी जो गुजरी?'

सड़क पर अंधेरा था
उससे भी काला था चकत्ता केलबनी का
जिसके फटे पत्तों की छायाएं
अलकतरे में मिल रही थीं।

वह ऐसी झलक थी जिसमें मैंने
किसी को हिस्सेदार नहीं बनाया
पूजा से उड़कर आते हुए
कपूर के धुएं का एक लच्छा
उतनी ही सफेद उतनी पतली
जमीन से उठती हुई

साड़ी के आंचल को ओढ़े नहीं थी
मगर अपनी नंगी बांहों से उसने
बना रखे थे सफेद वॉयल-जैसे
पंख

फकत एक कौंध थी वह उस रात
जिसे मेरी दृष्टि ने झपट लिया
मुझे भय था कि लोग कहेंगे
मैं अनस्तित्व वाली चींजें 'देखती हूं'
जैसे देखता है कोई
जरायु में जन्मा

मैंनें उसे स्मृति में छिपा लिया
निकालती हूं जब-तब
अलबम के पन्ने की तरह
रात की तस्वीर को
रखा है मैंने उसे अब तक
लपेटकर झिल्लियों में

# अपने प्रेम के प्रति, अब भी

❑ मरीना अमा ओमोबेल मैक्सवेल

एक वृक्ष जड़ जमाए है मुझमें
और तुमने बोया वह बीज।
जड़ जमाये
मेरे मूलाधार चक्र में
यह बढ़ रहा है
और इसे तुम भी नहीं
उखाड़ सकते।
पत्तियां निकल पड़ेंगी मेरे कानों से,
हरियाली मेरा दम घोंट सकती है
या 'पोई' के पीले फूल
बाहर आ सकते हैं मेरे मुख से
मेरे हृदय के करीब
चिड़ियों के कलरव ने
बांधा है घोंसला।
चौकस और गरम।
क्या तुम मेरे पांव जमा दोगे
मजबूत प्रतानों में
या मेरी अंतड़ियों को मरोड़ कर
चुन्नट दोगे
मगर मुझे इस बारे में कुछ कहना है
अभी।
आज—मैं बढ़कर ज्यादा मजबूत हूं अभी
मैं इसे काट दे सकती हूं
छंटाई कर संकती हूं तुम्हारे
स्पर्शकों की
बना सकती हूं तुम्हारी बांहों का बोंसाई

प्रगाढ़ बना सकती हूं
तुम्हारा पर्णसमूह
आओ खिलायें ढेर-सारे फूल
हममें से अब नहीं कोई कर्त्ता
या कर्म / मगर / माली,
मुझे चाहिए तुम्हारा सहयोग

## कैरीबियन पुरुष

❑ आइंटू पर्ल स्प्रिंगर

दीर्घकालीकृत शिशु
स्तन चूसता हुआ
मातृ टोलियों में
छातियों के बीच
दमघोंटू अनुराग की।
पुरुषत्व तक का विकास
रुद्ध हुआ / स्थायी दुग्ध में।
मुर्गा / उगलता है शुक्राणु
छितरा जाने देता है
गैर-जिम्मेदारी के
लम्बे-चौड़े विस्तार में
बनाता है / एक नयी पीढ़ी
स्तनों की / अपुष्ट :
और बरसते हैं आंसू
जब बहता है दूध
शिशुओं के लिए
पितृत्व की अपेक्षा में,
कि बाल शिशु
स्तन चूसता हुआ
मातृ टोलियों में
छातियों के बीच
दमघोंटू अनुराग की

# अज्ञात अ-योद्धा के प्रति

❑ मार्विन मौरिस

युद्ध शुरू होते ही
वह छिपने को था तत्पर
खुली सड़क के बीच लेटकर
भाग्य कोसता किये हुए नीचा सिर

'आओ, हमसे आ मिलो', (बायी तरफ से आवाजें आयीं)
'आओ हम मिलकर लड़ें लड़ाई!'
पर दायीं तरफ की आवाजों ने कहा–
'खुद से बेईमानी मत कर, हे अपने भाई!'

तब तक सिर के ऊपर से
थी लगी छूटने गोली
तपती सड़क दोनों तरफ धू-धू जलते घर
थे, जैसे हो होली

उसने सोचा, शायद कोई पक्ष
पकड़ना ही होगा बेहतर
यही सोचकर एक तरफ को सरका
पर गरदन को गोली छेद गयी सत्वर

छोड़ गये सब, धूल में लिथड़े सिर वाली
उसकी लाश लगी सड़ने
सिर पर तब भी जारी थी गोली बारी
उसको जल्दी ही लोग लगे बिसरने।

# टापू

□ रोजर मैक्टायर

टापू हैं चोत
माटी और शिलाओं की
आत्मकेन्द्रित, आत्मतुष्ट
गर डूब जाएँ सदा के लिए

कौन करेगा परवाह?
चोत हैं
प्यार की,
टापू हैं चीखें
ठोस, अनुराग से धुलीं

टापू हैं गुप्त ठिकाने
इतिहास से शापित, जकड़े, बनाये गये अंध
भ्रमों द्वारा, पागलों,
जोकरों, सपने देखने वालों से भरे

टापू हैं कविताएं
पूरी तरह बेकार, सिवा उनके लिए
जो उन्हें करता इस्तेमाल, जिनको है
जरूरत उनकी, जो करते हैं परवाह
टापू; लोगों के लिए कविताएँ
कुछ को ही होती परवाह।

# कविता-1

❑ आशा राजकु

ओ लहू
दौड़ते हो क्यों
मेरी शिराओं
में

ओ साँस
क्यों बहती हो
फेफड़ो में
मेरे

ओ मज्ज़ा
कैसे करती हो कुरूप
देह को
मेरी

ओ मन
कैसे हो तुम
मुझमें
कैसे हो
मुझमें
जबकि
मैं हूँ
अब भी
बहुत दूर
आत्म रहित

# कविता-2

❑ आशा राजकुमार

तुम नहा रहे थे
कुएँ की बगल में
हमारी आँखें

गंध
दमघोंटू
अस्तबल की
पटकन
खुरों की

सितारे जो टपके
छेदों से
जस्ते की चादरों के

तब
तुम्हारी आह
जब तुमने
कर लिया
साथ मेरे।

# अपनी नानी माँ, एक औरत, के प्रति

❑ मैरीमा एमा ओमावेल मैक्सवेल

मैं वहाँ नहीं थी / जब तुम मरीं / जब उन्होंने तुम्हें बाहर रखा
वैसे ही जैसे तुम जीती रही थी, जरा-सी रूखी
हठपूर्वक / बीच से काढ़े गये तुम्हारे बाल में पुराना जूड़ा
ठहरा हुआ / तुम्हारे गोखरू पैरों पर।

मैं वहाँ नहीं थी / जब उन्होंने तुम्हें रोका /
जैसे तुम जीती रही थी, हमेशा बढ़ती हुई
चलना, चलना, चलते रहना / गरीब बच्चों को खिलाने
देने उनका जल /
पान
साथ बहाती हुई
अपने आँसुओं की मंडली।

पर याद है मुझे / झुर्रियों की एक अटल मर्यादा
भूरी रेखाओं–भरा चेहरा
और सोचते, सोचते सदा सोचते रहने वाली आँखें।

मुझे याद है / अनेक छात्रवृत्तियाँ गरीब लड़कियों
और लड़कों की खातिर / उन्हें उनका जल /
पान देना
काले चमड़े से लिपटे अपने गोखरू पैरों / घिसे जूतों, चलना
अपने दर्द के गोखरूओं की आकृति बन
यह था तुम्हारा भूरा गीत जिसे उड़ेला मेरी माँ के मुखड़े में
तुम्हारा बल / जिसने उसकी पीठ सीधी रखी / जब वह भी
रेडक्रॉस से गुजरी गोरी दुनिया में, हमारी रणसंकुल दुनिया में
सिर ऊँचा किये

उसके ठिगने पैर पार करते हुए अनजान राहें /
औरतों के लिए तब।

यह है तुम्हारा गठरीनुमा आत्म / तुम्हारे विशाल झुके कंधों के साथ
जो तुमने उसे दिया / और पहुँच गयी / मेरे गीत में।

अगर मैं उठाती रही झंडा / तब और अब
यह तुम्हारा गीत है / और उसका
जिसे मैं सलाम करती हूँ।

## मूल

❑ एडवर्ड बाउ

मुझे शब्द चाहिएँ खच्चरों–जैसे अड़ियल-जिद्दी
जो हमें दृढ़ कदमों से ढोकर ले जा सकें
ऊपर रात के पहाड़ पर

जहाँ से पौ फटने पर
हम सूरज से हाथ मिलाएँगे
और सुदूर महासागर की हवा भरेंगे साँसों में

और जब हम उतर रहे होंगे,
धूप में,
हम चकित हो जाएँगे
यह देखकर कि
कितने जोखम हमने पार कर लिये।

# तालाब

❑ मार्विन मॉरिस

यही एक तालाब था गाँव में
और छोटे बच्चों को—उसने अपनी बीमारी के दौरान सुना—
उसके बहुत पास जाने की मनाही थी।
अथाह है ताल—उनका कहना था—
जिसने निगल लिया एक जैसा लोगों और पशुओं को
और इसकी गहराई में—बड़े-बूढ़ों का कहना था कि—
तैरते थे पनततैये और नामहीन संत्रास;
अच्छे बच्चे दूर ही रहते।

हालाँकि निषेधों के हाथों कठोरतापूर्वक पीछे खींच लिया गया
वह छोटा बच्चा, भय में उलझा, दूर ही रहा,
पर एक भीगे ग्रीष्म दिन, जबकि दूब उगी थी खूब हरी-भरी,
कीचड़मय राह थी, फिसलनभरी, उसने खुद को पाया
वहाँ, उस पौराणिक किनारे पर।

विचारमग्न ताल साँवला था।
अचानक, बादलों से बचकर, सूरज
निकला चमकदार; और अपराध-बोध में झिलमिलाते हुए
उसने देखा खुद अपना चेहरा ताल में से झाँकता हुआ।

# गृहस्थ आदमी

❑ डेनिस स्कॉट

रातमें जब सभी सामान्य प्यार-मोहब्बत थिराकर बैठ चुके होते हैं
जैसे मेरे छोटे बच्चे की खाँसी में फँसी धूल, मेरी बीवी की
साँस, मेरी बिटिया की आह,
मैं उन्हें बुलाता हूँ अन्दर। पत्तों के अंधेरे पहलू की ओर से,
इच्छा के देशों से, सड़क के गड्ढों में से,
उन जगहों से जहाँ-जहाँ मैं गया और कभी नहीं वापस किया
सीमा पर, चेहरे जिन्हें मैं चाहता था और माफ नहीं किया कभी
मरने के लिए, पत्तों के अँधेरे पहलू की तरफ से, वे आये
धुएँ से भी ज्यादा महीन, छायाएँ कागज पर,
जैसे मेरी बीवी की खाँसी में फँसी धूल, मेरे बेटे की आह, मेरी
बिटिया की साँस।

वे कर्कश यात्राएँ करते हैं दिमाग में मेरे। वे रोते हैं
लैम्प की उजली वेदना पर। चुपाता हूँ मैं उन्हें।
जिह्वा-रहित, वे परिक्रमा करते हैं। सितारों की तरह वे मरते हैं,
ठंडे पड़ जाते
राख बन। मैं उनके दाग खोजता हूँ कागज पर, और दस्तखत कर देता हूँ।
देखिए उन्हें नीचे की ओर उड़ाते हुए
झुलसे चन्द्रमाओं के समान मेरी जिन्दगी को। देखिए उन्हें
गिरते हुए
जैसे मेरी बिटिया की खाँसी में फँसी धूल, मेरी बीवी की आह,
मेरे बेटे की साँस

# औपनिवेशिक कन्या विद्यालय

❑ ऑलिव सीनियर

उधार लिए हुए बिम्बों ने / हमारे लिए पीली चमड़ी की इच्छा की
चुपाया हमारे ठहाकों को / हमारी आवाजों को बनाया धीमा /
आँचलों को कर दिया आज़ाद
जिमखाने के चुस्त लिबास में खारिज कर दिया हमारा औरताना लिहाज़
देहाती गीतों और विनीत हवाओं के लिए हमारे सुर को सँवारा
जोत दिया हमारे दिमागों को लैटिन की विभक्तियों /
और शेक्सपीयर की भाषा में

हमारे अपने बारे में कुछ नहीं बताया /
हमारे अपने बारे में कुछ था भी नहीं

किस तरह से उत्तरी दिशा (इंग्लैण्ड) की उन पीली आँखों और
अभिजात फुसफुसाहटों ने एकबारगी हमें खुरच डाला
किस तरह से हमारी मुखरता, हमारी हँसी ने / हमें गारत किया

हमारे अपने बारे में कुछ बचा नहीं था /
बिल्कुल कुछ नहीं था हमारे बारे में

अध्ययन : इतिहास प्राचीन और आधुनिक / इंग्लैंड के राजे और रानियाँ
रूस के बंजर मैदान / कैनाडा के गेहूँ के खेत
वह हमारे भूदृश्य का कुछ भी नहीं था /
हम सबके विषय में बिल्कुल ही नहीं कुछ भी

मार्कस गार्वी अपनी कब्र में पलटा दुबारा /
सन 'अड़तीस एक प्रकाश-स्तंभ था। एक मशाल,
वे लिट्लरॉक और अरकंसास के /

पुनर्विलयन की बात कर रहे थे। लुमुम्बा
और कांगो। गड़बड़झाला हमारे लिए /
हमने वाचेल लिंडसे का पढ़ा / जंगल दर्शन
अपने बारे में कुछ भी महसूरस नहीं करते हुए
हमारे बारे में कुछ था ही नहीं

महीने, साल, रटता हुआ बचपन / लैटिन विभक्तियाँ /
(क्योंकि हमारी भाषा / '–बुरी बात–' / जुर्माने)
अपने बारे में वहाँ कुछ नहीं पाते हुए /
कुछ भी नहीं हम सब के विषय में
सो, अपने बचपन के दोस्तों के साथ /
एक रोज हम बात करेंगे / कैसे टूटा आईना/ किसने हमें
चूम कर जगाया / अनान्सी को निकाला किसने अपने थैले से

क्योंकि, क्या यह अचरज नहीं कि / उत्तर दिशा की आँखें
हमारे जगमगाते संसार के आगे अब हैं कितनी

पीली?

## अपने आँगन की पगली के प्रति

❑ ऑलिव सीनियर

श्रीमती जी : कृपाकर मेरी खिड़की पर पत्थर मत मारो
क्योंकि इसका नाम है 'पवित्र गृह' जबकि ईश्वर ने भेजा तुम्हें
कि सभी सूदखोर महाजनों को निकाल बाहर करो रंडी को
मंदिर के गर्भगृह से। फिर से। कृपाकर मेरे पीछे मत रेंगो
जब मैं बागबानी कर रही होऊँ मुझसे छुरी माँगने
के लिए। एक बाल्टी। एक रस्सी। उम्मीद। फिर तुम्हारा मुझे यह धमकी देना
कि सुलगा दोगी, प्रज्वलित कर दोगी और मुझे खा जाओगी
मुझे पता है कि तुम हो हिजड़े–और–जुगनू की पुत्री जो भेजी गयी मेरा
एक्स-रे लेने और उत्खनन करने

ओ श्री मती : निरर्थक है यह। मैं यहाँ जी-जान से कोशिश में जुटी हूँ
अपने जीवन के साथ। समाज के साथ। तुम घुसती हो मेरे आँगन में
क्रोधियों या चमगादड़ों की तरह कपड़े पहने। ले आती हो सीधे मेरे पास
वे सारे नरक जिनसे मैं बचने की कोशिश करती रही हूँ।
सोचा एक किले की दीवार बनी रहेगी
जल-भँवर में। जो बाहर रखेगी गुबरैलों और चमगादड़ों को।

चाहती हो क्या? मुझको नीचे—तुम्हारे अपने स्तर पर—उतार लेना?
—है जो कूड़े-कर्कट पर बनी हुई जिन्दगी। स्मृति की उस लकड़ी पर नक्काशी
जो कचरा है। बिम्बों का एक जंगल जो पादरी
और नरकज्वाला को संभाले हुए है। बचपन
गत्ते का बना हुआ ऐसा मकान जो खड़ा न रह सका। आदमी
दीवारों पर रखी मीठे पानी की छोटी मछली के समान है। सो तुम चुनती हो
अपनी जगह दरवाजों के बाहर। या मेरे बगीचे में।

अरी, श्रीमती : जब तुम प्रलाप करती हो और चिल्लाती हो तो वास्तव में
धमकाती और फुसलाती हो मुझे। खोज निकालती हो मुझे फिर बहिष्कृत कर देती हो।
तुम मुझे एक झटके में नहीं हटाती : जानती हो तुम कि जीवन=नियंत्रण।

हाँ, हम दोनों के बीच जिस बात का अन्तर है वह यह है कि :
मैं अपना पागलपन पहनती हूँ अन्दर से। तुम अपना पहनती हो बाहर से।

## लाजवाब नुक्कड़

❑ रोजर मैक्टायर

उन्हें अचरज होता है जब हम बिताते / घंटे पर घंटा
नुक्कड़ पर अड्डा मारते, झुके हुए दीवारों और लैंपपोस्टों पर / कभी चुपचाप
कभी बतियाते या ठहाके लगाते / और हमेशा चालाक आँखों से ढूँढ़ते हुए।

कड़ी सड़क पर किसी तरह हम जगह बनाते हैं अछूती दाढ़ी रखने वालों
ऊँची आवाज वाले बड़बोलों और निर्लज्ज चेहरों के बीच में से
अपने दिलों के भीतर के भय को रोक रखने के लिए संघर्ष करते हुए
इसके परे की सड़क कुहरेदार धुंधली है /
पीछे की सड़क को हमारी समझ में अनावश्यक महत्त्व मिला था।

वे आपत्ति करते हैं जब हम बैठते हैं /
रात पर रात, बार-स्टूलों पर और क्लबों में
बर्फ-भरे गिलासों को घुमाते हुए /
बोतलों में निहारते हुए रम की कत्थई बूँदे; लगातार
जैसे बैरोमीटर बुरे मौसम में।

हमारे कानों में घूमते हैं बूढ़े लोगों के होंठ /
अपनी सुनहली पीढ़ी को बताते हुए शानदार, दुरुस्त,
पर हमारे संशयी विचार विश्वास करने से इनकार करते /
पूर्णता की अपूर्ण सन्तान
छद्म मसीहे न नेता न अनुयायी।

क्या हुआ गर हम दौड़ें दत्तचित्त हो एक प्रेम से दूसरे प्रेम तक
अगर हमारी आँखों में प्रतिबिंबित कपट को छिपायें काले चश्मे
क्या हुआ जो निष्ठुर दिखावे के लिए हम लम्बा मुँह बनायें?
अपने ही बनाये षड्यंत्रों की प्रेतछायाएँ लेकर
अगर हम खुद के ही पीछे पड़ जाएँ।

(विवाह–) वेदी की रेलिंग पर घुटनों के बल झुकती हैं
लड़कियाँ आशन्वित
हम अर्पित करते हैं अपना प्यार आँखें भींचकर
उनकी टकटकी में झाँककर देखते नंगे शैतान को /
जिसके इशारे से आती है हमारी आँखों में चमक।

रात दिन हम बनाते हैं भीड़ /
अपने पास अपेक्षा करते हुए लोगों की और शोर की
ईस तरह के विचारों को रोकने के लिए /
कि हम अकेले क्यों हैं–धारा में प्रवाहित सारी आत्माएँ।
अपने सपने अपनाते हुए हम फुटपाथों पर बैठते हैं /

भविष्य स्वप्न के आह्वान की कोशिश करते हुए।
कोई जिन्न नहीं आता, मोहभंग के बाद हम गिरवी रखते हैं
लॉकेट दूसरी बोतल खरीदने के लिए
ताकि मदद मिल सके हमें इस उदासी के संक्रमण सहन करने में

## सूखा

❑ वेन ब्राउन

औरत है बाँझ। और कस्तूरों (काले पक्षियों) का
बड़ा कठिन समय बीता इस साल सूखे में
वे गिरे फतिंगों के समान खेत की सतह पर।

औरत है बाँझ। और नगरी,
गोया तेल पर फिसलती हुई रेंगने लगी दक्षिण की तरफ,
जल्दी ही होगी खड़ी टखनों पर अपने।

गाती है वह : 'करोगे मुझसे शादी?
मैं खोजती रहूँगी ढेरों सपाट चट्टानों के अन्दर
गुजरी हुई बरसात की नमी।'

गाती है : 'ओ संसार, करोगे मुझसे शादी?'

नदी तल सूख गया पूरी तरह, गोहों ने
पेड़ों पर बनाया ठिकाना, ऊँची डालों पर।
गन्ने पश्चिम की ओर झुक गये, जलते हुए, झुलसते हुए

अपने समय के सूर्यास्त में, जोते हुए गर्त में
जहाँ औरत दुबले सम्बोधन चिह्न की भाँति
नाचती हैं निष्प्रभ हर शाम

गिरे हुए कस्तूरों के बीच।

# सिस्टर मेरी और शैतान

□ लोर्ना गुडीसन

मैं नीचे सड़क पर जा रही थी / और दुपहरिया का सूरज
मार चोटें कर रहा था / ब्रदर विलियम्स के पुष्पहार के गुलाबों पर
जब तक कि वे वैसे सिकुड़-सिमट नहीं गये / गोया चाहते हों सोना
केवल मैं और ईश्वर / अकेले / चलते गये नीचे सड़क पर।

धूल जम रही थी / मेरे साफ सफेद जूतों पर / जब मैंने नीचे देखा
और देखा अपनी छाया को दुगुनी।

मैं जानती थी कि वह था शैतान। /
परिचय देने की उसे कोई जरूरत नहीं थी
क्योंकि मेरे लहू ने शुरू किया दौड़ना /
और रुकना / और मेरे भारी कदमों के नीचे
जमीन ने छोड़ दिये / मेरे पाँव / और मेरा दिल मानो लगा /
रुकने और मैं नहा गयी ठंडे पसीने से।

शैतान खुद / पूरे काले कपड़े पहना लम्बा आदमी था / सिर पर हैट रखे
जो उसके चेहरे को वैसे ढँक रहा था जैसे छाता।
तब उसने ले लिया ब्रदर विलियम्स / का पुष्पहार मुझसे
और मुझे पकड़ लिया मेरी कमर को लपेटकर

और आग धधकने लगी मेरी देह में
और मुझे आयी शर्म और मैंने छिपालिया अपना चेहरा
और तब वह बोला पहली / बार / और वही जगह थी जहाँ
सिस्टर मेरी मर गयी / जब नरकदूत ने / अपनी शैतानी आवाज में
पकड़ लिया / पुष्पहार और कहा
आज का दिन मेरा है सिस्टर मेरी
मुर्दे लोगों को
दफनाने दो मुर्दा।

# नयी दुनिया के हम काले

❑ ग्रेस निकोल्स

ध्वनि रूप
हमारी आवाजों का
धोखा देता है हमें
जितनी भी दूर
हम पहुँचे

जो भी भाषा
हम बोलें
पुराना भूत
दावा करता रहता है
धूसर प्रतिध्वनियों में
बहते हुए काठ की लकीरों की भाँति

और बावजूद हमारे खुद के
हमें पता है रास्ता / वापसी का

नदी चट्टान तक
छोटी क्षीण
आत्मा
नाभिनाल की
छिपी है हमारे पिछवाड़े के बगीचे में।

# सगुन

❑ ग्रेस निकोल्स

मुझे एक शकुन की अपेक्षा है, एक संकेत की
मैं नहीं कर सकती खुद सगुन उचारने की हिकमत
खुद अपने भरोसे
केवल अपने भरोसे

घड़ियाल के दाँत
और पंख
पुरानी जड़ और चूरन

मैं कर नहीं सकती सगुन उचारने की हिकमत
यह काला जादू यह टोना नहीं कर सकती
अपने खुद के भरोसे

दाहोमी मेरे साये में घात लगाये है
योरुबा मेरे साये में घात लगाये है
एशाण्टि मेरे साथ में घात लगाये है

पड़ी असमंजस में हूँ मैं
मुझको कोई राह दिखाए
छोटा-सा भी संकेत मिले इक छोटे-से सगुन का
शायद एक चिड़िया आये चोंच ठोंकती
मेरी छत पर

सब चुप हैं अब
चुप हैं खेत
चुपाये गन्ने

चुप्पी साधे ढोल
घास की पत्ती-चुप है
समुन्दर है चुप
पीछे चुप्पी की ओर लौटते हुए
उठकर होती खड़ी भाग्यवादी चुप्पी

कैसी है यह आवाज?
अरे, है कैसी लपट यह?

## वे आये जहाजों में

❑ महादेई दास

वे जहाजों में आये।
समुद्रों के पार से, वे आये। /
ब्रिटेन उपनिवेश बना भारत को उसकी जंजीरें स्थानान्तरित करता हुआ
छोटानागपुर और गंगा के मैदान से।
पच्छिम की तरफ आये ह्विटबी, / द हेस्पेरस / द्वीपों की ओर /
फटेलरोजाक (फतेह-अल-रजाक)
साम्राज्यवादी नमूने के काठ के दूत। / ,
हर मैजेस्टी की विजय के बलि के बकरों-से बलिमानव।
वे आये जहाजी बेड़ों में। / वे आये झुंडों में /
ढोर-डाँगर की तरह / भूरे मवेशी-जैसे/
आँखें निर्मल वैसी ही—मवेशियों-जैसी।

कुछ आये थे दूध-शहद की समृद्धि वाले सपने लेकर, /
अकाल और मौत से भागते हुए : / नाचनेवाली लड़कियाँ,
राजपूत सिपाही, लम्बे-तगड़े, / गर्व के दण्ड से बचते हुए /
चुराई हुई बीवियाँ, डरी हुईं और विषण्ण,
काला पानी पार करते हुए, / ब्राह्मण, चमार, समान रूप से, /
दिल उम्मीदों से लबालब।

मैंने देखा उन्हें मरते हुए गली के नुक्कड़ों पर, अकेले, भूखों /
ब्रिटिश रोटी के एक टुकड़े की खातिर
और जो चंगा कर दे वैसे हाथ के गहरे स्पर्श के लिए।
मैं याद करती हूँ अपने दादा की भुतहा टकटकी; /
मेरी आँखें इतिहास को तेजी से पार कर
पहुँचती है मेरे अजन्मे बच्चों तक /
मैं याद करती हूँ जलदस्युता भोलेपन की
उनकी आँखों में मोमबत्ती की तरह गुल रोशनी।
मैं अकेली आज हूँ जीवित। /
मैं याद करती हूँ काठ की कुटिया, बैरकघर, मैदानी इलाके,
कालों की बस्ती। मेरी दादी खेत में काम करती थी। /
सम्मानपूर्ण उल्लेख।
क्रियोल गिरोह, बाल मजदूर। / द्वितीय पुरस्कार। /
मुझे याद हैं ललभागी, लियोनोरा की मजबूत सन्तानें, /
और एनमोर तीखी, दृढ़निश्चयी। /
याद हैं एक तिहाई कोटा, कुली औरतें।
छितराता लहू था तुम्हारा ताकि मैं अपना इतिहास नामंजूर कर दूँ /
धानपत्तियों के बीच के आँसू भुला दूँ।

क्षितिज के छोर पर, मैं सुनती हूँ /
हवा में चीखती हुई आवाजें। कॅफी चिल्लाता :/
'याद करो 1763!'
—जॉन स्मिथ—'यदि मैं /
खुदा का बन्दा हूँ, मुझे दुःख में शामिल होने दो।' /
अकर्रा 'तक को दृष्टि थी'। /
देवू चिल्लाया, /
'मैंने रानी को खत लिखा, काठ की कुटियों में कुलियों की पिनपिनाहट
मुझे आराम नहीं करने देती।' /
कुलियों का क्रन्दन देश भर में प्रतिध्वनित हुआ।
जो आया झुंडों में उसके दफ्तर के दरवाजे पर /
बिनती करता हुआ कि जुआ उनका जरा ढीला कर दे! /
बागान मालिकों के खिलाफ क्रोध से काँप रहा था क्रॉस्बी, /
व्यर्थ ही। वंचित अधिकारों से, सुना उसने /
जारी था कुलियों का क्रन्दन।

कमिश्नर लोग आये, / ब्रितानी फ्रेमों में पूँजी के चश्में /
मशविरा कर रहे प्रबन्धकों से आप्रवासन के खर्चे पर। /
कमिश्नर लोग चले गये, पचास डॉलर का अनुदान रह गया।
रह गये सपने एक गाय और अनगिनत बछड़ों के, /
और जंजीरों की अन्तहीन वास्तविकता।

## मेरा लेखन बोलता है उन और औरतों के बारे में

❑ ओपल पाल्मर एडिसा

मैं हूँ
और / तुम
मैं प्रेम जताती, आती-जाती, रोती-चिल्लाती, बतियाती

मेरी कविता / हैं टाँगे, स्तन / जाँघे, दोलायमान नितम्ब,
उपेक्षा-कातर रोती हैं कविताएँ, / हँसती सूरज के संग
दहकते गुलमोहर के नीचे करती हैं वे नर्त्तन
नंगे पैरों से धूल उड़ातीं / कपड़े के छोरों से प्रस्वेद सुखातीं
पसीनेदार काँखों से, भौंहो से गंध पोंछती
ये कविताएँ औरत हैं / दुर्गंध लहू की हैं जो / चूता है प्रतिमास
कि जिसको रखतीं कुछ औरतें भोजन में अपने
ताकि रहे बना वह उनका अपना जो अपना है
गाते हुए दुःखों को तालाबन्द बक्स में हैं जो
जिनकी रखवाली की खातिर सदा बची रहतीं मादाएँ
उन्हीं औरतों के बारे में ये कविताएँ
काम किया है सदा जिन्होंने / इस माटी में नदी किनारे
बिस्तर और रसोई में, गलियों के नुक्कड़ पर भी
उन्हें काव्य में बिना उतारे करती हुई काम केवल
करती हुई काम कि दूसरे लिखें-पढ़ें उनके बारे में
करती हुई काम क्योंकि करना है उनको

स्त्रियों की हैं ये कविताएँ / वह स्त्री है वहाँ उपस्थित
सदा सहारे की खातिर / खुले माइकों की खातिर /
और उत्पादन की खातिर :
उपस्थित है वह वहाँ / नयी कविताएँ पैदा करती है /
कुछ खेड़ी में जमा की गयीं
और हुईं स्थगित भी कुछ / टैबलेटों से, जड़ी-बूटियों के द्वारा
कभी 'निरोध' या प्रत्याहार से, गर्भपात से कभी /
औरतों की ये हैं कविताएँ
अपनी गोलाई के द्वारा ही परिभाषित जो /
उनकी ऊँची-कठोर हैं रीढें;
खूब भिंचे हैं उनके होठ / चीख दबाने की खातिर।

मादा कविताएँ हैं ये / भींगी हुईं योनि-रज में
एक दूसरी की खातिर जो रखती हैं / स्नेहिल आँखें
कहानी हैं उनकी ही ये कविताएँ।

## प्रेमी

❑ मीलिंग जिन

रोओ, कि कुछ मर गया है हमारे भीतर
हम कह लें भोलापन,
था वह जब हम करते थे प्यार
एक दूसरे के बिन जाने।
जब एक दूसरे के आगे
बेपर्दा हमने किये
छिपे हुए हिस्से अपने खुद के

फिर हम दोनों हटते गये पीछे
भय से / अविश्वास से।

## बाहर-भीतर

❑ उशांडा इयो एलिमा

ऐसी एक औरत हूँ मैं जिसका नहीं कोई देश
सिवा पृथ्वी के और परे उसके
मेरी कोई नहीं नस्ल
सिवा जीवन के असंख्य रूपों के
कोई समुदाय नहीं मेरा
सिवा जिन्दगी को प्यार करने वालों के

मेरा अपना नहीं कुछ
फिर भी सब है हमारा
कोई पूरा नहीं समझता मुझे
जबकि जाहिर है मेरा सब कुछ
कि कोई नहीं जोहूँ मैं
और मैं हूँ हर-एक

## द्वन्द्वोन्माद

❑ त्रिवेणी रहीम

अपनी उँगलियों के पोरों से मालिश करती हूँ तुम्हारी देह की मैं;
एक सनसनी भरी उत्तेजना–तुम्हारे लिए, मेरे लिए
तुम्हारे कंधे, चूतड़, पाँव प्रतिक्रिया करते हैं मेरे स्पर्शों पर
मुड़ते हैं मिलने को आतुर हो मेरे हाथों से, कुचों से, टाँगों से।
स्थान और काल जड़ हो जाते हैं जब हमारे शिराग्र उछलते

पवनबेग से एक दूसरे की ओर
वैद्युतिक आवेग जोड़ते हैं हमारे अलगाव़ की गंडिकाओं को।
पीते हुए अपने लार, पसीने, आँसू,
तुम्हारी जीभ अन्वेषण करती मेरी योनि का, ढूँढ़ती फिरती मेरे स्राव को
मेरे मुँह का वीर्य फिर से तुम्हारा बन जाता है एक चुम्बन के दर्म्यान
चूसते हो तुम मेरा ऋतुस्रावी रक्त—और लौटते हो मेरे कुचों में,
मुँह में, चेहरे में
हम बनाते हैं मादक रसायन दैहिक द्रवों और ताप का
रक्त, मज्जा और श़िराओं से निर्मित।

मुँदी आँखें दृष्टि को रोकती हुईं ;
अत्यधिक समस्वरित कान संगीत से
हमारी साँसों, दिल की धड़कन और सिसकारियों के,
तुम लेटे हुए मेरे ऊपर, मेरे पीछे, बगल में, मेरे चारों ओर,
तुम्हारा शिश्न एक सर्प घुसता है मूल स्त्री में
एक लहरीली लयवाली गति से;
द्वन्द्वात्मक—एक ही साथ गतिहीन और ठेलते हुए—
अस्तित्व के संश्लेषण—संवाद—की तरफ।

शब्द हमेशा ही मेरे लिए महत्त्वपूर्ण रहे हैं; वे देते हैं मुझे अनुभूति
शक्ति की, नियंत्रण की।
मानो एक बार परिभाषित, विश्लेषित होकर कोई चीज मेरी हो जाती है।
तुम्हारी ऐन्द्रिकता चुनौती देती है तर्कसंगत और अधिकारपरक दोनों को
अर्थव्यक्त करते हुए एक स्पर्श, एक नज़र,
एक आलिंगन से—मुझ तक, और औरतों तक।
जब मैंने वर्णन किया अपने पिता की गिरमिटिया
मजदूरी और उनकी माँ के
दुःखों का तुमने सिर्फ मुझे पकड़े रखा
चंगा करते हुए जाति, वर्ग, लिंग के रक्तस्रावी घावों को।

# ऐसा है संसार पुराना हमारा

❑ आइमी एलॉयडिन

अभी-अभी एक दिन मरा है
और दूसरा हो गया पैदा
ऐसा है ब्रह्माण्ड हमारा
वर्षों, शताब्दियों पुराना
थका-हारा, जिए हुए जीवन के चलते घिसा हुआ
फटा हुआ, फाड़ डाला गया अपनी ही व्यस्त जिन्दगी के द्वारा
ऐसा है संसार पुराना हमारा!
घिसी हुई, रद्द कर दी गयी इन घिनौने घंटों के द्वारा
एक धीमी दुर्गति, माफी या दया के लिए घिघियाती हुई!
किसी सठियाये बूढ़े की तरह जिसे किसी गुप्त रोग ने ग्रसा हो
झूलता है जो जीवन पर और फिर भी सपनाता है अपने सपने
दया पाने के लिए, बिना इज्जत का ख्याल किये, जो रेंगता है घुटनों के बल
रेंगता है कीचड़ और गन्दगी में
वीभत्स फोड़े ढँक लेते हैं उसकी चमड़ी को
और मुँह से उसके निकलते हैं अनवरत दुर्वचन
उसके हाड़-हाड़ अंग उसका हुक्म मानने से करते हैं इनकार
ऐसा है बूढ़ा हमारा संसार
अपनी कब्र की तरफ जाता हुआ एक घिनौना बूढ़ा

# मौत

❑ कैरीन एम्मन

अचानक रोशनी की धधक ने मेरे मन को खोल दिया
जबकि जिन्दगी की डोर फिसली जा रही थी /
मेरी आर्द्रता-भरी हथेलियों से।
सामने मेरे उभरी मेरे पाँचवें जन्मदिन की पार्टी की तस्वीर
मैं थी वहाँ एक स्टूल पर खड़ी /
कुछ ज्यादा ही चमकदार मेरी आँखे, नटखट मगर मासूम,
मोमबत्तियों की लालिमा से गुलाबी बने हुए मेरे गाल। /
आवाज मेरी माँकी कहती हुई,
"आ मेरी प्यारी बिटिया, फूँक मार बुझा दे
मोमबत्तियों को और कोई कामना कर।"
आखिर जब हवा भर मैंने अपने गाल फुलाये, /
सिकोड़े अपने होंठ और फूँक मारी,
तो मैंने खुद को मार डाला, /
और जन्मदिन की पाँच छोटी मोमबत्तियों में से
सर्पिल गति से निकल रहे / धुएँ के लच्छों की तरह
झूलने लगी मौत।

# अस्पताल के बेड से

□ कैरीन एम्मन

डर, मतली, अंधकार
चौंधिया देता है मेरी झपकती आँखों को सफेद रंग /
एण्टीसेप्टिक की गंध आक्रमण
करती है मेरे नथुनों पर / सवाल हथौड़े मारते हैं मेरे दिमाग पर।
चीख घोंटती है मेरा गला / मुझे निकालो! निकालो मुझे!
मगर हत्या हो जाती है उसकी एक सुई चुभोने के साथ
जो सुस्त कर देती मेरी इन्द्रियाँ और, अचरज,
मेरे छटपटाते अंगों को कर देती प्रशान्त।

आखिरकार जैसे-तैसे टिक-टिक कर बीतते हैं घंटे
और महीने फाड़ लिये जाते हैं कैलेंडर से
उम्मीद मेरी सहेली बनी और नहीं रह जाती
दर्द अपने स्वार्थी हाथों से बाँधता है लोहे के छल्लों में मेरे हाथ।
तोड़ो, मैं चीखती हूँ बे आवाज / मुझे निकालो! निकालो मुझे!
सफेदी की परतें घेर लेती हैं मुझे / सभी तेज हथियारों से लैस।
शुरू हो गयी है लड़ाई, / उफन रहा है पसीना
बढ़ता जा रहा है दर्द / मुझे निकालो! निकालो मुझे!
लेकिन एक अचानक रोशनी की भभक
एक आकार, एक चेहरा, एक इशारा करती हुई उँगली
प्रदर्शित हो रहा है प्यार
स्वागत कर रही है मुसकान
मुझे आने दो भगवान,
आने दो मुझे

# अनुभव

❑ शेरोन ली वाह

ज्यादा अनुभव हुआ नहीं मुझे
प्रेम में पड़ने का, पीकर धुत्त होने का
मुझे थोड़े-से अनुभव हुए
पर वे जुड़कर भी नहीं बने ज्यादा बड़े अनुभव

वे फिर भी मुझे हुए कि मैंने सूँघा, मैंने छुआ,
देखी मैंने विविधवर्णी आसमान की दीप्ति
सूर्यास्त में
मैंने महसूस किये आघात, रोमांच और वैसी बेचैन कर देने वाली
ललकभरी अनुभूति
जिसने मेरे वजूद की सतह को, मेरे संतुलन को गड़बड़ा दिया
ठीक जैसे उफनकर उठता है समुद्री जल
और अचानक बहरे हो जाते हैं कान

यही सब अनुभव हुआ मुझे
सूर्यास्त-समय के रजत सितारे
मध्याह्न की ठंडक
मेरे हाथों में गिरती वर्षा की मिठास

ऐसा भी हुआ
जीवन की कविता और एक उपस्थिति की स्मृति बहुत पहले बिछड़ी
दोस्ती की एक चुपचाप शाम
जब जवाँ दिलों में एक ही धड़कन बजती थी

नहीं, मुझे ज्यादा अनुभव नहीं हुए
पर ये कुछ अनुभव तो हुए ही

और हालाँकि बेकार गँवाये क्षण भी हैं
अकेलेपन के खाली घंटे
एक युवा जीवन अनभोगा, अनजिया, अपरीक्षित
हालाँकि इस प्रकार के अनुभव
और दूसरे प्रकार के भी
ये सब जुटाते हैं भंडार मेरे भाव-क्षणों का
आनंद लूँगी मैं अपने सभी अनुभवों का
अनुभव जैसे भी हुए हैं मुझे।

## मेरी माँ

□ एफुआ कूपर

मेरी माँ ने रोपे खेत
ब्याहा एक मर्द
जने दस बच्चे
और फ़िर भी उसने निकाला वक्त
करने को अपना निजी कारोबार
मुझे याद है एकबार
वह और मैं
जा रहे थे काम पर
जमीन का टुकड़ा
जिसे उसने किराये पर लिया था किसी से
हमने सुनी आवाज मिशनरी की कार
आती थी सड़क पर
माँ कूद गयी एक पुलिया पर से छिपने
क्योंकि उसने पहन रखी थी
एक पुरानी पैंट मेरे पिता की उतरन
चर्च को मंजूर नहीं था कि
मर्दों का लिबास पहनें औरतें
जब सूरज स्थिर गति से लगा जाने पश्चिम की ओर
झटपट चले खेत से हम

उसे पहुँचना था जल्दी घर
परिवार के लिए पकाने भोजन
कुछ भी करने में कुशल जान पड़ती थी वह
और सोचती हूँ मैं कि अपने किसी
पूर्वजीवन में
वह किसी किस्म की नेता अवश्य रही होगी

मेरी माँने रोपे खेत
एक मर्द को ब्याहा
जने दस बच्चे
फिर भी उसने वक्त निकाला
चलाने को अपना निजी कारोबार

## सहयात्री

□ जेन किंग इपोलीत

सुन रहे हो घाटी पार करती हुई बारिश को?
पता है कि जल्दी ही हमारे ऊपर करेगी आघात?
तुम्हें मालूम है कि यह वाहियात छत कितनी चूती है?
हाँ जरूर होना चाहिए तुम्हें मालूम, / क्योंकि खुद तुम्हीं ने किया था छेद
जब हवा बहने लगेगी / ऐसे दिन के बारे में तुमने कहा था
कि वाहियात दीवारें तुम्हें पकड़के रखती हैं अन्दर
और तुम्हें महसूस होता है गोया मरे हो
तब, जाते हो छत पर वहाँ तुम, नाचने।

कहा तुमने कि कितने निश्चिन्त हो जाओगे तुम /
अगर ठीक ऊँचे चढ़ गये तो
महसूसोगे सूरज को ठीक अपने ऊपर, / तुम्हारे बाल आसमान में,
दूर-दूर तक देखोगे तुम।
कि दीवारें तुम्हें रोक रखती हैं,
कि दीवारें तुम्हें चंगुल से पकड़कर रख लेती हैं भीतर
लेकिन तुम नाचे और तुम हँसे।

अब, मुझे डर लगा कि कहीं तुम गिर न जाओ
तुमने कहा—नहीं, और अगर गिरूँ तो क्या? /
क्या चाहिए तुम्हें सिर्फ सुरक्षा?
मुझे ढेरों चीजें देखनी हैं /
और मैं सिर्फ तुम्हारे बारे में सोचता नहीं रह सकता।

पर तुम जानते थे मैं यहाँ रहूँगी इसके भीतर।
तुम्हें पता था यहाँ मैं तुम्हारी प्रतीक्षा करूँगी।
अभी मैं इन्तजार करती हूँ, करती थी और करूँगी
पर मेरे नर्त्तक, बारिश आ रही है,
और देखते हो कि बहुत बड़ा तूफान तैयार हो रहा है? /
कहाँ है मेरा आश्रय?
फिर डूबूँगी मै?

देखो ज़रा तुम, नर्त्तक,
अपने सुन्दर मुँह पर लम्बी मुसकान?
देखते हो तुम क्या अन्वेषक?
छत की मरम्मत करो।
या मैं चली जाऊँगी।

# पुराने जमाने में

❑ फंसो ऐयेजिना

किसी जमाने में
लोग बड़े होशियार होते थे
अभियोग नहीं लगाते थे ब्रॉड डे लाइट में अपराध करने का
चमगादड़ों पर

वे उम्मीद नहीं रखते थे कि सूखी रहेंगी
लहरों पर बहती हुई लकड़ियाँ;
वे अच्छी तरह जानते थे

कि चौक पर इनाम के लिए लड़ाया जाएगा
बिल्कुल जोड़ के ही पहलवानों को,
कि चूहों को नष्ट करने के लिए घर को जला नहीं दिया जाता
जुओं को मारना हो तो
आप सिर को नहीं कुचल देते,
पूरे पहाड़ को ही नहीं बुला लेते
एक बादाम फोड़ने के लिए....

मगर आज, देखिए, हम कैसे फाँसी देते हैं चमगादड़ों को
खूँटों से बाँधकर, पीठें उनकी समुद्री ताल की ओर,
ब्रॉड (डे) स्ट्रीट्स पर हुए अपराधों के लिए....

## हिन्दू लड़की जब गाती है कैलिप्सो।।

❑ राजनदाय रामकिसुन-चेन

चाँद ले लेता है झलक सूरज की
डूब जाती हैं नीद में मक्खियाँ,
पलकें खुलीं
उतान टाँगें उठती हुई लय पर,
अधरात बीते।
वहाँ, जन्मी जहाँ वह
उन शुरूआती दिनों में
गाँव की ढिबरी
मुर्गे की आखिरी बाँग के साथ
बुझ गयी, थिरकते हैं पाँव
गहरी नींद में
राइनस्टोन की डोरियाँ
घूंघट है उसके माथे की
उसके बाल खदबदाते हैं
बस्सपशाँट-से
लम्बी लटें
एक लम्बी परंपरा की

मुरझाती हैं
माइक की लम्बी डोरी के
करंट में
स्टेज की रोशनी की चकाचौंध
से परास्त हो जाता है
घर का पिछवाड़ा
वहाँ थी उसकी ट्रेनिंग
खड़े पाइप और नदी के पास
वह जगह जहाँ केवल लड़कियाँ
और औरतें हीं
नाचती थीं
विवाह के समय समारोह में
तासा की थापों पर
गूँजते हैं उसके गीत, उसके
कूल्हे घूमते हैं वर्तुलाकार गति में
मुड़ते है घुटने, उसकी पतलून
गुब्बारा बन जाती है गोया किसी
बने-ठने मुगल की हो
टुकड़ो में बँटी
उसकी जगमगाहट की
खुल जाती हैं परतें
मध्य भाग उसका है नग्न
मोतियों के उजले फंदे में बँधा
माँसपेशी के नाच के साथ
ऐंठा-लहराता बदन
जब झुकती है किसी लिम्बो गीत पर
माथा पीछे कर मसाला के उल्टी तरफ
लपट के पत्ते
दहकते हैं अंगिया पर उसकी
थरथराता हुआ पहुँचता है उसका स्वर
स्टेज से श्रोता / दर्शकों तक
समस्त प्रसारण-केन्द्रों से
सुनता है सारा देश
झीगुंर तक बन्द कर देते
अपनी झनकार जब वह गाती
और फिरकी लेती कैलिप्सो और पैन पर
तासा की मिलावट के साथ

परिशिष्ट-1

# वेस्ट इंडीज में संस्कृति-संगीत

□ सुवास कुमार

वेस्ट इंडीज के लगभग डेढ़ दर्जन देशों में, और खासकर गयाना, सूरिनाम और ट्रिनिडाड में, भारतीय मूल के निवासियों की संख्याबहुलता है। पिछले कोई डेढ़ सौ वर्षों में वे इन देशों की सरजमीन में धीरे-धीरे अपनी जड़ें जमाने में कामयाब हुए हैं। इन भारतवंशी लोगों की आरंभिक पीढ़ियाँ वहाँ गिरमिटिया मजदूरों के रूप में पहुँची थीं। ये मजदूर सही मायने में सर्वहारा थे—वे अपनी जन्मभूमि तक खो चुके थे। अपने परिवार, घर और गाँव-समाज से निर्वासित हो कर ये हर प्रकार से साधनहीन रूप में सात समुन्दर पार पहुँचे, बल्कि पहुँचाये गये थे। बिल्कुल पराये और अनजान देश में इन्हें केवल अपने दोनों हाथों का सहारा था। ऐसे साधन-सुविधा हीन लोगों ने धनिक मालिकों द्वारा बनायी गयी जीवन-विरोधी परिस्थितियों का बड़े धैर्य और जीवट के साथ सामना किया। वैसे वातावरण में मनुष्य की तरह जीना असंभव लगता था। ऐसी हालत में साहित्य, संस्कृति और कला की बात करना भी फिजूल था। सब कुछ संस्कृति-विरोधी था और इसमें उनके दास जीवन को रहने के लिए बाध्य किया जाता था। लेकिन आश्चर्य की बात है कि ये दास मजदूर न केवल जिन्दा बचे रहे बल्कि आदमी की तरह जीवित रहे। इतना ही नहीं, अनेकानेक कठिनाइयों के बीच भी उन्होंने अपनी सांस्कृतिक पहचान बनाये रखी। अपनी संस्कृति के रूपों को बचाये-बनाये रखने में उन्हें कितनी कठिनाइयों का सामना करना पड़ा होगा इसकी सहज ही कल्पना की जा सकती है। अपने साथ वे रामचरितमानस, हनुमान चालीसा, भजनपोथी, ढोलक, झाल-जैसी सुलभ वस्तुएँ और वाद्ययंत्र ही ले जा सके थे। कबीर, सूर, मीराँ और अन्य भजनों के शब्द उनके मानस में थे ही, जिनकी लय उनके कंठों में उतरती रहती थी। ज्यादातर लोग भोजपुरी अथवा अन्य ग्रामीण क्षेत्रों के थे। अपने ग्रामीण नाचों तथा विविध नाट्य रूपों को भी उन्होंने जुगा कर रखा था।

वेस्ट इंडीज के अधिकांश देशों में अफ्रीकी, चीनी, भारतीय तथा यूरोपीय मूल

के लोग हैं। यूरोपियन लोगों के पास सत्ता और पूँजी की ताकत थी। बाकी लोग शुरू-शुरू में दास और बाद में गिरमिटिया (निश्चित अवधि के लिए अन्य शर्तों के साथ एग्रीमेंट के तहत) मजदूरों के रूप में वहाँ पहुँचे थे। शासक वर्ग ने बड़े सुनियोजित तरीके से शासित और शोषित वर्ग की संस्कृतियों की जड़ें खोदने में कोई कसर नहीं छोड़ी। उनके धर्म, भाषा आदि को विनष्ट कर दिया। स्कूली शिक्षा व्यवस्था चर्चों के अधीन थी और यह शिक्षा उसी को मिल सकती थी जो ईसाई हो। वेस्ट इंडीज के द्वीपों में हुए विशाल पैमाने पर धर्म-परिवर्तन के अनेक कारणों में बच्चों के लिए शिक्षा पाने का लोभ-लालच भी था। अफ्रीकी और चीनी मूल के लोगों में धर्म-परिवर्तन लगभग शत-प्रतिशत था, जबकि भारतीय मूल के हिन्दू और मसलमानों में यह प्रतिशत कम थी। फिर भी शिक्षा के क्षेत्र में—आर्थिक क्षेत्र की भाँति ही—भारतीय मूल के निवासियों ने ऊँचे प्रतिमान हासिल किये। शुरू में कुछ धर्म-परिवर्तन भी हुए—मगर ज्यादा नहीं, और बाद में चलकर भारतीय मूल के लोगों ने दमन से बचने तथा स्कूली शिक्षा पाने के लिए अपने तथा बच्चों के अंग्रेजी और ईसाई ढंग के नाम रखने लगे। यह चालाकी बहुत काम आयी और शिक्षा का प्रतिशत भारतीय मूल के परिवारों में बहुत बढ़ा। आर्थिक स्थिति सुदृढ़ होने पर इन लोगों ने जगह-जगह मन्दिरों और उनसे जुड़े (तथा अलग भी) हिन्दू/मुस्लिम स्कूलों की स्थापना की। ट्रिनिडाड, सूरिनाम, गयाना जैसे देशों में भारतीय मूल के निवासी बड़ी राजनीतिक शक्ति के रूप में उभरकर सामने आये। फिर इन्होंने अपनी धार्मिक एवं सांस्कृतिक जरूरतों पर पूरा ध्यान दिया। भारत के साथ इन्होंने अपने सांस्कृतिक सूत्रों को जीवन्त बनाया। इनकी देखादेखी, और अन्य स्वाभाविक कारणों से भी, अफ्रीकी तथा चीनी मूल के लोग भी शिद्दत से अपनी-अपनी सांस्कृतिक जड़ों की टोह लेने लगे।

वेस्ट इंडीज के देशों पर ईसाई धर्म, अंग्रेजी भाषा और यूरोपीय संस्कृति को लाद दिया गया था। जैसे-जैसे ये देश राजनीतिक रूप से विदेशी सत्ता से आजाद होते गये, उनमें अपनी जड़ों को खोजने-पहचानने की प्रवृत्ति बढ़ती गयी। उन्होंने अंग्रेजी भाषा के माध्यम को पूरी तरह से छोड़ा नहीं किन्तु उनमें हिन्दी, अफ्रीकी और स्पैनिश भाषा सीखने का उत्साह पैदा होने लगा। इन भाषाओं के माध्यम से वे अपनी संस्कृति से जुड़ने का प्रयास करना चाहते थे। यद्यपि आमतौर पर इनका लिबास अंग्रेजी ढंग का ही रहा किन्तु विशेष अवसरों पर अफ्रीकी ढंग के वस्त्र, भारतीय वस्त्र (कुरता, सलवार, साड़ी आदि) भी खूब उपयोग में लाये जाने लगे। ये लोग अब नये सिरे से और नये उत्साह से अपने धर्म के समस्त चिह्नों, पूजा-पाठ, उत्सव, भजन, भोजन आदि को भूलें नहीं—इस दिशा में, सक्रिय हो गये। अनेक उत्सव तो वे कभी भूले नहीं थे मगर बहुतों को मानों उन्होंने नये रूप में और नये सिरे से उपलब्ध किया। पुरखों के 'आगमन दिवस' ('एराइवल डे'—जिस दिन उनके पूर्वजों को लेकर पहला जहाज द्वीप के तट पर लगा था) को उन्होंने राष्ट्रीय दिवस जैसा बना डाला। भारतीय

मूल के लोग होली, दीवाली राष्ट्रीय पैमाने पर मनाते हैं। जमैका-जैसे देशों में भी, जहाँ वे अल्पसंख्या में हैं वे अपनी संस्कृति और लोकसंगीत को अपने ही ढंग से बचा कर रख रहे हैं। वे 'होसे' (हुसैन अर्थात् मुहर्रम), दीवाली और फगवा (होली) जैसे त्योहार अब भी धूमधाम से मनाते हैं। सूरिनाम, गयाना और ट्रिनिडाड में तो कहना ही क्या, जहाँ भारतीय मूल के लोग बहुसंख्या में हैं। वहाँ दीवाली का त्योहार पूरी धार्मिकता के साथ, कोई महीना-भर तक, मनाया जाता है और पूरे देश को दीपों से जगमगा दिया जाता है। ट्रिनिडाड में तो भारतीय संस्कृति से संबंधित राष्ट्रीय संस्था का विशाल परिसर 'दीवाली नगर' ही कहलाता है जहाँ भारतीय उत्सव मनाने लाखों की संख्या में लोग जुटते हैं। दीवाली की धूम अक्टूबर से लेकर दिसम्बर तक (क्रिसमस तक) रहती है। क्रिसमस के बाद वहाँ विश्व-प्रसिद्ध 'कार्निवाल' आयोजित होता है। तब आता है फगवा या होली का त्योहार जिसे सुरुचिपूर्वक विभिन्न सांस्कृतिक कार्यक्रमों के साथ मनाया जाता है। इस प्रकार महीनों नाच-गानों से पूरे देश का वातावरण संगीतमय बना रहता है। भव्य आयोजनों को हमेशा रेडियो एवं टेलीविजन द्वारा प्रसारित किया जाता है।

संगीत के क्षेत्र में वेस्ट इंडीज के लोगों ने यूरोपियन संगीत परंपराओं के अतिरिक्त—बल्कि उनके ऊपर—अपनी परंपराओं के संगीत को विशेष प्रश्रय दिया। साथ ही उन्होंने संगीत परंपराओं का मिश्रण भी किया। सोका (अमरीकी 'सोल' तथा 'कैलिप्सो' का योग), 'कैलिप्सो' और 'परांग' जैसे संगीत का जन-जीवन में बाहुल्य हो गया। फिर अपने परंपरागत मूल के सांस्कृतिक संगीत को कैलिप्सो संगीत से जोड़ने का प्रयोग भी चला।

सन् 1845 से 1917 तक भारत के विभिन्न प्रान्तों से गिरमिटिया मजदूर वेस्ट इंडीज के देशों में लगातार पहुँचते रहे। इन मजदूरों की जिन्दगी बड़ी कठिन थी। मजूरी बहुत थोड़ी थी जबकि उन्हें ईख तथा कोको के फार्मों में दिनरात मिहनत करनी पड़ती थी। छोटे-सँकरे बैरकों में उन्हें परिवार सहित रहना पड़ता था। अफ्रीकी मूल के लोग तो अपनी जड़ों से लगभग विच्छिन्न ही कर दिये गये लेकिन भारतवंशियों ने उतनी प्रतिकूल और अमानवीय परिस्थितियों में रहकर और भयावह कष्ट झेलकर भी अपने धर्म, भाषा, रिवाज, संस्कृति, नृत्य-संगीत आदि को बचाये रखा। बाद में जब 1920 के आसपास, गिरमिटिया प्रथा बन्द हो गयी, फिर भी वे लोग उन देशों में ही बस गये। अब वे खेती, दुकानदारी तथा अन्य व्यवसायों में लग गये। शिक्षा प्राप्त करने तथा अपना जीवन-स्तर सुधारने के लिए उन्होंने घनघोर परिश्रम किया। इसके साथ ही अपनी सांस्कृतिक विरासत को पहचानने तथा उसे सुरक्षित-संवर्धित करने की ओर भी पर्याप्त ध्यान दिया। धार्मिक रूप से भी हिन्दू-मुस्लिम दोनों ने ही हिन्दुस्तान को अपनी प्रेरणा और पहचान का स्रोत बनाये रखा। शैक्षिक व सांस्कृतिक गतिविधियों में उनकी सम्मिलित सक्रियता देखते ही बनती है।

अनिवार्य ऐतिहासिक व भौतिक परिस्थितियों के चलते वेस्ट इंडीज में विवाह तथा परिवार जैसी संस्थाएँ प्रभावित-परिवर्तित हुई हैं और इनके चलते धार्मिक-सांस्कृतिक गतिविधियों में भी नयी स्थितियाँ दिखाई देती हैं। मसलन अनेकानेक ऐसे परिवार मिलेंगे, जहाँ पति हिन्दू है तो पत्नी मुसलमान या ईसाई। पति-पत्नी के भिन्न धार्मिक विश्वासों के होने से धार्मिक सहिष्णुता का नया ही नजारा दिखाई देता है। कुछ परिवारों में धर्म को चुनने की छूट बच्चों को दी जाती है। इस प्रकार धार्मिक विश्वास व्यक्तिगत आस्था से जुड़ जाता है और कर्मकांडों के स्थूल आडंबरों से पिंड भी छूट जाता है। साक्षरता का प्रतिशत शत-प्रतिशत होने के कारण लोग धार्मिक ग्रंथों का अध्ययन गंभीरता से करते हैं। मन्दिरों में भजन-प्रवचन के कार्यक्रम हमेशा चलते रहते हैं—रविवार और छुट्टियों के दिन विशेष रूप से। पूजा-पाठ आदि में लोगों की गहरी रुचि होती है। पुरोहित को काफी मान-आदर मिलता है। पंडिताई का धंधा न केवल आर्थिक बल्कि सामाजिक-राजनीतिक शक्ति देने वाला भी होता है। पंडित यदि अंग्रेजी के अतिरिक्त हिन्दी और संस्कृत भाषाओं का ज्ञान रखता हो और साथ ही संगीत की जानकारी रखता हो तो क्या कहने! ऐसे लोग न केवल सामाजिक-धार्मिक नेता बनते हैं बल्कि राजनीतिक क्षेत्र में भी ऊँचे से ऊँचा ओहदा पाते हैं, यदि उनकी प्रवृत्ति-गति राजनीति में हो।

विभिन्न जीवन-स्थितियों से संबंधित हिन्दी-भोजपुरी के सैकड़ों शब्द वेस्ट इंडीज के देशों की भाषाओं में रच-पच गये हैं, और अफ्रीकी भाषा के अनेक शब्द भी। आलू, बैंगन, चोखा, भात, रोटी, दालपूड़ी, भौजी, भजन, आजी, आजा, मंदिर यहाँ की आम बोलचाल की भाषा में प्रयुक्त होने वाले शब्द हैं। आरंभ के आधे दर्जन शब्द भारतीय मूल के लोगों के भोजन में अब भी शामिल हैं। भारतीय संगीत, खासकर हिन्दी फ़िल्मसंगीत इन देशों में लगभग सनक की हद तक लोकप्रिय है। लोग हिन्दी फ़िल्मी गीत खूब बजाते, गाते-गुनगुनाते हैं, बिना इनका अर्थ समझे भी! केवल ट्रिनिडाड में ही कम-से-कम चार रेडियो स्टेशन ऐसे हैं जो लगातार चौबीसों घंटे हिन्दी फ़िल्मी गीत प्रसारित करते हैं। 'चटनी' नामक नृत्य और संगीत का भी खूब प्रचलन है। ट्रिनिडाड टेलीविजन पर भारतीय लोकगीत, फ़िल्मी गीत, चटनी तथा नृत्य-वाद्य-गायन वाली साप्ताहिक प्रतियोगिता 'मस्ताना बहार' बेहद लोकप्रिय है। पिछले कुछ दशकों में इसकी लोकप्रियता तो आसमान छू गयी है। इसका अन्दाजा इस बात से भी लगाया जा सकता है कि वेस्ट इंडीज विश्वविद्यालय के सेंट ऑगस्टीन कैम्पस में 'मस्ताना बहार' कार्यक्रम के ऐतिहासिक विकास पर न केवल शोधकार्य संपन्न हो चुका है बल्कि यह शोध प्रबंध प्रकाशित होकर पर्याप्त चर्चित हुआ है।

लोक गीतों की बात करें तो इनका दुखद पहलू यह है कि ये अब लुप्त प्राय होने लगे हैं और इसके कई समाजशास्त्रीय कारण हैं। जो पीढ़ी इन गीतों को वहाँ ले गयी अथवा जिसने कुछ गीतों का निर्माण किया अब उसकी तीसरी-चौथी पीढ़ी के भी शायद ही कोई जानकार बचे हों। भारतीय ढंग के शादी-ब्याह-जनेऊ जैसे कुछ

आयोजनों के वक्त इन संस्कार गीतों की जानकार बूढ़ियों को जुटाया जाता जरूर है, लेकिन उन्हें न तो सही मूल शब्दों का, न उनके अर्थों का ही अता-पता होता है। यह भाषा नहीं जान पाने का अनिवार्य परिणाम है। जब भारत में ही लोकोत्सवों, लोकनृत्य, लोकसंगीत, चित्र तथा मूर्त्ति कलाओं का वर्त्तमान बहुत सुरक्षित नहीं महसूस हो रहा तो फिर पश्चिमी गोलार्ध में पश्चिमी सभ्यता की गोद में पलते हुए लोग भारतीय लोकगीत को भला कैसे बचाकर रख सकते हैं, खासकर जबकि जीवन-स्थितियाँ तेजी से बदल रही हों। हालाँकि वेस्ट इंडीज विश्वविद्यालय (जिसके केन्द्र मोना (जमैका), केबहिल्ज (बारबडोस) और सेंट ऑगस्टीन (ट्रिनिडाड एण्ड टुबैगो) में हैं) के क्रिएटिव आर्ट्स सेंटर तथा कैरीबियन इंटर-कल्चरल म्यूजिक इंस्टीट्यूट जैसी संस्थाएँ वहाँ हैं जो कैरीबियन सांस्कृतिक विरासत की खोज-ढूँढ़, उसकी सुरक्षा और विकास में लगी हुई हैं फिर भी इन दिशाओं में बहुत-कुछ करने की जरूरत है। भारत तथा अफ्रीकी देशों से गाहे-ब-गाहे नृत्य-संगीत के क्षेत्र में अच्छा काम करने वाले कलाकारों और मंडलियों का आना-जाना अकसर होता रहता है। भारतीय सांस्कृतिक संबंध परिषद् तथा विभिन्न देशों में सांस्कृतिक सहयोग की संस्थाओं के सौजन्य से तरह-तरह के कार्यक्रम आयोजित होते रहते हैं। वेस्ट इंडीज के देशों में अनेक निजी (गैर-सरकारी) व अर्ध-सरकारी संस्थाएँ भी न केवल नृत्य-संगीत सिखाने का काम करती हैं बल्कि उच्चकोटि के कार्यक्रम भी प्रस्तुत किया करती हैं। भारतीय शास्त्रीय (वाद्य) संगीत क्षेत्र में एक मशहूर नाम मंगल पटेसर का है जिन्होंने विशेष रूप से सितार में महारत हासिल की है। पटेसर ट्रिनिडाडवासी हैं और पूरे वेस्ट इंडीज में विख्यात हैं। हारमोनियम, तबला, ढोलक, बाँसुरी, तानपूरा, आदि खूब प्रचलित वाद्य हैं। सरोद, संतूर जैसे वाद्यों के वादक भी हैं। भारतीय वाद्य संगीत में 'तासा' यहाँ बेहद लोकप्रिय है। 'तासा' की प्रतियोगिताएँ नगर, मुहल्ले और देश के स्तर पर ट्रिनिडाड, गयाना, सूरिनाम जैसे देशों में खूब आयोजित होती हैं और अब भी वे यहाँ बेहद लोकप्रिय हैं। चौताल, भजन, बिरहा आदि संगीत के साथ-साथ कुछ ऐसी संगीत-शैलियाँ भी हैं जिनका प्रभाव मन्द होता प्रतीत होता है जैसे नचाटी, निर्गुण, जोगीड़ा आदि। होली के अवसर पर चौताल गाते लोग अब भी मिल सकते हैं। मन्दिरों में तरह-तरह के भजन गाये जाते हैं। साईं बाबा के मंदिर में तो उनसे संबंधित भजन गाये जाते ही हैं, अनेक घरों में भी उनके साप्ताहिक भजन-पूजन की व्यवस्था की जाती है। सनातनी मन्दिरों में हर प्रकार के भजन गाये जाते हैं। प्रायः हर रविवार को मंदिरों में भजन-पूजन का विशेष सार्वजनिक कार्यक्रम आयोजित होता ही रहता है। कबीर पन्थी लोग कबीर के भजनों के कार्यक्रम करते हैं। ब्रह्मकुमारियों की संस्था द्वारा आयोजित कार्यक्रम भी लोकप्रिय होने लगे हैं।

कैलिप्सो या कैसो अफ्रीकी मूल का लोक संगीत है। इसके अन्तर्गत गेय

एकालाप अथवा वार्त्तालाप शैली में समसामयिक विषयों पर तीखी टिप्पणी की जाती है। अनेक प्रसिद्ध कवि कैलिप्सो गीत लिखकर और अनेक गायक उसे गाकर पद, प्रतिष्ठा और पैसे पाते रहे हैं। कैलिप्सो गीतों की वार्षिक प्रतियोगिताएँ होती हैं। व्यंग्य, विडम्बना और विद्रूप से भरे ये गीत अत्यन्त व्यंजनापूर्ण होते हैं और जनता को गुदगुदाते-हँसाते ही नहीं—उसे तिलमिला भी देते हैं। इनमें गायक की आत्मालोचना, आत्म भर्त्सना से लेकर तीखी सामाजिक-राजनीतिक-सांस्कृतिक समालोचनाएँ होती हैं। मंच पर कोई एक (या एकाधिक भी) कैलिप्सो गायक गीत-कविता प्रस्तुत करता है तथा अमूमन तीन युवतियों का समूह वाद्ययंत्रों के पास झूमते हुए टेक की पंक्तियाँ दुहराता है। इसमें भी नये-नये प्रयोग किये जा रहे हैं। अब तो प्रायः नृत्य और नाट्य को भी इस प्रकार से संयोजित किया जाने लगा है जिससे गीत के शब्दों को प्रभावी ढंग से रूपायित किया जा सके। भारतीय मूल के कवियों, गायकों तथा संगीतकारों ने भी अपनी संस्कृति और समाज से संबंधित अनेकानेक कैलिप्सो की रचनाएँ की हैं और उनके ये प्रयोग खासे लोकप्रिय भी हुए हैं। गांधी जैसे महापुरुषों के जीवन को लेकर भी कैलिप्सो की रचनाएँ हुई हैं। भारतीय मूल के कैलिप्सो गायकों ने भी अनेक राष्ट्रीय प्रतियोगिताएँ जीती हैं। ये कैलिप्सो गीत ज्यादातर अंग्रेजी भाषा में होते हैं किन्तु कुछ भोजपुरी-हिन्दी-अंग्रेजी मिश्रित भाषा में भी होने लगे हैं और प्रसार पा रहे हैं।

संगीत संसार को वेस्ट इंडीज की एक महत्त्वपूर्ण देन है 'स्टील बैंड' जिसका आविष्कार ट्रिनिडाड में हुआ। आरंभ में ऐसा भी हुआ था जब चमड़े-मढ़े वाद्य यंत्रों पर शासन ने रोक लगा दी थी। नगाड़ा, तबला, ढोलक जैसे वाद्यों पर बंदिश लगा देने का संगीत-प्रेमी जनता पर कैसा मर्मान्तक प्रभाव पड़ा होगा इसकी सहज ही कल्पना की जा सकती है। ऐसी सकते की हालत के बावजूद लोगों ने बोतल, चम्मच, गाँठदार पतले बाँस आदि चीजों से बाजे का काम लेना शुरू किया। प्रशासन को यह भी नहीं सुहाता था और लोग मानते भी नहीं थे। कभी-कभी तो बोतल, चम्मच और बाँस मार पीट की प्रक्रिया में इस्तेमाल होने लगते थे। सरकार ने इस वाद्य (टैम्बू-बैम्बू) पर भी रोक लगा दी थी। तब लोगों ने टीन के डिब्बों और ड्रमों को जमाकर उन्हीं से संगीत-लहरियाँ पैदा कीं। धीरे-धीरे इनमें सुधार करके परिष्कृत संगीत की रचना की जाने लगी। फिर तो यह 'पैन म्युजिक' (टीन के ड्रम के ऊपरी छोर पर स्टील की थाली या बरतननुमा वस्तु रहने के कारण यह संज्ञा) पूरी तरह स्थापित हो गया और देश-विदेश में इसकी धूम मच गयी। भारतीय मूल के बॉबी मोहम्मद, जीत समारू ('समारू जेट्स' मंडली) आदि ने इस संगीत विधा में अभूतपूर्व सफलता और ख्याति पायी। 'समारू जेट्स' ने भारत के प्रसिद्ध नगरों में भी एकाधिक बार अपनी कला का प्रदर्शन कर खूब वाहवाही लूटी है। जीत समारू हिन्दी फिल्मी संगीत की धुनों को स्टील बैंड पर बजाकर श्रोताओं का दिल जीत लेते हैं।

स्टील बैंड का उपयोग हर जगह किया जाता है, चाहे वे कैलिप्सो हों, जॉज, परांग अथवा भारतीय लोकसंगीत, फिल्मी संगीत या चटनी। स्टील बैण्ड के अलग से भी समारोह किये जाते हैं और कार्निवाल की स्टील बैंड के बिना तो कल्पना ही नहीं की जा सकती।

जिस प्रकार पश्चिमी जीवन शैली से वेस्ट इंडीज का रहन-सहन अलग और निजी विशेषताओं वाला है उसी प्रकार पश्चिमी संगीत से वेस्ट इंडीज का संगीत अलग और विशिष्ट है। खासकर भारतीय मूल के लोगों ने इस वैशिष्ट्य को अपनी गहन धार्मिक-सांस्कृतिक पहचान दी है। कैलिप्सो या सोका की लोकप्रियता की तुलना चटनी से की जा सकती है। इन दोनों संगीत-रूपों ने भी परस्पर एक दूजे को प्रभावित-प्रेरित किया है। सन् सत्तर के आसपास कैलिप्सो में ढोलक का इस्तेमाल किया जाने लगा था। इससे कैलिप्सो के प्रस्तुतीकरण में गुणात्मक परिवर्तन आ गया।

उपनिवेशवादी व्यवस्था ने जितनी चालाकी से वेस्ट इंडीज के मूल निवासियों का सफाया किया था, उतनी ही चालाकी से वहाँ के आरंभिक (अफ्रीकी तथा भारतीय मूल के) प्रवासियों का शोषण-दमन तथा उनके भोले-भाले दिमागों का दास भाव में परिवर्तन भी। फिर भी ये उत्पीड़ित लोग अपने मूल देशों की भाषा, संस्कार, लोककथाएँ, लोकगीत, आचार-व्यवहार, पर्वत्योहार, नृत्य-संगीत, पूजन-भजन सब कुछ बचाये रख सकने में समर्थ सिद्ध हुए। वेस्ट इंडीज के लोगों के कर्म क्षेत्र में, भजन-पूजन में और मनोरंजन में संगीत भरा हुआ है।

परिशिष्ट-2

# एक 'उन्मुक्त' विश्वविद्यायलयः हर तरफ से खुला हुआ

❑ सुवास कुमार

बात ट्रिनिडाड की है। ये ट्रिनिडाड है कहाँ? आप दुनिया के नक्शे में उत्तरी और दक्षिणी अमेरिका के बीच विशाल अटलांटिक महासागर को देखिए जिसकी गोद में कितने ही द्वीप नजर आयेंगे। दक्षिण अमेरिका के माथे पर है वेनेजुएला। इसके ठीक ऊपर कोलम्बस चैनल पर आँखें गड़ायें तो आपको ट्रिनिडाड और टुवैगो द्वीप दिखायी देंगे वेस्टइंडीज या कैरीबियन द्वीपों में सबसे बड़े द्वीप हैं ट्रिनिडाड और जैमैका - ये दोनों द्वीप - श्रृंखला की सीमा या दो छोर भी हैं। ट्रिनिडाड वेनेजुएला के बिलकुल पास है-समुद्री रास्ते यह दूरी घंटो में नहीं, मिनटों में तय हो सकती है। ट्रिनिडाड के निवासी अपने देश को सिर्फ 'खुदाई मुल्क' (ळवकश्ै वूद बवनदजतलश्) ही नहीं कहते बल्कि मानते भी हैं कि भगवान ट्रिनिडाड वासी हैं। 'गॉड मस्ट बी ए ट्रिनिडाड'! ट्रिनिडाड इन्द्रधनुष का देश ('रेनबो कंट्री') है और इसके एक दो नहीं कई कारण हैं। काले-गोरे-पीले हर तरह के, हर नस्ल के लोग-बाग यहां है प्रकृति के सारे रंग इस छोटे से देश में खूब निखरे-बिखरे हैं। दो ही तो मौसम होते है। यहां-एक तो खूब वर्षा वाला मौसम (वेट सीजन)और दूसरा कम वर्षा वाला मौसम (ड्राई सीजन )! पूरे साल देश का तापमान मजे में 20 और 30 डिग्री सेल्सियस के बीच डोलता है। खूब जमके होने वाली बारिश जब थमती है तो थमते ही ऐसी धूप खिलखिला उठती है कि पता ही नहीं चलता कि अभी-तेज बारिश हो रही थी। सारा पानी तुरत-फुरत जाने कहां बिला जाता है। जहाँ बाकी दूसरे कैरीबियन द्वीप हर साल आँधी - तूफान से तबाह होते रहते हैं, वहाँ ट्रिनिडाड अपनी विशष्ट भौगोलिक अवस्थिति के चलते आँधी झंझावतों के कहर से पूरी तरह अछूता रहता है कई कैरीकबयन द्वीपों की ज्वलंत ज्वालामुखियों के लावे का दंश कई-कई बार

झेलना पड़ा है लेकिन ट्रिनिडाड हर प्रकार की प्राकृतिक आपदाओं से आजाद रहा किया है। हमेशा प्रकृति का चेहरा यहां सद्यः स्नाता बाला बना रहता है - सारे दृश्य जैसे धुल पुंछ कर तरोताजा बने चमक रहे हों! बहुत ही छोटा देश - इतना छोटा कि चाहो तो कार द्वारा ही सिर्फ चौबीस घंटों में परिक्रमा पूरी कर लें। टुबैगो तो और भी छोटा-लगभग साठ वर्गमील का नन्हा, मगर बेहिसाब खूबसूरत द्वीप। यहां के समुद्री किनारों पर चांदी सी सफेद महीन बालू चमकती है। समुद्र में मीलों भीतर तक स्वच्छ पारदर्शी जल है जो अपने भीतर अपार कोरल सौंदर्य-संपदा समेटे है, जिसके लिए यह द्वीप विश्व-प्रसिद्ध भी है। दोनों ही द्वीपों में हरियाली ही हरियाली और शान्ति ही शान्ति विराजती है। आप चाहें तो ट्रिनिडाड से उड़कर पन्द्रह-बीस मिनटों में टूबैगो पहुँच जायें, लेकिन समुद्र के रास्ते जहाज आपको आठ घंटों मे वहाँ पहुँचाएगा। द रिपब्लिक ऑफ ट्रिनिडाड में एंड टुबैगो की प्रकृति की तरह यहां के निवासियों का भी मूलमंत्र है- अमन, चैन और आजादी!

दुनिया में अपने ही ढंग का देश है ट्रिनिडाड। कभी - कभार हल्के भूकंप के झटके महसूस हों तो घबराइये नहीं, आनन्द लीजिए। प्रकृति सारे देश को झूले झुला रहीं है-बहुत धीमे यहां की पंकिल ज्वाला मुखियों से डरने की भी कोई जरुरत नहीं क्योंकि ये ('Mud Volcano') गर्म लावा नहीं उगलते बल्कि सफेद गीली मिट्टी उगलते हैं, जिन्हें लोग बाल्टियों में इकळा करते हैं और बड़ी संख्या में गिली मिट्टयों में स्नान करते हैं। इस मिट्टी में बड़े गुण हैं ऐसा बताया जाता है और इसका इस्तेमाल चर्मरोगों के इलाज से लेकर सौंदर्य-प्रसाधन की सामग्री तक में किया जाता है। और फिर कई वर्गमूल वृत्ताकार वाले 'पिच लेक' के तो क्या कहने-अलकतरे की इस झील से लाखों टन तारकोल निकाले जाने के बावजूद झील ज्यों-की-त्यों भरी रहती है हमेश हर साल फरवरी में आयोजित होने वाले 'कार्निवाल' को देखने दुनिया भर से लोग आते हैं। नृत्य-संगीत और मद-मस्त जवानी के उत्सव में पल-पल रग रस छलकता रहता है। जिसने देखा नहीं वह मानेगा नहीं, देखने वाला ही उस अनुभव को जानता है। भोले भाले सीधे-सादे उत्सवों और समारोहों को पसन्द करने वाले लोग जितने प्रकृति के निकट हैं उतने ही आधुनिकता के भी। मारावाल, पिनाल, सांवा (San Jaun), सान फर्नांडो, सेन्ट एन्स, सेंट जेम्स, सगु आनाज, सेंट ऑगस्टीन, टुनापुन, कैरोनी, सेंट पैट्रिक, मायारो, एरीमा, कुनुपिया, टोको सैंग्री ग्रैडी नापारीमा- जैसी अनेकानेक आधुनिकतम सुविधाओं से युक्त जगहें हैं। सिर्फ अठारह बीस लाख की आबादी वाले देश में भारतीय मूल के लोग बहुसंख्यक हैं। इसके बाद अफ्रीकी, चीनी, ब्रिटिश, जर्मन आदि मूल के लोगों की जनसंख्या है। अंग्रजी राज्य भाषा है, स्पेनी और हिन्दी सीखने की ओर लोगों का झुकाव बहुत है। सैकड़ों स्कूल हैं और वेस्ट इंडीज विश्वविद्यालय का महत्वपूर्ण सेंट ऑगस्टीन कैम्पस यहीं है। देश में शायद ही कोई निरक्षर व्यक्ति मिले। देश में तेल के भंडारों की खोज होने के बाद यहाँ की आर्थिक स्थिति ने अद्‌भुत उछाल ली। फिर तो पूरा देश, तरह-तरह की

डिजाइनों कारों से भर गया। पार्किंग के लिए जगह और ट्रैफिक जैम महत्वपूर्ण समस्याओं के रूप में देखे जा रहे हैं। लोग थोड़ा काम और अधिक आराम करने में विश्वास करने लगे हैं और इस विश्वास को कैरिब, स्टैग बीयर तथा देश की विश्व प्रसिद्ध रम और भी मजबूत करती जान पड़ती है लोग टेंशन नहीं लेते खाते-पिते और मौज करते हैं। भारतीय मूल के लोगों ने आरंभ में बड़ा परिश्रम किया था। अब भी करते है। पर साथ-साथ मौज-मस्ती और भजन-पूजन भी। रविवार और छुट्टियों के रोज देश के सारे खूबसूरत बीच गुलचार हो जाते हैं- मेले का आलम नजर आता है। इस देश ने हर क्षेत्र में प्रगति की मिसाल कायम की है। क्रिकेट फुटबाल हो या अन्य खेल-ओलम्पिक पदक-तालिका में देश बराबर उपस्थित हि ळे। फैशन की बात करें तो दो-दो विश्व सुन्दरियाँ यहाँ से निकलीं। अब तक यहाँ से दो साहित्यकार- डेट्रेक वॉल्काट और बी एस नॉयपाल- नोबेल पुरस्का जीत चुके हैं। बड़े उत्सवप्रिय यहां के निवासी एक पूरा इलाका ही त्योहारों, समारोहों के लिए है- 'दिवाली नगर' इस देश में कोई महीना भर दीवाली मनायी जाती है। क्या दिवाली, क्या क्रिसमस और क्या ईद-राष्ट्र हर त्योहार समान उत्साह के साथ मनाता है। सर्व धर्म सम्भाव की जीती-जागती मिसाल है। यह देश जहां के जीवन में जात-पॉत-भाषा लिंग-नस्ल की कोई रुकावट नहीं है। एक ही परिवार में हिन्दू-मूसलमान-ईसाई मिल सकते हैं। हर नस्ल के लोगों का आपसी भाईचारा देखते ही बनता है।

अब चलिए देश की राजधनी- पोर्ट ऑफ स्पेन जिसके साफ-सुथरेपन और सौन्दर्य का तो कहना ही क्या। पूरे देश से खूबसूरत सड़कों से जुड़ी है राजधानी । सड़कें भी दो प्रकार की सामान्य मार्ग तथा उच्च मार्ग। जिन्हें तेजी से, जल्दी में जाना हो उनके लिए है उच्च मार्ग। निजी कारों को इस पर चलाने के लिए विशेष अनुमति लेनी होती है। सड़क अत्याधुनिक बसें, और टैक्सियों से हर सड़क भरी मिलती है और हजारों कारें। औसतन हर परिवार में दो तीन कारें होती ही हैं-ट्रक, ट्रलियाँ अलग से खैर, राजधानी में पोर्ट बस सटैंड, और 'टवन टॉवर' (Twin Tower) आस पास है। जैसे न्यूयार्क के वर्ल्ड ट्रेड सेंटर के जुड़वा टावर थे-मानों उनका मिनियेचर 'टिवन टॉवर' कोई दर्जनोंभर मंजिलों वाला है लेकिन यह ट्रिनडाड के वासियों की शान है। (एक बार मुझसे एक टैक्सी ड्राइवर ने कोई मील भर दूर से 'टिवन टॉरस की ओर संकेत करते हुए पूछा था- क्या भारत में इतनी ऊंची कोई ईमारत है'?) उंसी के आसपास है 'इंडिपेंडेंसस्क्वेयर' जिसे आजकल देश के प्रसिद्ध क्रिकेटर और वेस्टइंडीज क्रिकेट टीम के कप्तान के नाम पर 'ब्राउन लारा प्रॅमिनेड' का नाम दिया गया है। ब्रायन लारा पॉमिनेड के समान्तर उत्तर दिशा में है क्वीन स्ट्रीट ओर उसके उत्तर की ओर सटी हुई समानान्तर हार्ट स्ट्रीट यहीं पर वह विख्यात वुड़फर्ड चौक है जिसमें स्थित विश्वविद्यालय की हम चर्चा करने जा रहे हैं इस वुडफर्ड की स्क्वेयर चौहद्दी इस प्रकार हैः इस चौक की चार भुजाओं में उत्तरी भुजा बनती है नॉक्स स्ट्रीट ( Knox Steet) हार्ट स्ट्रीट (Hart Steert) इसकी

दक्षिणी भुजा बनाती है, इसकी पूरबी भुजा बनती है प्रसिद्ध फ्रेडरिक स्ट्रीट से जो बहु लम्बी दूरी तक चली जाती है और इसकी पश्चिमी भुजा है एबटक्रॉम्बी स्ट्रीट। इन चारों स्ट्रीट सीमांकन वाला यह चौक नहीं बल्कि बड़े-बड़े घने छायादार वृक्षों से भरा एक विशाल पार्क है। पेड़ बड़े ऊंचे हैं अतः पूरे क्षेत्र में काफी खुलापन है। राजधानी पोर्ट ऑफ स्पेन के लगभग मध्य भाग में स्थित होने के कारण इसे राजधानी का हृदय प्रदेश भी कहा जा सकता है। फिर इस चौक के चारों ओर बड़े महत्व की अट्टालिकाएं हैं। लाल रंग का विशाल पार्लियामेंट हाउस (रेड हाउस), जो ऐवरक्राँवी स्ट्रीट पर है, के ठीक सामने यह चौक पड़ता है जो अन्य भवन चौक के चारों ओर की सड़कों पर हैं उनमें देश का सर्वोच्च न्यालय 'हॉल ऑफ जस्टिस', पब्लिक लाइब्रेरी सिटी हॉल, ट्रिनटी कैथेड्रल तथा अन्य महत्वपूर्ण व्यापारिक व्यावसायिक संस्थनों के कार्यालय आदि।

इस चौक अथवा पार्क में आप किसी भी स्ट्रीट की ओर से प्रवेश कर सकतें हैं कोई प्रवेश शुल्क या रोक-टोक नहीं है। चाहे भीतर घूमिये या बैठने-लेटने के लिए बनायी गयी वेंचों का उपयोग कीजिए। राजधानी में सुबह से शाम तक दुकानें, सड़कों और कार्यालय प्रतिष्ठान कामकाजी लोगों, पर्यटकों, ग्राहको, दुकानदारों से गुलो-गुलजार रहते हैं। चौक / पार्क के घने छायादार पेड़ो के नीचे बेंचों पर ऐसे लोंगों की तादाद रहती है जो समय बिताने या थकावट दूर करने आते रहते हैं। संसद भवन (रेड हाउस ) के सामने वाले पार्क के निकटवर्ती हिस्से में एक बड़ा सा फव्वारा जिसमें सफेद इटैलियन संगमर्मर की तराशी हुई नग्न नारीमूर्ति का सौंदर्य बरबस ध्यान खींच लेता है। जब आप पार्क में चहल कदमी कर रहे होते हैं तो शायद ही आपको अहसास होता है कि आप एक इतिहास में दाखिल हो चुके हैं। आप पाते हैं कि फ्रेडरिक स्ट्रीट और हार्टस्ट्रीट के जंक्शन वाले कोने पर चौक के हिस्से में कुछ हलचल सी हो रही है। आठ-दस लोग वहाँ इकट्ठे हो चुके हैं और जोर शोर से बातें कर रहे हैं। वहाँ पहुच कर आप पाते हैं कि सचमुच एक जोरदार बहस छिड़ी हुई है। सामने एक बहुत बड़ा ब्लैक बोर्ड लगा हुआ है जिसके खंभे जमीन में गड़े हुए हैं ब्लैक बोर्ड के ऊपर बड़े-बड़े लाल रोमन अक्षरों में लिखा है : Welcome to the university of wood ford Square अर्थात् वुडफर्ड चौक का विश्वविद्यालय आपका स्वागत करता है। आप चौंकते हैं कि कहाँ, किधर है विद्यालय? यहाँ आस पास कक्षा जैसी कोई चीज, ब्लैक बोर्ड के सिवा, नजर नहीं आती न छात्र, न किताबें-नोट बुक्स, न प्रोफेसर। हाँ हाल के वर्षों में एक छोटा-सा तंग कमरानुमा स्थापत्य जरूर बनाया गया है जिसके ऊपर एक टैलीविजन सेट चालू हालत में रखा गया है। शायद मनोरंजन के साथ-साथ महत्वपूर्ण सूचनाओं आदि का पब्लिक तक पहुचाने के लिए। वह स्थापत्य जन-सुविधाओं वाला है जहाँ पेयजल, पेशाब घर आदि का प्रबंध है।

आपका अचरज स्वाभाविक है। खासकर विश्वविद्यालय के बारे में। अब आप

अपनी बगल में खड़े आठ-दस लोगों के बीच छिड़ी बहस पर गौर फरमाते हैं तो लगता है कि वास्तव में विश्वविद्यालय का क्लास यही है जो चल रहा है, हलाँकि इसमें न कोई छात्र है, न अध्यापक। किसी के पास कोई किताब वगैरह भी नहीं। बात यह है कि यहाँ कोई भी, कभी भी, किसी भी विषय पर बोल सकता है और जोग पार्क के भीतर जाने-अनजाने आ गये हैं वे चाहें तो श्रोता बन सकते हैं,। वक्ता बन सकते हैं, सवाल पूछ सकते हैं अपनी राय प्रतिक्रिया, भगीदारी। इसके लिए किसी भी प्रकार के रजिट्रेशन या नामांकन कराने की जरुरत नहीं होती। बस आपकी दिलचस्पी काफी हैं। पार्क के भीतर आप पातें हैं कि एक ही समय थाड़ी-थोडी़ दूरी पर कई वक्ता खड़े होकर अलग-अलग विषयों पर बोलते नजर आ रहे हैं। अर्थात् आप अपनी पसंद का विषय/ वक्ता चुन सकते हैं और श्रोता बन सकते हैं। अगर आपके भीतर का वक्ता जोर मार रहा हो तो कोई माकूल सी जगह पर खड़े जाइए और हो जाइए शुरू। झाड़ दीजिए लेक्चर। कोई श्रोता जुट जाए इसकी कामन और उम्मीद करते रहिये इस बात की चिंता करने की कोई जरूरत नहीं कि विषय क्या हो। बहुत बार श्रोता ही किसी भाषण में कूदकर या घुसकर विषय निर्धारित कर देते हैं या बहस को अनपेक्षित दिशा में मोड़ देते हैं। मजे की बात यह है कि यहां पर आपको एकाध बिलकुल श्रोताहीन वक्ता भीपूरी गंभीरता और तल्लीनता से भाषण देते दिखाई पड़ेंगे श्रोता न आयें उनकी बला से। भाषण में आकर्षण भी होगा भौंरे की तरह खुद दौड़े आएंगे। ऐसे वक्ताओं को आप जल्दबजी में 'पगलैट' समझने की भूल नहीं करें। बहुत संभव है कि, अगर आप ट्रिनिडाड वासी हैं तो, इनमें से कइयों को पहचान भी सकते क्योंकि उनका देशघ्यापी परिचित व्यक्तित्व है।

बहुधा कोई सार्वजनिक हस्ती - पत्रकार, लेखक, चिन्तक, दार्शनिक, राजनेता, वकील डॉक्टर - या फिर सचमुच का ही कोई प्रोफेसर- वहँ नमूदार होती ही रहती है यहां व्याख्यानों या बहसों के लिए किसी प्रकार की कोई पाबंदी या नियम- कानून नहीं है। विदेशनीति, अर्थव्यवस्था, कला, फिल्में, साहित्य, संगीत, थियेटर, चिक्त्सा पद्धतियाँ, राजनीति, नैतिकता, कानून, धर्म, अध्यात्म, भूत-प्रेत, डायन, तंत्र-मंत्र, सब समान संजीदगी से वयाख्यान और बहस के विषय होते हैं। श्रोता भी वक्ता की भांति निर्बन्ध-स्वतंत्र होते हैं। वे कक्षा में ऊंघ रहे हैं, कि उदासीन हो या जानबूझ कर अनसुनी कर रहे हें, अपनी मर्जी से वक्ता को टोक रहे है। या मूड में आकेर कक्षा से निकल जा रहे हैं यह उनकी मर्जी। यही हाल ब्लैक बोर्ड का है कभी तो ये व्यस्त नजर आता है- ढेरों सुचनाएं, जानकारियां और ज्ञान प्रदर्शित करता हुआ और कभी मूढ़ की भांति सपाट। श्याम पट पर आप चाहें तो अपने भावी व्यख्यान की तिथि विषय,समय रुपरेखा-संबधी आंकित कर सकते हैं। सारा मामला बेहदा अनौपचारिक और प्रजातंत्री है जो ज्ञान की मुक्तावस्था वाली विश्वविद्यालय की वास्तविक धारणा के निकटतम ठहरता है। इस दृष्ठिट से यह प्राचीन एथेंस (युनान) के शिक्षा केन्द्र माने जाने वाले विश्व विद्यालयों की तरह है।

इस अद्भूत विश्वविद्यालय का अपना इतिहास रहा है। इसके इतिहास का 'इसके इतिहास का 'रिकार्ड' एक विद्वान-रिकार्डो डॉक्टर कार्लोस' वेल्च ने जमा कर रखा। डॉक्टर कार्लोस अर्से से इस विद्यालय के ऐतिहासिक दस्तावेजों के रख-रखाव व इसका इतिहास प्रस्तुत करने की दिशा में निरंतर सक्रिय रहे हैं। हो सकता है कि जब आप पार्क में घूम रहे हो तो आप 'डॉक्टर कार्लोस' से टकरा जाएँ। उनसे आपको विश्वविद्यालय संबधी अपेक्षित जानकारी अनायास मिल जायेगी। इन पक्तियों के लेखक की भी वही पार्क में 'डॉक्टर कार्लोस' से एक संक्षिप्त मुलाकात हो गयी थी जिसमें उन्होने वुडफर्ड चौक और विश्वचविद्यालय के इतिहास पर चर्चा की।

आज जिसे हम 'वुडफर्ड स्क्वेयर के रूप में जानते हैं उसे उन्नसवीं सदी में 'ब्रंस्विक स्क्वेयर' कहा जाता था। दरअसल यहनाम जर्मनी के एक नगर-Brauvschweig - से संबेधित था। बा सी भैगोलिक सिंतियों के चलते यह नाम पड़ा था। जर्मनी के उत्तरी भाग लोअर सेक्सोनी में, बारहवी सदी में, ओकर नदी के किनारे वह नग़र बसाया गय था। उसी नगर की भाँति किसी जमाने में ट्रिनिडाड का यह इलाका भी जंगली था। यहाँ भी एक नदी हुआ करती थी जिसे 'रियो सान्ता एना' के नाम से जानते थे। अब वह नदी नहीं है रही, बल्कि उसका कोई चिन्ह तक नहीं बचा। लेकिन उसका उल्लेख अब 'सुखी नदी' (Dry River) के रूप में होता है। जैसे भारत में लूप्त हो चुकी स्वरस्ती नदी का उल्लेख हुआ करता है। बूढ़े बूर्जगों और दस्तावेजों के आधार पर 'डॉक्टर कार्लोस' बताते हैं कि जिन दिनो उस नदी का अस्तित्व था तो वह शेकॉन स्ट्रीट के नीचे से होकर इंडिपेंडेंस स्क्वेयर (ब्रायन लारा प्रॉमिनेड) तक पहुँती थी।

'ब्रान्सिक स्क्वेयर' का नाम बाद में बदल कर 'वुडफर्ड स्क्वेयर' किये जाने का अपन इतिहास है। 26 मई 1917 ई. को यह नाम पविर्तन किया गया। सर रैल्फ वूडफर्ड के नाम पर यह नामकरण हुआ था। 19 वीं सदी आरंभ में सर वुडफर्ड ट्रिनिडाड के गवर्नर थे। वे 1784 में पैदा हुए थे और 1828 ई. में उनका देहान्त हो गया था। चौक का नाम भले ही वुडफर्ड का हो मगर कड़वा सच तो यह है कि अफ्रकी गुलामों के कठिन परिश्रम से ही यह चौक निर्मित हुआ था गोरे लोग गुलामों के साथ किस तरह का बर्ताव करते थे यह बात तो जग-जाहिर है ही। आज भी लोगों में किवदंतियाँ प्रचलित हैं कि किस प्रकार से अंग्रेज गुलामों पर शरीरिक अत्याघार किया करते थे, उनका हर तरह से शोषण करते थे और यहां तक कि गुलामों की हत्या कर उन्हें बुडफर्ड स्क्वेयर के पेड़ो से लटका दिया जाता था।

वूडफर्ड का नया नामकरण अर्थात "The university of woodford Square" अधिकाकिर के रूप से 19 जुलाई 1955 को देश के भूतपूर्व प्रधानमंत्री स्वर्गीय डॉ. एरिक युस्टेंस विलियम्स (1911 - 1981) के द्वारा किया गया था। डॉ. एरिक विलियम्स ट्रिनडाड के पहले प्रधानमंत्री थे और उन्हें राष्ट्र निर्माता और

राष्ट्र पिता की भाँति प्रशंसा भी मिली। उनका रजनैतिक दल पी.एन. एम. (पीपुल्स नेशनल मूवमेंट) ट्रिनडाड में लम्बे समय से सत्ता में रहता आया है। 24 जनवरी 1956 को औपचारिक रुप से पैट्रिक मैनिंग के द्वारा वुडफर्ड चौक विश्वविद्यालय का अरंभ कर दिया गयौ। पैट्रिक मैनिक देश के चौथे प्रधानमंत्री बने एरिक विलियम्स ने कभी कहा था - 'वुडफर्ड चौक विश्व विद्यालय जनता को मुफ्त राजनैतिक विश्लेषण और स्वशासन से सम्बंधित प्रशिक्षण देने का वैसा केन्द्र रहा है जैसा कभी युनान में रहा किया होगा।' 19 वीं सदी और बीसवीं सदियों में गुलामों और उनके वंशजो को वुडफर्ड विश्वविद्यालय के चौक ने उन्हें तरह-तरह के विषयों और तत्कालीन घटनाक्रमों पर विचार विनमय करते देखा है। आज यहाँ हर प्रकार के हर जाति के नस्ल और वर्ग के, स्थानीय और अंजतराष्ट्रीय स्त्री पुरूष आते-जाते हैं रहते हैं या तो वे व्याख्यानों बहसें में भगीदारी करते हैं अथवा उनका आनन्द अठाते हैं। तरह-तरह के विषयों और तरह-तरह के वक्ता यहाँ आते ही रहते हैं-शास्त्रीय अर्थों में गंभीर तर्क शास्त्री से लेकर झाग-उड़ाउ वक्ता संवैधानिक विधिवेत्ता, कवि साहित्यकार, इतिहासकार, वैज्ञानिक दार्शनिक रहस्यमय तांत्रिक, राजनीतिज्ञ, धार्मिक उत्साही, ओझा-गुनी हर तरह के व्यक्ति का यह विश्वविद्यालय स्वागत करता है। अतीत से लेकर आज तक हर कद काठी के और क्षेत्र विशेष के लोग इस विश्वविद्यालय में अपनी सक्रिय उपस्थित दर्ज कराते हैं। एरिक विलियम्स, जॉन हम्फ्री, ए. एन. आर. रॉविन्सन म्युरिएल डोनाबा, मॉरिस मार्शल, पैट्रिक मैनिंग-जैसे संसद सदस्य यहाँ वक्तृता करने का सुख ले चुके हैं। इनमें से कई तो देश के प्रधानमंत्री और राष्ट्रपति तक बने। मजदूर संघ के नेताओं में यूरा 'बज्ज' 'बटलर' क्लाइव न्यूनेज हों या माकनडल डैगा जैसे क्रान्तकारी नेता-वे यहाँ आने में विशेष प्रसन्नता अनुभव करते थे। मिस 'आइनेस' क्लेमी जॉर्ज, जिन्हें 'चलती फिरती शब्दाकोश' कहा जाता था, हों या विधिवेत्ता एल्गर्नन बर्केट, गणितज्ञ कार्नान्ड हों या 'मिस्टकल फिलौसफर' इन लोगों ने उपस्थित श्रोताओं में उत्तेजना भरी। तरह-तरह के धर्मोपदेशकों ने भी श्रोताओं के प्रशनों और गुत्थियों का सामना किया जैसे आर्कबिशप एल्टन ग्रिफिथ, आर्कबिशप, पर्सी (तांत्रिक), इमाम, तारिका, ओझा-गुनी 'पापा टोनी ओबिया मैन', 'बुश डॉक्टर,' 'जादू' दि गॉडस रेवडेंस चब्बी आदि। कई लोग ऐसे भी है। जो ट्रिनिडाड में वास्तविक नाम से नहीं, उपनाम से प्रसिद्ध हैं यहाँ के मुरीद है, जैसे 'द कैट' 'कम्युनिस्ट', 'हिटलर', 'स्क्रब्स', 'रशिया', 'स्प्रिंगर', 'फूड', 'साइडवेज', 'स्माल', 'क्रीम', हॅपर, 'ग्लासेस,' फ्रेंची' आदि। (महान) पीटर डाउसन से लेकर ब्रायन चुने, हैमिल्टन पेना, जूलियन ब्राउहाइट, नेवाइल थॉम्पसन, डॉ सेल्विन कडजाय, अर्ल लेविस, एरिक प्रॉस्पर, जार्ज चिन, मिस थेरसा, 'पिंडा', मिस डोराथी कमिंग्ज तक अनेकानेक ताम अस संदर्भ में गण्य हैं और दिनों दिन यह सूची बढ़ती ही जा रही है।

# रचनाकार परिचय

**कैनेथ रामचंद :**

एम. ए. ऑनर्स (अंग्रेजी), पी-एच.डी. (एडिनबरा)। लेखक, आलोचक, स्तंभकार। ट्रिनिडाड पार्लियामेंट (सिनेट) के निर्दलीय सदस्य। दि युनिवर्सिटी ऑफ दि वेस्ट इंडीज, सेंट ऑस्टीन (ट्रिनिडाड) कैम्पस में अंग्रेजी के प्रोफेसर तथा डिपार्टमेंट ऑफ लिबरल आर्ट्स के अध्यक्ष। इंग्लैण्ड तथा अमेरिका के विश्वविद्यालयों में भी प्राध्यापन कार्य किया। आस्ट्रेलिया, सिंगापुर और भारत में अंग्रेजी के बिजिटिंग प्रोफेसर रहे। वेस्ट इंडीज में जिस प्रकार की अंग्रेजी भाषा बोली जाती है उसके विश्लेषक और सिद्धान्तकार। पुस्तकों में 'वेस्ट इंडियन नॉवेल एंड इट्स बैकग्राउंड', 'एन इंट्रोडक्शन टु द स्टडी ऑफ वेस्ट इंडियन लिटरेचर', 'द वेस्ट इंडियन शॉर्ट स्टोरी', 'द वेस्ट इंडियन नॉवेल सिंस 1970', 'वेस्ट इंडियन पोएट्री' (संपादित) आदि विशेष चर्चित। सौ से ज्यादा निबंध लिखे।

**श्री प्रसाद नायपॉल (Sri Prasad Naipaul) :**

ट्रिनिडाड में जन्मे-पले भारतीय मूल के साहित्यकार। पेशे से पत्रकार थे। साहित्य के लिए, और व्यक्ति-जीवन में भी काफी संघर्ष झेला। भारतवंशी ट्रिनिडाड वासियों की संस्कृति-सुरक्षा एवं जीवन सुरक्षा से संबंधित समस्याओं और संघर्षों को अपनी रचनाओं का विषय बनाया। लेखन में भारतीय लेखक प्रेमचन्द इनके आदर्श थे। 'गुरुदेव तथा अन्य कहानियाँ' (Gurudeva and Other tales) इनकी प्रसिद्ध कृति है। प्रसिद्ध लेखक वी. एस. नायपॉल के पिता थे। ट्रिनिडाड के आंरभिक कथा लेखकों में महत्त्वपूर्ण।

**सी. एल. आर. जेम्स (साइसिल लायोमेल रॉनर्ट जेम्स) :**

ट्रिनिडाड के टुनापुना स्थान में जेम्स का जन्म 4 जनवरी 1901 को हुआ। क्रिकेट और किताबों में आंरभ से रुचि रही। 1929-30 में अफ्रेड मेंडिस के साथ मिलकर 'ट्रिनिडाड' नामक पत्र निकाला। 'मैंचेस्टर गार्डियन' में क्रिकेट संवाददाता

रहे, फिर 'ग्लासगो हेराल्ड' में। चिंतक के रूप में ख्याति–इंग्लैंड में प्रसिद्ध अफ्रीकी नेताओं घोमो केन्याट्रा और क्वामे न्क्रूमा से प्रगाढ़ परिचय और विमर्श। 'काला मार्क्सवाद' (Black Marxism) के प्रतिपादक तथा इस सिद्धान्त को लेकर ट्राटस्की से बहस। 1938 में अमेरिका गये जहाँ, अगले पंद्रह वर्षों तक रहे। फिर पाँच साल इंग्लैंड में क्योंकि अपने 'स्वतंत्र' मार्क्सवादी सिद्धांत संबंधी पुस्तक लेखन तथा राजनीतिक गतिविधियों के कारण अमेरिका से निष्कासित कर दिये गये।

रचनाएँ : वर्तमान में भविष्य (The future in the present, 1980), प्रभावक्षेत्र (Spheres of influence, 1980), सीमा के परे(Beyond of Boundary, 1963), आदि।

**अल्फ्रेड एच. मेंडिस :**

18 नवम्बर 1897 को मेंडिस का जन्म ट्रिनिडाड में हुआ था। पिता पुर्तगाली मूल के थे और धनी व्यापारी खानदान होने से मेंडिस की माध्यमिक शिक्षा इंग्लैंड में हुई। प्रथम विश्वयुद्ध छिड़ने पर मेंडिस सेना में भर्ती होकर फ्रांस में मोर्चे पर लड़े। वीरता के लिए सम्मानित भी किये गये, यद्यपि युद्ध मेंडिस को मूर्खतापूर्ण काम ही लगा। 1918 में रूसी क्रांति से वे बहुत प्रभावित हुए। वे समाजवादी विचारों से लैस होकर 1920 में ट्रिनिडाड लौटे तो इस देश को ब्रिटिश साम्राज्यवाद का शिकार बना हुआ देखा। सी. एल. आर. जेम्स से साहित्यिक और बौद्धिक रुचियों के चलते मैत्री हुई। उन्होंने ट्रिनिडाड नाटक साहित्यिक पत्रिका निकाली। 1931 से 1934 ई॰ के बीच मेंडिस ने 'दि बीकन' के 28 अंक निकाले। 1933 में मेंडिस न्यूयॉर्क (अमेरिका) चले गये और 1940 में लौटकर वे 'ट्रिनिडाड गार्डियन' में नियमित रूप से साहित्य, कला और संस्कृति से संबंधित विषयों पर लिखने लगे। 'संयुक्त मोर्चा' नामक एक छोटा राजनीतिक दल भी बनाया। पोर्ट सर्विसेज के महाप्रबंधक पद से रिटायर होने पर बारबडोस में बस गये। वेस्ट इंडीज विश्वविद्यालय ने उन्हें 'डॉक्टरेट' की मानद उपाधि 1972 में दी।

रचनाएँ : 'दि वेजेज ऑफ सिन एंड अदर पोएम' (1925), 'पिच लेक' (1934), 'ब्लैक फौंस' (1935) तथा पचासों कहानियाँ।

**अर्ल लवलेस :**

ट्रिनिडाड में 1935 ई॰ में जन्म। शिक्षा ट्रिनिडाड तथा हार्वर्ड विश्वविद्यालय में हुई। पत्रकारिता तथा अध्यापन कार्य किये।

रचनाएँ : 'ह्वाइल गॉड्स वेयर फॉलिंग' (1965), 'दि स्कूल मास्टर' (1968), 'दि ड्रैगन काण्ट डांस', 'दि वाइन ऑफ दि कंट्री' आदि।

**वी. एस. नायपॉल :**

विद्याधर नायपॉल का जन्म 1932 में ट्रिनिडाड में हुआ। शिक्षा ट्रिनिडाड और इंग्लैंड (ऑक्सफोर्ड युनिवर्सिटी) में हुई। भारतीय मूल के नायपॉल वेस्ट इंडीज और अंग्रेजी साहित्य के अत्यंत महत्त्वपूर्ण लेखक हैं। भारत विषयक अनेक पुस्तकें लिखी हैं। सशक्त कथाकार, पत्रकार और चिंतक के रूप में उनकी विशिष्ट पहचान है। बुकर प्राइज (1971) समेत अनेक पुरस्कारों और सम्मानों से अलंकृत नायपॉल नोबेल पुरस्कार के प्रबल दावेदार माने जाते रहे और अन्ततः उसे हासिल भी किया।

रचनाएँ : दि मिस्टिक मैसियो (1957), मिजेल स्ट्रीट (1959), ए हाउस फॉर मि. विश्वास (1961), दि मिड्ल पैसेज (1962), मिस्टर स्टोन एंड दि नाइट्स कंपेनियन (1963), एन एरिया ऑफ डार्कनेस (1964), ए फ्लैग ऑन दि आयलैंड (1967), दि मिमिक मैन (1967), दि लॉस ऑफ एलडोरैडो (1969), इन एफ्री स्टेट (1971), गेरिलाज (1975), ए बेंड इन दि रिवर (1979), एमांग दि बिलीवर्स (1981), इंडिया ए वुंडेड सिविलाइजेशन आदि।

**क्लाइड हुसैन :**

1940 में कूवा, ट्रिनिडाड में जन्मे क्लाइड हुसैन की उच्च शिक्षा इंग्लैंड में हुई। 1959 से 1962 तक वे लंदन स्कूल ऑफ इकॉनोमिक्स में पढ़ते रहे फिर ट्रिनिडाड वापस लौटे जहाँ अखबार और टेलीविजन के लिए कार्य किया। एक विज्ञापन एजेन्सी के डायरेक्टर भी रहे। 1976 में फिल्म-निर्माण का प्रशिक्षण लेने कनाडा गये। कनाडा, ब्रिटेन और वेस्ट इंडीज की पत्र-पत्रिकाओं में कविताओं और कहानियों का प्रकाशन हुआ। गरीबी, अन्याय, शोषण, नस्लवाद आदि का इनकी रचनाएँ तीव्र प्रतिवाद करती हैं। 'द किलिंग ऑफ नेल्सन जॉन एंड अदर स्टोरीज' इनका कहानी-संग्रह है।

**विली चेन :**

चीनी मूल के माता-पिता की ट्रिनिडाड कूवा में 1934 में जन्मी संतान के रूप में विली ने स्नातक की शिक्षा पाकर बाद में तरह-तरह के व्यवसाय धन्धे किये, पापड़ बेले ('वंडरब्रेड बेकरी' से लेकर 'प्रिंटेक्स कर्न्वर्टर्स' तक), अनुभव पाये और कला की विभिन्न कलाओं की विभिन्न विधाओं में काम किया। (इनके चित्र साओ पाओलो, हवाना, ब्रिटेन आदि जगहों में प्रदर्शित हुए।) पुरस्कृत भी। स्थापत्य में सक्रिय रुचि क्रिएटिव आर्ट्स सेंटर, दो-तीन चर्च और अपनी फैक्टरी के ले-आउट की डिजाइनिंग की। नाट्य लेखक और नाट्यकर्मी के रूप में लोकप्रिय—पोस्टर से लेकर मंच सज्जा तक सभी कार्य समान दक्षता से कर सकते हैं। 'फ्रीडम रोड'

(1985), 'टेंटेड ब्लड' (1987), 'वन लव' (1989) जैसे नाटक लिखे और प्रस्तुत किये। डेरेक वाल्कॉट, बैकेट, टेनेसी विलियम्स, लोर्का, मोलीयेर, त्साओ यू आदि के नाटकों की मंच सज्जा की। 1990-91 में ट्रिनिडाड-टुबैगो राइटर्स यूनियन के अध्यक्ष रहे। अनेक कहानियाँ पुरस्कृत। कहानी संग्रह 'किंग ऑफ दि कार्निवाल' पर्याप्त चर्चित-प्रशंसित। जेनी चेन से विवाह, तीन बच्चे–जेसन, ग्रेगसन और मिंटन।

विली चेन के पात्र बाहर से देखे गए लोग हैं–वे मनोविश्लेषण पर पूर्ण निर्भर नहीं हैं। 1940-50 के बीच का ट्रिनिडाड, देहाती भारतीय मूल के लोग ज्यादातर विली के कथानक और चरित्र हैं। चोरी, हत्या, तस्करी, हिंसा आदि के भीतर से वे मानवीय संबंधों का संधान करते हैं। अचरज की बात है कि विली चेन की कहानियों में चीनी मूल के प्रमुख पात्र नहीं मिलते।

कला और संस्कृति के लिए विली चेन को 1989 में नेशनल हमिंगबर्ड मेडल दिया गया था।

**फंसो ऐयेजिना :**

1949 में नाइजीरिया में जन्मे फंसो अब ट्रिनिडाड में रहते हैं। कवि और कहानीकार। पति-पत्नी दोनों वेस्ट इंडीज विश्वविद्यालय में अध्यापन करते हैं। 1950 में जन्मे फंसो की शिक्षा नाइजीरिया, कैनाडा और ट्रिनिडाड में हुई थी। अमेरिकी फेलोशिप भी ली। 'ए लेटर टु लिंडा एंड अदर पोएम्स' नामक कविता संकलन प्रकाशित। एक कहानी संग्रह भी प्रकाशित तथा प्रशंसित। रचनात्मक लेखन के लिए फुलब्राइट स्कॉलर रहे।

**सुवास कुमार :**

1948 में जन्मे डॉ. सुवास कुमार पेशे से सेंट्रल युनिवर्सिटी, हैदराबाद में हिन्दी के प्रोफेसर हैं। कवि, कथाकार, आलोचक तथा अनुवादक। आरंभ में मैथिली में भी लेखन कार्य किया। बंगला और अंग्रेजी से रचनात्मक साहित्य का अनुवाद किया। 'वर्त्तमान साहित्य' के तेलुगु साहित्य-विशेषांक तथा 'संचयिता : फनीश्वर नाथ रेणु' का सम्पादन किया। कोई दर्जन-भर पुस्तकें प्रकाशित जिनमें कविता-संग्रह, कहानी संग्रह, उपन्यासिकाएँ, आलोचना, अनुवाद आदि शामिल हैं।

**आइंटु पर्ल स्प्रिंगर :**

बेलमोंट (ट्रिनिडाड) की 'वेस्ट इंडियन रेफरेंस लाइब्रेरी' में लाइब्रेरियन। 1986 ई. में लंदन से 'आउट ऑफ द शेडोज' प्रकाशित। यहीं से बच्चों के लिए कविता-संग्रह 'गॉड चाइल्ड' छपा कविता के अलावा नाटक भी लिखे और अभिनय

भी किया।

**आइमी एलायडिन :**

मार्टिनिक में 1958 ई. में जन्म। पेशे से अंग्रेजी की अध्यापिका।

**आशा राजकुमार :**

जन्म 1965। सुरीनाम की कवयित्री। साहित्य के अतिरिक्त भारतीय नृत्य में सक्रिय रुचि। कविताएँ Bhasa (Surinam), Dues ex Machina (Belgium) और Crlation Tire (Clanada & Trinidad) में प्रकाशित।

**ऑलिव सीनियर :**

ऑलिव सीनियर का जन्म जमैका के ट्राय जिले में 1941 ई. में हुआ। उन्होंने कविताएँ और कहानियाँ लिखी हैं। अपने धनी संबंधियों के साथ विभिन्न स्थानों पर भ्रमण करने का अवसर उन्हें बचपन से ही मिलता रहा। वे बड़ी होकर पत्रकार बनना चाहती थीं और बनीं भी। अपनी छात्रावस्था में ही उन्होंने 'द लेडी ग्लीनर' में काम करना आरंभ कर दिया था। उन्होंने पत्रकारिता की शिक्षा कनाडा (कार्लटन युनिवर्सिटी, ओटावा) में ली। उनके कहानी संग्रह "समर लाइटनिंग एण्ड अदर स्टोरीज" (1986) के लिए उन्हें 'कॉमनवेल्थ राइटर्स प्राइज' मिला। 1989 में उनका दूसरा कहानी संकलन 'द एराइवल ऑफ दि स्नेक वुमन एंड अदर स्टोरीज' छपा। सूक्ष्म पर्यवेक्षण और स्पष्ट तथा बेधक अभिव्यक्ति ऑलिव की विशेषताएँ हैं। शायद पत्रकारिता के पेशे से जुड़ी होने के कारण भी। 1985 में कविता संग्रह "टॉकिंग ऑफ ट्रीज" प्रकाशित हुआ था।

**उशांडा इयो एलिमा :**

पहले अमेरिका में थी, अब बेलीज द्वीप में रहती हैं। मनोविज्ञान एवं अंग्रेजी की अध्यापिका। नारी और बालजीवन की समस्याओं से संबंधित गंभीर चिंतन और सक्रियता।

**एडवर्ड बाउ :**

एडवर्ड (एल्स्टन सेसिल) बाउ 1936 में जन्म (पोर्ट एंटोनियों, जमैका) आरंभिक शिक्षा जमैका तथा उच्च शिक्षा, जमैका, कनाडा और इंगलैंड में। मैनचेस्टर विश्वविद्यालय से 1964 ई. में अंग्रेजी साहित्य में डॉक्टरेट की उपाधि ली। 1965 से युनिवर्सिटी ऑफ द वेस्टइंडीज में अध्यापन करते हुए 1978 प्रोफेसर बने। 'कॉमनवेल्थ पोएट्री प्राइज' और 'कॉमनवेल्थ राइटर्स प्राइज' के ज्यूरीपैनल के सदस्य रहे। कैरेबियन साहित्य के प्रखर आलोचक बाउ ने 'क्रिटिक्स ऑन कैरिबीयन

लिटरेचर' (1978) तथा 'डेरेक बॉल्कॉट : मेमॉरी एज विजन' (1978) जैसी पुस्तकें लिखीं। पत्र-पत्रिकाओं तथा अनेक संग्रहों में कविताएँ संकलित-प्रकाशित। 1988 में बाउ का स्वतंत्र कविता-संग्रह 'ए टेल फ्रॉम दि रेनफॉरेस्ट' छपा।

**एडवर्ड कामाउ ब्रैथवेट :**

ब्रिजटाउन, बारबडोस में 11 मई 1930 को जन्म। हैरिसन कॉलेज की पढ़ाई समाप्त करने के बाद ब्रैथवेट आइलैंड स्कॉलरशिप लेकर कैम्ब्रिज युनिवर्सिटी (इंग्लैंड) पहुँचे जहाँ से इतिहास विषय में स्नातकोत्तर शिक्षा ली। 1955 से 1962 तक घाना के शिक्षा मंत्रालय में कार्य किया। 1963 में वेस्टइंडीज विश्वविद्यालय के जमैका कैम्पस में इतिहास के अध्यापक नियुक्त हुए। बाद में सामाजिक-सांस्कृतिक इतिहास के प्रोफेसर बने। अमेरिका, यूरोप, अफ्रिका और सुदूर पूर्व का व्यापक भ्रमण किया। जॉज संगीत में रुचि। अनेक पुरस्कार और सम्मान मिले यथा– हैम्पसटीड आर्ट्स फेस्टिवल प्राइज, (1967 ब्रिटेन) आर्ट्स कांउसिल ऑफ ग्रेट ब्रिटेन वर्सरी (1971), बस्सा एवार्ड (1973), अमेरिकन प्राइज फॉर ब्लैक एंड ब्ल्यूज (1976) आदि।

रचनाएँ – फोर प्लेज फॉर प्राइमरी स्कूल्स (1964), ओडेल्स च्वाइस (1967) राइट्स ऑफ पैसेज (1967), मास्क्स (1968) आइलैंडस (1969), दि अरावेंट्स : ए - न्यू वर्ल्ड ट्राइलॉजी (1973), अदर एग्जाइल्स (1975) ब्लैक एंड ब्ल्यूज (1976), मदर पोएम (1977) सन पोएम (1982), थर्ड वर्ल्ड पोएम्स (1983) आदि।

**एफुआ कूपर :**

जमैका में जन्म टोरंटो (कैनेडा) में निवास। ब्रेकिंग चेन्स (1983) तथा रेड कैटरपिलर ऑन कॉलेज स्ट्रीट (1989) चर्चित काव्य पुस्तकें।

**ओपल पाल्मर एडिसा :**

1954 ई. में जन्म। जमैका और अमरिका में रहती हैं। कथावाचिका संगठनकर्त्री एवं निर्देशिका। पाइना, द मेनी-आईड फ्रूट, बेकफेस आदि रचनाएँ प्रकाशित।

**कैरीन एम्मन :**

ट्रिनिडाड में 1962 ई. में जन्म। पेशे से मनो चिकित्सक। प्रसूति के क्षेत्र में शोध कार्य किया। लेखन से गहरा लगाव।

**ग्रेस निकोल्स :**

जार्ज टाउन गामना में 1950 ई. में जन्मी ग्रेस हाईस्कूल मास करने के बाद स्कूल शिक्षिका बन गईं। (सोलह साल की उम्र म), फिर अखबार में रिपोर्टर और पत्रकार के रूप में (फ्री लोसिग भी की ) कार्य करते हुए गमाना विश्वविधलय से मास कम्मुनिोशन में डिप्लोमा किया 1977 में इंगलैंड गमी और कवि जॉन एगॅर्ड के साथ रहने लगी निकोल्स ने 'होल ऑफ ए मानिर्ग स्काई नाम से एक आत्म-कथपरक उपन्यास भी 1986 में लिखा ग्रेस के कविता संग्रह 'आईं अज ए लांग मैमोरीड वुमैन' (1983) को 'कॉमन वेल्थ पोमट्री प्राइज मिला। इसको आधरित बनाकर बी. बी. सी ने एक रेडियो नाटक पगसारित किया और इसके फिल्मीकृत रूप को न्युयार्क में 1990 में स्वर्ण पदक मिला। नारी की विभिन्न समस्याएँ उनका शेषक, उनकी यातनाएँ ग्रेस की कविताओं की केन्द्रीत चिंता है। उनकी अन्य महत्वपूर्ण काब्य पूस्तकें हैं - दि फैट ब्लैक वुमन्स पोएम्स (1948) लेजी थॉटस ऑफ ए लेजी वुमन (1889)

**जेनकिंग इ़पोलीन :**

बारवडोस की कवयित्री। नारीवादी आन्दोलनों से सहानुभूति।

**जेनिफर रहीम :**

मारवाल ट्रिनीडाड में 1963 ई. में जन्म। दि आगस्टीन कैम्पस में साहित्य का उच्च अध्ययन किया और अव वही अंग्रजी साहित्य पढ़ाती हैं। कविता कहानी और आलोचना की विधाओं में लेखन ' द न्यू वायसेज' 'वाशरवुमन' क्रिएशन। द कैरीविमन राइट' 'ग्रैहम हाउस रिव्यू' सरीखी पत्र पत्रिकाओं में रचनाएँ प्रकाशित। स्वतंत्र कविता - संकलन " मदर्स आर नॉट दि ओनली लिंग्विस्ट्स एंड अदर पोएम्स नाम से प्रकाशित।

**डेनिस स्कॉट :**

किंग्स्टन (जमैका ) में 1959 ई. में जन्में डेनिस स्कॉट जमैका में अध्यापन कार्य किया। शूवर्ट नाट्स लेखन फैलोशिप, कॉमनवेल्थ फैलोशिप आदि प्राप्त कर नाट्स तथा शिक्षा के विषयों में डिप्लोमा लिए। किंग्स्टन के नाटक तथा सांस्कृतिक प्रशिक्षण केन्द्र के डारेक्टर बने। येल विश्वविधल के स्कूल ऑफ ड्रामा विजिटिंग प्रोफेसर भी रहे। स्कॉट अच्छे नर्तक भी रहे। नाट्स निर्देशन भीकिया। इंटरनेशनल पोएट्री फोरम अवार्ड (1973) कॉमनवेल्थ पोएट्री प्राइज (1994) समेत अनेक पुरस्कार और सम्मान प्राप्त किये।

**रचनाएँ :** अंकल टाइम (1973), ड्रेडवॉक पोएम्स (1982), सर गोवाइन एंड द ग्रीक नाइट (1978) नाटक। आदि।

**डेरेक वाल्काट :**

डेरेक वाल्कॉट का जन्म 23 जनवरी 1930 को सेंट लूसिया में हुआ। ज़ब वे एक साल के थे तभी पिता वॉरविक वाल्कॉट की 35 वर्ष की अवस्था में मृत्यु हो गयी। वॉरिक कवि एवं चित्रकार थे। डेरेक के जुड़वा भाई नाटककार हैं। अठारह वर्ष की आयु मे डेरेक वाल्कॉट का पहला कविता संग्रह (25 पोएम्स) 1948 में छपा तब से डेरेक के रचनाकार ने बहुत प्रगति की (और साहित्य के लिए नोबेल पुरस्कार भी पाया)। स्कॉलरशिप लेकर वाल्कॉट ने जमैका के युनिवर्सिटी कॉलेज ऑफ वेस्टइंडीज से अंग्रजी फ्रेंच और लैटिन विषयों में बी. ए. किया तत्पश्चात तीन वर्षो तक (1954-57)अध्यापकी की। 1959 में वे ट्रिनिजड मे बस गए और अगले बाइस वर्षो तक वहीं रहे। यहाँ उन्होने नाटक के क्षेत्र में महत्वपूर्ण कार्य किया। प्रसिद अमरीकी संगीतकार गैल्ट मैकडमोटि से मित्रता हुई जिसने उनके दो संगीत- प्रधान नाटाको -दि जोकर ऑफ सेवाइल तथा 'ओ वेविलोन' के लिए संगीत दिया। बाद में वाल्कॉट अमेरिका चले गए जहां येल और कोलंबिया विश्वविधलयों में अध्यापन किय। रूस के विस्थापित कवि रॉवर्ट लेवोल से भी वल्कॉट की मित्रता हुई। 1981 के बाद वाल्कॉट अमेरिका बोस्टन युनिवर्सिटी मैं रचनात्मक साहित्य पढ़ाने लगे। बीच-बीच मे वाल्कॉट अवश्य ही ट्रिनिडाड और वेस्टइंडीज अपनी जड़ो के पास आते रहते हैं। अनेकानेक पुरस्कारों से सम्मानित।

**रचनाएँ :** 25 पोएम्स (1951), एपिटाफ फॉर द यंग (1949), पोएम्स (1951), इन ए ग्रीन नाइट (1962), सेलेक्टेड पोएम्स (1964), दि कास्टअने एंड अदर पोएम्स (1969), एनदर लाइफ (1973), सी ग्रेप्स (1976), दि स्टार एपल किंग्डम(1979), फॉर्चुनेट ट्रेवलर (1981), सेलेक्टेड पोएट्री (1981), पोएम्स आफ दि कैरेवीयन (983), मिडसमर (984),

नाटक : हेनरी क्रिस्टॉक (1950), हैरी डर्निमर (1952), आयोन (1957) ड्रम एंड कलर्स (1961), ड्रीम ऑन मंकी माउंटेन एंड अदर प्लेज (1970), दि जोकर ऑफ सेवाइल एंड ओ अेबीलोन (1978),रिमेम्ब्रेस एंड पेंटोमाइम (1980)

**त्रिवेनी रहीम :**

नाइजीरिया में जन्मे फंसो अब ट्रिनिडाड में रहते हैं। कवि और कहानीकार। पति-पत्नी ओनो वेस्ट इंडीजविश्वविधालय में अध्यापन करते हैं। 1950 में जन्मे फंसो की शिक्षा नाइजीरिया कनाडा और ट्रिनिडाड में हुई थी। अमेरिकी फैलोशिप भी ली। ए लेटर टू लिंडा एंड अदर पोएम्स' नामक कविता संकलन प्रकाशित। एक कहानी संग्रह शीघ्र प्रकाश्य।

**मरीमा अमा ओमाबेल-मैक्सवेल :**

सानफर्नाडो (ट्रिनीडाड) में 1954 ई. में जन्म। लेखिका, व्याख्याता और टेलीवीजन प्रड्यूसर। उनकी पुस्तकें प्रकाशित। गायिका और फिल्म निर्देशिका भी। नाटक भी लिखे।

**तहादेई दास :**

दास का जन्म गयाना में 1954 ई. में हुआ। वे कार्यकत्री भी हैं। उच्च शिक्षा अमेरिका में। कोलंबिया युनीवर्सिटी, नयूयार्क से फिलौसफी (दर्शनशास्त्र) मे एम. ए. किया। स्वास्थ्य की वलह से डॉक्टरेट अधूरा छोड़कर गयाना लैट गयीं। कविता संग्रह-"आई वांट टु वी ए पोएटेस ऑफ माई पिपुल"(1977), माई फाईनर स्टील विल ग्रो'(1982), बोन्स' (1988) आदि

**मोर्विन मौरिस :**

किंग्स्टन जमैका में 21 फरवरी 1937 को जन्म। बचपन वहीं बीता। स्कॉलर शिप प्राप्त करके मनरो कॉलेज और वेस्टइंडीज युनिवर्सिटी में शिक्षा ग्रहण । रोज्स स्कॉलरशिप भी मिला। बाद में वेस्टइंडीज युनिवर्सिटी में अध्यापन कार्य।

**रचनाएँ** : सेवन जमैकन पोएट्स (संपादित1971), दि पौंड (1973), ऑन होलीवीक (1976), शैडाबॅक्सिंग (1979) आदि

**मार्टिन (वेइल्ड) कार्टर :**

जन्म 1997 में। क्वीस कालेज में आरंभिक शिक्षा। ब्रिटिस साम्राज्यवादी शासन के विरुद्ध राजनैतिक आन्दोलन में सक्रिय रहे। 1953 में गिरफ्तारी और जेल। छूटने पर भी स्वतंत्रता आन्दोलन में भाग लेते रहे। 1966 - 67 में संयुक्त राष्ट्रसंघ में गमाना के प्रतिनिधि मंडल के सदस्य। गमाना सरकार में गृह तथा सूचना एवं प्रसारण मंत्री रहे। 1971 में सरकार से हट गए। **किताबें**: Hill of fire glow red (1951);टू ए डेड स्लेव'(1951)]the hildan man(1952), द किंग ईगल(1952) Riturinng (1953) Poms of Resistance (1954) Poms of shape& motions (1955) conversation (1961) Jail mequickly (1963)Poems of succession (1977) Pomes affinityb (1978 - 80) में आदि

**माया देवी :**

मायावती महाराज का जन्म पोर्टऑफ स्पेन ट्रिनिडाड मे 1966 ई. हुआ अरूपा और कुनुपिया में रहीं। संख्या में कम किन्तु संवेदनात्मक गहराई वाली कविताएँ लिखी।

**मीलिंग जिन :**

1956 ई. में जन्म। 1964 में इंगलैंड में प्रवास। गिफ्ट्स फ्रॉम माय ग्रैंडमदर पहला कविता-संग्रह। 1981 में चीन यात्रा करटे में ब्लैक वेल्ट हासिल।

**राजन देई रामकिसुन - चेन :**

ट्रिनीडाड में जन्मी राजन देई पेशे से डाक्टर हैं। चिकित्सा विज्ञान की पढ़ाई पटना (विहार, भारत) में की और परीक्षा में रिकार्ड अंको से सफलता प्राप्त की (वह रिकार्ड भी नहीं टूटा है)। लंदन के रायल कालेज ऑफ ऑब्सेटेट्रिसियन्स एंड

**शेरोन फ्रांसिस टॉमस :**

शेरोन का जन्म अरीमा (ट्रिनिडाड) में 1958 ई. में हुआ। प्राकृतिक विज्ञान में डिग्री प्राप्त की। पेशे से ऑडीटर। राइटर्स युनियन की कोषाध्यक्ष रह चुकी हैं।

**शेरोन ली वाह :**

ट्रिनिडाड में 1961 ई. में जन्म। 1982 ई. एक कार दुर्घटना में गंभीर रूप से घायल। धीरे - धीरे स्वास्थ्य लाभ की ओर अग्रसर।

गायानाकालेजिस्ट्स की फैलो। ट्रिनिडाड के सान फर्नांडो शहर में प्रैक्टिस करती हैं। बी. बी. सी द्वारा आयोजित कॉमनवेल्थ कहानियों की प्रतियोगिता में कहानी का चमन (1997)। लांगमैन कहानी प्रतियोगिता (1966) में पुरस्कृत। अनेक कविता - संग्रहें में कविताएँ संकलित। दो स्वतंत्र कविता संकलन - 'जर्नीजा'(यातनाएँ) तथा 'एन्सेस्ट्री' (संस्कार) 1997 में प्रकाशित। कहनी - संग्रह शीघ्र प्रकाश्म।

**रोजर मैक्टायर :**

ट्रिनिडाड में जन्म तथा शिक्षा जमैका में अध्यापन कार्य। तीखी संवेदनाओं और सामान्य जीवनानुभवों को सशक्त भाषा में अभिव्यक्त करने वाली कविताओं के द्वारा आलेचकों का ध्यान आकृष्ट किया है।

**लोरेन एक जोजफ :**

1927 में जन्म। अवकाश प्राप्त अध्यपिका और प्रशासक। वर्जिनलैंड कला साहित्य एकेडेमी के लिए 1937 में चुनी गयीं। कथाकर एवं नाटककार भी।

**लोर्नागुडीसन :**

1947 में जमैका (किंग्स्टन) में जर्न्म आरंभिक शिक्षा जमैका स्कूल ऑफ आर्टस में ग्रहण की तत्पश्चात नयूयार्क अमेरिका में पढ़ाई करने गयीं। शिक्षा विज्ञापन तथा जनसंपर्क के क्षेत्रों में काम किया। अंर्राष्ट्रीय स्तर पर उनके चित्रों (पेंटिग्स) की प्रदर्शनी [ हुई। लोर्ना समकालीन कैरवीयन महिला रचनाकारों में महत्वपूर्ण स्थान रखती हैं। 'बेबी मदर एंड द किंग ऑफ सोर्ड' (1990) नामक कहानी - संग्रह के अलावा कविता की अनेक पुस्तकें प्रकाशित हुईं। यथा - "टैमेरिंड सीजन" (1980) "अई एम बिकमिंग माई मदर" (1986), में 'हंर्टीज' (1988) सेलेक्टेड पोएम्स (1992)।

**वेन विसेन्ट ब्राउन :**

ट्रिनीडाड में 18 जुलाई 1944 को जन्म। माँ की प्रसव में मृत्यु (वेन प्रथम संतान थे)। पिता जज थे। चाचा- चाचियों के साथ बचपन गुजरा। ब्राउन खुद को 'टापू वाला लावारिस' समझते रहे। 1965 से 1968 तक वेस्टइंडीज विश्वविधलय के मोना (जमैकका) कैम्पस के छात्र रहे। (शुरूआती) पढ़ाई 'ट्रिनिडाड गार्डियन्न' मे टुनापुना और पोर्ट ऑफ स्पेन में हुई। 1963 - 1964 में 'ट्रिनीडाड गार्डियन' के लिए पत्रकार का काम किया था। 1975 - 1976 में लीड्स विश्वविधलय का ग्रेटरी फैलोशिप कविता के लिए मिला। 1977 में पोर्ट ऑफ स्पेन के फातिमा कालेज में अध्यापन किया। अमरीकी दूतावास पोर्ट ऑफ स्पेन में सूचना अधिकारी रहे। 'इन अवर टाइम' से 'ट्रिनिडाड गार्डियन' में स्तंभ लेखक रहे। वेस्टइंडीज युनिर्वर्सिटी के सेन्ट ऑगस्टीन कैम्पस में पार्ट टाइम अध्यापक।

**पुस्तकें** : 'On the cost' (लंदन 1972), 'Edna manly : The private years' (London, 1976) Derek walcoatt selected Poems (London, 1981)

# GOVERNMENT SERVICES AND EMPOWERMENT OF THE BACKWARD

Dr. Priya Rao

GYAN

Government Services
and Empowerment of the Backward



ISBN : 978-81-212-1146-8



Published in 2012 in India by
Gyan Publishing House
23, Main Ansari Road, Daryaganj,
New Delhi - 110002
Phones : 23282060, 23261060
Fax : (011) 23285914
E-mail: books@gyanbooks.com
website: gyanbooks.com

*Laser Type Setting* : Rajender Vashist, Delhi
*Printed at* : Chawla Offset Printers, Delhi

# Contents

# Preface

For quite some time I have not been able to understand the ironical position of the Constitutional law in our Country with regard to the criteria for protective discrimination. On one hand the Constitution says that it does not adhere to Caste or religion while on the other it provides for reservation in favour of Castes; though under the euphemistic phraseology of Social and Educational Backwardness, which originates basically from Religion. It being the contradiction it is indeed difficult to call it secular. Secondly, the protection by State for some as against others almost for eternity makes Equality of citizens a meaningless concept. In addition to the Dalits and Tribes who were victims of untochability, the protective discrimination was extended even to Backward Classes almost on par with the former. The seeds of unequal treatment are sown and crop of discontentment and disunity grows to the detriment of the nation.

Reservation is the direct outcome of the principle of protective discrimination as provided in article 15(4) and 16(4) of the Constitution of India. Article 14 provides for special provisions to be made in favour of socially educationally backward classes for their advancement whereas article 16(4) emphatically enables the state to provide for reservations in government employment for the backward classes which are not adequately represented in the government services. These two articles are independent so far as the intention of the legislature is concerned. Article 15(4) does not provide for reservation in the government services. On the other hand, it enables the state to make special provisions with a view to help the advancement of backward classes. The state, it appears, preferred to provide reservations in government services (article 16(4)) in favour of socially educationally backward classes instead of adhering to the intention of the constitution as expressed in article 15(4). This has been phenomenal that today in India, in majority of the states reservation in favour of backward classes and scheduled castes and tribes as a whole has gone up to more than 50% contrary to the directions of the Supreme Court. This has raised an important question as to the relevance of the principle of equality as enshrined in article 14 wherein equality before law and equal protection of law are supposed to be safeguarded as fundamental rights by the State and the judiciary. Unfortunately, these two organs have not addressed the issue in sufficient detail which led to serious discontentment among the people of India who are not either scheduled castes or scheduled tribes or the backward classes.

The Constitution of India has nowhere defined what a backward class is. Article 340 provides for a commission known as Backward Classes Commission with a mandate to define and decide what a backward class consists of with the broad criteria of social and educational backwardness. Strangely, though the constitution has not mentioned caste to be the criteria in determining social and educational backwardness, the successive Commissions of Backward Classes have laid more emphasis on caste as the sole factor of identification than on Class. It is a paradox that in article 15 and 16, the State prohibits any discrimination on the grounds of religion, caste and also guarantees equality of opportunity for all citizens in matters relating to employment in any office under the State. Article 16(2) emphatically says that caste and descent will not be ground for discrimination in respect of any employment or office under the state. Nevertheless, by successive amendments to the above articles, especially Article 16 through clauses 16(4) (4) (a) and (4) (b), the State has made provisions in government services for SC and ST initially and to socially educationally backward classes later on. The Constitution which prohibits discrimination in the name of caste has provided for the same. Prima facie, it is a contradiction and it goes against the concept of equality.

Protective discrimination in favour of backward classes has been a subject of serious debate right from 19th century. During the British regime, quite a few times, some provisions for reservations in services were made in favour of backward classes by various princely states. However, the term 'Class' has always been treated as synonymous to Caste. Class as such has never been defined in terms of mode of production i.e. economy. Had it been so, many sections of people cutting across castes, religions and faiths could have been included in terms of social and educational backwardness and the criteria would have been secular. It is unfortunate that even today, there are a number of castes and groups of people who are educationally and economically poor and backward and yet are not included in the Backward Classes. Because all classes are castes but all castes are not classes. It is a factual generalisation to say that social and educational backwardness is related to caste hierarchy in India. Even while recommending reservations for minorities such as Muslims, the Commission has adopted the criteria of caste despite the fact that the minorities belong to non-Hindu religions. The criteria of caste has led to strong caste consciousness in the people and the identity of nation is relegated to oblivion and thereby threatening the unity and integrity of the country as a whole. The spirit of the Constitution expressed in the Preamble as sovereign, secular and democratic republic is endangered thus equally.

Though it is a laudable principle to make provision for the deprived sections of the society in the name of backwardness, the principle of identification in this regard should not be caste for caste is a divisive factor and it continues to be so in more aggressive form with the present state of affairs. The intention of the legislature has often been biased by sectarian political motives in favour of creation of vote banks. Almost all the political parties in the country including the Leftists have unanimously supported the policy of reservation in government services for Backward Classes and thereby endorsed the never ending importance of caste in the society. Economic backwardness being secular criteria has never been unanimously agreed to identify the backward classes. Though the Supreme Court has cautioned the State against excessive reservations in government services and also directed the state to implement the guideline of creamy layer for exclusion of the affluent sections within the backward classes, the compliance of the court's order is far from satisfactory. On the contrary, many state governments have exceeded the limit of 50% and went ahead with more inclusion of castes and more enhancement of the quota. For instance, the creamy layer limit which began in the year 1993 with Rs.1.00 lac has reached to Rs.4.5 lacs in the year 2008 just before the general elections. Besides the subordinate legislation has manipulated the spirit of the directions of the Supreme Court and made way for inclusion of virtually all the powerful backward class people in the ambit of reservation. The creamy layer guidelines turned out to be highly impractical and contradictory, as a consequence.

In Chhattisgarh, where the population of OBCs is estimated to be not less than 50% there is a provision of 14% reservation in favour of backward classes of 91 categories of castes. In the last 10 years, the recruitments held for class II and III government services reflect that an increasing number of the Backward classes candidates are successful in securing various posts under the government. Interestingly, the Backward classes have a representation of around 30% in all categories of jobs under the government whereas, the percentage of reservation is just 14.

On the other hand, un-reserved categories (non-backward classes) are being displaced in the merit list by the meritorious candidates of backward classes and some times by candidates from SC/ST categories as well in almost all recruitments. However, in case of SCs and STs the percentage of their reservation in government services is largely within the statutory provision of reservation i.e. 15% and 20% respectively. This leads to a conclusion that the so-called castes who are treated as backward classes are educationally advanced though their social backwardness is a matter of debate and they are successful in securing the jobs under the government in the general merit list. This way though the cumulative percentage of reservation in Chhattisgarh is 14% in the state level recruitments, the factual state of affairs is different in the sense that the candidates from OBC have more representation (including and in addition to their quota) up to 30%. The un-reserved candidates have dimmer chances of securing employment in a situation of this nature. Therefore, the question is: are the backward classes really backward in terms of education and economy? Secondly, our study also reveals that though 91 categories of backward classes with many castes and sub-castes within are entitled for reservation, it is only handful of castes in Chhattisgarh which are lapping the 90% benefit of reservation in the government services. Consequently, the vast majority of classes (castes) are further relegated to poverty and backwardness. This more or less reflects on the rest of the Country. This is unequal distribution of justice which signifies that there is no equal protection of law from within. The question arises as to the relevance of reservation in favour of the so called socially educationally Backward classes who in fact are not really so? Also the question arises, that when a majority of castes are not receiving the benefits of reservation meant for them, what is the relevance of the concept of empowerment which was the avowed philosophy behind the Mandal Commission's recommendations? The natural corollary of the above findings happens to be a proposition for a better system of protection in favour of the real backward classes who should be identified not in terms of caste but in terms of economy and education.

In relation to Chhattisgarh, the overall representation of backward classes (as included by the Commission's notification) in various departments of the state government has been studied in detail and the data was analysed with a comparative perspective in order to assess the relative performance of OBC, SC/ST and the unreserved classes. In addition to the above exercise data on recruitments conducted by State Public Service Commission for the last 10 years has been obtained and studied. Besides, the data of class III category of recruitment held by

State Professional Examination Board in the year 2009 for educational workers where in 8,71,046 candidates participated was also analysed and proper observations were recorded in tune with the assumptions of study. The data for observation as above is very crucial as it would reveal factual details of social and educational backwardness along with the relative performance of reserved and unreserved candidates. The data is also very useful to study the imbalances within the Backward Classes in terms of progress and advancement.

Reservations has always been a subject of controversy. In the entire exercise I have taken sufficient care to respect the sentiments and feelings of the stakeholders and observations were made in the most dispassionate and impartial manner. No cases of personal nature were taken up for discussion to save embarrassment. My concern is for the unity and integrity of the nation which I place above any interest of any caste or any class. After all India belongs to all and all belong to India.

Recommendations and suggestions were made keeping in view the spirit of the Constitution and in the interest of the society and the nation at large. The recommendations were made in two parts; firstly in the short run to set right the anomalies in the implementation of the scheme and secondly in the long run addressing the basic questions involving secular and democratic fabric of the nation – the basic structure. It is proposed that the identification for the backward class needs to be based on secular and scientific criteria as against sectarian concept of caste. Class should be interpreted in terms of mode of production i.e. the economy wherein all castes, languages, religions can be included. The Caste as criteria could be justified in the short run. But Protective discrimination in favour of any class must be qualified in terms of time and economic well-being as opposed to eternal entitlement only on the basis of birth in a caste. Political parties need to realize that it is the unity and integrity of the country with its secular nature intact that is more important for the survival of India than mere creation of vote banks to suit political expediencies. The time has come for everyone to rise above the vested interests and resolve in favour of a secular, democratic, and unified nation of India. Backwardness must not be a means of politics; rather politics must become a means to end backwardness of all citizens. The law-makers must realize that the nation survives only as a secular and democratic country with equality of all citizens as its guiding force.

**Dr. Priya Rao**

# 1

# Introduction

Caste is the idiom of identity in Indian society that it is just impossible to visualize the life of an average Indian without a reference to it. There are thousands of Castes in the country and it would take a life time to understand and to reduce it to writing the history and origins of various Castes. It would equally be a laborious adventure (of course R.V. Russell took great pains and documented the '*castes and tribes in Central India')* A secular country though, India is eclipsed by the communal sentiment of Caste. The divisions created between the people of Indian society are broadly artificial and even other non-Hindu religions are not immune to the stratification of society on the basis of Caste. The Caste is no longer a sine-qua-non character of Hinduism alone .It has penetrated in to other sects and faiths such as Sikhism, Buddhism, Jainism etc. as they are also Hindus in law. Different Castes with various sub castes based on various self legitimizing criteria do exist in the country. Even Muslims in India are no exception so far caste is concerned. The social status among Muslims is recognized by their castes and identity based on birth. It is very interesting that Islam though a religion not originated in India, yet it couldn't guard it self from the divisive influence of 'caste' which was peculiar feature of Hinduism alone. People in India are identified by various factors such as language they speak, religion they follow, caste they are born in and sub caste or sect they belong to. It is not surprising that people in India are not one nor can they ever so easily be molded or cast in to a monolithic identity of being just one Indians. The continuous and unrelenting campaign of the State in India since independence has been for national integration and oneness among all Citizens. No government in the world other than India has been so vehemently committed to the ends of national unity and integrity as the successive governments in India have shown. There are significant numbers of legislations by various states and by Central government in India aimed at achieving a unified secular society.

The Nationalistic concept of unity in diversity as widely popularized and aspired by the state sponsored campaign is more an illusion than reality. It is all the way diversity and division prominently visible while unity of people in India is confined only to cricket matches in stadiums. Unlike in other countries and societies, backwardness of human beings in India unfortunately happened to be arising out of their social status rather than out of general economic and political reasons. A person is not backward by not making an effort to improve his lot. On the contrary he is born backward. His birth impedes his progress for he can not choose his way of life as he aspires. His social belongingness does not allow him to have mobility. He is expected by the larger society to confine himself to the occupations prescribed for his life by prevalent Hindu social order. For instance one born into a community such as washer-man or barber, one cannot choose an occupation of his choice different from his family occupation primarily for two reasons i.e, firstly the occupations are prescribed to different castes and he cannot change his caste. Secondly the one who is born into such a caste would not allow a person born into another caste to snatch his own job.

It is relevant to take note of the divided state of Indian population for a proper understanding of the social dynamics in the country. The following table depicts the social fabric of India;

**Percentage Distribution of Indian Population by Caste and Religious Groups

| S.No. | Group Name | Percentage of total population | |
|---|---|---|---|
| **I. Scheduled Castes and Scheduled Tribes** | | | |
| A - 1 | Scheduled Castes | 15.05 | |
| A - 2 | Scheduled tribes | 7.51 | |
| | **Total of "A"** | **22.56** | |
| **II. Non Hindu Communities, Religious Groups, etc.** | | | |
| B - 1 | Muslim (other than STs) | 11.19 | (0.02)* |
| B - 2 | Christians (other than STs) | 2.16 | (0.44)* |
| B - 3 | Sikhs (other than SCs & STs) | 1.67 | (0.22)* |
| B - 4 | Budhists (other than STs) | 0.67 | (0.03)* |
| B - 5 | Jains | 0.47 | |
| | **Total of "B"** | **16.16** | |

*contd...*

*contd...*

| S.No. | Group Name | Percentage of total population | |
|---|---|---|---|
| | **III. Forward Hindu Castes & Communities** | | |
| C - 1 | Brahmins (including Bhumihars | 5.52 | |
| C - 2 | Rajputs | 3.90 | |
| C - 3 | Marathas | 2.21 | |
| C- 4 | Jats | 1.00 | |
| C - 5 | Vaishyas-Bania, etc. | 1.88 | |
| C - 6 | Kayasthas | 1.07 | |
| C - 7 | Other forward Hindu castes/groups | 2.00 | |
| | **Total of "C"** | **17.30** | |
| | **Total of "A", "B" & "C"** | **56.30** | |
| | **IV. Backward Hindu Castes & Communities** | | |
| D | Remaining Hindu castes/groups which come in the category of "Other Backward Classes". | 43.70[#] | |
| | **V. Backward Non-Hindu Communities.** | | |
| E | 52% of religious groups under Section B may also be treated as OBCs | 8.40 | |
| F. | The approximate derived population of Other Backward Classes including non-Hindu Communities. | 52% | |
| | | (Aggregate of D & E, rounded). | |

* Figures in brackets give the population of S.C. & S.T. among these non-Hindu Communities.

\# This is a derived figure.

** Reservation for Backward Classes, Akalank Publications, New Delhi, info@akalank.com, p. 61

The statistics clearly denote that just 17.30% of population of India are the privileged upper castes who are considered practically 'superior' to the rest of their country men. 22.56% are the down trodden Scheduled Castes and Scheduled Tribes while 52% are the Backward Classes who are otherwise known in Manu's Law as *Shudras*- the service classes.

The residue of 16.16% are Non Hindu Communities, Religious Groups, etc. who can not strictly be defined as Backwards since Caste is unique to Hinduism alone. Never the less caste has it's presence in these religions too though its unequal status syndrome is not severe unlike in Hinduism for the common spiritual bond has a unifying influence more often than not.

## The Bondage of Caste

Human beings, in India, are not born free and are not free either to live a life of their choice. The society imposes restrictions not supported by reason only to thwart the growth and development of man. Karl Marx's famous observation "Man is born free but every where he is in chains" *(The Economic and Political Manuscripts, 1848, Karl Marx)* takes a different connotation in the context of a rigid society such as India. In India a man is not even born free. He is born in bondage. A bondage to live in the social group and marry and die in the same group. His economic activity is prescribed by society which is not just and fair. Occupations are not chosen but are ascribed. The social economic backwardness is a result of such an ascription. Clean and rewarding jobs such as ruling the state, teaching medicine, trade, spiritual work, war craft etc. are the privileges of a few castes which are respected while occupations such as farming, cleaning, services of personal nature, slavery, hair cutting, washing, skinning etc. are unclean and are ascribed to such castes which are not respected. Though such a distribution of jobs is called division of labour in ancient India, it is surprising that such a division is backed and legitimized by religion. The four varn system is the bedrock of Indian society. Brahma, Vaisya, Kshakriya are twice born and the last varn 'Sudra' is once born. Despite the intervention of modern democratic State the criteria of ascription though rejected on paper, the irony is that it is still Prevalent in Bharat – the rural India. The urban society – India, is of course dynamic with secularism and rationality. However the caste makes its presence felt in no fewer occasions. Never the less the strict occupation based caste division gives way to modern economic needs and the growth there of.

It needs no telling that historically the institution of caste, in India, had polarized the human groups on irrational grounds much to the detriment of freedom and liberty. It created inequalities in societies and separated human beings on the ground of birth. The entire economy, society and culture was effected so adversely by caste, that the exercise of nation building in India has been a Herculean task for the government since independence. Caste, in short, has been instrumental in creating economic, social and political inequalities in the country, and as such it is not some thing to be puzzled over that the same institution of caste has became the unit for a struggle to emancipates people from all kinds of inequalities.

**The Reservation for Preservation of Caste?**

The modern India has, though not by choice, recognized and prepared it self to reckon with the force of caste in all spheres of activities especially in the field representative democracy (elections). Political parties including secular parties such as communists have fielded matching caste candidates the better the prospects, vis-à-vis other parties. Caste based consciousness is a harmonious reaction to such a democratic process. Democracy is but the game of numbers. Political parties began to devise ways and means to appease castes of lower origins and placate the fears of higher. The process unleashed a chain reaction, and resulted in a vicious circle; exploit the needs of castes and achieve power; strengthen popular base among various castes and again take their help in the next election, and again appease the castes and so on. Politics and caste have become entwined and interwoven that it is just impossible to separate the two. Like many other ways of political allurement, reservation happened to be very effective means of political mobilization.

The question of reservation of jobs in government has become an issue intimately linked to ensuring of social justice in India. At the same time this has become controversial and conflict prone particularly after the decision to implement the Mandal Commission Report. The sudden decision by the Central government to implement the Mandal Commission Report has infused a new life into the already dormant and controversial reservation policy. It has sent shock waves through the entire society and political spectrum of India. In stark contrast to the government reaction to Kaka Kalelkar commission report, Mandal Commission Report was well accepted. While the former was subject of intense debate and was rejected, the latter was accepted without a murmur of hesitation by all political parties. Several political parties began to redesign their manifestoes in order to the caste consciousness aroused as a consequence of this report. Several caste based parties which had only existed in name, shot into prominence and became a force to reckon with. The reluctance of the government and political parties to either debate or effect modification to the report has eventually resulted in the issue being brought to the purview of the Judiciary. Judicial interpretation and judicial activism was once again drawn in to provide succor to the aggrieved sections of the population. However it is too early to conclude that the judiciary has been successful in imparting justice to one and all.

Reservation is constitutionally guaranteed to partly offset the weight of centuries old caste system and the supposed mental and material disabilities it entails. This is commonly known as reverse discrimination or protective discrimination. Prima facie, it violates the principle of equality of opportunity enshrined in the Constitution. But it has been generally interpreted that equality of opportunity is applicable among equals. Hence this is seen as a compensation for past discrimination. The net result of all these is the arrival of caste consciousness although the Constitution did not allow such a thing. This is to be achieved not only by an open competition but by a govt. regulated educational and labour market that ensures an appropriate place for each group. Social justice according to this view requires public policy that guarantees individual mobility by means of group mobilization. If assimilation of the Backward Castes was the original intention, the net result has been politicization of castes to a greater extent than before as witnessed all over the country today.

Thus the question of reservation has become a political matter which cannot be resolved by legal doctrines of general principles but in the political arena, with struggles in the streets, at the polls, within the government, bureaucracy and in the legislatures. The mobilization of certain castes has led to counter mobilization specially among members of communities denied reservations. The reservation policy which is unique to India does not have a precedent elsewhere. The need for reviewing this issue dispassionately is urgent, and with the onset of 21 century the future is promising.

Preferential treatment for the Backward Classes is meted out on the basis of their caste identity. It makes social mobility contingent upon membership in a caste group. This had led to competition among social groups for inclusion. The electoral calculations have made caste a very important determinant and therefore political expediency is increasingly becoming the criterion to identify castes suffering from backwardness. There have been increasing pressures to expand the list of Backward Castes in a localized manner as well as the extension of reservation for Muslims. Recently the A.P. High Court has struck down the 15% reservation law made by A.P. Govt. in favour of socially backward Muslims in the middle of year 2010.

The offering of special concessions purely on the strength of the power of the social groups rather than looking at the merit of the issue in itself may not be wise decision. The very fact that concessions once given cannot be withdrawn makes matter worse as the question of reservation was envisaged by the founding fathers as a temporary measure. Political leaders seek to woo segments of the electorate by preferential benefits in the form of reservation as there are no political gains otherwise either by proposing to terminate them. The reservation issue has made caste even more central in the minds of individuals. The result is that increasing number of social groups including the Brahmins are demanding inclusion. While the commission are wary of defining backwardness purely in terms of caste, no consensual alternative criterion has been identified. The government position, following the Supreme Court verdict, now excludes the "Creamy Layer" from the purview of reservation. But the mode of identifying the creamy layer and excluding them remains a politically charged issue.

**The Backward Classes and the Need for Empowerment**

The backward castes are the most accepted sections of Shudras where as the untouchables though etymologically are Shudras are not part of functional Hindu social order. There are, owing to their peculiar position of discrimination, treated specially with a view to bring them to the main stream of society. Various enactments were made in India to uplift the Dalits and Tribals from their historical down trodden state of life. The grounds were justified on many occasions even l y their detractors. The OBCs are a relatively a newer section of social group who felt the need to take advantage of the democratic process of the country. Their sheer numerical strength is awe inspiring. Never the less their share of power is not commensurate to the numbers. No less than the Prime Minister of India Mr. V.P. Singh acknowledged in his speech in Parliament......

"After all, if you take the strength of the whole of the Government employees as a proportion of the population, it will be 1% or 11/2. I do not know exactly, it may be less than 1%. We are under no illusion that this 1% of the population or a fraction of it will resolve the economic problems of the whole section of 52%. No. We consciously want to give them a position in the decision-making of the country, a share in the power structure. We talk about merit. What is the merit of the system itself? That the section which has 52% of the population gets 12.55% in Government employment. What is the merit of the system? That is Class I employees of the Government it gets only 4.69%, for 52% of the population; in decision-making at the top echelons it is not even one-tenth of the population of the country; in the power structure it is hardly 4.69%. I want to challenge first the merit of the system itself before we come and question on the merit, whether on merit to reject this individual or that. And we want to change the structure basically, consciously, with open eyes.' (Reservation for Backward Classes, Akalank Publications, New Delhi, info@akalank.com)

The Mandal Commission's report and the consequential enactment of O.B.C. reservations is epoch making in the history of this country, for it was for the first ever time the real 'Shudras' (Service Clauses) in the varna system were made statutorily partners in the power structure of the Indian society up to the extent of 27.5%. Indeed it is a 'giant leap' (to borrow Neil Armstrong's terminology when he first landed on moon) for the Shudras. Social equality and political advancement were avowedly the reasons behind the scheme. Undoubtedly large number of O.B.C. stake holders showed up and received the fruits of the reservation indicating a drastic and positive change in the Hindu social order. The myth of high caste superiority is busted and exposed. The Backwards realized that they no longer need to remain so, when their sheer numbers guaranties them political strength. The scriptural perceptions of "Manu" soon remained a thing of the past. The laws can be made to the advantage of a few or more to compensate for their historic backwardness or under development, no matter whether it strikes at the roots of equality enshrined in constitution; is the popular conviction created and nurtured in the minds of all. Surely such a conviction leaves any democratic process of law making at cross roads. Is just sheer numbers make or mar law and equality that are supposed to be immune to any numerical potential threat, is an important question to be answered. Secondly is it really the intention of the Parliament to uplift the backward class by referring even to the remote sub castes or it is just aimed at instant popularity of a leader or his party at the cost of political responsibility and accountability is also an issue to be addressed. Because the issue is whether we are throwing the baby with the bath water. Is the law aware of it? These questions are very important in the context of law making process in a country where an Independent judiciary happens to be watch dog of the constitution and its "basic structure".

**Chhattisgarh for Case Study**

Chhattisgarh, a newly born State, came into existence in the wee hours of 1st November 2000. It was formed by carving out 16 southeastern districts comprising about 1,35,194 sq. kms. Of area, ie, 30% area of Madhya Pradesh State. Before formation of Madhya Pradesh, i.e. prior to 1st November 1956 it was a part of Central Province &

Berar. It constitutes about 4.14% area of India. It is bigger that 16 other states of India and is even bigger than Kerala, Punjab and Haryana put together. Its Bastar Division is itself bigger than Kerala State. In the national geographical map, it lies in the Central High Land and Deccan Plateau. It is surrounded by Maikal range in the west and northwest, Deogarh and Chang-Bakhar hills in the north, and Abujhmarh hills in the south. A large part of Chhattisgarh lies in the valley of rivers Mahanadi and Sheonath.

There were only six districts in this region at the time of formation of Madhya Pradesh State. On the 5th January, 1973 a new district dividing Durg District formed Rajnandgaon. It was felt that this area is trapped within the bottlenecks of administrative inconvenience due to the large area per district, 9 more districts were formed in May 1998, and these are district Korea from Sarguja; Korba and Janjgir-Champa from Bilaspur; Jashpur from Raigarh; Dhamtari and Mahasamund from Raipur and Kanker and Dantewara from Bastar district. Now there are 16 districts in the State, viz. Bastar, Bilaspur, Dantewara, Dhamtari, Durg, Janjgir-Champa, Jashpur, Kanker, Kawardha, Korba, Koria, Mahasamund, Rajnandgaon, Raigarh, Raipur and Sarguja.

Chhattisgarh is an up coming state of India Union largely dominated by forests (more than 50%) and with SC and ST population of about 46% together. There are more than 87 recognized and notified O.B.Cs in the state who are entitled for the benefit of reservations. Carved out of United Madhya Pradesh in the year 2000 the new born Chhattisgarh state has its own teething problems such as poverty, malnutrition, unemployment and illiteracy. The Maoist Naxal operations are an added misfortune the state has inherited. The Backward Classes are evenly dispersed across the length and breadth of the state are numerically account for more than 50%. There is 14% of reservation provided for O.B.Cs in Chhattisgarh which includes certain castes among Muslim minorities as well. It is 15% and 20% for SCs and Sts respectively. However it still remains an issue as to whether it is the needy and deserving stake holders of OBCs in the state, that are truly receiving the fruits, or is it cornered only by a dominant section of the OBC who wield the political power. It is also a concern whether there is a mechanism to fathom the real backwardness and assess the benefits given and consequent upliftment of those castes for the very criteria behind the reservation is backwardness. The assumption is in the negative. If the findings affirm the assumption then acceptable remedies can be suggested.

Chhattisgarh has incidentally never witnessed a caste consciousness of Backward Casts primarily due to the fact that it was a tribal dominated State and the true Hindu social order of inequalities never had deep rooted presence in land unlike the northern most India. The tribal societies were independent republics and virtually not Hindu in true sense. Never the less the Dalits in the State had a history of renaissance resulting in a faith called Satnam – the originator being his holiness Sant Guru Ghasidas. Satnam never subscribed to idolatry and scriptural religion. It is a sect developed itself for self respect against the Bhahminical domination. However the Satnamis are treated as scheduled castes and are entitled for reservations in jobs and seats in educational institutions. Unlike as it was in many states in the country, in Chhattisgarh, there had never been an organized movement for securing reservations for backward classes. On the contrary the OBC reservations, as they are today, have given an impetus to caste consciousness that was not so manifest earlier. Thus the reservation infuses a new caste awareness and solidarity among the backward, it seems.

A renewed caste consciousness has political overtones. An awakening of caste would have capture of political power as its logical culmination. Hither to docile castes suddenly emerged as dominant castes and as forces to reckon with. The National parties such as Congress, BJP, BSP etc. began calculating the political prospects with respect to alliances with such newly emerged caste forces for sheer fear of numbers. The irony seems to be the advancement of one or two OBCs at the cost of the rest of the stake holders of the same genre. The questions here are, firstly what the intention of legislature is in making a law and secondly what the source of law is. These need to be addressed by an analytical study of the castes and the impact of empowerment (specially govt. jobs) they received in this legal frame work of the constitution. Another important question is the relevance of the concept of equality before law in as much as the chances of development of the non-reserved citizens (castes) are concerned – what arrangements the law has made for them.

It is intended that a detailed study of the issue of OBC reservation in government jobs may be done to assess the relevance of protection discrimination for non-Dalits. After all in a developing country such as India it needs no telling that average youth aspires for a government job as a first priority. The aspiration is not unjustified in view of limited life chances in corporate world and self entrepreneurial adventures in India, unlike in the capitalist job market of west. When the Government jobs are reserved on the basis of birth in a caste though with a view to positive discrimination, a question surfaces as to whether the modern law making is only emulating and legitimizing what the ancient Hindu social order had done thousands of years ago – ascribing jobs and occupations to people on the basis of castes. The worse is, that the modern law is a result of democratic process while the ancient laws were theological and unreasonable.

**Equality: Spirit of The Constitution**

The Constitution of India is a master piece of written commitment for a democratic state and society with equality, liberty and fraternity. The fundamental rights in Part III embody the concept of equality and secularism and they are guaranteed by an independent judiciary. The preamble speaks the essence and spirit of the Indian Constitution.

"We the people of India, having solemnly resolved to constitute India in to a Sovereign, Socialist, Secular, Democratic, Republic and secure to all it's citizens:

Justice, social, economic and political
Liberty of thought, expression, belief, faith and worship
Equality of status and opportunity

and to promote among them all fraternity ensuring dignity of individual and the unity and integrity of the nation :"

The preamble is the heart and soul of the Constitution. However in 'Berubari Case'[1] the Bench has unanimously observed that the only purpose of preamble was to show the general purpose for which the makers of the Constitution made the enacting provisions in the Constitution.......' it couldn't be regarded as an independent source of any substantive power or prohibition'. It was observed that preamble was not a part of the Constitution'. But in 'Kesawananda Bharati'[2] case the preamble was considered a part of basic features of Constitution for the objectives specified in preamble indicate basic structure. 7 out of 13 judges in 'Kesawanda' held that the objective specified in the preamble contain the basic structure of our Constitution, which can not be amended in exercise of the power under article 368.

It is very important to note that in G.C. Kanungo vs. State of Orissa[3] it was held that judicial power of the state exercisable by the courts under the Constitution as sentinels of rule of law is a basic feature of the Constitution. 'But' it was held in Registrar (admn.) Vs. Sisir Kant Satpathy[4] the said power has to be exercised with in four corners of the Constitution and not beyond that."

In Ashok Kumar Gupta Vs. State of U.P[5] it was observed that the

S.C. is not bound to accept an interpretation which retards the progress and impedes social integration, it adopts such interpretation which would bring about the ideas set down in the preamble aided by part III (fundamental rights) and IV(directive principles of state policy) of Constitution.

In Balbir Kaur Vs. SAIL[6] it was also held that the Constitutional philosophy should be allowed to become a part of every man's life and the socialistic pattern of society envisaged in the Constitution has to be attributed its full meaning.

It is very intriguing that the basic structure, which includes fundamental rights inter alia, is often effected as and when the State makes legislations of protective discrimination in favor of certain under privileged castes or Communities. On one hand Article 14 and 15 lay down the principles of secular and democratic society by ensuring equality before law, equal protection of law and prohibits discrimination on the grounds of religion, race, caste, sex or place of birth. But on the other nevertheless Article 15(4) enables state to seek exemption from article 15(2) and 29(2) in enacting laws of protective discrimination in favour of any socially and educationally backward classes of citizen or for the SC and ST, for their advancement. However though there is no mention of Backward Castes in Art.15(4) the result is, today 49.5% of jobs and educational opportunities are reserved for different castes which includes 27% for OBC and interestingly more and more 'backward' groups are battling lawfully and unlawfully for more. Chhattisgarh provides 14% for OBC in Govt. jobs. The question then arises as to what and where is this basic structure (Kesawanda) and how the words 'Secular, Democratic, Republic' are to be reinterpreted.

The sources of law had never been agitations with violence, destruction of life and property. But today it appears that law making has become more political than democratic and least so secular to speak. Article 15(4) was introduced with the first amendment to Constitution in the year 1951. It was meant as an exception to article 15(2) for making certain legislations for the advancement of weaker sections of Indian society. Articles 14 and 16(4) are apparently contradictory and against the expression 'Secular' in the preamble. However the word 'socialist' might clear the ambiguity. But yet it remains to be answered as to how long the effect of Art.16 (4) is to remain in force in relation to art. 14 where in the fundamental right of 'equality before law' is secured. The basic apprehension in the minds of citizens of India would be about the imminent and invisible threat to the ' basic structure' of the Constitution in a given situation where in the art. 16(4) is used as convenient recourse for any legislation to appease or placate the warring groups for reservations of different types at different levels in the name of caste.

It is no denying that the socially educationally backward classes nccd encouragement to join the main stream of Indian Society in its all fields of development. Or else the 'socialist' phrase of the preamble would be rendered meaningless. Nevertheless such a protective discrimination has to be qualified inherently and with reference to time and basic principal of equality. Even the Chairman of the drafting committee of the constitution, Dr. Ambedkar was never in favor of unfettered job reservations. He said;

> "... they (the honorable Members) will find that the view of those who believe and hold that there shall be equality of opportunity, has been embodied in sub-clause (1) of Article 10. It is a generic principle. At the same time,... we had to reconcile this formula with the demand made by certain communities that the administration which has now – for historical reasons – been controlled by one community or a few communities, that situation should disappear and that the others also must have an opportunity of getting into the public services. Supposing.... We were to concede in full the demand of those communities who have not been so far employed in the public services to the fullest extent, what would really happen is, we shall be completely destroying the first proposition upon which we are all agreed. Namely, that there shall be an equality of opportunity. Therefore the seats to be reserved, if the reservation is to be consistent with sub-clause (1) of Article 10, must be confined to a minority of seats. It is then only that the first principle could find its place in the Constitution and effective in operation.... I am sure (the honorable Members) will agree that unless you use some such qualifying phrase, as 'backward' the exception made in favour of reservation will ultimately eat up the rule altogether. Nothing of the rule will remain. That I think,... is the justification why the Drafting Committee undertook... the responsibility of introducing the word 'backward' which, I admit, did not originally find a place in the fundamental right in the way in which it was passed by this Assembly."[7]

An eternal special privilege in favor of some, in due course of time would invariably relegate the so called upper castes of today to a status of down trodden on a later day, and that would result in a vicious circle; one community given privileges and the other discouraged and the same is given the same protection later on.., and so on so forth. This will have law making an instrument of political battle, which would only lead to class legislation making constitutional democracy a farce.

Hence the need for a deep study on the issue of reservation laws vis a vis the spirit of the constitution.

**Significance of the Study**

It is observed, of late quite a few Non- Dalit castes transforming themselves in to pressure groups and, either by lawful or by unlawful ways and means, have been trying to over awe the State to secure the so called reservations in jobs and educational institutions. Such a tendency has unfortunately been on the rise for the last couple of decades.

The policy of Backward Class reservation has led to mobilization of the backward classes particularly in the north on an unprecedented scale. It has also changed the very nature of politics by bringing caste to the centre of political polarization and mobilization. The determination of these communities is so firm that many a time their agitations paralyze even the civilian life in various parts of the country. The Gurjar agitation in Rajasthan in early 2007 is a glaring example of the severity of this sort of outbursts, which resulted finally in accession to demands by helpless govt. The Gujjars not seem to be satisfied as yet the agitation is continuing with road jams and disruption to law and order.

The basic and the pertinent question that should arise in the minds of lawmakers is whether violence and agitation could become a source of law. Equally important question that surface in the nationalistic minds is whether the fundamental rights guarantied in the constitution, truly and effectively stand up, in letter and spirit, to the expectations of an average citizen. Or is it just a convenient process of law making by interpreting Article 14 and 16(4) to suit the vested interests of respective communities throttling the essence of preamble and the soul of the Constitution? Is class legislation replacing classified legislation through the back door ?

The object is also to study the intent of law making on the issue of reservation for backward classes in general and with reference to Chhattisgarh in particular. The study can help explore alternatives which can suggest a democratically and constitutionally acceptable solution. In short the aim is to probe into the avowed intentions of reservation laws and suggest a better and practical approach for the uplift of under privileged backward classes. What guaranties and provisions can be made as an alternative, so that the spirit of article 14 can be kept alive and the backward classes can be made economically independent, socially equal and politically representative? What criterion can be a better substitute to Caste to qualify for affirmation action is a concern. The entire law making process in this respect can be given a new dimension and a new direction towards this end.

**Objectives**

In the light of the ever increasing controversy on protetive discrimination few important questions about law, legislation, equality, and liberty will surface in the minds of common men for whose welfare and growth the very process of legislation is meant. The following are some of the important objectives of this study.

1. Is there an alternative to Caste based reservation laws made in favour of other backward classes?
2. Can equality under article 14 of the Constitution be guaranteed in true spirit and letter without compromising the philosophy behind Articles (15(4)) and 16(4) of the Constitution in favor of reservations?
3. Can effective legislation be made in order to ensure socialistic pattern by ensuring the rights of the socially, educationally backward castes without thwarting the basic concept of 'equality before law'?
4. Is the Right to equal protection of law is guaranteed with in the stake holders?
5. Is the enactment of the law is further polarizing the already divided society? What should be the role of the law towards social equilibrium?

The above questions are very pertinent in as much as the basic process of law making on reservation is concerned, for they would suggest the ways and means to tackle the issue of equality versus inequality. The outcome of the exercise would be, in all probability, an emergence of a new thought and methodology, which can help to understand, better the issues involved. The study would help to suggest democratically acceptable solutions or alternatives.

**Assumptions of the Study**

The issue of protective discrimination otherwise popularly known as reservations in jobs and academic institutions has always been a controversial subject for the policy makers in the country. Fundamental rights are a part of the **basic structure** of the Constitution of India. In various cases the Supreme Court of India has categorically laid down that any amendment to the Constitution should not disturb the basic structure whereby it is very clear that fundamental rights are not to be adversely effected, at any cost, by any law, however strongly backed by the needs of the society or even by the Constitutional provisions, for that matter. Nevertheless it is generally observed that the first amendment made in article 15 (4) way back in 1951 aimed at making special provisions for the advancement of socially, educationally backward communities or SC and ST's is taken as a shelter for perpetuating caste based reservations in the country. This has a strong detrimental impact on the objectives of article 14 where in right to equality and equal protection of law have been enshrined. It is a paradox that on one hand article 14 envisages equality before law while on the other article 15(4) takes away the fruits of the same. The case of Art.16 (4) is even worse for it strikes at the equality of life opportunities by reservation of jobs in favour of special classes of citizens.

The reservation policy accentuated caste consciousness between communities and has often led to competition among the beneficiary castes. There has been a high degree of ambivalence and hesitation in addressing reservation related issues by the executive leading to judicial intervention.

It is no denying that the socially educationally backward castes need encouragement to join the main stream of Indian Society in it's all fields of development. Or else the 'socialist' phrase of the preamble would be rendered meaningless.

However following assumptions are inportant to be addressed and discussed.

1. The reservation policy accentuated caste consciousness
2. Vicious circle of Backwardness is the consequence of Protective Discrimination
3. Lion's share of quota is lapped by the dominant castes of OBCs and no 'equal protection of law' with in the OBCs is enforced.
4. *'Adequately not represented'* condition is ignored.
5. Caste overshadowed Class in the Criteria and Classified legislation became Caste Legislation
6. Art. 16(4) was preferred to Art.15 (4) for Vote Bank politics
7. Guide lines are manipulated Creamy Layer
8. Caste based reservation is a threat to unity and secularism

### The reservation policy accentuated caste consciousness

Protective discrimination has resulted in caste consciousness between communities and has often led to competition among the beneficiary castes. Violent agitations by castes hold the State for ransom demanding inclusion. There has been a high degree of ambivalence and hesitation in addressing reservation related issues by the executive leading to judicial intervention. There is a general tendency of governments to preserve the status quo in respect of reservation since it is a politically charged issue.

### Vicious Circle of Backwardness

An eternal special privilege in favour of some, in due course of time would invariably relegate the so called upper castes of today to a status of down trodden on a later day, and that would result in a vicious circles; one community given privileges and the other discouraged and the latter given the same protection later on, and so on so forth.

### Lion's Share of Quota for the Dominant

In the state of Chhattisgarh, it is observed felt that out of 91 OBC categories/communities, that are enlisted for reservations in government jobs, only around 7 – 8 communities are reaping the fruits of the affirmative action whereas the remaining majority has not received any benefits worth-mentioning; there by their social and educational backwardness remains unchanged.

### No Equal Protection of Law from with in

The hypothesis also suggests that the concept of equality enshrined in article 14 in terms of equal protection of law becomes void, when the majority within the same OBC section are virtually inequals to the dominant castes within, as despite an opportunity to compete for a government job, their economic and educational status doesn't permit them to do so. The distinction between the creamy and non-creamy layer virtually is non-existent in the absence of a monitoring mechanism in the state.

### 'Adequately not Represented' Ignored

Art.16 (4) mentions reservation of appointments or posts in favour of any backward class of citizens not adequately represented in the Govt. services. The Constitution is not clear as to what is adequate representation. Because, firstly backward class was never defined by the constitution and secondly there was no legislation to such an effect so as to maintain a caste-wise data of representation in government services across the country. In the absence of the data, the phrase 'not adequately represented' is more fictional than factual. To stretch the logic to absurd ends one can say that for a proper meaning of the phrase 'adequate representation', and as a pre condition all the citizens have to be first divided into classes including Backward Classes and proportional representation on the basis of their population must be ensured in government services. Or else, the phrase 'Backward Class not adequately represented' remains meaningless and has to address questions such as in relation to which class or which caste.

No guarantee was ensured by the State for the not adequately represented classes of citizens in OBCs from with in. Though 91 categories of OBCs are enlisted more than 80 of them are still neglected in the last 10 years in new State of Chhattisgarh. Because the so called non-creamy layer candidates seeking appointments in Government are practically from creamy layer and the State has practically failed in checking misuse of the law by the undeserving people. What is the need for a scheme that fails to fulfill its avowed aims? Even when caste was the sole criteria agreed up on for classified legislation in favour of OBCs, the State has never bothered to have a Caste census conducted before resorting to law making. This was true even in the case of the recommendations made by Mandal Commission. Nothing could be more unscientific exercise.

### Caste Overshadowed Class

Legislations made by the State in favour of *special class of citizens* are hasty and un-thoughtful. The State has not defined what *special class of citizen* should consist of. Though constitution has not mentioned criteria of caste anywhere, it seems State has ignored the concept of class which is associated purely with the mode of production i.e. economy of the society and treated class as a synonym of caste. It is clear that citizens of India who suffer from poverty, unemployment, ill-health, illiteracy or disease have to belong to a caste and believe in the same to qualify for *special class of citizens*. In other words, though the constitution and the republic are wedded to the ideals of secularism, they prohibit at the same time citizens to escape from the shackles of caste and religion. It is ironical that the constitution which aims at a socialistic, and secular republic opposed to parochial feelings of caste and religion is virtually in a sense encouraging them, through the back door, in the name of classified legislation.

### Classified Legislation becomes Caste Legislation

The classified legislation has in fact become class legislation or, to be more precise, a caste legislation as citizens are classified on the basis of caste and caste alone. So much so, that even while treating some citizens from minorities such as Muslims and Christians as special class (many State governments have done so) the specific caste, such citizens belong to, was taken as factor for identification despite the fact that the religion they profess does not believe in caste system

**Art. 16(4) was Preferred to Art. 15(4)**

Article 15(4) speaks of a wider perspective for the development of backwards by way of better infra-structure for education, health, economic well-being etc. Nevertheless, State has preferred Article 16(4) to Art.15 (4) as it is more populist and politically more paying and made provisions for job reservations to the tune of more than 50%. Many states have violated even the directions of the Supreme Court restricting the quota just to 49.5% and went ahead openly flouting the guidelines by providing reservations up to 70%. It appears the classified legislation has become an instrument of vote bank politics and an un-healthy quid-pro-quo modus-operandi of electoral politics.

**'Creamy layer' impractical**

The Supreme Court's intervention through Indira Sahani's Case has been a landmark whereby a sealing on reservation percentage and qualification for entitlement through the concept of 'creamy layer' have been laid down. The Supreme Court although upheld constitutional amendment but excluded the creamy layer from the benefit and it at the same time ascertained that the amendment was not in violation of the basic structure of the Constitution. The Court has also observed that there must be periodic revision of the criteria in relation to OBCs in consultation with the commission. However the directions were not given effect sincerely. The subordinate legislation has played a manipulative role in thwarting the spirit of the judgement. The 'creamy layer' guidelines and the income limits have been changed to suit the needs of the vested interests It is interesting that the Central Government immediately raised the OBC creamy layer criteria to Rs. 4.5 lakh from the existing Rs. 2.5 Lakh as if it is an attempt to squeeze a square peck into a round hole. It all appears as if there is a battle of wits between the judiciary and the executive in as much as 'basic structure' of the Constitution is concerned.

**Threat to Unity and Secularism**

It appears that the faulty system of law making with un-controlled freedom to subordinate legislation and the politicisation of classified legislation are all leading to division of society into classes and caste and endangering the unity and integrity of the republic. Caste has become a force to reckon with increasing and sometimes violent caste consciousness across the country so much so that the modernity that came to India with the on set of 20th century has almost got traditionalized slowly by the dominant traditional forces such as casteism, regionalism, political opportunism etc. Unless a remedial thought and action are initiated at the appropriate level of decision making, the secular democratic and sovereign fabric of India will soon be torn into pieces.

## Methodology

The methodology of study on the topic is basically empirical and constructive. A theoretical and analytical approach to the subject is very essential. As the purpose of the research is to find out as to what extent the reservations in the government jobs for OBCs is effective in addressing the question of mitigating social and educational backwardness among them, empirical and analytical exercise on available government jobs over a span of 10 years and the percentage of recruitment of OBCs against them is is under taken with the help of authentic data from Public Service Commission. In addition to it, data available with the state Professional Examination Board which is entrusted with the job of recruitment of class III Government employees, is also obtained in order to find out as to what percentage of OBCs is recruited in class III employment. That way it is quantitative research too for it involves a systematic empirical investigation of quantitative properties and phenomena and their relationships also. A random sampling of the areas of employment is taken in certain sectors of government for a fair representative study.

To support the observations of the study, the hitherto decided cases by different judicial authorities was taken up to emphasize on the dynamics of legislation. The topic being mainly the law making process and the constitutional provisions involved in it, it needs no telling that the entire endeavour is basically analytical observation of legal, political and social aspects of the issue of protective discrimination vis-à-vis equality before law. It is, here, imperative that the entire process will involve a study of beneficiaries of other backward classes of the state, as to how many castes of OBCs have been benefited in securing jobs. Whether the provisions of reservation percolated to the grass root level or it has only enabled to produce only a self recruiting elite is the concern. The recommendations of various committees constituted on these issues, reports of Backward Caste Commissions, Parliamentary debates and of course the deliberations and discussion of constituent assembly were taken help of as per needs and the references were given appropriate place in the work.

The study has limitations in as much as the personal details of the stake-holders are concerned. In other words, the stake-holders of the so-called 'non creamy-layer' could not possibly be examined in person nor the question of exclusion for the simple reason that it will be an unlawful exercise. Ethics prohibit such an investigation. Secondly, the subject is very sensitive as it invokes a question of social identity of caste and benefits accruing out of it. Personal data of stake-holders will be extremely difficult to record, as firstly they may not be factual and secondly the stakeholders have no necessity to confide. Nevertheless, the official records of selections on the posts, caste-wise, sub-caste wise, including names were obtained and the same was analyzed to support the aims of the study.

Finally in tune with the assumptions of study and with the help of the analysis of relevant issues of importance, conclusions were drawn without any prejudice, fear or favour. The recommendations arising out of the conclusions were made by me in the end for two phases - one for short term, and the other for long term. The recommendations range from legal and constitutional requirements to legislative ethics and political conduct. Protective discrimination has to be seasoned with time and secular vision of policy makers. The judiciary must step in and initiate Judicial Review as per principle of due process of law. Sectarian identities of citizens need to be discouraged in favour of a larger identity of nation and country. Class as a secular yardstick for identification must be recognized to supersede personal identities of castes or religion.

## Notes

1. Berubari vs. Union AIR 1960 SC 845 (856):1960 (3) SCR 250.
2. Kesavananda Bharati vs. State of Kerala, AIR 1973 SC 146 (paras 302, 509, 1437) : (1973) 4 SCC. 225.
3. G.C. Kanungo vs. Stae of Orissa, (1995) 5 scc 96 (paras 17 & 18): air 1995 SC 1655.
4. Registrar Admn. vs. Sisir Kant Satapathy, (1999) 7 SEC 725 (paras 1 & 2): AIR 1999 SC 3265.
5. Ashok Kumar Gupta vs. State of U.P, (1997) 5 SCC 201 (para 51).
6. Balbir Kaur vs. S.A.I.L, (2000)6 SCC 493 (para 8 & 9).
7. C.A.D. Vol. 7, pp. 701-02.

# 2

# Reservation : A Protection against Caste Society

## Pre-Manu Hindu Society and Equality

So far as the ancient Indian culture and civilization is concerned, the Vedas and Smirities speak highly of equality and brotherhood. "*Vasudhaiv Kutumbkam*". (the entire world is a family) was the motto of civilization.

The Yajur Veda says: As I (God) have proclaimed this salutary Vedic Vani for the benefit of whole humanity, for Brahmins, the Kshatriyas, the Shudras, the Vaishyas, the Kinds-folk and the men of lowest position (in society), so you O Men, preach to all.[1] Instances are available when the people had enjoyed equality in their social lives e.g. Karna, a great warrior, was the son of a Sarthi[2] (chariot driver); Bheem, also a warrior, married to Hidimba (demon) and Anirudha son of Pradyuman and grand son of Krishna, was married to Usha – the daughter of Varnasur – a Rakshash (Demon)"[3]. Actually the Vedic age of pre-Manu India was more liberal in its attitude in providing equal status to the people. For the Rig Vedic Aryans "there was hardly any taboo on intermarriage, change of occupation or commensality"[4]. There was no ban on the taking of food cooked by the Shudras. Evidence is also not available that in that period impurity was communicated by the touch or contact of the inferior castes. But the later Vedic civilization, following the composition of the Laws of Manu, presented a totally changed picture of social setup. Caste system became hereditary and inequality started.

## The Caste

There would have been no problem with the institution of Caste in India had it not happened to be the vital and driving force determining the status of individual in society besides their life and liberty on the basis of birth. Secondly, the Caste is a concept fundamentally opposed to social equality and secular life. Caste created an unequal society with a minority of people being regarded as twice born and superior and the rest as inferior, purely on the basis of birth. A division of such an unscientific and unreasonable nature would make a society regressive and backward. It kills self respect and confidence in the majority of "inferior" birth and subjugates them to the dictates of a minority who legitimize their hegemony through occult and mystifying sanctions of religion. The history of India vouches for the prevalence of such an exploitative -social order from ages. Discrimination of human beings on the basis of birth and caste is a basic feature of Indian society. The four Varna stratification is more a classification based on birth and a unilateral code of conduct was imposed on human beings with no liberty to transgress the prescribed boundaries. There was no vertical social mobility based on achievement criteria in Indian society unlike in the West. A man born in high caste would remain socially higher to his counter parts born in lower caste. It is but a criteria of 'ascription' opposed to that of 'achievement'. The four-fold classification is still used to locate a person in the wider social space, as when political commentators speak of mobilizing the brahmin, vaishya or the backward castes (as the shudras are now cased) to vote in a state election.

The laws of Manu codified in first century B.C. are basically Brahminical doctrines aimed at maintaining their dominance over others. It was not a lex loci or a positive law. The four varanas i.e. Brahmana, Kshatriya, Vaisya and Shudra are peculiar to Indian society. Manu (*in Chapter 1 verse 31)* says:-

"But for the sake of the prosperity of the worlds He (God) caused the Brahmin, the Kshtriya, the Vaisya and the Shudras (the four Castes) to proceed from his mouth, his arms, his thighs and his feet".

The unique feature of Indian Caste system is the inequality of status of individuals in society sanctioned by religion which forms the bedrock of human relations; most essentially the institution of marriage. Endogamy is the hallmark of Hindu society where by one is strictly prohibited to marry from outside his sub caste or caste. It is so rigid that any one who violates this law is banished from his Caste and ostracized. It is easy to understand the unlawful restrictions imposed by Caste system (endogamy) and there definite adverse impact on the freedom and liberty and the natural consequences. Society is polarized in to high and low groups in India at the dawn of Independance and unity and oneness are often confined to wishful thinking. Even the Hindu marriage act or Special marriage acts of independent India could not bring about a radical change in the rigidity of caste or endogamy. The ranking of a caste in the social order, and thus the capital of narcissism available to a person for belonging to a particular caste, is generally according to the criteria of purity vs pollution.[5] A caste is ranked high if its way of life is judged to be pure, and low if it is considered to be relatively polluted. A brahmin is the purest (although there will be gradations of purity in the many brahmin castes) and an untouchable, the Dalit (literally, 'oppressed'), the most polluted. Although the rankings in between these extremes in a particular village may be bitterly contested, with a caste claiming a purer way of life than what has been ascribed to it, it is generally agreed that purity and pollution are determined by the caste's way of life, in which its diet (for instance, whether vegetarian or meat-eating) and its traditional occupation are the most important elements. Occupations that put the person in touch with death or with bodily substances (the sweeper, the washer man, the barber, the tanner, and the cobbler) are considered the most polluted.

The preoccupation of the caste system with high and low has been associated with suffering and humiliation for several millions through the centuries. As the Marathi poet Govindraj puts it, Hindu society is made up of men 'who bow their heads to the kicks from above and who simultaneously give a kick below, never thinking to resist the one or refrain from the other.[6] The Hierarchy is so fine tuned that even a low caste will always find another caste that is inferior to it, thus deriving a false satisfaction of being superior to that.

Caste hierarchy and its associated discrimination are not solely Hindu phenomena. Dumont has noted that no religious movement in India that has opposed caste has ever been successful in the long run.[7] Although not as widespread or harsh as in Hinduism, the hierarchical principle embodied in the caste system has also put its stamp on the social practices of other religions such as Islam, Christianity and Sikhism which have greater claims to egalitarianism. For instance, in the state of Goa the term 'brahmin Catholic' is common. Similarly, 'noble' (ashraf) Muslims, descended from trunks, Arabs and Persians who settled in India during the eight hundred years of Muslim suzerainty, discriminate against the vast majority of their 'base' (ajlaf) whose forefathers were low-caste local converts.

## Laws of Manu and Division of Society

The written and widely followed laws of Hindu society have divided individuals and distributed them in to innumerable social groups known in common parlance as caste (Jati), with a very limited horizontal mobility among the twice born castes— Brahmin,, Kshatriya and vaisya and none vertically. Manu, again to quote, prescribes in Chapter X (*Manusmriti*) the rule of caste structure.

**Castes**

1. Let the three twice-born castes (varnas), discharging their prescribed duties, study the vedas; but among them the Brahmin alone shall teach it, not the other two; that is an established rule.
2. The Brahmin must know the means of subsistence prescribed by law, for all, instruct the others and himself live according to the law.
3. On account of his pre- eminence, on account of the superiority of his origin, on account of his observance of particular restrictive rules and on account of his particular sanctification the Brahmin is the lord of all castes (varnas).
4. The Brahmin, the Khshatriya, and the Vaisya castes (varnas) are the twice-born ones, but the fourth, the Shudras, has one birth only; there is no fifth caste.
5. In all castes (varnas), those children only which are begotten in the direct order on wedded wives, equal in caste and married as virgins, are to be considered as belonging to the same caste as their fathers.

**Occupations**

74-75. Brahmins who are intent on the means of gaining union with Brahman and firm in discharging their duties, shall live by duly performing the following six acts, which are enumerated in their proper order; Teaching, studying, sacrificing for himself, sacrificing for others, making gifts, and receiving them are the six acts prescribed for a Brahmin.

76. But among the six acts ordained for him, three are his means of subsistence: (1) sacrificing for others, (2) teaching, and (3) accepting gifts from pure men.

77. Passing from the Brahmin to the Kshatriya, three acts incumbent on the former are forbidden [to the latter]: (1) teaching, (2) sacrificing for others, and (3) the acceptance of gifts.

78. The same are likewise forbidden to a Vaisya, that is a settled rule; for the lord of creatures (Prajapati) has not prescribed them for men of those two castes.

79. To carry arms for striking and for throwing is prescribed for Kshatriya as a means of subsistence; to trade, to rear cattle, and agriculture for Vaisyas....

80. among the several occupations the most commendable are teaching the Veda for a Brahmin, protecting the people for a Kshatriya, and trade for a Vaisya.

81. But a Brahmin, unable to subsist by his peculiar occupations just mentioned, may live according to the law applicable to Kshatriya; for the latter is next to him in rank.

82. If it be asked, how shall it be if he [a Brahmin] cannot maintain himself by either of these occupations?, the answer is, he may adopt a Vaisya's mode of life, employing himself in agriculture and rearing cattle.

92-93. By selling flesh, salt, and lac, a Brahmin at once becomes on outcaste; by selling milk he becomes equal to a Shudra in three days; but by willingly selling in this world other forbidden commodities, a Brahmin assumes after seven nights the character of a Vaisya.

96. A man of low caste who through covetousness lives by the occupations of a higher one, the king shall deprive of his property and banish.

97. It is better to discharge one's own appointed duty incompletely than to perform completely that of another; for he who lives according to the law of another caste is instantly excluded from his own.

121. If a Shudra, unable to subsist by serving Brahmins seeks a livelihood, he may serve Kshatriya, or he may also seek tp maintain him by attending on a wealthy Vaisya.

122. But let a Shudra serve Brahmins, either for the sake of heaven, or with a view to both this life and the next; for he who is called the servant of a Brahmin thereby gains all his ends.

123. The service of Brahmins alone is declared to be excellent occupations for a Shudra; for whatever else besides this he may perform will bear him no fruit.

128. The more a Shudra, keeping himself free from envy, imitates the behavior of the virtuous, the more he gains, without being censured, exaltation in this world and the next.

## The impact of *Manu* on Indian society

The laws of Manu though ancient and avowedly superseded by enactment of various legislations in free India it is hard to imagine that they had become obsolete or out dated. A casual reading of any matrimonial columns in any news paper in India or an academic survey of castes and their occupations in India would surely vindicate how Manu is still relevant in greater part of the lives of Hindus and Indian society. It is generally accepted among all progressive minded Indians that the inequalities created by caste is primarily responsible for the growth and dominance of some castes and subjugation and backwardness, of others. The opportunity and life chances, when denied with a negative discrimination it is hard to imagine that the deprived castes could equal the upper castes 'socially, educationally and economically'. Hence the Arti. 15(4) and 16(4). It is worth mentioning that both the subsections (4) and (4) of Articles 15 and 16 do not specify any Caste. The reason is not far to seek.

In the fourfold Varna system of Hindu society the last and undoubtedly of the least esteem the "Shudra" generie includes all the once born as distinct from the twice born(sacred thread ceremony commonly performed by three upper castes barring *Shdras supposed to give second birth:* hence twice born). Even the Dalits (Untouchable, as derogatively addressed once) also are a part of the forth caste. The only main distinction between other Shudras and Dalit is the stigma of untouchability attached and consequent inhuman treatment and exploitation followed by social degradation for ages the latter was subjected to; and from which the former was fortunate to be exempted. Shudras or the none twice born Castes were a part and parcel of Hindu society with an acceptable though not respectable disposition and place the dominant high handedness of twice born notwithstanding. The reason is simple any occupations that are essential for the economy and life were held by the Shudras such as Agriculture, Poultry, Blacksmith, Washing, Hair cutting and shaving, Gold Smith Fishing, Butcher, executioners, sailors, drumbeaters, weavers, dancing women, singers, entertainers, comedians, labourers, stable men, shepherds, etc. etc. In short all occupations barring governance of state, teaching vedas and trading, were virtually handled by Shudras. In other words one can say that the entire economy of rural India was run and sustained by Shudras.

The Untouchables (Dalits) were given odd and unclean jobs which were refused and disapproved by Shudras owing to their relatively better position in the society vis-a-vis the untouchables, both being Shudras generically though. If the economy were to be stable and the hegemony of the twice born were to be sustained the non-twice born were needed to manage the jobs assigned to them. The occupation scenario was clear and distinct and there was virtually no room for a horizontal mobility. This can be interpreted as the lex loci of ancient India with the sanction of state and sovereign. (With apologies to Austine) The punishments for refusing to do the respective jobs or to transgress the limits were sever. The unwritten customs and laws received the legitimacy by the sovereign power tacitly as the punitive part of the law was given effective execution by the State. The laws of Manu smack of Brahaminical dominance, though; they were in force till the British rule India. The modern legislations, though have successfully disregarded the undemocratic and illegitimate laws of Manu. Yet the social structure that has emerged out of these laws and the values associated with couldn't be changed totally even today. The consequence - a divided and unequal society. Let us have look at the data of Private Sector employment especially in industries for a reference.

**Caste based Discrimination in Private Sector**

The Manu governed Hindu social order does not accommodate the low caste citizens of the country in the mode of production with equal rights. The State must have to intervene to enforce of the constitutional right of Equality. The private sector owned by the high caste people has not provided employment to backward classes for decades and it is the same even today. Hence the need for reservation in Govt. Services.

The first-ever caste census of India's human re-sources has revealed that the proportion of Scheduled Caste and Scheduled Tribe employees in the Private sector in some of the most industrialized states of the country hardly reflects their strength in the general population of those states. The only exception is Tamil Nadu, which ranks number one in industrialisation and employment (by number of factories and persons, according to the Annual Survey of Industries 2008-09). SCs/STs account for almost 18 per cent of the industrial workforce and 20 per cent of the state's population. In sharp contrast are some of the other most industrialized states such as Maharashtra, Gujarat, Karnataka, Madhya Pradesh; Rajasthan and West Bengal, which show a sharp mismatch between SCs/STs as a percentage of the total workforce in the private sector and as a percentage of the states' total population.

Living under the constant threat that the government may reserve jobs in the private sector as part of its inclusive growth agenda, the Confederation of Indian Industry, the country's largest industry chamber, undertook a caste census of its members spread across 22 and Union territories.

**Corporate Employment for SC/STs has not been Proportion to their Population**

| State | Industry Rank | SC/ST in Industry* | SC/ST in Population** | Gap |
|---|---|---|---|---|
| Tamil Nadu | 1 | 17.9 | 20 | 2.1 |
| Maharashtra | 2 | 5 | 19.1 | 14.1 |
| Andhra Pradesh | 3 | 17.1 | 22.8 | 5.7 |
| Gujarat | 4 | 9 | 21.9 | 12.9 |
| Uttar Pradesh | 5 | 17 | 21.2 | 4.2 |
| Punjab | 6 | 21 | 28.9 | 7.9 |
| Karnataka | 7 | 8.9 | 22.8 | 13.9 |
| Rajasthan | 8 | 14 | 29.8 | 15.8 |
| West Bengal | 9 | 20 | 28.5 | 8.5 |
| Kerala | 10 | 14.2 | 10.94 | –3.26 |
| Haryana | 11 | 19 | 19.3 | 0.3 |
| Madhya Pradesh | 12 | 11 | 35.5 | 24.5 |
| Delhi | 13 | 15 | 16.9 | 1.9 |
| Uttarakhand | 17 | 22 | 20.9 | –1.1 |
| Himachal Pradesh | 21 | 12 | 28.7 | 16.7 |
| Punducherry | 23 | 13.2 | 16.2 | 3 |

Industrialisation ranks based on Annual Survey of Industries 2008-09

* Share in percentage of workforce based on CII survey.

** Share in percentage of population, based on Census of India 2001.

Covering 8,250 members of the CII, together employing 35 lakhs people, its gives a flavor of the manpower mix in India.

SCs/STs for instance, make up 19.1 percent of Maharashtra's population but their share in the private sector human resources is only 5 per cent In Gujarat and Karnataka, SCs/STs are just about 9 percent of the staff strength, but account for 22 pre cent and 23 per cent respectively of the state population.

The survey, in a nutshell, reveals that companies in the least industrialized eastern region, where jobs are far and few, have the highest percentage of SC/ST employees. So, in Bihar which ranks a distant 17 as per the Annual Survey of Industries 2008-09 - they together constitute a fourth of the total workforce, whereas they from just 16.6 per cent of the state's population. Chhattisgarh is a shade better, with more number of factories, but here too, half of the total workforce comprises SCs/STs compared to them making up 43.4 per cent of the population. The private sector in the western region comes as a surprise. Maharashtra, the hub of India Inc, is second only to Tamil Nadu in terms of industrialization and employment. CII members in the state employ 20.72 lakhs people in the state almost 57 per cent of the total employee base considered in the survey by the chamber. but SC/ST proportion in the workforce is one-fourth of their percentage in the total population In Madhya Pradesh that rank 11 industrialization and workforce, SCs/STs account for 11 per cent of the private sector's total staff strength, less than a third of their strength in the state's population. (As reported in Indian Express, New Delhi, Jan. 18, 2011).

States in south are an exception. The private sector in Tamil Nadu, Andhra Pradesh and Kerala has in its rolls a remarkably high percentage of SCs/STs Tamil Nadu - where the politically driven Dravidian movement significantly empowered the backward castes - is distinct because it also ranks number one in terms of the number of employees and factories. SCs/STs here account for 18 per cent of the workforce in CII's member companies, and 20 per cent of the state's population.

In Kerala, for entirely different reasons such as 100 per cent literacy, the percentage of SCs/STs in the private sector is higher than their share in the population.

In the north, Delhi and Haryana buck the general trend, where the gap between SCs/STs at work and their representation in the population is significantly higher. The CII survey of the private sector's manpower mix in Chandigarh, Punjab and Rajasthan shows that SC/ST proportion there is 25-50 per cent lower than their strength in the total population.

The data as shown above clearly shows that even after 67 years of independence and despite enforcement of plethora of laws the discrimination against the so called low caste citizens exists.

**Twentieth Century and Caste Consciousness**

The modernity and consequent modernization during the British regime had succeeded in breaking the shackles of the resilient tradition largely thanks to McCauley's Education reforms and William Bentick's social reforms. Among the things surfaced during the 1930s were a strong and uncompromising protest against privileges based on hierarchical interpretations of caste or possession of wealth.

Downtrodden castes organized themselves under the umbrella of Backward Caste Movements and Anti-Brahmin campaign. They left no stone unturned in their efforts to overhaul the prevailing socio-political set up. However cracks began to develop within the movement. Probably politics have divisive character. Many caste groups felt that the more forward caste among them were monopolizing the advantages and were also acting in a partisan manner, engaging in nepotism much to their disadvantage. Therefore the ante Brahmin (upper caste) movement got transformed gradually in to pro-caste (specific castes) movement, for own empowerment. The irony is that Caste which was considered as the evil expression of Hindu social order gained currency in the name of empowerment. The only change is that the players ,now are the non-Brahmin castes.

It is undeniably true that Caste system plays important role in political mobilization. It educates, enlightens and consolidates different sections of the population towards a definite purpose. Caste association is a prelude to the formation of political parties. Leaders of caste associations are found to hold positions in political parties simultaneously and vice versa. Political parties formulate manifestoes after giving due consideration to the demands of caste associations and often appealing enough to gamer votes. It has also enabled to create vote banks on castiest lines. Caste associations have become one of the factors that link the mass electorate to the new democratic political processes and make these processes comprehensible and familiar to a population largely illiterate and policies of parties than it is to threaten established political communities and structures.[8] Needless to say as the years pass, caste has got itself deeply entrenched in Indian politics. Politics and caste have got so interwoven that it is a futile exercise to analyze Indian polity and Democracy in isolation of either.

According to leftists the independence of India in 1947 is virtually a transfer of power from British to the local elite of India. The three twice born dominant communities constitute the elite of India (interestingly most of the top leadership of leftists is also drawn from these). M.N. Srinivas (*'modernization of Indian tradition')* says that the traditionally dominant communities (castes) of Indian still continue to dominate in the society, but however their dominance is no longer legitimized by tradition. Here, the reference is made to modern political process such as democracy, republican form of government judiciary, constitutional arrangement through which the traditional elite manage their hegemony with the approval and sanction of majority— (the elections and elected governments). The framers of the Constitution have visualized such a situation and made provision for reservations for the Dalits (depressed classes) to begin with, as they are the worst hit by the caste system. The Backward Classes are not far behind in this regard as the sheer numerical strength of Backward Castes (classes) is politically decisive enough to make a bargain with the State. The recent violent demonstrations by Gurjars in Rajasthan paralyzing the life and governance is just an example to assess the power of numerical strength that gets converted in to political power of backward classes.

Let us acquaint ourselves with the power of Caste by referring to the recent outbursts of Gujjars against Rajsthan State Govt. demanding reservation.

Rajasthan High Court on 22nd December 2010 directed the state government to explain why quotas were set in educational institutions and state services for Specially Backward Classes (SBC) and Economically Backward Classes (EBC) including Gujjars by undertaking a quantifiable data collection exercise within a period of one year. The court stayed the operation of a 2008 Act providing special reservation for Gujjars and other communities. The Bench in its order observed that as per Supreme Court directions, the state can increase reservation for certain classes or communities beyond 50% ceiling but to do that it had to marshal data to justify excess reservation. That was not done in the case of quotas for Gujjars, who are demanding 5% reservation in state government recruitments and schools and colleges. The governor had signed the bill in 2009.

Rajasthan High Court stayed the operation of a 2008 state Act granting 5% reservation for Gujjars and directed the state government to undertake a data collection exercise to justify the quota for members of the community.

"It could not be disputed that there is need to collect quantifiable data showing backwardness of classes in question and their under-representation in educational institutes and government employment", the Court said. Counsel for Rajasthan government P.P. Rao said the Act granting quotas was brought in on the basis of a report by a retired judge after the Gujjar agitation in 2007. However, he admired that the government has not conducted any study as required under law. "The criteria of creamy layer too has been changed without any quantified data being taken into consideration and as such this notification too cannot bee allowed to be acted upon. The benefit of reservation should percolate down to the needy and should not be usurped by the persons of same class who have already attained heights by way of reservation".

**Highlights of Gujjar Agitation (2011)**

(a) Over 5,000 Gujjars sat on railway tracks at Pilupura in Bharatpur dist, block New Delhi-Mumbai rail route. More than 45 trains were either diverted or cancelled

(b) Gujjars damaged five RSRTC buses at Bharatpur, Ajmer and Dausa towns

(c) Jaipur-Ajmer NH-8 blocked for 6 hours at Kishangarh. Police had lathicharged agitators

(d) Police thwarted agitators' bid to storm Rajasthan PSC premises in Ajmer. Bandh (closure of town) was called in Ajmer for 23rd Dec. 2010

(e) Supplies to Hindaun, Karauli and Dausa were affected. Over 300 trucks carrying essential commodities from Jaipur stayed off roads.

(f) 23rd December 2010 Gujjars to blocked Agra-Jaipur highway. State govt. deployed forces on main highways along with BSF

The Centre on 22nd December 2010 dispatched over 1,500 paramilitary personnel to Rajasthan to assist the state government to deal with the situation arising out of the ongoing Gujjar agitation. The Gujjars have been agitating for two days in support of their demands, including quota in jobs.

The decision to send paramilitary forces was taken after Union home secretary G.K. Pillai discussed with Rajasthan chief secretary Salauddin Ahmed about the prevailing situation in the state, said sources. They also stated that the Central forces would be deployed along with Rajasthan Police personnel to maintain law and order and foil any attempt to disturb peace. Rail and road traffic remained affected as the agitators continued to squat on rail tracks and blocked roads in Bharatpur district.

This is a magnificiant demonstration of Caste power and Caste consciousness by the historically under privileged in India today.

Caste has become a social and political identity over decades so much so that life chances and job opportunities were amassed among the twice born dominant castes with a unique sense of oneness to the detriment of other castes... Several caste groups used to give preference to their members while granting jobs, licenses. Caste membership thus has become a passport to progress. Contacts could thus be maintained which would enable a person to extricate from his tradition bound jobs. Membership of a caste makes a person part of a person-based social net work which controls insider's information about economic opportunities, transmits skills and provides various types of human and material support. Hence the social network of a caste itself becomes an important social resource for its members. Further, the conditions created by the socialist economic regime reinforced the tendency for a person who becomes privy to knowledge of certain economic opportunity to retain such advantages largely for the benefit of its members.

**Caste and Equality**

Indian society which is severely handicapped by the practice of inequality in the name of caste and birth. Indian society is characterized by the unscientific and inhuman tradition known as the caste or the Varna system which is basically the responsible factor for the backwardness of human beings in the society. This backwardness is basically social and consequently it has encompassed the fields of education and economy. It is important to note that caste which is typical of Hindu society has penetrated into other scriptural religions such as Islam and Christianity in India. This is possibly due to two reasons namely; the impact of caste based occupational identification of human beings and probable conversions into Islam or Christianity over the centuries. However the backwardness exploitation and inequality identified with the Hindu caste society have equally made their impact on the people of the respective counter parts in the other religions.

Equality is the universally accepted doctrine of political society in the entire world. India cannot be an exception. The growth of modernity with secularism and rationality as its twin engines of motion the inequalities and exploitation characteristic of caste have to give way to the concept of equality. Though there cannot be an absolute and eternal equality among human beings due to various secular and personal factors, it is always possible to accept the principle of equality as the guiding factor in governance of State. The history of caste based encouragement or protection in favor of depressed classes or the backward classes in pre independent India proves the above thought and precept. The successive governments in various states in India have realized the inequal development of human beings and adopted policies of affirmative actions in favor of the castes which are exploited over centuries. The mission of the governments has always been to ensure equal opportunities to all citizens by way of introducing reservations in favor of depressed and backward castes.

Exploitation in the name of caste has in a natural way paved the way for awareness for equality and empowerment. This is otherwise known as caste consciousness which incidentally happen to be a historical phenomenon starting from ramaswamy nayakar in Tamilnadu and culminating in Dr Ambedkar's philosophy of equality and freedom for the depressed classes in the country. The caste consciousness has come to stay. It will be difficult to imagine the Indian society devoid of caste practice or caste conscious of at least in the near future. It is indisputable that protective discrimination in favor of the underprivileged backward and exploited caste is the only way to ensure equality in society and polity for there cannot be a competition between inequal human beings. It is a paradox; nevertheless, that caste which is the basic factor responsible for inequality is willingly and unwillingly accepted again as the basis identification of human beings for protection. However the philosophy behind such a policy is surely not negative this time.

The debate over the incompatibility between equality and caste is never ending. It has become a preoccupation for the State over the years in free India to strike a balance between the two without resorting to a radical strategy to do away with either of them.

**Recognising Backward Classes – A Chronological account**

Right from the 19th Century onwards citizens were identified in various parts of the country. At different stages in history the identification of backwardness was characterised by various factors such as education, caste, untouchability, minority status etc. A look at chronological account of the criteria adopted in the process would be certainly be educative besides being thought provoking. According to Mark Galanter, (***'Competing Equalities'***, London: University of California Press; (1984), pp. 154 to 165,) the following stages of history witness the application of the criteria for Backwardness in different areas.

**Between 1880-1950**

1. In year 1880, the term 'backward classes' was used to describe groups, which were illiterate or indigent, being entitled to allowances for study in elementary schools.
2. On 05/11/1895 Fort St. George Gazette No. 40 provided for grants-in-aid to schools for backward classes consisting mostly of untouchables, in the Madras Presidency.
3. In year 1917 The Maharaja of Kolhapur expressed interest to Montague Chelmsford in uplifting the backward classes and especially the untouchables.
4. In year 1918 Committee appointed by the Mysore Government to

enquire into means of encouraging members of the backward classes in the public services.

5. In year 1919 terms of reference of the Southborough Committee were also to advices on measures to secure representation of minorities and backward classes.
6. In year 1920 Joint Select Committee of the British Parliament reviewing the South borough Committee Report emphasized the need for educational advancement of the depressed and backward classes.
7. In year 1921 preferential recruitment of backward communities who were defined as 'all communities other than Brahmins, who are not adequately represented in the public services' was instituted.
8. In year 1925 Ministry Report on the Reforms Enquiry Commission referred to backward classes as synonym for 'depressed classes' (untouchables) in contra-distinction to 'non-Brahmins'.
9. Indian Statutory Commission (Hartog Committee) 1929.

   The Hartog Committee defined the backward classes as '*castes or classes which are educationally backward and including depressed classes, aboriginals, hill tribes and criminal tribes.*'
10. Indian Central Committee (1929).

    Distinction was drawn by the India Central Committee between backward classes including '*aboriginals and criminal tribes*' and others including '*the less advanced of the inhabitants of British India.*'
11. Sarte Committee, Bombay (1930).

    The Sarte Committee Recommended that "*depressed classes*" to be used to describe untouchables, while the term backward classes to be used to describe the wider group of "*disadvantaged peoples*" including aboriginals, hill tribes and others.
12. India Statutory Commission (1930).

    The Simon commission refers Backward Classes only to the term 'intermediate classes' and, the non-Brahmin movement without any reference to backward or depressed classes.
13. Indian Franchise Committee (1932).

    During hearings of the Indian Franchise committee divergent views were expressed on the term, some referring to backward classes as vagrant tribes, while others referred to them as untouchables and *sudras*.

14. Indian Franchise Committee (1932)

    Memorandum submitted by the United Provinces League suggested that Hindu backward as a more suitable nomenclature to include socially, educationally and economically backward people.

15. Use of the term backward classes in Madras Presidency was to denote the *"strata above the untouchables'* (Marc Galanter, 1984, p. 158)

16. In the year 1937*)* State of Travancore adopts the term 'backward communities' to include all educationally and economically backward communities(*Ibid, p. 158)*

17. A list was provided by the Madras Provincial Backward Classes League stating that the backward classes comprised more than 25 million people (50% of the population of the Presidency, G.O. 190 Public Department (Services) 20th Jan1944)

18. Separate reservations provided in Madras in the services for '*Backward Hindus'* for about 145 communities G.O. 3437 Public Department (Services) (21 Nov 1947)

19. In 1948-49 Addition of OBCs to the list for award of scholarships and directions issued to State government to prepare lists of these castes *(Ibid, p. 162)*

20. In 1948-49 State compiled lists of OBCs reveals Mysore list comprising of Muslims, Christians, Jains and all non-Brahmin groups. Madras and Bombay lists did not include higher non-Brahmin castes. (*Ibid*, p. 162)

**Discussions in the Constituent Assembly**

(i) Delegates from the North assumed that 'backward classes' was a vague term and was hence really a synonym for Scheduled Castes (Pandit Hirday Nath Kunzru (UP) at VII CAD 680; Ari Bahadur Gurung (WB) at VII CAD 685)

(ii) Expression of concern by other delegates that Schedules Castes would be a better term to use lest *'people of other casts claim to be backward'* (H.J. Khandekar (CP& Berar) at VIICAD692)

(iii) Illustrations given from Mysore where Backward classes referred to '*all but Brahmins'* (T. Chhaniah (Mysore) at VII CAD 689-90)

(iv) Illustrations given from Madras where Backward classes referred to *'a stratum of non-untouchable Hindu castes.* (Mhd. Iamail Sahib (Madras) at VII CAD 692)

(v) Illustrations given from Bombay where Backward classes included not only SC/STs but others who were 'economically, *educationally and socially backward' (Dr. K.M. Munshi at VII CAD 697)*

(vi) Explanation rendered by delegates from Bihar that backward classes should be construed as *'the section between the highest castes and the Scheduled Castes' (*Chandrika Ram (Bihar) at VII CAD 699)

(vii) Another explanation that "it signifies people-touchable or untouchable, belonging to this community or that, who are so backward that special protection is required in the services" (Dr. K.M. Munshiat VII CAD 697)

(viii) Opinion expressed that classes did not necessarily mean castes (T.T. Krishnamachari at VII CAD 687)

(ix) Opinion by Dr. Ambedkar that *"a backward community is a community that is backward in the opinion of the Government"* (Dr. B.R. Ambedkar at VII CAD 702)

**Amending Art. 15 (1951)**

Views expressed by some Members during the discussion on amendment to Art.15 that the listing of backward classes by the Commission and subsequent presidential specification would be determinative (Galanter *Ibid, pp. 165-6*) Views were expressed by other members that the determination ought to be by the State Governments (*Ibid, p. 166)*

Dr. Ambedkar opined that "*what are called backward classes are nothing else but a collection of certain castes" (Ibid, p. 166)* Views were expressed by others that the backward classes should be specifically confined to *'economically backward classes'* but this view was rejected. (*Ibid, pp.166-7)*

**First Backward Classes Commission 1953**

In the year 1953 the Backward Classes Commission was constituted to "*determine the criteria to be adopted in considering whether any sections of people other than SC/STs should be treated as socially and educationally backward classes and in accordance with such criteria to prepare a list of such classes"* (*Ibid, p. 167*).

Expectations were expressed in parliamentary debates that the Commission was expected to *"deal with the undesirable consequences of the evolution of Hindu society and the devising of measures to eliminate inequalities specifically associated with caste"* (*Ibid, p. 169*)

**1955**

**Report of the First Backward Classes Commission**

Report of the Commission stated that '*it was difficult to avoid caste in the present prevailing conditions' and that its terms of reference 'not only correctly but inevitably relate to social hierarchy based on caste' (pp. 41-2)*

**Criteria for the Commission, (1955)**

Classification of the communities was done by the Commission on the basis of '*the social position which a community occupied in the caste hierarchy, the percentage of literacy and its general educational advancement; its representation in Government services and the industrial sphere; economic backwardness; recent trends in advancement as a result of measures'(p. 47)* Commission expressed views on the lack of data: "*in the absence of reliable facts and figures, the only course open to us was to rely on the statistics available from the various Governments and the previous census reports, and to go by the general impression of Government officers, leaders of public opinion and social workers" (Ibid, p. 8*) View of the Chairman of the Commission is important to note that *"it would have been better if we could determine backwardness on principles other than caste"* (*Ibid, p. 14*)

**1956**

On 03rd Sep. 1956 the report of the Backward Classes Commission placed before Parliament, Ministry of Home Affairs, Views were expressed that *"further investigations will have to be undertaken so that the deficiencies that have been noticed in the findings of the Commission are made good" since "the Commission's standards other than caste were vague*" Directions issued to Registrar General to conduct adhoc surveys to determine suitable criteria (Galanter, (1984), p. 173)

**1961**

**Study Group on the Welfare of the Weaker Sections**

Report of Study Group noted that weaker sections must be identified as the economically backward classes but '*caste inequality is a contributing cause of economic backwardness which is to be addressed by remedial measures'*

In May 1961 Cabinet arrived at a decision that no national list of OBCs ought to be drawn up and states should prepare lists on the basis of the application of *'economic criteria rather than to go by caste'*.In the same year a decision was taken in the Conference of Chief Ministers agreeing that '*economic backwardness rather than community or caste was a more appropriate criteria for providing measure for individuals*' (*Galanter, (1984), p. 176)*. In August 1961 the Home Ministry directed not to list Backward Classes on the grounds that if large section of the population were to be regarded as backward, no purpose would be served by such determination and caste criterion was objectionable.

**1980**

Finally year1980 witnessed Mandal Commission Report which adopted a caste-based criteria supported by some social and educational indicators also.

**The Constituent Assembly on Protective Discrimination**

The Constituent Assembly came into existence in December 1946. The idea of an egalitarian society found its expression in the words of Nehru.[9] Nehru said ;

> "*At that time the issue of reservation was pleaded, explained, accommodated and accepted with the national spirit to assimilate sections of society including the intended beneficiaries of the reservation policy into the main stream of national life*".
>
> *Unfortunate countrymen of ours who have not had these opportunities in the past, special attempts should be made, of course, in the educational and economic field and even in the political field to see that they have a proper place till they find their own legs to stand upon without the external aid.* [10]

The debate on the resolution moved by Nehru in the Constituent Assembly regarding 'aims and objects' that later formed the Preamble of the Constitution, clearly reveal the sentiments of different sections of the people. Leaders of the Congress party were very articulate in upholding the rights of the Depressed Classes and offer them adequate safeguards for exercising those rights. But doubts were also expressed regarding the effectiveness of these measures.

The Constituent Assembly as a matter of fact, did not envisage any reservation for minorities. It wsa only Backward classes to be given adequate representation in the services under the state. Besides the demands of people belong to Scheduled Castes and Scheduled Tribes were to be taken into consideration. Therefore it was three categories of people who deserved the benefits of Protective Discrimination: the backward class, the Scheduled castes and the Scheduled Tribes. was not in favor of giving undue reservation for it would have an unfavorable impact on the whole concept of reservation itself. [11] In the Constituent

Assembly it was generally agreed that protection for the backward communities was to be given. Still, Nehru had apprehension regarding reservation. He observed:

"There is a great danger, whether you deal with an individual or group or community, of giving certain props to that community which give it a false sense of strength which does not belong to it, and when they are removed, suddenly make the community weak. A nation ultimately ought to stand on its own feet. So long as it relies on some external prop, it is not strong. It is weak. So these external props, as I might call them, that is reservation of seats and the rest-may possibly be helpful occasionally in the case of backward groups, but they produce a false sense of strength, and ultimately, therefore, they are not so nearly as important as real educational, cultural and economic advance which gives them inner strength to face any difficulty or any opponent".[12]

According to Sivaramaya[13] protective discrimination is based on four principles: compensation for past injustice, protection of the weak, proportional equality and social justice. Regarding the first principle, whether it is justifiable that the present generation should bear the burden of the sins of theie fore fathers when they had their own notions of social morality and custom-based laws is a question. The second principle of 'protection' for the weaker section can be justified subject to reasonable and legal parameters for assessing 'weaknesses' of individual or class. The third principle of proportional equality too can only be tem[porary. Social justice, the fourth principle, is a vague phrase that it could be interpreted as per ones convienience. The rights of the depressed classes of people were to be protected and for this purpose an administrative mechanism was designed. Provisions were made for appointing special officers for Scheduled Castes and Scheduled Tribes and a Statutory Commission for socially and educationally backward classes. Scheduled Castes and Scheduled Tribes could be comparatively easily identified. But the issue of identifying socially and economically backward classes is more complicated. Considering the upper castes as a whole, as economically forward cannot be justified as it would be sweeping generalisantion.

**Reservation Policy in Independant India**

Reservations in government service were introduced for the depressed classes in 1943 by the British though at that time hardly any qualified persons from the untouchables and tribals were available to be considered for appointment.[14] After independence, the indian government took special interest in the welfare of the depressed classes. By a resolution moved by Dr. Ambedkar, all the previously existing reservations, except for the Scheduled Castes and Scheduled Tribes were abolished. provisions for reservation of seats in legislature and in the services were made in the constitution only for these two categories. For OBCs only a reference to the protection of their interest was made in one of the Directive Principles of the State PoLICY IN Chapter IV. Later, a general reference in the amended Article 15 allowed the states to take steps for the advancement of the socially and educationally BCs. Only clause 4 of Article 16 made a direct provision in this regard. This article is about guaranteeing equality of opportunities for all, but clause 4 makes provisions for reservation of posts for what it describes as any *backward class of citizens* only *not adequately represented* in the services of the state. The procedure to determine the need for reservations and the criteria for identifying beneficiary groups within the category of socially and educationally BCs, were left to investigations by commissions (Article 340).

**First BCs Commission or Kaka Kalelkar Commission**

The first BCs commission under the chairmanship of Kaka Kalelkar on 29 January 1953 listed 2339 castes as socially and educationally backward. The commission made the conclusion reached by a majority of the members of the commission is that in all government and local body services, the minimum basis of representation of OBCs should be as follows:

Class I –25 per cent of vacancies

Class II –33-1/3 per cent of vacancies

Class III –40 per cent of vacancies

Class IV –40 per cent of vacancies

For the purpose of distribution of the reserved quota of posts among all the communities comprising the OBCs no hard and fast rule need be followed. The circumstances and the social conditions prevailing in the country necessitate greater consideration for the most backward and unrepresented communities in the group. After a period of 15 years the position should be reviewed.[15]

The central government refused to accept this report on the ground that no objective criteria were applied in the identification of the BCs. Five out of the 11 members of the commission had given notes of dissent. The Kalelkar Commission has classified a very large section of the population as backward, and if special assistance had to be given to such large numbers, the government argued, the really needy will be swapped by the multitude. The government preferred economic criterion for the definition of BC.

**Second BCs Commission or the Mandal Commission**

The Second BCs Commission was appointed under the chairmanship of B.P. Mandal on 1st January 1979. The commission submitted its report on 31st December 1980. In its findings it found that the SC and ST constituted 22.5% of the population and the OBCs 52%. Thus in accordance with the principles of justice 52% of the posts under central government should be reserved for them. But since the Supreme Court has firmly laid down that reservation should be restricted to 50%, the commission recommended that total reservations should be 49.5% i.e. 27% for the OBCs and 22.5% for SC and Scheduled Tribes. The commission also recommended that reservations should extend even to the private sector which is aided by the central government.

The V.P. Singh government accepted the recommendations with a minor modification on 7 August 1990 after a span of nearly ten years since the commission had submitted its report. This led to serious agitations on a national scale with unprecedented violence and destruction. V.P. Singh government which was a coalition put even its partners in a fix.

Mandal Commission adopted the following Criteria to identify OBC in the Country employing various methods and techniques to collect the necessary data and evidence. The commission adopted 11 criteria which could be grouped under three major headings: social, educational and economic in order to identify OBCs.

**Social**

1. Castes/classes considered as socially backward by others.
2. Castes/classes which mainly depend on manual labour for their livelihood.
3. Castes/classes where at least 25 per cent females and 10 per cent males above the state average get married at an age below 17 years in rural areas and at least 10 per cent females and 5 per cent males do so in urban areas.
4. Castes/classes where participation of females in work is at least 25 per cent above the state average.

**Educational**

(a) Castes/classes where the number of children in the age group of

5–15 years who never attended school is at least 25 per cent above the state average.

(b) Castes/classes where the rate of student drop-out in the age group of 5–15 years is at least 25 per cent above the state average.

(c) Castes/classes amongst which the proportion of matriculates is at least 25 per cent below the state average.

**Economic**

- Castes/classes where the average value of family assets is at least 25 per cent below the state average. Castes/classes where the number of families living in kuccha houses is at least 25 per cent above the state average.
- Castes/classes where the source of drinking water is beyond half a kilometer for more than 50 per cent of the households.
- Castes/classes where the number of households having taken consumption loans is at least 25 per cent above the state average.

**Weighing indicators**

As the above three groups are not of equal importance for the purpose, separate weightage was given to indicators in each group. All the Social indicators were given a weightage of 3 points each, educational indicators were given a weightage of 2 points each and economic indicators were given a weightage of 1 point each. Economic, in addition to Social and Educational Indicators, were considered important as they directly flowed from social and educational backwardness. This also helped to highlight the fact that socially and educationally backward classes are economically backward also.

It will be seen from the values given to each indicator, the total score adds up to 22. All these 11 indicators were applied to all the castes covered by the survey for a particular state. As a result of this application, all castes which had a score of 50 % (i.e. 11 points) were listed as socially and educationally backward and the rest were treated as 'advanced'.

Mandal commission recommended two separate criteria for identifying the backward section of the Hindu community and of other communities where caste system is non-existent. In respect of employees belonging to the Hindu Community, the following criteria were adopted:

1. an employee was deemed to be socially backward if he does not

belong to any of the three – twice born (Dvij) Varnas i.e., he is neither a Brahmin or Kshatriy nor a Vishya and

2. He was deemed to be educationally backward "if neither his father had studied beyond the primary level".

As regards the non-Hindu communities (i) an employee was deemed to be socially backward: if either

1. he is a convert from those Hindu communities, or
2. in case he is not such a convert, his parental income is below the poverty line, i.e., Rs. 71 per head per month,
3. he was deemed to be educationally backward "if neither his father nor his grand father had studied beyond the primary level".

According to the commission 54% of the total population (excluding SCs and STs), belonging to 3,743 different castes and communities were 'backward'. As Data of caste-wise population are not available the commission used 1931 census data to calculate the number of OBCs. The population of Hindu OBCs was derived by subtracting from the total population of Hindus, the population of SC and ST and that of forward Hindu castes and communities, and it worked out to be 52 per cent. Assuming that roughly the proportion of OBCs amongst non-Hindus was of the same order as amongst the Hindus, population of non-Hindu OBCs was also considered as 52 per cent.

**Important views of Mandal Commission**

The Commission's views on the issue of reservations for OBCs are very strong and uncompromising. Let us recollect some of them as given in the original text of the report as under;[16]

13.1 It may appear the upliftment of Other Backward Classes is part of the larger national problem of the removal of mass poverty. This is only partially correct. The deprivation of OBCs is a very special case of the larger national issue: here the basic question is that of social and educational backwardness and poverty is only a direct consequence of these two crippling caste-based handicaps. As these handicaps are embedded in our social structure, their removal will require far – reaching structural changes. No less important will be changes in the perception of the problems of OBCs by the ruling classes of the country.

13.4 It is not at all our contention that by offering a few thousand jobs to OBC candidates we shall be able to make 52% of the

Indian population as forward. But we must recognise that as essential part of the battle against social backwardness is to be fought in the minds of the backward people. In India Government service has always been looked upon as a symbol of prestige and power. By increasing the representation of OBCs in Government services, we give them an immediate feeling of participation in the governance of this country. When a backward class candidate becomes a Collector or a Superintendent of Police, the material benefits accruing from his position are limited to the members of his family only. But the psychological spin off of this phenomenon is tremendous; the entire community of that backward class candidate feels socially elevated. Even when no tangible benefits flow to the community at large, the feeling that now it has its "own man" in the "corridors of power" acts as moral booster.

13.5 In a democratic set-up every individual and community has a legitimate right and aspiration to participate in ruling this country. Any situation which results in a near-denial of this right to nearly 52% of the country's population needs to be urgently rectified.

13.6 Apprehensions regarding drop in the quality of Government services owing to large-scale induction of S.C. / S.T. and O.B.C. candidates against reserved posts may be justified only up to a point. But is it possible to maintain that all candidates selected on merit turn out to be honest, efficient, hard-working and dedicated? At present, top echelons of all the Government services are manned predominantly by open competition candidates and if the performance of our bureaucracy is any indication, it has not exactly covered itself with glory. Of course, this does not imply that candidates selected against reserved posts will do better. Chances are that owing to their social and cultural handicaps they may be generally a shade less competent. But, on the other hand, they will have great advantage of possessing first hand knowledge of the sufferings and problems of the backward sections of society. This is not a small asset for field workers and policy makers even at highest level.

13.7 It is no doubt true that the major benefits of reservation and other welfare measures for Other Backward Classes will be cornered by the more advanced sections of the backward communities. But is not this a universal phenomenon? All reformists remedies have to contend with slow recovery along the hierarchical gradient; there are no quantum jumps in social reform. Moreover, human nature being what it is, a "new class" ultimately does emerge even in classless societies. The chief merit on reservation is not that it will introduce egalitarian amongst OBCs when the rest of the Indian society is seized by all sorts of inequalities. But reservation will certainly erode the hold of higher castes on the services and enable OBCs in general to have a sense of participation in running the affairs of the country.

13.8 It is certainly true that reservation for OBCs will cause a lot of heart burning to others. But should the mere fact of this heart burning be allowed to operate as a moral veto against social reform.... When the higher castes constituting less than 20% of the country's population subjected the rest to all manner of social injustice, it must have caused a lot of heart burning to the lower castes. But now that the lower castes are asking for a modest share of the national cake of power and prestige, a chorus of alarm is being raised on the plea that this will cause heart burning to the ruling elite. Of all the specious arguments advanced against reservations for backward classes, there is none which beats this one about 'heart-burning' in sheer sophistry.

13.9 In fact the Hindu society has always operated a very rigorous scheme of reservations, which was internalised through caste system. Eklavya lost his thumb and Shambhk his neck for their breach of caste rules of reservations. The present furore against reservations for OBCs is not aimed at the principle itself, but against the new class of beneficiaries, as they are now clamoring for a share of the opportunities which were all along monopolized by the higher castes.

The above convictions of Mandal Commission are practically revolutionary and drift away from the Constitutional scheme that never advocates 'empowerment of the castes' on the basis of their numbers. The enforcement of the recommendations created history in independent India.

## Mandal Commission's Recommendations

13.10 Scheduled Castes and Scheduled Tribes constitute 22.5% of the country's population. Accordingly, a pro-rata reservation of 22.5% has been made for them in all services and public sector undertakings under the Central Government. In the States also, reservation for SCs and STs is directly proportional to their population in each State.

13.11 As stated in the last Chapter (para 12.22) the population of OBCs, both Hindu and non-Hindu, is around 52% of the total population of India. Accordingly 52% of all post under the Central Government should be reserved for them, but this provision may go against the law laid down in a number of Supreme Court judgements wherein it has been held that the total quantum of reservations under Articles 15(4) and 16(4) of the Constitution should be below 50%. In view of this the proposed reservation for OBCs would have to be pegged at a figure which, when added to 22.5% of SCs and STs, remain below 50%. In view of this legal constrain, the commission is obliged to recommend a reservation of 27% only, even though their population us almost twice this figure.

13.12 States which have already introduced reservation for OBCs exceeding 27% will remain unaffected by this recommendation.

13.13 With the above general recommendation regarding the quantum of reservation, the Commission proposes the following over-all scheme of reservation for OBCs:-

(1) Candidates belonging to OBCs recruited on the basis of merit in an open competition should not be adjusted against their reservation quota of 27%.

(2) The above reservation should also be made available to promotion quota at all levels.

(3) Reserved quota remaining unfilled should be carried forward for a period of three years and deserved thereafter.

(4) Relaxation in the upper age limit for direct recruitment should be extended in the same manner as done in case of SCs and STs.

(5) A roster system for each category of posts should be adopted by the concerned authorities in the same manner as presently done in respect of SC and ST candidates.

13.14 The above scheme of reservations in its Toto should be made applicable to all recruitment to public sector undertakings both under the Central and State Governments, as also to nationalized banks.

13.15 All private sector undertakings which have received financial assistance from the Government in one form or the other should also be obliged to recruit personnel on the aforesaid basis.

13.16 All universities and affiliated colleges should also be covered by the above scheme of reservation.

13.17 To give proper effect to these recommendations, it is imperative that adequate statutory provisions are made by the Government to amend the existing enactments, rules, procedure, etc. to the extent they are not in consonance with the same.

The Mandal Commission had identified certain aspects, which were not confined to the backward communities alone. For instance in terms of literacy India lags far behind many of its counterparts in the world. This is mainly due to the lack of access to educational facilities. By providing reservation in jobs alone will not enable the backward communities to ameliorate their condition. To secure the jobs they have got to qualify in the selection tests, entrance to which might be educational qualification.

It seems that Mandal Commission had overlooked an important fact that Caste reservation on an all India scale will not improve the stature of backward castes all over India because the situation of a particular caste in one state may be greatly at variance with another state. Thus when it comes to a competition among these castes, the forward among the castes shall dominate the less fortunate ones.

B.P.Mandal has relied heavily on the 1931 census, i.e., the last caste-based one conducted by the erstwhile British government. The social stature of many of these denominations has changed over the years. It seems that Mandal instead of making an intensive study of the lists of the states BCs has made a compilation of all these lists.

The Mandal Commission says that poverty is due to social backwardness and not due to economic backwardness. Thus it refuses to exclude the prosperous section of OBCs but extends the benefits to all.

## The Latest Trend in Reservation–Adequate Representation

Mandal's recommendation after being translated in to Law a neqw trend of protecting the most backward among the backward has set in in many Staes.The latest trend happens to be sub division of quota among OBCs in quite a few States which reflects a spasm from with in. It is not Inclusion. On the contrary it is a demand for justice on the strength of numbers. The quota thus is again subdivided between castes of the OBCs on the basis of relative backwardness. For instance in Andhra Pradesh basing on the recommendations of Anantharaman Commission, dated 23-9-1970vide G.O.Ms. No.1793 Education Department have issued orders communicating the list of *Social and Educationally Backward Classes*, concessions with regard to reservations in Educational Institutions, Services etc.

From time to time certain modifications have been made to the BCs list. At present, 93 communities have been included in the list of BCs. All these communities are divided in four groups and percentage of reservation provided is as follows:

| Groups | Communities | No. of Communities | % of Reservation |
|---|---|---|---|
| **Group A** | Aboriginal Tribes,Vimukthi Jaties. Nomadic, Semi Nomadic etc. | 38 | 7 |
| **Group B** | Vocational Groups | 20 | 10 |
| **Group C** | SCs converted to Christianity | 1 | 1 |
| **Group D** | Other Classes | 34 | 7 |

The State Cabinet approved the recommendation of the A.P. Commission for Backward Classes, which was revived by it after a Government Order (GO) was struck down last year. An ordinance followed, providing for 5 per cent reservation for Muslims under "E" category of Backward Classes without disturbing the existing quota of the A, B, C and D groups. It has kept out the creamy layer among Muslims from the purview of reservation by fixing an income ceiling of Rs. 2.5 lakhs a year.

This in effect takes the total extent of reservations 51 per cent, with the existing reservation for the Scheduled Castes, the Scheduled Tribes and the Backward Classes accounting for 46 per cent.[18]

Government of Karnataka, on the basis of the report submitted by the Karnataka Third Backward Classes Commission headed by Justice O. Chinnappa Reddy and the guidelines issued by the Supreme Court in Indra Sawhney Vs Union of India (AIR 1993 SC 477) adopted a reservation policy vide order No SWD 252 BCA 94 dated 31-01-1995 providing 32% reservation to the Other Backward Classes (OBCs), in addition to 18% reservation to Schedule Caste and Schedule Tribes, for admission to professional courses and appointments as follows: [19]

| Category I | 4% |
|---|---|
| Category II (A) | 15% |
| Category II (B) | 4% |
| Category III (A) | 4% |
| Category III (B) | 5% |
| Total | 32% |

In Tamil Nadu apart from Women's Quota of 33 % (that comes inside each of the community), the reservation followed is[20]

| Open Competition | 31 |
|---|---|
| Backward Community | 30 |
| Most Backward Community | 20 |
| Scheduled Caste | 18 (This is 15 % in Central Government) |
| Scheduled Tribe | 1 (This is 7.5 % in Central Government) |

The Most Backward Community is surely a subdivision of OBC indicating reservation with in reservation. This a new development as it was never contemplated by the Framers of the Constitution or even by Mandal Commission. In other words this is the real assertion by the unrepresented Castes on the basis of the principle of *Adequate Representation* 16(4).

### A Critique on the Recommendations

The recommendations of Mandal Commission have been under constant attack eversince they were accepted and enforced thrugh a legislation. It is argued that only by providing reservations within particular states the conditions of backward castes can not be ameliorated. This is a valid argument. This is so because the plight of the BCs throughout the country is not uniform and it varies from state to state. Factors like social, educational and economic have to be considered to identify backwardness. Caste by itself should not be a criterion. Access to educational facilities is a serious factor in determining backwardness. The depressed classes should be well trained and equipped to take advantage of the reservation benefits allocated to it. Similarly the living conditions should be satisfactory enough. None of the commissions has given stress to measures other than reservations for ameliorating the conditions of the backward class. In other words Art.15 (4) faded in to back ground and Art.16 (4) became an instant and handy recourse.

Steps should be initiated at first to improve the living conditions and access to educational facilities. If it is provided without regard to any of these factors and safeguards, perpetual conflicts between forward and backward castes, backward and most backward caste will be the eventual result.

It is beyond one's comprehension that none of the commissions have ever bothered to conduct a caste-based census to ascertain the true status of particular castes in society. It is not surprising that their recommendations are not backed by research or well documented Data. In fact some of the commissions had recommended a resurvey after a particular period had elapsed about the conditions of certain castes enjoying the benefits of reservation. Instead of doing so the government appointed new commissions and the commissions never conducted any fresh surveys. The below diagram reflects the controversial estimates of OBC population in the country:

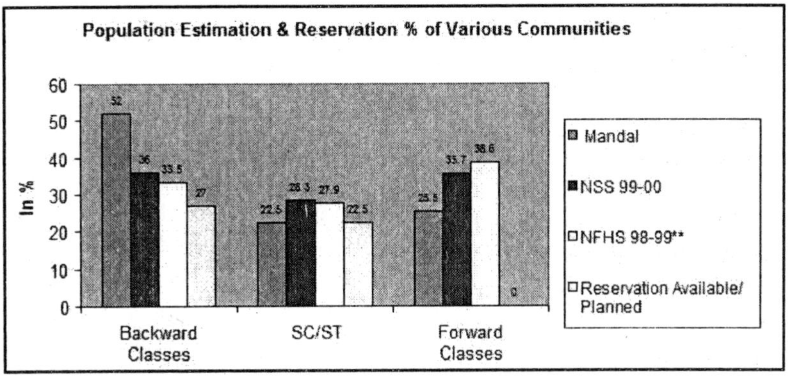


*Courtesy: www.wikipedia.org/ reservations*

The National Sample Survey puts the figure at 32%.[21] There is substantial debate over the exact number of OBC's in India, with census data compromised by partisan politics. It is generally estimated to be sizable, but lower than the figures quoted by either the Mandal Commission or and National Sample Survey. National Sample Survey's 1999-2000 round estimated around 36 per cent of the country's population is defined as belonging to the Other Backward Classes (OBC). The proportion falls to 32 per cent on excluding Muslim OBCs. A survey conducted in 1998 by National Family Health Statistics (NFHS) puts the proportion of non-Muslim OBCs as 29.8 per cent.

NFHS Survey estimated only Hindu OBC population. Total OBC population derived by assuming Muslim OBC population in same proportion as Hindu OBC population. Only SC/ST population details are collected in Indian census. The SC/ST population is 24.4%. So far as Other Backward Classes are concerned after 1931, caste data is not collected for non SC/ST caste-groups in census. Mandal commission estimated OBC population based on 1931 census as 52%. There is an ongoing controversy about the estimation logic used by Mandal commission for calculating OBC population.

Critics of the Mandal Commission argue that it is unfair to accord people special privileges on the basis of caste, even in order to redress traditional caste discrimination. They argue that those that deserve the seat through merit will be at a disadvantage. They reflect on the repercussions of unqualified candidates assuming critical positions in society (doctors, engineers, etc.). As the debate on OBC reservations spreads, a few interesting facts which raise pertinent question are already apparent. To begin with, do we have a clear idea what proportion of our population is OBC? According to the Mandal Commission (1980) it is 52 percent. According to 2001 Indian Census, out of India's population of 1,028,737,436 the Scheduled Castes comprise 166,635,700 and Scheduled Tribes 84,326,240 that is 16.2% and 8.2% respectively. There is no data on OBCs in the census. However, according to National Sample Survey's 1999-2000 round around 36 per cent of the country's population is defined as belonging to the Other Backward Classes (OBC). The proportion falls to 32 per cent on excluding Muslim OBCs. A survey conducted in 1998 by National Family Health Statistics (NFHS) puts the proportion of non-Muslim OBCs as 29.8 per cent. The NSSO data also shows that already 23.5 per cent of college seats are occupied by OBCs. That's just 8.6 per cent short of their share of population according to the same survey. Other arguments include that entrenching the separate legal status of OBCs and SC/STs will perpetuate caste differentiation and encourage competition among communities at the expense of national unity. They believe that only small new elite of educated dalits, Advasis, and OBCs benefit from reservations, and that such measures do nothing to lift the mass of people out of backwardness and poverty.

All said and done it is a fait acompli that Mandal commission's recommendations were accepted and are implemented through legislation in the entire Country. The positive Discrimination in favour of socially and educationally Backward Classes has been translated in to action substatially since Nineties. Nevertheless it will be only a feeling of complaisance if one consoles oneself that this is the End to the issue. On the contrary it is just a beginning. Recently in Jan, 2011 the Rajastan Govt. has acceded to the Demands of Gujjars to be included and assured 4% reservation in Govt. services in the State. Many more developments of this nature may be in the pipe line; one never knows.

## Notes

1. Yajur Veda – XXXVI-2.
2. Veni Samharam Natakam (Sahitya Bhandar, Meerut, 2nd Ed. 1967), Ch.III, Shloka 37.
3. Harsha, Shri (Shastri, Dr. Shiva Raj – Commentator), Naishadh Mahakvya (Sahitya Bhandar, Subhash Bazzr, Meerut, 1972), Pratham Sarg, Shlok 32.
4. Majumdar, R.C. and others: An Advanced History of India (Macmillan and Co. Ltd., St. Martin's Street, London, 1950), p. 33.
5. Dumont, Homo Hierarchicus, 43, calls it 'the opposition of pure and the impure'. Most leading authorities on the caste system have shared Dumont's view; see, for instance, F.G. Bailey, Caste and the Economic Frontier (Manchester: Manchester University Press, 1957); M. Mariott, 'Interactional and Attributional Theories of Cast Ranking', 'Interactional and Attributional Theories of Caste Ranking', Man 39, 1959, 92-107; M.N.Srinivas, Caste in Modern India and Other Essays (Bombay: Asia Publishing House, 1962), 150-1.
6. Cited in Irawati Karwe, 'What is Caste?', Economic Weekly 11, 1959, 157.
7. L .Dumont, Religion, Politics and History in India (The Hague: Hague Press, 1970).
8. "Why I am not a Hindu" by Illaiah Kanchan (Kanchan:1997:214)
9. Robin Jeffrey, The Decline of Nayar Dominance (London 1976) pp. 259-260.
10. Anirudh Prasad, Reservation, Policy and Practice in India (New Delhi 1991) p. 17.
11. CAD Vol. II pp. 1-36
12. Nehru. The First Sixty Years (ed.) Dorothy Norman. Asia Publishing House, (Bombay 1965) p. 400.
13. Sivaramaya B. 'Affirmative Action: Scheduled Castes and Scheduled Tribes. In International Perspective on Affirmative Action. USA; Rockefeller Foundation. (1984). (Shah, Ghanshyam, 1997:)
14. Consequence of Reservations in Pai Panindiker (ed.) Politics of Backwardness, New Delhi: Konark, pp. 230-244.)

15. Maheshwari, S.R.1991: The Mandal Commission and Mandalisation, New Delhi: Concept: pp.19-20, 117-118.
16. Report of the Second BCC (Appendix vii: p. 91).
17. http://planningcommission.gov.in/reports/genrep/resedu/rpresedu_a10.pdf
18. http://www.hinduonnet.com
19. http://planningcommission.gov.in/reports/genrep/resedu/rpresedu a10.pdf
20. (http://bruno.penandscale.com)
21. http://www.tribuneindia.com/2006/20060611/main2.htm

# 3

# Constitutional Provisions and the Criteria — A Review

## Equality qualified

The Irony of the fundamental right- the right to equality enshrined in Art.14 of the Constitution is that it treats all citizens as equal before law but at the same time the right is qualified with regard to some citizens as provided in Articles 15 and 16. Therefore it will be a mistake to take it for granted that it (Art.14) means absolute equality. It is very important to have an understanding of the concept of protective discrimination provided for the advancement of socially and educationally backward classes of citizens or Scheduled Caste and Scheduled Tribes as laid down in Art. 15 and Art. 16 before understanding Art. 14. The three Articles are complimentary to each other though in essence they are contradictory to one another in the true sense of the term. Great amount of time is spent in countless litigation by the Courts including Supreme Court in performing a balancing act between equality and special treatment for special classes. In other words the Supreme Court always tried to strike a balance between the three articles with out endangering the spirit of the first principle – the Equality. Let us recollect what the position of law in relation to Equality and in relation to special provisions for positive discrimination is.

*Art. 15.* says;

(1) The State shall not discriminate against any citizen on grounds only of religion, race, caste, sex, place of birth or any of them.

(2) No citizen shall, on grounds only of religion, race, caste, sex, place of birth or any of them, be subject to any disability, liability, restriction or condition with regard to—

(a) Access to shops, public restaurants, hotels and place of public entertainment; or

(b) The use of wells, tanks, bathing ghats, roads and places of public resort maintained wholly or partly out of State funds or dedicated to the use of the general public.

(3) Nothing in this article shall prevent the State from making any special provision for women and children.

(4) *Nothing in this article or in clause (2) of Article 29 shall prevent from making any special provision for the advancement of any socially and educationally backward classes of citizens or for the Scheduled Casts an the Scheduled Tribes.'*

***Art. 16*** says;

(1) There shall be equality of opportunity for all citizens in matters relating to employment or appointment to any office under the State.

(2) No citizen shall, on grounds only of religion, race, caste, sex, descent, place of birth, residence or any of them, be ineligible for, or discriminated against in respect of, any employment or office under the State.

(3) Nothing in this article shall prevent Parliament from making any law prescribing, in regard to a class or classes of employment or appointment to an office *under the Government of, or any local or other authority within, a State or Union territory, any requirement as to residence within that State or Union Territory (The italicised words were substituted by the Constitution (77th Amendment) Act, 1995, w.e.f. 17-6-1995.)* prior to such employment or appointment.

(4) Nothing in this Art shall prevent the State from making any provision for the reservation of appointments or posts in favour of any backward class of citizens which, in the opinion of the state, is not adequately represented in the services under the State.

(Clause (4a) inserted by the Constitution (77th Amendment) Act, 1995, w.e.f. 17-6-1995.)

(4A) *Nothing in this article shall prevent the State from making any provision for reservation (Substituted by Constitution (85th Amendment) Act, 2001 w.e.f. 17-6-1995) [in matters of promotion, with consequential seniority, to any class] or classes of posts in the services under the State in favour of the Scheduled Castes and the Scheduled Tribes which, in the opinion of the State, are not represented in the services the State. (Clause inserted by the Constitution (Eighty-First Amendment) Act, 2000.)*

(4B) *Nothing in this article shall prevent the State from considering any unfilled vacancies of a year which are reserved for being filled up in that year in accordance with any provision for reservation made under clause (4) or (4A) as a separate class of vacancies to be filled up in any succeeding year or years in which they are being filled up for determining the ceiling of fifty percent reservation on total number of that year.*

(5) Nothing in this article shall affect the operation of any law which provides that the incumbent of an office in connection with the affairs of any religious or denominational institution or belonging to a particular denomination.

**The Spirit of Art. 15 and 16**

Art. 15(1) is a fundamental right against discrimination on the grounds only of religion, race, caste, sex, place of birth or any of them, while clause 4 is a provision as an exception provided for the advancement of socially and educationally backward classes or Scheduled Castes and Scheduled Tribes. Similarly Art. 16 positively provides for a fundamental right for equality of opportunity in matters relating to employment or appointment to any office under the state. The protection is against discrimination on the grounds of religion, race, ca te, sex, descent, and place of birth, residence or any of them, specially with regard to employment under the state, while the same protection is guaranteed by the constitution in Art. 15 with regard to general life and liberty to live.

Art.14 which stands for Equality and Equal Protection of law is qualified in a way by these below mentioned special provisions;

(a) Art.15 (3) special provision for women and children.

(b) Art.15 (4) special provision for the advancement of any socially and educationally backward classes of citizens or for the Scheduled Casts and the Scheduled Tribes.'

(c) Art.16 (3) making any Law prescribing any requirement as to rcsidence within that State or Union Territory.

(d) Art.16 (4) making any provision for the reservation of appointments or posts in favour of any backward class of citizens not adequately represented in the services under the State.

(e) Making any provision for reservation [in matters of promotion, with consequential seniority, to any class] or classes of posts in the services under the State in favour of the Scheduled Castes and the Scheduled Tribes.

(f) considering any unfilled vacancies of a year which are reserved for being filled up in that year in accordance with any provision for reservation made under clause (4) or (4A) as a separate class of vacancies to be filled up in any succeeding year or years in which they are being filled up for determining the ceiling of fifty percent reservation on total number of that year.

(g) Operation of any law which provides that the incumbent of an office in connection with the affairs of any religious or denominational institution or any member of the governing body thereof shall be a person professing a particular religion.....

These special provisions are fetters on Art.14 as they take away the guarantee given with regard to 'equality' in the Constitution. Citizens are treated as special in some cases as above and are treated preferably. In other words they are not equal to the rest of the citizens for special reasons. Interestingly and ironically these provisions are based on the same grounds on which the discrimination is prohibited constitutionally. Hence, the basic question arises as to the relevance of the very concept of Equality and the right for equal protection of law with a contradictory and simultaneous presence of these provisions for special classes of citizens along with Art.14 in the Constitution.

It is significant to note, that Art. 15 & 16 have not defined what a backward class is or what a Scheduled Caste and Scheduled Tribe is. The underlying theme in the above two fundamental rights with their exceptions as discussed above is not only to ensure equality before law and equal protection of law, but also to provide special opportunities for those classes of citizens to be equal to obtain the benefits of these two fundamental rights in comparison with the relatively better off citizens of the country who do not suffer from the backwardness as visualized by Art. 15(4). In a case [1] it was held that preferential treatment of backward class and Scheduled Caste and Scheduled Tribes is a rational classification and is indeed necessary to make effective the equality of opportunity for all citizens which is provided by Art. 16(1).

**Supreme Court and interpretation of Art. 15 and 16**

The highest body of law in India, the Supreme Court had laid down clear and path finding principles of law by way of interpreting Articles 15 and 16 in a number of cases, with regard to scope of 15(4) and effect of 16(4) in relation to 16(1).

1. The object of this clause, added in 1951, is to bring Arts. 15 and 29 in line with Arts. 16(4), 46 and 340, and to make it constitutional for the State to reserve seats for backward classes of citizens, Scheduled Castes and Tribes, in the public educational institutions, as well as to make other special provisions as may be necessary for their advancement. The immediate object of this amendment was to override the decision in State of Madras v. Champakam, to the effect that Art. 29(2) can not be controlled by Art. 46 and that the Constitution does not intend to protect the interest of the backward classes in the matter of admission to educational institutions. Though the amendment would validate reservation for the backward classes and Scheduled Castes and Scheduled Tribes, it would not however support the distribution of seats according to communities so as to discriminate between classes who are not backward.
2. Clause (4) of Art. 15 is an exception to Cl. (1) in so far as it forbids discrimination and it is also an exception to Art. 29(2) [2]
3. However Cl. (4) is not an enabling provision to destroy the guarantee in Cl(1.). The test of backwardness is to be satisfied as discretion or good faith of the authorities cannot protect a discriminatory provision under Cl. (4).[3]
4. The special provisions permissible under Art. 15(4) are not confined to *positive action* programmes alone they would include 'reservation' in educational institutions and other walks of life (Para 116)[4].
5. Art. 15(4) envisages compensatory discrimination but it should be reasonable and consistent with ultimate public interest and the interest of society as a whole.[5]
6. Article 15(4) does not create any fundamental right in favour of a member of the classes specified in Art. 14.[6] Reservation will apply if candidates already secure the reserved number of seats by competition on their merit; it will be called in aid, only to the extent of their deficiency on the merit list.[7] However this observation and direction of Court was made ineffective as the State, subsequently, has made another provision allowing the quota despite selection of the reserved candidates on merit (we shall discus in later chapters).

## Equality Versus Classified Legislation

What the relevance of art.14 in a situation of unequal treatment perpetrated by State, is a natural question that would occur in to all reasoning minds. Article 14 "combines the English doctrine of the rule of law with the equal protection clause of the 14th Amendment"[8] is an observation aptly made by Supreme Court.

The following propositions are established by Dalmia's Case and the other cases to which it refers:

(a) Article 14 prohibits discrimination by substantive and as well as procedural laws

(b) Art. 14 forbids class legislation but does not forbid classified legislation.[9]

(c) Classification must satisfy two conditions;

  (i) it must be founded on an intelligible differentia which distinguishes persons or things that are grouped together from others, and

  (ii) there must be a rational relation betwwen the differentia and the object sought to be achieved.[10]

(d) The object by itself cannot be the basis of the classification. Shah J. says "If the two tests are satisfied it is not for the courts to see to the wisdom of the basis for the classification. It may be demonstrated that the scheme is not the best in the circumstances, and the choice of the legislature may be shown to be erroneous, but the classification will not be subject to judicial interference on these grounds[11]

The majority judgment and the concurring judgment disclose an important difference in their approach to Art. 14. Alagiriswami J. repeated the words of Bachawat J. that "Article 14 does not require a fanatical approach"[12]. It is submitted that this view is clearly right and its repudiation by Bhagwati J: in the following passage is clearly wrong. He said:

"But the point we wish to make, and we cannot over emphasise it, that Art. 14 enunciates a vital principle which lies at the core of our republicanism and shines like a beacon light pointing towards the goal of classless egalitarian socio-economic order which we promised to build ourselves when we made a tryst with destiny on that fateful day when we adopted our constitution. If we have to choose between fanatical devotion to this great principle of equality and feeble allegiance to it, we would unhesitatingly prefer to err on the side of the former as against the latter. We should be breaking our faith with this high and noble principle which is pregnant with hope for the common man and which is at once a goal as well as a pursuit, for history shows that it is by insidious encroachments made in the name of pragmatism and expediency that freedom and liberty are gradually but imperceptibly eroded and we should not allow the same fate to overtake equality and egalitarianism in the name of expediency and practical convenience.*"*[13]

The essence of the majority judgment is that article 14 should not be given a fanatical heed as classified legislation is permitted by the constitution. "The equal protection of the laws" does not mean the protection for all. Here doctrine of classification gives significance to the guarantee of the equal protection of the laws. Nevertheless as the distinction is to be made for the purpose of making a law, the crucial test for a permissible classification.It is worth referring the U.S. Supreme Court decision that "equal protection of the laws" in the U.S. Constitution meant the protection of equal laws that operate alike on all persons under like circumstances[14]. The theory of classification adopted by the American Law was a necessary consequence of the concept underlying the equality clause.

The opinion of Bhagawati. J. that "Art. 14... shines like a beacon light pointing towards the goal of classless egalitarian socio-economic order which we promised to build for ourselves when we made a tryst with destiny... when we adopted our Constitution" is not convincing factually. The legislative history (i) of the property provisions of the Constitution; (ii) of fundamental rights and the limitations, to which those rights were to be subject, and (iii) of the separation of justifiable fundamental rights from non-justifiable directive principles of state policy, shows serious disagreements between members of the Constituent Assemblywith regard to social and economic objectives, and the compromising solutions.

Althoug classless egalitarian socio-economic order was a goal of some political parties the Constitution of India no more enacted that goal. This was well brought out by Shastri C.J. in his classic formulation of the test of reasonablenes in which he reminded judges of "the sobering reflection that the Constitution is meant not only for people of their own way of thinking, but for all..."[15]. Similarly the words "classless egalitarian 0socio-economic order" convey no precise meaning; and the word "classless" is singularly inept with reference to Art. 14, which has been consistently interpreted to mean that persons, equally with things and places, can be put into classes[16] – on which the whole theory of classification is based. Finally, several provisions of the Constitution clearly recognize classes. Therefore it is undisputed in Indian jurisprudence that classified legislation is a sine qua non for equality as enshrined in art.14.

The concept of classified legislation was very carefully embedded in Art.15(4) so that it can not displace Art.14 itself. It is important to recollect the words of Dr. Ambedkar on this issue of qualification for classification. He said;

> *"...they (the honorable Members) will find that the view of those who believe and hold that there shall be equality of opportunity, has been embodied in sub-clause (1) of Article 10. It is a generic principle. At the same time,... we had to reconcile this formula with the demand made by certain communities that the administration which has now – for historical reasons – been controlled by one community or a few communities, that situation should disappear and that the others also must have an opportunity of getting into the public services. Supposing we were to concede in full the demand of those communities who have not been so far employed in the public services to the fullest extent, what would really happen is, we shall be completely destroying the first proposition upon which we are all agreed. Namely, that there shall be an equality of opportunity. Therefore the seats to be reserved, if the reservation is to be consistent with sub-clause (1) of Article 10, must be confined to a minority of seats. It is then only that the first principle could find its place in the Constitution and effective in operation.... I am sure the honorable Members will agree that unless you use comes, such qualifying phrase, as 'backward' the exception made in favour of reservation will ultimately eat up the rule altogether. Nothing of the rule will remain. That I think,... is the justification why the Drafting Committee undertook... the responsibility of introducing the word 'backward' which, I admit, did not originally find a place in the fundamental right in the way in which it was passed by this Assembly."* [17]

The word 'backward' is a qualification for classified legislation or else 'the exception made in favour of reservation will ultimately eat up the rule altogether. Nothing of the rule will remain.'

The object of (the 1st) Amendment was to bring Arts. 15 and 29 in line with Art. 16(4)[18]." However, Art. 16(4) refers to "backward class of citizens", whereas Art. 15(4) refer to "socially and educationally backward class of citizens or for Sch. Castes and Sch. Tribes." The difference between Art. 15(4) and Art. 16(4) is striking, but, as will appear hereafter, the words "backward classes" have been judicially interpreted as covering the same classes as are referred to in Art. 15(4).

**Does Classified Legislation Secure Equal Protection?**

All said and done the law does not provide for a protection against the inequalities within the class of citizens, say for the purpose of our subject, the OBCs. As we discussed earlier only a few within the class are taking the maximum and best of the scheme of protective discrimination to the neglect of majority. Then where is the provision of 'Equal Protection of Law' in force, which is actually the genesis for the very thought of Classified legislation? Does it not apply to a situation of this nature? These questions are very important and need to be answered. Or else, firstly the 'Class' becomes meaningless as there remain 'classes' within class forever remaining unequal and, secondly as Dr.Ambedkar rightly observed 'the exception made in favour of reservation will ultimately eat up the rule (of equality) altogether.' The second fall out has already begun manifesting itself as we have observed in the recruitments held in the State.

The majority judgment in favour of Art.15 (4) read with 16(4) upholding classified legislation does not appear to have pondered over this aspect. Here, a reference to C.A. Rajendran v. Union[19] is essential where it was unanimously held by a Constitution Bench of the Supreme Court that Art. 16(4) confer a discretionary power. The Court held that Art. 16(4) did not confer a fundamental right but only a discretionary power on the State[20]. However the State never hesitated in making use of that discretionary power though it had other recourses more acceptable.

The language of Art. 15(4) shows, first, that "reservations" as such, are not expressly mentioned in Art. 15(4), but fall within the wide expression "special provisions for the advancement of..." It is overlooked that "special provisions" include every kind of assistance which can be given to backward classes and Schedule Castes and Schedule Tribes to make them stand on their feet or, as is commonly said "to bring them into the mainstream of Indian life." Illustratively, those measures would include grant of land, either free or on nominal rent, the supply of seeds and agricultural implements, the supply of expert advice as to how to improve the yield of land, provisions for marketing the produce and the like. Those measures would also include schemes for training the backward classes to pursue trades or small businesses which would fetch a reasonable income. In relation to education itself, under Art.

15(4) the State can give free education, free text books, free uniforms and a subsistence allowance, merit scholarships and the like, starting from the stage of primary education and going right up to University and post-graduate education.

**What are Socially and Educationally Backward Classes?**

It is interesting to note that the Constitution of India has neither mentioned what a backward caste is nor did it define what a backward class is. Though Art. 15(4) makes a provision that "Nothing in this Art. (15) or in Clause (2) of Art. 29 shall prevent the State from making any special provision for the advancement of any socially and educationally backward classes of citizens or for the Scheduled Caste and the Scheduled Tribes", no criteria has been avowedly laid down either in Art 16(4) or in Arti 340. Article 340 confers the powers of appointing a commission to investigate the conditions of backward classes. On the other hand the Constitution is certain as to what Scheduled Castes and Scheduled Tribes are.

In 1935 the British passed The Government of India Act 1935, designed to givc Indian provinces greater self-rule and set up a national federal structure. Reservation of seats for the Depressed Classes was incorporated into the act, which came into force in 1937. The Act brought the term "Scheduled Castes" into use, and defined the group as including "such castes, races or tribes or parts of groups within castes, races or tribes, which appear to His Majesty in Council to correspond to the classes of persons formerly known as the 'Depressed Classes', as His Majesty in Council may prefer." This discretionary definition was clarified in *The Government of India (Scheduled Castes) Order, 1936* which contained a list, or Schedule, of castes throughout the British administered provinces.

After independence, the Constituent Assembly continued the prevailing definition of Scheduled Castes and Tribes, and gave (via articles 341 & 342) the President of India and Governors of states, the responsibility to compile a full listing of castes and tribes, and also the power to edit it later as required. The actual complete listing of castes and tribes was made via two orders *The Constitution (Scheduled Castes) Order, 1950*, and *The Constitution (Scheduled Tribes) Order, 1950* respectively.

Therefore it is clear that Scheduled Castes and Scheduled Tribes are different from socially and educationally Backward Classes

**The Backward Classes Commission**

In exercise of the power conferred by Art. 340, read with the observations made by the 9-Judges Bench in *Indra Sahani's case* the Parliament has enacted the National Commission for Backward Classes Act, 1993*)* for the identification of the backward classes referred to in Cl. (4) of Art. 16, and to make special provisions relating to such backward classes and their reservations for appointment or posts under the Government of India.

The main provisions of this Act are .....

1. The constitution of this National Commission is left to the Central Government [s.3 (1)].
2. The initial identification is also left to the Central Government by the words "such backward classes of citizens other than the Scheduled Castes and Scheduled Tribes as may be specified by the Central Government"[s.2 (a)]. But applications for inclusion of other classes in the lists so made by the Central Government and the hearing of complaints relating to such lists shall be the function of the Commission and though its function is advisory, its advice shall ordinarily be binding upon the Central Government [s. 9], and when the Government does not accept any such advice, the Government has to report such reasons to Parliament [s. 15]
3. Lists of backward classes as aforesaid, shall be revised by the Central Government at the expiration of every ten years from the date of commencement of this Act, i.e., 1-2-1993, and such revision shall be made by the Government in consultation with the Commission [s. 11]

**The Test for Backwardness or Classes**

Hon'ble Supreme Court laid down guide lines to identify backwardness in many of its judgements.It is to be noted that while Art. 16(4) simply mention any backward class of citizens', Art. 15(4) the class must be both socially and educationally backward.[21] Thus, mere educational backwardness is not enough if the class is not socially also backward, and vice versa.

The Scheduled Castes and Tribes being mentioned together with 'backward classes' in Art. 15(4), it is evident that by the expression 'backward classes' the Clause refers to classes of persons other than the members of the Scheduled Castes and Scheduled Tribes.[22] The fact that the Scheduled Castes can be enumerated by a Presidential Order and the fact that for members of the Scheduled Castes and Scheduled Tribes there is provision for reservation in the Constitution while there is no such reservation for backward classes, shows that the problem of backward classes lesser serious than SCs and STs and applying objective tests determination of classes can be done.[23]

Backwardness is not relative because any classes who are backward in relation to the most advanced classes of the society should be included in it. If such tests were to be applied, there would be several layers or strata of backward classes and each one of them might claim to be classified as a backward class. In other words, Art. 15(4) would not justify any further classification within backward class, as 'backward' and 'more backward' classes[24] The social backwardness, it was observed, which results from poverty is likely to be aggravated by considerations of caste but still the classification cannot be purely on caste,[25] for example communities such as the Muslims or the Christians are not castes.

In Chitralekha case it aws again said that Caste is, of course, one of the relevant circumstances in determining backwardness, but if a group has been classified as backward on other relevant considerations.[26] Similarly in Rjendran case it is observed that classification is not invalid for omission of caste or, on the ground that class is described by caste.[27] If, however, the criterion virtually amounts to a preference on the ground of caste alone, it would not be protected by C.(4) and would be hit by Cl.(1).[28]

If a caste, completely found to be socially and educationally backward, the inclusion in the list of backward classes would not be violative Art. 15(4), even though a few individuals in that case may be socially and educationally advanced in comparision to the resr of the caste.[29]

As there is no definition of the expression in the Constitution, the determination of which classes are 'backward' is left to the 'state' It cannot be contended that this power rests solely with the President, acting under Art. 340.[30] This power of the State, however, it is said, is subject to judicial review.[31] It is for State to act according to the advice of the Backward Classes Commission. It is very conroversial when the Court again qualified by saying that findings of such Commission will not be invalid just because the Commission has used its personal knowledge for the purpose of charactering a group as backward.[32] This seems to have given arbitrary powers to Commission to include any caste by considerations extraneous to legitimacy.

It is also a welcome direction from the Supreme Court when it also has observed that Government should not act on the assumption that once a class is considered backward it should continue to be backward for eternity as once a class appears to have reached a stage of progress no further protection is necessary and the State must review and revise the list of Backward Classes.[33]

**Varied Criteria**

It is important to not that even after well laid guidelenes by SupremeCourt it has become a practice to condone various criteria based on occupation and high school standards. For example, the following cases are worth referring with regard to the criteria laid down by Court:

(a) In *Balaji* case (1963)[34] – average of student population in last three high school classes was considered for education

(b) In *Chitralekha* case (1964)[35]– occupation cum income criteria was emphasized by the Court

(c) In *P. Rajenddran* case (1968)[36]– caste was recognized as the factor for identification

(d) In *Minor A. Peeriakaruppan* case (1971)[37] also again it was caste that stood the test

(e) In *Balaram* case (1972)[38] it was again the average student population in Standards 10th and 11th held as indicator

(f) In *Janaki Prasad Parimoo* case (1973)[39] was indicators i.e. occupation, commumity (artisans) and residence were held relevent for ideentfication

(g) Surpringly in *Pradip Tandon* case (1975)[40] was the region- a more secular denominator that was held to be important.

(h) In *KS Jayashree* case (1976)[41] gain education levels up to matriculation or Standard 10 were found material.

(i) In *P. Sagar* case (1968)[42] owever, the court rejected criteria based solely on caste

The above are some of the important observations made by the apex court that would help us to acquire an understanding as to could be a better yardstick to identify the beneficiaries in matters of affirmative action towards Backward classes are. Still in can be said that the criteria is dynamic for one reason or the other. It surely hints at the lack of clarity and precision with regard to basic concept of backwardness. Let us again recollect what Dr.Ambedkar said in this context, *"a backward community is a community that is backward in the opinion of the Government". (cited earlier)*

## A Critique

Determination of backward class has been left to the discretion of the State primarily because the indices that define backwardness are actually variables. It is practically impossible to lay down a hard and fast rule eliminating any scope to include the dynamic nature of society. Or else backwardness would become an instrument of political blackmail in the event of a demographically restricted criteria roping in specific castes. It would be a chronic malady that people would cling on to backwardness and would never try to achieve social and economic mobility upwards. Social backwardness is to be understood in consonance with economic backwardness. For instance a caste which is socially regarded as twice borne may actually be economically backward whereas the converse juxtaposition is practically impossible to imagine. Looking into the unequal structure of Indian caste society the once born have never been in the possession of the means of production as they were ascribed only menial and service related occupations in the entire history. Hence it is not entirely incorrect to argue that the social status of caste is to be taken into account in addition to economic backwardness. It should, all the same, be borne in mind that the intention of article 15(4) or 16(4) is not to make class legislation. The aim is to make classified legislation by an objective criterion with regard to social and educational backwardness. The articles do not mention the word caste whereby it is beyond any confusion that the goal of the legislation is not to make legislation in favour of a particular caste. On the contrary it is the class which has to be the yardstick in determining economic and social backwardness. Because all classes are castes but all castes are not classes.

A positive law has to be objective in nature, devoid of any arbitrariness. Law should be legitimate endowed with the spirit of natural justice in consonance with rule of Law. The framers of the constitution and successive parliaments have taken enough care and precaution to ensure that articles 15-(4) and 16(4) would only remain as exception and not become rules. Rules may be exempted but exemptions cannot be allowed to become rules. Unfortunately the trend in Indian democracy is towards achieving the latter at the expense of the former. This is the root of the social anomay and pertinent reason for caste politics. Unfortunately the exceptions in clauses (4) to article 15 and 16 have become almost fundamental rights in as much as the protection guaranteed against them and the compliance of the same is concerned. Secondly there is no state machinery worth the cause, evolved as yet which can monitor the effects of the protective discrimination given to backward classes and assess whether all classified target groups have taken advantage of the provision or is it only a minority that has benefited and still continue to do so not withstanding the fact that social backwardness no longer remains in its favour. In short, the social and educational backwardness is often sustained or perpetrated rather than eliminated, ironically. It is also a fact that among this classified group there is a vast majority with typical identities that have not tasted the fruits of concessions as yet. Here comes the concept of 'creamy' layer which we will discuss in the later part of this work.

The judicial pronouncements on various issues connected with protective discrimination or reservation in jobs under the government are often eclipsed with contradiction and inconsistency. In some cases, the Supreme Court, as we have seen in the earlier paragraphs, come up with views in favour of income as a criteria for *preferential treatment* whereas in some other sectarian identities such as caste, region has been made a point of recognition. Often the Supreme Court kept changing the criteria of identification from case to case, thereby creating an area of confusion and uncertainty to be grappled with. Primarily this is due to the fact that the constitution of India has not clearly spelt out the grounds for identification of special class of citizens as *backward*. For instance, in *Rajendran's case* the Supreme Court equates the expression of backward classes in article 16(4) as synonym to that in article 15(4), whereas the intention of the legislature behind both these articles seems to be absolutely different. In article 15(4) it is socially educationally backward classes and their advancement which is the concern while in article 16(4) it is the emphatic inclusion in empowerment under government. Here, it is quite clear that article 15(4) is a pre-cursor to article 16(4) for the simple reason that without special provision for advancement (article 15(4) the question of inclusion for adequate representation is unrealistic. The clarity of intention of the legislature here is a matter of perception and often a debate. Here it is worth recollecting what Dr. Ambedkar has said with regard to backward class in his own words "Backward class is that class what the government says it is", however it is irony that the government has never said what the backward class is.

The subordinate legislation had its way in thwarting the spirit of the concept of creamy layer, either by design or at the command of the political super bosses. This leaves us at cross roads at understanding the very criteria for affirmative action in of favour of few at the cost of many. After 1931 no survey was conducted as to the demographic composition of social and economic back ward ness. It is quite understandable that even the judiciary was all at sea in arriving at conclusions with regard to the very criteria. There are a plethora of cases with conflicting findings and directions. Affirmative action for the deprived is a lofty ideal. But it remains to be answered whether the law makers could guarantee the identification and protection of the real beneficiaries or the exclusion of the so called Cream from the scheme. In the absence of a satisfactory answer we will be left with none but the conclusion that the concept of equality is compromised only for the sake of political expediencies in a democracy that survives on traditional idioms of caste.

## Notes

1. Indra Sawhney vs. Union of India, A.I.R. 1993 S.C. 477 (paras 57, 58, 94a, 292, 396, 399-400).
2. CF. Balaji M.R. v. State of Mysore, AIR 1963 SC 649 : 1963 Supp. (1) SCR 439; casebook, pp. 124-25, 130.
3. State of A.P. v. Sagar P., (1968) 2 SCJ 778: AIR 1968 SC 1379 : 1968 (3)SCR 595.
4. Cf. Indra v. Union of India, AIR 1993 SC 477: 1992 supp. (3 SCC 217-9 Judges; Ajay Kumar Singh v. State of Bihar, (1994) 4 SCC 401 (para 4): 1994 (2 JT 662—3 Judges.
5. Preeti srivastava (Dr) v. state of M.P. (1999)7 SCC 120 (paras 13,15 and 62): AIR 1999 SC 2894.
6. Anil v. Dean Govt. Medical College, Nagpur AIR 1985 Bom. 153 (para 6): Partha S.A. v. State of Mysore, AIR 1961 Mys. 220.
7. Anil v. Dean Govt. Medical College, Nagpur, AIR 1985 Bom. 153 (para 6); Partha SA. v. State of Mysore, AIR 1961 Mys. 220.
8. Per Das C.J. in Basheshar Nath v. C.I.T. Delhi and Rajasthan (1959) Supp. 1 S.C.R. 528, 551, ('59) A.SC. 149.
9. (1959) S.C.R. at p. 296. In D.D. Joshi v. Union ('83) A.SC. 420, 425 (per Desai J. : "It is well settled and not controverted on behalf of the respondent that Art. 14 forbids class legislation but does not forbid classification for the purpose of legislation").
10. ibid. pp. 296-7 See per Das J. in Anwar Ali Sarkar's case, (1952) S.C.R. at pp. 340-41; foll. In Om Prakash v. J. & K. ('81) A.SC. 1001, (held, that the allotment of risin, contrary to the industrial policy, to some allottees violated Art. 14.) and D.D. Joshi v. Union ('83) A.SC. 420, 425, where the test in proposition © of para 9.33 of Constitutional Law of India (H.M. Seervai) page No. 454,
11. Per Das J. in Anwar Ali Sarkar's Case, Supra, (1952) S.C.R. at p. 341; for his application of the principle to the case before him see para 9.103,

R. Prasad Mohan Lal v. I.T.A. Tribunal ('70) A.A. 620, 638-9; Jalan Trading Co. V. Mill Mzdoor Sabha ('67) A.S.C. 691, para 27.)".

12. 1974 (2) S.C.C. supra at 424.
13. *Ibid.* pp. 435-36.
14. Anwar Ali Sarkar's Case, (1952) S.C.R. 284, 294, ('52) A. SC.75.
15. Madras v. V. G. Row (1952) S.C.R. 596, 607, ('52). SC. 196.
16. See, for example, Art. 15(4); (page A-7): Art. 25(2) (b): (page A-10); the privileges conferred on Rulers of Indian Stats by Arts. 291, 362-63 (Arts. 291 and 362 were repealed in 1971).
17. C.A.D. Vol. 7, pp. 701-02.
18. M.R. Balaji v. Mysore (1963) 1 S.C.R. 439, 455, ('63) A.SC. 649, 657.
19. (16 1968) 1 S.C.R. 72. ('65) A.SC 507. Ramaswami J. delivered the judgment for himsel. Wanchoo C.J., Bachawat, Mitter and Hegde JJ.
20. See Para 9.384 of Constitutional Law of India, H.M.Seervai, (page No. 672) where the case is discussed.
21. Partap Singh v. Hardam Singh, AIR 1 UJSC 82 (paras 3, 6) AIR 1985 SC 1695 : (1985) 4 SCC 197.
22. Cf. Indra v. Union of India, AIR 1993 SC 477 : 1992 Sup. (3) SCC 217-9
23. See the judgements of the Supreme Court Constitution Bench in Vasanth Kumar, K.C. v. State of Karnataka, AIR 1985 SC 1495 : 1985 Sup. SCC 714.
24. Partap Singh v. Hardam Singh, (1986) 1 UJSC82 (paras 3, 6) : AIR 1985 SC 1695 : (1985) 4SCC 197;Tulsamma V.V. Seash Reddi, (1977) UJSC 135n.
25. Balaji M.R. v. State of Mysore, AIR 1963 SC 649 (663) : 1963 Supp. (1) SCR 439; Jayasree K.S. v. State of Kerala, AIR 1976 SC 2381: (1976) 3 SCC 730.
26. Chitralekha R.V. State of Mysore, AIR 1964 SC 1823 (1827) : 1964 (6) SCR 368.
27. Rajendran P.V. State of Madras, AIR 1968SC 1012:1968(2)SCR786.[The entire topic of Backward Classes is before the Supreme Court in the cases relating to the Mandal Commission Report.]
28. Balaji M.R. v. State of Mysore, AIR 1963 SC 649 (663) : 1963 Supp. (1) SCR 439.
29. State of A.P. v. BalaramU.S.V., AIR 1972 SC 1375 (1395, 1399) : (1972) 1 SCC 660.
30. Chitralekha v. University of Mysore, AIR 1964 SC 1823 : 1964 (6) SCR 368.

# 4

# The Politics of Vote Banks

Law making in modern world is a democratic exercise, unlike the kind made earlier. The majority rule is just not for the sake of majority alone. On the contrary, the government is guided by the principles of equity, justice and inclusion so as to look after the interests of minority as well. The fundamental rights and the directive Principles of state policy in the Constitution of India are a magnificent example of a welfare state whereby the freedom, dignity and well being of a common citizen are focused and safeguarded through constitutional guarantees. However, these guarantees can not, in normal course, guarantee equality of opportunity or protection against exploitation in the absence of a viable legal framework. It is to support the less privileged of the society to enable themselves to stand up to their relatively better placed counterparts in society (the upper classes or castes). Hence the need for a protective discrimination in favour of the underprivileged classes. The emergence of an independent India in 1947 had carried along with it the liberal democratic ethos and spirit of the British. It is a great fortune of India as a nation that it was reborn as a secular and democratic republic with political unity across the country notwithstanding the 200 years colonial rule. It will not be an exaggeration to say that the parliamentary culture of England and the liberal democratic traditions of the West have successfully found their way into the mind set of freedom fighters who incidentally happened to be the framers of the great work. The Constitution of India. Jawaharlal Nehru the first Prime Minister had aptly described "at the stroke of midnight hour when the whole world sleeps, India awakes to freedom and liberty" (*speech of Nehru in the parliament Central hall immediately after India was declared independent on 15th Aug,1947* ) A free India paved the way for freedom of thought and expression as a fundamental rights. Universal franchise and adult suffrage in India made the opinion and choice of the people essential and indispensable for the State to have a popular government. In other words, the voice of the underprivileged and depressed sections of the society had its say, in making legislation for the welfare of everyone in place of a few dominant sections which was characteristic of preindependent India.

**The Post Independence Scenario of Legislation on Reservation**

Soon after independence, the draft constitution separated a special part consisting of articles 293-301 in part XVI and it was entitled "Special Provisions for Minorities". Interestingly, the same was eventually changed in content and perspective, when the constitution was approved in the year 1950. Initially, the approved constitution did not have any special provisions for electoral representation on a communal basis. However, in 1949 on 25th May, the then Home Minister Sardar Patel declared that though there would be no discrimination on communal basis, temporary schemes for scheduled castes and tribes would be incorporated[1]. Articles 293 to 301 concerning minorities were renamed as "Special Provisions related to Special Classes."[2]

The scheduled castes and scheduled tribes were provided reservations in the legislatures while, for backward classes, Commissions were provided for. The original constitution of 1950 considered that communal representation in legislatures was detrimental to the very system, as it would be nothing but sharing power on the basis of caste, creed or religion, while universal suffrage for all the seats in the legislative bodies is the most desirable thing[3]. Whether the decision of the framers of the constitution in this regard was backed by reason or not, it happened to be the majority decision of the assembly. It was also thought that the constitution being firm and secular, there would be no place for any kind of political, communal representation even at the level of Panchayati Raj Institutions[4]. Nevertheless it is a fact that the reservation of seats for scheduled castes and tribes, both in states and in parliament of India have been extended in every decade, right from inception of constitution[5]. It is a paradox that though political representation was on the basis of communal basis, was detested initially and officially, it has become a historical fact that the constitution and the people of India have to endure such an unavoidable contingency; it is after all, the social fabric of India, it appears, that calls for classification in one form or the other, be it on communal basis or caste basis. Because, the concept of equality cannot be truly realized in the absence of such system of representation.

We observe a marked change in the schema of things. Earlier, the issue was minorities and their representation in legislative bodies and the employment under the government sector was in issue, which later totally changed into a different paradigm where vulnerable groups, classes or under-privileged sections of the society have become more important. The Draft Constitution of October 1947 and that of February 1948 bears significance in this regard, which finally culminated into a system of protection in the provisions for equality.[6] There was a consensus for affirmative action for women and children and depressed classes. Equally, the need for non-discriminative approach in public employment was not a subject of controversy.[7] Reservations in public employment was an issue which was not only advocated for depressed classes but also for minorities. It is understandable that the Advisory Committee opined in favour of classes not adequately representing in public services as target groups for affirmative action. Equally the judgement as to the adequacy of representation was not reserved with the union but, was left to the opinion of the States.[8] This is more a precaution or a pre-arrangement so that the State can exercise control in checking the communal or sectarian forces from taking undue advantage of the provisions. But unfortunately, this cleavage given to the States surely played havoc in the latter years of free India as, we witnessed tremendous agitation in the name of inadaquate representation and eventually the States have yielded to the pressure for obvious political considerations.

The fears of minorities however were allayed by reassurance that 'classes' included *minorities* also.[9] No special changes occurred while the initial discussion in a Constituent Assembly took place on 30th April, 1947[10]. The partition of India had an impact on the Draft Constitution of 1947 for, a change was made in the concept of reservations with a qualification of 'backward' classes of citizens. It is very clear that the thrust is now on the advancement of the disadvantaged for which the so-called affirmative action is contemplated. The Draft Constitution received a suggestion that the term 'backward' should be further qualified by the words 'economical and cultural'; but this was considered unnecessary.[11] On 30th November, 1948, the Constituent Assembly discussed extensively on provisions related to public employment[12]. There was intense debate where views were expressed that affirmative action would result in promotion of inefficiency and exclusion of certain minorities like Muslims and Christians. Dr. Ambedkar in his view expressed satisfaction with a criteria of 'backwardness' provided, the same was not further qualified by other adjectival limitations[13]. Finally with Ambedkar's satisfaction, article 6 was agreed upon to constitute affirmative action related provisions with regard to public employment[14]. At this stage, it would be hasty to conclude that the controversies over protective discrimination died down. As the history stands witness, the two articles 15 and 16, have been the most debated and challenged provisions of the Constitution, often interpreted in different ways by the judiciary.

T.T. Krishnamachari was not wrong to express an opinion that these provisions of affirmative action would become a paradise for lawyers[15].

The Supreme Court as the custodian of Constitution in the country has always been faced with the question of safeguarding the Constitution. Surely, the affirmative action is one such impediment on the path to Right to Equality, a fundamental right guaranteed in the Constitution. The Apex Court was concerned in two ways, firstly with an apprehension that the casteism would entrench into the system making backwardness an advantage for self-advancement, destroying the secular spirit of Constitution, and secondly, excessive reservations or wrong target groups misusing the reservations might defeat the very purpose of affirmative action. These concerns of the Supreme Court logically culminated into a decision of restricting the affirmative action only to non-creamy layer[16]. Surely Supreme Court played the role of problem solver in its magnificent judgement in the case of Indira Sahni Vs. Union of India[17]. With this judgement, it was made amply clear that caste could not be the only basis for identifying the backward classes and the reservation should not exceed 50%, while equally excluding the creamy-layer amongst the backward classes from availing of the benefits[18].

**Is the Intention of Legislation Secular?**

The Constitution permitted reservations in education and the Government. services not just for the SCs and STs but also for another stake holder group called the Other Backward Classes (OBCs). Although this terminology is loosely employed by the Union and State Governments, in a sense, the Backward Classes (BCs) comprise the SCs and STs while the OBCs are the other backward segments of society who are not SCs or STs but claim to be backward. The OBCs were originally recognized as deserving beneficiaries because certain caste groups were treated as 'backward' in the princely and other states in southern India. But the OBC campaign was bound to gallop and was appropriated by various castes and communities as the first few decades of independent India unraveled. But who were the Other Backward Classes is a question answered differently by different States?[19] Various Sates defined the OBCs in their own way – no less with an eye on the vote bank. At the level of the Union, the formal quest for an answer to this question led to the appointment of the Kaka Kalelkar Committee, which reported in

1955[20] and the Bindheshwari Prasad Mandal Commission (discussed in earlier chapter) of 1979-1980[21]. The former identified about a third of India's population and the latter identified about fifty two per cent of India's population as backward. The accuracy of this estimate was itself, the subject of intense debate. The Mandal Commission relied up on the Census of 1931 and projected its calculations on an assumed rate of demographic growth. Prime Ministers Jawaharlal Nehru, Indira Gandhi and Rajiv Gandhi were, as a matter of fact, in favour of reservations for OBCs in the Central Government. The Congress party was content in extending its quota support to the SCs and STs.

But in 1990, the decision to enforce Mandal's recommendations led to serious riots. Although seemingly grounded in social and economic deprivations, the OBC reservations were caste-based. It is here that a fallacy emerged. The basis of identifying a 'backward' class is that it is (a) disadvantaged and, (b) discriminated against. The SCs and STs meet both criteria. The criterion of 'disadvantaged' is shared by not only by SCs, STs and OBCs but millions of others – who do not qualify as SC, ST and OBCs. Their deprivation is no less, their prospects no less bleak, if not worse. The remaining factor is that of caste. In the case of the SCs and STs, atrocities are committed against them and are discriminated against. But this is not entirely true in the case of the OBCs. There is little reason to equate the SCs and STs with the OBCs who are not discriminated against like the SCs and STs or disadvantaged to the extent that many other Indians, who are not OBCs are. The OBC campaign, as many critiques feel, is a political movement to capture preferential power in a preferential way. Even the Mandal Commission makes no bones about it, when it uses the phrase 'empowerment of Backward Classes'. It is surrounded by politics all the way. This is evident from the campaign of 2007 of the OBC Gujjars, who want to become STs because they will then be able to fight for political representation in the State Legislative Assembly and Parliament – a benefit worth fighting for. Critiques also say that the political campaign of the OBCs is not necessarily based on a demand for justice. Rather, it is a campaign to grab seats, jobs and political power. This takes some of the moral, shine off the campaign, because if the OBCs are disadvantaged, so are the other deprived and poor, who should also get help and support and quota reservations. All need support to develop capacities so that disadvantage is not passed on generations along with sufferings. All poor need help; not everyone can get quota reservations. Affirmative action controversies in India are not really about helpful programmes for the disadvantaged but about quotas. For the SCs and

STs, quotas may be necessary but need to be scaled down. For the OBCs, the case of quotas needs to be tested with rigour and strict scrutiny based on compelling reasons. [22]

One of the serious grievances of these groups was that they felt 'disempowered' which added a third consideration to determine backwardness, namely – (i) disadvantages; (ii) discrimination; and, further, (iii) disempowerment. The last of this consideration was also shared by others. It could not be a factor by itself. It had to be a part of the other two factors. But, there was a cutting edge to the argument of disempowerment. In this context, empowerment meant not just political empowerment in the various legislatures of India. Real power also lay with the bureaucracy – that is the civil services. It was the dream of the BCs and OBCs to actually occupy the chairs of all powerful districts as well as the chairs of those in the Secretariat who ran the country in conjunction with the political bosses in power. The aspiration is not unfounded looking into the numerical strength of the SEBC. As it was seen, the campaign was a success with unstoppable spirit of OBCs.

It is worthwhile to mention some of the important aspects of OBC reservation as vindicated in the speech of the then Prime Minister Mr. Vishwanath Pratap Singh[23]

> "After all, if you take the strength of the whole of the government employees as a proportion of the population, it will be (1% - 1¹/2. I do not know exactly, it may be less than 1%. We are under no illusion that this 1% of the population or a fraction of it, will resolve the economic problems of the whole section of 52%. No. we consciously want to give them a position in the decision-making of the country, a share in the power structure. We talk about merit. What is the merit of the system itself? That the section which has 52% of the population gets 12.55% in government employment? What is the merit of the system? That is Class I employees of the government, it gets only 4.69%, for 52% of the population; in decision- making at the top echelons, it is not even one-tenth of the population of the country; in the power structure, it is hardly 4.69%. I want to challenge first the merit of the system itself before we come and question on the merit, whether on merit to reject this individual or that. And we want to change the structure basically, consciously, with open eyes. And I know when changing the structure comes, there will be resistance.................

In the social order that we have economic order, also follows the contours, more or less, but not exactly, in the lower sections of the social order. In that what are a child's opportunities? For his livelihood, he is supposed to be with his family. While these people work we have the leisure of debating here. They generate the luxuries for the upper sections, their educational opportunities. They generate the wealth in the way they can have better education. And those who generate this merit in the upper sections are asked, "Well, what is your merit to compete?"

That is what I mean by the merit of the system, itself. We have to debate the merits and demerits of the system itself, when we come to the issue of purely 'merit', that merit is being jeopardized by these reservations?....What I am saying is the present socio-economic system is such that it is adversely biased towards the weaker section. And as this is adversely biased against the weaker sections then asking these weaker section to compete equally with the other sections which are better off is something defective in the system itself. Therefore, I am questioning the merit of the present system, the status quo that we have.

What I want to convey is that treating unequals as equals is the greatest injustice.

And, correction of this injustice is very important and that is what I want to convey. Here, the National Front government's commitment for not only change of Government, but also change of the social order, is something of great significance to all of us. Merely making programmes of economic benefit, sections of the society will not do. Now the point is, so far as Mandal Commission is concerned, it has spoken of socially and educationally backward. Therefore, it has a rationale not to be confined to a particular religion because it says "socially and educationally backward".

Therefore, the rationale to be confined only to Hindus is not there. It is not confined to the caste system of Hindus. "socially and educationally backward" is applicable to India. Therefore, in the very first phase, acceptance has been given to even non-Hindu faiths which have been identified as "backward" in the various States. Therefore, we have a very clear view that the Mandal Commission is not a Commission only applying to one religion. It is covering a very vast sector. Therefore, while in the first phase, we are taking that which is common, in the next phase we will be interacting with the States and identifying "socially and educationally backward" and in that sense; with this interaction we can make further progress regarding this."

The historical speech of the erstwhile Prime Minister is very significant in as much as the thrust on the policy is concerned. The essential qualification or the concern, happens to be social and educational backwardness which cuts across the barriers of caste and religion. But however the caste identity sneaks into the whole scheme for the simple reason that, it is impossible to assess the backwardness of an individual in India without reference to his social identity. Hence, the so called backward castes are identified as backward class. Nevertheless it is a paradox that the expression, "backward classes" no longer refers or connotes class and on the contrary, it has become a synonym for caste. It is remarkable that no less than the Prime Minister, emphasizes the power share percentage of the Backward Castes in the power structure of the country in proportion to their numerical strength and justifies reservation. If the same logic is to be extended, then each caste needs to be given a proportionate share in the power structure, no matter whatever its economic and social status is. Because after all, we are a democratic nation. Nothing can be more terrifying than such visualization. It leads us to a situation wherein there will be neither a class legislation nor a classified legislation. It all appears to be a caste legislation which the framers of the constitution had never intended. This, indeed, is a dilemma that leaves the expression "secular" in the preamble of the constitution at cross roads. This research work addresses this predicament of Indian democracy inter alia other important aspects of legislation on protective discrimination.

**Cause of Action for Politicians**

Politics in Indian sub-continent does not hang in the air. It has a strong base in the society that is characterized by division of people in the name of caste, religion or language. Of all these, caste in India happens to be a very decisive factor in mobilization of support for electoral purposes. Right from the beginning of independent India, despite toll talks by various leaders extorting the need for casteless society and secular democracy, it has been observed that almost all political parties fielded candidates in constituencies calculating the support of different castes in favour of those. Even left parties are no exception. Mandal Commission's recommendations in a way officially endorsed the strength of backward castes in electoral politics and political parties interestingly wasted no time in realizing this fact. They needed vote banks to ensure support to their party ideology and manifesto. Till now, the political parties were by and large concerned with special vote banks of scheduled castes and scheduled tribes as these were the recognized stakeholders of affirmative action guaranteed in the constitution. Now the backward classes highlighted by Mandal Commission's report are those other backward classes who are not Dalits or tribes and who are identified by the social and educational backwardness besides caste. It is a fact that backward classes enjoyed benefits of reservations even before independence; but however the Mandal Commission's report of 1980 has enhanced their claim for a higher percentage of reservation and recognized more than 3000 OBC groups constituting 52% of population[24]. 27% reservation happened to be a factor to reckon with. The Commission's report was virtually in the library till Mr.Vishwanath Pratap Singh's government resurrected in 1990 invoking the ghost of 'caste' discontent on the national level.

Things got settled with the intervention of Apex Court resulting in a compromise between the stakes of the meritorious and the claims of the disadvantaged in its famous judgement[25].

The parliament got weary with this 'judicial legislation' of the Supreme Court and it led to a tussle between the Supreme Court and the parliament. The parliament being the supreme body of law making in the country, it has naturally amended the constitution in order to restrain the Supreme Court from crossing its jurisdiction and taking over the functions of the legislature. After all, the legislative supremacy is the lifeline of the Indian democracy. Government's reaction to Supreme Court's judgement further aggravated discontent among the unreserved classes. However, political parties appear to have rejoiced in the legislation, for it had officially provided well demarcated tailor made vote banks for them to mobilise politics instantly. Now the other backward classes who are not less than 50% in the country, can be used for creation of vote-banks without much appeasement. With ever increasing demands for inclusion, the politicians have adequate raw material to carve out vote-banks of.

## The Cold War in Quota Politics

Delhi witnessed hub of political activity soon after the Mandal Commission was resurrected. Poltical parties felt a need to give a backward class colour to their ideologies and play a role of hand-holders of the backward to lead them to freedom and empowerment. In central politics at Delhi, a predicament seized all political parties for they have to perform a real balancing act so as not to hurt the feelings or belie the expectations of the upper caste and the backward classes. Even a pro-Hindu organization like BJP had to tread cautiously in addressing this issue. Political parties took a circumspective stand on and off, in order to maintain the balance of convenience. The Janta Dal had included the implementation of the Mandal Commission's report, if it is voted to power, in its manifesto; but it preferred to sit on the fence during the electoral campaign. Even on the Common Minimum Programme, the chief characteristic of National Front with its major ally being BJP, didn't have Mandal Commission's report on agenda. Interestingly, the National Front government, came into power more because of the anti-incumbency factor and corruption charges that played against the-then Prime Minister Mr. Rajiv Gandhi, then the non-existing pro-Mandal stand. Dominant caste leaders such as Chandrasekhar and Devilal had an uncomfortable position in politics especially with Mr. V.P. Singh as the Prime Minister[26].

Political ambitions of leaders appears to have influenced the timing of announcement of implementation of Mandal Commission's recommendations. Devilal had a massive following among the agrarian castes of whom, Jats constitute the majority. A rally of farmers was to be organized on August 09th in the year 1990 as a show of strength in Delhi. The then Prime Minister Mr. V.P. Singh seems to have been afraid of such a move[27] and suddenly announced on 7th August the implementation of Mandal Commission's recommendations presumably, to counter his adversaries and critics with a populist move of this nature. It seems, he had thought that he could make a powerful dent into the vote-banks of BJP by dividing it into and forward and backward castes; the backward castes, he assumed[28] would support him with implementations of Mandal's recommendations.

This is also a shrewd move on the part of Mr. V.P. Singh, for, it would be a defeat for the Jat lobbies as they were not included in the list of backward classes. Soon after the announcement, students went berserk indulging in violence and arson[29]. The entire nation was gripped with caste-related agitations and the law and order scenario terribly turned worse. The movement against Mandal Commission's recommendations acquired both national and local importance plunging the whole country went into a situation not less than a civil war. Schools, colleges and educational institutions became places of insecurity in terms of law and order. Mr. V.P. Singh was critized of nurturing designs to aggrandize his political position with populist schemes. At last, the Supreme Court's intervention in the matter imposing a stay on the likely implementation on Mandal Commission's recommendations helped in allaying the fears of agitators and the law and order situation improved gradually[30]. Supreme Court's final verdict on the matter laying down the criteria of creamy layer was surely a great relief and all political parties including the BJP and the Left, accepted the judgement as the final and positive development. Creamy layer is an economic criteria added by the Supreme Court, added in the form of creamy layer which qualified the beneficiaries for affirmative action. Though Mr. V.P. Singh steals the show for implementing first ever time the 27% reservations for the backward classes in the country, he could not have escaped the acquisition of being hasty and un-thoughtful of consequences while deciding the matter of great public importance. Even his allies were not consulted before the decision to implement the Mandal Commission's recommendations.

One of the main allies of National Front was Bharatiya Janta Party whose support mainly consisted of upper caste Hindus. The BJP has never spearheaded the cause of the backward classes, even to such an extent that the manifesto of the BJP never promised any intention to implement the Mandal Commission's recommendations in the first place. It appears that this is basically the philosophy of the BJP not to hurt the sentiments of their predominant caste Hindus by taking up issues for the advancement of the backward classes or the so-called lower castes of Hindu society : it is a fear that the BJP suffers in the event of such a campaign as it would lose the Hindu caste vote-banks[31]. This is precisely the reason why, the party always talked of reservations on the basis of economic criteria. The BJP was subjected to a great amount of embarrassment and tension soon after the announcement of the government, to go ahead with the Mandal Commission's recommendations was made[32]. It felt that the Mandal Commission's recommendations would make a dent into Hindu fold of vote-banks making the efforts of BJP towards a united Hindu vote-bank fruitless. In the beginning, the BJP reacted strongly condemning the announcement of the Prime Minister[33]. However, soon it realized its folly and retracted its statements fearing that the backward classes would turn against the party which may result in electoral debacle soon[34]

The party caught-up in a whirlpool of crisis for obvious reasons as, it could not solely depend on the upper caste to win elections. It is a predicament for BJP that either way, it would lose the support of the upper or lower castes of Hindus for the simple reason that in any eventuality of either supporting the recommendations or opposing it, the party would be left with support of either upper caste Hindus or the backward class Hindus. It cannot have both . It seems that the party had made a smart move by diverting the public from the issue of Mandal controversy and preferred to resurrect an issue from the cold storage – the Ram Janma Bhoomi matter, and mobilized its parent organizations such as RSS, VHP etc. to achieve the object of building the Ram Temple at Ayodhya[35]. The much publicized Rath Yatra by L.K.

Advani from Somnath to Ayodhya was an immediate development of the new strategy of BJP[36]. Surprisingly the caste issues involved with Mandal recommendations, now transformed into communal issues with Ram Janma Bhoomi controversy that has surfaced in all parleys of public discussions. It has become Secular Vs Communal battle, as is seen by the media and all political parties strictly got divided on this issue. In Bihar, when the then Lalu Prasad Yadav issued orders of arrest against L.K. Advani during the Rath Yatra, BJP instantly withdrew its support from the National Front government and the V.P. Singh's government collapsed. The country was seized by the communal tensions and riots that has over-shadowed caste-related agitations. The Left Parties like the Communist Party of India (CPI)[37], and the Communist Party of India (Marxist) (CPIM)[38], were always in favour of reservation policy for the backward classes. The difference between both in the approach to reservation, is that the CPI insisted on total implementation of Mandal Commission's recommendations devoid of any economic criteria atleast for 10 years, whereas the CPIM made it clear that the economic criteria cannot be ignored. Still both believed that job reservations is not panacea to improve the conditions of backward classes. As is well known, the policy of Leftists surrounds the factors connected to mode of production. They insisted on land reforms and structural changes in the economy of the country that can really bring about a change towards a classless society - true to the tenets of Marxism. It is evident that even the so-called Communist Parties which believe in classless society, had no option but to reconcile to social factor of caste that is very essential to understand the mobilization of politics in the country. Or else , the Left Parties would have naturally opposed any caste-based affirmative action that can potentially divide the people even from the working classes ; not surprisingly, solidarity of the proletariat would surely be at stake in the event of implementation of such recommendations.

Dalit oriented Party the BSP had a different reaction to Mandal issue. As a matter of fact BSP has a holistic perspective of social change as opposed to piece meal social engeneering. The azenda of the Party is reflected when kanshi Ram the Supremo of BSP says:

> "Social Justice Reservations, land reforms-all these ideas only give crutches to the handicapped. All parties which advocate social justice-Congress, Janata Dal, CPI, CPI(M) and others want the downtrodden people to remain on crutches forever. I want to make them stand up, walk, run and run faster. This way, they will acquire so much speed that they will be able to compete with

and defeat the privileged people. The crumbs given by reservations and land reforms are such that with them, one can neither live nor die. My concept of land reforms is to eliminate the landless farmer-or the marginal farmer and the exploited agricultural labourer. I am thinking of creating a new class called peasant proprietors. In a nut shell, the agitations are for making the handicapped and oppressed classes capable in their own right, so that they will demand and capture their share in the governance of their land. By making them capable we are helping society and the country"[39]

**Legislation : An Instrument of Politics?**

The High Court of Andhra Pradesh on 7th February 2010, stating that religion cannot be the basis for quota, quashed a state lawproviding four per cent reservation in government jobs and educational institutions to 15 socially and educationally backward classes among Muslims. A seven-member constitution bench, headed by Chief Justice A.R. Dave, said the law on quota for minorities was "unsustainable' and "could not be implemented". This is the third time since 2004 that the High Court has quashed a quota for Muslims. The order is a major set back for the Congress government which had provided reservation to certain backward groups among Muslims. The court, however, said that admissions done since 2007 on the basis of the minority quota would remain valid.

Soon after the court order, Chief Minister K. Rosaiah directed state advocate general D.S.R. Murthy to file a special leave petition in the Supreme Court, challenging the verdict. "The state government is committed to providing 4 per cent reservation to backward class Muslims in the state," he said in a statement[40]. The Chief Minister's statement depicts more of political commitment backed by appeasement than that of Constitutional.

D.D. Basu, the renowned Constitutional expert, opines that "History has proved that a group of human beings constituting for the time being, the majority of a legislative body are not always infallible and that is why, the constitutional safeguards are necessary to permanently protect the individual from legislative tyranny."[41] He reflects that under the Congress rule for 30 years, the ambit of the Fundamental Rights embodied in Part III of the original constitution had been circumscribed by multiple amendments.[42] But in the most radical judgment till date; in case of Golaknath Vs State of Punjab, Justice Subba Rao considered the fundamental rights to be unalterable since they enjoyed a transcendental and sacrosanct status in the constitution. Artic 13 according to the majority view, expressed the limitations of the power of the parliament and hence the legislature could not modify, restrict or impair any of the fundamental rights.

But soon the government passed the 24th amendment act which restored the right of the parliament to curb fundamental rights. The supreme court by now decided in the path breaking Keshavananda Bharati case, that while the legislature had the right to pass amendments which restricted fundamental rights, they had to be made consistent with the basic structure of the constitution which could be verified only by the judiciary.

The basic structure was declared as an axiom, and until date the SC has not made explicit as to the meaning and understanding of basic structure. The same is taken advantage by political parties In Indra Sawhney, the SC had held that reservation could be provided only at the time of entry to a service. Any attempt to infuse reservation in promotions would impair the efficiency of administration and would therefore fall afoul of article 335. However as if to circumvent the court order, an all party meeting was called to ratify the 77th Amendment which added Clause 4(A) to article 16 which read "Nothing in this article shall prevent the state from making any provision for reservation in matters of promotion to any class or classes of posts in the services under the state in favour of SC/STs..."

It is almost for certain that slowly but surely, article 16(4), an exception was allowed to swallow the rule of article 16(2) [which prohibits discrimination] itself thanks to the populist political motives of all Parties. Similarly again in Indra Sawhney case the court had reaffirmed that total quantum of reservations including ones carried forward from preceding years cannot exceed 50%; Naturally the 81st amendment was ratified to counter the ruling. Likewise when SC struck down the reservation scheme for consequential seniority in Union of India Vs Virpal Singh Chauhan, the 85th amendment was invented which read "Nothing in this article shall prevent the state from making any provision for reservation in manner of promotion with consequential seniority to any class or classes of posts"

The Supreme Court had cautioned the legislature from framing any law which compromised with efficiency to so large an extent that, it violated the provisions of article 335 itself. In Dr. Preeti Srivastava Vs State of MP, 1999 the court had ruled that Article 15(4), envisages the policy of protective discrimination, but it should be reasonable and consistent with ultimate public interest i.e. national interest and the interest of the community or society as a whole. But though the Supreme Court upheld the validity of all these acts in M Nagaraj case on the ground that these amendments are enabling in nature but asked the state to collect quantifiable data to prove that none of the articles in question including 335 were being violated. This meant the government till date is proceeding in an empirical vacuum while dogmatically crusading for quota. Almost all political parties in all States have assumed a Backward Caste *messiah role* ever since the Mandal movement has officially been justified by its implementation. The constraints of space refrain us from giving a detailed account of political developments across the length and breadth of the country over the issue. However it is no secret for, it is still hot with increasing demand for 'inclusion' 'expansion' and 'equity'. In Rajasthan, we have recently observed the political power of the gujjars that shook the foundations of State. Despite the efforts of BJP government to appease the belligerent groups assuring their inclusion in OBC, it had to face disastrous defeat in 2009 assembly polls.

The law making process with regard to framing of a Reservation Policy in India for OBCs has been adversely influenced by politics of appeasement. Political parties with no exception have always tried to sit on the fence, when it did not clearly ensure their political prospects. The sooner they estimated the gain they wasted no time in orchestrating for reservation in favour of a cast or a community. It is understandable that in a democracy, political parties need support of certain vote banks to ensure their existence in the legislative bodies. But the tragedy is that the ideals of democracy and the sprit of the constitution in as much as equality and secularism is concerned have been compromised. Caste has remained and continues to remain as dominant factor determining politics of India though the framers of the constitution had successfully tried to keep it away from the original document. The law making is a secular process. It is high time that the political parties have realized that caste is the basic divisive factor of the Indian society and any adherence to it would only further disintegrate the society and the country. Absence of such a realization would only render the Constitution a piece of historical interest.

## Notes

1. B. Shiva Rao: Study Volume, supra note 6 at pp. 196-197. See Draft Article 10 of the Draft Constitution of February 1948 at B.Shiva Rao: Select Documents Volume III, supra note 11 at p. 521; and, comments on the Draft Article 10 at B. Shiva Rao : Select Documents Volume IV, *ibid* at pp. 31-32.

2. B. Shiva Rao: Study Volume, supra note 6 at pp. 196-197. See Draft Article 10 of the Draft Constitution of February 1948 at B. Shiva Rao: Select Documents Volume III, supra note 11 at p.521; and, comments on the Draft Article 10 at B. Shiva Rao: Select Documents Volume IV, *ibid* at pp. 31-32.
3. VII CAD 672-704 (30 November 1948).
4. *Ibid* at 695-699; and the reply of B.R. Ambedkar at 700-702.
5. Draft Article 10 became Article 16 of the Constitution of India. The voting of the Constituent Assembly can be seen at VII CAD 702-704 (30 November 1948).
6. T.T. Krishnamachari, VII CAD 699 (30 November 1948) and B.R. Ambedkar, VII CAD 700 (30 November 1948).
7. B. Shiva Rao: Study Volume, supra note 6 at pp. 196-197. See Draft Article 10 of the Draft Constitution of February 1948 at B. Shiva Rao: Select Documents Volume III, supra note 11 at p. 521; and, comments on the Draft Article 10 at B.Shiva Rao: Select Documents Volume IV, ibid at pp. 31-32.
8. VII CAD 672-704 (30 November 1948).
9. Ibid at 695-699; and the reply of B.R. Ambedkar at 700-702.
10. Draft Article 10 became Article 16 of the Constitution of India. The voting of the Constituent Assembly can be seen at VII CAD 702-704 (30 November 1948).
11. T.T. Krishna machari, VII CAD 699 (30 November 1948) and B.R. Ambedkar, VII CAD 700 (30 November 1948).
12. Indra Sawhney 1992 Supp (3) SCC 217.
13. For a discussion, see Rajeeva Dhavan, "The Supreme Court as problem Solver: The Mandal Controversy" in V.A. Pai Panandiker (ed.), The Politics of Backwardness: Reservation Policy in India (Delhi: Konark Publisher, 1997).
14. Indra Sawhney 1992 Supp (3) SCC 217.
15. Marc Galanter, "Who are the Other Backward Classes: An Introduction to a Constitutional Puzzle", in 13 Economic and Political Weekly 1812 (1978).
16. Report of the (First) Backward Classes Commission (30 March 1955).
17. Report of the Second Backward Classes Commission (31 December 1980). Chaired by Bindheshwari Prasad Mandal. The Government of India began its implementation of the Report's recommendations vide Order 36012/31/90-Estt./SCT (13 August 1990).
18. See, M. Nagaraj vs. Union of India (2006) 8 SCC 212.
19. Reservation for Backward Classes. Mandal Commission Report. 1980, Introduction, Aklank Publ. Delhi.
20. See, Devesh Kapur and Pratap Bhanu Mehta, Public Institutions in

India: Performance and Design (New Delhi: Oxford University Press, 2005); G.C. Malhotra (ed.), Fifty Years of Indian Parliament (New Delhi: Lok Sabha Secretariat, 2002); and, Granville Austin, Working a Democratic Constitution: The Indian Experience (New Delhi: Oxford University Press 1999).

21. See, Shankari Prasad Singh Deo v. Union of India AIR 1951 SC 458 and Om Parkash Agarwal v. Giriraj Kishori (1986)1 SCC 722; and, People's Union for Civil Liberties v. Union of India (2003) 4 SCC 399 at paras. 128.
22. Sahay : 1990 : 18.
23. Burman Roy, K., 1990: Mandal Commission and Right to information, Main stream, September 25:28 (44) pp. 5, 35.
24. Patriot : New Delhi 26.12.1990.
25. Kalkur, Ashok, 1990 : Rumpus on the Campus : *Frontline*, September 1-14, pp. 25.
26. Roy P.K., 1990 : U.P., Compounded Trouble: Frontline, September 15-28, p. 30.
27. Reddy, Muralidhar R., 1990: Where is the Consensus? Interview with K.L. Sharma, BJP General Secretary, September 29 October 12, p. 29.
28. *Ibid.*
29. *Ibid.* 15.
30. Reddy, Muralidhar R., 1990: Political Ploys: Frontline, September 29-October 12, 1990, pp. 21, 26, 27, 31, 32.
31. *Ibid.*
32. Hindustan Times, 21 September, 1990.
33. Reddy, Muralidhar R., 1990: Allies Dilemma : *Frontline*, October 13-26 p. 28.
34. Reddy, Muralidhar R., 1990: Political Ploys: Frontline, September 29-October 12, 1990, pp. 21, 26, 27, 31, 32.
35. Singh, Jagpal, 2001: Politics of Harit Pradesh: EPW, August 4-10 pp. 2965-66.
36. Hassan, Zoya, 1998: Quest for Power: Oppositional Movements and Post Congress Policies in Uttar Pradesh, New Delhi: OUP: pp: 102, 103, 131-132.
37. *Ibid.*
38. *Ibid.*
39. *Himachal Times*, September 11, 1994.
40. *Source*: Indian Express, 8th Feb. 2010.
41. Introduction to the constitution of India, D D Basu, Wadhwa, 19E, p. 84.
42. *Ibid* p. 81.

# 5

# Reservation Laws for SEBC – A Review

Let us have brief recapitulation of the enactment details of OBC reservation laws with regard to the qualification criteria for the beneficiaries and yardsticks applied. Until 1990, there was caste based reservation in posts only for SC and ST candidates. In 1990, Other Backward Classes (OBC) was also provided reservation in civil posts and services. The constitutional validity of providing reservation not based on caste alone has been upheld by the Supreme Court.[1]

**Commission Recommendations**

The 2nd Backward Classes Commission appointed by Government, popularly known as Mandal Commission, submitted its report on 31.12.80. The recommendations and the criticism against them was discussed substantially in earlier chapter. The Commission had recommended extension of the benefits to the socially and educationally backward classes. It was of the view that certain weightage has to be provided to such classes in services of the Union and Public Undertakings. Consequently reservation in posts in Govt. were provided with effect from 7.8.90.[2] For the purpose of clarity and precision it was laid down that Socially and Educationally Backward Classes (OBCs) will comprise of the castes and communities which are common to both list in the report of the Mandal Commission and such lists prepared by respective State Govts. A list of OBCs has been notified vide Ministry of Welfare Resolution No. 12011/68/93-BCC(C), dt. 13.9.1993, as amended from time to time.

**Scope of Applicability**

(1) The reservation is applicable to all civil posts and services under the Govt. of India, Public Sector Undertakings and Financial

Institutions including Public Sector Banks, autonomous bodies, statutory and semi govt. bodies and voluntary agencies receiving grants from the Govt.[3]

(2) The reservation for OBCs does not apply in promotions.

(3) Technical posts above the lowest grade in Group "A" classified as 'Scientific' or 'Technical' in terms of Cabinet Secretariat, OM No. 85/11/CF-61(1) dt. 28.12.61 meant for research or for organizing, guiding and directing research are exempted from reservation.[4]

(4) Protection from protracted litigation is provided by making a provision that the orders regarding reservation to OBCs, could be challenged only in Supreme Court.[5]

**Exclusion from Reservation – 'Creamy Layer'**

Following the Supreme Court judgement in the case of *Indra Sawhney and others vs. Union of India and others*[6] Govt. appointed an Expert Committee to recommend criteria for exclusion of socially advanced persons/sections from the benefits of reservations for the backward classes. Consequent thereto, the scheme of reservation of OBCs, was modified as under[7]

The 27% reservation for OBCs shall not apply to persons/sections mentioned in the Schedule to O.M. No. 36012/22/93-Estt. (SCT), dt. 8.9.1993.

(a) However, persons working as artisans or engaged in hereditary occupations, callings notified by the Min. of Welfare, shall not be excluded under the criteria at (i) above.

(b) The criteria for determining Creamy Layer status of sons and daughters of persons in Government services, or of persons holding equivalent or comparable posts in PSUs, Banks, Insurance was laid down in the Schedule to DOPT, O.M. No. 36012/22/93-Estt. (SCT), dt. 8.9.1993.

(c) The creamy layer status of the sons and daughters of employees of organizations where evaluation of the posts on equivalent or comparable basis has not been made is determined on the basis of 'Income/Wealth Tax'. Accordingly, children of persons having gross annual income (excluding income from salaries or agricultural land) of Rs. 2.5 lakhs or above or possessing wealth above the exemption limit as per Wealth Tax Act (presently Rs. 15 lacs) for a period of three consecutive years would be treated as falling in creamy layer.[8]

(d) However, children of parents who have suffered permanent incapacitation shall not be treated as to fall in creamy layer in certain circumstances.[9]

**Relaxations Provided**

I. In written examinations and interviews to fill the reserved posts of OBC, relaxation of standards may be provided as in the case of SC/ST candidates.[10]

II. Age relaxation of 3 years over the prescribed age limit for direct recruitment of OBCs is allowed.[11]

III. In giving non-technical Scholarships/Book Awards to OBCs relaxation of 10% of marks is allowed.[12]

IV. No other relaxations/concessions are admissible to OBCs.[13]

**The Carry Forward Rule**

Unfilled vacancies reserved for OBCs should not be de reserved or cancelled but on the contrary should be carried forward for three recruitment years or till the vacancies are filled by OBC candidates, whichever is earlier.[14] This is most important provision for it puts the OBCs on the similar footing as in the case of SC and ST in as much as intake of the stake holders is guaranteed.

**How Certification done and by whom?**

Rules are made to access the benefits at the field level as under:

(1) A candidate claiming reservation facility should produce certificate that he belongs to one of the OBCs, in the prescribed format.

(2) To enable the authorities issue a certificate, an application must be in the prescribed format containing the necessary particulars.[15]

(3) The following authorities empowered to issue such certificates are:

  (a) District Magistrate or Additional Magistrate or Collector/ Deputy Commissioner/Additional Deputy Commissioner/Deputy Collector/1st Class stipendiary Magistrate/Sub-Divisional Magistrate/Taluka Magistrate/ Executive Magistrate/Extra Assistant Commissioner (not below the rank of 1st Class Stipendiary Magistrate).

  (b) Chief Presidency Magistrate/Additional Chief Presidency Magistrate/Presidency Magistrate.

  (c) Revenue Officer not below the rank of Tehsildar; and

(d) Sub-Divisional Officer of the area where the candidate and/or his family resides.

(4) The certificate should indicate separately that the candidate does not belong to the "Creamy Layer".[16]

(5) It is necessary that the proper verification based primarily on revenue records and if need be, through reliable sources is made before issue of the certificates.[17]

(6) The crucial date for determining the OBC as migrant or origin is the date of issue of notification applicable in the case of the beneficiary.

(7) For persons born after the date of issue of relevant notification, the place of residence for the purpose of acquiring the backward class status, is the permanent abode of their parents at the time of issue of the notification under which the status is claimed.

(8) In case the certificate cannot be verified by the appointing authority, the provisional appointment can be given which would be terminated in case the certificate produced by the candidate is later found to be false. In such event, the letter of appointment should contain a special clause to that effect.[18]

(9) **Declaration**[19]

 (1) Apart from the certificate of OBC and non-creamy layer status, a declaration must be obtained in the prescribed format from the candidate that he or she does not fall in creamy layer on the said date. The same is to be verified by the appointing authority.

**Liaison Officer**

(1) There shall be a separate Liaison Officer appointed to look after matters relating to the reservation for the OBCs.[20]

(2) Deputy Secretary in charge of Administration or Officer of the rank of Deputy Secretary is to be nominated as Liaison Officer.[21]

Proposal to Treat Backlog Vacancies reserved for OBCs out of purview of 50% Limit.

The Government is also considering a proposal to treat backlog vacancies reserved for OBCs as a separate and distinct group not subject to the 50% limit on reservation in a year, in the same way as for SCs and STs. Information in this regard is still not available.[22]

**The Exclusion**

(1) As we are aware, in the case of *Indra Sawhney vs. Union of India 1992 SCC (S&S) Supp. 1.* the Supreme Court has laid down a very controversial guide line which paved the way for legislation for exclusion of Creamy layer i.e. the higher income sections of OBC. It was directed that Caste only cannot be the basis for reservation. Reservation can be for a backward class citizen of a particular caste. However ironically the criteria is restricted to Caste again with in the OBCs at least as the major point of identification.

(2) As the 'Creamy layer' in the backward class is to be treated 'on par' with the forward classes and is not entitled to the benefit of reservation, it is obvious that if the 'creamy layer' is included, there will be discrimination and violation of Articles 14 and 16(1) and 16(4) of the Constitution since inequals – the affluent in Backwards cannot be treated as equals, in other words equal to the rest of the backward class.

(3) The OBCs are not to given 5% cut-off marks in the preliminary examination as provided for SCs and STs.

Though OBCs are socially and educationally are backward, they do not suffer the same social handicaps inflicted upon SCs and STs. The object of reservation for the SCs and STs is to bring them into the mainstream of society, while the objective in respect of the backward classes is to remove their social and educational backwardness. Therefore, they are always treated dissimilar and they do not form an integrated class with SCs and Tribes. By way of interpretation, OBCs cannot be declared alike the SCs and STs. It was held, that it would, therefore, be illogical and unrealistic to think that omission to provide same benefits to OBCs, as was provided to SCs and STs was void under Articles (16(1) and 14 of the Constitution.[23]

(4) If candidates are recruited from other states to the Post of Teachers based on community certificates, issued in their original states, the applicants should have been treated as if they had been made in the general category.[24]

Rules of natural justice, it was held, cannot be put in a strait-jacket and should not be stretched too far either. Apex court found that fraud is often committed by fake certification of OBC. Enquiry for verification of certificate revealed that OBC certificate was a fraud.[25]

Let us examine the intention of the legislature behind the law enacted by an understanding of various orders issued by the Central Govt.

**On Exclusion of OBC Creamy Layer**[26]

The DOPT directed [27] with reference to its O.M. No. 36012/31/ 90-Estt. (SCT), dated the 13th August, 1990 and 25th September, 1991 regarding reservation for Socially and Educationally Backward Classes in Civil Posts and Services under the Government of India saying that following the Supreme Court judgement in the *India Sawhney and others Vs. Union of India and other* case [Writ Petition (Civil) No. 930 of 1990] the appointment of Expert Committee was done to recommend the criteria for exclusion of the socially advanced persons/sections from the benefits of reservations for Other Backward Classes in civil posts and services under the Government of India. It says that Consequent to the consideration of the Expert Committee's recommendations Department's earlier office Memorandum No. 36012/31/90-Estt. (SCT), dated 13.8.90 is modified as follows:

(a) **27%** (twenty-seven percent) **of the vacancies** in civil posts and services under the Government of India, **to be filled through direct recruitment,** shall be **reserved for the Other Backward Classes.** Detailed instructions relating to the procedure to be followed for enforcing reservation will be issued separately.

(b) **Candidates** belonging to OBCs **recruited on the basis of merit** in an open competition on the same standards prescribed for the general candidates shall **not adjusted against the reservation quota of 27%.**

(c) (i) The aforesaid reservation shall **not apply to persons/sections mentioned in column 3 of the Schedule** to this office memorandum.

(ii) The rule of exclusion will not apply to persons working as artisans or engaged in hereditary occupations, callings. A list of such occupations, callings will be issued separately by the Ministry of Welfare.

(d) The OBCs for the purpose of the aforesaid reservation would comprise, in the first phase, **the castes and communities which are common to both the lists in the report of the Mandal Commission and the State Government' Lists.** A list of such castes and communities is being issued separately by the Ministry of Welfare.[27]

(e) The aforesaid reservation shall take immediate effect. However, this will not apply to vacancies where the recruitment process has already been initiated prior to the issue of this order.

Similar instructions in respect of public sector undertakings and financial institutions including public sector banks will be issued by the Department of Public Enterprises and by the Ministry of Finance respectively effective from the date of this Office Memorandum. [28]

The high lights of the text with above modifications are:

- **27%** quota is maintained as it was ,
- candidates of OBC in select merit list are to be treated as unreserved candidates,
- maintaining the quota for the rest of the OBCs as it is and
- Both lists of castes (Center and State) are made valid.

**Who are excluded?**

The orders of the State contain detailed 6 categories of people including Heads of State, public representatives and Govt. Servants of various classes.

**I. Constitutional Posts**

Sons(s) and daughter(s) of President of India; Vice President of India; Judges of the Supreme Court and of The High Courts

Chairman and Members of UPC and of the State Public Service Commission; Chief Election Commissioner; Comptroller and Auditor General of India; Persons holding Constitutional positions of like nature were all excluded from entitlement of.

**II. The Service Classes;**

The following classes of officers are selected for excluding their children from the entitlement to reservations.

(A) *Group A/Class I officers of the All India Central and State Services (Direct Recruits)*

(a) Son(s) and daughter(s) of parents, both of whom are Class I officers;

(b) Parents, either of whom is a Class I officer;

(c) Parents, both of whom is a Class I officers, but one of them dies or suffers permanent incapacitation.

(d) parents, either of whom is a Class I officer and such parent dies or suffers permanent incapacitation and before such death or such incapacitation has had the benefit of employment in any

International Organization like UN, IMF, World Bank, etc., for a period of not less than 5 years.

(e) parents, both of whom are class I officers die or suffer permanent incapacitation and before such death or such incapacitation of the both, either of them has had the benefit of employment in any International Organization like UN, IMF, World Bank, etc. for a period of not less than 5 years. Provided that the rule of exclusion shall not apply in the following cases:

(a) Sons and daughters of parents either of whom or both of whom are Class-I officers and such parent(s) dies/die or suffer permanent incapacitation.

A lady belonging to OBC category has got married to a Class-I officer, and may herself like to apply for a job and she still can be from non-creamy layer.

(B) *Group B/Class II officers of the Central and State Services (Direct Recruitment)*

Son(s) and daughter(s) of

(a) Parents both of whom are Class II officers.

(b) Parents of whom husband is a Class II officer and he gets into Class I at the age of 40 or earlier.

(c) parents, both of whom are Class II officers and one of them dies or suffers permanent incapacitation and either one of them has had the benefit of employment in any International Organization like UN, IMF, World Bank, etc. for a period of not less than 5 years before such death or permanent incapacitation;

(d) Parents of whom the husband is a Class I officer (direct recruit or pre-forty promoted) and the wife is a Class II officer and the wife dies; or suffers permanent incapacitation; and

(e) Parents, of whom the wife is a Class I officer (Direct Recruit or pre-forty promoted) and the husband is a Class II officer and the husband dies or suffers permanent incapacitation.

**Exclusion from Exclusion**

It was provided further that the rule of exclusion shall not apply in the following cases. Sons and daughters of.

(a) Parents both of whom are Class II officers and one of them dies or suffer permanent incapacitation.

(b) Parents, both of whom are Class II officers and both of them die or suffer permanent incapacitation, even though either of them has had the benefit of employment in any International Organization like UN, IMF, World Bank, etc. for a period of not less than 5 years before their death or permanent incapacitation.

(C) *Employees in Public Sector Undertakings etc.*

The criteria enumerated in A & G above in this Category will apply *mutatis mutandis* to officers holding equivalent or comparable posts in PSUs, Banks, Insurance Organizations, Universities, etc. and also to equivalent or comparable posts and positions under private employment, Pending the evaluation of the posts on equivalent or comparable basis in these institutions, the criteria specified in Category VI below will apply to the officers in these Institutions.

**III. Armed Forces and Paramilitary Forces**

Son(s) and daughter(s) of parents either or both of whom is or are in the rank of Colonel and above (Persons holding civil posts in the Army and to equivalent posts in the Navy are not included) and the Air Force and the Para Military Forces; Provided that:

(i) if the wife of an Armed Forces Officer is herself in the Armed Forces (i.e., the category under consideration) the rule of exclusion will apply only when she herself has reached the rank of Colonel;

(ii) the service ranks below Colonel of husband and wife shall not be clubbed together;

(iii) if the wife of an officer in the Armed Forces is in civil employment, this will not be taken into account for applying the rule of exclusion unless she falls in the service category under item No. II in which case the criteria and conditions enumerated therein will apply to her independently.

**IV. Professions Trade and Industry**

(I) *Persons engaged in profession* Criteria specified against Category VI will apply:

*As a doctor, lawyer, chartered Accountant, Income-Tax consultant, financial or management consultant, dental surgeon, engineer, architect, computer specialist, film artists and other film professional, author, playwright, sports person, sports professional, media professional or any other vocations of like status.*

*(II) Persons engaged in trade,* Criteria specified against Category VI will apply *Business and industry*:

**Explanation:**

(i) Where the husband is in some profession and the wife is in a Class II or lower grade employment, the income/wealth test will apply only on the basis of the husband's income.

(ii) If the wife is in any profession and the husband is in employment in a Class II or lower rank post, then the income/wealth criterion will apply only on the basis of the wife's income and the husband's income will not be clubbed with it.

**V.** Ownership of Property

**A. Agricultural holdings**

Son(s) and daughter(s) of persons belonging to a Family (father. Mother and minor children) which owns.

(a) only irrigated land which is equal to or more than 85% of the statutory area, or

(b) both irrigated and un irrigated land, the rule of exclusion will apply as follows:

  (i) Where the pre-condition exists that the irrigated area (having been brought to a single type under a common denominator) 40% or more of the statutory ceiling limit for irrigated land (this being calculated by excluding the unirrigated portion). If this pre-condition of not less than 40% exists, then only the area of unirrigated land will be taken into account. This will be done by converting the unirrigated land on the basis of the conversion formula existing, into the irrigated type. The irrigated area so computed from unirrigated land shall be added to the actual area of irrigated land and if after such clubbing together the total area in terms of irrigated land is 80% or more of the statutory ceiling limit for irrigated land, then the rule of exclusion will apply and disentitlement will occur.

  (ii) The rule of exclusion will not apply if the land holding of a family is exclusively unirrigated.

**B. Plantations**

(i) For Coffee, Tea, criteria of income/wealth specified in Category rubber, etc VI below will apply.

(ii) Mango, citrus, apple Deemed as agricultural holding and hence criteria plantations etc. at A above under this Category will apply.

C. Vacant land and/or buildings in urban areas or urban agglomerations Explanation :

Criteria specified in Category VI below will apply. Building may be used for residential, industrial or commercial purpose and the ike two or more such purposes.

**VI. Income/Wealth Test**

Son(s) and daughter(s) of

(a) Persons having gross annual income of Rs. 1 lakh or above or possessing wealth above the exemption limit as prescribed in the Wealth Tax Act for a period of three consecutive years.

(b) persons in Categories I, II, III and V-A who are not disentitled to the benefit of reservation but have income from other sources of wealth which will bring them within the income/wealth criteria mentioned in (a) above.

**Explanation:**

(i) Income from salaries or agricultural land shall not be clubbed;

(ii) The income criteria in terms of rupee will be modified taking into account the change in its value every three years. If the situation, however, so demands, the interregnum may be less.

**Explanation:** Wherever the expression "permanent incapacitation" occurs in this schedule, it shall mean incapacitation which results in putting an officer out of service.

**Revision of Income Criteria (Creamy Layer) 2004**

In 2004 the Central Govt. has again altered its earlier order O.M. No. 36012/22/93-Estt. (SCT), dated 8-9-1993, as described above and issued further directions raising the income limit from Rs. 1 lakh to Rs. 2.5 lakh for determining the creamy layer amongst the OBCs.[29]

Accordingly, the following entry was substituted for the existing entry against Category VI in the Schedule to the above-referred O.M.

| Category | Description of Category | To whom the rule of exclusion will apply |
|---|---|---|
| VI. | INCOME/ WEALTH | Son(s) and daughter(s) of- (a) Persons having gross annual income or Rs. 2.5 lakhs or above or possessing wealth above the exemption limit as prescribed in the Wealth Tax Act for a period of three consecutive years. (b) Persons in Categories, I, II, III and VA who are not disentitled to the benefit of reservation but have income from other sources or wealth which will bring them within the income/wealth criteria mentioned in (a) above. |

It was explained that Income from salaries or agricultural land shall not be clubbed in this scheme.

## Further Clarification on Exclusion

The Central Govt. had again in the same year 2004 on 14.10.2004 further excluded the children (sons and daughters) of the persons in civil services of the Central and the State Governments, of the below categories[30] from the creamy layer.

(a) parents, both of whom are directly recruited Class I / Group 'A' officers;

(b) parents, either of whom is a directly recruited Class I / Group 'A' officer;

(c) parents, both of whom are directly recruited Class I / Group 'A' officers, but one of them dies or suffers permanent incapacitation;

(d) parents, either of whom is a directly recruited Class I / Group 'A' officer and such parent dies or suffers permanent incapacitation and before such death or such incapacitation has had the benefit of employment in any International Organization like UN, IMF, World Bank, etc., for a period of not less than 5 years;

(e) parents, both of whom are directly recruited Class I /Group 'A' officers and both of them die or suffer permanent incapacitation and before such death or such incapacitation of the both, either of them has had the benefit of employment in any International Organization like UN, IMF, World Bank, etc., for a period of not less than 5 years;

(f) parents, both of whom are directly recruited Class II/ Group 'B' officers;

(g) Parents of whom only the husband is a directly recruited Class II/Group 'B' officer and he gets into Class I/ Group 'A' at the age of 40 or earlier;

(h) Parents, both of whom are directly recruited Class II / Group 'B' officers and one of them dies or suffers permanent incapacitation and either of them has had the benefit of employment in any International Organization like UN, IMF, World Bank, etc., for a period of not less than 5 years;

(i) Parents of whom the husband is a Class I/ Group 'A' officer (direct recruit or pre-forty promoted) and the wife is a directly recruited Class II/ Group 'B' officer and the wife dies; or suffers permanent incapacitation; and

(j) Parents, of whóm wife is a Class 1 / Group 'A' officer (Direct Recruit or pre-forty promoted) and the husband is directly recruited Class OO/Group 'B' officer and the husband dies or suffers permanent incapacitation shall be treated as falling in creamy layer.

2. The Schedule further provides that sons and daughters of:-

   (i) parents either of whom or both of whom are directly recruited Class I/ Group 'A' officer(s) and such parent(s) dies/die or suffers/ suffer permanent incapacitation;

   (ii) parents both of whom are directly recruited Class II/Group "B" officers and one of them dies or suffers permanent incapacitation;

   (iii) parents both of whom are directly recruited Class II/Group 'B' officers and both of them die or suffer permanent incapacitation, even though either of them has had the benefit of employment in any International Organization like UN, IMF, World Bank, etc., for a period of not less than 5 years before their death or permanent incapacitation.

The above **shall not be treated to be falling in creamy layer.**

The Central Govt. clarifies that the criteria prescribed for determining creamy layer status of sons and daughters of persons in Government service *mutatis mutandis* applies to the sons and daughters of persons holding equivalent or comparable posts in PSUs, Banks, Insurance Organizations, Universities, etc., and also holding equivalent or comparable posts and positions under private employment. The creamy layer status of the sons and daughters of employees of organizations where evaluation of the posts on equivalent or comparable basis has not been made is determined on the basis of "Income/Wealth Test" given in the schedule. The Income/Wealth Test prescribes that the sons and daughters of persons having gross annual income of **Rs. 2.5 lakhs** or above or possessing wealth above the exemption limit as prescribed in the Wealth Tax Act for a period of three consecutive years would be treated to fall in creamy layer. An explanation is given below the Income/ Wealth Test which provides that 'income from salaries or agricultural land shall not be clubbed'.

The order takes academic interest in answering certain *FAQ*s raised from time to time about the application of the above provisions to determine creamy layer. It narrates the quarries as under in a pre emptive move;

(i) Will the sons and daughters of parents either of whom or both of whom are directly recruited Class I / Group "A' officer(s) and such parent(s) dies/ die or suffers/ suffer permanent incapacitation after retirement be treated to be excluded from the creamy layer?

(ii) Will the sons and daughters of parents, both of whom are directly recruited Class II/Group 'B' officers and one of them dies or suffer permanent incapacitation after retirement be treated to be excluded from the creamy layer?

(iii) Will the sons and daughters of parents, both of whom are directly recruited Class II/ Group 'B' officers and both of them die or suffer permanent incapacitation after retirement even though either of them has had got the benefit of employment in any International Organization like UN, IMF, World Bank, etc., for a period of not less than 5 years before their death or permanent incapacitation be treated to be excluded from the purview of creamy layer?

(iv) Will the sons and daughters of parent(s) who retire from the service on the basis of which their sons and daughters fall in creamy layer, continue to fall in creamy layer after retirement of the parent(s)?

(v) Will the sons and daughters of parents of whom husband is directly recruited Class III/ Group 'C' or Class IV/ Group 'D' employee and he gets into Class I/ Group 'A' at the age of 40 or earlier be treated to be falling in creamy layer?

(vi) Will a candidate who himself is a directly recruited Class I/ Group 'A' officer or a directly recruited Class II/ Group 'B' officer who got into Class I /Group 'A' at the age of 40 or earlier be treated to be falling in creamy layer on the basis of his service status?

(vii) Will a candidate who has gross annual income of Rs. 2.5 lakh or above or possesses wealth above the exemption limit as prescribed in the Wealth Tax Act for a period of three consecutive years be treated to fall in creamy layer?

(viii) The instructions provide that a lady belonging to OBC category who has got married to a directly recruited Class I/ Group 'A' officer shall not be treated as falling in creamy layer on the basis of her marriage. Will a man belonging to OBC category who is married to a directly recruited Class I/ Group 'A' OFFICER be treated as falling in creamy layer on the basis of his marriage?

(ix) How will the Income/Wealth Test apply in case of sons and daughters of parent(s) employed in PSUs, etc., in which equivalence or comparability of posts has not been established *vis-à-vis* posts in the Government?

(x) What is the scope of the explanation, 'Income from salaries or agricultural land shall not be clubbed', given below the Income/ Wealth Test?

The questions are also answered in great detail and more apologetically. It is with regard to Clauses (i), (ii) and (iii) of Para, 4 that the sons and daughters of:-

(a) parents either of whom or both of whom are directly recruited Class I/ Group 'A' officers and such parent(s) dies/die or suffers/ suffer permanent incapacitation while in service;

(b) parents both of whom are directly recruited Glass II/Group "b" officers and one of them dies or suffers permanent incapacitation while in service; and

(c) parents both of whom are directly recruited Class II/ Group 'B' officers and both of them die or suffer permanent incapacitation while in service, even though either of them has had the benefit of employment in any International Organization like UN, IMF, World Bank, etc., for a period of not less than 5 years before their death or permanent incapacitation are not treated to be falling in creamy layer. But if the parent(s) dies/ die or suffers/ suffer permanent incapacitation in such cases after retirement from service, his/their sons and daughters **would be treated to be falling in creamy layer and would not get the benefit of reservation.**

With regard to Clause (iv) of Para 4, it is clarified that sons and daughters of parents who are included in the creamy layer on the basis of service status of their parents shall continue to be treated in creamy layer even if their parents have retired or have died after retirement.

In regard to Clause (v) of Para 4, it is clarified that the sons and daughters of parents of whom only the husband is a directly recruited Class II/ Group 'B' officer who gets into Class I/ Group "A" at the age of 40 or earlier are treated to be in creamy layer. If the father is directly recruited Class III/ Group 'C' or Class IV/ Group 'D' employee and he gets into Class I/ Group 'A' at the age of 40 or earlier, his sons and daughters shall not be treated to be falling in creamy layer.

Concerning Clauses (vi), (vii) and (viii) of Para 4, it is clarified that the creamy layer status of a candidate is determined on the basis of the status of his parents and not on the basis of his own status or income or on the basis of status or income of his/ her spouse. Therefore, while determining the creamy layer status of a person, the status or the income of the candidate himself or of his/her spouse shall not be taken into account.

In connection with Clause (ix) of Para, 4, it is clarified that the creamy layer status of sons and daughters of persons employed in organizations where equivalence or comparability of posts vis-à-vis posts in Government has not been evaluated is determined as follows:-

Income of the parents from the salaries and from the other sources (other than salaries and agricultural land) is determined separately. If either the income of the parents from the salaries or the income of the parents from other sources (other than salaries and agricultural land) exceeds the limit of Rs. 2.5 lakhs per annum for a period of three consecutive years, the sons and daughters of such persons shall be treated to fall in creamy layer. But the sons and daughters of parents whose income from salaries is less than Rs. 25 lakhs per annum and income from other sources is also less than Rs. 2.5 lakhs per annum will not be treated as falling in creamy layer even if the sum of the income from salaries and the income from the other sources is more than Rs. 25 lakhs per annum for a period of three consecutive years. It may be noted that income from agricultural land is not taken into account while applying the Test.

In regard to clause (x) of Para 4, it was clarified that while applying the Income/Wealth Test to determine creamy layer status of any candidate as given in Category – VI of the Schedule to the OM, income from the salaries and income from the agricultural land shall not be taken into account. It means that if income from salaries of the parents of any candidate is more than Rs. 2.5 lakhs per annum, income from agricultural land is more than Rs. 2.5 lakhs per annum, but income from other sources is less than Rs. 2.5 lakhs per annum, the candidate shall not be treated to be falling in creamy layer on the basis of Income/Wealth Text, provided his parent(s) do not possess wealth above the exemption limit as prescribed in the Wealth Tax Act for a period of three consecutive years. The Creamy Layer only for OBC.

In 2006, a Constitution Bench of the Supreme Court, in *M. Nagaraj and Others vs. Union of India & Others*, curiously concluded that the decision in the Indra Sawhney case with regard to the creamy layer among OBCs also applied to S.Cs and S.Ts. Ironically, the Bench reached this conclusion even though the Bench in the Indra Sawhney case had clearly spelt out that the concept of creamy layer would not apply to S.Cs and S.Ts.

In paragraph 86 of the judgment it was made clear that the majority Judges in the Indra Sawhney case did not intend to extend the concept of creamy layer to the S.Cs and S.Ts, as it was not necessary to do so. The petitioners in that case, who had challenged government's notification reserving 27 per cent of seats for OBCs in Central government jobs, had submitted that some members of the so called OBCs were highly advanced socially as well as economically and educationally. They submitted that they were the forward section of that particular backward class like any other forward class member, and that they were snatching all the benefits of reservation meant for that class. As these persons were not backward and with them a class could not be treated as backward, it was argued. The States of Bihar, Tamil Nadu and Kerala, and other respondents, opposed this contention. They argued that once a class was identified as a backward class it was not legal to apply the economic criterion once again and devide further backward class into two sub-categories.

The Court in the Indra Sawhney case justified the concept of creamy layer saying;

> *"The very concept of a class denotes a number of persons having certain common traits which distinguish them from the others. In a backward class under Clause (4) of Article 16, if the connecting link is the social backwardness, it should broadly be the same in a given class. If some of the members are far too advanced socially (which in the context, necessarily means economically and may also mean educationally) the connecting thread between them and the remaining class snaps. They would be misfits in the class. After excluding them alone, would the class be a compact class? In fact, such exclusion benefits the truly backward."*

In its direction to the State the majority Judges in the Indra Sawhney case stated unequivocally that;

> "We direct the Government of India to specify the basis of exclusion - whether on the basis of income, extent of holding or otherwise of 'creamy layer'. This shall be done as early as possible, but not exceeding four months. On such specification, persons falling within the net of exclusionary rule shall cease to be the members of the Other Backward Classes (covered by the expression 'backward class of citizens') for the purpose of Article 16(4)."

The decision in paragraph 86 of the judgment also makes it clear that the majority Judges in the Indra Sawhney case did not intend to extend the concept of creamy layer to S.Cs and S.Ts, because it was not necessary to do so. P.S. Krishnan, a member of the Expert Committee appointed by the government in 1993 to evolve the creamy layer yard stick following the Indra Sawhney judgment, said: "The connecting link among S.Cs and S.Ts is not social backwardness, but untouchability.

The Bench in the M. Nagaraj case apparently glossed over this stigma, and failed to distinguish them from the OBCs, while considering the concept of creamy layer." According to him, there may be "socially advanced" persons among S.Cs and the S.Ts, in terms of the creamy layer criteria applicable to OBCs, but they cannot be excluded from the protected group because they continue to suffer from the curs of untouchability, a characteristic distinct from that of simple social backwardness.

**Amendments Ignore Constitutional Requirements?**

The question of excluding the creamy layer among S.Cs and S.Ts however did not arise in Nagaraj case. In this case, the Bench was entertaining a challenge to the Constitutional validity of the 77th Amendment Act, 1995, the 81st and 82nd Amendment Acts, 2000 and the 85th Amendment Act, 2001. In the Indra Sawhney case, the Court had observed that reservation of appointments or posts under Article 16(4) was restricted to initial appointment alone and could not extend to promotions.

Article 16(1) ensures equality of opportunity for all citizens in matters relating to employment or appointment to any office under the Government. Article 16(4) is, of course, an enabling provision to reserve appointments or posts in favour of any backward class of citizens that, is not adequately represented in the services. The government was extending the benefit of reservation to S.Cs and S.Ts in promotions too under Article 16(4) until the Indra Sawhney judgment. The 77th Amendment to the Constitution was enacted to introduce Clause 4A in Article 16 (again amended in 2001 by the 85th Amendment). Article 16(4A), after amendment, enables the state to make any provision for reservation in matters of promotion, to any class or classes of posts in the services under the state, with consequential seniority, in favour of Dalits and S.Ts, which are not adequately represented in Govt. services.

Again in the Indra Sawhney case, the court directed that the number of vacancies to be filled up in a year on the basis of reservation, including the 'carry forward' (backlog) reservations, should in no case exceed the ceiling of 50 per cent. The government then enacted the 81st Amendment Act, 2000, and inserted Clause 4B in Article 16. This clause enables the state to fill up any unfilled vacancies of a year in any succeeding years and still not consider those vacancies together with the vacancies of the year in which they are being filled up for determining the ceiling of 50 per cent.

The court had also held that relaxation of qualifying marks and standards of evaluation in matters of reservation in promotion was not permissible under Article 16(4) in view of Article 335 of the Constitution. According to Article 335 the claims of S.Cs and S.Ts for appointment in public services shall be considered consistently with the maintenance of efficiency of administration. In the 82nd Amendment Act, 2000, a proviso was inserted at the end of Article 335 to permit relaxation in qualifying marks in any examination or lowering the standards of evaluation for reservation in promotion in favour of S.Cs and S.Ts.

In the Nagaraj case, the court held that the concept of reservation in Article 16(4) is conditioned by three constitutional requirements;

(a) backwardness of a class,

(b) inadequacy of representation in public employment of that class, and

(c) Overall efficiency of the administration.

The Bench concluded that these amendments did not ignore these requirements. All the same, it was pointed out that excessive reservation would negate constitutional requirements. A qualification in terms of the ceiling of 50 per cent, consequently was added as an additional requirement, and it was concluded that these amendments do not lead to excessive reservation. The problem with the judgment surfaces when the Bench adds one more constitutional requirement, namely, the concept of a creamy layer, which it calls qualitative exclusion, and said these amendments also do not ignore this concept.

## Creamy Layer a Reasoned Yardstick

The concept of creamy layer is a very important yardstick designed to ensure justice for those stake holders with in the OBC who are not the cream. In a way it is measuring rod to protect the backwards from with in. It is accepted that the caste question in India emerged out of pre-capitalist economic formations largely based on control over the means of production, notably land. Therefore, social stratification associated with caste system provided a backdrop for economic development.. Therefore, affirmative action has included positive discrimination in the form of reservations on the basis of caste criteria. Analysing the evolution of social and economic development, the CPI (M) has come to the conclusion that there is the need to distinguish between the SC/ST on the one hand and the OBC on the other.

It is apparent from the census as well as NSS data that the SCs and STs are deprived of meaningful economic security. Though reservations have not brought about any comparative progress to these sections it cannot be held as an argument to do away with reservations or examine any stratification within them. But the situation among OBCs is quite different; with sub castes and differential levels of development from with in. This has been noticed and as a matter of fact in southern states such reservations have been there from the pre-independence period. The others States are Gujarat, Maharashtra, Bihar, UP, Punjab and Himachal Pradesh where its implementation has been different and not uniform.

In Kerala, in the year 1958, the Administrative Reforms Committee headed by EMS Namboodaripad suggested income criteria for reservation in favour of backward classes. The Justice Chinappa Reddy Committee in Karnataka recommended that those students whose families are income tax or sales tax assesses, hold land up to eight acres or are Class I officers, must be excluded. In Tamil Nadu and Karnataka there are different categories of backward classes. In Bihar, OBC reservations were introduced in 1978 through a formula recognising stratification within the backward classes. This was popularly known as the Karpuri Thakur formula. The Supreme Court has similarly felt the need for stratification of socially and educationally backward classes. The court, while upholding the principle, directed that socially advanced persons of SEBCs category were not to benefit. This is well thought out direction.

An expert committee, consequently, to concretise the 'creamy layer' and their exclusion came in to existence and submitted a report in March 1993. The court's observation made it clear that

> "*the correct criterion for judging the forwardness of the forwards among the backward classes is to measure their capacity not in terms of the capacity of others in their class, but in terms of the capacity of the members of the forward classes. If they cross the Rubicon of the class of backwardness, they should be taken out from the backward classes and should be made disentitled to the provision meant for the said classes*".

This observation is very crucial in understanding the concept of the 'creamy layer'. The exclusion of the 'creamy layer' together with some reservations for economically weaker sections will be complement to the principle which integrates totally all sections of the OBC and the poor who are not OBC. It is this unity that paves the way to eliminate the existing social and economic inequality. But unfortunately, it remained a dream unfulfilled even today. Because the aim and purpose behind this concept get realized only when the criteria employed is impartial and objective and far from being influenced by political or pressure factors.

**Raising of the Limit from Rs 1.00 lakh to Rs 4.50 lakh**

The criteria of creamy layer gets gets a sudden change in 2008 with elections to the Lok Sabha and some state Assemblies round the corner. The government of India on 3rd Oct. 2008 raised the income ceiling for creamy layer from Rs 2.5 lakh to Rs 4.5 lakh annually in a move that will cover more OBCs under the reservation criteria. The Cabinet decision was communicated to the Ministry of HRD and Department of Personnel and Training (DOPT) for issuance of appropriate orders to central educational institutions and government departments for pursuance of the order." The Union Cabinet today gave its approval for revising the income criteria for creamy layer from the present Rs 2.5 lakh per annum to Rs 4.5 lakh per annum," Information and Broadcasting Minister Priyaranjan Dasmunshi[31] said.

The proposal had been set in motion by the Ministry of Social Justice and Empowerment (MSJE) on the basis of recommendations of the National Commission f or Backward Classes (NCBC). The proposal was discussed in great detail at an inter-governmental level, along with the ministries of Tribal Affairs, Home, DOPT, Law and HRD besides the Social Justice and Empowerment. None of the ministries were reported to have objected to the recommendations. Of course the HRD Dept. gave certain suggestions like spelling out clear-cut modalities for giving reservation benefits with this enhanced ceiling to those working in private sector and public sector units.

Originally the first ceiling for OBC reservation was fixed at Rs one lakh annually in1993, which was increased to Rs2.5lakh in 2004. The decision came in the wake of the Supreme Court asking the government to fill vacant seats in institutions of higher education set aside for OBCs with general category students, as these could not be filled up. The current ceiling revision comes at a time when the benefits of 27 per cent reservation to the OBCs have already been extended for admissions in educational institutions after the enactment of Central Educational Institutions Act, 2006 by the HRD Ministry in January 2007. The Act provides 27 per cent reservation for OBCs in central educational institutions. Staying the government decision, the Supreme Court asked for exclusion of better offs or 'creamy layer' among OBCs prior to its implementation while upholding the Act Later the Social Justice Ministry directed NCBC to recommend a revised and practical upper limit for exclusion of the creamy layer from reservation benefits in January 2008. The Commission submitted the report to the Ministry on July 1 revising the income ceiling to Rs 4.5 lakh per annum. The Commission kept in mind the recommendations of the Sixth Central Pay Commission along with consumer price index, inflation rate, per capita expenditure of the OBCs, and their economic conditions and per capita national product before suggesting the new upper limit of income.

The Commission also considered the views expressed by the various state backward class commissions and secretaries in charge of the related departments of the states and union territories in this regard. Most of the states had in a conference here earlier demanded the new ceiling be fixed between Rs 4 to Rs 6 lakh while Karnataka and Madhya Pradesh had demanded higher limit of Rs 25 lakh and Rs 10 lakh respectively. It, if granted, means that a backward caste families (wife and husband) earning up to Rs. 37500 per month, will have their children qualifying for

(1) college scholarships and free tuition from the State,

(2) reservations in educational institutions,

(3) Reservations in jobs.

On the other hand, the children belonging to the so called forward castes (whose parents earn as little as Rs. 2400 per month) will not be qualifying for the above concessions. It was basically due to the hither to prevalent slab of Rs 2.5 lakhs it was felt that Children from families earning more than this amount were ineligible for reservation in centrally-run institutions of higher education. The government however has no estimates on how many people can benefit from the latest revision but some estimates suggest that almost all aspirants from OBCs will now be eligible for affirmative action.

**The Essence of Creamy Layer**

Let us examine critically various ramifications involved in the so called concept of Creamy Layer and find out whether it could or can deliver the results it was expected to. Caste though taken as a unit of identification the advanced persons in a caste should be excluded by application of creamy layer principle. The members of a caste are supposed to receive benefits of State protection because they are socially, educationally, or economically backward. They are not entitled for State protection when they belong to a particular slab of annual income higher than laid down as a rule. To receive the benefits of affirmative action, a person must be a member of the class in terms of levels of backwardness. When a person is advanced socially, educationally or economically, he does not share the properties of that class any longer, and hence can not be considered for State protection.

In the present system of reservations, the quotas are water tight compartments. Therefore if creamy layer is excluded the poorest of the OBCs will be benefited. The so called upper class has no disadvantage of exclusion of creamy layer. Even if some reserved seats remain vacant, these seats are non-transferable and the 'General Category" candidates will not get any benefit. If creamy layer is included, the poor are compelled to compete with rich. In the present system, both the groups are treated equally by the State which is contrary to the principle of "Equality" enshrined in the Article 14, which is a basic feature of the Constitution.

Clause (2) of Article 38, says

> "The State shall, in particular, strive to minimize the inequalities in income, and endeavor to eliminate inequalities in status, facilities and opportunities, not only amongst individuals but also amongst groups of people residing in different areas or engaged in different vocations."

In the prevailing system, the advanced section among OBCs take away all the benefits of reservation, leaving the weakest among them to mercy of fate. This increases the inequalities. Clearly, this is against the spirit of Article 38(2) of the Constitution.

It should be amply clear that "creamy layer" principle is to safeguard the interests of real deprived and backward people among so called OBCs. By exclusion of 'creamy layer' among OBCs, the so called 'forward classes' are not going to receive any benefit. As explained above in the point 2. the 'forward classes' will not get even the vacant reserved seats. Contrary to this, when the creamy layer among OBCs is excluded from reservation, they will compete with forward classes for "general category' or 'open category' seats and thus potentially reduce the chances of selection of General candidates.

In a balancing act, the Supreme Court in Indira Sawhney case ordered to exclude the creamy layer while upholding the caste as a 'backward class' However there were two loose ends:

(i) The Court failed to provide clear guidelines to define the creamy layer.

(ii) The methodology to implement was also left to the government.

This resulted in:

(i) Non-implementation of the principle of creamy layer (e.g. Tamil Nadu).

(ii) Arbitrary and unrealistic definition of creamy layer. In 1993-94, State of Bihar and Uttar Pradesh came out with an income ceiling of Rs. 1,000,000 per year (Rs. Ten Lakhs annually). Though these criteria were struck by the Supreme Court; various states have tried to raise the limits irrationally. Recently, Andhra Pradesh has proposed to raise the limit to Rs. 4, 00,000 per year.

(iii) Evading the Supreme Court order. The Kerala State declared that there was no creamy layer in the State.

(iv) Twarting the rules of creamy layer became easier. The concept is just reduced to a mere declaration in the caste certificate about the creamy layer slab. The caste certificate once obtained is valid life long. The appointing authorities or the academic institutions have been entrusted the responsibility to investigate if required. Neither detailed, authentic information is asked from the candidate, nor do these institutions have necessary infrastructure to verify the claim.

**The Creamy Layer Defined in Favour of the Rich?**

The Creamy layer guidelines were developed by the "Expert Committee for specifying the criteria for identification of socially advanced persons among the socially and educationally backward classes". This Committee was headed by Justice (retired) R N Prasad, and submitted its report on 10.3. 93. On the basis of this report, the Government of India issued the guidelines to define the 'Creamy layer' the guidelines were subsequently modified in year 2004. From the inception, it seems, efforts were to include more and more of advanced sections of OBCs in the ambit of reservations. Some paragraphs from the report will reflect the feelings of the Committee:

In para 35 it says;

Hon'ble Mr. Justice Pandian does not subscribe to the "creamy layer" theory. Dealing with the oft-repeated criticism that the reserved posts are lapped up by the socially advanced ("creamy layer") among the socially and educationally backward classes, Pandian J. has quoted with approval the observation of Chinnappa Reddy J. in the case of Vas ant Kumar. The relevant passage is given below:-

> " ... *That a few of the seats and posts reserved for backward classes are snatched away by the more fortunate among them is not to say that reservation is not necessary. This is bound to happen in a competitive society such as ours. Are not the unreserved*

> *seats and posts snatched away, in the same way, by the top creamy layers amongst them on the same principle of merit on which the non-reserved seats are taken away by the top layers of society. How can it be bad if reserved seats and posts are snatched away by the creamy layer of backward classes, if such snatching away unreserved posts by the top creamy layer of society itself are not bad?"*

Pandian J. says *"The above observation, in my view, is an apt reply to such a criticism with which I am in full agreement".*

> 38. *What the Supreme Court has directed is identification of the "creamy layer". This obviously means that we have not to take note of sprinklings of cream or the mere appearance of cream at the surface. Only when the "creamy layer" is substantial and stable, formed after crossing the Rubicon of social backwardness, then and then alone can it be made the basis for disentitlement. In such a situation, can it be said that adopting a rule of caution and erring on the right side is not justified? Apprehension has been expressed, and rightly, that applying the rule of exclusion on the ground of social advancement may be counter-productive, inasmuch as by excluding those who have become capable of facing the fierce competition for appointment in the services what will remain are those of the socially backward who are simply not equipped and ready to face the competition and this will have the effect of many of the reserved seats being left vacant.......*

Out of all the judgments in Indra Sawhney case, the Committee has chosen the Judgment of Justice Pandian who had not supported the concept of creamy layer Secondly, the Committee believed that the "creamy layer" must be substantially thick before it could be considered for removal. Further, in 2004, the Committee observes:

> "————*it is our considered view that when prescribing an income limit for excluding the creamy layer, it is to be ensured that the economic strength of the excluded section is sufficiently sound as to mean their social and educational standing* ***on par or comparable with the creamy layer sections among forward castes/communities,*** *so that they can compete on equal footings."*

It is criticized that the Committee is concerned with the welfare of rich, powerful, and advanced section of OBCsand least concerned about the welfare of really deprived, poor, and resource less OBCs whose share is lapped up by the creamy layer. In fact, with the present definition and methodology of implementation, only a few advanced and powerful OBCs could be kept out.

**The Inherent Pitfalls in the Criteria**

The criteria are not only ineffective but are also highly impractical. Let us have a look at the criteria prescribed and the reality:

(1) Presently, creamy layer definition is limited to one generation only, i.e., to parents only. Even if the grandfather is an IAS or an industrialist, it is not considered for definition of creamy layer.

(2) Creamy layer definition is used in relation to sons/daughters only. Even if a person is an IAS, he or she is considered backward life-long. There is no time cap by which such persons could be considered advanced.

(3) Husband's status is not considered to define advancement of a lady. Even if an OBC girl is married to an IAS officer, she will be backward life-long.

(4) Apart from few constitutional posts, none of the politicians has been included in the creamy layer. All the MPs and MLAs are considered backward. Even the ministers are considered backward[32].

(5) Almost all the Class II officers are excluded from creamy layer. Creamy layer principle is applicable only when both the father and mother of the candidate are Class II officer or either of them is promoted to Class I post before the age of 40 years, or either of them had a foreign assignment for more than 5 years. Even if, the total emoluments of the father/mother are more than 2.5 lakhs, creamy layer principle does not apply.

(6) In defense services, only Officers equal to above the rank of Colonel are considered in the creamy layer. The officers in lower ranks very well cross the upper income limit of 2.5 lakhs. Apart from income, the other facilities provided to such officers are also not taken into consideration.

(7) Income of husband and wife is not clubbed together to define creamy layer. If both the husband and wife earn Rs 2.40 lakhs each, creamy layer principle does not apply to their children.

(8) Income from salary and agricultural income is not clubbed together.

(9) Initially persons having irrigated land equal to or more than 65% of statutory ceiling limit of land were included in creamy layer.

Under pressure of powerful OBC land-owners, the limit was raised to 85%. In various States, the ceiling limit for irrigated land varies from 12 to 18 acres of irrigated land[33]. This is approximately 5 to 7 hectares (1 Acre = 0.404686 Hectares). As per current survey, only 3.6% land holdings in the country are above the size of 4.0 hectares[34]. Thus, practically a negligible proportion of population is covered with creamy layer definition which comprises only those people who may be equal only to the forward most of the advanced sections.

(10) Only Un-irrigated land, whatever may be the size, has not been considered to define creamy layer.

(11) Several States do not have upper ceiling limit.

(12) Mango, citrus, apple, and other similar plantations have been considered similar to agricultural land and same ceiling limit principle has been applied.

(13) The annual upper income limit was Rs 1,00,000 (one lakh) in the year 1993-94, which has been raised to Rs 2,50,000 in the year 2004. Now look at the income distribution of Indian Population[35]:

| Income Group | Approximate Annual Income of family (Rs) | Percentage of population |
|---|---|---|
| < BL | < 20,000 | 21.8 |
| PL to 2 PL | 20000-40,000 | 55.0 |
| 2 PL to 4 PL | 40,000-80,000 | 19.3 |
| >4 PL | > 80,000 | 4.0 |

(Official poverty line defined in terms of per capita expenditure of less than Rs 11.6 per person per day. The average family size is considered to 4 persons per family.)

In other words the data reveals the following:

About 21.8 % population is below poverty line.

Another 55% population is at poverty threshold.

Another 19.3 % population is just above poverty threshold.

Only 4.0% families have an income more than Rs 80,000 per year.

Out of these 4 % families, hardly 1% can be expected to be having an income of more than 2,50,000 per year. Considering the backwardness of OBCs, this number should be well below 1%. **Clearly, with present income limit , only less than 1% population can be excluded.** ***With the new ceiling of Creamy Layer raised to Rs 4.5 lakhs in the year 2008 by the GOI it is any body's guess as to what will be the percentage of creamy layer among OBCs that can be excluded from the benefits of job reservations. It will be practically nil.***

15. Previously, whenever State Governments applied the 'mean test' to exclude the advanced section of OBCs, Income Tax limit was the Gold Standard. Let us see what the NCBC has done:

| **Year** | **Annual income for Income Tax exemption (Annexure X )** | **Creamy layer definition in terms of annual income** |
|---|---|---|
| 1993 | 28,000 | 1,00,000 |
| 2004 | 50,000 | 2,50,000 |

The initial limit which itself was set to be very high (three and half times of income tax exemption limit) has been further raised (Five times of income tax exemption limit).

The above situation genuinely creates doubts in the mind of an average Indian as to :

1. Whether The Government of India and its policy makers ever really believed in the principle of 'creamy layer'.
2. Being compelled by the Supreme Court, the Government came out with incongruous definitions and vague parameters eor identification of creamy layer.
3. Or the ulterior motive of the Government is to provide benefits of reservation to the rich, advanced and powerful people among OBC castes.
4. Whether the Government is seriously concerned about the welfare of really deprived and backward people among the back ward castes.

## A Critique

We have, in this chapter, examined the enactments and rules made in favour of socially educationally backward classes for reservations in government services. These reservations are generally known as OBC reservations. Though the legislature has made its intention clear, the Bureaucracy or in other words the state machinery entrusted with the task of making rules (subordinate legislation) has introduced an element of subjectivity while officially making notifications. The vagueness apparent in the rules, for instance the creamy layer criteria, is more a result of deliberate effort than natural confusion.

The state machinery as a matter of fact, is the only agency concerned with laying down the detailed guidelines concerned with the nitty-gritty of legislation. The power of the subordinate legislation is so vast that it can interpret various provisions or clauses in the act and notify to the public and the same is taken as law. The gap between the intent of the legislature and the reality is often attributed to the mischievous machinations of the subordinate legislations. As it is evident in the creamy layer guidelines, sufficient care and caution was taken to exclude the advanced castes and their stakeholders from the area of creamy layer. This is by no means an accident. On the contrary, though it is difficult to prove on evidence, it is the design of the subordinate legislation which probably was goaded or pressurized either by the political leadership or by the influential stakeholders. The result is defeat of the intention of the legislature. In other words, the law intended that the social and educational backwardness of people in identified castes should be addressed and advancement of these classes be ensured ; the subordinate legislation by way of rule making power saw to it that the dominant interest among the SEBC are fulfilled by cleverly making provision to their exclusion from the creamy layer.

In a parliamentary democracy, though supremacy of the legislature is often orchestrated, in reality it is the domination of the Executive headed by the Council of Ministers and in turn the bureaucracy and the state machinery. The direct fall out of a click of this nature is the uncontrolled power of the Executive over the entire legislative process, from the beginning till the end. The 540 odd members of Parliament cannot, in normal circumstances, be expected to go through each and every provision of law or the rules made there-under before according legislative approval. It is natural that, in such an event, the intent of legislature gets distorted even to an extent of damaging the interest of the stakeholders.

The rules of reservation in favour of the backward classes made by the Executive as we discussed in detail, have enough room to accommodate the un-deserving persons in the scheme of benefits. A common man has no recourse to correct the Executive orders except by knocking at the door of the justice i.e. the courts. The tragedy is that irreparable loss will already have taken place before the impugned orders are set aside by the courts. As it is rightly said, 'justice delayed is justice denied.' For instance, before the anomalies or discrepancies are corrected, the stakeholders especially for government services either turn over-aged or the employment opportunities are closed. Because recruitments to the government services have strictly laid down procedures with cut off dates for age, for qualification, etc. The reservation laws and rules suffering from inherent defects surely must have caused irreparable damage to many stakeholders. Data in support of such a conclusion need not be compiled for the inherent defects in the rules are self-prophetic.

The intent of legislature cannot be said to be absolutely clean and impartial either. For instance, raising the income limit for *creamy layer* category from Rs.1.00 lakh to 4.50 lakhs per annum cannot be said to be based on objective assessment of a given situation. It is more a result of political expediency than a reasoned out conviction. If the laws and rules of the state suffer from bias or partiality, the avowed objective of advancement of socially educationally backward classes ends up in farce. Government services are the only source of empowerment for the backward classes as it is futile to expect employment of these classes in the private sector dominated by 'Manu' governed social structure. Hence, it is even worse, when the state itself is not sincere in its intention to help these deprived classes when it makes legislations and rules that are eclipsed by sectarian and political motives.

The reservation laws enacted and the subsequent rules pronounced by the state, as we know, are meant for the advancement of socially educationally backward classes (SEBC). The discussion we had in this chapter on the criteria for identification and for exclusion of the affluent stakeholders drives us to a conclusion that the backward classes have some castes with typical identities which are economically and educationally advanced. The reason is simple. In the criteria for identification or exclusion of beneficiaries the state through creamy layer concept had managed to provide enough ropeways to include the dominant sections of backward classes. This otherwise indicates that there are people with high positions in government services or paramilitary forces, ministerial positions, landownership, business etc., who have higher level of existence in comparison to many castes within the backward classes. Secondly the concept of creamy layer pre-supposes a possible existence of creamy layer which is to be excluded from the benefits of reservation. It is pertinent to note here that the implementation of reservation for backward classes as per Mandal Commission's recommendations began in year 1990 whereas the creamy layer concept came into operation in the not later than in year 1993; thereby it indicates that the backward classes as a whole are not actually backward if backwardness means, in social and educational terms, a deprivation which is seen in case of scheduled castes and scheduled tribes. There has been a relatively affluent section in the so called backward classes in the country for decades which is not actually backward. However, by virtue of inclusion in the list by the Commission, the entitlement followed as a natural consequence. This is precisely a philosophy behind exclusion which the Supreme Court relied upon in expounding the concept of creamy layer.

It is quite evident that the dominant sections in the backward classes which are otherwise economically and educationally advanced still want to gain from the policy. The criteria adopted for defining creamy layer precisely indicates such an unholy mechination, of course with the connivance of the state or the subordinate legislation. If the principle of exclusion as propounded by the Supreme Court does not translate itself into action, the very purpose of protective discrimination for backward classes remains nullified. But the tragedy is that affluent sections have been successful in thwarting the spirit of the judgment of the Supreme Court with the help of political parties. The categories of exclusion and the frequent raising of income limit with regard to creamy layer are glaring examples. For whose sake is the reservation any way? This is a natural question that needs to be sincerely addressed.

## Notes

1. Indira Sawhney vs. Union of India 1992 SCC (L & S) Supp. 1.
2. DOP&T, OM No. 36012/31/90-Estt. (SCT), dt. 13.8.1990 (Annexure 21.3)
3. DOPT, OM No. 36012/31/90-Estt. (SCT), dt. 13.8.90, (Annexure 21.3), O.M. No. 36012/22/93-Estt. (SCT), dt. 8.9.93 (Annexure 21.8) and DOPT, O.M. No. 36012/52/93-Estt. (SCT), dt. 13.1.95 (Annexure 21.5).
4. DOPT, OM No. 36012/27/94-Estt. (SCT) dt. 13.5.94 (Annexure 21.6).
5. DOPT, OM No. 36012/2/93-Estt. (SCT) dt. 2.2.1993 (Annexure 21.7).
6. Writ Petition (Civil) No. 930 of 1990.
7. DOPT, OM No. 36012/22/93-Estt. (SCT), dt. 8.9.1993 (Annexure 21.8).
8. DOPT, O.M. No. I 36033/3/2004-Estt.(Res.) dt. 9.3.2004. (Annexure 21.8A).
9. DOPT Ltr. No. 36033/5/2004-Estt. (Res.) dt. 14.10.2004.(Annexure 21.8B).
10. DOPT, OM No. 42014/10/94-Estt.(SCT), dt. 13.10.94 (Annexure21.11).
11. DOPT, OM No. 43013/2/95-Estt.(SCT), dt. 7.2.95 (Annexure 21.12)
12. DOPT, Cir. No. 2-1/2001-WL/Sports, dt.26.4.2002 (Annexure 21.11A).
13. DOPT. OM No. 36012/22/93-Estt.(SCT), dt. 22.10.1993 (Annexure 21.9).

14. DOPT, OM No. 36012/22/93-Estt. SCT, dt. 30.12.93 (Annexure 21.12).
15. DOPT. OM No. 36012/22/93-Estt.(SCT), dt. 15.11.93 (Annexure 21.15).
16. DOPT, OM No. 36012/22/93-Estt. (SCT), dt. 15.11.93 (Annexure 21.15A).
17. Min. of Social Justice & Empowerment Lr. No. 12017/1/2002-BCC dt. 25.11.2002 (Annexure 21.15A).
18. DOPT, OM No. 36033/4/97 (SCT), dt. 10.5.1995 (Annexure 21.16) and DOPT O.M. No. 36033/4/97-Estt. (Res) dt. 25.7.2003 (Annexure 21.16A).
19. DOPT, O.M. No. 36033/4/97 (Res.) dt. 25.7.2003 (Annexure 21.16A), also refer O.M. No. 36011/3/2005 Estt. (Res.) dt. 9.9.2005 (Annexure 4.15).
20. DOPT, OM No. 42011/18/96-Estt. (Res.), dt. 6.3.97 (Annexure 21.17).
21. DOPT, OM No. 42011/18/96-Estt. (Res.), dt. 1.10.97 (Annexure 21.18).
22. DOPT O.M. No. 36033/2/2006-Estt (Res.), dt. 25.4.2006 (Annexure 21.19).
23. *Chattar Singh and Others Vs. State of Rajasthan and Ors.* C.A. No. 13118 of 1996 decided on 24.9.1996.
24. *MCD vs. Veena & Others. C.A. No. 3045 and other C.As of 1998, 2001 SCC (L&S) 992 decided on 14.8.2001.*
25. Vice Chairman, Kendriya Vidyalaya vs. Girdharilal Yadav CA No. 2785 of 2004.
26. For clarifications regarding creamy layer amongst OBCs, refer DOP&T Lt. No. 36033/5/2004-Estt. (Res.) dt. 14.10.2004.
27. Text of DOP & T,O.M. No. 36012/22/93-Estt. (SCT), dt. 8.9.1993.
28. Vide Ministry of Social Welfare Resolution No. 12011/68/93BCC(C), dt. 10.9.1993. See Appendix II in the end of the Book.
29. Text of DOPT, O.M. No. 36033/3/2004-Estt. (Res.), dt. 9.3.2004.
30. Text of DOPT, Ltr. No. 36033/5/2004-Estt. (Res), dt. 14.10.2004.
31. Press Trust of India / New Delhi October 3, 2008, 19:02 IST.
32. Sh.Chander Vijay vs Union of India W.P. (C). No. 1085/2003, HC, Delhi Judgement dt. 2.2.2001.
33. Annexure VII: State-wise ceilings on land holdings in India (2004). Source: Agricultural Statistics at a Glance 2004, Ministry of Agriculture, Government of India.
34. Annexure VIII: Land distribution in India. Source: NSS Report No. 515: Employment and Unemployment Situation in India, 2004, 2005. (page 29). Report No. 515(61/10/1)
35. Report on Conditions of Work and Promotion of Livelihoods in the Unorganized Sector National Commission for Enterprises In the Unorganized Sector Website: www. nceuis.nic.in.

# 6

# Chhattisgarh and the Backward Classes

## Historical Background[1]

History of Chhattisgarh was not actually connected to the rest of India's history. Ratanpur (currently in Bilaspur Dist.) was the ancient capital of Chhattisgarh. This area was under the Kalchury dynasty rule for seven consecutive centuries from ninth century onwards. They were great builders of Hindu temples. Ratanpur, Pali and Sheorinarayan were famous seats of learning, for which the ruins of old temples and sculptures at these places bear testimony.

The dark age of education in Chhattisgarh was under Maratha administration from 1758 to 1818. The Nagpur government under the Bhonsales gave no support for the encouragement of education. Public schools were not established, nor were grants given to teachers. Private arrangements were made for the education of their wards by the upper class of the society. Wandering Brahmanas and pundits, learned in Shastras, received presents occasionally.

After the formation of Central Province in 1861 with Nagpur as capital, Chhattisgarh was its division along with three others viz. Nagpur, Jabalpur and Narmada. The then Chhattisgarh division was comprised of Raipur, Bilspur, Sambalpur and North Godavari. The administrative officer in each district was Deputy Commissioner.

Education was much neglected before Independence in the region of Chhattisgarh. The Education Department in Central Province came into existence in 1862 headed by Director of Public Instruction. Later on, the designation was changed to the Inspector General of Education. He is to assist the Chief Commissioner of the State regarding affairs of education within the State.

Arrangements were made for the opening of 'Zilla Schools' at the headquarters of the district and 'Tehsil Schools' at the headquarters of subdivisions. In order to meet the scarcity of trained teachers, it was decided to open Normal Schools at every district headquarters. The languages used in the Education Department were Urdu and Hindi. The management and inspection of the schools was subject to Deputy Commissioner of the district. To assist him, a trained official of the Education Department was placed. The Normal School at Bilaspur was opened in 1883. Before acquiring the building by the honourable State High Court in the year 2000, Government Basic Training Institute (Primary Grade Teachers Training Centre) was running on there.

Initially the Primary Education had two wings; Primary English Education and Primary Vernacular Education. In general, all the Primary English Schools were privately managed, but those which are attached to Middle Schools got grants from the Education Department. All the High Schools were Anglo-Vernacular. The first Arts and Matriculation Examinations were conducted by the Calcutta University; and the Middle School Examination by the Inspector-General of Education. By the Government of India Resolution, on the recommendations of Hunter Commission 1883, the management of Departmental Rural Schools was placed under the District Councils and Local Bodies. By the year 1885, each school had its School Committee for its management. The Municipalities supported many Secondary and Primary Schools.

A general change in the pattern of education was witnessed as a consequence of the recommendations of Educational Conference at Simla in 1901. The State Government abolished the Middle Schools Examination and substituted an examination in situ for the present system of Primary School Examination. There were several Boards and Committees constituted, aiming at reforming the existing system of education. The most important amongst them was the enactment of the Compulsory Primary Education Act 1920. The Act empowered the Local Bodies to enforce compulsory Primary Education in areas under their respective jurisdictions. For this purpose, special budgetary allocation was also made. According to the recommendations of the Curricula Committee of 1921, the syllabi of the Primary and Secondary Education were revised. The existing five-year course of Primary Education was replaced by a four-year course to which were added subjects like Drawing, Gardening and Hand-work.

With the introduction of Vidya Mandir Scheme by the then Education Minister Pt. Ravishankar Shukla in 1937, Primary Education went a step further. The scheme contemplates that a village or a group of villages within a radius of one mile, having no school, and having not less than 40 children of school going age, shall have a Vidya Mandir. The Syllabus Committee on the lines of the Zakir Hussian Recommendations prepared a four-year course. This was followed by the acceptance of the Basic National Education Syllabus by the Provincial Government in 1938-39. A special post of Vidya Mandir Officer was instituted in 1940. Later on, Vidya Mandirs were placed under the charge of the Assistant District Inspector of Schools. But during the forties of the Twentieth Century, education in general suffered a setback on account of World War-II, when the inspecting staff of the districts was required to function as Soldier Recruiting Officers. The temporary retardation was overcome by the year 1945.

**Creation of Chhattisgarh[2]**

Creation of Chhattisgarh State was a pleasant event for all the residents of the region. It was a long standing demand of all the people of the land. The Congress Government of Madhya Pradesh took the first institutional and legislative initiative for the creation of Chhattisgarh. On the 18 of March 1994, a resolution demanding a separate Chhattisgarh was tabled and unanimously approved by the Madhya Pradesh Vidhan Sabha. Both the Congress and the Bhartiya Janta Party supported the resolution. The election manifestos of the Congress and the BJP for both the 1998 and the 1999 parliamentary elections as well as the Madhya Pradesh assembly election of 1998 included the demand for creation of separate Chhattisgarh. In 1998, the BJP led Union Government drafted a bill for the creation of a separate state of Chhattisgarh from sixteen districts of Madhya Pradesh. This draft bill was sent to the Madhya Pradesh assembly for approval. It was unanimously approved in 1998, although with certain modifications. The union government did not survive and fresh elections were declared. Consequently the bill could not get clearence from Govt. of India. The new National Democratic Alliance (NDA) government sent the redrafted separate Chhattisgarh Bill for the approval of the Madhya Pradesh Assembly, where it was once again unanimously approved and then it was tabled in the Lok Sabha. This bill for a separate Chhattisgarh was passed in the Lok Sabha and the Rajya Sabha, paving the way for the creation of a separate state of Chhattisgarh. The President of India gave his consent to The Madhya Pradesh Reorganisation Act 2000 on the 25 of August 2000. The Government of India subsequently set the First day of November 2000 as the day on which the state of Madhya Pradesh would be bifurcated into Chhattisgarh and Madhya Pradesh. Many political observers have commented on the relatively peaceful manner in which the Chhattisgarh state has been created.

A combination of factors that paved the path for a separate state. The long standing demand and the movement for Uttarakhand and Jharkhand which led to the acceptance of separate states for these two regions, created a favourable environment for the separate Chhattisgarh demand. Therefore, the creation of Chhattisgarh coincided with the creation of these two states and became a concurrent process. Another important factor was a clear acceptance within and outside that Chhattisgarh had a distinct socio-cultural regional identity. A consensus had evolved and emerged on the distinctiveness of Chhattisgarh strenthening the move for bifurcation of Madhya Pradesh. The consensus regarding the distinctiveness of Chhattisgarh did not remain limited to its socio-cultural identity. All over Madhya Pradesh, the consensus on a need for separate Chhattisgarh was also carefully developed. This consensus cuts across geographical regions castes, classes and political parties.

A feeling of relative deprivation in relation to other well developed parts of the then Madhya Pradesh had also developed in the region and a separate state was felt imperative for development of the region. Unlike in the case of certain States such as Andhra Paradesh which have witnessed violent outburst for a separate Statehood, Chhattisgarh did not have to have a bloody battle for Statehood. The silent majority's voice for Statehood had reached the relevent forums and was translated into action on 1st Nov. 2000.

**New Chhattisgarh in India–Emerging Socio-Cultural Identity[3]**

The socio-religious reform movements and the tribal rebellions, have greately contributed to consciousness in the region. Guru Ghasidas clearly articulated the need to consolidate and create regional consciousness and solidarity to fight against exploitation. Similarly, other sects with their message of equality and solidarity also influenced the unfolding regional narrative. The tribal rebellions deeply affected the political, social and economic discourse of Chhattisgarh. The issue of people's rights over local resources was brought to centre stage. It also raised the fundamental question of identity and preserving traditional culture and way of life. The evolution and formation of a formal Chhattisgarh identity coincided with the national movement and it was in this period that the process of crystallisation of a Chhattisgarh identity was initiated, and a distinct identity started emerging and taking definite shape in the social and cultural sphere. Pandit Sunderlal Sharma, Thakur

Pyarelal Singh and Khub Chand Baghel were members of the Indian National Congress and some of the prominent leaders of the national movement in Chhattisgarh. These leaders did not confine themselves merely to political activity; they were involved in initiating as well as actively participating in socio-cultural reform movements. These leaders also reiterated the fact that Chhattisgarh had a distinct socio-cultural identity and used this as a base for reform encouraging the formation of a Chhattisgarhi consciousness amongst the masses through literacy drives, cultural activities and social reform programmes.

The literature of the period also reflected the search for an attempt to establish a distinctive identity. As eariy as 1901, M R Sapre from Pendra Road published a magazine called 'Chhattisgarh Mitra' which focussed on the region. Khub Chand Baghel who was waging a struggle against untouchability wrote plays called 'Jarnail Singh' and 'Unch Neech'. During this period, leaders were also writing plays that focussed on social issues in the context of Chhattisgarhi identity. Pt. Sundarlal Sharma wrote 'Daan Lila' and R.C. Deshmukh wrote 'Naacha' and 'Gumbad'. Vaman Rao Deshmukh, an important cooperative leader of the times was specifically writing about the identity of Chhattisgarh.

Pandit Sundar Lala Sharma, who was one of the most prominent leaders of Central India, fought against the caste system and worked continuously for an improvement in the condition of dalits. In 1917, he broke the forest laws in Sihawa with the support of the tribals. Three years later, in 1920, Pt. Sharma initiated the Nahar Satyagrah in Kandal village, Durg district, against the tax on water. In 1925, he entered a temple with a group of dalits. Thakur Pyarelal Singh, also known as the father of the cooperative movement in Chhattisgarh, was a Gandhian with a reformatory zeal. He organised the first labour movement of Chhattisgarh in Rajnandgaon in 1920. This movement was started to demand a fixed number of working hours. Later in the same region, the second and the third labour movement of 1924 and 1925 were also organised under the leadership of Pyare Lal Singh.

By the time India gained Independence in 1947, the discourse on regional identity had changed its focus from social reform movements to the issue of exploitation of Chhattisgarh. Multiple channels of expression of this demand were used. A journal called 'Chhattisgarh Chhatisgarhion Ka or Chhattisgarh belongs to the people of Chhattisgarh was started by Khub Chand Baghel. Another journal called 'Chhattisgarh Atma Ki Pukar' or the voice of the Soul of Chhattisgarh which also dealt with the same issues was also published and is especially looked into the significance of possessing a cultural identity and initiated a movement for establishing pride in Chhattisgarhi culture. In 1956, Chedi Lal Barrister with the support of Khub Chand Baghel organised the Chhattisgarh Mahasabha at Rajnandgaon. This meeting was attended by members of all parties and was supported by various caste groups and associations of Chhattisgarh. It is reported that the Mahasabha was attended by more than 50,000 people. The Mahasabha passed a resolution stating that the 'Art and Culture of Chhattisgarh should get fair opportunity to grow'. A decision to launch the journal ''Chhattisgarh' was taken. The Mahasabha unanimously resolved to work towards solving the problems of the region as well as to struggle for the rights of Chhattisgarh.

The movement for consolidating the Chhattisgarh identity has continued through the decades. It would become dormant for some years and then again erupt in some other district. It is therefore, impossible to create a linear pattern of the creation of Chhattisgarh identity. However, it is important to underscore that the multilayered and multilateral process of formulating and expressing Chhattisgarhi identity took place over a long period of time. Various other political and non-political formations have, within the framework of their ideological positions and worldview, been working towards the formation of an identity for Chhattisgarh.

Chhattisgarh Samaj an organisation formed under the umbrella of the Sarva Samaj Samiti was working for the development of a political, social and cultural consciousness of Chhattisgarh. Since the late sixties the Samaj has been publishing a weekly news paper in Chhattisgarhi through which they have been working for the growth of the Chhattisgarhi language. Through the different wings of the Samaj, an attempt is being made to spread regional consciousness which they believe will then translate into the development of Chhattisgarh.

A diametrically opposite non-party political formation struggling for the identity of Chhattisgarh is Chhattisgarh Mukti Morcha or the CMM. This mass based people's movement started as a trade union movement and then moved on to link the exploitation of the region to the fact that its cultural identity had been suppressed. Gradually the movement started focussing on the struggle of Chhattisgarh against the exploitative oppressive and hegemonic mainstream. On 19 December, 1979, in an attempt to link the tradition of struggle to the ethos of Chhattisgarh, the CMM then the CMSS, initiated the tradition of observing Shahid Vir Narain Singh's date of execution by the British as martyr's day.

The identity of Chhattisgarh has been created and evolved through a complex process that has largely charted its own course. A combination of cultural, historical, social economic and political factors have contributed to this process. The wide pluralities of cultures, traditions, histories and customs existing in the region have combined to form a unique mixture that has fed into the development of the Chhattisgarh ethos and identity. However, the key point is that the identity of Chhattisgarh cannot be viewed as separate form the people of Chhattisgarh. It is important to note that the Chhattisgarh identity has been asserted in different forms and has become more pronounced in adverse circumstances manifesting itself especially as protest against exploitation. Dr. H.L. Shukla distinguishes between self image and other image for a more holistic understanding of Chhattisgarh identity and ethos. It is imperative to synthesize and blend the two images to understand the priorities and challenges facing new Chhattisgarh. The identity of Chhattisgarh is an inclusive identity, in spite of the movement being for Prathak Chhattisgarh. There exists in the Chhattisgarh identity while being sensitive towards as well as protecting and preserving the plurality of customs, traditions and cultures.

**Backward Classes (Castes) in Chhattisgarh**

Before venturing to give an account of backward castes in Chattisgarh, it will be prudent to refer to R.V. Russell, the authority on castes and tribes in Central India. Russell in his work refers to virtually all Backward (Castes) Classes though there was no such nomenclature in Central India. (*'The Tribes and Castes of the Central Provinces of India' (Vol.II.) Macmillan and Co., Limited St. Martin's Street, London. 1916)* Russell enumerates the following castes (with page Nos.) which are backward castes today :

- Agaria (Iron-worker) 3
- Agharia (Cultivator) 8
- Aghori (Religious mendicant) 13
- Ahîr (Herdsman and milkman) 18
- Andh (Tribe, now cultivators) 38
- Arakh (Hunter) 40
- Atâri (Scent seller) 42
- Audhelia (Labourer) 45
- Badhak (Robber) 49
- Bahna (Cotton-cleaner) 69

- Baiga (Forest tribe) 77
- Bairâgi (Religious mendicants) 93
- Balâhi (Labourer and village watchman) 105
- Balija (Cultivator) 108
- Banjâra (Pack-carrier) 162
- Barai (Betel-vine grower and seller) 192
- Barhai (Carpenter) 199
- Bâri (Maker of leaf-plates) 202
- Basdewa (Cattle-dealer and religious mendicant) 204
- Basor (Bamboo-worker) 208
- Bedar (Soldier and public service) 212
- Beldâr (Digger and navvy) 215
- Beria (Vagabond gipsy) 220
- Bhaina (Forest tribe) 225
- Bhâmta (Criminal tribe and labourers) 234
- Bharbhûnja (Grain-parcher) 238
- Bharia (Forest tribe) 242
- Bhat (Bard and genealogist) 251
- Bhatra (Forest tribe) 271
- Bhil (Forest tribe) 278
- Bhilâla (Landowner and cultivator) 293
- Bhishti (Water-man) 298
- Bhoyar (Cultivator) 301
- Bhuiya (Forest tribe) 305
- Bhulia (Weaver) 319
- Bhunjia (Forest tribe) 322
- Binjhwâr (Cultivator) 329
- Bishnoi (Cultivator) 337
- Chadâr (Village watchman and labourer) 400
- Chamâr (Tanner and labourer) 403
- Chasa (Cultivator) 424
- Chauhân (Village watchman and labourer) 427

- Chhîpa (Dyer and calico-printer) 429
- Chitâri (Painter) 432 [vii]
- Chitrakathi (Picture showman) 438
- Cutchi (Trader and shopkeeper) 440
- Dahâit (Village watchman and labourer) 444
- Chadâr (Village watchman and labourer) 400
- Chamâr (Tanner and labourer) 403
- Chasa (Cultivator) 424
- Chauhân (Village watchman and labourer) 427
- Chhîpa (Dyer and calico-printer) 429
- Chitâri (Painter) 432 [vii]
- Chitrakathi (Picture showman) 438
- Cutchi (Trader and shopkeeper) 440
- Dahâit (Village watchman and labourer) 444
- Daharia (Cultivator) 453
- Dângi (Landowner and cultivator) 457
- Dângri (Vegetable-grower) 463
- Darzi (Tailor) 466
- Dewâr (Beggar and musician) 472
- Dhâkar (Illegitimate, cultivator) 477
- Dhangar (Shepherd) 480
- Dhânuk (Bowman, labourer) 484
- Dhanwâr (Forest tribe) 488
- Dhîmar (Fisherman, water-carrier, and household servant) 502
- Dhoba (Forest tribe, cultivator) 515
- Dhobi (Washerman) 519
- Dhuri (Grain-parcher) 527
- Dumâl (Cultivator) 530
- Fakîr (Religious mendicant) 537
- Daharia (Cultivator) 453
- Dângi (Landowner and cultivator) 457
- Dângri (Vegetable-grower) 463

- Darzi (Tailor) 466
- Dewâr (Beggar and musician) 472
- Dhâkar (Illegitimate, cultivator) 477
- Dhangar (Shepherd) 480
- Dhânuk (Bowman, labourer) 484
- Dhanwâr (Forest tribe) 488
- Dhîmar (Fisherman, water-carrier, and household servant) 502
- Dhoba (Forest tribe, cultivator) 515
- Dhobi (Washerman) 519
- Dhuri (Grain-parcher) 527
- Dumâl (Cultivator) 530
- Fakîr (Religious mendicant) 537

Many of the above castes enumerated by Russell exist in Chhattisgarh too, as it was a part of Central India and today most of these castes are included in the list of Other Backward Castes. Chhattisgarh was a part of erstwhile Madhya Pradesh, which later in the year 2000 got separated from Madhya Pradesh and came into existence as an independent state. The Census of India conducted after every 10 years does not have cast census because of which nowhere in the country exact number of OBC castes or the number of people belonging to communities is available, let alone Chhattisgarh. The only data available in this regard is the census conducted by the British Government in 1931. Chhattisgarh existed as a Administrative Unit during pre independent British Government.

**Castes as per 1931 Census**

The following table showing different casts that can be categorized in OBC in the year 1931 depicts the prevalent caste wise population in those days in Chhattisgarh. The total population of Chhattisgarh at the time was 6190121. Ahir (yadav) community was prominent with 1,00,161 in Raipur while in Bilaspur it was 1,25,365. The total population of the Ahir was 521426. Similarly, the population of Brahmins was 102462, where as Chamar population was 3,05,458 constituting 4.9 percent of total population. Dhobi cast constituted 1.6 percent where as Kalar community was 1.6 %.

**Table 6.1 : Different Castes in Bcakward Classes in 1931 Census**

| Cast | Raipur | Bilaspur | Durg | Rajnand-gaon | Khaira-gadh | Total |
|---|---|---|---|---|---|---|
| Sahu | 211631 | 101007 | 155520 | 39049 | 22139 | **529346** |
| Yadav | 161610 | 125365 | 74035 | 17998 | 14237 | **393245** |
| Panaka | 29829 | 71773 | 12453 | 2610 | 2448 | **119113** |
| Mali | 57402 | 49410 | 28680 | 5680 | 5242 | **146414** |
| Kurmi | 55601 | 64329 | 40584 | 844 | 1699 | **163057** |
| Kevat | 61215 | 49901 | 35285 | 7047 | 5011 | **158459** |
| Calar | 20170 | 13213 | 15468 | 3024 | 3872 | **55747** |
| Dhobi | 18882 | 29294 | 14034 | 3069 | 3184 | **68463** |
| Lohar | 16677 | 12244 | 10044 | 2655 | 1584 | **43204** |
| Lodhi | 1385 | 8091 | 13132 | 5955 | 21850 | **50413** |
| Kosti | 16514 | 14901 | 14208 | 3706 | 2020 | **51349** |
| Nai | 14005 | 14052 | 8867 | 2350 | 2074 | **41348** |
| Dheemar | 21182 | 10661 | 6929 | 718 | 407 | **39897** |
| Kumhar | 13560 | 898 | 4803 | 798 | 617 | **20676** |
| **Total Population** | **699663** | **565139** | **434042** | **95503** | **86384** | **1880731** |

As per 1931 census, out of the total, population of Chhattisgarh was 619012.

The major percentages of the above Other Backward Castes are as under[4]

**Table 6.2**

| Sl. | Name of the Caste | Population | Percentage |
|---|---|---|---|
| 1. | Sahu | 581073 | 9.39% |
| 2. | Yadav | 521426 | 8.42% |
| 3. | Panka | 198868 | 3.21% |
| 4. | Mali | 188733 | 3.05% |
| 5. | Kurmi | 182447 | 2.95% |
| 6. | Kevat | 181638 | 2.93% |
| 7. | Calar | 99506 | 1.61% |
| 8. | Dhobi | 84186 | 1.36% |
| 9. | Lohar | 70280 | 1.14% |
| 10. | Lodhi | 58697 | 0.95% |
| 11. | Kosta | 57831 | 0.93% |
| 12. | Nai | 49662 | 0.80% |
| 13. | Deemar | 40700 | 0.66% |
| 14. | Kumhar | 37363 | 0.60% |
| 15. | Bairaghy | 28203 | 0.46% |
| 16. | Sonar | 21949 | 0.36% |
| 17. | Gosai | 11443 | 0.18% |
| 18. | Kamar | 8196 | 0.13% |
| 19. | Dharjee | 3934 | 0.06% |
| 20. | Otlher Muslim & Christian | 807544 | 13.04% |
| | Grand Total | 3233719 | 52.24% |

In the above table, we can find Sahu caste standing as the most prominent backward caste with 9.39%, followed by Yadav's with 8.42 and Panaka with 3.21 percentages. After the above communities Mali with 3.06%, Kurmi with 2.95 & Kevat with 2.93% form the general lot of backward castes. Other communities such as Calar, Dhobi, Lohar, Lodhi, Kosta, Nai, Dheemar, Kumar etc., were less than 1%. Muslims & Christians constituted 13.04%.

## Caste-wise OBC Population in the State

As per the above statistics the percentage of major backward communities in Chhattisgarh are as under in the total population.

**Table 6.3**

| Name of the Caste | Percentage | Name of the Caste | Percentage | Name of the Caste | Percentage |
|---|---|---|---|---|---|
| Sahu | 12.9% | Yadav | 9.6% | Panka | 2.9% |
| Mali | 3.58% | Kurmi | 3.99% | Kevat | 3.87% |
| Calar | 1.36% | Dhobi | 1.67% | Lohar | 1.03% |
| Lodhi | 1.23% | Kosta | 1.13% | Nai | 1.01% |
| Dheemar | 0.97% | Kumhar | 0.5% | | |

**Table 6.4. Other OBC Population in Chhattisgarh as per 1931 census**

| S. No. | Name of the Caste | Population | | | | | |
|---|---|---|---|---|---|---|---|
| | | Raipur | Bilaspur | Durg | Khaira-garh | Chui-kadan | Sarguja |
| 1. | Dhobi | 18882 | 29294 | 14034 | - | - | - |
| 2. | Lohar | 16677 | 12244 | 10044 | - | - | - |
| 3. | Lodhi | - | 8091 | 13132 | 21850 | 6134 | - |
| 4. | Kosta | 16154 | 14901 | 14203 | - | - | - |
| 5. | Nai | 14005 | 14052 | 8887 | - | - | - |
| 6. | Dheemar | 21182 | 10661 | 6929 | - | - | - |
| 7. | Kumhar | 13560 | - | 4803 | - | - | 6670 |

## Backward Classes in Chhattisgarh

The Information about the various OBC communities and their political awareness with regard to reservation struggle is extremely scant and virtually unavailable in the State of Chattisgarh. But for the caste census data available due to 1931 Census, there is no authentic information in as much as numerical strength of OBCs is concerned. The then District wise break up data of OBCs in 1931 as shown above underline the ubiquitous presence of backward castes in the State. Figures with regard to numerical strength of OBCs that are in circulation by unauthenticated sources are basically a projection made on a notional basis with relation to increase in the demographic data in the last 70 years up to 2001 census. This projection appears more need based than surveyed for obvious reasons. In 1991 census the population of Chhattisgarh was 1,76,14,918 as where in 2001 census it was more than 2 crores and 6 lakhs. As per 1991census the total number of scheduled castes was 21,48,358, which is 12.2% in total population. On the other hand the population of scheduled tribes was 87,17,124 which is 32.4%. Both SC and ST would thus sum up to 44.6% leaving the remaining 55.4% for others including upper castes and OBC.

The census of 2001 puts the population of State at 20833803 totals while S.C. and STs constitute 6616596 and 2418722 respectively, adding up to 43.55 percentages together. The remaining 56.45% is inclusive of OBCs which constitute not less than 50% as the upper castes in India are always a minority. Ramji Mahajan Commission provides us with Table 6.5.

Chhattisgarh was a part of erstwhile Madhya Pradesh. It was late in 1980 Aug. 19 that first ever time the Backward Caste Commission headed by B.P.Mandal visited Madhya Pradesh. Mandal's mission was to study the social and educational conditions of backward castes in M.P. The Commission after concluding its visit and study had commented on the state of Backward Castes in M.P. as pitiable as no effective steps were taken to ameliorate their conditions while many other states went ahead much before in this regard( ). Then Chief Minister Mr. Arjun Singh has assured positive action in this matter and consequently during the monsoon session of the State assembly a Committee was constituted under the chairmanship of Mr. Ramji Mahajan with a mandate to suggest measures to improve the social and education conditions of backward castes. The committee so constituted was converted into a Commission on 5th Sept.1980 with 10 members including the chairman. The political dynamics of post Mandal scenario was separately described in earlier chapter where developments with regard to legislation were discussed. The report of the Commission headed by Ramji Mahajan submitted it's report in December 1983. The Caste-wise representation in Govt. Services was documented after a detailed survey by the Commission in table 6.6.

**Table 6.5. Tentative Figure of OBC in Caste wise Districts in Chhattisgarh[5] (Based on Year 1982 statistics in District)**

| S. No. | Caste/ Group | Raipur | Durg | Bilaspur | Raigarh | Sarguja | Baster | Total |
|---|---|---|---|---|---|---|---|---|
| 1 | Ahir | 408357 | 187238 | 317009 | 146606 | 0 | 88 | **1059298** |
| 2 | Baraee | 0 | 0 | 0 | 106 | 0 | 23 | **129** |
| 3 | Banjara | 13439 | 215 | 8181 | 5996 | 0 | 0 | **27831** |
| 4 | Badai | 0 | 137 | 0 | 106 | 0 | 23 | **266** |
| 5 | Bairagi | 16807 | 7489 | 23273 | 7997 | 0 | 2 | **55568** |
| 6 | Basudeo | 0 | 0 | 0 | 0 | 0 | 5 | **5** |
| 7 | Bad-bhunja | 5219 | 20 | 250 | 56 | 0 | 0 | **5545** |
| 8 | Bhoi | 210670 | 107006 | 165152 | 36925 | 2133 | 12393 | **534279** |
| 9 | Bhoyer | 0 | 0 | 827 | 0 | 0 | 0 | **827** |
| 10 | Chhipee (Darji) | 0 | 638 | 4602 | 701 | 0 | 73 | **6014** |
| 11 | Dhobi | 47265 | 35506 | 74114 | 18568 | 400 | 5151 | **181004** |
| 12 | Mewati | 483 | 0 | 901 | 68 | 0 | 0 | **1452** |

*contd...*

| S. No. | Caste/ Group | Raipur | Durg | Bilaspur | Raigarh | Sarguja | Baster | Total |
|---|---|---|---|---|---|---|---|---|
| 13 | Kirar (Dhakad) | 0 | 0 | 0 | 0 | 0 | 10876 | **10876** |
| 14 | Koshta/ Koshti | 41990 | 35982 | 37729 | 4189 | 0 | 34987 | **154877** |
| 15 | Gusanee | 6611 | 4395 | 9981 | 1523 | 147 | 329 | **22986** |
| 16 | Gujar | 5 | 0 | 114 | 0 | 0 | 0 | **119** |
| 17 | Luhar | 41631 | 25386 | 39977 | 23792 | 1859 | 16220 | **148865** |
| 18 | Sunar | 17179 | 9594 | 15954 | 2743 | 243 | 3026 | **48739** |
| 19 | Kachhi | 145422 | 72454 | 124999 | 34565 | 51 | 24842 | **402333** |
| 20 | Kumhar | 33214 | 12152 | 22433 | 16609 | 524 | 7739 | **92671** |
| 21 | Kurmi | 142522 | 102842 | 163172 | 17915 | 643 | 2016 | **429110** |
| 22 | Kamriya | 0 | 0 | 0 | 0 | 0 | 5 | **5** |
| 23 | Kalar | 50997 | 39129 | 33373 | 21892 | 2398 | 54747 | **202536** |
| 24 | Nai | 34425 | 22434 | 35680 | 8640 | 933 | 1584 | **103696** |

*contd...*

*contd...*

| S. No. | Caste/ Group | Raipur | Durg | Bilaspur | Raigarh | Sarguja | Baster | Total |
|---|---|---|---|---|---|---|---|---|
| 25 | Panka | 74455 | 31506 | 180513 | 67786 | 20794 | 0 | **375054** |
| 26 | Lodhhi | 0 | 33224 | 0 | 0 | 0 | 40 | **33264** |
| 27 | Teli | 535361 | 393463 | 255527 | 49937 | 0 | 15613 | **1249901** |
| 28 | **Muslim Community & Group** | | | | | | | |
| A | Pinjara, Behana, Dhunkar,Naddhak, dhuniya | 0 | 0 | 0 | 0 | 0 | 45 | **45** |
| | **Total** | **1826052** | **1120810** | **1513761** | **466720** | **30125** | **189827** | **5147295** |

**Table 6.6. Representation of Backward Classes in Government Services (As on 1st April, 1981)[6]**

| S No | Name of Caste | Number of persons working in 30 different departments | | | | Population in year 1982 | Total of Class 1,2,3 | Percentage out of total population of state | Percentage of total posts in Class 1,2,3 | Sufficient (+) Insufficient (-) |
|---|---|---|---|---|---|---|---|---|---|---|
| | | Class 1 | Class 2 | Class 3 | Class 4 | | | | | |
| 1 | 2 | 3 | 4 | 5 | 6 | 7 | 8 | 9 | 10 | 11 |
| 1 | Ahir | 12 | 4 | 2057 | 156 | 2738031 | 2072 | 5.124 | 1.836 | (-) |
| 2 | Asada | - | - | 5 | 1 | 835 | 5 | 0.002 | 0.004 | (+) |
| 3 | Bairagi | - | - | 20 | 4 | 253934 | 20 | 0.075 | 0.018 | (-) |
| 4 | Bari | 1 | 8 | 111 | 9 | 220812 | 120 | 0.413 | 0.106 | (-) |
| 5 | Banjara | - | - | 57 | 3 | 229203 | 57 | 0.429 | 0.050 | (-) |
| 6 | Badhai | 1 | 4 | 362 | 27 | 1222773 | 367 | 2.288 | 0.325 | (-) |
| 7 | Baari | 1 | 1 | 69 | 20 | 41283 | 71 | 0.077 | 0.063 | (-) |
| 8 | Vasudev | - | - | 1 | 1 | 1111 | 1 | 0.002 | 0.001 | (-) |
| 9 | Bhadbhunja | - | - | 4 | 2 | 27330 | 4 | 0.051 | 0.004 | (-) |

*contd...*

| S No | Name of Caste | Number of persons working in 30 different departments | | | | Population in year 1982 | Total of Class 1,2,3 | Percentage out of total population of state | Percentage of total posts in Class 1,2,3 | Sufficient (+) Insufficient (-) |
|---|---|---|---|---|---|---|---|---|---|---|
| | | Class 1 | Class 2 | Class 3 | Class 4 | | | | | |
| 10 | Bhat | - | 1 | 70 | 1 | 170340 | 71 | 0.319 | 0.063 | (-) |
| 11 | Bhavsar | - | 1 | 68 | 5 | 91889 | 68 | 0.172 | 0.061 | (-) |
| 12 | Bhoi | - | 3 | 411 | 211 | 1403472 | 414 | 2.626 | 0.367 | (-) |
| 13 | Bhoyar | - | 3 | 180 | 3 | 135738 | 183 | 0.254 | 0.162 | (-) |
| 14 | Bhurtiya | - | - | - | - | 1660 | - | 0.003 | - | (-) |
| 15 | Bhopa | - | - | - | | 314 | - | 0.001 | - | (-) |
| 16 | Bhtiyara | - | - | - | | 1660 | - | 0.003 | - | (-) |
| 17 | Chunkar | - | - | - | | 1660 | - | 0.003 | - | (-) |
| 18 | Chitari | - | - | - | | 3171 | - | 0.006 | - | (-) |
| 19 | Chhipi | 1 | 2 | 133 | 15 | 466409 | 136 | 0.873 | 0.120 | (-) |

*contd...*

| S No | Name of Caste | Number of persons working in 30 different departments | | | | Population in year 1982 | Total of Class 1,2,3 | Percentage out of total population of state | Percentage of total posts in Class 1,2,3 | Sufficient (+) Insufficient (-) |
|---|---|---|---|---|---|---|---|---|---|---|
| | | Class 1 | Class 2 | Class 3 | Class 4 | | | | | |
| 20 | Dhobi | - | 1 | 423 | 137 | 610827 | 424 | 1.143 | 0.375 | (-) |
| 21 | Mevati | - | - | 24 | 15 | 536323 | 24 | 1.004 | 0.021 | (-) |
| 22 | Kirar | 1 | - | 73 | 11 | 565473 | 74 | 1.058 | 0.065 | (-) |
| 23 | Gadariya | - | 2 | 239 | 43 | 752963 | 241 | 1.409 | 0.213 | (-) |
| 24 | Kadere | - | - | 6 | 1 | 74527 | 6 | 0.139 | 0.005 | (-) |
| 25 | Kosti | 2 | - | 253 | 20 | 249629 | 255 | 0.467 | 0.226 | (-) |
| 26 | Dholi | - | - | 2 | - | 31762 | 2 | 0.059 | 0.002 | (-) |
| 27 | Gusai | - | - | 85 | 5 | 106245 | 85 | 0.199 | 0.075 | (-) |
| 28 | Gurjar | - | 1 | 162 | 8 | 715254 | 163 | 1.339 | 0.144 | (-) |
| 29 | Lohar | - | 2 | 212 | 16 | 660614 | 214 | 1.236 | 0.190 | (-) |

*contd...*

| S No | Name of Caste | Number of persons working in 30 different departments | | | | Population in year 1982 | Total of Class 1,2,3 | Percentage out of total population of state | Percentage of total posts in Class 1,2,3 | Sufficient (+) Insufficient (-) |
|---|---|---|---|---|---|---|---|---|---|---|
| | | Class 1 | Class 2 | Class 3 | Class 4 | | | | | |
| 30 | Gaarpgari | - | - | 29 | 1 | 36399 | 29 | 0.068 | 0.026 | (-) |
| 31 | Ghosi | - | - | 8 | 2 | 91111 | 8 | 0.170 | 0.007 | (-) |
| 32 | Sonar | 1 | 16 | 303 | 34 | 372493 | 320 | 0.697 | 0.283 | (-) |
| 33 | Jaat | - | 1 | 234 | 7 | 206900 | 235 | 0.337 | 0.208 | (-) |
| 34 | Kachhi/Mali | 2 | 1 | 558 | 178 | 2346873 | 561 | 4.392 | 0.497 | (-) |
| 35 | Joshi | - | - | 41 | 5 | 39376 | 41 | 0.074 | 0.036 | (-) |
| 36 | Lakhera | - | - | 8 | 4 | 46830 | 8 | 0.088 | 0.007 | (-) |
| 37 | Ksaar | - | - | 35 | 4 | 32103 | 35 | 0.060 | 0.031 | (-) |
| 38 | Khatiya | - | - | - | - | 66307 | - | 0.124 | - | (-) |
| 39 | Kumhar | - | - | 305 | 19 | 641886 | 305 | 1.201 | 0.270 | (-) |

| S No | Name of Caste | Number of persons working in 30 different departments | | | | Population in year 1982 | Total of Class 1,2,3 | Percentage out of total population of state | Percentage of total posts in Class 1,2,3 | Sufficient (+) Insufficient (-) |
|---|---|---|---|---|---|---|---|---|---|---|
| | | Class 1 | Class 2 | Class 3 | Class 4 | | | | | |
| 40 | Kurmi | 8 | 9 | 607 | 69 | 1981152 | 624 | 3.708 | 0.553 | (-) |
| 41 | Kmriya | - | - | - | - | 46065 | - | 0.086 | - | (-) |
| 42 | Korwa | - | - | - | - | 1660 | - | 0.003 | - | (-) |
| 43 | Kalar | - | - | 56 | 9 | 724112 | 56 | 1.355 | 0.050 | (-) |
| 44 | Kalauta | - | - | 1 | - | 115848 | 1 | 0.217 | 0.001 | (-) |
| 45 | Loniya | - | - | 5 | - | 27299 | 5 | 0.051 | 0.004 | (-) |
| 46 | Nai | - | 3 | 811 | 169 | 773909 | 814 | 1.411 | 0.721 | (-) |
| 47 | Nayta | - | - | - | - | 13063 | - | 0.024 | - | (-) |
| 48 | Panka | - | - | 93 | 15 | 669204 | 93 | 1.252 | 0.082 | (-) |
| 49 | Patka | - | - | 17 | 3 | 16485 | 17 | 0.031 | 0.015 | (-) |

contd...

| S No | Name of Caste | Number of persons working in 30 different departments | | | | Population in year 1982 | Total of Class 1,2,3 | Percentage out of total population of state | Percentage of total posts in Class 1,2,3 | Sufficient (+) Insufficient (-) |
|---|---|---|---|---|---|---|---|---|---|---|
| | | Class 1 | Class 2 | Class 3 | Class 4 | | | | | |
| 50 | Lodhi | 2 | 3 | 189 | 16 | 1513606 | 194 | 2.833 | 0.172 | (-) |
| 51 | Sikaligar | - | - | - | - | 20985 | - | 0.039 | - | (-) |
| 52 | Sondhiya | - | - | 19 | 17 | 278984 | 19 | 0.522 | 0.017 | (-) |
| 53 | Sikhahrijan | 1 | 1 | 147 | 4 | 126191 | 149 | 0.236 | 0.132 | (-) |
| 54 | Teli | 5 | 2 | 416 | 79 | 2296931 | 423 | 4.298 | 0.375 | (-) |
| 55 | Turha | - | - | - | - | 1660 | - | 0.003 | - | (-) |
| 56 | Tawayaf | - | - | - | - | 1222 | - | 0.002 | - | (-) |
| 57 | Bowriya | - | - | 1 | 1 | 1660 | 1 | 0.003 | 0.001 | (-) |
| 58 | Scheduled Castes who have embarked Christianity | - | - | - | - | 402381 | - | 0.753 | - | (-) |

*contd...*

| S No | Name of Caste | Number of persons working in 30 different departments | | | | Population in year 1982 | Total of Class 1,2,3 | Percentage out of total population of state | Percentage of total posts in Class 1,2,3 | Sufficient (+) Insufficient (-) |
|---|---|---|---|---|---|---|---|---|---|---|
| | | Class 1 | Class 2 | Class 3 | Class 4 | | | | | |
| 59 | Rotiya | - | - | - | - | 1660 | - | 0.003 | - | (-) |
| 60 | Mankar | - | - | - | - | 1660 | - | 0.003 | - | (-) |
| 61 | Kotwar | - | - | - | - | 16281 | - | 0.030 | - | (-) |
| 62 | Mahakul | - | - | - | - | 1660 | - | 0.003 | - | (-) |
| 63 | Kheruaa | - | - | - | - | 2506 | - | 0.005 | - | (-) |
| 64 | Lodha | - | - | - | - | 1660 | - | 0.003 | - | (-) |
| 65 | Mowar | - | - | - | - | 1660 | - | 0.003 | - | (-) |
| 66 | Jajwar | - | - | - | - | 17566 | - | 0.033 | - | (-) |
| 67 | Aghariya | - | - | - | - | 70122 | - | 0.131 | - | (-) |
| 68 | Tivoor | - | - | - | - | 1043 | - | 0.002 | - | (-) |

*contd...*

| S No | Name of Caste | Number of persons working in 30 different departments | | | | Population in year 1982 | Total of Class 1,2,3 | Percentage out of total population of state | Percentage of total posts in Class 1,2,3 | Sufficient (+) Insufficient (-) |
|---|---|---|---|---|---|---|---|---|---|---|
| | | Class 1 | Class 2 | Class 3 | Class 4 | | | | | |
| 69 | Bharuda | - | - | - | - | 1660 | - | 0.003 | - | (-) |
| 70 | Sutsarthi | - | - | - | - | 1660 | - | 0.003 | - | (-) |
| 71 | Telanga | - | - | - | - | 1660 | - | 0.003 | - | (-) |
| 72 | Raghavi | 2 | - | 91 | 7 | 29138 | 93 | 0.055 | 0.082 | (+) |
| 73 | Rajbhar | - | - | - | - | 830 | - | 0.002 | - | (-) |
| 74 | Kharol | - | - | - | - | 4123 | - | 0.008 | - | (-) |
| 75 | Sargara | - | - | - | - | 1660 | - | 0.003 | - | (-) |
| 76 | Golan | - | - | - | - | 1660 | - | 0.003 | - | (-) |
| 77 | Rajjda | - | - | - | - | 6844 | - | 0.013 | - | (-) |
| 78 | Jadam | - | - | - | - | 1660 | - | 0.003 | - | (-) |

*contd...*

| S No | Name of Caste | Number of persons working in 30 different departments | | | | Population in year 1982 | Total of Class 1,2,3 | Percentage out of total population of state | Percentage of total posts in Class 1,2,3 | Sufficient (+) Insufficient (-) |
|---|---|---|---|---|---|---|---|---|---|---|
| | | Class 1 | Class 2 | Class 3 | Class 4 | | | | | |
| 79 | Dangi | - | - | 1 | - | 227149 | 1 | 0.425 | 0.001 | (-) |
| 80 | Muslim religious community | - | - | 195 | 17 | 1110836 | 195 | 2.079 | 0.173 | (-) |
| | | 40 | 69 | 9197 | 1374 | 25692634 | 9306 | 48082 | 8.241 | |

*Note:* 1. The percentage in column number 8 is calculated on the basis of total population of M.P. which is 5,34,35,009.

2. Posts sanctioned for class 1, 2, 3 and 4 in 30 different departments are 1424, 2455, 109038 and 9591 respectively. Total posts, on the basis of which the percentage is calculated in column number 9.for Class 1, 2 and 3 is 112917.

## The Unequal and Inadequate Representation

The table 6.6 indicates the actual representation of different castes, categorized under OBC as on 1st April, 1981 in the un-divided Madhya Pradesh. The commission had undertaken a detailed survey of various departments and collected data on the employment of total 80 castes and communities on class I, II, III and IV posts. The tabulation as above done by the Commission reflects the following facts:

(a) The aim of the survey is as per the requirement of article 16(4) of the Constitution in order to find out the status of backward classes adequately not represented in government services.

(b) The survey underlines that in 30 departments, class I, II and III added together were 1,12,917 and on the basis of that, the percentage of backward classes occupied the posts is just 8.24%. It is in sharp contrast to the population of OBCs at that time which was 2,56,92,634 out of 5,34,35009 total population of Madhya Pradesh. Because, the percentage of OBCs constituted 48.082% whereas the share in all the categories of posts was 8.24%. This speaks for inadequate representation of backward classes in proportion to their population.

(c) A cursory glance at the population depicts that barring communities namely Asada, Raghavi, rest 78 out of 80 were all inadequately represented. Certain communities had no representation at all in class I and II posts. For instance Vasudev, Gwali, Dholi, Gusai, Garpagari, Ghosi, Joshi, Lakhera, Khatia, Kumhar, Kalar, Kalauta, Panka, Sikaligar and Sendhia. These communities have some representation in class III and IV posts.

(d) As per the survey, it is evident that there were some communities who had no representation at all in the government services of any class. These are Bhopa, Bhatiara, Chunkar, Chitari, Khatia, Khamaria, Kaurav, Nayata, Sikaligar, Torha, and Tavayaf. SC converts to Christianity or Buddhism, Rotiya, Mankar, Kotwar, Mahakul, Kherua, Lodha, Mogar, Rajwar, Aghariya, Tivoor, Bharuda, Sutsarthi, Telang, Rajghar, Kharol, Sargara, Kharol Golan, Rajjad, Jadam.

(e) There are a few castes which have representation in all classes of services; these are Ahir, Badhai, Bari, Chehi, Sonar, Kacchi/ Mali, Kurmi, Lodhi, and Sikh Harijan. These 9 communities have been so progressive that their representation is relatively on higher side with relation to class II and class III posts also. These 9 communities undoubtedly are advanced within the OBCs, while the remaining 71 communities are surely ridden with backwardness.

(f) 31 communities among the OBCs had no representation whatsoever, in any of the government posts. Despite the fact that out of these communities, such as Khatia with 66,307, Khamaria with 46,067, Sikligar with 20,348, Agharia with 70,122 Rajwad with 17,566 population figures they did not have any position in any of the government services.

(g) Apart from these communities having no representation in spite of their sizeable population, we also can see that SC converts to Christianity and Buddhism having population of 4,02,381 similarly have no employment in the government sector at any level.

(h) The survey reflects that maximum class IV employees are from Ahir, Bhoi, Dhobi, Kachi/Mali, Nai and Muslim groups. It is very interesting that the communities which have maximum representation in the government services also maintain the same in class IV posts as well which is of menial nature. This indicates that progress of OBC happens to be an all-round phenomenon irrespective of white collared or blue collared job differentiation. How ever it is a fact that the castes representing in Class III and Class IV are not of high esteem even among the bracketed Castes in Backward Class genre. Such a representation is un-common in upper castes which are ritually high in Hindu society as it is generally seen that preference is given to white-collared jobs.

The above position of backward classes in government employment has a strong implication for Chhattisgarh as well (at least for many castes) as it was once a part and parcel of Madhya Pradesh. The analysis equally represents the position with reference to Chhattisgarh and especially for those common castes which are in existence in both the states at the time of report and possibly in the present too. No survey of this nature was conducted till date in independent Chhattisgarh.

The Commission's report also indicates (pages 226 to 270) the representation of backward classes in Municipal corporations and councils. As per the report, in these local bodies, the backward classes had 16.82% representation on class I, II and III posts as against their population of 48.08% in the entire state. The information was collected by the Commission on the basis of 9 municipal corporations and 68 municipal councils. Even here too the caste wise representation (in terms of proportion) is almost the same as seen in the table above.

**Report on Educational Backwardness**

The Commission had also made a comparative observation of the number of students in Higher Secondary Schools among SC, ST, OBC and upper caste in relation to education divisions of the then Madhya Pradesh (a division consists of 4-5 districts). The divisions which fall in the present Chhattisgarh are Durg, Sarguja and Raipur for which OBC students' percentage (pp. 216 -18) in proportion to their population is as under:

**Table 6.7. Number of students recorded in Higher Secondary Schools in Educational Division : Durg**

**Year 1982-83**

| S. No. | Caste/ Community | Population | Students eligible to attend school (7.4% of population) | No. of School going students | Percent-age |
|---|---|---|---|---|---|
| 1 | Scheduled Caste | 319831 | 23667 | 4652 | 19.66 |
| 2 | Scheduled Tribe | 352152 | 26059 | 4108 | 15.76 |
| 3 | OBC | 1707721 | 126371 | 14958 | 11.84 |
| 4 | Upper Caste | 753044 | 55725 | 25022 | 44.90 |
| | **Total** | **3132748** | **231823** | **48740** | **21.02** |

**Table 6.8. Number of students recorded in Higher Secondary Schools in Educational Division : Surguja**

**Year 1981-82**

| S. No. | Caste/ Community | Population | Students eligible to attend school (7.4% of population) | No. of school going students | Percent-age |
|---|---|---|---|---|---|
| 1 | Scheduled Caste | 80,190 | 5,928 | 562 | 9.46 |
| 2 | Scheduled Tribe | 9,64,466 | 71,370 | 3,757 | 5.26 |
| 3 | OBC | 4,62,222 | 34,204 | 1,448 | 4.23 |
| 4 | Upper Caste | 1,65,057 | 12,214 | 4,884 | 39.99 |
| | **Total** | **16,71,854** | **1,23,717** | **10,650** | **8.61** |

**Table 6.9. Number of students recorded in Higher Secondary Schools in Educational Division : Raipur**

**Year 1981-82**

| S. No. | Caste/ Community | Population | Students eligible to attend school (7.4% of population) | No. of school going students | Percent-age |
|---|---|---|---|---|---|
| 1 | Scheduled Caste | 4,88,198 | 36,127 | 1,439 | 3.98 |
| 2 | Scheduled Tribe | 18,09,100 | 1,33,873 | 1,459 | 1.08 |
| 3 | OBC | 19,32,725 | 1,43,022 | 3,563 | 2.49 |
| 4 | Upper Caste | 8,11,109 | 60,022 | 20,893 | 34.81 |
| | **Total** | **50,41,132** | **3,73,044** | **27,354** | **7.33** |

In Durg division, there are 11.84% school going children of the total OBCs which are far lesser than SC, ST, while in general category, school going children are 44.90%. In Sarguja divison, the OBC percentage of school going children is 4.23% which is again far lesser than the other 3 communities. In Raipur, out of the population of 19,32,725, the percentage of school going children is 2.49. These figures are quite indicative of educational backwardness among the OBCs especially during the early 1980s in the undivided Madhya Pradesh. Surely after 30 years as on today, the percentage might, possibly, be higher.

Conversely, the percentage of school going children (primary) as per Commission's report is relatively far higher ranging from 34.81% in Raipur division to 44.90% in Durg division. It is equally an important fact that in absolute numbers, the upper caste have, for instance, in Durg divison only 7,53,044 population as against 17,07,721 of backward castes. However, the backwards had only 11.84% of school going children. The picture is even worse in Sarguja, where backward castes had 4 times higher population than upper caste but had only 4.23% of the school going children while upper castes had almost 40% in this respect. This scenario is spectacular in as much as the glaring educational backwardness of the backward classes is concerned.

Similarly in annexure 15 of the report of Commission, we find the position of students in high schools belonging to backward castes. Out

**Table 6.10. Estimated population of Other Backward Classes/Castes in Madhya Pradesh [7] Districtwise details - Year 1982**

| S.No. | Division | District | Scheduled Castes | | Scheduled Tribes | | OBC | | General Category | | Total | |
|---|---|---|---|---|---|---|---|---|---|---|---|---|
| | | | Popul-ation | % | Popul-ation | % | Popula-tion | % | Popul-ation | % | Popul-ation | % |
| 1 | Bilaspur | Bilaspur | 521213 | 17.22 | 534042 | 17.65 | 1419227 | 46.90 | 551610 | 18.23 | 3026092 | 100 |
| | | Raigarh | 152546 | 10.32 | 720812 | 48.77 | 435480 | 29.46 | 169257 | 11.45 | 1478095 | 100 |
| 2 | Sarguja | Sarguja | 80109 | 4.79 | 964466 | 57.69 | 451713 | 27.02 | 175566 | 10.50 | 1671854 | 100 |
| 3 | Baster | Baster | 60366 | 3.20 | 1327046 | 70.34 | 359517 | 19.06 | 139733 | 7.41 | 1886662 | 100 |
| 4 | Raipur | Durg | 214785 | 11.09 | 237592 | 12.26 | 1069228 | 55.20 | 415575 | 21.45 | 1937180 | 100 |
| | | Raipur | 428032 | 13.57 | 482054 | 15.28 | 1616357 | 51.24 | 628227 | 19.91 | 3154670 | 100 |
| | | Rajnandgaon | 105046 | 8.79 | 114560 | 9.58 | 702804 | 58.78 | 273158 | 22.85 | 1195568 | 100 |
| **Total** | | | **1562097** | **10.89** | **4380572** | **30.53** | **6054326** | **42.19** | **2353126** | **16.40** | **14350121** | **100** |

**Note :** *1.* The population of Madhya Pradesh(includes present Chhattisgarh) in 1982 has been obtained by multiplying 2.5% annual rate with the population figures(52131717) of 1981.

2. Taking the percentage of Scheduled castes and tribes as constant in 1982, as that in 1971, the population of scheduled castes and scheduled tribes have been derived.
3. The total population of Other Backward Classes is the total of population added caste-wise (obtained from different sources)
4. By subtracting the population of scheduled castes/scheduled tribes/other backward castes from the total population of Madhya Pradesh, the population of General Category is arrived at.
5. *The district-wise categorization of other backward class and unreserved has been done by taking the ratio of other backward classes and general category which is 0.7201141:0.2798858.*

of total population 2,56,92,634 of backward classes only 56,988 students were in high school and higher secondary school, which is barely 2.2% in relation to their population. It is very remarkable that poor percentage of students from backward classes in high and higher secondary schools reflect the bleak prospects of candidates from these communities in seeking government jobs as they had to face cut throat competition from upper castes. Similarly, in annexure 16 on page number 223, the Commission encloses a detailed position of students from backward classes in class XI. The table shows only 0.12% students out of the required age-group are in class XI whereas it was 1.19% from the category of the others. However a complete district-wise and village-wise details of backward class students were not incorporated in the report.

The Commission had the estimated population of backward classes district-wise in 1982 and provided figures of OBCs for the entire of Madhya Pradesh, including the districts which were a part of Madhya Pradesh at that time as Table 6.10.

**Representation of OBCs in various departments under Government Service**

A Department wise break up of OBC representation was given on page no.220 of the report of Commission for Backward Classes which describes the position of OBCs with reference posts i.e, Class 1,2,3, and 4 as able 6.11.

The table clearly depicts the disproportionate share of govt. jobs held by the OBCs in 1982 at the time of making recommendations.

So far as Chhattisgarh is concerned after the formation of state in 2000 Backward Classes Commission was constituted in January 2007 with Mr. Narayan Chandel as its first chairman and Mr. Lochan Patel as the only member. Later on in 2008 January five more members were incorporated namely Dr. Ganesh Singh Kaushik, Mr. Nand Kumar Sahu, Mr. Devendra Jaiswal, Dr. Somnath Yadav and Mr. Prahlad Rajak.

In Chhattisgarh, 91 communities along with their sub castes and sects were notified as OBCs and on Serial. No. 87 Muslim Community was included with 26 sub castes as OBCs. As a matter of fact, almost all the OBCs were the same notified in erstwhile Madhya Pradesh in the official gazette published on 5th April 1997. Later on a few more castes were included from time to time. Inclusion is a continues process as even today quite a few castes are under consideration with the National Commission for Backward Classes.

Table 6.11

| S. No. | Name of Department | No. of Sanctioned Post | | | | | No. of OBC Employees in working | | | | | Percentage | | | | |
|---|---|---|---|---|---|---|---|---|---|---|---|---|---|---|---|---|
| | | Class | | | | Total | Class | | | | Total | Class | | | | Total |
| | | 1st | 2nd | 3rd | 4th | | 1st | 2nd | 3rd | 4th | | 1st | 2nd | 3rd | 4th | |
| 1 | Registrar Firms and Societies | 1 | 4 | 38 | 6 | **49** | 0 | 0 | 2 | 0 | **2** | 0.00 | 0.00 | 5.26 | 0.00 | **4.08** |
| 2 | Law Department | 23 | 18 | 196 | 112 | **349** | 1 | 1 | 7 | 17 | **26** | 4.35 | 5.56 | 3.57 | 15.18 | **7.45** |
| 3 | Lok Aayukt | 16 | 26 | 261 | 44 | **347** | 0 | 1 | 33 | 9 | **43** | 0.00 | 3.85 | 12.64 | 20.45 | **12.39** |
| 4 | Directorate of information and Publication | 18 | 56 | 482 | 205 | **761** | 0 | 2 | 26 | 19 | **47** | 0.00 | 3.57 | 5.39 | 9.27 | **6.18** |
| 5 | Vidhansabha Secretariat | 20 | 34 | 135 | 65 | **254** | 0 | 0 | 10 | 19 | **29** | 0.00 | 0.00 | 7.41 | 29.23 | **11.42** |

*Contd...*

| S. No. | Name of Department | No. of Sanctioned Post | | | | | No. of OBC Employees in working | | | | | Percentage | | | | |
|---|---|---|---|---|---|---|---|---|---|---|---|---|---|---|---|---|
| | | Class | | | | Total | Class | | | | Total | Class | | | | Total |
| | | 1st | 2nd | 3rd | 4th | | 1st | 2nd | 3rd | 4th | | 1st | 2nd | 3rd | 4th | |
| 6 | Directorate of Mining and minerals | 46 | 153 | 699 | 219 | **1117** | 0 | 5 | 43 | 28 | **76** | 0.00 | 3.27 | 6.15 | 12.79 | **6.80** |
| 7 | Controller of Weights and measures | 4 | 11 | 355 | 207 | **577** | 0 | 0 | 33 | 63 | **96** | 0.00 | 0.00 | 9.30 | 30.43 | **16.64** |
| 8 | Registrar Co-operative Societies | 16 | 15 | 214 | 55 | **300** | 0 | 0 | 16 | 1 | **17** | 0.00 | 0.00 | 7.48 | 1.82 | **5.67** |
| 9 | Chief Architect | 5 | 8 | 56 | 20 | **89** | 0 | 0 | 11 | 5 | **16** | 0.00 | 0.00 | 19.64 | 25.00 | **17.98** |

*Contd...*

| S. No. | Name of Department | No. of Sanctioned Post | | | | | No. of OBC Employees in working | | | | | Percentage | | | | |
|---|---|---|---|---|---|---|---|---|---|---|---|---|---|---|---|---|
| | | Class | | | | Total | Class | | | | Total | Class | | | | Total |
| | | 1st | 2nd | 3rd | 4th | | 1st | 2nd | 3rd | 4th | | 1st | 2nd | 3rd | 4th | |
| 10 | Directorate of Tourism | 2 | 0 | 11 | 3 | **16** | 0 | 0 | 0 | 0 | **0** | 0.00 | 0.00 | 0.00 | 0.00 | **0.00** |
| 11 | Directorate of Languages | 1 | 10 | 79 | 30 | **120** | 0 | 0 | 6 | 4 | **10** | 0.00 | 0.00 | 7.59 | 13.33 | **8.33** |
| 12 | Tribal Regional Develop-ment Schemes | 7 | 2 | 34 | 11 | **54** | 0 | 0 | 10 | 0 | **10** | 0.00 | 0.00 | 29.41 | 0.00 | **18.52** |
| 13 | Printing and Stationary | 7 | 10 | 1459 | 455 | **1931** | 0 | 0 | 165 | 48 | **213** | 0.00 | 0.00 | 11.31 | 10.55 | **11.03** |
| 14 | Directorate of Industries | 82 | 315 | 1892 | 498 | **2787** | 3 | 6 | 65 | 53 | **127** | 3.66 | 1.90 | 3.44 | 10.64 | **4.56** |

*Contd...*

| S. No. | Name of Department | No. of Sanctioned Post | | | | | No. of OBC Employees in working | | | | | Percentage | | | | |
|---|---|---|---|---|---|---|---|---|---|---|---|---|---|---|---|---|
| | | Class | | | | Total | Class | | | | Total | Class | | | | Total |
| | | 1st | 2nd | 3rd | 4th | | 1st | 2nd | 3rd | 4th | | 1st | 2nd | 3rd | 4th | |
| 15 | State Record Room | 1 | 6 | 28 | 19 | **54** | 0 | 0 | 1 | 4 | **5** | 0.00 | 0.00 | 3.57 | 21.05 | **9.26** |
| 16 | Public Service Commi-ssion | 2 | 12 | 75 | 42 | **131** | 0 | 1 | 8 | 10 | **19** | 0.00 | 8.33 | 10.67 | 23.81 | **14.50** |
| 17 | Academy of Adminis-tration | 10 | 2 | 24 | 14 | **50** | 0 | 0 | 2 | 5 | **7** | 0.00 | 0.00 | 8.33 | 35.71 | **14.00** |
| 18 | National Cadet Core (State Cell) | 0 | 1 | 543 | 511 | **1055** | 0 | 0 | 52 | 128 | **180** | 0.00 | 0.00 | 9.58 | 25.05 | **17.06** |
| 19 | Directorate of Fisheries | 23 | 60 | 783 | 480 | **1346** | 0 | 3 | 59 | 73 | **135** | 0.00 | 5.00 | 7.54 | 15.21 | **10.03** |

*Contd...*

| S. No. | Name of Department | No. of Sanctioned Post | | | | | No. of OBC Employees in working | | | | | Percentage | | | | |
|---|---|---|---|---|---|---|---|---|---|---|---|---|---|---|---|---|
| | | Class | | | | Total | Class | | | | Total | Class | | | | Total |
| | | 1st | 2nd | 3rd | 4th | | 1st | 2nd | 3rd | 4th | | 1st | 2nd | 3rd | 4th | |
| 20 | Commi-ssioner Land Record | 27 | 336 | 22791 | 2327 | **25481** | 0 | 6 | 453 | 120 | **579** | 0.00 | 1.79 | 1.99 | 5.16 | **2.27** |
| 21 | Chief Electoral Officer | 1 | 1 | 27 | 12 | **41** | 0 | 0 | 3 | 9 | **12** | 0.00 | 0.00 | 11.11 | 75.00 | **29.27** |
| 22 | Directorate of Archeol-ogy and Museum | 1 | 36 | 164 | 113 | **314** | 0 | 3 | 11 | 45 | **59** | 0.00 | 8.33 | 6.71 | 39.82 | **18.79** |
| 23 | Protocol Department | 1 | 49 | 597 | 304 | **951** | 0 | 0 | 17 | 23 | **40** | 0.00 | 0.00 | 2.85 | 7.57 | **4.21** |
| 24 | Department of Employment and training | 31 | 20 | 1527 | 673 | **2251** | 3 | 4 | 239 | 106 | **352** | 9.68 | 20.00 | 15.65 | 15.75 | **15.64** |

*Contd...*

| S. No. | Name of Department | No. of Sanctioned Post | | | | | No. of OBC Employees in working | | | | | Percentage | | | | |
|---|---|---|---|---|---|---|---|---|---|---|---|---|---|---|---|---|
| | | Class | | | | Total | Class | | | | Total | Class | | | | Total |
| | | 1st | 2nd | 3rd | 4th | | 1st | 2nd | 3rd | 4th | | 1st | 2nd | 3rd | 4th | |
| 25 | Commissioner, Labour | 28 | 35 | 562 | 188 | **813** | 1 | 2 | 45 | 25 | **73** | 3.57 | 5.71 | 8.01 | 13.30 | **8.98** |
| 26 | Director General of Police | 226 | 461 | 69193 | 1175 | **71055** | 9 | 4 | 7134 | 313 | **7460** | 3.98 | 0.87 | 10.31 | 26.64 | **10.50** |
| 27 | State Employees Insurance Services | 52 | 268 | 972 | 849 | **2141** | 0 | 5 | 65 | 68 | **138** | 0.00 | 1.87 | 6.69 | 8.01 | **6.45** |
| 28 | Inspector General of Jail | 9 | 11 | 2474 | 183 | **2677** | 0 | 0 | 373 | 14 | **387** | 0.00 | 0.00 | 15.08 | 7.65 | **14.46** |

*Contd...*

| S. No. | Name of Department | No. of Sanctioned Post | | | | | No. of OBC Employees in working | | | | | Percentage | | | | |
|---|---|---|---|---|---|---|---|---|---|---|---|---|---|---|---|---|
| | | Class | | | | Total | Class | | | | Total | Class | | | | Total |
| | | 1st | 2nd | 3rd | 4th | | 1st | 2nd | 3rd | 4th | | 1st | 2nd | 3rd | 4th | |
| 29 | Directorate Technical Education | 627 | 369 | 1777 | 566 | **3339** | 23 | 25 | 289 | 152 | **489** | 3.67 | 6.78 | 16.26 | 26.86 | **14.65** |
| 30 | Department of Economics and Statistical | 117 | 124 | 1590 | 155 | **1986** | 0 | 1 | 17 | 11 | **29** | 0.00 | 0.81 | 1.07 | 7.10 | **1.46** |
| **Total** | | **1404** | **2453** | **109038** | **9541** | **122436** | **40** | **69** | **9195** | **1372** | **10676** | **2.85** | **2.81** | **8.43** | **14.38** | **8.72** |

**Backward Classes(Castes) andOccupations in Chhattisgarh**

The details of the castes and their occupations as enumerated by the State Govt. in its notification are as under:-

**Table 6.12. Castes identified as Backward Classes and Their Occupations in Chhattisgarh** [8]

| S. No | Name of Caste / Sub-Caste / Class | Traditional occupation | Remarks |
|---|---|---|---|
| 1 | 2 | 3 | 4 |
| 1. | Ahir, Brajwasi, Gawli, Goli, Jadav (Yadav), Bargahi, Bargah, Thethwar, Raut Gowari (Gwari), Gowari, Gwari, Gwara, Gowari, Mhakul (Raut), Mahakul, Gopa, Gwali, Lingayat, Raut | a. Animal Husbandry and Dairy<br>b. Animal Husbandry, Dairy and Cattle Grazing under Jajamani practice | 'Yadav' is included as Sub-Caste of Ahir. Though many of their Sub-Castes claim themselves to be Yadav and write too.<br>Brahmin Rauts and Rajput Rauts are not included. |
| 2. | Asara, Asəda | Farmers | ------------------------- |
| 3. | Bairagi (Vaishnava) | Religious Mendicancy | Vaishnava is included as Sub-Caste of Bairagi.<br>Brahmin Bairagis are not included |
| 4. | Banjara, Banjari, Mathura, Nayak, Naykda, Dhariya Labhana, Labana Lamne | Trading Nomadic Bulls | Nayak is included as Sub-Caste of Banjara. Nayak Bhramin is not included. |
| 5. | Barai, Tamoli, Tamboli, Kumavat, Varai, Waarai(Chaurasia) | Beetle Leaf Production and Trade | Barai and Tamoli called themselves as Chaursaia |

*Contd...*

| S. No | Name of Caste / Sub-Caste / Class | Traditional occupation | Remarks |
|---|---|---|---|
| 1 | 2 | 3 | 4 |
| 6. | Badhai, Sutar, Dveja, Kunder (Vishwakarma) | Making wooden equipments for agriculture and furniture | Vishwakarma is included as Sub-Caste of badhai |
| 7. | Bari | Makers of Leafy Plates (Pattal) | ------------------------------ |
| 8. | Vasudev, Vasudevaa, Vaasudeva, Harvola, Kapadia, Kapdi, Gondhli, Tharwar | Singers of Virudavali and trade of oxen and buffalos, Religious Mendicancy | 'vasudev' is generic and includes all Sub-Castes |
| 9. | Bhadbhuja, Bhnjwa, Bhurji, or Dhuri | Roasting of grams, puffed rice, maize etc. | excludes 'Vaishya' |
| 10. | Bhat, Charan, Sutiya, Salvi, Rav, Janmalondhi, Jasondhi, Marusonia | Writing poetry in praise of Kings and singing Virudavali | ------------------------------ |
| 11. | Chhipa. Bhavasar, Nilgar, Jingar, Nirali, Rangari, Mandhav | Printing and Dying of Textile | ------------------------------ |
| 12. | Dahimar, Bhoi, Kahar, Dhiwar / Mallah / Navda / Turaha, Kewat (Kashyap, Nishad, Rayakwar, Batham), Kir (exculding Bhopal, Raisen, Sihore Districts) Britiya (Vritiya) Singarha, Jalari (Jalarnlu in Bastar District) Sondhiya | Fishing, Carrying Palanquins, Domestic Servants, Cultivating Water Nuts & Lotus Stems, Water Carrying and Sailing Boats. | Batham, Kashyap, Raiyakwar are Sub-castes of Bhoi.<br>Keer is included as Schedule Tribe in Bhopal, raisen, sihore districts. jalari (Jalarnlu) is found in Bastar District. |
| 13. | Panwar, Powar, Bhoyar, Bhoyaar | Farmers and Farm Labourers | Panwar/Pawar Rajputs are excluded |

*Contd...*

| S. No | Name of Caste / Sub-Caste / Class | Traditional occupation | Remarks |
|---|---|---|---|
| 1 | 2 | 3 | 4 |
| 14. | Bhurtiya, Bhutiya | Animal Husbandry and Dairy | ------------------------------ |
| 15. | Bhopa, Manbhav | Religious Mendicancy | Brahmins were excluded |
| 16. | Bhatiyara | Preparing various food products using furnace | ---------------------------- |
| 17. | Chunkar,Chungar Kulbandhiya, Rajgir | Working as Building Construction workers (Mistry) | ---------------------------- |
| 18. | Chitari | Making Wall Paintings | ---------------------------- |
| 19. | Darji, Chhipi, Cheepi, Shipi, Mavi (Namdeva) | Tailoring work | ---------------------------- |
| 20. | Dhobi (except Bhopal, Raisen, Sihore Districts), Btathi, Bretha, Rajak | Laundry | Dhabi in Bhopal, Raisen and Sihore District is included as Schedule Tribe |
| 21. | Meena (Rawat) Deshwali, Mewati, Meena (except Sironj and Lteri tehsil of Vidisha District) | Farmers | Rawat is Sub-Caste of Meena (those are not Bhramins). Meena in Sironj is included as Scheduled Tribe |
| 22. | Kirar, Kirad, Dhakd | Farmers | Rajaputs are not included |

*Contd...*

| S. No | Name of Caste / Sub-Caste / Class | Traditional occupation | Remarks |
|---|---|---|---|
| 1 | 2 | 3 | 4 |
| 23. | Gadariya, Dhangar, Kurmar Hatgar, Hatkr, Hatakar, Gadri, Dhariya, Dhoshi (Gadariya) Gari, Gayari, Gadaria (Pal Bghele), Gderi | Animal Husbandry (Sheeps and Goats) | Sub-Caste of Gadariya is also called as Pal and Baghele. Bhagel Rajput is not included in Backward Class. |
| 24. | Kadere, Dhunkar, Dhuniya, Dhnaka, Kodar | Making cotton balls. Kaderes also makes fireworks | ---------------------------- |
| 25. | Koshta, Koshti, (Dewangan) Koshta, Mala, Padamshali, Sali, Sutsali, Salewar, Salvi. Dewang, Jandraa, Koskati, Koshkati (Lingayat), Gadhawal, Gadhewal, Garewar, Garwar, Dukar, Kolhati | Weavers | Dukar Kolhati included in this group performs Duties and Exercise. |
| 26. | Dholi / Dafaali / Dafali / Dholi, Dmami, Guva | Village Priests for Shiva Temples and Sub-castes do the job of playing Dhols (Drums) | Those who claim as Bhramins are excluded |
| 27. | Gusai / Gowsami | Religious Mendicancy, Priests in Temples | Bhramins are excluded in this |
| 28. | Goojar (Gurjar) | Practice Farming or Animal Husbandry | Excluding Rajputs and Kshatriya |
| 29. | Lohar, Luhar, Lohpita, Gadoley, Hunga, Lohar (Vishwakarma), Lohpata, Gadola | Blacksmiths | Bhramins are excluded from Vishwakarma |

*Contd...*

| S. No | Name of Caste / Sub-Caste / Class | Traditional occupation | Remarks |
|---|---|---|---|
| 1 | 2 | 3 | 4 |
| 30. | Garpagari, Nathjogi-Joginath, Haridas, Nathyogi | Jogi and its other groups do Religious Mendicancy, Gaarpagiri protect crops from hailstorm | Bhramins are excluded from Jogies |
| 31. | Ghoshi | Buffalo keeping or practice of Animal Husbandry | Excluding Rajputs and Kshatriya |
| 32. | Sonar, Sunar, Jhani, Jhadi (Swarnakar), Awadhiya, Audhiya, Soni (Swarnakar) | Goldsmith | Excluding the businessmen related to gems and jewellery |
| 33. | [a] Kachhi (Kushwaha, Shakya, Maurya) Koyari or Koiri (Kushwaha), Pnara, Murai, Koir | Vegetable and fruit cultivation or horticulture | Kushwaha is the Sub-Caste of Kachhi, Koyari and Koiri. Shakya and Maurya are Sub-Castes of Kachhi |
| | [b] Mali (Saini), Marar, Patail (Hardiha Mrar) | Vegetable and fruit cultivation or practice horticulture | Kushwaha Rajput is not included. Those castes are also excluded that write ' Patel' |
| 34. | Joshi(Bhddari), Dkocha, Dakota | practice astrology and take virtual gifts and means for Shani Deva(Saturn) | Religious Mendicancy in the name of Shani Deva(Saturn) |
| 35. | Lakhera, Lakher, Kachera, Kacher | make products by using Lac like bangles etc. | ----------------------------- |

*Contd...*

| S. No | Name of Caste / Sub-Caste / Class | Traditional occupation | Remarks |
|---|---|---|---|
| 1 | 2 | 3 | 4 |
| 36. | Thathera, Kasar, Kasera, Tmera, Tambatkar, Otari, Tamrakar, Tmera, Ghdawa, Jhari, Jhariya, Kasera | Metal Tinker(Brass, Copper, Bronze) | ------------------------------ |
| 37. | Khatiya, Khati | Farmers | ------------------------------ |
| 38. | Kumhar(Prajapati), Kumbhar(except Chhatarpur, Datia, Panna, Tikamgarh, Satna, Rewa, Sidhi and Shadol District) | Potters | Kumhar is included in Schedule Caste in Chhatarpur, Datiya, Panna, Tikamgarh, Satna, Riva, Sidhi and Shadol District |
| 39. | Kurmi, Kurmar, Kunbi, Kurmi, Patidar(Kulami, Kulmi, Kulambi), Kurmvanshi, Chandrakar, Chandrnahu, Kumbhi Gvael (Gmael) Sirvi, Kunbi | Farmers or Farm Labourers | ---------------------------- |
| 40. | Kmariya | Animal Husbandry and Dairy | ---------------------------- |
| 41. | Kaurava, Kanvar | Farmers | ---------------------------- |
| 42. | Klar(Jaiswal) Klal, Dadsena | Brewers, Distillers and wine merchants | ---------------------------- |
| 43. | Kalauta, Kolta | Farmerss | ---------------------------- |
| 44. | Loniya, Luniya, Oda, Ode, Oryia, Nauniya, Murha, Muraha, Mudha, | Salt production and refining, deepening of pits, earth excavators | ---------------------------- |

*Contd...*

| S. No | Name of Caste / Sub-Caste / Class | Traditional occupation | Remarks |
|---|---|---|---|
| 1 | 2 | 3 | 4 |
| 45. | Nai (Sen. Svita, Usrete, Srivas), Mhali, Navhi, Usrete | Barbers and Managing marriage rites | Sen, Svita, Usrete, Srivas are included as Sub-Caste of Nai |
| 46. | Nayata, Nayada | Small Farmerss and Farm Labourers | ---------------------------- |
| 47. | Panka, Panika (except Districts : Chhattarpur, panna, Datia, Tikamgarh, Satna, Riwa, Sidhi, Shadol) | Labourers, Village watchman and weavers | Pnika is included as Schedule Tribes in Districts : Chhattarpur, panna, Datia, Tikamgarh, Satna, Riwa, Sidhi, Shadol |
| 48. | Patka, Patki, Patwa | Making Silk yarns and Cloths | except Jains |
| 49. | Lodhi, Lodha, Lodh | Farmers | ---------------------------- |
| 50. | Sikligar | Cleaning and sharpening the iron weapons | ---------------------------- |
| 51. | Teli (Thath, Sahu, Rathore) | Oil extraction and sale | Rathor is Sub-caste of Teli. Rajputs are excluded |
| 52. | Turha, Tirwali, Waddar | Excavation of earth and Stone Sculptor | ---------------------------- |
| 53. | Twayaf, Kisdi, Ksadi | Singers and dancers | ---------------------------- |
| 54. | Vovriya | Labourers | Sub-caste of Korku Schedule Tribe. Found in Bhanvar area of Baitul district |

*Contd...*

| S. No | Name of Caste / Sub-Caste / Class | Traditional occupation | Remarks |
|---|---|---|---|
| 1 | 2 | 3 | 4 |
| 55. | Rotiya, Routiya | Farmers, erstwhile soldiers | Found in Sarguja and Jashpur |
| 56. | Mankar, Nhal | Labourers (Primitive Tribes) | Nihal Sub-Caste of Mankar Schedule Tribe |
| 57. | Kotwar, Kotwal (except the Districts of Bhind, Dhar, Dewas, Juna, Gwalior, Indore, Jhabua, Khargone, Mandsaur, Morena, Rajgarh, Ratlam, Shajapur, Shivpuri, Ujjain and Vidisha) | Village Watchman | Kotwal is included as Schedule Caste in Districts of Bhind, Dhar, Dewas, Juna, Gwalior, Indore, Jhabua, Khargon, Mandsore, Muraina, Rajgarh, Ratlam, Shajapur, Shivpuri, Ujjain and Vidisha |
| 58. | Khairuwa | Catechu/Acica/Katha making | Kairuwa is Sub-Caste of Khairwar. Khairwar is included in Schedule Tribe |
| 59. | Lodha (Tanvar) | Farmerss, Labourers, wood sellers | ---------------------------- |
| 60. | Mowar | Hunting wild animals and Labourers | Undeclared Primitive Tribe |
| 61. | Rajwar | Farmerss and farm Labourers | -------------------------- |
| 62. | Aghariya | Farmerss and farm Labourerss | Aghariya is different from Aghariya Tribe |

*Contd...*

| S. No | Name of Caste / Sub-Caste / Class | Traditional occupation | Remarks |
|---|---|---|---|
| 1 | 2 | 3 | 4 |
| 63. | Tioor, Turi | Fishermen and manufacturers of various bamboo and cane products and boot paddles | --------------------------- |
| 64. | Bharuda | Loading and transport of merchandise on animals | in Mughal period they acted as army suppliers |
| 65. | Sut, Sarthi-Sais/ Sahis | Caretaker of Horses | --------------------------- |
| 66. | Telanga, Tilga | Farm Labourers | Wild Primitive Telgu Tribe found in Bastar |
| 67. | Raghvi | Farmers | --------------------------- |
| 68. | Rajbhr | Farm Labourers | --------------------------- |
| 69. | Kharol | Farm Labourers | --------------------------- |
| 70. | Sargara | Drum Beaters | --------------------------- |
| 71. | Golan, Gwalan, Gaulan | Dairy | --------------------------- |
| 72. | Rajjada, Rajjhada | Farm Labourers | --------------------------- |
| 73. | Jaadam | Farm Labourers | --------------------------- |
| 74. | Dangi | Farmers | Dangi is not included in Rajputs |

*Contd...*

| S. No | Name of Caste / Sub-Caste / Class | Traditional occupation | Remarks |
|---|---|---|---|
| 1 | 2 | 3 | 4 |
| 75. | Gayar / Pradhaniya | Farm Labourers and seller of birds domestication | mostly found in Raigarh district |
| 76. | Kudmi | Farmers | mostly found in Baitul district |
| 77. | Mer | Farm Labourers | Found in Guna district |
| 78. | Bya Mahara/ Kaushal, Waya | Weavers | mostly found in Durg districts |
| 79. | Pinjara (Hindu) | ------------------------------ | ---------------------------- |
| 80. | ABONDEND | | |
| 81. | Scheduled Castes who have embarded Christianity | Occupation is same as that was before conversion | Those Scheduled Castes that have adopted Christianity but Commission had included it in Backward classes |
| 82. | Aanjana | ------------------------------ | ---------------------------- |
| 83. | Dhoriya | ------------------------------ | ---------------------------- |
| 84. | Gehlota Mewada | ------------------------------ | ---------------------------- |
| 85. | Rewari | ------------------------------ | ---------------------------- |
| 86. | Ruaala / Ruhela | ------------------------------ | ---------------------------- |

*Contd...*

**Muslim Religious Class / Group**

| S. No | Name of Caste / Sub-Caste / Class | Traditional occupation | Remarks |
|---|---|---|---|
| 87. | (1) Rangrej | Dying of cloths | Occupation is same as Hindu Chhipa caste |
| | (2) Bhishti | Water Carriers | Occupation is same as Kahar Caste of Hindu |
| | (3) Chhipa | Printing on cloths | Occupation is same as Hindu Chhipa caste |
| | (4) Hela | scavengers of human excreta | Occupation is same as Hindu Mahar Caste |
| | (5) Bhatiyara | work of cooking food and catering | ------------------------------ |
| | (6) Dhobi | Laundry | Occupation is same as Dhobi caste of Hindu |
| | (7) Mewati | Farming and Animal Husbandry | Occupation same as Mewati (Hindus) |
| | (8) Pinjara, Naddaf, Fakir, Behna, Dhuniya, Dhunkar | Card (Cotton) | Occupation is same as Kdera Caste of Hindu |

*Contd...*

| S. No | Name of Caste / Sub-Caste / Class | Traditional occupation | Remarks |
|---|---|---|---|
| 1 | 2 | 3 | 4 |
| | (9) Kundda, Raine | Sellers of vegetables and fruits | Occupation is same as Kachhi Caste of Hindu |
| | (10) Mnihar | to sell bangles made of glass and haberdashery products | Occupation related to Kcher Caste of Hindu |
| | (11) Kasai, Kssaw | Butchery and meat vendors | Occupation same as Khatic Hindu |
| | (12) Mirasi | Virudawali, Yshogan (carol) singing | Occupation same as Bhat Hindu |
| | (13) Mirdha | Watchman / Night-Watchman | Occupation same as Mirdha Hindu |
| | (14) Bdhai (Carpenter) | carpentry | Occupation same as Bdhai Hindu |
| | (15) Hajjam (Barber) | barbers | Occupation same as Nai Hindu |
| | (16) Hammal | Coolli, Carry luggage head loads and back loads | ---------------------------- |
| | (17) Momin (Julaha) | Weavers | Occupation same as Kosti / Kostha Hindu |
| | (18) Luhar, Nagauri | Blacksmith | Occupation same as Luhar / Lohar Hindu |
| | (19) Tadavi | Farmers | ---------------------------- |

*Contd...*

| S. No | Name of Caste / Sub-Caste / Class | Traditional occupation | Remarks |
|---|---|---|---|
| 1 | 2 | 3 | 4 |
| | (20) Banjara | Nomadic caste carrying luggage or trading of animals | Occupation same as Banjara Hindu |
| | (21) Mochi | cobbler | Occupation same as Chamar Hindu |
| | (22) Teli, Nayata, Pindari, (Pindara), Kankar | Oil extraction and sale | Occupation same as Teli Hindu |
| | (23) Pemdi | Sale of buds for germination of plants | ---------------------------- |
| | (24) Kligar | Whitesmith | ---------------------------- |
| | (25) Nalband | Fixing horseshoe for horse and oxen | ---------------------------- |
| | (26) Shishgar | ------------------------------ | ---------------------------- |
| 88. | Shaundika, Sundi, Sudi and Sodhi | Brewers, Distillers and wine merchants | This caste is mainly found in Raipur, Bastar, Kanker, Dhamtari, Bilaspur, Sarguja, Korea, Jashpur, Raigarh District |
| 89. | Bhuliya-Bholiya | Cotton textile makers | This caste is maily found in Raigarh District mainly on the border area of Orrisa and Raigarh Districts |
| 90. | Pobiya | Farm Labourerss | This caste lives in the Raigarh Districts |

A percentage of 14% was provided for OBCs as reservation in all Educational Institutions and in Govt. Employment for Class III and Class IV posts by the State of Madhya Pradesh which is still continued unchanged even in Chhattisgarh today[9].

Apart from the Castes included in the list the following are details of castes at stage of applying for inclusion, under consideration and under research.

**Table 6.13. A. List of Applications received for inclusion of Castes in C.G [9]**

| S. No. | Name of Caste | S. No. | Name of Caste | S. No. | Name of Caste |
|---|---|---|---|---|---|
| 1. | Kharra | 14. | Guriya | 27. | Mauvar |
| 2. | Gosain | 15. | Halwai | 28. | Turpukapu and Kopyuvelta |
| 3. | Tanti, Taanti | 16. | Kamlapuri Vaishya | 29. | Jhora |
| 4. | Julaha | 17. | Shiya Muslim, Irani Muslim | 30. | Dhuri |
| 5. | Chhipi | 18. | Ksaudhan Vasya | 31. | Gurjar |
| 6. | Kalar (Kalwar) | 19. | Veldar (Kshatryia) | 32. | To provide reservation facilities for Bhadhbhuja |
| 7. | Kesarwani | 20. | Kabirpanthi Vashnava | 33. | To include Gurv in the OBC category in C.G. State |
| 8. | Agnikul Kshatriya | 21. | Gbail | 34. | To include Sarthi as Backward Class |
| 9. | Rauniyar | 22. | Kapari | 35. | To include Odiya in Sagarvanshi |
| 10. | Joginath | 23. | Gopal | 36. | To include Rajbhar |
| 11. | Thanapati | 24. | Muslim Mnihar | 37. | To include Bhoi in Kahar |
| 12. | Mallah (Malha) | 25. | Rathore | | |
| 13. | Jhariya | 26. | Mlar | | |

**Table 6.14. B. List of Castes recommended for inclusion in the Backward Class**

| S.No. | Name of Caste | S.No. | Name of Caste |
|---|---|---|---|
| 1. | Gosain | 5. | Gopal |
| 2. | Guriya | 6. | Mauwar |
| 3. | Halwai | 7. | Chandranahu / Cnnahu |
| 4. | Gabel | 8. | Rajbhar |

**Table 6.15. C. List of Castes in Research for inclusion in Backward Class**

| S.No. | Name of Caste | S.No. | Name of Caste |
|---|---|---|---|
| 1. | Kharra | 10. | Malar |
| 2. | Tanti | 11. | Jhora |
| 3. | Chhipi | 12. | Gurjar |
| 4. | Kalar (Kalwar) | 13. | Bhadhbhuja |
| 5. | Rauniyar | 14. | Gurv |
| 6. | Thnapati | 15. | Sarthi |
| 7. | Mallaha (Mlaha) | 16. | Odiya (Sagarvanshi) |
| 8. | Shiya Muslim, Irani Muslim | 17. | Bhoi Kahar |
| 9. | Kapri | | |

## Occupational Diversity of OBCs in Chhattisgarh

The occupations of OBCs notified by the State Govt. certainly reassures that that these castes are basically non ruling classes as they are historically engaged in self occupations or menial labour or religious mendicancy. They are neither Brahmins nor Vaisya and least so the princely classes. It is significant that the OBCs are not confined to Hinduism alone .Even Muslims were also classified on economic and social backwardness and consequently some castes were categorized as OBCs. In serial no. 87 we have 26 Muslim castes as OBCs. This proves that the laws of Manu though originated in Hinduism have penetrated deep into Islam as well in India.

From the perusal of the OBC castes and their respective occupations in Chhattisgarh one can understand that all of them are 'Shudras' as per

'Manu's law and are entrusted with the duties of service. They are engaged in manufacture of goods and instruments such as agricultural implements, swords, furniture, besides making and producing articles and goods that are needed by society in a village. It is very interesting that the occupations of OBCs in Chhattisgarh range from religious mendicancy to manufacturing and processing. They include agriculture, fine ants, personal services such as hair cutting, washing cloths, Pan making, watchmen, oil production, weaving, hardware, animal husbandry and trading, fishing and labour for all purposes. These occupations are nothing but different wings and sectors of village economy in a particular mode of production in ancient India known as jajmani system. Many of these occupations are economically self sustaining and independent. Interestingly the origins of castes appear to have a bearing on the economy of village (*Luis* Dumont, *Stratification of Indian Society*), they acquired a ritualistic character later though. The occupations can be broadly categorized as below:

1. Agriculture sector with cultivation and agricultural labour, fishermen.
2. Service sector with barbers, washer men, watermen, domestic servant, astrologers.
3. Manufacturing sector with blacksmiths, carpenters, oil producer, textile weavers, value adders, utensil makers, potters.
4. Miscellaneous occupations such as singers, flatterers, dancers, beggars etc.

The above occupations though are very important for an economy the castes associated with them are not prescribed with function of governance, ruling, war, trade, spiritual work etc. which are exclusively kept in the domain of the twice born upper castes Brahmin, Khsatriya and vais. The state is never owned or run by these backward castes. However it is also interesting that those occupations are prohibited for untouchables as they are outcastes and are supposed to dispose dead cattle or do scavenging jobs. That way, the castes of OBCs have always been in the main stream of Hindu society and with their occupational indispensability they had better chances of decent existence in comparison to SCs and STs.

That is the basic difference, it seems, and that keeps the scheduled castes away from the four fold Varna system, and OBCs allowed being with in the frame work of Caste Society as service class contributing enormously to the economy. Never the less it is very pertinent to enquire into the fact as to why, despite entrusted with economic activities and acceptance in the society, these castes remained socially and economically backward. The basic reason may be found in the absence of full grown mercantile sector or commerce and industry in ancient India. The occupations being meant for a livelihood, their mercantile potential was never exploited to the fullest possibility due to lack of a capitalist market. The industrial revolution and the growth of mass production mechanisms and technology have outweighed the traditional sector of artisans and manufactures. They were, probably, forced to confine themselves to villages where the modern technology hadn't reached yet. Where it had it had completely robbed the artisans and manufactures of their means of livelyhood.

As per the statistics of Commissioner of land records in govt. of Chhattisgarh number of land holdings of OBCs (backward castes) is not available separately as there was no caste based land surveys or Census. How ever figures related to scheduled castes, scheduled tribes and others are available with the department. According to which during the year 2009 it is reported that 4,17,493 holdings owned by scheduled castes owners while scheduled tribes owned 11,05,419 holdings. Others hold 19,19,324 holdings which include OBCs *(interview with Commissioner Land Records, C.G)*. Though the exact number of holdings are not known, yet we can safely conclude that OBCs have more holdings than scheduled castes, Scheduled tribes Muslims or Brahmins. Because even if the Census of 1931 are taken as base 39% of the then population consisted of OBCs where as Muslim and Cristian constituted 13% and the rest comprising of communities such as SCs and STs and upper castes constituted around 48%. The OBCs thus appear to have more agrarian dependence mostly by owning land rather than working as laborers.

The OBCs have emerged as a strong force to reckon with in Chhattisgarh after the formation of the State in so far as the political scenario is concerned. In various representative bodies such as Legislative Assembly, Panchayati Raj institutions, Municipal Bodies etc. are concerned. The OBCs have a decisive role to play in all elections as they constitute a sizable and often a large section of electorate. It is this numerical strength connected with their demographic composition that makes them indispensible for Ruling parties. The other side of this strength is an increasing demand for inclusion as well as more empowerment in all fields. Ten years of State hood has indeed resulted in the emergence of OBC force in the State. The recruitment to various Government jobs has 14% of reservation for OBCs besides a provision selection in the unreserved category without affecting the reserved quota. Government employment being the best way of empowerment at least in the developing countries the OBCs in the State have taken full and the best advantage of the same. Its a different matter whether the development and growth of the castes is horizontal or vertical. Our study indicates towards the latter which in detail is given an account of in the following chapters.

**Reserved (Backward) Classes in the Government Employment in Chhattisgarh**

In the independent state of Chhattisgarh, the data obtained from official sources with regard to the employment in the administration of the state, concerning five sectors reflects the overall employment under the government. These sectors are as below:

1. Government Employees.
2. Urban System Employees
3. Panchayat Channel Employees
4. Development Authority Employees
5. University Employees.

The total number of employees in all the above five sectors is 3,89,289 out of which 3,06,785 employees belong to SC, ST, OBC categories which means only 82,504 employees belong to unreserved category. This is just 21% of the total number of people appointed under the state sector in Chhattisgarh. This clearly indicates that the representation of the so-called forward castes who are not backward classes is $1/5^{th}$ of the total establishment whereas the statutory provision of reservation in the state is (including district appointments) is ranging from 55 – 65%. Even the maximum of reservation is taken as 65% still; the unreserved quota representation should have been minimum 35%. This is a glaring example of impact of protective discrimination in favour of backward classes and it's detrimental fall out on the so called forward classes (castes). **(Annexure 6.1 to 6.5)**

The representation of the three reserved categories in administrative departments namely Education, Tribal, Revenue, PHE, Home, Health and Family Welfare, Energy and Water Resources, Agriculture and Forest is almost 70%. The total number of employees are 189434 against which SCs are 13.34%, STs 28.97% and OBC 27.3%. Adding all together, it will be 69.69% (70%). The unreserved category of employees is barely 30% in all these departments.

With regard to the position of reserved employees in urban local systems (municipalities and local bodies) out of the total number of employees 20,350, SCs are 28.39%, ST 18.10% and OBC 27.05%. This way there is 78.23% of reserved employees leaving barely 25% for the unreserved. However, in first class and second class posts, the reserved categories are not occupying the same percentage as they were in third and fourth class (which is remarkably high). This shows that the municipal bodies being connected with service oriented jobs, the backward classes including SC/ST predominantly are engaged in.

In Panchayat sector, the total number of employees in the entire state are 1,26,090 as against which 27.15% are SCs, 30.66% STs and 30.34% are OBCs adding together, it makes it 88.15% representation by the reserved classes, only around 12% is left for upper castes. This is a phenomenal representation of the OBCs in the Panchayat Sector which is basically the rural part of the state. This is surely a better sign of upliftment of backward classes in Panchayat Sector so far as the government employment is concerned.

The data of reserved categories occupying first, second, third and fourth class posts in Development Authorities of the state, has 39.36% of OBC personnel whereas SC and ST are 11.08% and 16.91% respectively. This is 61.35% of employment in this sector occupied by the reserved candidates. However, the employment of reserved categories especially SC and ST in Universities is not commensurate to the statutory entitlement. As per the data, SCs are 9.80% and STs are 10.60% in this sector whereas OBCs have 31.43%. This tends to indicate the educational backwardness of SC and STS in comparison to OBCs and others. OBCs have got 31.43% participation. (**Annexures 6.2)**

**Post-wise representation of reserved classes in government sector**

In the 18 administrative departments as shown in the chart so far as the Class I posts are concerned OBCs have got 17.20%, while SC, STs have 12.50 and 15.69% respectively, adding together 44.39% which is well within the Supreme Court sealing on the quota. However, in second class posts, the SCs have 12.70% the STs have 22.39% and the OBCs have a share of 17.34% adding together 52.43%. Here too, the reservation sealing is more or less within limits. The position in relation to class III executive posts is different because 29.54% of STs and 26.84% of OBCs besides 11.98% of SCs are there, making it 68.36%. The situation is even worse with regard to class III ministerial posts where all the three categories have made it together to 70.73%. Similarly in class IV posts which basically concerns with menial jobs and attending duties peons, watchmen, sweepers etc., STs have 36.37% and OBCs have 32.89% along with 14.98% of SCs. This makes it to a total of 81.63%. This shows that barely 19% of posts are held by the upper castes in this category; this is not surprising in view of the inverse relation between caste and social respect generally characteristic of Indian society.

The above analysis the representation (reserved castes) in the government sector of Chhattisgarh, the OBCs have a representation of 26% to 28% in class III posts and 33% in class IV posts where as the upper caste communities do not have a representation more than 25% in aggregate. Of course the scheduled tribes have far superior representation almost on par with OBCs and still better than the scheduled castes. It is very interesting to note here that scheduled castes have the highest representation of 28.09% only in the municipal bodies especially in the fourth class posts where they are 51.80%. This shows that the sweeping and cleaning related activities are still carried out by the Dalits in municipal areas as other communities do not prefer the jobs for fear of social denigration. It is not denying that here too, the OBCs have got around 20% of representation and STs have 8.41%. This shows the changing social values in relation to the dignity of labour. The OBC representation in class I and II posts is relatively lesser upto 17% in comparison to class III and class IV posts. In class I and II posts, still the presence of upper castes is seen that is around of 50% of representation. Here it is important to take note of that the class I and II being very responsible and associated with power and authority, the poor representation of OBCs or even SCs and STs indicates their backwardness and goes in favour of real empowerment. Though the reserved castes have far superior representation in class III and IV posts, it does not pave the way for empowerment if one is to extend the logic of Mandal Commission. It is only a greater representation in class I and II posts that can ensure empowerment in real terms. If one buys this argument then Chhattisgarh has a long way to go toward this end.

### Certification of Caste

On 22.07.2003 the Tribal Welfare Dept. of Govt. of Chhattisgarh which looks after Backward Castes welfare also issued an order with regard to issue of Caste Certificate. The Govt.'s order was basically to reassure that no fraud or impersonation is Committed while issuing the OBC Certificates. It focused on clause 6 and 13 of earlier order of M.P. Govt. issued on 12th March 1997. In clause 6 it was emphasized that the candidate must be a domicile of Chhattisgarh and he or she had lived in the state on 26th Dec. 1984. The liability of proper enquiry before issuing the Certificate was entrusted to the competent authority, authorized or notified to do so. Clause 13 was a qualifying provision with regard to inter state Domicile. The new order clarifies that the candidate must originally belong to a state or where the caste he claims to belong exists or the mention such a caste was made in the order of the Govt. through notification on 26.12.1984. It was made further clear that no one is qualified as OBC if his or her's caste/sub caste doesn't exist in Chhattisgarh or in the notification dated 26.12.1984, no matter such caste exists and notified else where as backward caste in another

A format for application was designed and issued to be filled in by aspiring candidates and submitted at notified places for issuing OBC certificate. Similarly and more interestingly one more format/ questionnaire was also provided by the Commission with regard to any demand for addition of any caste to the list of 91 castes.

It is very important that the State Govt. keeps the doors open for inclusion of castes as OBC subject to certain qualifications and the Commission is empowered to make enquiries and decide up on and recommend for inclusion. This principle of inclusion is based on economic and social backwardness as the application format provides for such information to be furnished by the aspirants. The data encompasses no. of govt. jobs people of a caste have, the education standards from 8th to graduation and post graduation, different occupations, dependence on Agriculture etc. etc. The Economic and Social backwardness is treated as qualifications to be proved by the seekers of OBC status. Test of such a backward ness is nevertheless is not very simple unlike in the case of SC and ST which are scheduled in the constitution on the sole criteria of untouchability. In case of OBCs, in the State, the principle of inclusion is dynamic rather than static.

**Scholarships for Scheduled Caste, Scheduled Tribe and Backward Class students in Chhattisgarh[10]**

The below details of Scholarships disbursed to the Backward class students certainly vouch for the fact that special provisions as provided in Art.15(4) for educational advancement of socially and educationally Backward Classes are just an eyewash. The amount is a pittance in relation to the huge expenses involved for a decent education.

SC, ST and OBC students studying from class $6^{th}$ to $10^{th}$ get the scholarships for the educational session of 10 months (from June to March) at the following Rates :

**Table 6.16**

| Scheduled Castes and Scheduled Tribes | | | Backward Classes | |
|---|---|---|---|---|
| Class | Boys | Girls | Boys | Girls |
| Class 6th to 8rth | 300/- | 400/- | 150/- | 225/- |
| Class 9th to 10th | 400/- | 500/- | 225/- | 300/- |

SC / ST Girls studying from class 3rd to 5th get the scholarships of Rs. 25 per month for the educational session of 10 months (a total sum of Rs. 250). OBCs get lesser amount.

For the SC/ST students income limit is not defined but the parents of OBC students must not be the income tax payers or have the agricultural land less than 10 acres.

| Scholarships given to Backward Class Students | | | | | | |
|---|---|---|---|---|---|---|
| **S. No** | **Group** | **Class** | **Non Hostеliers** | | **Hosteliers** | |
| | | | **Boys** | **Girls** | **Boys** | **Girls** |
| 1 | Medical And Engineering | First year and Second year | 100/- | 110/- | 210/- | 220/- |
| | | Third year | 105/- | 115/- | 210/- | 225/- |
| | B.V.S., B.Sc (Agriculture) | First year and Second year | 100/- | 110/- | 185/- | 195/- |
| | | Third year | 105/- | 115/- | 185/- | 200/- |
| 2 | Diploma Courses in Engineering, Medical College, Technology and Post Graduation in Arts and Commerce | First year and Second year | 100/- | 110/- | 125/- | 135/- |
| | | Third year | 105/- | 115/- | 130/- | 145/- |
| 3 | Certificate Courses in Engineering, Medical College, Technology and Post Graduation in Arts and Commerce | First year and Second year | 100/- | 110/- | 125/- | 135/- |
| | | Third year | 105/- | 115/- | 130/- | 145/- |
| 4 | General up to Graduate level/ afterwards | First year and Second year | 55/- | 70/- | 100/- | 110/- |
| | | Third year | 70/- | 85/- | 115/- | 130/- |
| 5 | Class 11th, 12th | Class 11th | 50/- | 60/- | 100/- | 110/- |
| | | Class 12th | 55/- | 70/- | 100/- | 110/- |

## Celebrities from Backward Classes in Chhattisgarh

The OBCs in Chhattisgarh have notable celebrities in considerable number right from 19th century, speaking for the social participation of Backward Classes. Such kind of leaders or celebrities is virtually nonexistent among Scheduled Castes or Tribes. The reasons are not far to seek. The latter were never a part of the dominant Hindu society and hence were never leaders. The social acceptability of OBCs by all was certainly a factor of great confidence that results in awakening. Therefore even though the OBCs are covered under the umbrella of Backward Classes in generic terms they can never be equated with the Scheduled Castes or Tribes as the later were always treated as outcastes. On the other hand the former were an integral part of the society economically and socially as the fourth *Varna*. It would, as a matter of fact, be logically unconvincing to treat them socially backward. It could be a matter of fact otherwise that the OBCs are socially exploited by the upper Castes. Exploitation in society need not be strictly on Caste lines always for it has a class character too if we borrow communist thought for a while. On the other hand Scheduled Castes or Tribes were truly for centuries exploited truly and only in the name of caste. Castes in OBCs at least had not been exposed to such indignities associated with Scheduled Castes or Tribes in the Society.

### Bilasa Bai Kewatin

Bilasa Kewatin was born in the 16th century A.D. on the bank of river Arpa in a fishermen family. She was on extremely beautiful and brave girl. In the folk tales her bravery is described as "a King wanted to hurt her dignity but she fought against the King to guard her self-respect". Beauty of Bilasa is expressed in the Dewar Songs as:-

"Khopa parya ringi-chingi
Te man khonchya sone ke singi"

Poetry of Kewatin describes about the social system of that time and defines the sixteen castes as fishes of sixteen kinds, her understanding for social setup and eloquenceShe was a famous social worker. In her honour "Bilaspur" was named after her. To promote fishermen class in Chhattisgarh on award is instituted "Bilasa Bai Kewatin Award".

### Hiralal Kavyopadhyay

Munshi Hiralal Kavyapadhyay has enriched Chhattisagrhi dialect by writing **"Grammer of Chhatisgarh"** Pyaralal Gupta had given Hiralal Kavyapadhyay the first place out of the seven Saptrishi of Chhattisgarh. Munshi Hiralal was born in a Kurmi family in 1856 in Raipur. He was born to Babu Balaram and Radhabai. He started his social life in Dhamtari and gradually become a social icon. He was elected as President of Nagar Palika, Dhamtari. In 1885 he wrote "Chhattisgarhi Vyakaran" in Hindi when none of the good grammatical books were in circulation for dialects. The famous dialogist Sir George Pearson liked this book and translated it in 1890 for General public of Asiatic Society of Bengal. Munshi Hiralal Kavyapadhyay died in October 1890 at the age of 34.

**Ramaprasad Deshmukh**

Ramaprasad Deshmukh was one of the important leaders who awakened the feeling of Nationalism in Chhattisgarh. He was born in a peasant family in 1878 in the Kaapar village of Durg district. In 1914 he started practicing Law in Durg soon to become a successful lawyer. He left practice at the call of Gandhi in 1921 to join Non-Cooperation Movement against British.

He worked for the economic development of rural people through cooperative societies in Durg. He was a founder member of the District Cooperative Bank. It was due to his efforts Land Development Bank was established in Durg in 1935. He died at the age of 66 years on 11th of February 1944.

**Dau Ganpat Singh Chandravanshi**

Kawardha was a small princely State under Rajnandgaor before independence. Dau Ganpat Singh Chandravanshi was a malguzar of the village Kirauni under Kawardha. His father was Takhat Singh Chandravanshi. Ganpat Singh was a brilliant student and though he got scholarship from the State he gave the same to another poor student... He popularized the principle of Non-Cooperation from village to village. For the first time the people of Kawardha had seen the Tiranga (flag) under his leadership.

Ganpat Singh gave a call to the people for Non-Cooperation and organized Holi of foreign clothes popularizing Swadesi. He died in 1935.

**Rohini Bai Parganiha**

Among freedom fighters Smt. Rohini Bai wife of Shri Madhava Prasad Parganiha, had devoted every movment of her life for nation. She was imprisoned for the first time at the age of 12 years in 1932. She used to do packaging at the Kika Bhai shop situated Malviya Road and wore Khadi.

In 1942 movement she was imprisoned with seven other women. Smt. Rohini Bai had also worked with Pandit Jawaharlal Nehru. During her old age she worked with Dr. Sushila Naiyar on Nashabandi.

**Kekati Bai Baghel**

She was a famous freedom fighter, social reformer and mother of Dr. Khoobchand Baghel (The father of separate Chhattisgarh movment). Kekati Bai Baghel was imprisoned by British in 1932 for participating in Satyagrah. She was against the practice of untouchablity. The community kitchen in her house was under the girls of so called untouchable class.

**Dr. Khoobchand Baghel**

Dr. Khoobchand Baghel made important contribution to public awareness. He was born on 19 July 1900 in Pathari village of Raipur district. His father Shri Judawan Singh Baghel was a farmer. His mother Kekati Bai Baghel was an active participant in freedom struggle and went to jail a number of times. In 1930 when Mahatma Gandhi called for non-cooperation movement Dr. Baghel resigned the job and joined. In 1932 Dr. Bhabel started picketing in Raipur. On 15 February 1932 he was arrested. He visted from village to village along with Thakur Pyarelal and Yati Yatanlal for upliftment of Dalits. He wrote a drama "Oonch-Nich".

In 1947 he was appointed Secretary of Parliament from Provincial Government but he resigned from the post and got back to social service. He started various cottage industries and formed a cottage industry union to manage production and training. In 1951 he was elected member of State Assembly. From 1951 to 1962 he was member of State Assembly and was a pillar of opposition. In 1965 he was elected member of Rajaya Sabha. In 1956 he formed "Chhatisgarhi Mahasabha" in Rajnandgaon. In 1967 he formed "Chhatisgarh Matri Sangh". A popular leader, he died on 22 February 1969.

**Jhujharu Anantram Barchhiha**

Jhujharu Anantram Barchhiha was born on 28 August 1890 in Chandrakhuri village in Raipur district. His father was Hinchharam and mother was Yashoda Bai. He was inspired by Bhola Prasad Ji Girodhwale for social services. He collected fund for building "Bhola kurmi Kshatriya Chhatravas". He was a social reformer and was against the caste system. He actively participated in Non-Cooperation movement to Quit India Movement. He made Chandrakhuri the center of his Gram Swaraj Movement. He died on 22 August 1956.

**Chandulal Chandrakar**

Born on 1 January 1921 in Nipani village of Durg District in a farmer's family he was a veteran journalist before joining politics. His works were published in Hindustan Times. He had experience in reporting nine Olympic Games and three Asian games. He worked as on editor in the National Newspaper Dainik Hindustan. He was the first in Chhatisgarh to become Editor in any National Newspaper.

In 1970 for the first time he was elected for Loksabha. He was elected five times for Loksabha and was minister of different departments. He was an active spokes person of All India Congress Committee and Madhya Pradesh Congress. He played a very important role in the formation of Chhattisgarh state and was the president of "Rajaya Nirman Sarva Daliya Manch". He died on 2 Feburary 1995.

**Shree Ramchandra Deshmukh**

Ramchandra Deshmukh was a renowned for Chhattisgarh folk-art. He formed a theater named "Chandaini Gonda". He was successful in involving the writers of Chhattisgarh with the theater. He dedicated his whole life for the traditional and cultural values of chhattisgarh.

**Smt. Bhanabai Yadav**

Bhanabai was born in Saragaon village. She was married to Rarooha Yadav. She was a great patriot. Her husband was her inspiration for participating in freedom struggle. They used to wear Khadi and spin Charkha. She was sent to Central Jail Raipur in 1942.

Bhanabai and her husband served the people through Congress Party. For livelihood they adopted dairy occupation and opened a hotel.

They had donated their whole property for education of children in village.

**Mahant Bisahu Das**

Born on 1 April 1924 in Sargaon village of Janjgir-Champa to Kunjram Sahu and Gayatridevi (Panika caste group) got his primary education in Bilaspur district, became graduate from Mouris Collage Nagpur and completed L.L.B. from Law Collage Nagpur. Generally the people of Panika caste group in Chhatisgarh are followers of Kabir Panth. He became the Principal in Municipal High School, Champa in 1950. His political carrier began as member of State Assembly from Baradwar in Bilaspur district in 1952. In 1977 he was elected the president of Madhya Pradesh Congress committee. He was minister of different departments. He devoted himself for the betterment of backward classes in Chhattisgarh. With his efforts the Kosa industry of Janjgir-Champa was exposed to the international market. Working in the field of social justice. He expired on 23 July 1978.

**Bannibai Sonkar**

Bannibai Sonkar was popularly called as Nagar Mata. She was of very humble and donated a huge fund to various social services such as schools, Charity Homes and temples. A school is named after her at Ramkund. She was also awarded with "Minimata Samman".

## Notes

1. Chhattisgarh Hand Book-2003, Dr. Y.V. Shrivastava, Dr. B.V. Ramana Rao, Bharti Publication, Chhattisgarh.
2. Chhattisgarh official website.cg.nic.in.
3. Chhattisgarh official website.cg.nic.in.
4. SMARIKA, Pichhda Varg Samajik Sammelan, Police Ground, Durg, on 2-3 May, 2003 edited by Dr. Mannulal Yadu, pp. 10-15.
5. Madhya Pradesh State Backward Classes Commission's Final Report, Part 2, p. 190
6. Madhya Pradesh State Backward Classes Commission's Final Report, Part 2, p. 252.
7. Madhya Pradesh State Backward Classes Commission's Final Report, pp. 201-04.
8. As amended by Govt. gazette Notification Sl. No 205 dtd 5th Apr, 1997, chait 15, shake, 1919, Bhopal, Saturday. Original Notification : M.P. Gazette, part 1 dtd. 8th Feb, 198 ).
9. Notification of General Administration Dept. Govt.of M.P.Dt. 2nd Aug. 1994 and as amended by gazette Nogification dt. 25 Oct. 2000 state.
10. Administrative Report of State Backward Classes Commission, C.G, FOR 2009-10, pp. 33-35.
11. Administrative Report of State Backward Classes Commission, C.G, FOR 2009-10, pp. 48-50.
12. Administrative Report of State Backward Classes Commission, C.G, FOR 2009-10, pp. 73-77).

# 7

# Representation of SEBC in Government Services in Chhattisgarh

## Part - A

The representation of Backward Classes in the government employment was discussed in earlier chapter in which we found that in the year 1982 at the time of submission of Backward Classes Commission report in the undivided state of Madhya Pradesh, the percentage of OBCs in government employment is just 8% in relation to their population which was 43%. In the independent state of Chhattisgarh, the picture was entirely different. Today around 25% to 30% posts at an average in the government departments, are held by Backward Classes. Of course it is a different matter as to how many castes within the Backward Classes are having these posts. This being one of our concerns, it will be separately taken up for examination in due course of analysis.

Apart from recording the existing number of Backward Classes officers and employees under the government, we undertook a detailed study with regard to fresh recruitments made for class II posts in the state from 2001 to 2010 – a decade of formation of the new state, in order to find out how the representation is maintained with regard to 14% quota. Similarly the study on recruitments for the last 10 years will throw light on the trend of the advancement of Backward Classes in the state in relation to empowerment vis-à-vis backwardness. After studying the recruitments of class II posts, we shall attempt to take up a random sample for class III recruitments in the state and examine the same. It is to note that there is no direct recruitment on Class I post and same are filled up on departmental promotions. We, for the present, are concerned only with direct recruitment held in the State.

In Chhattisgarh, the OBCs are entitled for reservation in government jobs to the tune of 14% as per the orders of state government. in all departments and bodies corporate, subject to availability of vacancies and recruitment rules. The State Public Service Commission is entrusted with the responsibility of recommending the candidates for appointment on the basis of selection either by competitive examinations or walk in interviews depending on the provisions of recruitment in each department. The best way to collect data on the number of Backward Classes stakeholders appointed on government jobs is to obtain the records of the State Public Service Commission and analyze the factual position of reservations to Backward Classes. For the purpose of study, the data with regard to appointments on jobs in the govt. in various departments between 2001 and 2010 was collected and analyzed with the following objectives:

(a) Ascertain the probable numerical strength of Backward Classes appearing in the Recruitment Exams.

(b) Find out the percentage of castes that are benefited within Backward Classes

(c) Examine proportional representation of castes within Backward Classes and also vis a vis the SCs, STs and the Unreserved

(d) Examine the relevance of the avowed purpose of affirmative action for empowerment of Backward Classes exhorted in Mandal's recommendations.

((e) Assess the status of educational backwardness among OBCs with regard to requirements and qualifications for government employment.

The data from Public Service Commission for 10 years comprises of all the recommendations made by the Commission for appointment on various posts in various departments in the state. These recommendations of the Commission are based on the results of recruitments exams, including viva voice conducted by the Commission. The recommendations are made keeping in view the percentage of reservations of Backward Classes (OBCs) and SCs and STs as per the statutory provisions made by the state government.

**Selection of OBCs between 2001 and 2010**

The year-wise vacancies in various government departments and selection of Backward Classes candidates through various recruitment exams conducted by CGPSC are as in Table 7.1:

**Table 7.1**
**Year 2003**

| Department /Post | Total posts (A) | Posts for OBC (B) | % of posts (C) | Carried forward posts (D) | No. of OBC candidates filling UR posts (E) | % of OBC filling UR (G) | Total No. of posts filled by OBC candidates (F) | Total % of selection P# (H) |
|---|---|---|---|---|---|---|---|---|
| Health and Family Welfare Assistant Professor*[1] | 36 | 7 | 19.44 | 3 | 0 | 0 | 4 | 11.11 |
| CGPSC (Civil Services) under different categories*[2] | 142 | 15 | 10.56 | 0 | 6 | 4.22 | 21 | 14.8 |
| State Forest Dept Assistant Conservator*[3] | 05 | 1 | 20.00 | 0 | 0 | 0 | 1 | 20.00 |
| **TOTAL** | **183** | **23** | **12.56** | **3** | **6** | **3.27** | **26** | **14.3** |

# formula taken $P = (F/A)*100$.

The Health and Family Welfare Department had advertised 36 posts of Assistant Professors. Out of 36 posts, 7 were reserved for the OBC candidates making the percentage 19.44% against the actual statutory provision of 14%. This could be due to roster vacancies unfilled till then. However 3 posts were carried forward due to lack of eligible OBC candidates and only 4 posts were filled bringing the percentage of selection of OBC candidates down to 11.11%. This is significant for, it shows that despite reserved vacancies, suitable candidates among OBCs were not available. This is an indication of educational backwardness among the OBCs especially in medical sciences as the same was not the case with unreserved castes. The study shows that no carry forwarding of vacancies was resorted to in the case of the latter.

In the year 2003, when CGPSC had organized exams for various posts of Provincial Services (combined Examination), a total number of 142 posts were advertised. Out of 142, 15 were reserved for OBC candidates thus making reservation percentage 10.56% against the statutory 14%. This could be due to Roster calculation. Interestingly 6 OBC candidates got selected against unreserved merit seats.

In the same year, State Forest Department had organized exams for 5 posts of Assistant Conservator and out of 5, 1 post is reserved for OBC category making the percentage of reservation as 20%. No carry forwarding occurred here.

Thus for the year 2003, against 183 posts advertised, 23 were reserved for OBC making a percentage of reservation 12.56%, but 3 posts were carried forward. As OBC candidates got 6 merit seats, the final percentage of representation was 14.3%. If the carried forward posts had also been filled up then the percentage of selection could have reached 15.8%.

**Table No 7.2**

**Year 2004**

| Department/ Post | Total posts (A) | Posts for OBC (B) | % of posts (C) | Carried forward posts (D) | No. of OBC candidates filling UR posts (E) | % of OBC filling UR (G) | Total No. of posts filled by OBC candidates (F) | Total % of selection P# (H) |
|---|---|---|---|---|---|---|---|---|
| Civil Judges *[4] | 61 | 8 | 13.11 | 0 | 5 | 8.19 | 13 | 21.31 |
| **TOTAL** | **61** | **8** | **11.11** | **0** | **5** | **8.19** | **13** | **21.31** |

# formula taken P = (F/A)*100.

**Table 7.3**

**Year 2005**

| **Department/Post** | **Total posts** (A) | **Posts for OBC** (B) | **% of posts** (C) | **Carried forward posts** (D) | **No. of OBC candidates filling UR posts** (E) | **% of OBC filling UR** (G) | **Total No. of posts filled by OBC candidates** (F) | **Total % of selection P#** (H) |
|---|---|---|---|---|---|---|---|---|
| School Education Deputy Director, DIET Principal & Professor*[5] | 09 | 1 | 11.11 | 0 | 0 | 0 | 1 | 11.11 |
| Medical Department Lecturer*[6] | 39 | 5 | 12.82 | 3 | 0 | 0 | 2 | 5.2 |
| CGPSC (Provincial Services) under different categories*[7] | 218 | 26 | 11.92 | 0 | 20 | 9.17 | 46 | 21.10 |
| Medical Department Medical Officers*[8] | 508 | 71 | 13.97 | 13 | 31 | 6.10 | 89 | 17.52 |
| **TOTAL** | **774** | **103** | **13.88** | **16** | **51** | **6.58** | **138** | **17.82** |

# formula taken P = (F/A)*100.

Exam was conducted for 61 posts of Civil Judges out of which, 8 posts were reserved for OBC candidates making it 13.11%. 5 OBC candidates got selected against unreserved posts and the percentage of OBCs in the selection raised up to 21.31%. (Table 7.2).

In 2005, School Education Department had advertised for 9 posts of Deputy Director / DITE Principal / Professor in which, 1 post was reserved for OBC candidates making percentage of reservation 11.11%. Medical Department had advertised 39 posts of Lecturers, out of which, 5 posts were reserved for OBC candidates making percentage reservation 12.82%. 3 posts were carried forward hence, only 2 posts were filled due to lack of eligible OBC candidates reducing the percentage of selection to 5.2%. (Table 7.3).

In the exams, for various posts of Provincial Services which consist of administrative jobs such as Dy. Collectors, Tehsildars, Dy.S.Ps etc. 218 posts were advertised, out of which, 26 were reserved for OBC candidates making reservation percentage as 11.92%. Here, 20 OBC candidates got unreserved posts and the percentage raised to 21.1%.This shows that there is a strong tendency towards posts associated with power and authority, unlike the ones devoid of it. Because the contrast can be witnessed in Medical Department which had advertised 508 posts of Medical Officers. 71 posts were reserved for OBC candidates that are 13.97% nearly equal to statutory 14%. 13 posts were carried forward and only 58 posts were filled. This was due to the fact that OBC candidates got selected against 31 general vacancies. Consequently there were no candidates available, though the overall the percentage of selection reached to 17.52%. (Table 7.3).

To sum up, for the year 2005, a total of 774 posts were advertised for recruitment out of which, 103 posts were reserved for OBC candidates (13.88% nearly equal to the 14%). It is remarkable that though 16 posts were carried forward, 51 general posts were also bagged by OBCs. If the carried forward posts were filled, the percentage of selection would have been 19.89%. An increase in job seekers among the OBCs is conspicuous in the year 2005 in comparison to year 2003. Factors such as caste consciousness, awareness of constitutional guarantees, and the urge to avail the same etc. seem to be the immediate reasons behind sudden surge in the scenario.

Table 7.4 gives us details of recruitment for year 2006. In the year 2006, Panchayat and Rural Development Department had advertised 36 posts of Assistant Engineer (Civil) with 5 posts reserved for OBC candidates (13.88% nearly 14%.) With the OBC candidates getting 5

**Table 7.4**

**Year 2006**

| Department/Post | Total posts (A) | Posts for OBC (B) | % of posts (C) | Carried forward posts (D) | No. of OBC candidates filling UR posts (E) | % of OBC filling UR (G) | Total No. of posts filled by OBC candidates (F) | Total % of selection P# (H) |
|---|---|---|---|---|---|---|---|---|
| Panchayat and Rural Development Assistant Engineer (Civil)*[9] | 36 | 5 | 13.88 | 0 | 5 | 13.88 | 10 | 27.78 |
| Public Works Assistant Engineer (Civil)*[10] | 44 | 6 | 13.63 | 0 | 5 | 11.36 | 11 | 25 |
| Mining Department Mining Officer*[11] | 6 | 1 | 16.66 | 0 | 1 | 16.66 | 2 | 33.33 |
| Police Department Sahayak Zila Lok Abhiyojan Adhikari*[12] | 32 | 4 | 12.50 | 0 | 1 | 3.12 | 5 | 15.62 |
| **TOTAL** | **118** | **16** | **13.55** | **0** | **12** | **10.16** | **28** | **23.29** |

# Formula taken $P = (F/A)*100$ .

general seats, the percentage rose to 27.78%. The Dept. of Panchayat and rural development is an important power center in rural areas. Increasing OBC share in jobs in the department is again an indication of empowerment.

Same is true of another important power centric dept. Public Works Department had advertised 44 posts of Assistant Engineer (Civil), out of which 6 posts were reserved for OBC candidates making it a reservation of 13.63%. In this too, OBC candidates got 5 general seats and the percentage rose to 25.

Mining Department had advertised 6 posts of Mining Officers and 1 was reserved for OBC candidate (16.66%) Here 1 more OBC candidates got selected against unreserved vacancy with the percentage of representation reaching to 33.33%.

Police Department had advertised 32 posts of Sahayak Zila Lok Abhiyojan Adhikari (Asst. District Prosecution Officer). 4 posts (12.5%) were reserved for OBC candidates out of 32. Again in this too, one more OBC candidate got selected against unreserved vacancy raising the percentage of representation to 15.62.

Thus for the year 2006, a total of 118 posts were advertised and though 16 posts were reserved for OBC candidates. they got selected additionally on 12 general posts and the percentage of selection of OBC reached 23.29%. We can see a constant rise in representation of OBC in govt. services in comparison to earlier years and the rise is phenomenal as the candidates began lapping the posts even from unreserved quota in addition to the statutory slot. The trend is never declining as is evident from the following years.

As Table 7.5 shows in the year 2007, State Forest Examination conducted for 15 posts of Assistant Conservator. 2 posts were reserved for OBC candidates (13.33% nearly equal to earmarked quota). However 2 OBC candidates got in to unreserved zone and the selection was raised to 26.67%.

In Finance and Statistics Department for posts of Assistant Director/ Director/ District Planning and Statistical Officer, out of 11, 2 posts were reserved for OBC candidates ( 18.18%). Here too, 3 OBC candidates got selected against general quota raising their representation to 45.45%.

As Table 7.5 shows the recruitment in 2007. The year 2007 witnessed percentage of selection of OBCs rising to 34.61% against the earmarked quota of 14%. As against total 26 posts (4 posts for OBC)

**Table 7.5**

**Year 2007**

| Department/Post | Total posts (A) | Posts for OBC (B) | % of posts (C) | Carried forward posts (D) | No. of OBC candidates filling UR posts (E) | % of OBC filling UR (G) | Total No. of posts filled by OBC candidates (F) | Total % of selection P# (H) |
|---|---|---|---|---|---|---|---|---|
| State Forest Examination for the post of Assistant Conservator Forest*[13] | 15 | 2 | 13.33 | 0 | 2 | 13.33 | 4 | 26.67 |
| Finance and Statistics Department for the post of Assistant Director/District Planning and Statistical Officer*[14] | 11 | 2 | 18.18 | 0 | 3 | 27.27 | 5 | 45.45 |
| **TOTAL** | **26** | **4** | **15.3** | **0** | **5** | **19.2** | **9** | **34.61** |

# Formula taken P = (F/A)*100.

**Table 7.6**

**Year 2008**

| Department/Post | Total posts (A) | Posts for OBC (B) | % of posts (C) | Carried forward posts (D) | No. of OBC candidates filling UR posts (E) | % of OBC filling UR (G) | Total No. of posts filled by OBC candidates (F) | Total % of selection P# (H) |
|---|---|---|---|---|---|---|---|---|
| Assistant Grade-3 (PSC)*[15] | 11 | 1 | 9.09 | 0 | 2 | 18.18 | 3 | 27.27 |
| Water Resources Assistant Engineer (Civil) *[16] | 56 | 8 | 14.28 | 1 | 9 | 16.07 | 16 | 28.57 |
| Agriculture(Animal Husbandry) Vetenary Doctor, Assistant Surgeon*[17] | 202 | 24 | 11.88 | 10 | 15 | 7.42 | 29 | 14.35 |
| Stenographer (PSC)*[18] | 3 | 0 | 0 | 0 | 2 | 66.66 | 2 | 66.66 |
| Labour Department for Medical Insurance Officer*[19] | 32 | 4 | 12.50 | 4 | 5 | 15.62 | 5 | 15.63 |
| **TOTAL** | **304** | **37** | **12.17** | **15** | **33** | **10.85** | **55** | **18.09** |

# Formula taken P = (F/A)*100.

**Table 7.7**

**Year 2009**

| Department/Post | Total posts (A) | Posts for OBC (B) | % of posts (C) | Carried forward posts (D) | No. of OBC candidates filling UR posts (E) | % of OBC filling UR (G) | Total No. of posts filled by OBC candidates (F) | Total % of selection P# (H) |
|---|---|---|---|---|---|---|---|---|
| Assistant Conservator *[20] | 11 | 2 | 18.18 | 0 | 2 | 18.18 | 4 | 36.36 |
| **TOTAL** | **11** | **2** | **18.18** | **0** | **2** | **18.18** | **4** | **36.36** |

# Formula taken P = (F/A)*100.

9 OBC candidates got selected in unreseved category additionally. Thus the percentage of OBCs, in all, in the jobs rose to 34%. It is significantly more than what it was in 2003, 2005 and 2006.

In the year 2008, CGPSC had conducted examination for 11 posts of Assistant Grade-3 executive category and 1 post was reserved for OBC candidate (9.09%). 2 OBC candidates got in to general quota additionally making the percentage of selection to 27.27% (Table 7.6).

In Water Resource Department, out of 56 posts of Assistant Engineer (Civil) 8 were reserved for OBC candidates (14.28%) Here too, 9 OBC candidates were selected in general merit list raising the percentage to 28.57.

Out of 202 posts of Veterinary Doctor/Assistant Surgeon in Animal Husbandry Department, though 24 posts were reserved for OBC (11.88%) 10 posts were carried forward as there were no candidates available. More over 15 OBC candidates got selection in general quota raising the representation to 14.35%. Had there been no carry forward, the percentage of selection would have reached 19.3%. The trend is similar in 3 posts of Stenographer for which CGPSC had conducted examination. Though no post was reserved for OBC candidate, 2 OBC candidates got in to general quota raising percentage of selection 66.66%. In Labour Department, out of 32 posts of Medical Insurance Officers, 4 posts were reserved for OBC (12.5%) All the 4 posts were carried forward because the only 5 OBC candidates got in the general list. **We can clearly see a situation where the OBCs in many recruitments are finding place in general quota with out availing the reservation and are making place for their brethren in the 14%; it is a different matter that posts are carried forward.** In Departments such as Veterinary, Medical and Health which call for specialized qualifications, the Backward Class candidates are not available in requisite number. It reflects the relatively poor specialization among Backward Classes in Education.

For the year 2008 as a whole, a total of 304 posts were advertised. 37 posts were reserved for OBC candidates. Though 15 posts were carried forward, 33 OBC candidates were selected in general merit list raising the percentage of selection to 18.09%. If the posts were not carried forward, it would have been 23.02%.

Table 7.7 gives details that in the year 2009, CGPSC had conducted examination for 11 posts of Assistant Conservator. Out of 11, 2 posts was reserved for OBC candidate making the percentage of reservation

18.18%. But 2 OBC candidates got selected in general merit list making the representation 36.36%.

Thus it can be concluded that in the span of 10 years (From 2001 to 2010), various exams were conducted by CGPSC; though the percentage of reservation is 14% but the declaration of reservation varies form 9.09% to 18.18%. OBC candidates with their own competence got selected in general merit making the representation of OBCs to a maximum of 66.66% .

**Preparedness of OBC vis a vis General, SC & ST**

The performance of OBC Candidates in comparison to others such as SCs and STs or even the unreserved candidates may throw some light on the relative Social and Educational backwardness. Let us have a look at the figures of participation by all these candidates in the recruitment exams in the last 10 years and their relative performance.

From table 7.8 in the year 2003 it can be appreciated that whereas the percentage of OBC candidates appeared in the exam is 10.89% as compared to the General (48.97%), SC (18.06%) and ST (22.28%) the percentage of qualified in the OBC is 21.32% nearly equal to General 24.05%, SC 21.36% and ST 21.47%. The point here is that even with relatively lesser participation, the OBCs have fared well to such an extent of bagging posts from the general quota as well.

From the table 7.9 for the year 2004, it can be seen that the percentage of OBC candidates appeared in the exam is 25.1% as compared to the General (61.35%), SC (9.06%) and ST (4.47%). But the qualification percentage of OBC 8.46%, while is case of General 30.77%, SC 25.32% and ST 3.39%. Here, it is significant to note that the participation is remarkably huge in comparison to general, SC and ST thereby the percentage of success is relatively minimized though in absolute numbers it is close to SC candidates' performance.

Table 7.10 shows the percentage of OBC candidates appeared in the exam 13.27% as compared to the General (54.68%), SC (14.33%) and ST (17.7%) but the qualification percentage makes the OBC (13%) while General (53.22%), SC (15.05%) and ST (18.18%).

Table 7.11 gives the percentage of OBC candidates appeared in the exam conducted by CGPSC for various posts is 28.56% as compared to the General (39.22%), SC (13.44%) and ST (18.77%). Provincial Services basically comprise of posts dealing with enforcement and are therefore much sought after. Increased OBC participation on indication of awareness for empowerment.

Table 7.8

| Name of Exam/ Date of Exam | Number of Applicants | | | | | | | | |
|---|---|---|---|---|---|---|---|---|---|
| | **General** | **%** | **SC** | **%** | **S T** | **%** | **OBC** | **%** | **Total** |
| Chhattisgarh Public Service Commission - 2003<br>( Exam from 26.07.2004 to 18.08.2004) | | | | | | | | | |
| Number of candidates appeared in exam | 948 | 48.97 | 351 | 18.06 | 433 | 22.28 | 211 | 10.89 | 1943 |
| **Number of qualified candidates** | **228** | **24.05** | **27** | **21.36** | **33** | **21.47** | **09** | **21.32** | **441** |

Table 7.9

| Name of Exam/ Date of Exam | Number of Applicants | | | | | | | | |
|---|---|---|---|---|---|---|---|---|---|
| | **General** | **%** | **SC** | **%** | **ST** | **%** | **OBC** | **%** | **Total** |
| **Chhattisgarh Public Service Commission - 2004**<br>**( Exam from 26.12.2004)** | | | | | | | | | |
| Number of candidates appeared in exam | 3636 | 61.35 | 537 | 9.06 | 265 | 4.47 | 1488 | 25.1 | 5926 |
| **Number of qualified candidates** | **1119** | **30.77** | **136** | **25.32** | **168** | **63.39** | **126** | **8.46** | **949** |

**Table 7.10**

| **Name of Exam/ Date of Exam** | **Number of Applicants** | | | | | | | | |
|---|---|---|---|---|---|---|---|---|---|
| | **General** | **%** | **SC** | **%** | **S T** | **%** | **OBC** | **%** | **Total** |
| **Civil Judges Mains (2004) exam date 24.4.2005** | | | | | | | | | |
| Number of applicants | 519 | 54.68 | 136 | 14.33 | 168 | 17.7 | 126 | 13.27 | **949** |
| Number of candidates qualified for interview appeared in exam | 99 | 53.22 | 28 | 15.05 | 35 | 18.81 | 24 | 13 | **186** |

**Table 7.11. CGPSC (Pre) – 2005 Exam Date 06.11.2006**

| Number of Applicants | | | | | | | | |
|---|---|---|---|---|---|---|---|---|
| General | %age | SC | %age | S T | %age | OBC | %age | Total |
| | | | | | | | | |
| 23768 | 39.22 | 8144 | 13.44 | 11375 | 18.77 | 17306 | 28.56 | 60593 |

**Table 7.12**

| Name of Exam/ Date of Exam | Number of Applicants | | | | | | | | |
|---|---|---|---|---|---|---|---|---|---|
| | General | % | SC | % | ST | % | OBC | % | Total |
| Principal Hr. Sec. School Exam –2005<br>Exam Date 8.1.2006 | | | | | | | | | |
| Number of candidates appeared in exam | 1497 | 54.61 | 269 | 9.81 | 223 | 8.13 | 752 | 27.43 | 2741 |

From the table 7.12 it can be compared that the percentage of OBC candidates appeared in the exam of Principals in Hr. Sec. School 27.43% as compared to the General (54.61%), SC (9.81%) and ST (8.13%). The participation of OBCs is encouraging surely in comparison to earlier years.

**The overall category wise participation in the Recruitment**

Till now we have observed, as above, the participation of Backward Classes in various Recruitments. It will be useful to assess the relative levels of participation between Backward Classes, Forward Classes, SCs and STs so that the social and educational backwardness can be comparatively analyzed (Table 7.13).

It is interesting to note from the above table that the participation of General, SC and ST in the exams is more or less in proportion to their quota statutorily provided though not commensurate in terms of their population. The unreserved candidates are participating from 36% to 75% with an average of 47% while their population in the State is far less than 20%. The ST candidates have a participation of around 15% average ranging from 3% to 55%. This is surprising in view of the fact that they constitute 34% of population. This is a strong indication of socio economic backwardness among scheduled tribes in the State. No wonder quite a few vacancies are normally carried forward due to non availability of suitable candidates. The SC candidates have around 14% participation despite 15% statutory entitlement. It is also a fact that their percentage of population in the State is 14%. Yet in comparison to General section they are far behind in the race. Now the OBC s have around 17% participation at an average ranging up to 26% occasionally. The scenario is not commensurate to their numerical strength in comparison to general candidates. This in all likelihood, vouches for their educational backwardness in specialization to address which the affirmative action was contemplated by the State.

The table 7.14 reflects the status of educational backwardness of Backward Classes

It can be concluded that the over all number of applicants from the OBC varies from 1/8th to 6 times but on an average and the percentage is very irregular. It may be due to specialized nature of posts. For the post of Law Officer there were only 11.08% applicants whereas for Boiler Inspector, there was no applicant at all. Similarly for Medical Insurance Officer and Asst. Professor (clinical) there were just 8.92%

**Table 7.13. Category wise participation in various exams**

| Name of Exam/ Date of Exam | Number of Applicants | | | | | | | | |
|---|---|---|---|---|---|---|---|---|---|
| | General | % | SC | % | S T | % | OBC | % | Total |
| Civil Judges Prelims (2003) | 8514 | 75.64 | 672 | 6 | 297 | 2.63 | 1772 | 15.74 | 11255 |
| Assistant Forest Conservator - 2003 | 369 | 36.07 | 166 | 16.22 | 218 | 21.30 | 270 | 26.39 | 1023 |
| CGPSC (Pre)- 2003 | 52084 | 51 | 11056 | 10.80 | 15858 | 15.50 | 23282 | 22.76 | 102280 |
| Civil Judges Mains (2003) | 241 | 52.73 | 65 | 14.22 | 89 | 19.47 | 62 | 13.56 | 457 |
| Ayurveda Medical Officer, Health and family department | - | - | 80 | 41.23 | 108 | 55.67 | 6 | 3.09 | 194 |
| Assistant District Public Abhiyojan (Procedure) Officer, Home (Police) Department | 2227 | 64.16 | 322 | 9.27 | 184 | 5.30 | 738 | 21.26 | 3471 |
| Superintendent District Jail Home (Police) Department | 85 | 54.48 | 8 | 5.12 | 41 | 26.28 | 22 | 14.10 | 156 |
| Law Officer Home(Police) Department | 66 | 60.55 | 5 | 4.58 | 24 | 22 | 14 | 12.84 | 109 |
| Mining Officer Mineral Resources Department | 30 | 38 | 19 | 24.05 | 9 | 11.39 | 21 | 26.58 | 79 |
| 1. Assistant Engineer (Civil) PWD (Post no. 1) 2. Assistant Engineer (Civil) PWD (Post no. 1) Panchyat and Rural Department (Post no. 2) | 221 | 41.15 | 63 | 11.73 | 164 | 30.54 | 89 | 16.57 | 537[#] |

# 423 for post no. 1 and 114 for post no. 2.

**Table 7.14. The status of applicants from OBCs for Technical posts**

| Name of post | No. of posts | No. of Total/Eligible applications | No. of OBC applicants out of total | % of OBC applications out of total / eligible | Remarks |
|---|---|---|---|---|---|
| Mining Officer | 06 | 79 | 22 | 27.84% | OBC applications are nearly 3 times |
| Law Officer | 02 | 101 | 12 | 11.88% | OBC applications are nearly 6 times |
| Assistant Engineer (Civil)PWD | 44 | 422 | 69 | 16.35% | OBC applications are nearly 1.5 times |
| Assistant Engineer (Civil). Panchyat and Rural Department | 36 | 114 | 20 | 17.54% | OBC applications are nearly half of the posts |
| Boiler Inspector | 03 | 18 | 0 | 0% | OBC applications are nearly 6 times |
| Presiding Officer | 01 | 73 | 22 | 30.13% | OBC applications are nearly 22 times |
| Medical Insurance Officer | 32 | 56 | 05 | 8.92% | OBC applications are nearly 1/5 |

*contd....*

| Name of post | No. of posts | No. of Total/Eligible applications | No. of OBC applicants out of total | % of OBC applications out of total / eligible | Remarks |
|---|---|---|---|---|---|
| Medical Officer | 1200 | 802 | 55 | 6.58% | OBC applications are nearly 600 times |
| Assistant Professor (Clinical) | 82 | 261 | 21 | 8.04% | OBC applications are nearly 2/5 |
| Assistant Professor (Non-Clinical) | 47 | 41 | 06 | 14.63% | OBC applications are nearly 1/8 |
| **Total** | **1453** | **1967** | **232** | **11.79%** | |

and 8.04% applicants respectively. This shows broadly that OBCs lack educational specialization.

**Castes among OBC benefitting from reservation in Chattisgarh**

Apart from the representation of Backward Classes in the recruitments and their performance, we need a detailed caste-wise observation of data to ascertain as to which castes are well represented and which are not. The inter-caste analysis is essential to assess the impact of reservation on the SEBC. A deep study into the results of various exams taken in sampling as above showed that out of 91 categories of castes, only 12 categories are mainly benefitted.

Following are the castes benefited with percentages

| The 6 major beneficiaries are ; | | | And 6 minor beneficiaries are: | | |
|---|---|---|---|---|---|
| (i) | Yadav | 3.66% | (i) | Chaurasia | 0.336% |
| (ii) | Vishwakarma | 1.80% | (ii) | Bhoi | 0.72% |
| (iii) | Dewangan | 4.39% | (iii) | Goswami | 0.336% |
| (iv) | Chandrakar | 4.76% | (iv) | Soni | 1.09% |
| (v) | Teli(Sahu) | 14.00% | (v) | Maurya | 0.336% |
| (vi) | Agharia(Patel) | 9.15% | (vi) | Sen | 0.336% |

The above table clearly depicts the picture of lopsided ratio of benefits that are accruing to different castes within the backward classes. At a glance, we can say Teli (Sahus) are receiving the most of the reservation benefits with 14% of selections only followed by Agharia (Patels) with 9.15%. Dewangans, Chandrakars, and Yadavs are reasonably receiving the benefits from 3 to 4%. Besides, these communities, there are 6 other beneficiaries which are getting empowered through selections in the government jobs. But the fact remains that these are minor beneficiaries with less than 1% of selections. Except these 12, rest 79 OBC categories get almost negligible benefits of reservation. **(Annexure 7.3).**

The above being the overall performance of castes within the backward classes in the 10 years of selection in various recruitments, let us have a study of caste-wise representation in some major examinations with considerable number of vacancies as under :

**Exam wise performance of OBCs in PSC**

**Year 2003**

**Provincial Services**

| Major beneficiaries : | | | Minor beneficiaries : | | |
|---|---|---|---|---|---|
| 1 | Sahu | 18.18% | 1 | Kannauje | 4.54% |
| 2 | Dewangan | 9.09% | 2 | Chandrakar | 4.54% |
| 3 | Thawait | 9.09% | 3 | Kaushal | 4.54% |
| 4 | Tamboli | 9.09% | 4 | Kuraishi | 4.54% |
| 5 | Jaiswal | 9.09% | 5 | Patel | 4.54% |
| | | | 6 | Rathore | 4.54% |
| | | | 7 | Singh | 4.54% |
| | | | 8 | Kashyap | 4.54% |
| | | | 9 | Bhoi | 4.54% |
| | | | 10 | Nayak | 4.54% |
| | | | 11 | Verma | 4.54% |

**Year 2004**

**Civil Judges**

| Major beneficiaries : | | | Minor beneficiaries : | | |
|---|---|---|---|---|---|
| 1 | Sahu | 15.38% | 1 | Patel | 7.69% |
| 2 | Yadev | 15.38% | 2 | Shriwas | 7.69% |
| 3 | Verma | 15.38% | 3 | Mehar | 7.69% |
| | | | 4 | Sudan | 7.69% |
| | | | 5 | Qureshi | 7.69% |

**Year 2005**

**Provincial Services**

| Major beneficiaries : | | | Minor beneficiaries : | | |
|---|---|---|---|---|---|
| 1. | Patel | 28% | 1 | Kashyap | 4% |
| 2. | Sahu | 20% | 2 | Lilhare | 4% |
| 3. | Yadev | 16% | 3 | Jaiswal | 4% |
| 4. | Verma | 16% | 4 | Saraf | 4% |
| 5. | Rathor | 8% | 5 | Purseth | 4% |
| 6. | Ansari | 8% | 6 | Choudhary | 4% |
| | | | 7 | Janghel | 4% |
| | | | 8 | Gavel | 4% |
| | | | 9 | Dewangan | 4% |
| | | | 10 | Tamboli | 4% |
| | | | 11 | Nag | 4% |
| | | | 12 | Badai | 4% |
| | | | 13 | Saini | 4% |
| | | | 14 | Mehar | 4% |
| | | | 15 | Gupta | 4% |
| | | | 16 | Das | 4% |
| | | | 17 | Chandel | 4% |
| | | | 18 | Chandrakar | 4% |
| | | | 19 | Deshmukh | 4% |
| | | | 20 | Kushwaha | 4% |

**Year 2005**

**Medical Department**

| **Major beneficiaries :** | | | **Minor beneficiaries :** | | |
|---|---|---|---|---|---|
| 1 | Sahu | 18.98% | 1 | Namdev | 1.26% |
| 2 | Soni | 10.12% | 2 | Patel | 1.26% |
| 3 | Jaiswal | 7.59% | 3 | Rajpoot | 1.26% |

*Contd...*

| Major beneficiaries : | | | Minor beneficiaries : | | |
|---|---|---|---|---|---|
| 4 | Chandrakar | 6.32% | 4 | Aareef | 1.26% |
| 5 | Singh | 6.32% | 5 | Swarnkar | 1.26% |
| 6 | Patel | 3.79% | 6 | Kaushik | 1.26% |
| 7 | Kashyap | 3.79% | 7 | Bhoi | 1.26% |
| 8 | Verma | 3.79% | 8 | Gahvai | 1.26% |
| 9 | Chandrakar | 2.53% | 9 | Rathor | 1.26% |
| 10 | Sinha | 2.53% | 10 | Gaur | 1.26% |
| 11 | Chandra | 2.53% | 11 | Das | 1.26% |
| 12 | Gupta | 2.53% | 12 | Nayak | 1.26% |
| | | | 13 | Dewangan | 1.26% |
| | | | 14 | Chandel | 1.26% |
| | | | 15 | Vaishnav | 1.26% |
| | | | 16 | Ansari | 1.26% |
| | | | 17 | Ahulvaliya | 1.26% |
| | | | 18 | Tamboli | 1.26% |
| | | | 19 | Verma | 1.26% |
| | | | 20 | Jauhari | 1.26% |
| | | | 21 | Meenpal | 1.26% |
| | | | 22 | Sonkar | 1.26% |

**Year 2008**

**Agriculture (Animal Husbandry) Department**

| Major beneficiaries : | | | Minor beneficiaries : | | |
|---|---|---|---|---|---|
| 1 | Sahu | 19.23% | 1 | Soni | 3.84% |
| 2 | Patel | 11.53% | 2 | Naik | 3.84% |
| 3 | Jaiswal | 11.53% | 3 | Karsh | 3.84% |
| 4 | Dewangan | 11.53% | 4 | Madaria | 3.84% |
| 5 | Verma | 7.69% | 5 | Dhimar | 3.84% |
| 6 | Chandrakar | 7.69% | 6 | Nag | 3.84% |
| | | | 7 | Swarnkar | 3.84% |
| | | | 8 | Sannat | 3.84% |
| | | | 9 | Shriwas | 3.84% |

In provincial services conducted in the year 2003 and 2005, Teli (Sahu) caste with 18-20% appears to be major beneficiary of the reservations. It is interesting that Patel caste had a representation of 4.54% in the year 2003, whereas it has improved its performance in the year 2005 by reaching to 28%. This is surely an upward mobility of Patels. Kurmis (Verma) also improved their performance from 9% in the year 2003 to 16% in the year 2005. Similarly Yadavs made a good show with 16% of selections in the year 2005. In the category of major beneficiaries, there appears a distinct shift between 2003 and 2005 as the castes are different. In year 2005, barring Teli (Sahu) 5 other castes have showed up as major beneficiaries whereas, they were minor beneficiaries in 2003. This could be an indication of upward caste mobility among the backward classes. However, the fact remains that as a whole, it is less than 20 castes/ categories of castes who are availing the reservations while on the contrary, we have 91 categories and more than 300 castes. This undoubtedly proves that the so-called empowerment of backward classes(for instance, 91 categories and more than 300 castes) is basically empowerment of less than 20 castes. This is also a fact that in the last 10 years of independent state of Chhattisgarh, only 1477 posts (excluding special drive for SCs/STs) were filled up through recruitment by Public Service Commission wherein 193 posts were reserved for backward classes. Out of this 193, 34 posts were carried forward and 114 un-reserved vacancies were occupied by OBC candidates on merit. It adds upto 273 posts owing to OBCs. Here, it is important to note that over a span of 10 years, backward classes received 273 posts. It is difficult to visualize how the backward classes comprising of hundreds of castes be assumed to be empowered with these government jobs. Even in these, it is again barely 20 communities receiving the jobs. This state of affairs questions the basic philosophy of reservation of government job in the name of empowerment of backward classes.

The recruitments for medical and health department and department of agriculture and animal husbandry also show that the major beneficiaries are Teli (Sahus) with around 19% followed by Kurmis, Dewangans (Koshta), Kalar, Patel etc. with 6 – 11% representation individually. The remaining majority of communities and castes do not seem to be in a position even to compete in an examination.

This is important to note that the percentages of representation of various castes in the backward classes is obtained from the select list of the recruitments for 193 posts reserved. However, for the purpose of analysis, this serves as a good sample and the observations can be accepted.

**Caste-wise OBC selections against Unreserved Posts**

Besides the overall caste-wise position of OBC selections, we have a different category of OBC candidates getting selected against unreserved vacancies which are basically meant for forward castes candidates. However, on the basis of performance (merit), a sizeable number of OBCs could make it to unreserved vacancies as well. It is helpful to analyze the caste composition of these successful candidates in general merit-list while examining our hypothesis. The tables on following pages reveal the details of some important recruitment:

In the provincial services 2003 exam, 6 OBC candidates have occupied unreserved vacancies on merit whereas in 2005, for the same examination, it was 20. Similarly, for the Civil Judge exams in the year 2004, 5 OBC candidates filled up unreserved posts while for Medical officers posts, 13 OBC candidates filled up un-reserved vacancies . In the year 2005, for Veterinary and Assistant Surgeon Posts , 15 OBC candidates filled up the unreserved vacancies. This way, the total number of OBC candidates filling up the unreserved vacancies were 104 in the last 10 years in all recruitments. It cannot also be ignored that there are good chunk of carried forward posts reserved for OBCs due to lack of specialized qualifications for instance, for Veternary doctors and Medical and health officers, 10 & 13 posts were carried forward respectively. On analyzing the caste-wise performance in occupying the unreserved vacancies, we again find few dominant castes namely Teli (Sahu), Patel, Kurmi, Devangan, making the most of it. In short, we can conclude that a handful of castes are predominantly advancing with the help of reservations in government services. This progress of these castes is not necessarily due to the reservations provided in the last 20 years. Rather the general social and educational advancement that has been seen in these castes unlike in other castes is primarily responsible for their preparedness to catch-up with the protection provided by the state in the name of government jobs and make best of it. It is also a fact that, all the candidates from these castes claimed a status of 'non-creamy layer'. It is difficult to accept that these few castes are really backward in terms of society and education.

**Years 2003 and 2004**

| Department /Post | Total posts (A) | Posts for OBC (B) | % of posts (C) | Carried forward posts (D) | No. of OBC candidates filling UR posts (E) | % of OBC filling UR (G) | Total No. of posts filled by OBC candidates (F) | Total % of selection P# (H) |
|---|---|---|---|---|---|---|---|---|
| CGPSC (Civil Services) under different categories*[21] YEAR 2003 | 142 | 15 | 10.56 | 0 | 6 | 4.22 | 21 | 14.8 |
| Civil Judges*[22] YEAR 2004 | 61 | 8 | 13.11 | 0 | 5 | 8.19 | 13 | 21.31 |

# formula taken P = (F/A)*100;

**Castes**

| CGPSC Civil Services Year 2003 | | | Civil Judges Year 2004 | | |
|---|---|---|---|---|---|
| 1 | Bhoi | 16.66% | 1 | Patel | 20% |
| 2 | Thawait | 16.66% | 2 | Qureshi | 20% |
| 3 | Nayak | 16.66% | 3 | Sahu | 20% |
| 4 | Verma | 16.66% | 4 | Yadev | 20% |
| 5 | Tamboli | 16.66% | | | |
| 6 | Rathore | 16.66% | | | |

**Year 2005**

| Department/Post | Total posts (A) | Posts for OBC (B) | % of posts (C) | Carried forward posts (D) | No. of OBC candidates filling UR posts (E) | % of OBC filling UR (G) | Total No. of posts filled by OBC candidates (F) | Total % of selection P# (H) |
|---|---|---|---|---|---|---|---|---|
| CGPSC (Provincial Services) under different categories*[23] | 218 | 26 | 11.92 | 0 | 20 | 9.17 | 46 | 21.10 |
| Medical Department Medical Officers*[24] | 508 | 71 | 13.97 | 13 | 31 | 6.10 | 89 | 17.52 |
| Agriculture(Animal Husbandry) Vetenary Doctor, Assistant Surgeon*[25] | 202 | 24 | 11.88 | 10 | 15 | 7.42 | 29 | 14.35 |

# formula taken $P = (F/A)*100$

| Provincial Services | | Medical Officer | | Veternary and Assistant Surgeons | |
|---|---|---|---|---|---|
| Patel | 12.12% | Sahu | 29.03% | Dewangan | 21.42% |
| Dewangan | 3.03% | Singh | 9.67% | Sahu | 14.28% |
| Ansari | 3.03% | Kashyap | 9.67% | Chandrakar | 14.28% |
| Rathor | 3.03% | Gupta | 6.45% | Nag | 7.14% |
| Nag | 3.03% | Soni | 6.45% | Verma | 7.14% |
| Sahu | 3.03% | Jaiswal | 6.45% | Swarnkar | 7.14% |
| Badai | 3.03% | Ahulvaliya | 3.22% | Sannat | 7.14% |
| Yadev | 3.03% | Chandra | 3.22% | Shriwas | 7.14% |
| Saini | 3.03% | Tamboli | 3.22% | | |
| Mehar | 3.03% | Verma | 3.22% | | |
| Soni | 3.03% | Sinha | 3.22% | | |
| Gupta | 3.03% | Jauhari | 3.22% | | |
| Das | 3.03% | Chandrakar | 3.22% | | |
| Chandel | 3.03% | Meenpal | 3.22% | | |
| Chandrakar | 3.03% | Sonkar | 3.22% | | |
| Deshmukh | 3.03% | Thawait | 3.22% | | |
| Kushwaha | 3.03% | | | | |

### The Findings on the OBC Recruitment

The above study of Backward Classes candidates selected for appointment on various government. jobs reflects the following facts:

(a) That barring certain posts where specialized knowledge or qualification is required, majority of vacancies earmarked are normally filled up by the OBC candidates.

(b) The OBC candidates have competence to outsmart the general candidates on certain posts to such an extent of occupying even general quota vacancies. In the last 10 years, a total of 117 general vacancies were bagged by OBCs in addition to the regular quota of 14%.

(c) The unreserved candidates participated in the recruitment from 36% to 75% with an average of 47% against the total number of applicants while their population in the State is far less than20%. This is a sure indication of relatively more aspiration and better preparedness of the general candidates in comparison to SC, ST and OBC.

(d) Here arises a question as to the relevance of creamy layer among the OBCs for there happen to be large chunk of OBC candidates occupying general posts on merit. All the candidates of OBC have ofcourse claimed the status of non-creamy layer at the time of applying for the exam. Could they attain such a competitive excellence had they been really from non – creamy layer strata? Because such a trend is negligible among SCs or even STs for that matter.

(e) The ST candidates have a participation of around 15% (average) which is surprising in view of the fact that they constitute 34% of population. Even then quite a few posts were carried forward regularly every year due to non availability of candidates. This is a strong indication of socio educational backwardness among scheduled tribes in the State and calls for more concerted positive actions from the State in addressing the issue.

(f) The SCs though have a participation of about 14% they are not far ahead of STs. They constitute 14% of population. They rarely occupy vacancies of general quota. This surely signifies the glaring educational backwardness not to mention that of social.

(g) Most important observation is the caste wise representation in availing the benefits of reservation. As described in the earlier pages only castes or sub castes in 12 categories have mainly been benefited. Even out of these 12 major beneficiaries are yadav, Vishwakarma, Dewangan, Chandrakar, Teli (Sahu), Agharia (Patel) while 6 minor beneficiaries are Chaurasia, Bhoi, Goswami, Soni, Maurya, Sen. Invariably these six major castes appear to avail the benefit of government jobs earmarked for OBCs. The other six communities also enjoy the benefits but not to the extent the other six do. Whether these 12 categories of OBCs are really from the non –creamy layer is an issue to be addressed. looking to the sensitivity of the issue for, it is absolutely the personal information of respective candidates, it is difficult probe it to. Any adverse outcome of such an investigation would adversely effect the prospects of the stakeholders. Nevertheless it is indeed difficult to presume that :

1. That these successful candidates from the 12 communities are all from non-creamy layer and
2. That these candidates of the respective castes do suffer from social and educational backwardness and are in need of an affirmative action from State.

**Table 7.15 . Vacancies and selections for OBCs in C.G. from 2001 and 2010**

| Year | Total posts (A) | Posts for OBC (B) | % of posts (C) | Carried forward posts (D) | No. of OBC candidates filling UR posts (E) | % of OBC filling UR (G) | Total No. of posts filled by OBC candidates (F) | Total % of selection P# (H) |
|---|---|---|---|---|---|---|---|---|
| 2003 | 183 | 23 | 12.56 | 3 | 6 | 3.27 | 26 | 14.3 |
| 2004 | 61 | 8 | 11.11 | 0 | 5 | 8.19 | 13 | 21.31 |
| 2005 | 774 | 103 | 13.88 | 16 | 51 | 6.58 | 138 | 17.82 |
| 2006 | 118 | 16 | 13.55 | 0 | 12 | 10.16 | 28 | 23.29 |
| 2007 | 26 | 4 | 15.3 | 0 | 5 | 19.2 | 9 | 34.61 |
| 2008 | 304 | 37 | 12.17 | 15 | 33 | 10.85 | 55 | 18.09 |
| 2009 | 11 | 2 | 18.18 | 0 | 2 | 18.18 | 4 | 36.36 |
| **TOTAL** | **1477** | **193** | **13.06** | **34** | **114** | **7.7** | **273** | **18.48** |

# formula taken P = (F/A)*100

Majority of other Castes in the OBCs are not at all selected on any of the posts. This shows the concentrations of benefits in few castes. The protection of this vast majority was never an issue for the NBCC, one wonders.

**Comparative of performance of Reserved versus Unreserved**

The year-wise vacancies in various government depts. and selection of OBC, ST, SC and General candidates against them in last ten years can be studied for comparison.

**Performance of OBCs**

From the year 2003 to year 2009, against 1477 posts advertised, 193 were reserved for OBC making a percentage of reservation 13.06%, but 34 posts were carried forward. As OBC candidates got 114 merit seats the final percentage of selection was 18.48%. If the carried forward posts had also been filled up than the percentage of selection could have reached 20.78%. The analysis is as follows in table 7.15.

- During year 2003 to 2009 CGPSC conducted exams for 1477 posts out of which 193 posts were reserved for OBC candidates. This gives reservation of **13.06 %** of the total posts.
- 34 posts of OBC were carried forwarded which is **17.00 %** of the total reserved post.
- But if we see number of OBC seats filling by unreserved posts (114) that comes **7.71 %** of the total posts.
- Total number of posts filled by OBC candidates is 273 which is **18.84 %** of the total posts. This is more than the quota

On examining the data of Table 7.16 we deduce as below:

- During year 2003 to 2009 CGPSC conducted exams for 1477 posts out of which 323 posts were reserved for ST candidates. This gives reservation of **28.78 %** of the total posts.
- 37 posts of ST were carried forwarded which is **11.00 %** of the total reserved post.
- But if we see number of ST seats filling by unreserved posts that comes **5.82%** of the total posts.
- Total number of posts filled by ST candidates is 372 which is **24.7%** of the total posts. This is 3% more than the quota.

**Table 7.16 . Vacancies and Selections for STs between 2001 and 2010**

| Year | Total posts (A) | Posts for ST (B) | % of posts (C) | Carried forward posts (D) | No. of ST candidates filling UR posts (E) | % of ST filling UR (G) | Total No. of posts filled by ST candidates (F) | Total % of selection P# (H) |
|---|---|---|---|---|---|---|---|---|
| 2003 | 183 | 39 | 21.31 | 1 | 0 | 0 | 38 | 20.7 |
| 2004 | 61 | 11 | 18.03 | 0 | 0 | 0 | 11 | 18.03 |
| 2005 | 774 | 153 | 19.7 | 8 | 80 | 10.3 | 225 | 29.06 |
| 2006 | 118 | 27 | 22.28 | 0 | 1 | 0.84 | 28 | 23.7 |
| 2007 | 52 | 18 | 34.6 | 6 | 0 | 0 | 10 | 19.2 |
| 2008 | 304 | 72 | 23.6 | 28 | 5 | 1.64 | 49 | 16.11 |
| 2009 | 11 | 3 | 27.3 | 0 | 0 | 0 | 3 | 27.3 |
| **TOTAL** | **1503** | **323** | **21.5** | **37** | **86** | **5.72** | **372** | **24.7** |

# Formula taken P = (F/A)*100

### Comparative Analysis of ST and OBC position

- Reservation for ST candidate is 40.24% (323 vs 193) more than that for OBC candidate (Table 7.15)
- Further if we compare number of seats filled by both the category of candidates on unreserved posts we find that the performance is better in OBC 1.89 (7.71-5.82) which is 24% (comparative). **Thus this figure gives first hand conclusion that as compared to ST candidates 24% of OBC candidates are socially, economically and educationally better in position.**

### Vacancies and Selections for SC between 2001 and 2010

The year-wise vacancies in various government Departments. and selection of SC candidates through various recruitment exams conducted by CGPSC is as on the following page.

The data of Table 7.17 of SC candidates reveals as below.

- During year 2003 to 2009, CGPSC conducted exams for 1171 posts out of which 185 posts were reserved for SC candidates. This is reservation of **15.7 %** of the total posts.
- 38 posts of SC were carried forwarded which is **20.00 %** of the total reserved post.
- But the number of SC candidates filling unreserved posts is **1.36%** of the total posts.
- Total number of posts filled by SC candidates is 163 which is **13.91 %** of the total posts.

### Comparative Analysis of SC and OBC Position

- Reservation for SC candidate is 4.32% (185 vs 193) less than that for OBC candidate.
- But carried forward posts of OBC is 17% whereas that of SC is 20%. **This figure gives first hand conclusion that despite reservation (15.70) nearly 3% (20-17) of more seats get carried forwarded due to non availability of SC candidates than it was in OBC.**
- Further if we compare number of seats filled by both the category of candidates on unreserved posts, we find that the performance is better in OBC 6.35 (7.71-1.36) which is 82% (comparative). **Thus this figure gives us a conclusion that as compared to SC candidates, 82% of OBC candidates are socially, economically and educationally better in position.**

Table 7.17: Vacancies and Selections of SC Candidates between 2001-2010

| Year | Total posts (A) | Posts for SC (B) | % of posts (C) | Carried forward posts (D) | No. of SC candidates filling UR posts (E) | % of SC filling UR (G) | Total No. of posts filled by SC candidates (F) | Total % of selection P# (H) |
|---|---|---|---|---|---|---|---|---|
| 2003 | 147 | 26 | 17.6 | 0 | 0 | 0 | 26 | 17.6 |
| 2004 | 61 | 9 | 14.75 | 0 | 0 | 0 | 9 | 14.75 |
| 2005 | 774 | 120 | 15.5 | 31 | 14 | 1.8 | 103 | 13.3 |
| 2006 | 118 | 19 | 16.1 | 5 | 0 | 0 | 14 | 23.7 |
| 2007 | 17 | 2 | 11.7 | 0 | 1 | 5.9 | 3 | 17.6 |
| 2008 | 43 | 7 | 16.2 | 2 | 1 | 2.32 | 6 | 13.9 |
| 2009 | 11 | 2 | 18.2 | 0 | 0 | 0 | 2 | 18.2 |
| **TOTAL** | **1171** | **185** | **15.7** | **38** | **16** | **1.36** | **163** | **13.91** |

# Formula taken P = (F/A)*100

## Comparative Analysis of ST and SC Position

- Reservation for ST candidate is 42.72% (323 Vs. 185) more than that for SC candidate.
- But carried forward posts of ST are 11% whereas that of SC is 1.36%. **This concludes that despite reservation (21.50) nearly 9.64% (11-1.36) of more seats get carried forwarded due to non availability of ST candidates.**
- Further if we compare both SC and ST candidates on unreserved posts, we find that the performance is better in ST 4.36 (5.72-1.36) which is 76.22% (comparative). **Thus this shows that as compared to SC candidates 76.22% of ST candidates are socially, economically and educationally better off.**

## Representation of the Unreserved in Recruitments

### Vacancies and Selections between2001 and 2010

The year-wise vacancies in various government Departments. and selection of UR candidates through various recruitment exams conducted by CGPSC are as in Table 7.18.

In the last 10 years between 2001 and 2010, out of total posts for which recruitments were held and recommendations for appointment made by the Commission, 819 posts were unreserved in favour of candidates who are not from the reserved categories. The percentage of the same is 53.8. Out of these 819 posts, 130 posts were occupied by reserved candidates from scheduled castes, Scheduled tribes and OBCs thereby reducing the number of un-reserved candidates to 629. This is 41.3%. It is clear here that though 53.8% of posts were un-reserved, actually, it is only 41.3% of unreserved posts recommended for candidates. A sizeable chunk of 130 posts which is almost 9% of total posts were bagged by reserved candidates in addition to the reserved quota. This way the total percentage of reserved candidates in the last 10 years happens to be 58.7% against total vacancies of 1520.

The above position of selection of unreserved candidates against unreserved vacancies indicates that though in principle, reservations were limited upto the quota as provided by the statute but in reality, reserved candidates are allowed to displace un-reserved candidates on the basis of merit. It is a predicament that even on the basis of merit, the unreserved candidates cannot be hopeful about their selection against the posts. Secondly, though the ceiling of reservation is fixed by the Supreme Court upto 45.9%, the above analysis negates the direction of

**Table 7.18 : Vacancies and Selections of Unreserved Candidates between 2001-2010**

| Year | Ttotal posts ((A) | PPosts for UR ((B) | % of posts (C) | Carried forward posts (D) | No. of reserved candidates filling UR posts (E) | % of reserved candidates filling UR (G) | Total No. of posts filled by UR candidates (F) | Total % of selection P# (H) |
|---|---|---|---|---|---|---|---|---|
| 2003 | 183 | 95 | 51.2% | 2 | 6 | 3.2% | 87 | 47.5% |
| 2004 | 61 | 33 | 54.1% | 0 | 5 | 8.2% | 28 | 45.9% |
| 2005 | 774 | 400 | 51.6% | 0 | 104 | 13.4% | 296 | 38.24% |
| 2006 | 122 | 60 | 49.2% | 11 | 13 | 10.6% | 36 | 29.5% |
| 2007 | 55 | 28 | 50.9% | 2 | 10 | 18.18% | 16 | 29% |
| 2008 | 316 | 199 | 62.9% | 0 | 0 | 0% | 164 | 51.8% |
| 2009 | 11 | 4 | 36.36% | 0 | 2 | 18.18% | 2 | 18.18% |
| **TOTAL** | **1522** | **819** | **53.8%** | **15** | **130** | **8.5%** | **629** | **41.3%** |

# Formula taken P = (F/A)*100

the court in practice for the under-privileged and the backward classes are not barred from occupying the vacancies on merit basis. When 8.5% of the total posts reserved in favour of unreserved candidates, so to speak in a way, were snatched by the reserved candidates including the backward classes. It is nothing but a promise becoming void. Indirectly, the prospects of unreserved candidates are hampered and those of reserved candidates are certainly looking up.

## Comparision at Glance

Let us have a comparative analysis of the actual representation of reserved candidates including OBCs and that of unreserved candidates in selection through recruitment. The table 7.19 provides a comparative picture of the selection of General, SC, ST and OBC candidates in recruitment to various departments in the last 10 years.

The table 7.19 shows the category-wise percentage of selection against the total number of posts opened for recruitment. A careful study of the data shows that in the last 10 years, OBC candidates on an average have occupied 18.48% of posts which is more than 14% of reservation provided to OBCs in the state. This, in other words, means that on an average in the last 10 years, 4.48% more posts went in favour of OBCs due to the selection on merit basis in general quota. The year-wise study shows that barring the year 2003, in all remaining years, the percentage of OBCs is not less than 17.82% and in the year 2007, it was 31.61% and in the year 2009, it was 36.36%. This shows that OBC candidates have put up best performance in comparison to candidates from SCs and STs. This speaks for their educational advancement indirectly.

The table also gives the details of the performance of candidates from SCs and STs. The overall performance of scheduled castes in the last 10 years in recruitments is that they have been recommended on 13.91% vacancies which are lesser than their statutory quota of 15%. During 2005 and 2008, the percentage of Scheduled Castes on selections was 13.9% where as in 2009, it was 18.2%. As a whole, the representation of Scheduled Castes in the selections is varying from 1 – 2% both upwards and downwards during all the recruitments. This is not the case with OBC candidates where the trend is always upwards with a rise upto 22% in comparison to their quota of 14%.

With regard to the performance of STs barring 2008 and 2004 where the performance was 18.03 and 15.7 in all the remaining years, they have performed at an average of 24.7% which is 6.7% more than

**Table 7.19. Comparative selection percentage of Unreserved, OBC, SC & ST**

| Year | selection % of UR | selection % of OBC | % of OBC filling UR | selection % of SC | % of SC filling UR | selection % of ST | % of ST filling UR | Remarks |
|---|---|---|---|---|---|---|---|---|
| 2003 | 47.4% | 14.3% | 3.27% | 17.6% | 0% | 20.7% | 0% | The total posts 183 (SC's 147) |
| 2004 | 45.91% | 21.31% | 8.19% | 14.75% | 0% | 18.03% | 0% | The total posts 61 |
| 2005 | 38.24% | 17.82% | 6.58% | 13.3% | 1.8% | 29.06% | 10.3% | The total posts 774 |
| 2006 | 29.5% | 23.29% | 10.16% | 23.7% | 0% | 23.7% | 0.84% | The total posts 122 but 4 posts for ST |
| 2007 | 29% | 34.61% | 19.2% | 17.6% | 5.9% | 19.2% | 0% | The total posts 55 OBC's 26 , SC's 17, ST's 52. |
| 2008 | 51.8% | 18.09% | 10.85% | 13.9% | 2.32% | 15.7% | 1.64% | total posts 313, OBC's 304 and ST's 304, SC's 43 |
| 2009 | 18.18% | 36.36% | 18.18% | 18.2% | 0% | 27.3% | 0% | The total posts advertised were 11 |
| **TOTAL** | **41.3%** | **18.48%** | **7.7%** | **13.91%** | **1.36%** | **24.7%** | **5.72%** | |

the statutory quota of 18%. This surely indicates relatively a better educational advancement among the Scheduled Tribes in comparison to Scheduled Castes. However, in comparison to OBCs, the variation or the upward trend is not more than 9% which is far less than that of OBCs.

On comparison we can deduce from the above data that, of all the four categories namely unreserved, OBC, SC, and ST, the OBCs are certainly proving to be formidable contenders with better rate of success in their recruitments. This is an indication in no un-certain terms about the educational advancement and also better economic indicators of OBCs because often educational advancement is co-related with economic indicators. It is a different question as to how many castes in the OBCs are in this successful section. We have observed earlier that it is only a handful of castes that are reaping the benefits of reservation, while the majority are nowhere in the race. So far as SCs and STs are concerned, we can see from the table that the percentage of selection on unreserved vacancies by these two classes is 1.36% and 5.72% respectively whereas that of the OBCs is 7.7%. The performance of SCs and STs though not discouraging, yet reservation in favour of these two classes seems to be absolutely necessary as the percentage of representation is barely commensurate to the statutory quota. On the other hand, the representation of un-reserved candidates on an average is just 41.3% less than the unreserved quota, so to say. It calls for a serious re-thinking of the policy of protective discrimination for, majority of the vacancies are going in favour of the reserved categories. The statutory limit of 41.9% for reservations does not seem in practice to be effective. The other larger areas of debate such as the definition of empowerment, backwardness, sub-division of quota are still left open for deliberations.

The data from Public Service Commission for 10 years comprises of all the recommendations made by the Commission for appointment for various posts in various departments in the state. These recommendations of the Commission are based on the results of recruitment exams including viva voice conducted by the Commission. The recommendations are made keeping in view the percentage of reservations of OBCs and SCs and STs as per the statutory provisions made by the state government. In addition to the recommendations of the commission, which are basically for recruitment into Class II posts, we have taken up on a random basis, the recommendations of VYAPAM for Class III employees known as Shiksha Karmis. These recommendations were made on the basis of a huge recruitment examination held in the year 2009, wherein, 8,71,046 candidates participated. The data collected was analyzed in view of the requirements of the study and was accordingly interpreted and given due importance, wherever required as and when.

## Part — B

After examining the recruitment results of C.G.PSC in the last 10 years the results of other class 3 posts examinations declared by another recruitment Board of the State i.e. **The Chhattisgarh Professional Examination Board** popularly addressed as VYAPAM were taken as available sample for our study. The Vyapam was constituted in 2005 by official gazette notification with avowed mandate of conducting entrance examinations for professional courses such as PET, PMT and other technical courses.

In November and December of the year 2009 the Vyapam had conducted a large scale recruitment examination for appointment of three kinds of School Teachers viz. Grade 1, 2 and 3. These are popularly known as Siksha Karmis (Education Workers) A total of around 8,71,000 candidates have tried their luck against 20,443 posts.

In the year 2009 the Department of Panchayat and Rural Development entrusted the Board the task of recruitment exams for 20,443 **Siksha Karmies** for teaching the primary, middle and high school classes for various subjects. There are three categories in Siksha Karmis, ie, Siksha Karmi Grade I, Grade II and Grade III. with different qualifications such as D.Ed., B.Ed., Graduation, Higher Secondary etc besides reservation criteria for SC, ST, Handicap, OBC, Women and Ex-Service men. The examinations for three categories as above were to be conducted differently and selection of candidates on merit basis needs to be made keeping in view all the qualifications mentioned above.

VYAPAM had introduced certain candidate friendly procedural changes for the first time in order to encourage more participation and ensure transparency in the recruitment.

(a) A common application form was designed for all the three posts without any increase in the cost and facilitating candidates to sit for all or any of the three exams without additional cost. This initiative was innovative because it saved the unwanted financial burden on the unemployed youth and helped them to opt for any or all the three examinations in one form at one cost.

(b) Earlier the application for the examination was made available only in the district head quarters through Govt. Colleges, because of which large number of candidates could not have access. The officer nominated, has introduced a new system of selling and submission of examination form through 260 post offices across the state including rural areas. Candidates earlier used to deposit the application directly to board office on their own risk. The Board took the whole responsibility of candidate's application form the moment it was submitted in post office.

(c) Earlier the admit cards for different examinations used to reach the candidates with lot of delay, due to external processing. During this examination of Siksha Karmi 2009 applications were processed at Board premises and a common admit card was prepared for each candidate no matter how many examinations he/she is sitting for, and was delivered in 7 days.

(d) Earlier the results used tobe declared months after the exams due to enternal processing. This time they were processed in the Board premises and declared in a month's time.

(e) An MOU was concluded with postal department in Chhattisgarh for above services initiated.

A record number of more than 8, 71,000 candidates appeared for the all three posts in the exams. As the examination for each category has to be common for all, it was required to be held on one day at one time for all. To face this challenge the VYAPAM has taken the following steps:

(a) For Grade III Siksha Karmi exam for which a total number of 6,14,118 applied the entire state was divided into 4 zones namely – Baster Zone I, Surguja Zone II, Bilaspur Zone III, Raipur Zone IV

(b) Two sets of question papers were prepared zone wise, so that examination can be held on two different dates. The question papers for 2 zones were entirely different from other two zones.

(c) The advertisement for the examination was issued on 5th of Oct 09 and the last date for submission of form was on 20th Oct.

(d) On 25th Nov. 2009, 2 zones Bilaspur and Raipur and 3rd Dec. Baster and Surguja Zones were slotted for exams. Whereas for Siksha Karmi grade I and II for which 2,64,316 candidates appeared, the exam was held for all zones on 6th of December.

The above examination for total 8,71,006 candidates was historical. The examinations were conducted successfully with transparency, and impartiality. **To top it all, it is indeed remarkable that the results for**

**all 3 categories of the examination was declared in one month time i.e. on 8th January, 2010.** It is "history made" in Chhattisgarh that a recruitment for class 3 Education Workers was held on such a large scale for the first time where more than 8.7 lakh candidates participated as against 20,443 posts. The advertisement published on 5th October 2009 for 3 categories of Siksha Karmi exam. The exam was held in two months time and results were declared in one month after that. Thus 3 examinations for 8,71,006 candidates were conducted and results declared within span of 3 months with no complaint what so ever. This is all the more reason for choosing this recruitment for study under this topic of research.

## Objectives of Study

While analyzing the recruitments of Shikshakarmi posts, the following objects were kept in mind:

(a) To observe the participation of Backward Classes candidates in the exam.

(b) To find out the representation of different castes within the Backward Classes in the exam.

(c) To compare the percentage of participation of Backward Classes vis-à-vis SC/ST and general candidates.

(d) To assess the relative performance of candidates from all the categories and compare the performance of Backward Classes with that of the others.

(e) To observe the educational status of Backward Classes candidates with regard to specialized qualifications

(f) On the basis of the above findings study the relevance of reservation and it's impact on the principle of *Adequate representation (Art. 16(4))*

## Areas of Focus

(1) Relative Participation in the recruitment examination of Unreserved and Reserved Classes including SCs and STs.

(2) Population wise representation of Castes within the Backward Classes at the stage of applications and at the final merit list

(3) Comparative performance of Backward Classes, SCs, STs and General Candidates

(4) Reserved Classes (specially Backward Classes) lapping the unreserved vacancies on merit basis displacing the general Candidates

(5) The actual percentage of reserved classes in the recruitment including and in addition to the earmarked quota.

**Rationale behind the Sampling Technique**

The observation of data was made at two stages namely; at the time of appearing in the examination and at the stage of final declaration of results.

At the first stage, the actual figures of candidates participated was taken and dissected for the purpose of

(a) Estimating the caste wise participation among the Backward Classes

(b) Assessing the relative participation among the reserved and unreserved classes of candidates

At the second stage i.e. at the time of final results a selective random sampling was taken with fairly reasonable representative character with the purpose of observing the areas of focus described above.

The observation was done on the basis of the category of the candidates and in terms of qualifications i.e. B.Ed, Non-B.Ed and D.Ed and Non D.Ed. The sampling was done in B.Ed group, in Non-B.Ed group for grade I, II appointments and in grade III, the sampling was taken both for D.Ed. and Non-D.Ed. As per the rules of the examination of VYAPAM, candidates were allowed to sit for the exam even without the B.Ed or D.Ed qualifications though they are compulsory for grade I, II and III respectively. The reason is, the Department of Panchayat and Rural Development has allowed even Non-B.Ed. and Non-D.Ed candidates to be considered for appointment, in those Blocks and Districts where the B.Ed and D.Ed candidates are not available, if otherwise they are qualified in the exam. Hence, the sampling was taken from both the sections.

**For Comparison between Reserved and Unreserved Classes**

To assess the representative character of OBC candidates in comparison to General, Scheduled Castes and Scheduled Tribes, in all the three grades of Shikshakarmi recruitments, a selective random sampling method was taken help of. In grade I and grade II category, where the appointments were given on the basis of the subject for teaching concern, it is found reasonably suitable to pick-up top 25 candidates in each subject in each district and make an aggregate of the same for the entire state i.e. for 16 districts. Top 25 successful candidates in the combined merit list for each subject, are chosen for sampling because the chances of appointment for these candidates are unmistakably bright and practically they are appointed. While aggregating the samples of 25 each for all the subjects, the total figure may not be as per the logic of arithmetic because in many subjects in many districts, they were not even 25 candidates available. Nevertheless, the representative character of the sampling is not diluted.

The above method is followed for grade I and grade II whereas for grade III, where the combined merit list is separate for arts, sciences and others, 25 each from the three subjects was taken as sample and added up block-wise and later district-wise for a fair representation. Here too, the total of the sample may not be as per the arithmetic when multiplied with number of blocks 164 because in many Blocks especially in the Tribal pockets, even the candidates were not available.

**For Caste wise Representation**

To assess the Caste wise representation in Grade I &II it was found reasonable to pick up top 10 candidates of each district's merit list for it would be extremely difficult to take the entire list which runs into hundreds of pages. The other rationale is that the appointment is guaranteed for the top 10 as the total vacancies for Grade I &II are 7987and 4978 respectively. Adding together it is 12965. The 14% reservation for OBCs in that would be 1815 candidates selected for appointment. Our sample consists of 640 candidates which is 35%, in all, cuts across all the 16 districts. This is more than 1/3rd of the total quota.

With regard to the purposes of the study i.e. find out the representation of different caste in the recruitment among the OBCs top 10 candidates of the quota list of the results were taken into in grade I and II categories for obvious reasons.

- Firstly, the method is fairly representative, as the top 10 candidates of the OBC list have sure chances of appointment against the quota in the district in comparison to those starting from 11th position.
- Secondly, even in the OBC quota, list of the results runs into hundreds of pages making it difficult for the majority to get appointment.

It is important here that out of total vacancies of 20,443 in all three categories of grade I, II and III, the total number of candidates appeared is 8,72,046 out of which OBCs (Backward Classes) themselves were more than 44.53%. The VYAPAM has announced results on the basis of merit in each category of reserved classes besides the unreserved/ combined merit list consisting all. The respective lists run into hundreds of thousands. Therefore the top 10 candidates of OBCs was taken as sample.

On the recommendations of the VYAPAM, the appointments for all the three grades were given by District Panchayats and Block Panchayats known as *Janpad*. The recommended list in the order of merit has no cut-off or waiting list which means it is a common list in the order of merit as per the performance at the examination. This list is valid for one and a half year from date of its publication. Therefore, the list being authentic and valid for reasonable period of time, the same is taken as the source for study and analysis.

**The Participation in the Examinations**

Data of candidates appeared in the recruitment when analyzed with regard to the relative participation in the examinations, the following position surfaces:

From the table 7.20 it can be seen that:

- The percentage of OBC candidates appeared in the exams in Shikshakarmi Grade-I is 40.58% as compared to the General (37.25%), SC (12.22%) and ST (15.6%).
- For shikshakarmi Grade-II the percentage of OBC candidates appeared is 42.91% as compared to the General (28.67%), SC (12.22%) and ST(16.18%).

The percentage of OBC candidates appeared in Shikshakarmi Grade-III is 45.66% as compared to the General (20.30%), SC (13.15%) and ST(20.36%).

- The overall percentage of **OBC candidates appeared in the Shikshakarmi exams is 44.53% as compared to the General(23.87%), SC(13.19%) and ST(18.93%).**

The following observations can be made with regard to the participation of different castes in these above exams.

(a) Grade 1 being a post with required qualifications of B.Ed and above graduation the general candidates are mostly aspiring for such post. However the OBCs are far ahead of them with 40.58% of applicants for grade 1 post.

(b) Remarkably the ST candidates for all the three grades are just

**Table 7.20. Comparison of OBC candidates appearance with General, SC & ST Categories [2]**

| Name of Exam/ Date of Exam | Number of Applicants | | | | | | | | |
|---|---|---|---|---|---|---|---|---|---|
| | **Gene-ral** | **%age** | **SC** | **%age** | **S T** | **%age** | **OBC** | **%age** | **Total** |
| Shikshakarmi Varg 1 -2009 | 30874 | 37.25% | 10128 | 12.22% | 12942 | 15.6% | 33630 | 40.58% | 82861 |
| Shikshakarmi Varg 2 -2009 | 58436 | 28.67% | 24908 | 12.22% | 32996 | 16.18% | 87474 | 42.91% | 203814 |
| Shikshakarmi Varg 3 -2009 | 118652 | 20.30% | 79868 | 13.15% | 118998 | 20.36% | 266853 | 45.66% | 584371 |
| **Total** | **207962** | **23.87%** | **114904** | **13.19%** | **164936** | **18.93%** | **387957** | **44.53%** | **871046** |

about 18% whereas their entitlement as per the rule is more than 60% in some Tribal Districts. **It is important to understand that in Chhattisgarh, the reservation for Scheduled Tribes is as per their proportional numerical strength in each district varying from 23% to 65% as they constitute 34% of population of the State.**

(c) SCs represent less than 15% -their rightful entitlement. This is a strong indication of their educational backwardness. The STs too stand on the same footing in this respect.

(d) The most important fact surfaces here is the emergence of OBCs as strong contenders for government. jobs especially in teaching professions. The basic qualification for grade 1, 2 and 3 being Higher Secondary Certificate plus D.Ed (Diploma in Education) or B.Ed and Graduation or Post Graduation, OBCs having these qualifications have participated up to 44% the highest surpassing the General, SC and ST.

(e) Looking into the factual position as described above, it would be too early to conclude that all the castes in OBCs do not suffer from educational backwardness. Because the jobs here for which the OBCs are aspiring are of pedagogic nature for which, the maximum qualification required is Masters Degree in the subject in addition to D.Ed or B.Ed. However the fact shows that there is an educational advancement among some castes in OBCs at least in non technical courses.

Analyzing the beneficiary data among the OBCs is again very essential in as much as the real impact of the affirmative action through reservations is concerned.

**Castes in OBC appearing in the Exam.**

The caste composition of the candidates within OBCs appearing for the Sikshakarmi Exams shows that, out of 91 categories mainly 10 major castes having 54396 candidates participating in the Shikshakarmi Grade-I. The details are as in Table 7.21.

**Table 7.21**

**Grade -I**

| S. No | Caste / Sub-Caste Name | Number of candidates applied | Percentage of candidates within OBC category |
|---|---|---|---|
| 1 | Teli (Thath, Sahu, Rathor) | 15561 | 28.6% |
| 2 | Kurmi | 6272 | 11.5% |
| 3 | Aghariya | 2830 | 5.2% |
| 4 | Kalar (Jaiswal) | 2734 | 5.02% |
| 5 | Koshata | 2112 | 3.8% |
| 6 | Jadav (Yadav) | 1862 | 5.5% |
| 7 | Mali (Saini) | 1783 | 5.3% |
| 8 | Kewat (Kashyap, Nishad, Rayakwar, Bothem) | 1545 | 4.5% |
| 9 | Raut | 1466 | 4.35% |
| 10 | Kolta | 1300 | 3.8% |
| | **Total** | **37465** | **68.87%** |

**The table 7.21 shows that for shikshakarmi grade-1 68.87% applicants are from just 10 castes.** On the converse 10 castes in Shikshakarmi grade-1 were least aspiring where the total number of candidates applied for the exam is just 59 (0.10%) as in Table 7.22.

Similarly in Shikshakarmi Grade 2 108296 belong to 10 major castes and sub-castes i.e 68.38% of aspirants within the OBC. The table 7.23 narrates the story.

Similarly 10 least aspiring categories in Shikshakarmi Grade -2 are as under with just 53 candidates i.e, 0.48%: as in Table 7.24.

Similarly in Shikshakarmi Grade -3, 584371 candidates participated are from 10 major castes with 32.75%, in OBC as shows Table 7.25.

The 10 least participating categories in Shikshakarmi grade-3 are just 50 (.008%) as seen in the table 7.26.

Hence it can be concluded that in the Shikshakarmi examination conducted by C.G. Professional Examination Board though 91 categories of castes are statutorily entitled for benefits under OBC only 10 categories dominate in the race i.e. **Teli (Thath, Sahu, Rathor) Kurmi, Kalar (Jaiswal), Aghariya, Kewat (Kashyap, Nishad, Rayakwar, Bothem)**

**Table 7.22. Least represented castes**

| S. No | Caste / Sub-Caste Name | Number of candidates applied | Percentage of candidates within OBC category |
|---|---|---|---|
| 1 | Joshi (Bhaddhri) | 5 | 0.009% |
| 2 | Rangari | 5 | 0.009% |
| 3 | Nirali | 5 | 0.009% |
| 4 | Vishnoi, Jaat | 6 | 0.011% |
| 5 | Mewati | 6 | 0.011% |
| 6 | Kumbli | 6 | 0.011% |
| 7 | Ghadwa | 6 | 0.011% |
| 8 | Kunder (Vishwakarma) | 6 | 0.011% |
| 9 | Banjara | 7 | 0.012% |
| 10 | Kudmi | 7 | 0.012% |
| | **Total** | **59** | **0.10%** |

**(Annexure: 7.4)**

**Table 7.23. Grade- II**

| S. No | Caste / Sub-Caste Name | Number of candidates applied | Percentage of candidates within OBC category |
|---|---|---|---|
| 1 | Teli (Thath, Sahu, Rathor) | 30720 | 28.36% |
| 2 | Kurmi | 12129 | 11.19% |
| 3 | Aghariya | 5683 | 5.2% |
| 4 | Kalar (Jaiswal) | 5436 | 5 |
| 5 | Koshata | 4326 | 5.06% |
| 6 | Jadav (Yadav) | 3569 | 3.29% |
| 7 | Mali (Saini) | 3536 | 3.26% |
| 8 | Kewat (Kashyap, Nishad, Rayakwar, Bothem) | 3274 | 3.02% |
| 9 | Raut | 2951 | 2.7% |
| 10 | Kolta | 2434 | 2.2% |
| | **Total** | **74061** | **68.38%** |

**(Annexure: 7.4)**

**Table 7.24. Least represented castes**

| S. No | Caste / Sub-Caste Name | Number of selected candidates | Percentage of selected candidates within OBC category |
|---|---|---|---|
| 1 | Lodha (Tanvar) | 5 | 0.004% |
| 2 | Murai | 5 | 0.004% |
| 3 | Gadhole | 5 | 0.004% |
| 4 | Janmalondhi | 5 | 0.004% |
| 5 | Kabadi | 5 | 0.004% |
| 6 | Suta | 5 | 0.004% |
| 7 | Gayli | 5 | 0.004% |
| 8 | Luhar, Narauri | 6 | 0.005% |
| 9 | Turi | 6 | 0.005% |
| 10 | Turha | 6 | 0.005% |
| | **Total** | **53** | **0.48%** |

**(Annexure: 7.4)**

**Table 7.25**

**Grade -III**

| S. No | Caste / Sub-Caste Name | Number of candidates applied | Percentage of candidates within OBC category |
|---|---|---|---|
| 1 | Teli (Thath, Sahu, Rathor) | 85366 | 14.6% |
| 2 | Kurmi | 27543 | 4.7% |
| 3 | Kalar (Jaiswal) | 13264 | 2.26% |
| 4 | Aghariya | 11032 | 1.9% |
| 5 | Kewat (Kashyap, Nishad, Rayakwar, Bothem) | 10266 | 1.75% |
| 6 | Mali (Saini) | 10227 | 1.72% |
| 7 | Koshata | 9941 | 1.7% |
| 8 | Jadav (Yadav) | 8971 | 1.53% |
| 9 | Raut | 8594 | 1.47% |
| 10 | Panika (Eccept Chhatarpur, Panna, Datiya, Teekamgarh, Satna, Rewa, Sidhi & Shadol) | 6202 | 1.06% |
| | **Total** | **191406** | **32.75%** |

**(Annexure: 7.4)**

**Table 7.26. Least represented castes**

| S. No | Caste / Sub-Caste Name | Number of candidates applied | Percentage of candidates within OBC category |
|---|---|---|---|
| 1 | Bhaundik | 5 | 0.0008% |
| 2 | Bhatiyara | 5 | 0.0008% |
| 3 | Vovariya | 5 | 0.0008% |
| 4 | Usrete | 5 | 0.0008% |
| 5 | Mhali | 5 | 0.0008% |
| 6 | Oad | 5 | 0.0008% |
| 7 | Luniya | 5 | 0.0008% |
| 8 | Marar | 5 | 0.0008% |
| 9 | Haridas | 5 | 0.0008% |
| 10 | Gurav | 5 | 0.0008% |
| | **Total** | **50** | **0.008%** |

**(Annexure: 7. 4)**

**Mali (Saini) Koshta, Jadav (Yadav) Raut and Panika**. These castes cover 32.75% to 68.87% while the 10 least benefited categories are not in a position to collectively make it to even 1%.

**Caste Wise (OBC) Representation in Selections**[3]

Let us look at the caste wise representation of the Backward Classes in the select list across the State along with the percentage. The Table 7.27 depicts the picture of representation of castes (enlisted as Backward Classes) with the sampling of Top 10 in each District.

From a minute observation of the top 10 list of candidates chosen in **Grade I B.Ed** category for the entire state including 16 districts, we observe the overall representation of different castes among the OBCs.

**District wise & Sub caste wise Selection List of OBCs**

**Table 7.27. Grade - 1 B. ed**

| Cast | Sarguja | Korea | Bilaspur | Dantewada | Dhamtari | Durg | Baster | Janjgir-champa | Jashpur-nagar | Kanker | Kawardha | Korba | Mahasamund | Raigarh | Raipur | Rajnandgon | Total | Percentage |
|---|---|---|---|---|---|---|---|---|---|---|---|---|---|---|---|---|---|---|
| Aghariya | 1 | 0 | 2 | 0 | 0 | 0 | 0 | 0 | 2 | 0 | 0 | 2 | 5 | 5 | 0 | 0 | **17** | 10.63 |
| Kalar (Jaysawal) | 1 | 1 | 0 | 0 | 1 | 0 | 0 | 1 | 0 | 3 | 1 | 0 | 0 | 0 | 0 | 1 | **9** | 5.63 |
| Koshta | 1 | 0 | 0 | 2 | 1 | 0 | 2 | 0 | 0 | 0 | 2 | 0 | 0 | 0 | 1 | 2 | **11** | 6.88 |
| Kolta | 3 | 0 | 0 | 0 | 0 | 0 | 0 | 0 | 1 | 0 | 0 | 0 | 1 | 1 | 0 | 0 | **6** | 3.75 |
| Lodhi | 1 | 0 | 0 | 0 | 0 | 0 | 0 | 0 | 0 | 0 | 0 | 0 | 0 | 0 | 0 | 1 | **2** | 1.25 |
| Nath-Jogi | 1 | 0 | 0 | 0 | 0 | 0 | 0 | 0 | 0 | 0 | 0 | 0 | 0 | 0 | 0 | 0 | **1** | 0.63 |
| Dhobi | 1 | 0 | 0 | 0 | 0 | 0 | 1 | 0 | 0 | 0 | 0 | 0 | 0 | 0 | 0 | 0 | **2** | 1.25 |
| Teli (Thath.Sahu , Rathore) | 1 | 2 | 3 | 2 | 5 | 5 | 3 | 5 | 4 | 4 | 1 | 2 | 2 | 3 | 4 | 4 | **50** | 31.25 |
| Ahir | 0 | 1 | 0 | 0 | 0 | 0 | 0 | 0 | 0 | 0 | 0 | 0 | 0 | 0 | 1 | 0 | **2** | 1.25 |
| Nai (Sen. Savita, | 0 | 1 | 0 | 1 | 0 | 0 | 1 | 0 | 0 | 1 | 0 | 0 | 0 | 0 | 1 | 0 | **5** | 3.13 |

*Contd...*

| Cast | Sarguja | Korea | Bilaspur | Dantewada | Dhamtari | Durg | Baster | Janjgir-champa | Jashpur-nagar | Kanker | Kawardha | Korba | Mahasamund | Raigarh | Raipur | Rajnandgon | **Total** | Percentage |
|---|---|---|---|---|---|---|---|---|---|---|---|---|---|---|---|---|---|---|
| Rajwar | 0 | 1 | 0 | 0 | 0 | 0 | 0 | 0 | 0 | 0 | 0 | 0 | 0 | 0 | 0 | 0 | **1** | 0.63 |
| Momil (Julaha) | 0 | 2 | 0 | 0 | 0 | 0 | 0 | 0 | 0 | 0 | 0 | 0 | 0 | 0 | 0 | 0 | **2** | 1.25 |
| Darji | 0 | 1 | 0 | 0 | 0 | 0 | 0 | 0 | 0 | 0 | 0 | 0 | 0 | 0 | 0 | 0 | **1** | 0.63 |
| Goojar(Gurjar) | 0 | 1 | 0 | 0 | 0 | 0 | 0 | 0 | 0 | 0 | 0 | 0 | 0 | 0 | 0 | 0 | **1** | 0.63 |
| Jadav(Yadav) | 0 | 0 | 2 | 0 | 0 | 1 | 0 | 1 | 0 | 0 | 1 | 0 | 0 | 0 | 0 | 0 | **5** | 3.13 |
| Koyri (Kushvaha) | 0 | 0 | 1 | 0 | 0 | 0 | 0 | 0 | 0 | 0 | 0 | 0 | 0 | 0 | 0 | 0 | **1** | 0.63 |
| Bhat | 0 | 0 | 1 | 0 | 0 | 0 | 0 | 0 | 0 | 0 | 0 | 0 | 0 | 0 | 0 | 0 | **1** | 0.63 |
| Kurmi | 0 | 0 | 1 | 0 | 1 | 3 | 0 | 1 | 1 | 0 | 0 | 0 | 1 | 0 | 2 | 1 | **11** | 6.88 |
| Kewat (Kashyap, Nishad, Raykwar, Batham | 0 | 0 | 0 | 1 | 0 | 0 | 0 | 0 | 0 | 0 | 0 | 0 | 0 | 1 | 0 | 0 | **2** | 1.25 |

| Cast | Sarguja | Korea | Bilaspur | Dantewada | Dhamtari | Durg | Baster | Janjgir-champa | Jashpur-nagar | Kanker | Kawardha | Korba | Mahasamund | Raigarh | Raipur | Rajnandgon | **Total** | Percentage |
|---|---|---|---|---|---|---|---|---|---|---|---|---|---|---|---|---|---|---|
| Sirvi (Chandrakar) | 0 | 0 | 0 | 2 | 0 | 0 | 0 | 0 | 0 | 0 | 0 | 0 | 0 | 0 | 0 | 0 | **2** | 1.25 |
| Lodhi | 0 | 0 | 0 | 1 | 0 | 0 | 0 | 0 | 0 | 0 | 0 | 0 | 0 | 0 | 0 | 0 | **1** | 0.63 |
| Marar | 0 | 0 | 0 | 1 | 0 | 0 | 0 | 0 | 0 | 0 | 0 | 0 | 0 | 0 | 0 | 0 | **1** | 0.63 |
| Dadsena | 0 | 0 | 0 | 0 | 1 | 0 | 1 | 0 | 0 | 0 | 2 | 0 | 0 | 0 | 0 | 1 | **5** | 3.13 |
| Chandranahoo | 0 | 0 | 0 | 0 | 1 | 0 | 0 | 1 | 0 | 0 | 0 | 2 | 0 | 0 | 0 | 0 | **4** | 2.50 |
| Thethwar | 0 | 0 | 0 | 0 | 0 | 1 | 0 | 0 | 0 | 0 | 0 | 0 | 0 | 0 | 0 | 0 | **1** | 0.63 |
| Bhavsar | 0 | 0 | 0 | 0 | 0 | 0 | 1 | 0 | 0 | 0 | 0 | 0 | 0 | 0 | 0 | 0 | **1** | 0.63 |
| Kumhar (Prajapati) | 0 | 0 | 0 | 0 | 0 | 0 | 1 | 0 | 0 | 0 | 0 | 0 | 0 | 0 | 0 | 0 | **1** | 0.63 |
| Kahra | 0 | 0 | 0 | 0 | 0 | 0 | 0 | 1 | 0 | 0 | 1 | 1 | 0 | 0 | 0 | 0 | **3** | 1.88 |
| Sonar | 0 | 0 | 0 | 0 | 0 | 0 | 0 | 0 | 1 | 0 | 0 | 0 | 0 | 0 | 0 | 0 | **1** | 0.63 |

*Contd...*

*Contd...*

| Cast | Sarguja | Korea | Bilaspur | Dantewada | Dhamtari | Durg | Baster | Janjgir-champa | Jashpur-nagar | Kanker | Kawardha | Korba | Mahasamund | Raigarh | Raipur | Rajnandgon | **Total** | Percentage |
|---|---|---|---|---|---|---|---|---|---|---|---|---|---|---|---|---|---|---|
| Makul | 0 | 0 | 0 | 0 | 0 | 0 | 0 | 0 | 1 | 0 | 0 | 0 | 0 | 0 | 0 | 0 | **1** | 0.63 |
| Teli Nayta,Pindari, Pindara, Kankar | 0 | 0 | 0 | 0 | 0 | 0 | 0 | 0 | 0 | 1 | 0 | 0 | 0 | 0 | 0 | 0 | **1** | 0.63 |
| Sonkar | 0 | 0 | 0 | 0 | 0 | 0 | 0 | 0 | 0 | 1 | 1 | 0 | 1 | 0 | 0 | 0 | **3** | 1.88 |
| Bairagi (Vaishnav) | 0 | 0 | 0 | 0 | 0 | 0 | 0 | 0 | 0 | 0 | 1 | 0 | 0 | 0 | 0 | 0 | **1** | 0.63 |
| Rauat | 0 | 0 | 0 | 0 | 0 | 0 | 0 | 0 | 0 | 0 | 0 | 2 | 0 | 0 | 0 | 0 | **2** | 1.25 |
| Soni (Swarnkar) | 0 | 0 | 0 | 0 | 0 | 0 | 0 | 0 | 0 | 0 | 0 | 1 | 0 | 0 | 0 | 0 | **1** | 0.63 |
| Dhimar | 0 | 0 | 0 | 0 | 0 | 0 | 0 | 0 | 0 | 0 | 0 | 0 | 0 | 0 | 1 | 0 | **1** | 0.63 |
| **Total** | **10** | **10** | **10** | **10** | **10** | **10** | **10** | **10** | **10** | **10** | **10** | **10** | **10** | **10** | **10** | **10** | **160** | **100.00** |

In **B.Ed. category of grade I**, the following castes predominantly appear to avail the advantages:

| | | | |
|---|---|---|---|
| 1. | Teli (Thath, Sahu, Rathore) | - | 31.25% |
| 2. | Agharia | - | 10.63% |
| 3. | (i) Koshta | - | 06.88% |
| | (ii) Kurmi | - | 06.88% |
| 4. | Kalar (Jaiswal) | - | 05.63% |
| 5. | Kolta | - | 03.75% |
| 6. | (i) Jadav | - | 03.13% |
| | (ii) Nai (Sen,Savita,Uasrete, Shrivas,Dadsena) | - | 03.13% |
| 7. | Chandra Nahu | - | 02.50% |
| 8. | (i) Kahra | - | 01.88% |
| | ii) Sonkar | - | 01.88% |
| 9. | (i) Lodhi | - | 01.25% |
| | (ii) Dhobi | - | 01.25% |
| | iii) Ahir | - | 01.25% |
| | (iv) Momil (Julha) | - | 01.25% |
| | (v) Kevat (Kashyap, Nishad, Rayakvar, Batham) | - | 01.25% |
| | (vi) Raut | - | 01.25% |
| | (vii) Sirvi (Chandrakar) | - | 01.25% |

The above 9 categories of castes within the OBC lap a total of 86.29% of the top 10 grade I Shikshakarmi posts in the entire state as per the sample of the select list for the entire state cutting across 16 subjects. On the other hand the remaining 13.71% posts go to 27 castes such as below:

Nath-jogi, Rajwar, Darji, Goojar, Koyri, Bhatt, Maraar, Thethwar, Bhavsar, Kumhar, Sonar, Makul, Teli-Nayta, Pindara, Kankar, Byragi, Soni (Swarnakar), Dheemar etc. etc.

It is amply clear that the major share of the OBC reservation in grade I B.Ed category is going in favour of the above 9 castes whereas a vast majority of castes within OBC barely receive the benefit. This strongly reflects that the latter lag behind in educational qualifications which in other words is known as educational backwardness. Vast majority of other castes among OBCs are no where in the list.

**District wise & Sub caste wise Selection List of OBCs**

**Table 7.28. (Grade - 1 Non B.ed)**

| Cast | Sarguja | Korea | Bilaspur | Dantewada | Dhamtari | Durg | Baster | Janjgir-champa | Jashpur-nagar | Kanker | Kawardha | Korba | Mahasamund | Raigarh | Raipur | Rajnandgaon | Total | Percentage |
|---|---|---|---|---|---|---|---|---|---|---|---|---|---|---|---|---|---|---|
| Teli (Thath, Sahu, Rathore) | 2 | 3 | 4 | 4 | 5 | 3 | 3 | 1 | 2 | 6 | 0 | 2 | 4 | 2 | 3 | 4 | **48** | 30.00 |
| Kurmi | 2 | 1 | 1 | 0 | 0 | 2 | 0 | 1 | 2 | 0 | 4 | 0 | 1 | 0 | 5 | 0 | **19** | 11.88 |
| Aghariya | 1 | 0 | 1 | 1 | 0 | 0 | 0 | 1 | 1 | 0 | 0 | 1 | 2 | 3 | 0 | 0 | **11** | 6.88 |
| Jadav(Yadav) | 1 | 0 | 0 | 0 | 0 | 0 | 0 | 0 | 0 | 0 | 1 | 1 | 0 | 0 | 0 | 0 | **3** | 1.88 |
| Rauat | 1 | 0 | 0 | 0 | 0 | 0 | 0 | 0 | 2 | 2 | 0 | 0 | 0 | 0 | 0 | 0 | **5** | 3.13 |
| Marar | 1 | 0 | 0 | 0 | 0 | 0 | 1 | 0 | 0 | 0 | 0 | 0 | 0 | 0 | 0 | 0 | **2** | 1.25 |
| Kumhar (Prajapati) | 1 | 0 | 0 | 0 | 0 | 0 | 0 | 0 | 1 | 0 | 0 | 0 | 0 | 0 | 0 | 0 | **2** | 1.25 |
| Kahra | 1 | 0 | 0 | 0 | 0 | 0 | 0 | 0 | 0 | 0 | 0 | 0 | 0 | 0 | 0 | 0 | **1** | 0.63 |

*Contd...*

| Cast | Sarguja | Korea | Bilaspur | Dantewada | Dhamtari | Durg | Baster | Janjgir-champa | Jashpur-nagar | Kanker | Kawardha | Korba | Mahasamund | Raigarh | Raipur | Rajnandgaon | Total | Percentage |
|---|---|---|---|---|---|---|---|---|---|---|---|---|---|---|---|---|---|---|
| Panika | 0 | 1 | 0 | 1 | 0 | 0 | 0 | 0 | 0 | 0 | 0 | 0 | 0 | 0 | 0 | 0 | **2** | 1.25 |
| Soni (Swarnkar) | 0 | 2 | 1 | 0 | 0 | 0 | 0 | 0 | 0 | 0 | 1 | 0 | 0 | 0 | 0 | 0 | **4** | 2.50 |
| Momil (Julaha) | 0 | 1 | 0 | 0 | 0 | 0 | 0 | 0 | 0 | 0 | 0 | 0 | 0 | 0 | 0 | 0 | **1** | 0.63 |
| Sonar | 0 | 1 | 1 | 0 | 1 | 1 | 0 | 0 | 0 | 0 | 0 | 0 | 0 | 0 | 0 | 0 | **4** | 2.50 |
| Darji | 0 | 0 | 1 | 0 | 0 | 0 | 0 | 0 | 0 | 0 | 0 | 0 | 0 | 0 | 0 | 0 | **1** | 0.63 |
| Kalar (Jaysawal) | 0 | 0 | 1 | 1 | 1 | 0 | 2 | 1 | 0 | 0 | 1 | 2 | 0 | 0 | 0 | 1 | **10** | 6.25 |
| Kewat (Kashyap, Nishad, Raykwar, Batham | 0 | 0 | 0 | 1 | 1 | 1 | 0 | 0 | 1 | 0 | 0 | 0 | 0 | 0 | 0 | 0 | **4** | 2.50 |

| Cast | Sarguja | Korea | Bilaspur | Dantewada | Dhamtari | Durg | Baster | Janjgir-champa | Jashpur-nagar | Kanker | Kawardha | Korba | Mahasamund | Raigarh | Raipur | Rajnandgaon | **Total** | Percentage |
|---|---|---|---|---|---|---|---|---|---|---|---|---|---|---|---|---|---|---|
| Thethwar | 0 | 0 | 0 | 1 | 0 | 1 | 0 | 0 | 0 | 0 | 0 | 0 | 0 | 0 | 0 | 0 | **2** | 1.25 |
| Goswami | 0 | 0 | 0 | 1 | 0 | 0 | 0 | 0 | 0 | 0 | 0 | 0 | 0 | 0 | 0 | 0 | **1** | 0.63 |
| Mala Padmshali | 0 | 0 | 0 | 0 | 1 | 0 | 0 | 0 | 0 | 0 | 0 | 0 | 0 | 0 | 0 | 1 | **2** | 1.25 |
| Jhariya Kaser | 0 | 0 | 0 | 0 | 1 | 0 | 0 | 0 | 0 | 0 | 0 | 0 | 0 | 0 | 0 | 0 | **1** | 0.63 |
| Gadriya | 0 | 0 | 0 | 0 | 0 | 1 | 0 | 0 | 0 | 0 | 0 | 0 | 0 | 0 | 0 | 0 | **1** | 0.63 |
| Koshta | 0 | 0 | 0 | 0 | 0 | 0 | 2 | 1 | 0 | 1 | 1 | 2 | 0 | 1 | 2 | 1 | **11** | 6.88 |
| Mina (Ravat) | 0 | 0 | 0 | 0 | 0 | 0 | 1 | 0 | 0 | 0 | 0 | 0 | 0 | 0 | 0 | 0 | **1** | 0.63 |
| Nai (Sen, Savita, Uasrete, Shrivas | 0 | 0 | 0 | 0 | 0 | 0 | 0 | 2 | 0 | 0 | 0 | 0 | 0 | 1 | 0 | 0 | **3** | 1.88 |
| Nayak | 0 | 0 | 0 | 0 | 0 | 0 | 0 | 1 | 0 | 0 | 0 | 0 | 0 | 0 | 0 | 0 | **1** | 0.63 |

*Contd...*

*Contd...*

| Cast | Sarguja | Korea | Bilaspur | Dantewada | Dhamtari | Durg | Baster | Janjgir-champa | Jashpur-nagar | Kanker | Kawardha | Korba | Mahasamund | Raigarh | Raipur | Rajnandgaon | **Total** | Percentage |
|---|---|---|---|---|---|---|---|---|---|---|---|---|---|---|---|---|---|---|
| Barai | 0 | 0 | 0 | 0 | 0 | 0 | 0 | 1 | 0 | 0 | 1 | 0 | 0 | 0 | 0 | 0 | **2** | 1.25 |
| Chandranahoo | 0 | 0 | 0 | 0 | 0 | 0 | 0 | 1 | 0 | 0 | 0 | 0 | 0 | 0 | 0 | 0 | **1** | 0.63 |
| Kolta | 0 | 0 | 0 | 0 | 0 | 0 | 0 | 0 | 1 | 0 | 0 | 0 | 1 | 1 | 0 | 1 | **4** | 2.50 |
| Ahir | 0 | 0 | 0 | 0 | 0 | 0 | 0 | 0 | 0 | 1 | 0 | 0 | 0 | 0 | 0 | 0 | **1** | 0.63 |
| Momil (Julaha) | 0 | 0 | 0 | 0 | 0 | 0 | 0 | 0 | 0 | 0 | 1 | 0 | 0 | 0 | 0 | 1 | **2** | 1.25 |
| Kahar | 0 | 0 | 0 | 0 | 0 | 0 | 0 | 0 | 0 | 0 | 0 | 1 | 0 | 1 | 0 | 0 | **2** | 1.25 |
| Koshti (Dewangan) | 0 | 0 | 0 | 0 | 0 | 0 | 0 | 0 | 0 | 0 | 0 | 1 | 0 | 0 | 0 | 0 | **1** | 0.63 |
| Kunbi | 0 | 0 | 0 | 0 | 0 | 0 | 0 | 0 | 0 | 0 | 0 | 0 | 1 | 0 | 0 | 0 | **1** | 0.63 |
| Mali (Saini) | 0 | 0 | 0 | 0 | 0 | 0 | 0 | 0 | 0 | 0 | 0 | 0 | 1 | 0 | 0 | 0 | **1** | 0.63 |
| Chhipi | 0 | 0 | 0 | 0 | 0 | 0 | 0 | 0 | 0 | 0 | 0 | 0 | 0 | 1 | 0 | 0 | **1** | 0.63 |
| Lodhi | 0 | 0 | 0 | 0 | 0 | 0 | 0 | 0 | 0 | 0 | 0 | 0 | 0 | 0 | 0 | 1 | **1** | 0.63 |
| Other | 0 | 0 | 0 | 0 | 0 | 1 | 1 | 0 | 0 | 0 | 0 | 0 | 0 | 0 | 0 | 0 | **2** | 1.25 |
| **Total** | **10** | **10** | **10** | **10** | **10** | **10** | **10** | **10** | **10** | **10** | **10** | **10** | **10** | **10** | **10** | **10** | **160** | **100.** |

**(Annexure: 7.5)**

**District wise and Sub caste wise Selection List of OBCs**

**Table 7.29**

| | | |
|---|---|---|
| 1 | Teli (Thath, Sahu, Rathore) | 30.00% |
| 2 | (i) Kurmi | 11.88% |
| 3 | (i) Agharia | 06.88% |
| | (ii) Koshta | 06.88% |
| 4 | Kalar (Jaiswal) | 06.25% |
| 5 | Raut | 03.13% |
| 6 | (i) Kolta | 02.50% |
| | (ii) Kevat (Kashyap, Nishad, Rayakvar, Batham) | 02.50% |
| | (iii) Sonar | 02.50% |
| | (iv) Soni | 02.50% |
| 7 | (i) Nai (Sen, Savita,Uasrete, Shrivas, Dadsena) | 1.88% |
| | (ii) Jadav | 1.88% |
| 8 | Maraar | 01.25% |
| | Kumhar | 01.25% |
| | Prajapati | 01.25% |
| | Panika | 01.25% |
| | Thethwar | 01.25% |
| | Mala-padmashali | 01.25% |
| | Barai | 01.25% |
| | Momil (Julha) | 01.25% |
| | Kahar | 01.25% |
| | | 86.03% |

The position of caste-wise representation in **grade I of non-B.Ed category** of the sample across the state is as in Table 7.28 and Table 7.29.

The break up of the representation shows that the major share of 86.03% of non-B.Ed category jobs are bagged by just 8 categories of castes whereas the remaining 13.97% of jobs, the other castes among the OBC are occupying. Even in this case also, the majority of these castes have less than 1% of representation.

**Table 7.30. District wise & Sub caste wise Selection List of OBCs (Grade - 2 B.ed)**

| Cast | Sarguja | Korea | Bilaspur | Dantewada | Dhamtari | Durg | Baster | Janjgir-champa | Jashpurnagar | Kanker | Kawardha | Korba | Mahasamund | Raigarh | Raipur | Rajnandgaon | **Total** | Percentage |
|---|---|---|---|---|---|---|---|---|---|---|---|---|---|---|---|---|---|---|
| Teli (Thath,Sahu, Rathore) | 2 | 1 | 2 | 3 | 5 | 3 | 4 | 6 | 3 | 5 | 1 | 1 | 2 | 3 | 3 | 5 | **49** | 30.63 |
| Aghariya | 1 | 0 | 1 | 0 | 0 | 0 | 0 | 0 | 3 | 0 | 0 | 2 | 4 | 4 | 0 | 0 | **15** | 9.38 |
| Kalar (Jaysawal) | 1 | 1 | 0 | 1 | 1 | 0 | 0 | 1 | 0 | 2 | 1 | 0 | 0 | 0 | 0 | 0 | **8** | 5.00 |
| Koshta | 1 | 0 | 0 | 0 | 0 | 0 | 2 | 0 | 1 | 0 | 0 | 1 | 0 | 0 | 1 | 2 | **8** | 5.00 |
| Kolta | 1 | 0 | 0 | 0 | 0 | 0 | 0 | 0 | 0 | 0 | 0 | 0 | 0 | 1 | 0 | 0 | **2** | 1.25 |
| Panka | 1 | 0 | 0 | 0 | 0 | 0 | 0 | 0 | 0 | 0 | 0 | 0 | 0 | 0 | 0 | 0 | **1** | 0.63 |
| Marar | 1 | 1 | 0 | 1 | 0 | 0 | 0 | 0 | 0 | 0 | 0 | 0 | 0 | 1 | 0 | 0 | **4** | 2.50 |

| Cast | Sarguja | Korea | Bilaspur | Dantewada | Dhamtari | Durg | Baster | Janjgir-champa | Jashpurnagar | Kanker | Kawardha | Korba | Mahasamund | Raigarh | Raipur | Rajnandgaon | Total | Percentage |
|---|---|---|---|---|---|---|---|---|---|---|---|---|---|---|---|---|---|---|
| Lodhi | 1 | 0 | 0 | 1 | 0 | 1 | 0 | 0 | 0 | 0 | 0 | 0 | 0 | 0 | 0 | 1 | **4** | 2.50 |
| Nath-Jogi | 1 | 0 | 0 | 0 | 0 | 0 | 0 | 0 | 0 | 0 | 0 | 0 | 0 | 0 | 0 | 0 | **1** | 0.63 |
| Dhobi | 0 | 0 | 0 | 0 | 0 | 0 | 0 | 0 | 1 | 0 | 0 | 0 | 0 | 0 | 0 | 0 | **1** | 0.63 |
| Kurmi | 0 | 1 | 3 | 0 | 0 | 3 | 0 | 2 | 1 | 0 | 1 | 0 | 1 | 0 | 2 | 1 | **15** | 9.38 |
| Ahir | 0 | 1 | 0 | 0 | 0 | 0 | 0 | 0 | 0 | 0 | 0 | 0 | 0 | 0 | 1 | 0 | **2** | 1.25 |
| Odiya Mauniya | 0 | 1 | 0 | 0 | 0 | 0 | 0 | 0 | 0 | 0 | 0 | 0 | 0 | 0 | 0 | 0 | **1** | 0.63 |
| Rauat | 0 | 1 | 0 | 0 | 0 | 0 | 0 | 0 | 0 | 0 | 0 | 1 | 0 | 0 | 0 | 0 | **2** | 1.25 |
| Rajwar | 0 | 1 | 0 | 0 | 0 | 0 | 0 | 0 | 0 | 0 | 0 | 0 | 0 | 0 | 0 | 0 | **1** | 0.63 |
| Nai (Sen, Savita, Uasrete, | 0 | 1 | 0 | 1 | 0 | 0 | 1 | 0 | 0 | 1 | 0 | 0 | 0 | 0 | 1 | 0 | **5** | 3.13 |

*Contd...*

| Cast | Sarguja | Korea | Bilaspur | Dantewada | Dhamtari | Durg | Baster | Janjgir-champa | Jashpurnagar | Kanker | Kawardha | Korba | Mahasamund | Raigarh | Raipur | Rajnandgaon | **Total** | Percentage |
|---|---|---|---|---|---|---|---|---|---|---|---|---|---|---|---|---|---|---|
| Panika | 0 | 1 | 0 | 0 | 0 | 0 | 0 | 0 | 0 | 0 | 0 | 0 | 0 | 0 | 0 | 0 | **1** | 0.63 |
| Jadav (Yadav) | 0 | 0 | 2 | 0 | 0 | 1 | 0 | 0 | 0 | 0 | 1 | 0 | 0 | 0 | 0 | 0 | **4** | 2.50 |
| Koyri (Kushvaha) | 0 | 0 | 1 | 0 | 0 | 0 | 0 | 0 | 0 | 0 | 0 | 0 | 0 | 0 | 0 | 0 | **1** | 0.63 |
| Bhat | 0 | 0 | 1 | 0 | 0 | 0 | 0 | 0 | 0 | 0 | 0 | 0 | 0 | 0 | 0 | 0 | **1** | 0.63 |
| Kewat (Kashyap, Nishad, Raykwar, Batham | 0 | 0 | 0 | 1 | 2 | 0 | 0 | 0 | 0 | 0 | 0 | 0 | 2 | 1 | 0 | 0 | **6** | 3.75 |
| Sirvi (Chandrakar) | 0 | 0 | 0 | 2 | 0 | 0 | 0 | 0 | 0 | 0 | 0 | 0 | 0 | 0 | 0 | 0 | **2** | 1.25 |

*Contd...*

*Contd...*

| Cast | Sarguja | Korea | Bilaspur | Dantewada | Dhamtari | Durg | Baster | Janjgir-champa | Jashpurnagar | Kanker | Kawardha | Korba | Mahasamund | Raigarh | Raipur | Rajnandgaon | **Total** | Percentage |
|---|---|---|---|---|---|---|---|---|---|---|---|---|---|---|---|---|---|---|
| Dadsena | 0 | 0 | 0 | 0 | 1 | 0 | 0 | 0 | 0 | 0 | 1 | 0 | 0 | 0 | 0 | 1 | **3** | 1.88 |
| Chandranahoo | 0 | 0 | 0 | 0 | 1 | 0 | 0 | 0 | 0 | 0 | 0 | 1 | 0 | 0 | 0 | 0 | **2** | 1.25 |
| Thethwar | 0 | 0 | 0 | 0 | 0 | 1 | 0 | 0 | 0 | 0 | 1 | 0 | 0 | 0 | 0 | 0 | **2** | 1.25 |
| Dhiwar/ Mallah/ Navda | 0 | 0 | 0 | 0 | 0 | 1 | 0 | 0 | 0 | 0 | 0 | 0 | 0 | 0 | 0 | 0 | **1** | 0.63 |
| Bhavsar | 0 | 0 | 0 | 0 | 0 | 0 | 1 | 0 | 0 | 0 | 0 | 0 | 0 | 0 | 0 | 0 | **1** | 0.63 |
| Panara | 0 | 0 | 0 | 0 | 0 | 0 | 1 | 0 | 0 | 0 | 0 | 0 | 0 | 0 | 0 | 0 | **1** | 0.63 |
| Kumhar (Prajapati) | 0 | 0 | 0 | 0 | 0 | 0 | 1 | 0 | 0 | 0 | 0 | 0 | 0 | 0 | 0 | 0 | **1** | 0.63 |
| Kahra | 0 | 0 | 0 | 0 | 0 | 0 | 0 | 1 | 0 | 0 | 1 | 1 | 0 | 0 | 1 | 0 | **4** | 2.50 |

*Contd...*

| Cast | Sarguja | Korea | Bilaspur | Dantewada | Dhamtari | Durg | Baster | Janjgir-champa | Jashpurnagar | Kanker | Kawardha | Korba | Mahasa nund | Raigarh | Raipur | Rajnandgaon | **Total** | Percentage |
|---|---|---|---|---|---|---|---|---|---|---|---|---|---|---|---|---|---|---|
| Teli Nayta, Pindari, Pindara, Kankar | 0 | 0 | 0 | 0 | 0 | 0 | 0 | 0 | 0 | 1 | 0 | 0 | 0 | 0 | 0 | 0 | **1** | 0.63 |
| Sonkar | 0 | 0 | 0 | 0 | 0 | 0 | 0 | 0 | 0 | 1 | 2 | 0 | 1 | 0 | 0 | 0 | **4** | 2.50 |
| Bairagi (Vaishnav) | 0 | 0 | 0 | 0 | 0 | 0 | 0 | 0 | 0 | 0 | 1 | 0 | 0 | 0 | 0 | 0 | **1** | 0.63 |
| Kahar | 0 | 0 | 0 | 0 | 0 | 0 | 0 | 0 | 0 | 0 | 0 | 1 | 0 | 0 | 0 | 0 | **1** | 0.63 |
| Soni (Swarnkar) | 0 | 0 | 0 | 0 | 0 | 0 | 0 | 0 | 0 | 0 | 0 | 1 | 0 | 0 | 0 | 0 | **1** | 0.63 |
| Gadriya | 0 | 0 | 0 | 0 | 0 | 0 | 0 | 0 | 0 | 0 | 0 | 1 | 0 | 0 | 0 | 0 | **1** | 0.63 |
| Dhimar | 0 | 0 | 0 | 0 | 0 | 0 | 0 | 0 | 0 | 0 | 0 | 0 | 0 | 0 | 1 | 0 | **1** | 0.63 |
| Other | 0 | 0 | 0 | 0 | 0 | 0 | 0 | 0 | 1 | 0 | 0 | 0 | 0 | 0 | 0 | 0 | **1** | 0.63 |
| **Total** | **10** | **10** | **10** | **10** | **10** | **10** | **10** | **10** | **10** | **10** | **10** | **10** | **10** | **10** | **10** | **10** | **160** | **100** |

Similarly in **grade II B.Ed category** also, we have taken the top 10 candidates of OBC reserved merit list which almost guarantees appointment. In grade II B.Ed. category across the state of 16 districts adding to 160 candidates, we find out the Table 7.31 position of caste-wise representation:

**Table 7.31**

| | | |
|---|---|---|
| 1 | Teli (Thath, Sahu, Rathore) | 30.63% |
| 2 | (i) Agharia<br>(ii) Kurmi | 09.38%<br>09.38% |
| 3 | (i) Kalar(Jaiswal)<br>(ii)Koshta | 05.00%<br>05.00% |
| 4 | Kevat (Kashyap, Nishad, Rayakvar, Batham) | 03.75% |
| 5 | Nai(Sen,Savita,Uasrete, Shrivas,Dadsena) | 03.13% |
| 6 | (i) Maraar<br>(ii) Lodhi<br>(iii) Kahra<br>(iv) Sonkar<br>(v) Jadav | 02.50%<br>02.50%<br>02.50%<br>02.50%<br>02.50% |
| 7 | Dadsena | 01.88% |
| 8 | (i) Ahir<br>(ii) Raut<br>(iii) Chandra nahu<br>(iv) Thethwar<br>(v) Sirvi (Chandrakar)<br>(vi) Kolta | 01.25%<br>01.25%<br>01.25%<br>01.25%<br>01.25%<br>01.25% |
| | | 88.15% |

From the table 7.31 with regard to grade II B.Ed category of OBC category of top 10, we can see 8 castes receiving 88.15% of jobs as Shikshakarmi. This is a lion's share of the quota going in favour of a minority of castes. On the contrary the remaining 19.85% jobs are in the fortune of majority of castes such as:

Bhatt, Dhiwar/Mallah/Nyata, Bhavsar, Panara, Kumhar (Prajapati), Teli-Nayta, Pindara, Kankar, Gadaria, Dheemar, Soni (Swarnakar), Byragi, Vaishnav, Koyri, Kushwaha, Panika, Rajwar, Dhobi, Nath-jogi, Panka etc. etc.

These castes have less than 1% representation each in the top 10 of the list of OBC across the state.

**Table 7.32. District wise & Sub caste wise Selection List of OBCs (Grade - 2 Non B. Ed)**

| Cast | Sarguja | Korea | Bilaspur | Dantewada | Dhamtari | Durg | Baster | Janjgir-champa | Jashpur-nagar | Kanker | Kawardha | Korba | Mahasamund | Raigarh | Raipur | Rajnandgaon | Total | Percentage |
|---|---|---|---|---|---|---|---|---|---|---|---|---|---|---|---|---|---|---|
| Teli (Thath, Sahu, Rathore) | 3 | 2 | 2 | 4 | 4 | 4 | 3 | 0 | 3 | 2 | 2 | 1 | 4 | 1 | 3 | 3 | **41** | 25.63 |
| Dhiwar/ Mallah/ Navda | 1 | 1 | 0 | 0 | 0 | 0 | 0 | 0 | 0 | 0 | 0 | 0 | 0 | 0 | 0 | 0 | **2** | 1.25 |
| Kurmi | 1 | 0 | 1 | 2 | 0 | 1 | 0 | 0 | 1 | 2 | 2 | 0 | 1 | 0 | 3 | 0 | **14** | 8.75 |
| Aghariya | 1 | 0 | 1 | 1 | 0 | 0 | 0 | 3 | 0 | 0 | 0 | 1 | 2 | 3 | 0 | 0 | **12** | 7.50 |
| Soni (Swarnkar) | 1 | 0 | 1 | 0 | 0 | 0 | 0 | 0 | 0 | 0 | 1 | 0 | 0 | 0 | 0 | 0 | **3** | 1.88 |
| Jadav (Yadav) | 1 | 1 | 0 | 0 | 0 | 0 | 0 | 0 | 0 | 0 | 0 | 1 | 0 | 0 | 0 | 0 | **3** | 1.88 |

*Contd...*

| Cast | Sarguja | Korea | Bilaspur | Dantewada | Dhamtari | Durg | Baster | Janjgir-champa | Jashpur-nagar | Kanker | Kawardha | Korba | Mahasamund | Raigarh | Raipur | Rajnandgaon | **Total** | Percentage |
|---|---|---|---|---|---|---|---|---|---|---|---|---|---|---|---|---|---|---|
| Koshta | 0 | 1 | 0 | 0 | 0 | 0 | 1 | 4 | 0 | 1 | 1 | 1 | 0 | 2 | 1 | 1 | **13** | 8.13 |
| Sonar | 0 | 1 | 1 | 0 | 0 | 0 | 0 | 0 | 0 | 0 | 0 | 0 | 0 | 0 | 0 | 0 | **2** | 1.25 |
| Rajwar | 0 | 1 | 0 | 0 | 0 | 0 | 0 | 0 | 0 | 0 | 0 | 0 | 0 | 0 | 0 | 0 | **1** | 0.63 |
| Kumhar(Prajapati) | 0 | 1 | 0 | 0 | 0 | 0 | 0 | 0 | 1 | 0 | 0 | 0 | 0 | 0 | 0 | 0 | **2** | 1.25 |
| Kalar (Jaysawal) | 0 | 1 | 0 | 0 | 2 | 0 | 3 | 0 | 0 | 1 | 1 | 2 | 0 | 0 | 1 | 2 | **13** | 8.13 |
| Nai (Sen, Savita, Uasrete, Shrivas | 0 | 0 | 1 | 0 | 0 | 0 | 0 | 1 | 0 | 0 | 0 | 0 | 0 | 1 | 0 | 0 | **3** | 1.88 |
| Darji | 0 | 0 | 1 | 0 | 0 | 0 | 0 | 0 | 0 | 0 | 0 | 0 | 0 | 0 | 0 | 0 | **1** | 0.63 |
| Kewat(Kashya, Nishad, Raykwar, Batham | 0 | 0 | 0 | 1 | 1 | 1 | 0 | 0 | 2 | 0 | 0 | 0 | 0 | 0 | 0 | 0 | **5** | 3.13 |

*Contd...*

| Cast | Sarguja | Korea | Bilaspur | Dantewada | Dhamtari | Durg | Baster | Janjgir-champa | Jashpur-nagar | Kanker | Kawardha | Korba | Mahasamund | Raigarh | Raipur | Rajnandgaon | **Total** | Percentage |
|---|---|---|---|---|---|---|---|---|---|---|---|---|---|---|---|---|---|---|
| Dhobi | 0 | 0 | 0 | 1 | 0 | 1 | 0 | 0 | 0 | 0 | 0 | 0 | 0 | 0 | 0 | 1 | **3** | 1.88 |
| Panika | 0 | 0 | 0 | 1 | 0 | 0 | 0 | 0 | 0 | 0 | 0 | 0 | 0 | 0 | 0 | 0 | **1** | 0.63 |
| Sunar | 0 | 0 | 0 | 0 | 1 | 1 | 0 | 0 | 0 | 0 | 0 | 0 | 0 | 0 | 0 | 0 | **2** | 1.25 |
| Mala Padmshali | 0 | 0 | 0 | 0 | 1 | 0 | 0 | 0 | 0 | 0 | 0 | 0 | 0 | 0 | 0 | 1 | **2** | 1.25 |
| Jhariya Kaser | 0 | 0 | 0 | 0 | 1 | 0 | 0 | 0 | 0 | 0 | 0 | 0 | 0 | 0 | 0 | 0 | **1** | 0.63 |
| Gadriya | 0 | 0 | 0 | 0 | 0 | 1 | 0 | 0 | 0 | 0 | 0 | 0 | 0 | 0 | 0 | 0 | **1** | 0.63 |
| Thethwar | 0 | 0 | 0 | 0 | 0 | 1 | 0 | 0 | 0 | 1 | 0 | 0 | 0 | 0 | 0 | 0 | **2** | 1.25 |
| Ahir | 0 | 0 | 0 | 0 | 0 | 0 | 1 | 0 | 0 | 1 | 0 | 0 | 0 | 0 | 0 | 0 | **2** | 1.25 |
| Marar | 0 | 0 | 0 | 0 | 0 | 0 | 1 | 0 | 0 | 0 | 1 | 0 | 0 | 0 | 0 | 0 | **2** | 1.25 |
| Chandrana-hoo | 0 | 0 | 0 | 0 | 0 | 0 | 0 | 2 | 0 | 0 | 0 | 0 | 0 | 0 | 0 | 0 | **2** | 1.25 |
| Gayar/ Pardhaniya | 0 | 0 | 0 | 0 | 0 | 0 | 0 | 0 | 1 | 0 | 0 | 0 | 0 | 0 | 0 | 0 | **1** | 0.63 |

*Contd...*

| Cast | Sarguja | Korea | Bilaspur | Dantewada | Dhamtari | Durg | Baster | Janjgir-champa | Jashpur-nagar | Kanker | Kawardha | Korba | Mahasamund | Raigarh | Raipur | Rajnandgaon | **Total** | Percentage |
|---|---|---|---|---|---|---|---|---|---|---|---|---|---|---|---|---|---|---|
| Kolta | 0 | 0 | 0 | 0 | 0 | 0 | 0 | 0 | 1 | 0 | 0 | 0 | 1 | 1 | 0 | 0 | **3** | 1.88 |
| Lodhi | 0 | 0 | 0 | 0 | 0 | 0 | 0 | 0 | 0 | 0 | 0 | 0 | 0 | 0 | 1 | 0 | **1** | 0.63 |
| Bairagi (Vaishnav) | 0 | 0 | 0 | 0 | 0 | 0 | 0 | 0 | 0 | 0 | 1 | 0 | 0 | 0 | 0 | 0 | **1** | 0.63 |
| Kahar | 0 | 0 | 0 | 0 | 0 | 0 | 0 | 0 | 0 | 0 | 0 | 1 | 0 | 1 | 0 | 0 | **2** | 1.25 |
| Dhimar | 0 | 0 | 0 | 0 | 0 | 0 | 0 | 0 | 0 | 0 | 0 | 0 | 0 | 0 | 0 | 0 | **0** | 0.00 |
| Goswami | 0 | 0 | 0 | 0 | 0 | 0 | 0 | 0 | 1 | 0 | 0 | 0 | 0 | 0 | 0 | 0 | **1** | 0.63 |
| Momil (Julaha) | 0 | 0 | 0 | 0 | 0 | 0 | 0 | 0 | 0 | 0 | 1 | 0 | 0 | 0 | 0 | 1 | **2** | 1.25 |
| Koshti (Dewangan) | 0 | 0 | 0 | 0 | 0 | 0 | 0 | 0 | 0 | 0 | 0 | 1 | 0 | 0 | 0 | 0 | **1** | 0.63 |
| Kunbi | 0 | 0 | 0 | 0 | 0 | 0 | 0 | 0 | 0 | 0 | 0 | 0 | 1 | 0 | 0 | 0 | **1** | 0.63 |
| Mali (Saini) | 0 | 0 | 0 | 0 | 0 | 0 | 0 | 0 | 0 | 0 | 0 | 0 | 1 | 0 | 0 | 0 | **1** | 0.63 |
| Chhipi | 0 | 0 | 0 | 0 | 0 | 0 | 0 | 0 | 0 | 0 | 0 | 0 | 0 | 1 | 0 | 0 | **1** | 0.63 |
| Barai | 0 | 0 | 0 | 0 | 0 | 0 | 0 | 0 | 0 | 0 | 0 | 0 | 0 | 0 | 0 | 1 | **1** | 0.63 |
| Other | 1 | 1 | 2 | 0 | 0 | 0 | 0 | 0 | 0 | 0 | 0 | 2 | 0 | 0 | 0 | 0 | **6** | 3.75 |
| **Total** | **10** | **10** | **10** | **10** | **10** | **10** | **10** | **10** | **10** | **10** | **10** | **10** | **10** | **10** | **10** | **10** | **160** | 100 |

Similarly in **grade II Non B. Ed category** also, we have taken the top 10 candidates of OBC reserved merit list which almost guarantees appointment. In grade II B. Ed. category across the state of 16 districts adding to 160 candidates, we find out the Table 7.33 position of caste-wise representation:

**Table 7.33**

| | | |
|---|---|---|
| 1 | Teli (Thath, Sahu, Rathore) | 30.63% |
| 2 | (i) Agharia<br>(ii) Kurmi | 09.38%<br>09.38% |
| 3 | (i) Kalar(Jaiswal)<br>(ii) Koshta | 05.00%<br>05.00% |
| 4 | Kevat (Kashyap, Nishad, Rayakvar, Batham) | 03.75% |
| 5 | Nai (Sen,Savita,Uasrete, Shrivas,Dadsena) | 03.13% |
| 6 | (i) Maraar<br>(ii) Lodhi<br>(iii) Kahra<br>(iv) Sonkar<br>(v) Jadav | 02.50%<br>02.50%<br>02.50%<br>02.50%<br>02.50% |
| 7 | Dadsena | 01.88% |
| 8 | (i) Ahir<br>(ii) Raut<br>(iii) Chandra nahu<br>(iv) Thethwar<br>(v) Sirvi (Chandrakar)<br>(vi) Kolta | 01.25%<br>01.25%<br>01.25%<br>01.25%<br>01.25%<br>01.25% |
| | | 88.15% |

From the table 7.33 with regard to grade II B. Ed category of OBC category of top 10, we can see 8 castes receiving 88.15% of jobs as Shikshakarmi. This is a lion's share of the quota going in favour of a minority of castes. On the contrary, the remaining 19.85% jobs are in the fortune of majority of castes such as:

Bhatt, Dhiwar/Mallah/Nyata, Bhavsar, Panara, Kumhar (Prajapati), Teli-Nayta, Pindara, Kankar, Gadaria, Dheemar, Soni (Swarnakar), Byragi, Vaishnav, Koyri, Kushwaha, Panika, Rajwar, Dhobi, Nath-jogi, Panka etc.

These castes have less than 1% representation each in the top 10 of the list of OBC across the state.

**The Inadequate Representation of Castes**

Some castes despite having considerable numerical strength (as shown in **Ramji Mahajan's Report 1982)** could not get adequate representation in top 10 select list. The figures given by the Commission belong to year 1982. Those figures projected to the year 2003, the population of respective castes in OBC is given in chapter 9 "***Chhattisgarh and Backward Classes***" For instance as per the projected figures of year 2003 the community Bhoi which had 534279 population, has no representation either in grade-I or grade-II in any category of the select list. Similarly Dhobi community had around 684631 populations while Kostha (Dewangan) had lesser than that around 232315. However the performance of Kostha candidate in the select list of the same is around 6% whereas the Dhobi Caste barely has 1.25%. Another community Lohar had around 223297 populations and Panka had around 562581 populations respectively; yet candidates from these two communities virtually have no representation in the top 10. On the contrary a Kalar caste which has around 3.00 lakhs population has 5% representation in the top 10. As a matter of fact, Ahir caste which includes Yadav is numerically next to Teli with around 16.00 Lakhs population and it has barely 1.25% representation in grade-I and II (B.Ed.) and 1.25% in grade-II (non B.Ed.) This clearly underlines the massive educational backwardness among Ahirs, so much so that they are not in position to compete rest of the castes. Similarly another caste called Dheemar has also good chunk of population in the state which has virtually no representation in top 10 lists.

Kevat Caste has a population of 1584593 which is equivalent to Kurmi that has 1630573 populations. However Kurmis fare well with around 8 to 9% in top 10 list of all the categories while Kevat have 2.5% in grade-I non B.Ed. category and 1.25% in grade-I B.Ed. category. Likewise Mali has a population of 1464143, whereas their performance in the select list is virtually nil. Interestingly Sonar caste has less than 22,000 population whereas its candidates have performed better with 2.5% in non B.Ed. category grade-I. Nai (Barber) caste including its sub-castes have consistently being performing well in all the grades with around 3% of representation in top 10 lists. Whereas its population is barely around 1.5 lakhs.

The above facts indicate that those castes which have sustainable occupations or agriculture have economic well being on their side thus leading to educational advancement. On the other hand, castes which have neither agriculture nor income generation professions have severe educational backwardness. **This leads to a conclusion that though social backwardness is the reason for educational backwardness, it is not true with reference to economic indicators.** This is doubly reassured by the performance of Momin (Julaha) caste among the OBC Muslims. Social backwardness gave way to economic factors such as growth in income through sustainable occupation. This has lead, in turn, to educational advancement of castes such as Kurmi, Teli, Kostha, Nai, Sonar etc. Though socially backward, they have educationally advanced in comparison to many castes within OBC.

It is surprising that though the **Backward Class Commission** has included about 26 Muslim castes in OBC, non of them have any representation in top 10 except one caste Momin (Julaha). Julaha being weaver have better economic security than the rest among Muslims. **Therefore the economic factors cushion the discomfiture of social factors like Caste and Religion.**

We have observed the caste-wise composition of the top ten successful candidates in the OBC select list in the Shikshakarmi grade I and II which reveals us startlingly that only few castes as enumerated above have been constantly securing best representation on the jobs.

### The Comparative Performance of OBCs *vis a vis* the General, SC and ST

Our study with regard to subject-wise representation of successful OBC candidates in the top 25 positions of unreserved/combined merit list reveals that there is relatively a higher percentage of success and representation of the OBC castes in the recruitment which is more than the statutory provision of 14%. The sample taken here is 25 each for 16 subjects in 16 districts adding up logically thereby to 6400 ( 16x16x25= 6400). The total number of vacancies in Grade-1 are 7987. Thus it is 80% of the selections that we are studying as sample. This is almost like observing the entire selection list for, it is the top 25 to 30 who are guaranteed appointment. Our observations, that way, are reasonable and can stand any scrutiny. The figures of grade I and II Shikshakarmis select combined merit lists for B.Ed and non-B.Ed categories are as in Table 7.34 and 7.35.

For the entire state, in the recruitment of Grade I Shikshakarmi, there are 16 subjects whereby appointments are made for teaching purposes in the schools. There are two categories of the select lists namely, B.Ed merit list and non-B.Ed merit list. Though B.Ed is given

**Table 7.34. Grade-1 (B.ed)**

**Over all position of OBC, SC, ST candidates going into general Chhattisgarh**

| Subject | B. Ed | | | | | | | | |
|---|---|---|---|---|---|---|---|---|---|
| | Total | Gen | % | OBC | % | SC | % | ST | % |
| Other | 238 | 76 | 31.9 | 106 | 44.5 | 30 | 12.6 | 20 | 8.4 |
| Hindi | 398 | 126 | 31.7 | 192 | 48.2 | 29 | 7.3 | 51 | 12.8 |
| Sanskrit | 276 | 112 | 40.6 | 124 | 44.9 | 20 | 7.2 | 20 | 7.2 |
| English | 321 | 176 | 54.8 | 111 | 34.6 | 20 | 6.2 | 14 | 4.4 |
| Geography | 262 | 60 | 22.9 | 111 | 42.4 | 45 | 17.2 | 47 | 17.9 |
| Economics | 344 | 123 | 35.8 | 145 | 42.2 | 30 | 8.7 | 46 | 13.4 |
| History | 266 | 107 | 40.2 | 109 | 41.0 | 22 | 8.3 | 28 | 10.5 |
| Political Science | 371 | 98 | 26.4 | 170 | 45.8 | 39 | 10.5 | 64 | 17.3 |
| Mathematics | 288 | 131 | 45.5 | 143 | 49.7 | 7 | 2.4 | 7 | 2.4 |
| Physics | 143 | 82 | 57.3 | 48 | 33.6 | 4 | 2.8 | 0 | 0.0 |
| Chemistry | 208 | 132 | 63.5 | 63 | 30.3 | 10 | 4.8 | 3 | 1.4 |
| Biology | 301 | 137 | 45.5 | 127 | 42.2 | 25 | 8.3 | 12 | 4.0 |

*Contd...*

| Subject | B. Ed | | | | | | | | |
|---|---|---|---|---|---|---|---|---|---|
| | **Total** | **Gen** | **%** | **OBC** | **%** | **SC** | **%** | **ST** | **%** |
| Agriculture | 4 | 3 | 75.0 | 1 | 25.0 | 0 | 0.0 | 0 | 0.0 |
| Urdu | 7 | 6 | 85.7 | 1 | 14.3 | 0 | 0.0 | 0 | 0.0 |
| Home Science | 71 | 48 | 67.6 | 10 | 14.1 | 1 | 1.4 | 3 | 4.2 |
| Commerce | 302 | 157 | 52.0 | 112 | 37.1 | 11 | 3.6 | 22 | 7.3 |
| **Total** | **3800** | **1574** | **41.4** | **1573** | **41.4** | **293** | **7.7** | **337** | **8.9** |

**(Annexure: 7.7)**

**Table 7.35:**

**Grade-1 (Non B.ed)**

**OVER ALL POSITION OF OBC, SC, ST CANDIDATES GOING INTO GENERAL CHHATTISGARH**

| Subject | Non B.Ed | | | | | | | | |
|---|---|---|---|---|---|---|---|---|---|
| | **Total** | **Gen** | **%** | **OBC** | **%** | **SC** | **%** | **ST** | **%** |
| Other | 400 | 113 | 28.3 | 198 | 49.5 | 40 | 10.0 | 48 | 12.0 |
| Hindi | 400 | 108 | 27.0 | 228 | 57.0 | 31 | 7.8 | 33 | 8.3 |
| Sanskrit | 389 | 131 | 33.7 | 187 | 48.1 | 40 | 10.3 | 31 | 8.0 |
| English | 400 | 168 | 42.0 | 163 | 40.8 | 37 | 9.3 | 32 | 8.0 |
| Geography | 400 | 75 | 18.8 | 193 | 48.3 | 52 | 13.0 | 80 | 20.0 |
| Economics | 400 | 126 | 31.5 | 199 | 49.8 | 30 | 7.5 | 45 | 11.3 |
| History | 400 | 124 | 31.0 | 184 | 46.0 | 31 | 7.8 | 60 | 15.0 |
| Political Science | 400 | 106 | 26.5 | 210 | 52.5 | 35 | 8.8 | 49 | 12.3 |

*Contd...*

| Subject | Non B.Ed | | | | | | | | |
|---|---|---|---|---|---|---|---|---|---|
| | **Total** | **Gen** | **%** | **OBC** | **%** | **SC** | **%** | **ST** | **%** |
| Mathematics | 384 | 131 | 34.1 | 208 | 54.2 | 22 | 5.7 | 23 | 6.0 |
| Physics | 263 | 116 | 44.1 | 106 | 40.3 | 62 | 23.6 | 12 | 4.6 |
| Chemistry | 350 | 150 | 42.9 | 142 | 40.6 | 46 | 13.1 | 21 | 6.0 |
| Biology | 400 | 139 | 34.8 | 150 | 37.5 | 56 | 14.0 | 55 | 13.8 |
| Agriculture | 104 | 37 | 35.6 | 35 | 33.7 | 9 | 8.7 | 23 | 22.1 |
| Urdu | 22 | 17 | 77.3 | 5 | 22.7 | 0 | 0.0 | 0 | 0.0 |
| Home science | 194 | 92 | 47.4 | 67 | 34.5 | 17 | 8.8 | 18 | 9.3 |
| Commerce | 391 | 171 | 43.7 | 172 | 44.0 | 27 | 6.9 | 21 | 5.4 |
| **Total** | **5297** | **1804** | **34.1** | **2447** | **46.2** | **535** | **10.1** | **551** | **10.4** |

**(Annexure: 7.7)**

preference in appointment, non-B.Ed list is also considered when a contingency of non-availability of B.Ed candidates arises in a particular subject.

We begin with B.Ed combined merit-list and analyse and later take-up non-B.Ed merit list. In B.Ed category, in subject Hindi, in the top 25 positions un-reserved across the state adding up all districts as a whole, OBCs secure 48.2% of jobs or sure selection whereas the general candidates were 31.7% which shows the competitive capacity of OBCs is higher than general candidates. SCs made it to 7.3% and STs to 12.8%.

In Sanskrit subject, general candidates, secured 40.6% share while OBCs secured 44.9%. In geography, the general candidates secured 22.9%, while OBCs take 42.4% of the lot. SCs and STs secured 17.2% and 17.9% respectively.

In the combined merit list, barring geography, in all subjects, the SCs and STs at an average make it to 7.7% and 8.9% respectively, whereas OBCs and general candidates interestingly, secured 41.4% and 41.4% respectively.

In subjects like English, general candidates secured 51.4% of the total list of the top 25 positions across the state whereas the OBCs secured 34.6.%. In Mathematics, which is considered to be a difficult subject in common parlance, general candidates secured 45.5% of the posts whereas the OBCs excel upto 49.7%. It is strange that SC and ST candidates secure only 4.2% each respectively.

In Physical sciences, general candidates perform 57.3% and OBCs secured 37.6% while ST candidates are 0%. In Chemistry, general candidates have 63.5% share leaving 30.3% to OBCs. In Biology too, general candidates secured 45.5% while OBCs get 42.2% share.

In Agriculture, Urdu, Home-science, and commerce, general candidates secured from 52% to 85% share in which OBC candidates secured just from 14% to 37%.

It is remarkable here that, in subjects connected with science faculty, general candidates dominate the merit list while the OBCs have second position. This shows that OBC candidates lack in specialized knowledge while general candidates possess. However the performance of OBC candidates is 41.4% is equivalent to that of general candidates which is remarkable because this is the combined merit list. If all the top 25 candidates, secured appointment, we are sure that majority of un-reserved seats will be taken away by the OBCs to the tune of 41%.

The SCs and STs together make it to 16.6% of the un-reserved seats thereby adding together with OBC candidates (41%), it would be 57.6% of the un-reserved category. In other words, if all the top 25 candidates of the combined merit list secure appointment, then the actual un-reserved will be only 41.4% and the remaining 58.6% would again be taken by the reserved candidates. This is in addition to the separate reserved lists. It is important here to note that the reserved candidates in the general list will be treated as general while the reserved list of OBC and SC, ST will remain intact with more inclusion of candidates from the reserved quotas in unreserved by replacement.

In the non-B.Ed list for Grade I again, the domination of OBC candidates over general candidates is remarkably high with a double digit difference in subjects connected with Humanities. In Sciences, as usual, the general candidates fared well, but in some science subjects non-B.Ed candidates have also performed better, but as a whole in the non-B.Ed list, the OBC candidates shared 46.2% as against 34.1% of general candidates. This shows the increasing potential and competence of OBC castes in recruitments to the level of displacing the general candidates in the open competition. SCs and STs in the non-B.Ed list made it to 10.1% and 10.4% respectively (Tables 7.36 and 7.37).

In Grade II Shikshakarmi results of combined/general merit list, when we add top 25 candidates of all districts in 16 subejcts, in 12 subjects we have a figure of 2073 successful candidates who have a fairly bright chance of appointment. Here, in subject Hindi, Mathematics and as Arts, OBC candidates secure 47%, 54% and 48% respectively where the general candidates secured 35.2%, 40.7% and 35.3% respectively. But in commerce the general candidates perform better with 58.6% and in English too they secured 62.6%. As a whole, general candidates secured 43.5% of likely appointments, whereas OBC candidates got 41.5% share. The representation of SCs and STs is 6.5% and 8.5% respectively. In non-B.Ed category of Grade II Shikshakarmis top 25 positions district-wise (adding up total 3717) candidates. The OBC candidates performed better than general candidates by securing 46.1% as against 35.3% of the latter. The analysis of the select list of both Shikshakarmi Grade I and II above reveals the following facts:

(a) Though 14% is the statutory quota for OBCs, their representation in the combined merit list of the top 25 ranks is equal to the general candidates, i.e. 41.4% Grade I and 41.5% in Grade II.

(b) Though the reservation for SC, ST, OBC adding together comes to more than 60% (District level quota ) in the state, virtually, the

**Table 7.36. Grade 2 (B. Ed)**

**OVER ALL POSITION OF OBC, SC, ST CANDIDATES GOING INTO GENERAL CHHATTISGARH**

| Subject | B.Ed | | | | | | | | |
|---|---|---|---|---|---|---|---|---|---|
| | Total | Gen | % | OBC | % | SC | % | ST | % |
| Other | 155 | 58 | 37.4 | 31 | 20.0 | 21 | 13.5 | 45 | 29.0 |
| Hindi | 384 | 135 | 35.2 | 182 | 47.4 | 37 | 9.6 | 30 | 7.8 |
| Sanskrit | 222 | 92 | 41.4 | 86 | 38.7 | 21 | 9.5 | 22 | 9.9 |
| English | 262 | 164 | 62.6 | 56 | 21.4 | 18 | 6.9 | 24 | 9.2 |
| Urdu | 16 | 9 | 56.3 | 7 | 43.8 | 0 | 0.0 | 0 | 0.0 |
| Mathematics | 356 | 145 | 40.7 | 194 | 54.5 | 7 | 2.0 | 10 | 2.8 |
| Science | 400 | 179 | 44.8 | 176 | 44.0 | 24 | 6.0 | 21 | 5.3 |
| Art | 400 | 141 | 35.3 | 195 | 48.8 | 25 | 6.3 | 39 | 9.8 |
| Commerce | 292 | 171 | 58.6 | 104 | 35.6 | 6 | 2.1 | 12 | 4.1 |
| Tabla | 47 | 13 | 27.7 | 27 | 57.4 | 2 | 4.3 | 4 | 8.5 |
| Music | 16 | 12 | 75.0 | 2 | 12.5 | 0 | 0.0 | 2 | 12.5 |
| Vyayame | 123 | 43 | 35.0 | 48 | 39.0 | 14 | 11.4 | 18 | 14.6 |
| **Total** | **2673** | **1162** | **43.5** | **1108** | **41.5** | **175** | **6.5** | **227** | **8.5** |

**(Annexure: 7.8)**

Table 7.37. Grade 2 (Non B. Ed)

**OVER ALL POSITION OF OBC, SC, ST CANDIDATES GOING INTO GENERAL CHHATTISGARH**

| Subject | Non B.Ed | | | | | | | | |
|---|---|---|---|---|---|---|---|---|---|
| | Total | Gen | % | OBC | % | SC | % | ST | % |
| Other | 400 | 114 | 28.5 | 165 | 41.3 | 46 | 11.5 | 74 | 18.5 |
| Hindi | 400 | 104 | 26.0 | 237 | 59.3 | 29 | 7.3 | 30 | 7.5 |
| Sanskrit | 400 | 106 | 26.5 | 197 | 49.3 | 39 | 9.8 | 57 | 14.3 |
| English | 400 | 172 | 43.0 | 145 | 36.3 | 55 | 13.8 | 28 | 7.0 |
| Urdu | 81 | 59 | 72.8 | 24 | 29.6 | 0 | 0.0 | 0 | 0.0 |
| Mathematics | 400 | 137 | 34.3 | 225 | 56.3 | 14 | 3.5 | 24 | 6.0 |
| Science | 400 | 137 | 34.3 | 191 | 47.8 | 44 | 11.0 | 29 | 7.3 |
| Art | 400 | 144 | 36.0 | 193 | 48.3 | 26 | 6.5 | 37 | 9.3 |
| Commerce | 400 | 163 | 40.8 | 183 | 45.8 | 19 | 4.8 | 35 | 8.8 |
| Tabla | 0 | 0 | 0.0 | 0 | 0.0 | 0 | 0.0 | 0 | 0.0 |
| Music | 138 | 77 | 55.8 | 37 | 26.8 | 15 | 10.9 | 9 | 6.5 |
| Vyayame | 298 | 100 | 33.6 | 117 | 39.3 | 25 | 8.4 | 56 | 18.8 |
| **Total** | **3717** | **1313** | **35.3** | **1714** | **46.1** | **312** | **8.4** | **379** | **10.2** |

**(Annexure: 7.8)**

representation of these castes is more than the statutory percentage by virtue of their being selected against general vacancies as well. The un-reserved quota notwithstanding, the actual appointment of un-reserved candidates against vacancies is far less than 30% as a whole. Because in the recruitment the reserved candidates selected against the general vacancies do replace the general candidates while the reserved list kept intact with logical inclusion from downwards in the order of merit by the reserved candidates.

(c) It is also a fact, that for district-level direct recruitments, the quota for scheduled castes and scheduled tribes is not uniform and it varies from 6% to 19% for SCs[4] and from 13% to 68% for STs whereas the OBCs have constantly 14%. It means in the district-level recruitments such as the one we are dealing with, the chances of general candidates are far less than 50% officially and even in that 50%, the displacement syndrome of general candidates by reserved candidates in open competition further reduces the representation of the general candidates.

**Siksha Karmi Grade-III**

**OVER ALL POSITION OF OBC, SC, ST CANDIDATES GOING INTO GENERAL**

With regard to Grade III Shiksha Karmi recruitment, there are again two categories of candidates apart from other required qualifications. These two categories are namely D.Ed and non-D.Ed. D.Ed is Diploma in education which is a course, one can obtain with basic qualification of 10+2. The Grade III Shiksha karmi are recruited encase in THREE faculties alone namely sciences, arts and others. The recruitment is done for 164 Janpad Panchayats i.e Blocks for the entire State with each Block having vacancies between 25 to 35. The appointed teachers are supposed to work in rural areas including inaccessible Tribal Pockets. The below table depicts the position of general, OBC, SC and ST candidates average representation in the overall top 25 combined merit list adding together for the whole of State. As the data is enormous running into thousands of pages it, is practically not possible to reproduce the same and analyze block-wise, category-wise, faculty-wise and caste-wise to suit the needs of our research, we have taken the over-all position of Grade III top 25 merit list by adding up all Janpads together with the sampling technique.

From the table 7.38, it can be appreciated that in almost all districts, the OBCs have performed far better than general candidates, as it is vouched by the fact that 48.8% of D.Ed category candidates have

**Table 7.38**

**Grade-3(D.Ed)**

**OVER ALL POSITION OF OBC, SC, ST CANDIDATES GOING INTO GENERAL**

| Zone | District | D.Ed | | | | | | | | |
|---|---|---|---|---|---|---|---|---|---|---|
| | | Total | Gen | % | OBC | % | SC | % | ST | % |
| Baster | Dantewada | 115 | 32 | 27.8 | 52 | 45.2 | 7 | 6.1 | 24 | 20.9 |
| Baster | Jagdalpur | 439 | 116 | 26.4 | 181 | 41.2 | 22 | 5.0 | 120 | 27.3 |
| Baster | Kanker | 280 | 63 | 22.5 | 95 | 33.9 | 19 | 6.8 | 103 | 36.8 |
| Sarguja | Ambikapur (Sarguja) | 570 | 212 | 37.2 | 189 | 33.2 | 18 | 3.2 | 151 | 26.5 |
| Sarguja | Baikunthpur (Korea) | 90 | 44 | 48.9 | 30 | 33.3 | 5 | 5.6 | 11 | 12.2 |
| Sarguja | Jashpurnagar | 215 | 45 | 20.9 | 50 | 23.3 | 18 | 8.4 | 102 | 47.4 |
| Sarguja | Korea | 250 | 59 | 23.6 | 143 | 57.2 | 37 | 14.8 | 11 | 4.4 |
| Bilaspur | Bilaspur | 363 | 132 | 36.4 | 148 | 40.8 | 41 | 11.3 | 42 | 11.6 |
| Bilaspur | Janjgir-Champa | 24 | 3 | 12.5 | 14 | 58.3 | 3 | 12.5 | 4 | 16.7 |

*Contd...*

| Zone | District | D.Ed | | | | | | | | |
|---|---|---|---|---|---|---|---|---|---|---|
| | | **Total** | **Gen** | **%** | **OBC** | **%** | **SC** | **%** | **ST** | **%** |
| Bilaspur | Raigarh | 302 | 43 | 14.2 | 193 | 63.9 | 22 | 7.3 | 44 | 14.6 |
| Raipur | Dhamtari | 66 | 7 | 10.6 | 43 | 65.2 | 11 | 16.7 | 5 | 7.6 |
| Raipur | Durg | 330 | 80 | 24.2 | 165 | 50.0 | 33 | 10.0 | 52 | 15.8 |
| Raipur | Kabirdham (Kawardha) | 123 | 44 | 35.8 | 63 | 51.2 | 10 | 8.1 | 6 | 4.9 |
| Raipur | Mahasamund | 178 | 16 | 9.0 | 129 | 72.5 | 19 | 10.7 | 14 | 7.9 |
| Raipur | Raipur | 498 | 74 | 14.9 | 345 | 69.3 | 47 | 9.4 | 32 | 6.4 |
| Raipur | Rajnandgaon | 389 | 76 | 19.5 | 227 | 58.4 | 38 | 9.8 | 48 | 12.3 |
| **Total** | | **4232** | **1046** | **24.7** | **2067** | **48.8** | **350** | **8.3** | **769** | **18.2** |

**(Annexure: 7.6)**

**Table 7.39**

**Grade-3(Non D.Ed)**

**OVER ALL POSITION OF OBC, SC, ST CANDIDATES GOING INTO GENERAL CHHATTISGARH**

| Zone | District | Non D.Ed | | | | | | | | |
|---|---|---|---|---|---|---|---|---|---|---|
| | | Total | Gen | % | OBC | % | SC | % | ST | % |
| Baster | Dantewada | 350 | 77 | 22.0 | 204 | 58.3 | 35 | 10.0 | 34 | 9.7 |
| Baster | Jagdalpur | 700 | 140 | 20.0 | 373 | 53.3 | 58 | 8.3 | 129 | 18.4 |
| Baster | Kanker | 350 | 69 | 19.7 | 157 | 44.9 | 14 | 4.0 | 110 | 31.4 |
| Sarguja | Ambikapur (Sarguja) | 950 | 393 | 41.4 | 385 | 40.5 | 39 | 4.1 | 133 | 14.0 |
| Sarguja | Baikunthpur (Korea) | 250 | 130 | 52.0 | 88 | 35.2 | 10 | 4.0 | 22 | 8.8 |
| Sarguja | Jashpurnagar | 400 | 112 | 28.0 | 134 | 33.5 | 54 | 13.5 | 100 | 25.0 |
| Sarguja | Korea | 250 | 85 | 34.0 | 124 | 49.6 | 26 | 10.4 | 15 | 6.0 |
| Bilaspur | Bilaspur | 500 | 233 | 46.6 | 195 | 39.0 | 53 | 10.6 | 19 | 3.8 |

*Contd...*

| Zone | District | Non D.Ed | | | | | | | | |
|---|---|---|---|---|---|---|---|---|---|---|
| | | Total | Gen | % | OBC | % | SC | % | ST | % |
| Bilaspur | JanjgirChampa | 450 | 125 | 27.8 | 210 | 46.7 | 82 | 18.2 | 33 | 7.3 |
| Bilaspur | Raigarh | 450 | 105 | 23.3 | 268 | 59.6 | 48 | 10.7 | 29 | 6.4 |
| Raipur | Dhamtari | 200 | 33 | 16.5 | 146 | 73.0 | 12 | 6.0 | 9 | 4.5 |
| Raipur | Durg | 606 | 187 | 30.9 | 336 | 55.4 | 46 | 7.6 | 37 | 6.1 |
| Raipur | Kabirdham (Kawardha) | 200 | 79 | 39.5 | 107 | 53.5 | 10 | 5.0 | 4 | 2.0 |
| Raipur | Mahasamund | 250 | 59 | 23.6 | 172 | 68.8 | 12 | 4.8 | 7 | 2.8 |
| Raipur | Raipur | 750 | 155 | 20.7 | 490 | 65.3 | 72 | 9.6 | 33 | 4.4 |
| Raipur | Rajnandgaon | 450 | 122 | 27.1 | 263 | 58.4 | 39 | 8.7 | 26 | 5.8 |
| | **Total** | **7106** | **2104** | **29.6** | **3652** | **51.4** | **610** | **8.6** | **740** | **10.4** |

**(Annexure: 7.6)**

come in the combined merit list whereas only 24.7% went to general candidates. The SCs have secured 8.3% positions whereas STs have secured 18.2%. In Tribal districts, Dantewada, Jagdalpur, Kanker, Jashpurnagar, Korea, the OBCs have performed better than general candidates. In non-Tribal districts, specially Janjgir-Champa, Raigarh, Dhamtari, Durg, Kabirdham, Mahasamund, Raipur, Rajnandgaon, surprisingly, the OBC candidates have surpassed the general candidates by a percentage margin between 20 – 40%. In Mahasamund District alone, the OBCs have secured 72.5% positions aggregate of the top 25 while the general candidates secured only 9%. The SC candidates come up to 8.3% in the combined merit list while STs are at 18.2%.

Even in the non-D.Ed category (Table 7.39), the scenario is almost the same with 51% of top 25 positions occupied by OBC candidates and only 29.6% to the credit of general candidates. However, SCs and STs secured 8.6% and 10.4% respectively. The non-D.Ed category is of less qualified competitors whose chances of appointment depend upon the non-availability of D.Ed candidates. Nevertheless, in many districts, the possibilities of non-availability of D.Ed qualified candidates is reasonably fair. The statistical position of Grade III top 25 aggregate recruitment adding up to 4232 across the state is a good sample for analysis.

**Comparative Observations**

The examination of the data reveals the following facts:

(a) The capacity and competence of the OBC candidates is higher in comparison to that of general candidates.

(b) 48.8% candidates have brighter chances of appointment as against only 24.7% of general candidates in the un-reserved quota of vacancies thereby minimizing the representation of general candidates.

(c) Though the district-level reservation percentage is high for class III posts as we described above, yet, a reasonable 30- 35% is open for general candidates with the selection of reserved candidates to the tune of 48.8% of OBCs. It is for sure that the percentage of appointments for general candidates would further go down to 15-20% and may be even lesser. This is due to treatment of reserved candidates against the un-reserved quota as un-reserved candidates.

(d) With SC and ST candidates adding upto 26.5% and further joined by 48.8% of OBC, it would be a total of 75.3% of general / un-reserved quota that would go in favour of these reserved candidates by virtue of their selection against general posts. The remaining 24.7% would be the fortune of the general candidates which in absolute terms will not be even 10% of the total selections.

(e) The above scenario is a clear indication of marginalization of candidates from un-reserved (forward castes) category who have to face open competition. Despite their best efforts, it would be ©difficult for them to secure jobs to the tune of their true entitlement as the general/un-reserved quota is open for reserved candidates as well.

The analysis of the results of Shikshakarmi Grade I, II and III will lead us to similar observations chat we had made in Public Service Commission recruitments. However, here one more factor is unique i.e. the enhanced participation and performance of OBCs more than that we have witnessed in Public Service Commission's recruitments. This shows that the OBCs have more participation and well-preparedness in comparison to Scheduled Castes and Scheduled Tribes and are virtually leaving behind the General candidates in the race. However we should not forget that it is only a handful of castes in the Backward Classes that are really enjoying the reservation as caste wise representation is grossly lopsided.

## Notes

**PART A**

1. Order no. 1783-A/2/1/Conf. CG PSC. Raipur Dated 10/12/2003.
2. Order no. 210 CG PSC Raipur Dated 24/07/2005.
3. Order no. 84/2004/exam CG PSC Raipur Dated 28/04/2004.
4. Order no. 245/2005/exam CGPSC Raipur Dated 23/09/2005.
5. Order no. 03/Exam conf. CGPSC Raipur Dated 17.01.05.
6. Order no. 110/03/2005/Conf. CGPSC Raipur Dated 11/05/2005.
7. Order no. 174/2007/PSC CGPSC Raipur Dated 17/05/2007.
8. Order no. 277/81/2005/Conf. CGPSC Raipur Dated 18/11/2005.
9. Order no. 22/26/2007/Sel/PSC CGPSC Raipur Dated 13/02/2008.
10. Order no. 21/26/2007/Sel/PSC CGPSC Raipur Dated 13/02/2008.
11. Order no 1284/83/2007/Sel/PSC CGPSC Raipur Dated 03/11/2007.
12. Order no. 219/2007/PSC/Sel CGPSC Raipur Dated 31/08/2007.
13. Order no. 111/26/2009/Sel CGPSC Raipur Dated 12/05/2009.
14. Order no. 63/08/2008/Sel CG PSC Raipur Dated 18/03/2009.
15. Order no 92/67/2008-09/Sel CGPSC Raipur Dated 27/04/2009.

16. Order no 59/161/2008/Sel CGPSC Raipur Dated 13/03/2009.
17. Order no 23/155/2008/Exam CGPSC Raipur Dated 17/01/2009.
18. Order no 12/158/2008/Exam CGPSC Raipur Dated 13/01/2009.
19. Order no. 292/117/2008/Sel/PSC CGPSC Raipur Dated 25/09/2008.
20. Order no. 111/2009/Sel/PSC CGPSC Raipur Dated 12/05/2009.
21. Order no. 210 CG PSC Raipur Dated 24/07/2005.
22. Order no. 245/2005/exam CGPSC Raipur Dated 23/09/2005.
23. Order no. 174/2007/PSC CGPSC Raipur Dated 17/05/2007.
24. Order no. 277/81/2005/Conf. CGPSC Raipur Dated 18/11/2005.
25. Order no 23/155/2008/Exam CGPSC Raipur Dated 17/01/2009.

**PART B**

1. Report of the then Chairman VYAPAM C.G. to State Govt. Aug. 2010.
2. Details obtained from Records available with VYAPAM, C.G.
3. Results of sikshakarmi Examination Results 08.01.2010, VYAPAM, C.G. Raipur.
4. Circular of GAD of government of Madhya Pradesh serial no.C/3-5-99/3/1 dtd. 24.02.2000.

# 8

# Conclusions and Recommendations

We have at length discussed the various aspects of the subject with regard to the in the foregoing chapters. To briefly recollect after introducing the subject and its scope in the introduction part, in chapter 2 we have studied the origins of the caste system in India and its impact on the society as a whole. We have found out that equality, though, theoretically an acceptable principle in a democratic system of governance, the existence of caste in India happens to be antithetic to the concept of equality and this is why special treatment in favour of un-equals in the society is required to be a necessity.

We have discussed the movement of the backward classes associated with insurmountable caste consciousness. We found that protective discrimination in favour of the socially educationally backward classes has become a historical necessity in pre-independent India and a socio political requirement in post-independent India. Various Backward Class Commissions have taken caste as the criteria in place of class, making it basically a caste-driven campaign for protective discrimination.

In chapter 3, we have analysed the constitutional provisions with regard to equality before law (Article 14) and special provisions made in Article 15(4) and Article 16(4). We also discussed at length there the interpretations of Supreme Court on the special provisions and with regard to the criteria for providing reservations in favour of backward classes. We learn in this chapter that though caste has been identified as criteria for enforcing special provisions, and Supreme Court in various judgements gave enough ropeway for inclusion of other indicators such as income, economic backwardness etc. Successive governments, nevertheless, have taken only caste as the sole criterion to identify social and educational backwardness. We have thrown light on the role of judiciary especially Supreme Court with regard to a balancing act between the concept of equality under Article 14 and special provisions of Articles 15(4) and 16(4). The pronouncements of Supreme Court with regard to the criteria are path finding and open new windows for a democratic legislation without compromising the concept of equality. Yet we observed that it is the 'Procedure established by law' unlike 'Due Process of Law' as in America that restrict the freedom of Supreme Court in questioning the power of Legislature

In chapter 4, while discussing the politics involved behind the intent of legislature, we learn that political parties have tended to use caste for electoral gains and vote bank exigencies and taken sides as per demands of political opportunism. Many State Governments have even violated the directions of Supreme Court and went ahead with provisions of reservations for more than 50%. It all appears that it was more a class (caste) legislation than a classified legislation.

Chapter 5 throws light on the existing provisions of Backward Class reservations in the country and critically examines the intention of the legislature behind them. We learn in this chapter that the creamy layer guidelines have been politically motivated and often manipulated by Subordinate Legislation to suit the needs of dominant pressure groups. Though the Supreme Court intended to exclude the not-educationally backward sections from Backward Classes by drawing the line of creamy layer, the Subordinate Legislation could successfully thwart the spirit of the Supreme Court judgements and made way for the unwanted sections to avail the reservations. As a matter of fact the income ceiling has been raised up to Rs. 4.5 lacks today which originally was 1.5 lacks. Virtually all who claim to be Backward Classes fit in the criteria with this sealing.

In chapter 6, we have gone through a detailed account of the history of Chhattisgarh and the status of Backward Classes in it. We have observed that there was no census conducted with regard to the population of Backward Classes in the State and on the basis of projections made by Ramji Mahajan Commission (the Backward Classes Commission of Madhya Pradesh), the population was estimated to be around 43%. We observe that the representation of Backward Classes in various sectors of government in the state is certainly not less than 26% and in some posts such as class III and IV, they even represent up to 30-36%. There were 91 categories of Backward Classes s identified by the Commission in whose favour 14% reservation was provided for by the state government. However, the representation of the Backward Classes in public employment is far more than 14%, surely speaking for the educational advancement of these communities. We have seen that in Chhattisgarh, there is no mechanism to assess the adequate representation criteria as laid down by article 16(4) of the Constitution. Equally, there is no mechanism to ration the quota within the Backward Classes category among the castes in order to balance the growth and development of various castes who do not have adequate representation. It is very interesting to note in this chapter that in the last 10 years of the formation of the state, there has been a remarkable improvement in the representation of Backward Classes in government Services unlike what it was in 1982 when the Ramji Mahajan Commission submitted its report showing the representation of Backward Classes as barely 8% in sharp contrast to the 48% share of their population. Now as a whole there is about 30% of representation of Backward Classes in the entire government employment which is more than the quota 14%. This shows that the Backward Classes are doing well, in addition to and, independent of the 14% quota. This is a sure sign of a bail out from social and educational backwardness.

In chapter 7 we have examined and analysed the recommendations of State recruitment agencies, Public Service Commission for class I and II posts and State Professional Board Examination (VYAPAM) for class III posts. We assessed various aspects of Backward Classes Backward Classes representation in the government services on different parameters and found out the lopsided facet of the reservation. We discovered that only handful of communities/castes are having the lions share of the appointments in the government whereas the vast majority of the so-called Backward Classes are neither participating nor are successful in the exams even when they do. In both areas of study, we found that the representation of Backward Classes is so pre-dominant that they even out-smart the general candidates and displace them in the common merit list and thereby increase the over-all percentage of representation of Backward Classes in government services. However, this syndrome is confined again to the minority of castes within the Backward Classes which cannot lead to a factual generalisation. Here becomes relevant the role of the government to set-right the imbalances within the Backward Classes in terms of the so-called empowerment in government jobs or else the avowed purpose of Mandal Commission i.e. empowerment Backward Classes is rendered meaningless. On the basis of the analysis in various chapters, we arrive at the following conclusions ;

### The Criteria of Creamy Layer : A Facade

A detailed discussion on the provisions for affirmative action in favour of Backward Classes as recommended by the Mandal Commission and as enforced in the form of reservations through a statute with reference to the basic concepts of equality and special provisions made in article 15 (4) and article 16(4) was undertaken in the earlier chapters. Different viewpoints, decisions, guidelines, laid by the Supreme Court in various cases concerning the issues of reservations for OBCs throw light on the fact that there is no conclusive opinion on the subject of protective discrimination to Backward Classes; because there is an area of great confusion with regard to the criteria laid down by the Supreme Court and with regard to the rules and regulations framed by the State in the process of subordinate legislation. The government in its various orders on creamy layer kept on making additions or deletions from time to time to such an extent that the very concept of creamy layer lost its relevance. It is also a fact that the Supreme Court had not by itself laid down the details of what section of Backward Classes should comprise of creamy layer and what should not. It was entirely left to the discretion and judgement of the State to lay down the rules and guidelines to exclude the socially educationally advanced (who are economically well off too) OBCs from enjoying the benefits of the reservations. As we have discussed in the earlier chapters, the creamy layer is probably the most controversial concept in independent India, as it evoked a great amount of discontentment not only among the Backward Classes but also in the general society as well.

Although the spirit of the creamy layer is to exclude advanced communities from entitlement for the benefits of reservations but in practice it remained far from so as the government orders describing what a creamy layer should consist of, has been highly subjective and smack of political interests. Nevertheless, at least on paper, the beneficiaries in Backward Classes have been given the benefit of reservations on the basis of their claim of belonging to non-creamy layer. Here, it becomes all the more controversial, besides personal, if one ventures to conduct an investigation and enquiry into each stakeholder who received the benefit of reservation with an objective whether he or she really belong to non-creamy layer. At least in the state of Chhattisgarh, all the beneficiaries for the reservations from the last 10 years received the benefits by certifying that they belong to non-creamy layer. Our findings with regard to recruitments held by State Public Service Commission and VYAPAM, C.G show that a few castes in the Backward Classes have been continuously bagging the advantages of reservation. All these castes are numerically significant and have self sustaining occupations. It would be difficult to treat them all as belonging to non-creamy layer.

## Few Castes Receive Lion Share

The data collected for empirical study shows that, in the recruitments conducted by the State Public Service Commission, the Backward Classes candidates who appeared in the examination and those who have been recommended for appointments on Govt. posts have invariably shown that they are from the non-creamy layer. Similarly, the story is the same, in the recruitments held for Class 3 Sikhsa Karmis in VYAPAM. The circumstantial evidence on record as gathered from the land records of the State show that the Backward Classes have ownership of a large chunk of cultivable land in the state, though individual ownership data is unavailable as there was no survey conducted in the state on caste wise ownership. The communities, among the OBCs who have been consistently receiving the benefits of reservations in these recruitments on various government jobs or just 6 to 7, where as the majority of castes in Backward Classes are no where in the race even. It is extremely difficult to believe that these few castes who have been predominantly enjoying the benefits of the non-creamy layer are really belong to that. Nevertheless it is a fact that their population among the OBCs is relatively larger in comparison to others. Besides these communities have been traditionally associated with occupations such as oil manufacturing, agriculture, weaving, blacksmith, etc., which are income generating and self-sustained economic activities. There has been a social awakening and caste solidarity among these communities for a long time both in pre-British and independent India.

The certificate of belonging to non-creamy layer is obtained at the level of Sub-divisional Magistrate in the revenue administration of the State, the process of which is not very cumbersome or difficult. By giving an affidavit of the annual income, which is now raised to Rs. 4.5 lakhs, a stakeholder can obtain a certificate. A formal enquiry is said to be held by the administration, preceding the issue of the certificate, which is more often than not a mere formality unlike the tedious process of issuing caste certificate as in the case of SC and ST or even the OBC. The mechanics and the system of obtaining the non-creamy certificate is less complicated because, the only consideration is the limitation of income and relationship to the family members, mother, father etc. who are enumerated in the notification of Creamy Layer issued by the government. When a system of creamy layer, has been so diluted by subjective criteria motivated by vested interests as discussed in the other chapter it is anybody's guess as to how securing a certificate of non-creamy layer in the field level, is equally effected by non-transparent and subjective methods of evaluation and assessment.

## Adequate Representation : A Vague Concept

Article 16(4) says that reservation in government services can be provided for on grounds of 'not adequately represented' in favour of Backward Classes. The provision along with the phrase of 'not adequately represented' appears to be ill-thought out notion. Because, firstly backward class was never defined by the constitution and secondly there was no legislation to such an effect so as to maintain a caste-wise data of representation in government services across the country. It is a paradox that article 16(4) provides for reservation in favour of Backward Classes not adequately represented in government sector, and on the other hand there is no constitutional provision to record class-wise or caste-wise representation of citizens of the country in government services. As a matter of fact, the latter exercise can be treated un-constitutional. Adequate or not adequate representation is authentic and meaningful only in the presence of data to that effect. In the absence of the data, the phrase 'not adequately represented' is more fictional than factual. To stretch the logic to absurd ends one can say that for a proper meaning of the phrase 'adequate representation', and as a pre condition, all the citizens first, have to be divided into classes including Backward Classes and proportional representation on the basis of their population must be ensured in government services. Or else, the phrase 'Backward Class not adequately represented' remains meaningless and has to address questions such as in relation to which class or which caste. Even the Mandal Commission's recommendations do not provide a scientific reason for adequate representation or empowerment. For instance, out of the total population of India, the Commission though arrives at the figure of 48% of Backward Classes; it does not go into details as to how many castes within the Backward Class have no representation in government services. Secondly, if backwardness is the yardstick, then minorities should also have been given reservation in government services in proportion to their population. But the Commission broadly categorises the concept of backward class comprising only the castes that are known as *Shudras* in the Indian caste system. Even worse is that it ropes Muslims also in the name of Caste. Consequently the meaning of adequate representation is not made clear either by the constitution or by the Mandal Commission.

## Absence of Regulatory Mechanism

No mechanism of monitoring of the creamy layer regulations or the benefits arising out of it has evolved in the state as yet. In the absence of such a system of mechanism, it is impossible to conclude that the benefits of the reservations going to the non-creamy layer are truly and effectively do as per the entitlement of the stakeholders.

It is surprising that the State has not provided for a system of accountability for the Departments entrusted with execution of schemes, with regard to the Backward Classes reservations till now. The Tribal Development Department in the state is headed by a Minister, and supported by Secretary to the government. There is a large network of offices and personnel in each district, concerned with the function of the Department and the District Collector is the nodal officer of the District working as the eyes and ears of the State with the responsibility of impartial and transparent governance. There is no separate Department in Chhattisgarh, unlike in other States, meant for the welfare of the backward classes. In the absence of a separate department for the welfare of the backward classes, it seems, the state government is not well-equipped to monitor the developments in the execution of schemes. The vested interests and the political forces can always have their say at field level by the art of administrative manipulation. There is a great need for an effective control on, and regulation of, the system of affirmative action in the state.

**No Castewise Data on Government Employment**

There is no data available in the State as to what is the representation of various castes of the Backward Classes on various posts and in various Departments of the Govt. No such exercise was conducted even after 2000 i.e. the formation of independent Chhattisgarh. It worth remembering here that in the year 1981, the Backward Classes Commission, headed by Shri Ramji Mahajan in the State of erstwhile Madhya Pradesh, submitted its final report, wherein a detailed survey of different castes in Backward Classes and their proportionate representation in the employment under government sectors was recorded. Their report concluded that the OBCs in the year 1981, constituted 48.02% of the population which is in another words, 2,56,92,634 as against the total population of 5,34,35,009 in the state. It was also discovered that only 8% of govt. jobs are manned by 48% the OBC population. It was this revelation of the Commission in Madhya Pradesh that has paved the way for final recommendations of Mandal Commission. Chhattisgarh was a part of the erstwhile Madhya Pradesh and the observations of the Ramji Mahajan Commission have strong reflections on Chhattisgarh too at that context on an average basis. 10 years have elapsed after the formation of Chhattisgarh, and the recommendations of Mandal Commissions have been given effect to by way of a reservation of 14% of government jobs in the state. It was actually a decision taken by the erstwhile Madhya Pradesh Govt. Even as on today the state government has not conducted a study to take stock of the situation as to how many castes in Backward Classes have been benefited in proportion to their population in the state. It is high time that the state has the figures and facts in order to the effectively monitor the impact of affirmative action and its implementation in favour of the stakeholders so that it will be in position to, as and when required, correct the situation afflicted by the subjectivity and lack of transparency.

**No Caste Census**

There is no data on Backward Classes population in the State. The caste-wise census was held in the year 1931, and in 1971. There has been no official or authentic record of growth rate of the OBCs in the last so many decades. Though it is difficult to have a detailed survey conducted of all the backward classes, the state at least could have the figures consisting the enlisted castes i.e. OBCs, as there are only 91 categories. In the absence of data of such a speciality, it would be difficult to conclude as to how many of the stakeholders of the Backward Classes in independent Chhattisgarh, are socially educationally backward or for that matter how many have advanced. The Supreme Court's directions on monitoring mechanism

Precisely aim at such a survey though it was not spoken in so many words. It is a situation here in the state that, in the absence of proper data on the demographic population of the OBC and in the absence of monitoring mechanism or even an exclusive Department meant for backward class welfare, the affirmative action initiated by the state is anything but devoid of accountability.

**Art. 16(4) given Preference over Art. 15(4)**

The protective discrimination as enshrined in article 15(4) in favour of socially educationally backward classes, is aimed at making special provisions for their advancement. The advancement of these backward classes can be achieved by special provisions made with regard to many fields such as economic development, educational development, social development, but it does not necessarily mean a special entitlement in government services exclusively for these classes. The position is different in so far as the article 16 (4) is concerned where by it was exclusively spelt out that special provisions for appointments can be made in government employment for those backward classes 'not adequately represented'. It is important to note here that the State in India has taken interest in article 16(4) by making special provisions for affirmative action in favour of backward classes by providing certain percentage of reservations in jobs.

How far the provision of jobs would lead to advancement of the backward classes is a matter of debate especially in the background of a vague concept such as creamy layer and given the unknown status of the backward class population. The question arises whether the State is of the opinion that by provision of few jobs in favour of backward classes, it is going to ensure their social and educational advancement at par with the forward classes (castes) of the society. The answer seems to be far from satisfactory as far as the attitude of the state goes. As per the Ramji Mahajan's report (M.P. Backward Classes Commission)[1], on 1st Apr. 1981 the total number of posts including classes 1,2,3, and 4 are 1,22,568 as against which 10,680 posts were occupied by different castes of Backward Classes in Madhya Pradesh. This was just 8.71% of the total Govt. jobs where as their (OBC) population was 48.082%. There were 2.81% Class 1 posts and 33.09% Class 4 employees from Backward Classes. The population of Backward Classes at that time was projected to be 2,56,92,634. Even if it presumed that proportionate share of jobs are given to Backward Classes it will 58,833 jobs reserved (48% of total jobs). It will be 436: 1 ratio in terms of their population. It will be a wishful thinking to imagine that these few jobs would eliminate social and educational backwardness especially when a minority of castes from within are snatching all the jobs available. Hence the needs for policy review.

By extending the same logic we can say that a reservation of 14% provided in Chhattisgarh again is anything surely but not in proportion to the population of Backward Classes of the state. As per the 1931 census, the population of Chhattisgarh is not less than 55% and any conservative projections for the present, will not be lesser than what it was in 1931. The question here is whether the 14% of government jobs in favour of the Backward Classes is going to ameliorate their condition in the state. The answer is surely 'no'. Especially in the presence of data which shows that only less than 10% of the castes enjoy the fruits of reservation in govt. services in the state. The non-existence of a monitoring mechanism or even an exclusive Department meant for the development of the Backward Classes in the state, are resulting in glaring inequalities perpetrated within the stakeholders. A number of communities and caste are still at the bottom. It is difficult to visualise when they would join the main-stream. However it is no denying that in the short run the quota has it's relevance for it has demonstrative effect on the rest of the stake holders.

The special provisions as contemplated in article 15(4) in favour of the backward classes meant for their advancement also do not seem to have taken off the ground in the state truly, except for reservation in the seats in the educational institutions. As a matter of fact, article 15(4) and 16(4) are complementary to each other and article 15(4) is a pre-cursor to article 16(4) for the simple reason that educational advancement is a pre-condition for securing decent employment for anyone in the era competition. As we have seen from the data of the Public Service Commission, many posts with the requirements of specialized qualifications were carried forward for non-availability of qualified candidates from Backward Classes. That shows that there is a serious educational backwardness among Backward Classes in the field of specialized higher education. This is further strengthened by the data of VYAPAM, wherein we found that majority of Backward Classes have participated in the class III posts of educational workers and their participation was higher in proportion to their percentage of reservation or even in proportion to the projected figures of their population in the State.

**Dilution of the Spirit of Article 14**

Article 14 lays down two important rules of equality in the democratic system of governance; one- the 'equality before law' and the other, 'equal protection of law'. In a society governed by the rule of law, equality is a principle that guides the governance. The concept is rendered meaningless, when citizens cannot enjoy the fruits of legislation equally. Whether it is by the affirmative action or protective discrimination, when the state encourages a special class of citizens to join the main-stream by making special provisions, the state has also the responsibility to see to it that these provisions are objective and transparent enough to give effect to the intention of Legislature. But when a few castes in the *special class of citizens* keep reaping the fruits of such a legislation, and majority are left behind, then it no longer means a classified legislation. On the contrary, it is a class legislation which the constitution never intended it to be.

It is the responsibility of the state to have an identification of the beneficiary by transparent standards and provide equal opportunity in the same class of citizens. On the contrary, what is prevailing is a subjective criteria of identification to suit the needs of the vested interests. As we discussed earlier, the concept of creamy layer was rendered meaningless as many vested interests among the special class of citizens (Backward Classes) have taken advantage of it either by hook or by crook. It is true that in a democracy numbers do count, but the constitutional guarantees for Equality are not always for the majority; it is why the protective discrimination and affirmative action are contemplated and provided for. These provisions are meant, basically, to give meaning to the concept of equality in the constitution, for millions of people who were kept away from the main stream of the society as socially and educationally backward. Therefore the message is clear that it is the state's responsibility to ensure that justice is not only done but it should be seen to be done. When dominant communities within the special class of citizens (OBCs) hold the state for ransom by way of politically blackmailing in order to achieve their sectarian interests, the state looses its meaning of being secular and welfare. The equal protection of law means the equality of people before law who are similarly situated . Here, it seems that within the Backward Classes as a special class of citizens, the concept of equality before law, and the concept of equal protection of law seem to be rendered ineffective as the equally placed categories and castes are not equally encouraged to receive the benefits. Many reasons could be supplied officially but the fact remains that there is no state mechanism to identify such kind of categories or castes and to specially encourage them equally while deterring the other dominant sections from amassing the adv .ntages.

**Class Versus Caste**

It is very relevant here to understand what the intention of the constitution is. The constitution is secular and does not recognize or encourage any caste in particular, the mention of scheduled castes in different articles not-withstanding. It is social and educational backwardness which is taken as reference point for an affirmative action or protective discrimination. Article 15(4) specially mentions "socially and educationally backward classes". It is crystal clear that it is a concept of class, which is the qualifying factor for a positive discrimination in favour of those who have been backward in that respect. Caste as such, has never been recognized in the constitution as a point of identification of educational or social backwardness. However, it is a different matter that in the Indian society which is completely divided on caste lines, caste becomes a sine-qua-non factor for such identification, unwillingly though. Caste is so important a factor that the polity and democracy of India, it seems, has to live with it. Hence, the concept of social engineering which is the generic philosophy behind the protective discrimination. Nevertheless, constitution of India has not laid emphasis on caste factor when a reference was made to social and economic backwardness. It is unfortunate and paradoxical that the so-called social engineering which is meant for reforming the society by way of fighting against tradition and bring modernity into society, has to start the process of social engineering from the base-line of caste identity. However, it need not religiously follow caste criteria at all times.

## Class : A Secular Criterion

The criteria of economic backwardness is equally important though it has a negative relationship with social backwardness. Because, all 'classes' in India are 'castes', but all 'castes' are not classes. In other words, the classes connected with the mode of production of the economy in the traditional India are also known as 'castes' and the backward castes have a direct relationship with the mode of production. However, the upper castes, which had enjoyed higher ritual status (and still do), were actually not the part of the economy – at least some of them. For instance, Kshatriyas and Brahmins have never been associated with the activities of mode of production, typical of any economy. Therefore, it is difficult to over-simplify the concept of 'class' and equate it with 'caste'.

With the change of times, and with the advancement of the society, especially in the 20th century, many castes which were not otherwise classes, have lost their sources of economic sustenance and were subjected to the vagaries of the competitive capitalistic market. As a result, these castes are now economically backward and rather pauperized in many pockets of the country; their ritualistic and social esteem not endangered though. The criteria of economic backwardness cannot and, as a matter of fact, need not be ignored, as it is not antithetic to the concept of protective discrimination. After all, article 14 lays emphasis on equality of all citizens. When the backward classes commission headed by Mr. B.P. Mandal recommends empowerment of Backward Classes on the basis of their relatively disproportionate (lesser) representation in the government services it is the criteria of caste that was in operation, and their proportionate representation that was emphasized. As a corollary, it is fully logical to argue out that the once affluent ritually higher castes, who are today pauperized, do also have a similar right for inclusion for any affirmative action for they too are castes. The idea has been translated into action, in states like U.P, where Brahmins have also been given a certain percentage of reservation in government jobs. To give further strength to this argument, we can